THE CHRONOGRAPHY OF
BAR HEBRAEUS

THE CHRONOGRAPHY OF

GREGORY ABÛ'L FARAJ

THE SON OF AARON, THE HEBREW PHYSICIAN

COMMONLY KNOWN AS

BAR HEBRAEUS

BEING

THE FIRST PART OF HIS

POLITICAL HISTORY OF THE WORLD

Translated from the Syriac

By

ERNEST A. WALLIS BUDGE

M.A., LITT.D., D.LITT., D.LIT., F.S.A., &c.
Sometime Scholar of Christ's College, Cambridge, and Tyrwhitt Hebrew Scholar; Keeper of Egyptian and Assyrian Antiquities in the British Museum from 1894 to 1924

VOLUME II

Facsimiles of the Syriac texts
in the Bodleian MS. Hunt No. 52

GORGIAS PRESS
2003

First Gorgias Press Edition, 2003.

 Published in the United States of America by Gorgias Press LLC, New Jersey. This edition is a facsimile reprint of the original edition published by Oxford University Press, London, 1932.

ISBN 1-59333-055-3 volume 1

1-59333-056-1 volume 2

GORGIAS PRESS
46 Orris Ave., Piscataway, NJ 08854 USA
www.gorgiaspress.com

Printed and bound simultaneously in the United States of America and Great Britain.

NOTE BY THE EDITOR

THE translation of the CHRONOGRAPHY of Bar Hebraeus printed in volume i of this work was made from Father Bedjan's edition of the Syriac text which he printed in the Nestorian Syriac script with Nestorian vocalization, and published in Paris in 1891. It seemed to me to be a work of supererogation to prepare another edition of the Syriac text for the use of students, and I assumed that every one who used my translation would be able to obtain Bedjan's edition when he found it necessary to verify or consider critically my translation of it. But when I made inquiries with the view of satisfying myself that such was the case, I found that during the forty years since the date of the publication of Bedjan's text the edition had been sold out, and that the book was no longer to be obtained in the open market. The publication of an edition of the Syriac text, whether in facsimile or printed with types, formed no part of my original plan, but it seemed to me that a reproduction of the Syriac text in some form or other was absolutely necessary. I decided against a printed text, for the mistakes of the editor and the misprints due to the compositor can never be entirely eliminated; as the result of this fact the student can never be absolutely certain that he has the exact reading of the manuscript authority before him. Therefore to reproduce the Syriac text of the CHRONOGRAPHY by facsimile was the only course open to me. We may note in passing that the publication of Oriental texts in facsimile is being adopted in America. Dr. Martin Sprengling, Professor of Semitic Languages in the University of Chicago, has recently published in his *Barhebraeus's Scholia on the Old Testament* the first part of the 'AWṢAR RÂZÊ in which the photographic facsimile of each page of the manuscript is given on the left-hand page, and the English translation and variant readings on the right.

The two most important Syriac manuscripts containing the CHRONOGRAPHY of Bar Hebraeus available to me are preserved in the Bodleian Library, viz. Hunt No. 1 and Hunt No. 52. Through the courtesy of the authorities of the Bodleian Library, and the assistance of Mr. John Johnson, Printer to the University, and a staff photographer of the Press, I obtained full-sized rotographs of several pages of each. Hunt No. 1 is super-folio in size and has four columns of large, handsome writing to the page; as a facsimile of this codex reduced to book size would be illegible, the idea of reproducing its text was abandoned. With Hunt No. 52 the case was different, for there are only two columns of text to the page, and after the necessary reduction to the size of the book the text is easily legible. After making various experiments Mr. Johnson has produced the excellent negative facsimile (i.e. the writing appears in white instead of in black) given in this volume. Special plates and highly sensitized material were used, and he has personally supervised every stage of the various processes employed. The grateful thanks of all Syriac scholars are due to him.

The expert's description of the process used is as follows: 'The Syriac text has been reproduced in negative form by a combination of the rotograph (photostat) process and photo-lithography. The stained condition of the manuscript necessitated the use of special light filters and orthochromatic paper when making rotographs. The rotographs were again copied by photography in the form of positive prints, from which lithographic plates were made in the usual manner.'

It will be remembered that a transcript of the manuscript Hunt No. 52 was printed, together with a Latin translation, in two volumes, by P. J. Bruns and G. G. Kirsch in their *Gregorii Abulpharagii rive Bar-Hebraci Chronicon Syriacum*, Leipzig CIƆ IƆCC LXXXVIIII. From the days of Bernstein and Lorsbach to those of Bedjan, i.e. for about one hundred years, this printed transcript and the Latin translation have been criticized and abused by scholars for its inaccuracies, but having read both the manuscript and the printed transcript of it I feel bound to say that I wonder the mistakes were not more numerous!

In Hunt No. 52 Bar Hebraeus's CHRONOGRAPHY ends on fol. 189 *r*. Immediately following on the same page is the legend of the building of Dârâ, and after this come four short anonymous tracts which describe the murder of Nawrûz, governor of Khôrâsân; the invasion of the country of Dîâr Bakr by the Mongols; the destruction of Ṭûr 'Abdîn and 'Âmid by Tîmûr Khân; and an extract from a CHRONOGRAPHY. The last three of these were published by Bruns at Jena in the 1790 'Appendix ad Chronicon Bar-Hebraci' in the *Repertorium für biblische und morgenländische Litteratur*, tom. i, pp. 1–116. Several of the passages in these three tracts taken from manuscripts in Rome have been published in whole or in part, or translated, or summarized by Assemâni, *B.O.* iii, Pt. ii, pp. 134 ff. He added notes from Arabic and other sources.

As Bruns's edition of these three tracts, which were bound up with the CHRONOGRAPHY in one volume, and were presumably intended to form an Appendix to it, is no longer obtainable, I have republished the Syriac texts of them and those of the legend of Dârâ and the murder of Nawrûz. As the information contained in them deals with events which took place during the period when the power of the Mongols reached its maximum, and decayed, I have added English translations of all five documents for the use of students who are working at this period of history.

E. A. WALLIS BUDGE.

CONTENTS

ENGLISH TRANSLATIONS

APPENDIX

SYRIAC TEXTS

THE MAKHTĔBHÂNÛTH ZABHNÊ, OR CHRONOGRAPHY OF BAR HEBRAEUS, foll. 1–201:

APPENDIX

DESCRIPTION OF THE BODLEIAN MANUSCRIPT HUNT NO. 52[1]

HUNT No. 52 is a paper manuscript about 12 inches in length and 8 to 8½ inches in width. It contains 201 folios and has usually two columns of text to the page; the number of lines to the column varies from 25 to 36. The quires, each probably containing 13 folios, were signed with the letters of the alphabet from ܐ, i.e. 1, to ܝܚ, i.e. 18, and some of these are still visible; when complete the manuscript was a bulky volume containing nearly 500 pages. It was probably read in church and used as a service-book, for it received hard usage; this is proved by the fact that two whole quires, the second and the third, are wanting, and their place has been filled by very carelessly written copies by a later hand. And some of the later quires lack the last folios, which were probably torn off or rubbed away by use. The oldest parts of the manuscript were probably written in the fourteenth century, but the copy of the legend of the building of the city of Dârâ has all the appearance of the work of the eighteenth century. The writing of the oldest parts of the manuscript is bold and handsome, and proclaims the skilled scribe, but in spite of its clearness many parts of it are not easy to read. The words often run into each other, there is frequently little perceptible difference between *y* ܝ, and *n* ܢ, the dots on ܪ and ܕ were added loosely, and ܢ + ܝ, or ܝ + ܢ, frequently offer difficulty. And in the later additions to the manuscript the want of spacing renders many passages unintelligible except to the experienced reader of Syriac manuscripts.

On fol. 1 *r.* is written in ink now faded, MS. Syr. XCIII, which probably represents the original number of the manuscript in Huntingdon's Collection. Below this is his signature, 'Robert Huntingdon'. At the top of the page are two groups of glosses. In the first the Syriac words for 'taking and giving' are explained in Arabic. 'Magûshayâ' is explained by 'Chaldean' and 'Babylonian', and Mongols, Tâtârs, Huns, Turks, Maʿdâyê and Ṭayyâyê are names of one and the same people. In the second group a few Syriac words are explained in Arabic. These will be found in Payne Smith's *Thesaurus*. Lower down on the page are several more glosses, the Syriac words being explained in Arabic. There are several items of interest, e.g. 'Anaphora' is explained in Syriac by 'What goeth up from him that is of low estate to one superior'. There are several compounds in which the word *Bêth* is used, e.g. Bêth Nashbê (a hunter's case), Bêth Durâshâ (School, College), Bêth Arkê (Library), Bêth Mashtâyê (Hall for banquets, a hall for drinking), &c. These are followed by 'names of cities', e.g. Ṭirôs is Ṣôrâ Antiocheia of Syria, Ḳahlôs Palmyra is Tadmor in the wilderness,

[1] See Payne Smith, *Cat. Codd. Syriacos*, col. 548, no. 167.

Heliopolis is Baʿalbek, Nahrosâlîm is Ûrîshlem or Jerusalem, Buṣṭrâ is Bûrṣâ, Mahsupuṭâmîâs is Bêth Nahrîn (Nahrên) or Mesopotamia, Hedhsâ is Ûrhâî or Edessa, Îhîshḳâs is Nisibis, Sahlhoḳîâ is Sâlîḳ (Seleucia) and Al-Madain, Bâbûlûnyâs is Babel, 'Asûryâs is Nineveh, and Sâmûsṭâ is Samosata. Then *dûknâyê* is explained by 'star-gazers' and *satrap* is the equivalent of *malkûnâ*, i.e. little king or knight, and 'head of the village, factor' (i.e. governor), and the Arabic word for 'head, chief'.

On fol. 1 *v.* are four notes on the left-hand side of the page, three in Syriac and one in Arabic, written with Hebrew letters. In one of the former the famous apocryphal work 'The Cave of Treasures' (*Maʿrath Gazzê*) is quoted.

On fol. 2 *r.* there are several notes, explaining and sometimes amplifying the text.

On fol. 10 *r.* a section written by another scribe begins. The writing is loose, has many flourishes, and there are only from 25 to 27 lines to the column in this section. On the margin are three Arabic names.

On fol. 10 *v.* is a very long note in Arabic written with Syriac letters. It relates the story of Haman the Amalekite and the beautiful Jewess Esther.

On fol. 17 *r.* a section written by another scribe begins; the writing is smaller, neater, more regular, has fewer flourishes and there are 20 to 22 lines to the column. This section comes to an end on fol. 24 *v.*, the last two words being those which begin fol. 25 *r.*

On fol. 25 *r.* another section by the original scribe begins with 36 lines to the column.

On fol. 27 *r.* is a note of five lines in Syriac containing an extract from the work of 'our Father and bishop PETER'.

On fol. 28 *v.* is a note in Syriac mentioning John of the Monastery of Ḳartâmîn.

On fol. 33 *v.* is an Arabic note, partially erased, showing where the tenth section of the CHRONOGRAPHY begins. From this page onwards the chronicle of each year is marked by the sign ·:· on the margins.

On fol. 35 *r.* a section (two folios) written by the third scribe begins: 21 lines to the column.

On fol. 36 *r.* is the quire number —:ܒ:—. This quire ends on fol. 47 *v.*

On fol. 43 *v.* is a short note in Arabic.

On fol. 45 *v.* are two short notes in Arabic.

On fol 49 *v.* is a short note in Arabic.

On fol. 52 *v.* are two marginal notes between the columns of text.

On fol. 56 *r.*, left margin, are the two Syriac words for 'war' and 'beautiful'.

O fol. 57 *r.*, left margin, are the Arabic words *shinân al-ṭabîb.*

On fol. 59 *v.* under the second column is the quire mark —: ܗ :—.

On fol. 60 *r.* under the first column is the quire mark —: ܘ :—.

On fol. 67 *r.*, left margin, the name ABU ʿALÎ KHÂN, son of . . . is written in Arabic.

On fol. 69 *v.*, right margin, is written in Arabic the name of the Shaykh ABU ʿALÎ BIN SÎNÂ.

On fol. 71 *v.*, under the second column, is the quire number —: ܘ :—.

On fol. 72 *r.* is the quire number —: ܙ :—.

On fol. 81 *v.*, right margin, is written in Arabic the name of MART AL-FAZÂLÎ (?).

On fol. 82 *v.*, right margin, is another name in Arabic.

On fol. 83 *v.* are two names in Arabic.

On fol. 84 *r.* is the quire number —: ܚ :—.

On fol. 85 *v.*, right margin, is written in Arabic letters GAZÂLÎ.

On fol. 94 *r.*, at the bottom of the page, is a note in Syriac, but the ends of the lines are wanting.

On fol. 96 *r.*, left margin, is an Arabic note. Under the first column is the quire number —: ܛ :—. This quire ends on fol. 107 *v.*

On fol. 97 *r.* there begins the account of the dispatch of troops from Italy to the East by the king of Germany and the king of France (col. 1).

On fol. 103 *r.* a note at the bottom of the page tells the story of a dead man which Bar Hebraeus heard in the year 1476 of the Greeks.

On fol. 108 *r.* is the quire number —: ܝ :—; this quire ends on fol. 117 *v.*

On fol. 118 *r.* is the quire number —: ܝܐ :—; this quire ends on fol. 129 *v.*

On fol. 130 *r.* is the quire number —: ܝܒ :—; this quire ends on fol. 139 *v.*

On fol. 135 *v.*, on the margin, in Arabic letters, is written Saḳâliah; it refers to the name Ascalon.

On fol. 136 *r.* is a note referring to the capture of Bokhara by the Tartars.

On fol. 136 *v.* the side-note refers to the conquest of Khôrâsân.

On fol. 140 *r.* is the quire number —: ܝܕ :—; this quire ends on fol. 149 *v.*

On fol. 150 *r.* the writing is that of another scribe. The text seems to represent a passage which was omitted accidentally.

On fol. 151 *r.* the quire number is written on the bottom of the page thus ܝܗ; this quire ends on fol. 159 *v.*

On fol. 152 *r.* a proper name is written between the columns in Arabic letters.

On fol. 160 *r.* is the quire number —: ܝܘ :—; this quire ends on fol. 169 *v.*

On fol. 164 *r.* is an Arabic note between the columns.

On fol. 164 *v.*, on the right-hand margin, are two notes and the date 585 A.H.

On fol. 168 *v.*, on the right-hand margin, is a name in Arabic letters.

On fol. 170 *r.* is the quire number —: ܝܙ :—; this quire ends on fol. 179 *v.*

On fol. 173 *v.*, written in Arabic, are the names TAKHÛDÂR AḤMAD ḲÂN تخودار احمد قان and ARGHON ارغون

On fol. 174 *r.*, on the left margin, is written in Jacobite Syriac letters ܥܕܡܐ ܠܟܪܘܢܘܦܐ ܡܠܟܐ ܕܛܝܝܐ ܕܗܘܐ. So far the Arab Chronography. The text refers to ʿALÂ AD-DIN, who died a natural death in Mûgân and was brought to Tabrîz and buried there.

Under the second column is written Hic desinit Copia Arabica, dum progreditur Syriace.

On fol. 174 *v.*, on the right-hand margin, is a short note in Arabic.

On fol. 178 *r.* are some words between the columns illegible by me.

On fol. 179 *r.* and *v.* the text was written by another scribe; a leaf was missing in the original manuscript.

On fol. 180 *r.* is the quire number —: ܝܚ :—; this quire ends on fol. 188 *v.*

On fol. 181 *v.*, on the right hand margin, are two notes in Arabic.

On fol. 185 *v.*, on the top of the page, is written BÎDÛ ḲÂN بيدو قان.

On fol. 188 *r.*, on the left-hand margin, is written in Arabic قازان ḲÂZÂN.

On fol. 188 *v.* is the quire number ܝܚ.

On fol. 189 *v.* is the quire number ܝܚ.

On fol. 190 *r.* is the quire number ܝܛ.

On fol. 193 *v.*, on the right-hand margin, is a note of the deaths of certain saints.

On fol. 201 *r.* is the folio number ܪܝܒ, i.e. 212.

The manuscript contains:

1. The Chronography (Makhtĕbhânûth Zabhnê) of Bar Hebraeus. Foll. 1–188.

2. The legend of the building of Dârâ from the History of John of Asia. Fol. 189 *r.*
3. The murder of Nawrûz by Ḳûṭlug Shâh. Fol. 190 *r.*
4. The attack of the Huns and Persian Mongols on the country of Dîâr Bakr. Fol. 192 *r.*
5. The destruction which Tîmûr Khân wrought in Tûr 'Abdîn. Fol. 193 *r.*
6. A short (extract) from the Book 'Makhtab Zabhnê'. Fol. 194 *v.*–Fol. 201 *r.*

ROBERT HUNTINGDON AND HIS WORK AT ALEPPO

THE Syriac manuscript containing the CHRONOGRAPHY of BAR HEBRAEUS which is reproduced in its entirety in the present volume by a photographic process in what, strictly speaking, should be called a 'negative facsimile', was one of the thirty-five Oriental manuscripts which was presented to the Bodleian Library[1] by the Rev. ROBERT HUNTINGDON, D.D., bishop of RAPHOE in IRELAND. He was not only a great orientalist himself but he was also a wise and far-sighted man. Whilst chaplain to the Levant Company's officials at ALEPPO he discovered and acquired nearly one thousand Oriental manuscripts, and succeeded in getting them safely to ENGLAND. It seems to me not out of place here to give a few details about his life and work in the ancient city of ALEPPO, for his collections form the foundation of the great Oriental section of the Bodleian Library.

ROBERT HUNTINGDON was the second son of the Rev. ROBERT HUNTINGDON, curate of DEERHURST in GLOUCESTERSHIRE. He was born in February 1636–7. His father sent him to the well-known grammar school at BRISTOL, and at the age of seventeen he was elected a 'portioner' at Merton College, OXFORD. He took the B.A. degree in March 1657–8 and proceeded to the M.A. degree in January 1662–3. He was subsequently elected a Fellow of the College and enjoyed its emoluments for a number of years without interruption. From 1662 to 1669 he studied Oriental languages at OXFORD, apparently those of the Near East, i.e. Arabic, the dialects of Syriac spoken in PALESTINE and SYRIA, and Hebrew; and he seems to have had some knowledge of Coptic and Armenian. It is clear that he studied these Oriental languages not with the view of publishing and translating texts but for the purpose of obtaining employment in ASIA MINOR or in the region farther to the east. The wealthy Levant Company had many agencies in TURKEY[2] and EGYPT, and many a young Englishman entered their service and prospered. Something of this sort seems to have been in his mind whilst he was studying Oriental languages in OXFORD, for when the Rev. ROBERT FRAMPTON, chaplain to the Factory of the Levant Company[3] at ALEPPO, retired in 1667 he applied for the post. Now FRAMPTON, who was appointed chaplain by the Company in August 1655, was a very fine Arabic scholar and a man of high character, and his broadmindedness and good-humoured tolerance of native ways and customs, gained for him the respect and even affection of

[1] See the table of contents in Bernard's *Catalogi*, Oxford, 1697.

[2] The Company sent out valuable gifts to the Turkish Pâshâs and Governors with whom their officers had to conduct business transactions. And these were the well-known English eight-day striking bracket clocks, and they were then, and even now, greatly prized. The late O. Hamdi Bey, Director of the Ottoman Service of Antiquities, had a large collection of them; I saw some twenty of them in his house in Constantinople in 1889.

[3] The first Levant Company of London was instituted by Charter of Elizabeth in 1579.

all sorts and conditions of men. He had great influence socially in ALEPPO, and even the 'bigoted Turks' and 'Turks of the Old School' esteemed him highly; and the English merchants and servants and officials of the 'English Factory' trusted his good faith and judgement implicitly. He was chosen by the English residents to be the bearer of a petition from them to the Sublime Porte in ISTAMBÛL. They prayed for relief from unjust taxation of them as foreigners, and from a number of fantastic regulations which hampered their business transactions, and even curtailed their personal liberty. The Pâshâ of the Vilayet roused up considerable opposition in ISTAMBÛL, but the personal influence of FRAMPTON and his forceful arguments were so effective that the Sulṭân, also recognizing the fact that his servants were acting unjustly, and probably also *ultra vires*, conceded to the English everything they had asked. And he granted them besides many privileges which they had never thought to be obtainable. The welcome which FRAMPTON received on his return to ALEPPO and the rejoicings of the merchants are described by the Rev. HENRY TEONGE, chaplain to His Majesty's Ships *Assistance*, *Bristol*, and *Royal Oak*, in his *Diary*, London, 1825. FRAMPTON remained in ALEPPO until 1666, when he returned to ENGLAND. In the following year, hearing that cholera had broken out all over ASIA MINOR, he went back to ALEPPO, and devoted three years to helping his compatriots to fight the plague. He worked hard at establishing hospitals for the sick and shelters for the homeless, and his courage and good temper enabled him to carry out a number of improvements in the sanitation of the town. He left ALEPPO finally in 1670.

The chaplaincy to the Factory then being vacant, ROBERT HUNTINGDON made application for the post to the directors of the Levant Company in LONDON, and on 1 August 1670 he was appointed FRAMPTON's successor. He left immediately to take up his new duties and arrived at ALEXANDRETTA (i.e. ISKANDERÛN, or 'LITTLE ALEXANDRIA', the seaport of ALEPPO) in January 1671, after a voyage of four months.

Details of the life and work of HUNTINGDON at ALEPPO are comparatively few,[1] but they are sufficient to show that he did a vast amount of work and identified himself completely with the social life of the town. ALEPPO in those days was no backwater, but a thriving trade centre; and it was one of the most important of the settlements of the Levant Company in TURKEY. Caravans laden with the products of ASIA and EUROPE were arriving and departing continually, and the bazârs were thronged by crowds of merchants and others of almost every nationality. Travellers, Arab and European, speak in glowing terms of the beauty of the town of the 'Seven Gates',

[1] See T. Smith, in *D. Roberti Huntingtoni Epistolae*, Oxford, 1704, and the English rendering published in several numbers of the *Gentleman's Magazine*, 1825; a short account of him is also given by Pearson in his *Levant Chaplains*, p. 18 f. These have been the chief sources for the biographies of him written by Stubbs, Murray, and others or printed in the official catalogues.

which is built on seven (or eight) hills, and its healthy climate,[1] and the luxuriance of the vegetation of the vast fertile plain which lay to the south of it. The river ḲUWÊḲ (the CHALUS) runs through the town and affords an abundant supply of water for drinking purposes and irrigation. Though the information about the history of the town itself which has been revealed by the cuneiform inscriptions in recent years was not available to HUNTINGDON, there still existed a great deal of material in and around the town itself which would have enabled him to reconstruct its history under the BYZANTINES, ARABS, and MONGOLS.

From time immemorial ALEPPO has occupied the position of capital of a very large district, and of the three Sanjaks which now form the Vilayet (i.e. ALEPPO, MARʿASH, and URFA) it is the chief. There is reason to think that the great SARGON of AGADE[2] (2637–2582 B.C.) invaded the district and probably captured the town, and it and ARBELA and NISIBIS were occupied by the SUBARAEANS under SHULGI (2276–2231 B.C.), the son of UR-NAMMU (Sidney Smith, *Early History of Assyria*, p. 133). In the twenty-fifth year of his reign THOTHMES III invaded NORTHERN SYRIA and occupied the whole of the country to the west of ALEPPO and KARKĔMISH. His great general AMENEMḤEB tells us that his lord went hunting 120 elephants in the country of ALEPPO, [hieroglyphs], and that he saved the king's life by hacking off the trunk of a savage elephant which had seized him. The Hittite king MURSHILISH I attacked ALEPPO and destroyed it (Smith, ibid., p. 210), and two Hittites were kings of ALEPPO, viz. TELIBINUSH, formerly a priest of QIZZUWADNA, and RIMI-SHAR his son (Smith, ibid., p. 261). The Egyptians lost their hold on the country of ALEPPO after the death of RAMESES II, and in the centuries following it passed into the possession of the great kings of ASSYRIA, one after the other.

The oldest form of the name of ALEPPO is ḪALAB or ḪALBU, and later forms are ḤALBAN or ḤALMAN, whence comes CHALYBON. SELEUCUS NICATOR gave it the Macedonian name of BEROEA, Βέῤῥοια or Βερόεια, which appears in Syriac under the forms ܒܪܘܝܐ, ܒܪܘܐ. It bore this name until A.D. 638, when it was captured by the ARABS, and they restored to it its old name, which it has to this day. The town and district became a portion of the Greek Empire by the conquests of ZIMISCES, emperor of CONSTANTINOPLE. The TURKS captured the town in 1517.[3]

[1] On the 'Aleppo boil', or 'Aleppo button', a species of ulcer which is now believed to be caused by the parasite *Leishmania tropica* (Wright, 1903), see Castellani and Chalmers, *Manual of Tropical Medicine*, p. 360 and 1550. It was first described by Russell in 1756.

[2] Assyriologists will not need to be reminded that Aleppo is the burial-place of George Smith of the British Museum, the decipherer of the 'Deluge Tablet'. He died 19 August 1876 and was laid in the old cemetery of the First Levant Company.

[3] A long article on Aleppo (Ḫalbu), with extracts from Arabic poems in which the wealth and splendour of this town are decorated, is given by YÂḲÛT, vol. ii, p. 314, and a smaller one in Juynboll, *Lexicon*, pp. 313, 314. See also the *Voyages* of Ibn Baṭûṭah, tom. i, p. 149 f.

Having arrived in ALEPPO and settled down to his clerical duties, which we may conclude were neither strenuous nor exacting, HUNTINGDON found a useful friend in the British Resident,[1] but the ecclesiastical authorities welcomed him gladly as a man who was learned in their language. ALEPPO was the seat of two Patriarchs, the Jacobite and the Armenian, and many Jacobite and Maronite bishops lived in the town or in the monasteries round about it. Through these HUNTINGDON gained access to their libraries, and, as is the case even at the present day, the monks in some of the monasteries offered to sell him manuscripts, or to make copies of ancient manuscripts on payment by him. Be this as it may, HUNTINGDON devoted himself to collecting Oriental manuscripts, and no man was ever in a more satisfactory position for doing this successfully. He possessed knowledge, he had an official position, and his friends among the merchants could send his manuscripts by their caravans to the seaport of ALEXANDRETTA in safety. There they were transferred either to one of His Majesty's ships which were cruising in the eastern end of the MEDITERRANEAN, or to one of the Levant Company's own vessels. And HUNTINGDON paid visits to the neighbouring towns and monasteries where collections of manuscripts existed. At URFA, two days east of ALEPPO, there were many libraries, and the great library of the monastery of DÊR AZ-ZAʿFARÂN, close to MARDÎN, about six days from ALEPPO, had been famous for centuries. And ÂMID, and all the monasteries near the TIGRIS between JAZÎRAT IBN ʿUMAR and MÂWṢIL (MÔṢUL-NINEVEH), could be reached easily. Practically all the Syriac manuscripts which HUNTINGDON collected contain works by Fathers of the Jacobite Church, a fact which seems to suggest that he had no sympathy with the Nestorians. That he was a trusted friend of the Jacobites is clear, for otherwise he could never have obtained possession of the huge manuscript containing the works of BAR HEBRAEUS, which is now Bodleian MS. Hunt No. 1.[2] This fifteenth-century manuscript, super-folio[3] in size, with four columns of text on each side of its 319 folios, stood on a stand or lectern in a church or in the chapel of some wealthy monastery, and could only have been given or sold to HUNTINGDON by the Maphrian or some very high official of the Jacobite Church.

HUNTINGDON travelled in PALESTINE, EGYPT, and CYPRUS, and wherever he went he collected manuscripts; and from first to last he must have acquired nearly one thousand manuscripts. According to Mr. W. P. COURTNEY's article in the *Dict. Nat. Biog.* (x. 308) he gave fifteen manuscripts to Merton College, thirty-five to the Bodleian, and many more to Dr. MARSHALL, Rector of Lincoln, and Archbishop MARSH, and Bishop FELL, and Trinity

[1] The first British Resident seems to have been appointed in the reign of Queen Elizabeth.

[2] For a specimen column of the text see vol. i of this work, Plate II.

[3] In folio maximo, 'mole insana'; Payne Smith, *Catalogi Codd. MSS. Bibl. Bodl.*, col. 368.

College, DUBLIN. In 1693 the authorities of the Bodleian Library bought from him a collection of 646 manuscripts for the sum of £700 (Bernard's *Catalogi*, p. 279). HUNTINGDON must have possessed great tact in dealing with Orientals, for he succeeded in making friends among the Samaritans of NABLÛS, who are notorious for their suspicion of all foreigners, and acquired some manuscripts from them.

In July 1681 HUNTINGDON resigned his chaplaincy to the Factory and returned to OXFORD, where he settled himself at Merton College. Two years later he became Provost of Trinity College, DUBLIN, and lived there for two years, and then, for political reasons, returned to ENGLAND; he resigned the Provostship in 1692. He became rector of HALLINGBURY in ESSEX in the same year, and married a sister of Sir JOHN POWELL. He regarded life in ESSEX as banishment, being cut off as he was from all society and books. He was consecrated at DUBLIN bishop of RAPHOE in July 1701, but died in DUBLIN six weeks later (2 Sept.).

APPENDIX

THE LEGEND OF THE BUILDING OF THE CITY OF DÂRÂ AND OF THE VILLAGE OF ...

[Fol. 189 *r.*, col. II.] In the year eight hundred and twenty of the GREEKS, which is the eighteenth year of the kingdom of 'ANEṢTÔS (ANASTASIAS) the king, the city of DÂRÂ was built by the side of NISIBIS, which is on the place of the frontiers, and he called it ANASTASIA (ANASTASIOPOLIS) according to his own name. JOHN OF ASIA [1] saith in the Book of the Sun (read Book V) which dealeth with Chronography that the cause of its building was thus: A great and honourable merchant from the city of ANTIOCH was journeying on business connected with his merchandise to the country of the East. He was lodging in a certain small village (or, town) which was lower than the place whereon DÂRÂ is built to-day. He passed the night there in a room in the house of a certain ARAB who was a Syrian Christian and was a tiller of the earth (i.e. peasant or farmer). And it fell out that that merchant saw in his dream that in that night there sprang up in the courtyard of that young man a tree which was magnificent and desirable, and which was beautiful and splendid, and in the [whole] world there was nothing like unto it. And there were many birds which had their habitations therein (or alighting thereon), and they were chirping and twittering and singing on the branches thereof. And it had seven-and-twenty great branches (or, arms), and each one of them was splendid and beautiful. And on it were fruits which were [good] for eating, and all kinds of the birds of the heavens were alighting upon it. And they ate [the fruit], and the tree did not shrink, but remained as it was [at first].

And when the merchant woke up he marvelled greatly at the dream, and he did not think within himself that a king would be born of the lord of the house. And he cried out to the lord of the house and he asked him, 'Hast thou sons?' And he replied, 'My lord, we are barren, and we have no sons.' And the merchant said unto them (i.e. the man and his wife), 'If it should happen that a son [cometh] to you, ye shall sell him to me; take ye from me his price. Write me a document [saying that] if a son [cometh] to you I am to take him, and if not eat ye his price, and I shall have nothing against you if ye have no son.' And the kinsmen of the man and woman advised him concerning the document, [saying], 'Take ye the gold from him, and if a son [cometh] to thee, good and well, and if he doth not, then thy poverty will be relieved by the gold of this [merchant].' And the peasant gave the writing concerning this to the merchant, and he took it. And he appointed to him witnesses from all the lords of the village, and he weighed out the gold to them according to the amount agreed on between them.

[1] i.e. John, bishop of Ephesus; born about A.D. 505.

And when the merchant had departed by the Will of God, God opened the womb of the woman, and there was born to that merchant a son, a male child who was fair and desirable, and he was accepted gladly and all the natives of the village rejoiced in him. And when the child grew up and was seven years of age, his parents believed that the merchant was dead, but behold, suddenly with joy the merchant came and arrived and came into the courtyard, and when he saw the child he knew him. And when he asked they informed him whose son he was. And taking hold of the child, he forthwith brought out the writing which he had with him and showed it to every man. And having made themselves certain as to the genuineness of the writing and the signatures of all the witnesses therein, they did not dispute with the merchant in any way, and he took the child. And the merchant added [to what he had given] and gave to them much gold that they might maintain their lives therewith until the time . . . and he departed to his house. And they taught the child, and instructed him and made him learned in all the kinds of knowledge which were found in the city. And one taught him the Laws of Kings. And he, like a bright torch was illumining the whole city, and every man wondered at his splendour and his loving acceptance [of them], and at his humility, and understanding and knowledge, and every man declared concerning him that he was fit to be a king.

And whilst travelling about with the old man, and doing the business of trafficking in every country, God willed them to enter the city of the kingdom (i.e. royal city of) BYZANTIUM. And when they encamped at the gate of the city, ZENO, the believing Emperor was dead, and he had no son to sit upon his throne, and the whole city was in a state of revolt. And that night the Angel of God appeared in a vision to the Chief of the priests of the city, [and said unto him], 'Go ye to the eastern gate of the city, and open ye the gate.' And that youth was the first to go in. He went in by the first gate of ANESTOS, and they made him king, and the whole city rejoiced. And he increased greatly, and waxed strong, [fol. 189 *v.*] and God gave him splendour and honours, as to one who had been brought up with the rank of royalty. And the old merchant who had brought him up remained [outside] wishing to meet him; and he had no avenue by which to reach the king, and he was troubled in his mind for three months. And on asking a certain man who was a native of the city, he revealed to him the whole story of the young man. And that friend of his advised him, and said unto him, 'The king hath a certain paradise (i.e. garden) in which he sitteth by the side of the waters from a fountain. But get thee to the head of the fountain, and write the whole history concerning the king, and make known unto him whom thou art, and place the writings in a waxen case and send them with the waters.' And having done this, the king read and learned where the old man who brought him up was. And he sent after him and had him brought to him and honoured him, and he made him change his apparel, and he promoted him to endless pomp and glory, and he associated him with him in the kingdom. And the old man repeated to him constantly his history from the time when he saw the dream until that day. And the king sent and brought his father and his mother to him, and they had two other sons and he magnified them, and paid them honour. And they entreated him to build for them DÂRÂ, the great city. Then he sent workmen and they brought water to it, and they began the building of it, and there is nothing like it. And he made his father master over the construction of DÂRÂ, and he gave him two wise and highly skilled handicraftsmen, THEODOSIUS and THEODORUS, the sons of SHUPNÎS, men widely renowned and famous, whereof their like existeth not in the whole world. And they built the city of DÂRÂ. And it went up (i.e. progressed) and was crowned with magnificent and beautiful churches; and the like of them was not built for the Christians. And he made the whole construction of the city firm above tanks of water, and they made large tanks (ܩܘܡܩܡܣܐ glossed by القناة) of water under the churches. And he surrounded the city with a great wall, and strong towers, and a ditch outside the wall. And he built on a site lower down opposite Nisibis a strong but small Citadel, with twelve strong towers.

[In the early centuries of the Christian Era Dârâ was only a small village, but it became of importance when the Romans and Persians began to fight seriously. The emperor Anastasius fortified it and called it Anastasiapolis, and Justinian rebuilt and enlarged the fortifications. It stood on the eastern frontier of Roman territory, and was the scene of many fierce fights between the Romans and Persians. It remained in the possession of the Romans until about 574, when it fell into the hands of the Persians after a siege of six months by Chosroes II. It was surrounded by two walls, the inner one was 60 feet high and it was flanked by towers 100 feet high. The outer wall was more solid than the inner. The Castle and the houses each had an underground reservoir of water which was supplied by a small river flowing from a neighbouring mountain. The ditches round the town were kept filled with water from the same source. I spent two days at Dârâ and Nisibis in 1888, and marvelled at the extent of the ruins of Dârâ and the size of the huge block stones of which the walls were formed. Dârâ is two hours' camel ride from Nisibis. The authorities for the history of the fortress through the centuries are Procopius, *Bell. Pers.* i. 10; ii. 13; *de Aedif.* ii. 1–3; iii. 5; Malala, xvi, p. 115; Muḳaddasi, p. 140; Ibn Hawḳal, p. 143; Yâḳût (ii, p. 516), who gives the measurements of the town, and refers to its abundant supply of water and its numerous gardens, and specially mentions the cherry-jam, *maḥlab*, made there. When Ibn Baṭûṭah visited the town in the fourteenth century it was in ruins (tom. ii, p. 141).]

CONCERNING THE MURDER OF NAWRÛZ THE PERSECUTOR

[Fol. 190 *r*., col. I.] This man was truculent, and he was regarded with absolute terror by the Mongol troops who were in the quarter of KHÔRÂSÂN, for on many occasions he had fought against and rebelled against the King of Kings. And then he withdrew (or, turned back) and by means of crafty words and cunning acts made friends with him again and again. Dog and dog! In this year he made promises to ḲÂZÂN, the King of Kings, and he came to his assistance and he was wholly submissive to his will. But this was not in the fear of God, but because of a certain crafty design which he had in ambush in his heart. Now the King of Kings was an exceedingly wise man, and there was no man who could be compared with him for sagacity (or, sharpness) of perceptions. And the evil design of NAWRÛZ was not hidden from him, and therefore he did not permit him to be continually in his service; but he used to dispatch him to a distance and into the remote provinces of the East and other places of the same kind. Now NAWRÛZ did not agree with [this arrangement]. But he wished to be the counsellor, and governor, and absolute commander of the armies and houses of treasure, so that peradventure he might find the opportunity and the occasion whereby he would be able to carry out successfully the crafty work which was in him. And having remained in this state of mind for a period of two years, he could contain [himself no longer]. But when the King of Kings went down to pass the winter in BAGHDÂD, the persecutor wrote a letter to those brethren of his who were in the service of the King of Kings, and therein he read thus: 'I am the real governor here; do ye rule in whatever places ye are'. And by the Divine Nod that letter fell into the hands of ḲÂZÂN, and straightway he laid hands on those to whom that letter had been addressed, and he destroyed them all by the mouth (i.e. edge) of the sword, and wiped them out completely.

And he made ready many armies, and he appointed to be their commander-in-chief the great Amîr ḲÛTLÛG SHÂH. And he went and overtook the persecutor in the outer frontiers of KHÔRÂSÂN, and he leaped upon him suddenly and killed him, and he cut off his head. And [fol. 190 *r*., col. II] had it brought to ḲÂZÂN, the King of Kings. And those who were with him were scattered, and his name perished. His memory is accursed! These things took place after NAWRÛZ had destroyed the churches for two years, viz. in the years sixteen hundred and nine of the GREEKS [A.D. 1298].

And when the mind of ḲÂZÂN rested from thinking about enemies and malignants, and he was at peace, and saw that the kingdom was established for him (i.e. his sovereignty was secure), and that there remained none to injure him except the soldiers of PHARAOH (i.e. the EGYPTIANS). Each year these men used to come forth from SYRIA, and they took captives and looted, and shed the blood of the wretched soldiers of ARMENIA, and PALESTINE, and BÊTH NAHRÎN and 'ATHÔR (ASSYRIA). And the horrors and atrocities which they perpetrated in the country of CILICIA it is impossible for me to describe adequately in words. And all these the ARMENIANS suffered from them until at length they had delivered one-half of their country into their hands. And [besides this] they paid as tribute a certain amount of gold, and mules and horses, and wheat and barley, and iron tools and weapons, and the other gifts of various kinds which they used to send to each of the Amîrs individually. And the Arab merchants used to go in and out in an outrageously domineering fashion, and they bought and sold, and valuable objects of all kinds were distributed to them. And during the two or three years in which the ARMENIANS lived in this state of misery and wretchedness they longed earnestly for death rather than life. And they turned their gaze on all sides, and they found no other help, and refuge, and possessor of power who could deliver them from Egyptian slavery except ḲÂZÂN, the King of Kings. Therefore they took refuge with him, and they sought asylum in his assistance and in the might of his armies.

They cried out, and by means of urgent envoys, and prostrations, and supplications, and entreaties, and weeping and groans and sighs, and they sent to him distressful wailings that peradventure he might stretch out to them the hand of helpers, and deliver them from the Pharaonic tyranny. Now the King of Kings [fol. 190 *v.*, col. 1] because he was a compassionate man, and just, and righteous, inclined to their supplication, and he perceived clearly the humility of their dispositions, and that they had been ill-treated beyond their power of endurance, and had been tortured unmercifully. Now some of the tyrants sent and encouraged them with fair promises. And the King of Kings began to devote himself assiduously to mustering the MAGÔGÂYÊ, and many other armies of Madian, and Iberian, and Alanian troops, that is to say, both cavalry and infantry. And the king of ARMENIA also mustered his troops (or, armies). And ḲÂZÂN commanded that every troop, from wheresoever it came, must set its aim to invade SYRIA. Those who were in BÂBÎL [should march] by that desert road, and those who belonged to BÊTH RÔMÂYÊ on that of MELITENE and 'ABLESTÎA, and the ARMENIANS from the quarter of ḤALEB (ALEPPO). And ḲÂZÂN himself, being in the neighbourhood of MÂWṢIL, rode from there with those who were with him towards SHÎGAR (SINJÂR) and ḤABÛRÂ and crossed the EUPHRATES in the neighbourhood of the fortress of BÎRAH. He decided within himself that no man should do harm to [any] farmer of SHAGÎM or his tillage, nor to any handicraftsman who was occupied with his work, but only to the field labourers who were combatants, and the able-bodied men who were fighters—those who put their confidence in their own arms, but were destitute of the fear of God.

And when the MONGOLS found themselves actually in SYRIA, between ḤAMETH and EMESA, terror of the soldiers of PHARAOH (i.e. the EGYPTIANS) fell upon them. And those decorated folk were covered all over, with gold and silver ornaments, after the manner of brides, their bridles and saddles and weapons of war being encrusted with pearls and precious stones of all kinds. And before the captains, meats and drinks and dainties of various kinds were placed for their nourishment, and there was no end to them. And the myriads of warriors being ready they went out, not with a clear mind, but with doubt that war was summoned. A certain man [fol. 190 *v.*, col. II] who was one of those who were near ḲÂZÂN told me that when ḲÂZÂN looked and saw the hosts of the EGYPTIANS who were sending forth rays like coals of fire, because the sun had been shining on their faces from the time of the early morning, and the faces of the MONGOLS were in shadow, he withdrew in fear, and his knees trembled. And he began to say to the old man RASHÎD AD-DÎN 'What shall we do? How can we manage to exist?' And RASHÎD encouraged him and strengthened him, and he said unto him, 'Take refuge in God with all your heart and mind, and be not anxious'; and ḲÂZÂN alighted from his horse, and his satraps went down, clad in the apparel of war.

And he bound on head-gear, and he set a helmet on their heads, and although he himself was in a state of fear, he encouraged them, saying, 'Ye shall not be afraid! Is it that these are men and that we are only women? By such a day (i.e. battle) as this the brave and valiant warrior is distinguished from the poltroon and from him that is afraid. Now if there be among you any man who is anxious to be numbered among the brave warriors let him fight and he shall be so numbered, and together with them he shall be promoted to the higher ranks of the army.' With these words and others like unto them he was inciting them to fight and urging them to hurl themselves into the fray. Meanwhile he was standing forward and was observing the combatants, his hands being stretched out towards heaven. And he was making supplication to God for the victory of his soldiers. And the EGYPTIANS were arrogant and were putting their trust in their arms, and each of the great ones (captains?) among them was teasing and deriding his companion. And when the captain of a thousand among them and those who were with him went down to fight, the others who belonged to his party (or, side) laughed, and they did not take the trouble to be supporters for him. And in this matter they were so negligent that at length [his ranks] were pierced, and he was broken by the MONGOLS, and he had to retreat in disgrace, and a certain number of the men with him were killed. And thus they were deceived, one after the other, until a great many of their mounted men were overthrown, and they retreated and did not wish to continue the fighting.

Then the EGYPTIANS began quarrelling with each other and laying the blame on each other. Then the MONGOLS like a flood pouring down [fol. 191 *r*., col. 1] from very high mountains descended upon the miserable [EGYPTIANS], and they were swept away before the MONGOLS, throwing away as they went [their] weapons, and their tunics, and their bows and arrows. And they left behind [their] camels, and mules, and horses, whereof the number cannot be counted, and fled. And the MONGOLS pursued them until [they came to] the gate of the city of GÂZA. And they took possession of DAMASCUS, and looted it, and ḤAMATH and EMESA, and they came to JERUSALEM, and ANTIOCH, and TRIPOLI. And they climbed up the BLACK MOUNTAIN, whereon were gathered together the people and the peoples of the KÛRDS, and ARABS, and TURKOMANS, and an incalculable number of sheep and [herds of] cattle, and they seized them all. And whilst the armies were distributed in these countries, ḲÂZÂN himself, the King of Kings, remained in DAMASCUS in the mountain of ṢALÎḤÎAH, but he did not go into the city. And the king of the ARMENIANS was constant in his service and ḲÂZÂN held friendly intercourse with him; and he said unto him in a jocular manner, 'This work is light because of thy heart'. And he kissed the ground before him and thanked him. And he remained there for the period of the month of days, until the armies were gathered together and until all those troops who were scattered about in the uttermost limits of the country of SYRIA were present from every side. And the ARMENIANS did great damage in the mountain of ṢALÎḤÎAH, and they destroyed utterly the mother monasteries [and nunneries] because their buildings were constructed with large quantities of wood. And when all the armies had assembled together with [their] loot and treasures they turned their gaze towards the east and arrived [there] in peace.

And in the year one thousand six hundred and thirty-four of the GREEKS, rain was lacking in NINEVEH, and there was absolutely no harvest [to reap], and following closely the scarcity of rain the disease of angina attacked all kinds of men alike (or, equally).

Fol. 192 *r.*, *col.* I. THE GOING FORTH OF THE HUNS, PERSIANS, MUGLÂYÊ (MONGOLS) TO THE COUNTRY OF DÎÂR BAKR (A.D. 1394)

IN the year seventeen hundred and five of the GREEKS, which is the year seven hundred and ninety of the ARABS, an innumerable host of people consisting of HUNS, that is to say PERSIANS and MONGOLS, burst forth from SAMARḲAND; they were the descendants of CHINGHIZ KHÂN I. And they came to TABRÎZ, and from there they set their faces to go to BAGHDÂD. And Sulṭân AḤMAD removed his treasure and his wives and fled to EGYPT. And the armies of the MONGOLS descended, and TÎMÛR LANG was their governor, now Sulṭân MAḤMÛD was also their KHÂN; and they pillaged and burned in BAGHDÂD. And from there they came to TAGRÎTH (TAKRÎT), and its governor, whose name was Amîr ḤASAN, did not come down to them. And they encamped round about it for a period of three months, and they were not able to overcome its strength. Amîr ḤASAN was an exceedingly courageous man, and he was skilled in the art of war, and he encouraged the TAGRITANIANS and assured them that unless TÎMÛR broke the oaths which he had sworn to the mother of Amîr ḤASAN, he would not be able to capture the city with the sword; but [he deceived] them. And they opened the citadel, and they went down to him, and he went back on his oaths, and he seized the Amîr and bound him in fetters. And he killed all the fighting men and he carried off great spoil, women, and sons and daughters. And he destroyed the town utterly.

And the governor of 'ARBÎL, whose name was SHAYKH 'ALÎ, went down to him, and he begged from him a pledge for the security of his life. And the governor of MÂWṢIL, whose name was YAR 'ALÎ, a TURCOMAN, the son of BADR KHAWÂGÂ, went down to him, and begged a pledge for the security of his life.

And TÎMÛR KHÂN passed over against 'ARBÎL, and he did it no harm, [fol. 192 *r.*, col. II] and he came to MÂWṢIL, also with peace. And the men of MÂWṢIL went out to meet him. And the governor of GAZARTÂ of ḲARDÛ, whose name was 'IZZ AD-DÎN, a KÛRD, when he heard that TÎMÛR had come to MÂWṢIL, sent his brother, whose name was MAJD AD-DÎN, to him with offerings, and TÎMÛR received him joyfully, and made his heart glad. And he returned and came to the neighbourhood of MARDÎN. And when TÎMÛR had gone up into the plain of BÊTH 'ARABÂYÊ, 'IZZ AD-DÎN went up to him again and he received him gladly. And also the lord of the fortress of KÎPÂ, whose name was MALIK 'ÂDÎL SÛLAIMÂN, and the lord of 'ARZÔN, whose name was Sulṭân SARÂ (?) SHÛḤ (?), went to him, and he received them kindly. And when he came to MARDÎN the lord thereof did not come down to him; now his name was MALIK ṬÂHIR AD-DÎN 'ÎSÎ. Now the face of TÎMÛR was directed towards the country of PALESTINE, not to make war on it strongly, but he coaxed MALIK ṬÂHÎR, and he brought him down from its citadel, and he bound him in fetters and cast him into a cage, and after three years he sent him away. Then TÎMÛR attacked RÎSH ʿAINÂ, and he besieged it, and slew [people] therein, and he plundered and burned many people. And he came to the wretched ʾÂMID, and he took it with the sword, and he killed and carried off as captives from it people without end, young men, and young women, and women who were like unto moons (i.e. beautiful), and he burnt it completely with fire. And he attacked ʾÛRHÂI (EDESSA), [the city of] ill luck, and he did more [evil] therein than he did in ʾÂMID.

And from there he went to the banks of the EUPHRATES, but he was not able to cross [the river] because the king of EGYPT, whose name was Sulṭân BARḲÛḲ, had his armies there ready with a great quantity of grain. Then TÎMÛR retreated from the banks of the EUPHRATES and went down into the plain [fol. 192 *v.*, col. I] of BÊTH ʿARABÂYÊ, and he returned to MÂWṢIL. But an elder son whom he had, and whose name was AMÎR-NSHÂH, came against ʾÂMID, and he descended on ṬÛR ʿABDÎN, and made fierce war upon it. He slew, and took captives, and spoiled, and strangled men in secret places. And in the Monastery of MÂR GABRIEL of ḲARTAMÎN he strangled three hundred souls, and thirty-two monks, and their bishop, MÂR JOHN. And he passed over against a small village in ṬÛR ʿABDÎN [called] BÊTH ISḤAḲ. And its inhabitants were in the fortress of the village, and he cast fire upon them. And he dug a hole in the southern tower and destroyed it. And they rushed in upon them like wolves thirsting for blood, and they killed the men and carried off the women and the maidens; in short he made a complete end of them.

And from there he went down to the east, towards GAZARTÂ of BÊTH SHARRWÂYÊ. And he demanded from the lord thereof a little wheat and offerings and gifts. Now this ʿIZZ AD-DÎN, the lord of GAZARTÂ, had no bold leaders, and the [men] hid [the wheat] and only sent a very small quantity at a time, and AMÎR-NSHÂH was angry, and he commanded his troops to loot and plunder GAZARTÂ. ʿIZZ AD-DÎN left the city and went up into the northern mountains. And the MONGOLS went into GAZARTÂ and they looted and burned. Now the winter was in its strength (i.e. it was the depth of winter) and [the city] was surrounded by the waters of the TIGRIS as by a sea. And the MONGOLS crossed over to the inner part of GAZARTÂ without hindrance, as over a very small river, and they looted all the furniture and equipment of our great church of the Jacobites. And the looters were looting in GAZARTÂ twenty-seven days, and they went down to MÂWṢIL to TÎMÛR. And TÎMÛR went back again in the spring, and he attacked MARDÎN on the third day of Passion Week, on the fourteenth day [fol. 192 *v.*, col. II] of the month of NÎSÂN, and he invested it, and on the fifth day of the Mystery he captured it. And he killed, and took prisoners, and plundered, and worked great destruction. He did not take its citadel, but he departed and went up from MARDÎN to the upper country of BÊTH RÔMÂYÊ, and he went back again to TABRÎZ. At the turn of the year he went down to the country of the ṢÎNÂYÊ, that is to say of KHAṬÂ (CHINA). And he passed over to INDIA, and took very great spoil, and gold and stamped silver (i.e. money). And he seized the son of the king of the INDIANS, and he bound him with fetters, and cast chains upon him; and he brought from thence many elephants and went back to SAMARḲAND.

And after seven years, that is to say in the year seventeen hundred and twelve of the GREEKS (A.D. 1399), he came to TABRÎZ, and he took the citadel of 'ALNAGÂH from Sulṭân ṬÂHIR, the son of Sulṭân AḤMAD, the BAGHDADI, who was in it for a period of fifteen years, for he was very powerful, and also the 'ÎBARÂYÊ, who are GÛRGÂYÊ, helped him, because he was a kinsman of theirs. Finally, however, he fell into difficulties, and he abandoned it and fled to them.

TÎMÛR KHÂN crossed over to the country of CILICIA, and he invested SEBASTIA, there being in it Sulṭân AḤMAD the BAGHDADI, and ḲRÂ YUWSIF, and ḲRÂ MAḤMÛD the TURCOMAN. And he captured their wives, and their treasures, and their sons. Now those men fled from there and went to the country of the RÔMÂYÊ, [that is] SEBASTIA. When the wretched men saw what had happened they begged for a pledge as to the safety of their lives. And he swore to them that he would not make a drop of blood of any of them to leave their bodies. And they opened the city and the villainous HUNS went in. And TÎMÛR commanded them, saying, 'Gather together to me all their best men', and they gathered them together before him. And he commanded and [they] dug pits for them, and they buried them alive in the earth, which no other people had ever done. [fol. 193 *r.*, col. 1] And they carried off as captives the women and the maidens, and they left the city a ruin and a desert.

And TÎMÛR commanded his troops, and he crossed the river PRATH (EUPHRATES) hurriedly, and they went and encamped against ḤALAB (ALEPPO). And in three days they took the city and its citadel, and they destroyed the mosques thereof. And from there the troops of TÎMÛR passed over to HAMÂTH and EMESA. Now the king of EGYPT, whose name was MALIK AN-NAṢIR, the son of Sulṭân BARḲÛḲ, collected his troops and came before him to DARMASÛḲ (DAMASCUS). TÎMÛR was afraid of him, and sent envoys concerning peace. And he replied, 'This is my peace; that I should meet thee. Either take the kingdom of EGYPT altogether, or release ARABDOM whereon thou hast cast the sword.' When TÎMÛR KHÂN heard this stern answer he feared greatly. And he sent another ambassador and said, 'I demand absolutely nothing from thee except that thou strike money in my name. [Do this] and I will return to my own country, and ye kings and governors [shall remain so] in your own countries.' And the king of EGYPT made answer, 'It is impossible for there to be two kings in one dominion. I [say], tell us, [What] is thy Faith? If thou art a Christian, behold thou showest no mercy to the Christians. And if thou art a JEW, behold thou dost not suffer the JEWS [to live]. And if thou art an ARAB, behold thou hast wiped out the ARABS utterly and hast rooted up their mosques, and thou hast slain their judges and burnt their religious teachers. There is no way for us to see and meet each other except with the sword.' And TÎMÛR replied, 'If such be the state of the case, there is nothing left to look for except the day after.'

Now TÎMÛR was very near DAMASCUS, and he struck camp and marched back a little way. And he prepared his troops so that they were ready to engage in battle early the following day. But the king of EGYPT, because he was young, [fol. 193 *r.*, col. II] being [only] thirteen years of age, five of his father's slaves rebelled against him, and they went back to EGYPT on the night wherein he was getting ready to go forth to war, so that they themselves might reign over EGYPT. And it was reported to him concerning them at midnight. Then he rose up hurriedly and said unto his troops, 'Understand quickly that we must depart at once. For if EGYPT be taken from us entirely, we shall be deprived of sovereignty (or, of a kingdom). And if EGYPT remaineth in our hands, TÎMÛR KHÂN will destroy DAMASCUS, and we shall be able to abide in the other cities.' And he abandoned DAMASCUS and returned to EGYPT with his troops. And TÎMÛR made ready his troops in the early morning, and he waited for the fight, and when he saw no man coming out to engage him, he marched swiftly against DAMASCUS, and no man rose up to resist him. And he was especially encouraged when he heard that the king had returned to EGYPT. And the armies of the MONGOLS marched through the wretched town, and they set it on fire and left it a heap of cinders, because it was built entirely of wood. And they made prisoners, and burnt, and killed a multitude of people, and the great mosque which they called 'GAM'A BENI-MÂGH' they destroyed utterly.

And TÎMÛR retreated from DAMASCUS hurriedly, and he crossed the EUPHRATES again and came and encamped against MARDÎN. There was in the country of MARDÎN, to the west thereof, a monastery which was called the 'New Monastery', that is to say 'DAYR AL-GADÎDAH', and there were living in it about three thousand souls, and the MONGOLS took it with the sword, and they left neither great (i.e. old) nor small (i.e. young) [alive] in it. And he came and encamped against MARDÎN, [fol. 193 *v.*, col. I][1] the unlucky [city]. Then MÂLIK 'ÂDÎL SÛLAIMÂN, the lord of the citadel of KÎPÂ, and the lord of 'ARZÔN, called Sulṭân SARÂ (?) SHÛḤ (?), and the lord of GAZARTÂ of

[1] On the right-hand margin is written, from the top to the bottom of the page: "There went forth from this world of afflictions and departed to the world of joys, Mâr Ignatius, Patriarch of Mardîn, who was Ḥadalya Behnam, and the Patriarch Ḳâwmâ, a Severenite, and our Father Mâr Basilius the Maphrian, who was Bar Ṣâwmâ Ma'dânî, in the year 1766 of the Greeks (A.D. 1455).

ḲARDÛ, ʿIZZ AD-DÎN, the three of them went up at once to TÎMÛR and he received them well. MÂLIK TÂHIR AD-DÎN ʿÎSÎ, the lord of MARDÎN, who was governor and keeper thereof at that time, did not go down to him from the citadel of MARDÎN. Then was TÎMÛR KHÂN angry, and he pulled down the wall of the city, and the houses thereof, and its bazârs, and its mosques, and its towers, and he left the town a ruin.

And TÎMÛR went down to BAGHDÂD and made an absolute end thereof with the edge of the sword. And from there he went up to his native lands, to TABRÎZ, and he undertook no campaign during the winter. And following that year the scarcity of food was so great that the price of a bushel of wheat went up to one hundred *zûzê*.

In the year seventeen hundred and sixty-two of the GREEKS (A.D. 1451) GAHANSHÂH came against the countries of the TURKS of BÊTH ʿÛTHMÂN. And they came to ʾARZANGÂN and they took it from Shaykh ḤASAN, and they came to MARDÎN and encamped about it and captured it; and [the price of] a bushel of wheat went up to one thousand *zûzê*. And after these things ḤASAN Bâg broke him in the plain of MÛSH, and he killed him and took his kingdom. Glory be to the Creator, who changeth not, to Him be glory. Amen (?).

[Here follow thirty lines of Arabic written with Syriac letters. The Syriac text begins again with the words:]

because of the war which TÎMÛR KHÂN had made in ṬÛR ʿABDÎN.

In the year seventeen hundred and six of the GREEKS, after TÎMÛR KHÂN had laid waste GUZIA [and] all the countries, he took ʾÂMID, and the MONGOLS roasted all its inhabitants in fires. And from there they departed and came to the countries of BÊTH RÎSHÂ and ṬÛR ʿABDÎN. Some of the people took refuge in the stone citadel, and in the citadel of HÎTAM, and in the New Citadel. Others went into holes and caves and hid themselves under the earth. And the MONGOLS lighted smoky fires over those places, and suffocated every one who was in them. And in BÊTH ʾABÎSHAI they suffocated more than three hundred souls. And in KAPHAR SHAMAʿ three hundred more. [fol. 194 *r*., col. 1] And in MADYÂD the bishop MALCHUS was strangled, and with him the monks and many people. And the MONGOLS came to the Monastery of ḲARTAMÎN, and the famous (?) monks who were therein hid themselves in a cave which was under the monastery, to the south, and was called BARSÎḲÂI. And as the natives of the district from all the villages, and also those from NISIBIS and from MAʿARÂ, came and went into this cavern which we have mentioned, those villains got to know about them. And they gathered themselves together against them, and they gnashed their teeth, and they [lighted fires] and cast smoke on them, and they were all suffocated. There were forty monks and the bishop MÂR JOHN, that is THOMA the Severenite; and of the natives of the district about five hundred souls were suffocated. And they had already laid waste the country. And the village of BÊTH ÎSḤAḲ they took with the sword, and they killed every one whom they found therein, and they bound in fetters innumerable people as captives. And those looters spread themselves throughout all districts, and they laid waste all of them with the exception of the citadel of KÎPÂ. And there followed them famine and plague throughout the whole of the country through which they had marched.

And in the year seventeen hundred and seven (?) of the GREEKS, the TURKS fought among themselves and MALIK AL-ʿÂDIL, the lord of the citadel of KÎPÂ.[1] And in this year GARZ (?) AD-DÎN rebelled against the lord of MARDÎN, and he took the castle of BARʿḤAH, and destroyed all the villages that were round about it; and the whole of the western country remained in a state of ruin. And this rebel continued to be a wolf lying in ambush on all the roads.

And in the year seventeen hundred and nine of the GREEKS, towards the end of the month of ÎLÛL, BADR AD-DÎN, the governor of HAITAM, captured the village of DAIRÛNÎTHÂ, which was in the plain of ʿARABÂYÊ, and the natives with it. And Shaykh MUḤAMMAD (?), the lord of the village, rode after him, and they (*sic*) put them to flight, and scattered all of them, [fol. 194 *r.*, col. II] and they stripped them of their equipment, and arms, and apparel, which was no small quantity, and they killed many of them. And he took from them BADR AD-DÎN and our head MALCHUS, the Severenite, and others, and afterwards he set them free. And BADR AD-DÎN remained [sick] for a long time, and he went up to the citadel of KÎPÂ, and died through a wound which he had received from a battle-axe.

And in the year seventeen hundred and eleven of the GREEKS, ḲARÂ YÛSIF, a TURK, captured the camp of the ARABS who are called 'DÛGÂRÂYÊ', and he imprisoned them and their captain with them in a certain wood, and in ḲALʿAH GAʿBAR. And supplies of food and weapons of war were coming to ḲARÂ YÛSIF from ALEPPO and DAMASCUS and elsewhere.

And in that year the priest ISAIAH departed to pass over into the Holy Land, the land of promise, and he had not the convenient use of the roads which were cut. And when he was in MARDÎN he heard about the departure of our Father MÂR ATHANASIUS, the Maphrian of the East.

And in the year seventeen hundred and twelve of the GREEKS the KÛRDS called 'GÎSHÂYÊ' were split up into factions, the one party favouring the lord of MARDÎN and the other the lord of the citadel, for they were in subjection to him. And they took the New Citadel and remained therein for a period of five months, and their supplies of food came to them from the lord of the citadel of KÎPÂ, but subsequently it was withdrawn from them. And also the TURKS who are called 'BETH KAWATH (?) LUBAG' raided the country of MAḤALAM (?). And MALIK AL-ʿÂDIL was the lord of the citadel, and he looted them and spoiled them, and killed a certain number of them,

[1] Rendering doubtful.

and he made them to flee from his country. And his enemies were numerous in the house of the lord of the citadel at MARDÎN; and the beginning of the enmity was a woman.

In the seventeen hundred and thirteenth year of the GREEKS huge swarms of locusts came over the whole [fol. 194 *v.*, col. I] country. And they were in [the state of] flies and they ate up every green thing and also the vines and the grapes; and men drove them away with cries and shoutings, and with the smoke [of fires which they lighted].

And in the year seventeen hundred and fourteen of the GREEKS, the ḤASANÂYÊ made war on the country of BÊTH RÎSHÂ and they laid waste MAʿARÂ, and NISIBIS, and ḤABAB, and 'ARBÛ, and they laid waste the Monastery of MÂR SHEMʿÛN of 'ARBÛ. And in the winter of this year MÂLIK AL-ʿÂDIB, the lord of the citadel of KÎPÂ, fell from his horse, and his mouth was twisted obliquely because of his cheek (?), and he became a [source of] wonder to those who saw him.

And in the year eighteen hundred and fourteen of the GREEKS, in the month of ḤAZÎRÂN, there was a white pillar, in the form of a dense cloud, in the upper air for about one hour in the day, and all the world saw it. And in this same year, on the day of the festival of MÂR YAʿḲÛB, on the twenty-ninth day of the month of TAMMÛZ, there were great and heavy thunderings before midday, and there was with them a white cloud in the upper air, which had no fog (or, mist) in it, and there was no rain, and the mutter of the thunderings lasted for about an hour. And the people heard the sound of them all day long throughout the country as far as the plain of GAZARTÂ. And many men were sorely troubled by the sound of them, and they fell on their faces. These signs were from the Lord, He showed them to us so that we might repent in our rebellious, and stubborn, and unrepentant, and hard hearts. May He reward us not according to our wickedness, but according to His mercy and compassion. Amen.

AND WE ALSO WRITE A SHORT EXTRACT FROM THE BOOK OF CHRONOGRAPHY

TÎMÛR KHÂN

IN the year seventeen hundred and five of the GREEKS, TÎMÛR KHÂN, the accursed, came and laid waste the countries of the north of CILICIA, and the countries of BÊTH NAHRÎN (NAHRÊN). And he went back to the city of SAMARḲAND and to his countries of the East.

And in the year seventeen hundred and nine of the GREEKS, there was war against DAYRÛNÎTHA (?) (or, the little hamlet), a village in the plain; and [fol. 194 *v.*, col. II] BADR AD-DÎN, the governor of the ḲAL'AH of HAITAM, was killed, and our head MALCHUS the Severenite and those who were with him were broken.

And in the year seventeen hundred and twelve of the GREEKS, TÎMÛR THE LAME came a second time, and he laid waste all the countries, BABÎL, and 'ARBÎL, and MÂWṢIL, and GAZARTÂ of ḲARDÛ, and MARDÎN. And in the Monastery of ḲARTAMÎN five hundred souls were suffocated in BARSÎḲÎ, that is to say, a cave which is underground, and the bishop of the monastery and forty monks were suffocated (or, strangled) with him. [Ill] luck did not come on the natives of 'ARBÛ, a village of BÊTH RÎSHÂ, because of the prayers of that righteous man, bishop BEHNAM SHABHTÎ (?), who was therein, because he humbled himself and gave himself as a substitute for the people of the village. And he went down before the son of TÎMÛR KHÂN, and humbled himself before him, and entreated him to have mercy on the men of his village. And he received from the son of TÎMÛR KHÂN a sign, a napkin (or, kerchief), and he had mercy on them.

And from there TÎMÛR KHÂN passed over to MARDÎN, and he took it and 'ÂMID, and laid it waste, and EDESSA, and ALEPPO, and DAMASCUS; and he burnt the great mosque of BENI MAYÂH, and the HOLY CITY. And he came to EGYPT, and he quarrelled with the lord of EGYPT, and they wrote foolish letters to each other, Sulṭân BARḲÛḲ, the lord of EGYPT, [and] this lame infidel.

And in the year seventeen hundred and sixteen of the GREEKS, a most terrible plague broke out in BÊTH MAN'ÎM, and multitudes of people died, babes, youths, and maidens, and men.

And in the year seventeen hundred and seventeen of the GREEKS, a violent earthquake took place, and the [whole] earth shook, and many villages fell, and men were buried in the gaps in the ground.

And in the year seventeen hundred and eighteen of the GREEKS, TESHKÂM (?) SHÂMAYÂ (i.e. a Syrian), the Mamlûk, came from EGYPT and waged war against 'UTHMÂN the TURK by the city of 'ÂMID. And TESHKÂM was broken, and [fol. 195 *r*., col. I] those who were with him, and he went to the country of SHÂM (SYRIA and DAMASCUS).

And in the year seventeen hundred and twenty-four of the GREEKS, there was a severe plague in all countries. And 'ADDAI the priest, a Severenite, of BÊTH ḲÛDSH, died, and with him four hundred souls of men.

And in the year seventeen hundred and twenty-seven of the GREEKS, the door of the temple of the Monastery of ḲARTAMÎN was burnt, and everything which was in the temple was seized and carried off. And the accursed KÛRDS of TASHLIK stole the portions of the right hand of MÂR GABRIEL, and the vestments, and the crosses, and the chalices, and the phials. And in this year the accursed KÛRDS plundered the church of the village of KEPRATH (?) and took the eikon of the martyr MÂR 'AZZAIL. And in this year ḤANNAH, the priest of the house of our chief MALCHUS, died.

And in the year seventeen hundred and twenty-eight of the GREEKS, Rabban YA'ḲÛB, the pillar saint, was killed by the side of BÊTH SEBHÎRYÂNÂ. He was by race a ḤADLIAN, the Rab of our Father the Patriarch BEHNÂM, and [was killed] by the accursed KÛRDS of BÊTH GÂRÛD.

And in the year seventeen hundred and twenty-nine of the GREEKS, the Maphrian BEHNAM SHABHTAI, the ARAB, died.

And in the year seventeen hundred and thirty of the GREEKS, our chief DENḤA and his companions were killed, and our chief 'ÎSAI, the son of our chief MALCHUS, and our chief MALCHUS, the Severenite, from 'ASKAR of the men of SINJÂR.

And in the year seventeen hundred and thirty-one of the GREEKS, 'UTHMÂN fought with SKANDAR, the son of ḲARÂ YÛSIF, on the sea (?), and 'UTHMÂN and the ḤASANÂYÊ who were with him were broken.

And in the year seventeen hundred and thirty-two of the GREEKS, there was sickness and burning fever, and one hundred and seventy souls died in BÊTH SEBHÎRYÂNÂ, and seventy men who paid tribute (or, tax), and 'ADDAI the priest, the kinsman of ISAIAH the priest, ÎSHO' the son of SÛPÂ, and JOHN the priest of BÊTH GAṢMAṢ. And in this year Rabban BAR ṢAWMÂ MA'DANÎ was appointed Maphrian of the East.

And in the year seventeen hundred and thirty-six of the GREEKS, the Sulṭân [fol. 195 *r*., col. II] of ḤASNÂ, that is SÛLAIMÂN AL-AYÂBÎ, died, and his Wazîr with him, and AL-ASHRÂF, the son of SÛLAIMÂN, reigned. And in this year a terrible plague broke out in all countries, and ISAIAH the priest, our teacher, the Severenite, died, and with him five hundred souls and five priests, and twenty-four deacons (or, ministrants). Four new priests were ordained in one day; that same day they fell sick, and that same day they died.

And in the year seventeen hundred and thirty-seven of the GREEKS, BÊTH 'ASKAR of the SANDÂYÊ was captured and looted, and 'AZÎZ, our chief, was killed.

And in the year seventeen hundred and thirty-nine of the GREEKS, a parching wind blew, and the clusters of grapes dried up and withered after the fruit had ripened. And that year there were no cooked food, and no honey, and no raisins, and no wine, and there was a severe famine for a period of five years. And the price of a *kailâ* of wheat rose to 305 *zûzê*, and a *kailâ* of acorns (?) to 316 *zûzê*, and beans, lentils, and millet to 24 *zûzê* the *kailâ*.

And in the year seventeen hundred and forty-one of the GREEKS, the Amîr 'ABD ALLÂH reigned over GAZARTÂ of ḲARDÛ, and he took the mountains which were round about the ARK.

And in the year seventeen hundred and forty-two of the GREEKS, there was a terrible plague in BÊTH SEBHÎRYÂNÂ, and about five hundred souls died, and two priests, JOHN the priest, the son of NÂṢIR, and ÎSHÔ' the priest, the son of our chief YÛSIF, and JOHN, the son of our chief ÎSHÔ' ḤANDÛS.

And in the year seventeen hundred and forty-three of the GREEKS, MARDÎN was taken out of the hands of NÂṢIR, the Amîr of BÊTH ḲARÂ YÛSIF. For 'UTHMÂN, the TURK, and his sons ḤAMZÂH and 'ALÎ Bâg attacked him, and they conquered MARDÎN. And this NÂṢIR, the Amîr who was therein, came down and pursued [fol. 195 *v.*, col. 1] 'UTHMÂN, and seized his son Sulṭân ḤAMAZÂH, and he cast fetters about his neck, and shut him up in the castle of MARDÎN. And on another occasion 'UTHMÂN came with a great band of marauders and surrounded MARDÎN. And NÂṢIR sallied out according to his custom to pursue the band of 'UTHMÂN. And the women whom NÂṢIR had with him saw that this ḤAMAZÂH, the son of 'UTHMÂN, was of goodly form and noble stature. And as soon as NÂṢIR had gone out to fight the marauders of 'UTHMÂN, the women of NÂṢIR and his servants were smitten with love for ḤAMAZÂH, and they cried out with one voice in the castle of MARDÎN, 'Long live Sulṭân ḤAMAZÂH, the son of 'UTHMÂN'. And when the son of NÂṢIR and those who were with him came and wanted to go into the castle of MARDÎN [the women] shut the gates in his face and would not open [them] for him. Now the Amîr 'UTHMÂN was on the western gate, and NÂṢIR and those who were with him smashed the gate of the BÂB GEDÎD (i.e. NEW GATE) and fled into the plain, stripping off their garments [as they went] and drooping their heads.

That year the TURKS took MARDÎN, which belonged to the Sulṭân of BÊTH 'ARTAḲ, and there was enmity between them. And in this year Sulṭân AL-ASHRÂF SÛLAIMÂN was killed on the TIGRIS, in his tent, when he was praying; and his son MÂLIK KÂMIL reigned after him. And the castle of HAITAM was taken by the KÛRDS of BÊTH GÂRÛD.

And in the year seventeen hundred and forty-four of the GREEKS our land of HAITAM was plundered by Sulṭân ḤAMAZÂH, the son of 'UTHMÂN the TURK, and he carried off as captives all the inhabitants of BÊTH SEBHÎRYÂNÂ, and he made them to dwell in the country of MARDÎN until the governors [fol. 195 *v.*, col. II] were of the same mind. And they bought the natives of BÊTH SEBHÎRYÂNÂ at a very high price from the Sulṭân ḤAMAZÂH, and the Wazîr of ḤASNÂ went and brought them to the village as labourers.

And in the year seventeen hundred and forty-eight of the GREEKS, 'IṢFAHÂN, the son of ḲARÂ YÛSIF, was broken in the plain of BÊTH 'ARABÂYÊ by ḤAMAZAH, the son of 'UTHMÂN, and the ḤASANÂYÊ.

And in the year seventeen hundred and forty-nine of the GREEKS, there was a small plague in all our country, and a few little children died.

And in the year seventeen hundred and fifty-two of the GREEKS, the bishop of the monastery was killed by the accursed TASHLIK KÛRDS; he was [called] BAR ṢAWMÂ SHASHU'Â the MAN'AMITE.

And in the year seventeen hundred and fifty-three of the GREEKS, 'IṢFAHÂN came and destroyed the village of NAHARAWÂN which was in the country of the BÛKTÂYÊ.

And in the year seventeen hundred and fifty-four of the GREEKS, SHEM'ÛN the Patriarch, the son of 'AUBDÂ, the MAN'AMITE, died in JERUSALEM, and another Patriarch, ḤANÛM of 'ÎÛRDÂNYÂ, in ṢALḤ. And in this year a Patriarch was consecrated in ṢALḤ, namely the Serevenite BAR GAPPAL (?).

And in the year seventeen hundred and fifty-six of the GREEKS, the Sulṭân ḤAMAZAH, the son of 'UTHMÂN and 'ISFAHÂN, the son of ḲARÂ YÛSIF, died.

And in the year seventeen hundred and fifty-seven of the GREEKS, BABÎL was captured by GAHAN-SHÂH, the son of ḲARÂ YÛSIF, and was looted grievously.

And in the year seventeen hundred and fifty-nine of the GREEKS, 'ALÎ GARZÂN of GÎNÂYÂ, the lord of the New Castle, was bound and fettered by the Amîr AḤMAD, the lord of the castle of HAITAM, the son of NAPṬAH.

And in the year seventeen hundred and sixty of the GREEKS, there was a severe and terrible plague in all the countries, the tumour disease, and five hundred and sixty souls died in BÊTH SEBHÎRYÂNÂ: ḲÛMÂ (?) the priest, the son of YA'ḲÛB, and twenty ministrants also died.

And in the year seventeen hundred and sixty-one of the GREEKS, MARDÎN was captured by the MONGOL TURKS of BÊTH GAHAN-SHÂH. And the Amîr BAR ṬARKÂN RUSTUM Bâg came and encamped by MARDÎN, [fol. 196 *r.*, col. I] to take it, because there was an ancient feud between them. And he sent against him ḤASAN Bâg, the son of 'UTHMÂN, and his brother GEHANKÎR, and they broke him, and killed BAR TARKHÂN, and took all his treasures and the loot which he had with him.

And in the year seventeen hundred and seventy-two of the GREEKS, the Sulṭân MALIK AL-KÂMIL was killed by his son MALIK NÂṢIR, who reigned after him for one year, but the kingdom was not stablished for him. And BÊTH MAN'IM was besieged by the ḤASANÂYÊ, and there was a revolt and contention (or, strife) in the kingdom of the ḤASANÂYÊ, and the [parties] were opposed to each other. And MALIK KHALÎF went forth from the town of the fortress of KÎPÂ, and he took SA'DAR from the Amîr 'ABD ALLÂH, the KÛKTONIAN (?), and he slew his son NÂṢIR AD-DÎN and took it. And MALIK ḤASAN came and fought against the castle of BÊTH SEBHÎRYÂNÂ. And MALIK MUKHÂRAM (?) and MALIK SALÎM, the sons of MALIK KÂMIL, the Sulṭân who was killed by his son MALIK NÂṢIR, these went down to ḲAL'AH HAITAM. And the Amîr who was therein, ḤÂGÎ 'ÛN, received them. And from that place all the kings who were scattered abroad wove a secret plot. And in the night they besieged the castle of the Citadel, and no man stood up before them (i.e. resisted them), and they killed their brother MALIK NÂṢIR and those who were with him, and MALIK AḤMAD, the brother of NÂṢIR, reigned.

And in the year seventeen hundred and sixty-four of the GREEKS, 'ÎÛRDÂ was besieged by the TURKS of BÊTH 'UTHMÂN of MÂRDÎN (*sic*). And BÊTH SEBHÎRYÂNÂ was besieged by the KUKTÂNÊ in the night on the second day of the month of ÎLÛL, and they killed therein fourteen [men] and two women. And they laid waste MÎDÛ, and BÊTH ÎSḤAḲ, and 'ARÂBÂN, and the marauding bands of the KUKTÂNÊ returned to their own country. And in this year the ḤASANÂYÊ went down to GAZARTÂ of ḲARDÛ, and they plundered his country and killed many of the KUKTÂNÊ.

And in the year [fol. 196 *r.*, col. II] seventeen hundred and sixty-five of the GREEKS, MALIK KHALÎF came from SA'ARD and went into the citadel of KÂ, and he sat down in a place, that is to say, a tower, which was above the Jacobite church of MÂR ZÂKÂ. And MALIK AḤMAD, the Sulṭân, his sister's son, went and bribed the TÛRKÂYÊ of BÊTH ḤASAN Bâg, and the TÛRKÂYÊ outside the wall of the town surrounded him, and the lord of the castle was inside. And MALIK KHALÎF remained in the midst of the city, and wheat and barley, and dainty foods and grapes used to come to him from every part of the Citadel; and he had with him about three hundred men, warriors, and mighty men. And one day the Sulṭân MALIK AḤMAD made [a sortie] against the TURKÂYÊ who were surrounding the city, and he made also a [proposal, saying], 'Come ye, and enter the Ḳal'ah to me on the other side, and we will do down and drive out my uncle MALIK KHALÎF from the city, and I will give you the city because there remaineth not to me strength sufficiently great to hold it because of the soldiery. Get ye back behind me, and if ye drive out this man ye will be doing me a favour, and the place shall be yours.' And when some of the TURKÂYÊ and some of the ḤASANÂYÊ, about a thousand men, had gone down to seize MALIK KHALÎF, the natives of the town shut the entrance which was below the church of MÂR ZÂKÂ, and he shouted to his servants and to the men in the bazârs, because they were very fond of him, and they seized all the TURKÂYÊ and the ḤASANÂYÊ who had come to attack him. And they stripped them naked, and took away their weapons of war. And he dismissed them and expelled them through the city gate of the BÂB AṢ-ṢÛR, and he said unto them, [fol. 196 *v*., col. I] 'Go ye and tell your lord ḤASAN Bâg'; and he did not kill one of them. And he withdrew his Turkish army from there and went to his own country, because he had been defeated by MALIK KHALÎF. And the TURKS returned to the country of the Citadel, and they took prisoners, and they looted, and tortured many with smoke, [and they took] the natives of 'ASHTARKA, and ZÂZ, and 'ALÎN, and ḤÂḤ, and SALḤ, and houses, and KAPHRÂ, and KAPHAR SHAMA', and the whole of the district of the Citadel.

And in the year seventeen hundred and sixty(*sic*)-six of the GREEKS, MALIK KHALÎF took the citadel of KÎPÂ, and he reigned therein, and he killed MALIK AḤMAD, his sister's son, and all who were with him. And revolts, and wars, and terrifying happenings took place, and there was a severe [plague] and famine and scarcity of every kind of food, and everything which served as food was sold at an exorbitant price.

And in the year seventeen hundred and sixty(*sic*)-seven of the GREEKS, the Patriarch ḲAWMÂ of ṢLAḤ, by race a Severenite, died, and the Patriarch BEHNÂM, the ḤADLIAN, of the throne of MARDÎN, died. And the Maphrian BAR ṢÂWMÂ MA'DÂNÎ died. For in the Monastery of GÛBÂ there were two Patriarchs, Rabban KHALÎF, the son of the sister of the Maphrian BAR ṢÂWMÂ at MARDÎN, and in ṢLAḤ Rabban ÎSHÔ', the ÎÛRDANÂYÂ, the son of GALLÛ. And the son of the sister of KHALÎF, that is to say 'AZÎZ, was consecrated bishop of GAZARTÂ of ḲARDÛ.

And in the year seventeen hundred and sixty(*sic*)-eight of the GREEKS, BAR ṬARKHÂN the Amîr came from the house of ḲARÂ YÛSIF a second time, and he besieged both MARDÎN and the city of 'ÂMID. And they cut the roads, and there was a great trembling in the countries through him. And ḤASAN Bâg rushed out upon him from the mountain of LAISÛN like a lion, and he broke him and killed him at the gate of the city of 'ÂMID. And he killed a very large number of his followers, [fol. 196 *v*., col. II] and he took their spoil and all their precious treasures; and they returned to their native districts, being faint from hunger and with drooping heads, and stripped naked of their apparel. And in this year the ḤASANÂYÊ fought with the KÛKTÂNÊ (*sic*), and the ḤASANÂYÊ were broken, and fifty of their men were killed, ḤAGI 'ÛN, and the Amîr 'UTHMÂN, and BÂRÛDÎ. And the BÛKTÂNÊ (*sic*) came again. And they slew ten men of the KÛRDS of BÊTH GÂRÛD in BÊTH 'AZGÂ. And the BÛKTÂNÊ (*sic*) came again and they destroyed MEDÛ, and BÊTH ÎSḤAḲ, and 'ARÂBÂN. And they killed in MEDÛ two priests, the priest BEHNÂM and the priest MALCHUS, and many others with them. And in 'ARÂBÂN they killed two priests, the priest BEHNÂM and the priest 'ADDAI, and the ministrant of ABU-NÂṢIR, and forty men with them. And they carried off women and children into captivity.

And in the year seventeen hundred and sixty(*sic*)-nine of the GREEKS, there was a severe and terrible plague in GAZARTÂ of ḲARDÛ, and many men died of it, both Christians and ARABS. And the Amîr 'ABD ALLÂH, its lord, died, and he was the Amîr who wrought such wickedness on the ḤASANÂYÊ; and the old enmity which existed between them [persisted] until he died. And in this year the Sulṭân MALIK KHALÎF, the lord of the citadel of KÎPÂ, went down to GAZARTÂ of ḲARDÛ, and he burnt all the district thereof, and he laid waste, and looted, and made captives. And he carried off eight stones from the gate of a village of GAZARTÂ, which was called "ʿASHÎMTÂ', black stones, and he set them under his throne in the castle of the citadel of KÎPÂ.

And in the year seventeen hundred and seventy (*sic*) of the GREEKS, the Amîr AḤMAD BKHÂTHÎ (?) made war on GAZARTÂ of ḲARDÛ [fol. 197 *r.*, col. I], and he took it from the Amîr BRÂHÎM (*sic*), the son of the Amîr ʿABD ALLÂH of BÛḲTÎYÂ, and he drove him out from it. And the Amîr IBRÂHÎM fled to the citadel of PANEK because his father was dying. And this Amîr AḤMAD was dwelling in KHÂTÎ, and his brethren in the castles which were in the mountains of ḲARDÛ. And when the Amîr ʿABD ALLÂH was dead, he took GAZARTÂ from his sons, and he made great peace to be between himself and MALIK KHALÎF, the lord of the fortress of the city, for a period of five years.

And in the year seventeen hundred and seventy-one of the GREEKS, the New Castle was transferred from the MAḤLAMÂYÊ to the TURKS of the house of ḤASAN Bâg. And the Patriarch ÎSHOʿ, from the village of ʿÎÛRDÂ, died, and there was appointed Patriarch in his place in ṢALḤ ʿAZÎZ, the son of SABTÂ, from BÂSÎLÎÂ. And MUBÂRAK was appointed bishop of ḤÂḤ, and bishop ʿAZÎZ, the son of the sister of the Patriarch KHALÎF, to GAZARTÂ of ḲARDÛ, and bishop SKANDER to KRATHPRATH (?), and ʿABD AL-MASÎḤ to MAIPERḲÂṬ.

And in the year seventeen hundred and seventy-two of the GREEKS, the ḤASANÂYÊ came down to the gate of GAZARTÂ of ḲARDÛ. And the natives sallied out and engaged the ḤASANÂYÊ in battle, and the ḤASANÂYÊ were broken, and more than one hundred of them were killed. And in this year the Amîr IBRÂHÎM, the son of the Amîr ʿABD ALLÂH, was driven forth from the citadel of PANEK by the Amîr AḤMAD BAKHÂTHÎ, and he took the Castle, and he seized the Amîr IBRÂHÎM and his sons and burned them in the fire. And in this year MALIK KHALÎF took the city of SAʿDAR from the KÛKTÂNÊ; now they had been struggling for the possession thereof for a period of twenty years, and fighting [fol. 197 *r.*, col. II] each other for it, and between them very many were killed.

And in the year seventeen hundred and seventy-three of the GREEKS, the Sulṭân of the citadel was killed, that is MALIK KHALÎF, and his sons MALIK MÛSÂ, and MALIK HÂRÛN, the sons of his uncle MALIK ʾAYÛB, and MALIK ZAYN AL-ʿÂBDÎN his brother. And the kingdom was not confirmed to him. And in this year ḤASAN Bâg the TURK came, and besieged the citadel of the city from the beginning of the month of the LATTER TESHRÎN to the beginning of the month of ḤAZÎRÂN, and the TURKS encamped about all the castles thereof. And he took the citadel from the ḤASANÂYÊ, and ḤASAN Bâg made king thereof his son Sulṭân KHALÎL. And ḤASAN Bâg also killed MALIK 'AYÛB the lord of the citadel of KÎPÂ, and his brother MALIK ZAYN AL-'ÂBDÎN, and all the Amîrs of the ḤASANÂYÊ. And he expelled all the other men from the citadel of KÎPÂ, and sent them to 'ÂMID in disgrace, and he took away the grain (?) of the city. And in this year the castle of HAITAM was transferred to that TURK who was a slave of ḤASAN Bâg; and he was blind in one eye, and he was called KHÂR (?) KHALÎL. When he took the city from the Amîr AḤMAD, the son of NAPṬAH, he was blind. And he brought to him the accursed TASHLIK KÛRDS, and the GÂRUDÂYÊ, and the MAḤLAMÂYÊ, and he gave them the command to take captives, and to loot, and make war on, and to kill this blind man who was in the castle. And this blind TURK, KHALÎL Bâg, who was sitting by the city of SARWÂN (?), came, and each day he came early in the morning and carried on [fol. 197 *v.*, col. I] war with the lord of ḲAL'ÂH HAITÛM. And he plundered and killed the KÛRDS from the slaves of the blind Amîr of the ḲAL'AH. And the lords of the ḲAL'AH used to go out and rob the Christians who were in his country and kill [them].

And the Amîr of the ḲALÂH sent out a band of marauders against the village of BÊTH SEBHÎRYÂNÂ, on the second day of the half of the fast. And they killed there men, and captured and fettered many, and they carried [them] to the ḲAL'ÂH and sold every one of them for a large sum of money. And there was in the ḲAL'AH a crowd of women and young children, and because of the fear of fightings, and robberies, and the fearful happenings, they went down and took refuge in the ḲAL'AH, for they were afraid. And when the citadel of KÎPÂ was taken from the ḤASANÂYÊ, the TURKÂYÊ ruled over the whole country. And the accursed governor who was in ḲAL'AH HAITÛM was blind, and a rebel, and he drew to him the KÛRDS and taught them to plunder and kill and destroy the natives of the country without mercy. And every one who went down to the castle, women, children, young men and maidens, because of their fear of the TURKÂYÊ, the governor of HAITÛM fell upon, because the Sulṭân of the citadel was killed. And the governor of HAITÛM rebelled against the ḤASANÂYÊ and the TURKÂYÊ, and everything which went down to the ḲAL'AH, such as wheat, and barley, and honey, and dried grapes, and fruit, and beans, he confiscated and gave absolutely nothing to their owners. And he went so far as to sell all the fully grown women, and the young children and the youths, at very high prices. And after things were thus, he made the TURKÂYÊ take oaths that they would not do him any harm, [fol. 197 *v.*, col. II] and he gave them the ḲAL'AH OF HAITÛM. And he made our country to suffer many tribulations: may God not forgive him! And in that year there were fires and earthquakes on three occasions, because their sins were many. And in various places walls, and buildings, and houses, and many edifices fell down.

And in the year seventeen hundred and seventy-four of the GREEKS, great swarms of locusts came from the east, and they were in the flying stage. And they came as far as MARDÎN, and they devoured the crops, and the vines, and the fruit, and the trees, and even the grass, and they left nothing green on the face of the earth. And the vines, and the fruit-bearing trees, and the [other] trees, withered because they were stripped bare, and the locusts devoured them.

And in the year seventeen hundred and seventy-five of the GREEKS, this ḤASAN Bâg, the TURK, cast [the sword], and he gave the command to his slave KHALÎL Bâg, who was dwelling in this country, and he cast the sword, that is to say judgements, on the KÛRDS who were of the people of TASHLIK, and he killed and made an end of them unsparingly. And in this year the priest 'ADDAI, the Severenite, and his companions were consecrated.

And in the year seventeen hundred and eighty-one of the GREEKS, the TURKS of BÊTH ḤASAN Bâg came down to GAZARTÂ of ḲARDÛ to take the city and its district from the hands of the BÛKTÂYÊ. And the KÛRDS rebelled against the TURKS, and they retreated, being broken, and they turned their backs in flight.

And in the year seventeen hundred and eighty-two of the GREEKS, a large army of the TURKS and great Amîrs encamped by GAZARTÂ OF ḲARDÛ, and they pitched their tents facing it. And all the BÛKTÂYÊ of the lord of GAZARTÂ, that is to say KÛRDS, went forth with a strong force against the TURKS. And God—praise [be] to His goodness—[fol. 198 *r.*, col. 1] who is not unmindful of His servants, the Christians—now the Christians who were in the hands of the KÛRDS were in great tribulation—from that moment God gave the people of the BÛKTÂYÊ over into the hands of the TURKS, and they smote them with a great smiting, and they fought with them, and they drove them from this Amîr to that Amîr. And he killed them all, and only a very few of them escaped; and about one thousand five hundred men were killed, and the rest fled and threw themselves into the sea and were drowned in the waters. And the TURKS invaded the city of GAZARTÂ, and no man resisted them.

And in the year seventeen hundred and eighty-three of the GREEKS, there were fierce wars and many battles between ḤASAN Bâg the TURK of LASHOM (?) by the city of BÎRAH, which was by the river EUPHRATES. And some men say that in the two armies more than one hundred thousand men were killed. Now ḤASAN Bâg did not take BÎRAH, and he and all his army retreated broken.

And in the year seventeen hundred and eighty-five of the GREEKS, the great church of the village of BÊTH SEBHÎRYÂNÂ was destroyed, and it collapsed entirely. And in this year all the natives of the village rose up and sent two priests to MÂRDÎN (*sic*) for architects to [re]build the church, viz. the priest 'ADDAI, and the priest YÛSIF. And they came to the Patriarch

KHALÎF, and asked him for two architects, and he sent [back] with them his sister's son BASILIUS, the Maphrian, and ʿAZÎZ; and the natives of the village showed great diligence and care, both they and their children and wives. And this Patriarch of ṬÛR ʿABDÎN, ʿAZÎZ, the son of SABTÂ, came, and with him were all the bishops of the country, and the building mounted up day by day. They began to build the building in the middle of the month of NÎSÂN and they finished the whole building and placed the roof on it [fol. 198 *r*., col. II] on the twenty-second day of the month of ḤAZÎRÂN. And there was a little forgetfulness, that is to say disagreement, between the architects and the people of the village about the framework of the timbers (or, beams) under the roof. For when they finished the roof the beams under the roof broke, and the roof fell in, and fifteen men and two monks and a priest were killed through the forgetfulness, for they had not supported the framework of the roof, and they had placed no pillars under it to take the weight, and it slipped [out of its place] and fell. And on the sabbath we found that the wall of the BÊTH-HAIKAL (i.e. sanctuary) by the altar had burst open, and there [were visible] portions of the bodies of the saints. In the wall was a great coffin of white stone (marble?) with the body of MÂR DÂDÂ lying in it; and his skull was without covering. And the inscription upon it was, 'This is the coffin and body of MÂR DÂDÂ.' And there was another small stone coffin, and the inscription upon it was, 'This is the coffin of MÂR 'ASYÂ'; and there were portions of his body in it. And there was another coffin of black wood, and there were portions of the body in it; and the inscription upon it was, 'This is the coffin of MÂR 'ÂḤÂ'. And after the sorrow wherewith the natives of the village were clothed because of the killing of those men through the collapse of the church, the discovery of the relics [of the saints] became to them a great consolation. For we did not know that we had with us any one of these relics, and we did not know what the history of Saint MÂR DÂDÂ was, and we used to think that he was one of the disciples of MÂR 'AWGÎN. At length we used to ask one person after another, until at length certain Nestorian monks informed us that in the country of TABRÎZ [fol. 198 *v*., col. I] he had a monastery and that his history [was known] therein. And when one of our own monks, whose name was RABBÂ GABRIEL, who was by race a SEPASIAN (?), heard this, zeal seized him and he rose up and went to SÎDÔS, a village of the NESTORIANS in the country of TABRÎZ, to the Monastery of MÂR DÂDÂ. And he made himself [out to be] an anchorite from the church of the city of NISIBIS, and they honoured him, and in a week of days he wrote and brought to us the history of Saint MÂR DÂDÂ. Now he asked the sacrist there for it that he might read it, and he gave him a large book of history wherein there was very much [about MÂR DÂDÂ]. And he took it and brought it to us, and we found therein a pleasant discourse and very much that was wonderful. And ÎSHOʿ the priest and monk, the son of the priest ISAIAH, compiled from the history the statutes, and liturgy, and penitential prayers, and discourses, and prayers, for we did not know what his manner of life was. And afterwards we [re]built the sanctuary in the *haikal*, and we laid the relics in the wall in which they had been [found]. The skull of MÂR DÂDÂ we laid in the silver coffer which he had. [The sarcophagus] of MÂR 'ÂḤÂ, and another of stone, we deposited in the wall, and we hid them in the upper side opposite to the upper wall. And the men of the village rose up and finished and enlarged the altar and the *haikal* with everything which was necessary. And they made in the altar a wooden ark, that is to say an innermost Holy of Holies, fashioned by the hands of the priest 'ADDAI, the carpenter, the son of ISAIAH, as beautifully as was possible.

And in the year seventeen hundred and eighty-eight of the GREEKS, died the Patriarch [fol. 198 *v.*, col. II] ʿAZÎZ, the son of SABTÂ. And they appointed with contention two governors who were uneducated and litigious men, and who did not agree with each other. They appointed as one Patriarch SHÂBÂ, an ARAB, a large old man whose strength was broken, and as the other Patriarch, JOHN the ʿÎÛRDANITE, who was the holy man (bishop?) of GARGAR; and they gave a very considerable sum of money into the hands of the governors. And one dwelt in ṢALḤ, and the other in MEDYÂD, and there was great grief to the Christians of this our country who were in ṬÛR ʿABDÎN through these governors who rose up to pasture them—the stumbling block of the pasture. And in this year ḤASAN Bâg, the TURK, the son of ʿUTHMÂN, died, and his son YAʿḲÛB Bâg ruled after him; and the Christians had great peace in his days. And MALCHUS the priest, the Severenite, died; he was the son of the sister of Rabban ÎSHÔʿ, the priest, the son of the priest ISAIAH, deceased, of BÊTH ʿAGSHAM (?).

And in the year seventeen hundred and eighty-nine of the GREEKS, the Georgian kings rebelled against each other. And ḲARḲÛR Bâg came to ḤASAN Bâg, the son of ʿUTHMÂN, and he promised him to hand over to him the countries which were subject unto him. And he took an army from the TURKS, and he crossed over into the countries of the GEORGIANS, and he destroyed churches and monasteries. And they plundered and looted the holy vessels, and the crosses, and the phials, and the chalices, and they killed the priests, and the deacons, and very many monks and servants. And they passed on (?) and took prisoners, men and women, youths and children, without number. Some of them they sold to the Christians, and some of them became MUSLIMS, but these were few, and they reduced them to a condition of slavery. And from that time, and [through] the sin which he committed, he was smitten with a grievous disease, and he became sick and also died. And YAʿḲÛB Bâg [fol. 199 *r.*, col. I] his son ruled after him, and he killed his brother Sulṭân KHALÎL whilst he was ruling, and the kingdom was firmly established for him.

And in the year seventeen hundred and ninety of the GREEKS, the

SHÂMÂYÊ (DAMASCENES) and the soldiery of EGYPT, armies which could not be numbered, came and encamped round about the city of EDESSA of BÊTH ʿUTHMÂN. And great trembling and fear fell upon the country of YAʿḲÛB Bâg, and EDESSA, and ʾÂMID, and MARDÎN, and BADLÎS, and the citadel of KÎPÂ, and MÂWṢIL, and GAZARTÂ of ḲARDÎN. And the DAMASCENES camped round EDESSA, and they incited the TURKS to fight a battle with them, for there was hatred of long standing between them. For ḤASAN Bâg, the father of YAʿḲÛB Bâg, went and encamped at the city of the SHÂMÂYÊ, which is BÎRAH, by the side of the EUPHRATES. And he invested it for a year of days and dug a tunnel under the wall that he might go into the city, but he was not able [to reduce] its strength. And he heaped up mounds against it, and made it to suffer very many evils. And he came back afterwards, but he was unable to cope with its strength, for he had lost many men in his attempt. And God did not deliver the city into his hands. For this reason after many years the SHÂMÂYÊ came that they might take vengeance for BÎRAH. They came and encamped against EDESSA, which is near the EUPHRATES, and close to their city of BÎRAH. And there went on before them many of the TURKS, who were in number more than sixty thousand, men and warriors and soldiers experienced in war, like SULAIMÂN Bâg, and BÎANDÛR Bâg, and KHALÎL Bâg, and KÛRKAMÂS Bâg, and ZAHRÂ Bâg, and KHÂLID Bâg, and NÛR ʿALÎ Bâg.

And they (i.e. the TURKS and the SHÂMÂYÊ) halted opposite each other for four months and more. The SHÂMÂYÊ were ineffective, for they were men from the bazârs and were famished with hunger, [fol. 199 *r.*, col. II] and the men of BÊTH YAʿḲÛB were impeded because they were in the middle of the place. Subsequently, according to the Will of God, they attacked each other on the first day of the month of the FIRST KÂNÔN. And the TURKS raged and rushed on the SHÂMÂYÊ like lions on a flock of sheep, and the SHÂMÂYÊ fled, and gave place by flight. And their captain who was called 'BÂSH' was killed, and with him about a thousand men, who were all equipped with gold, and silver, and iron. And they took from them their horses, and their equipment, and weapons of war, which were without number. They captured of them as prisoners more than one thousand souls. And God—praised be to His goodness!—gave such a splendid victory to the TURKS. And it remained to the SHÂMÂYÊ to do battle with the TURKS of BÊTH ʿUTHMÂN, but they turned back against the RÔMÂYÊ of BÊTH SULṬÂN MUḤAMMAD, the son of ʿUTHMÂN, who dwelt in the inner countries of TÛKÂ.

And Sulṭân MUḤAMMED RÔMÂYÂ wished to go down against JERUSALEM and destroy the GREAT ḲUBBAH (SANCTUARY) which the Christian kings of CONSTANTINOPLE had built. And the king of RÔMÂYÂ had often asked the Sulṭân of EGYPT, saying, 'Give me help that I may destroy the tomb of Christ and the GREAT ḲUBBAH of the Christians which is in JERUSALEM'.

And he would not do so, but said unto him, 'How canst thou destroy the House of Prayer of all the Christians, from which much money cometh to me?' And the EGYPTIAN said, 'I will not give thee [help]'. [fol. 199 *v.*, col. I] And the EGYPTIANS and the RÔMÂYÊ fought against each other, and destroyed each other. On one occasion, the first, the RÔMÂYÊ were broken, and seventy (?) thousand of them were killed, and on the second occasion thirty thousand. And the FRANKS were coming from above (i.e. the north) and the EGYPTIANS from below (i.e. the south), and year by year they destroyed the RÔMÂYÊ. And on the third occasion the FRANKS and the EGYPTIANS destroyed eighty thousand of the RÔMÂYÊ. And they took from the RÔMÂYÊ very many cities, and the number of them did not diminish, for they were like the dust of the earth. And enmity existeth among them to this day. The EGYPTIANS conquer the RÔMÂYÊ because they will not let a hand fall on the PILLAR and on the ḲUBBAH which is over the tomb of Christ.

And in the year seventeen hundred and ninety-six of the GREEKS, this SÛLAIMÂN Bâg, the son of BÎGÂN, the Wazîr of Sulṭân YA'ḲÛB, received a Patent (or, Licence) from YA'ḲÛB Bâg the Sulṭân, the son of ḤASAN Bâg. And he went against the difficult mountains of ḲARDÛ, and against the country of 'AMÂDÎAH, in order that he might take them from the accursed KÛRDS because they were rebels against Sulṭân YA'ḲÛB. And this SÛLAIMÂN Bâg collected a great army and soldiers innumerable, because he was the Amîr of 'AMÂDIAH. The name of the Amîr was ḤASAN BAR SAYB AD-DÎN. And he invested all the mountains, and filled them with strong bodies of soldiers innumerable. He did not make war on them in regular fashion, but engaged them in a few skirmishes. And he sat down [fol. 199 *v.*, col. II] for two years, conquering and going round about the countries of the KÛRDS. First of all he took the castle of 'AḲRÂ, and he settled in it PÎR MAḤMAD, the lord of the citadel of PANEK, the head of the BASHANWÂYÊ (?). And he did no harm to the ploughmen, and the sowers, and the reapers of that country, and he left every one to carry on the work on which he was engaged.

Afterwards he took the castle of SHÛSH, and when the lords of the castles and the citadels which were in the mountains of 'AMÂDÎAH saw that this man was established permanently over them, and that his troops were too numerous [to resist], they went down from their castles, and handed themselves over to SÛLAIMÂN Bâg. And from there he came and pitched his tents by 'AMÂDÎAH, the fortified city of the Amîr SAIF AD-DÎN, which was [situated] among rugged mountains, and he attacked it for a period of a year or more and was unable to take it. And he made fierce attacks upon it, and hurled many missiles from his machines at it. And those who were above it rolled huge stones down upon it, and they killed very many of its inhabitants.

And in the year seventeen hundred and ninety-eight of the GREEKS, he withdrew from it and he was powerless before its strength. And he came and passed over into the plain of BÊTH 'ARABÂYÊ, he and his hosts, and he did no harm to any man, neither to the crops nor to the vineyards, and he came and arrived at NIṢIBIS and MARDÎN in peace. And he gave a strict command concerning the countries (plantations?) that they were not to be injured by his troops. And there was enmity between him and GÛLÎ Bâg, the Amîr who dwelt in the plain before the KÛRDS and the TURKS who were pasturing their sheep [there]. And he was in subjection to the Sulṭân YA'ḲÛB and was his vassal. And he rebelled against the Sulṭân, and for a period of two years he did not go to salute the Sulṭân. And for this reason [fol. 200 *r.*, col. I] SULAIMÂN Bâg was indignant, and he came against him. And they were opposite to each other for two or three months, and they fought against each other on the waters of the TIGRIS . . .; and SÛLAIMÂN Bâg broke GÛLÎ Bâg and killed him.

And in the year seventeen hundred and ninety-nine of the GREEKS, Sulṭân YA'ḲÛB Bâg died, and BÎSANḲÛR Bâg reigned after him. And there was dissension in the kingdom of the MONGOLS, and ṢÛFÎ KHALÎL rose up against 'AMÎRZÂ 'ALÎ, the son of Sulṭân KHALÎL, and strangled him. And the sons of ḤASAN Bâg and all the kings were enraged, [viz.] MASÎḤ Bâg, and YÛSIF Bâg, and MAḲṢÛD Bâg, and BÛDÂG Bâg, and ḲALÎG Bâg—now the kings were twenty in number. And they went against ṢÛFÎ KHALÎL, and they broke and killed all the kings. And dissention fell (i.e. broke out) in the kingdom of the MONGOLS. And when SÛLAIMÂN Bâg saw that the kingdom of the MONGOLS was blotted out, and that only a few and unimportant members of the royal stock remained after he had killed GÛLÎ Bâg, he went against ṢÛFÎ KHALÎL and broke him and killed his sons, who were twenty-eight in number. And he took Sulṭân BÎSANḲÛR after he had fallen from his horse, and set him on another, and brought him to his camp and received him with honour. And he took RÛSTAM Bâg, the son of MAḲSÛD Bâg, the son of ḤASAN Bâg, and he did not find him to destroy him, but he shut him up in the castle of 'AILANGÂH.

Also in the year eighteen hundred of the GREEKS the kingdom of BÊTH ḤASAN remained in a state of ruin; its governor was Sulṭân BÎSANḲÛR, and SÛLAIMÂN Bâg was its Wazîr.

In the year eighteen hundred and one of the GREEKS, GEORGE the bishop of the Monastery of MÂR GABRIEL, and the disciple of Rabban SṬEFÂN, went to the Holy City. And GEORGE the bishop bought the house which is above the Syrian church of the Mother of God [fol. 200 *r.*, col. II] for two hundred gold *dînârs* from the ARABS, and he gave it to the church of the Mother of God for the use of those who came and visited it to worship there so that they might be blessed by the Tomb of Christ.

And in the year eighteen hundred and three of the GREEKS, 'ADDAI the priest, the Severenite, went to the Holy City, and his son ḲÂWMÂ the priest, and the monk Rabban SHÂBÛ of ṢHLAḤ, and GABRIEL the priest, and REUBEN the priest, the Severenite. And with him were many men from BÊTH SEBHÎRYÂNÂ, with KHAWÂGÂ ḤASAN of MARDÎN, the Amîr, who was the ambassador of the Sulṭân, whom he was sending to SÛLAIMÂN Bâg to EGYPT. And with him were great gifts and letters of peace, and his son MAḤAMAD was with him, and a great company of merchants. For there was enmity of long standing between the EGYPTIANS and the Sulṭân of the MONGOLS of BÊTH ḤASAN Bâg, [dating] from the day when the SHÂMÂYÊ came to EDESSA; and the MONGOLS of BÊTH ḤASAN Bâg killed their chief, whose name was BÂSII. And when BÎSANḲÛR the Sulṭân was reigning, he sent KHAWÂGÂ ḤASAN as ambassador to EGYPT, and with him was a numerous force. And the Sulṭân of EGYPT was pleased with him, and he also received the ambassador with great honour, and gave him seven hundred gold *dînârs*, and he also gave to all his servants splendid presents of stuffs (brocades?) with threads of gold woven into them.

And KHAWÂGÂ ḤASAN the ambassador paid great honour to 'ADDAI the priest and his companions who had gone with him to the Holy City. And they gave nothing to any man on the road, not even one *darîkûnâ*. And through the ambassador KHAWÂGÂ ḤASAN and his slaves they enjoyed great freedom and pleasure [fol. 200 *v.*, col. 1] until [they reached] the city of RAMLAII. And from there we found the Amîr of JERUSALEM who was going to the Holy City. And the ambassador took counsel with us and said, 'I am going to hand you over to this man, and I will give [him] commands concerning you'. And he brought out to us two beautiful tunics (or, cloaks), and we offered them to the governor of JERUSALEM, and we also went in with him. And all [kinds of] enemies were looking at us on the road, but they were unable to do us any harm. And when the ambassador returned from EGYPT he said unto us, 'Are ye not coming with me? We are going to our own country.' And going back in the middle of the month of the LATTER KÂNÔN—he went back; but as far as we were concerned it was not the time for our return. And having received the Holy Light, and a blessing from the Holy Tomb and from the holy places, we returned from the Holy City. As for 'ADDAI the priest and his companions, some of them died in DAMASCUS—Rabban SHÂBÛ the monk, a native of ṢLÎHÂ, and GABRIEL the priest, the Severenite. And 'ADDAI the priest and his son ḲÂWMÂ the priest, and ṢLÎBHÂ the priest, and REUBEN, his disciples, buried them.

And when we came forth from the sea of CYPRUS, some of us went to DAMASCUS, and some of us arrived in TRIPOLI, and thence in ḤAMATH. And having entered ḤAMATH, Rabban ÎSHÔ' the monk, the Severenite, the son of the priest MÛSHÂ, fell sick and died, and he was wrapped up for burial and buried by those whom we have mentioned. And the priest ḲÂWMÂ fell grievously sick in DAMASCUS, but God—praise be to His goodness!—healed him. And [our] father remained forty days watching in ḤAMATH that we might return to him. And afterwards 'ADDAI the priest himself [went] to

DAMASCUS with great suffering. And they came to ḤAMATH, and their travelling was hindered until after Pentecost in DAMASCUS [fol. 200 *v.*, col. II] because the whole country of SHÂM, and EGYPT, and BÊTH RÔMÂYÊ was held fast in the grip of the plague, and also the roads were cut to people. Some of their companions arrived happily at their houses in a month of days, and the disease did not attack them. And from ḤAMATH they came to ALEPPO, and the roads were cut for merchants and for goers and comers by the terrible sickness which rested on the whole country of SHÂM. Then dissension fell (i.e. broke out) in the kingdom of the MONGOLS. And they (i.e. the pilgrims) having no rest, and having no escort ready for them, and unmindful that we had said they will come against EDESSA, they went with a company of Arab merchants who were rebels to GARGAR, [which is situated] among the difficult mountains by the side of the EUPHRATES.

And after eight days they entered GARGAR. And the lord of GARGAR seized them, and ill treated them, and shut them up in its castle for eight days, until the festival of MÂR THOMAS the Apostle; and he took from them belts, and crosses, and [other] possessions, and after that he dismissed them and [they] crossed the EUPHRATES. And bishop BEHNÂM of GARGAR did many kind acts for them—may the Lord be gracious unto him! He was the disciple of the Patriarch JOHN of GARGAR. May God be gracious unto them! And they came from there to the citadel of ḤEṢRÂM, and the lord of the citadel seized them, and he made them prisoners and looted whatsoever they had left unto them, and he made them to suffer every pain and hardship possible. And if God—praise be to His goodness!—had not helped them they would all have been killed. And from there they arrived in the city of SHARMÛG, where they had a little rest. And they arrived in 'AMID and found all the gates of the city plastered up (i.e. sealed), and NÛR (NAWAR?) 'ALÎ Bâg plundering [fol. 201 *r.*, col. I] and looting the countries of ḤASAN Bâg mercilessly. And he encamped against the fortress of KÎPÂ, and he collected soldiers innumerable, and he seized SÛLAIMÂN Bâg, the Wazîr of Sulṭân BÎSANḲÛR, and killed him and hacked in pieces him and his servants, the captains of hundreds, because SÛLAIMÂN Bâg had fled from the country of TABRIZ and had come and taken asylum in the fortress of KÎPÂ. And the lord of the fortress delivered him over to NÛR 'ALÎ, and he killed him. And the Amîr and king of BÊTH ḤASAN Bâg brought out RUSTAM Bâg, the son of MAḲṢÛD Bâg, the son of ḤASAN Bâg, from prison, and they made him the Sulṭân their king.

The year two thousand and four of the GREEKS. This young man was handsome and all the kings loved him. And NÛR 'ALÎ Bâg was the son of his uncle who had rebelled against him, and he killed SÛLAIMÂN Bâg and brought down from the castle of the fortress of KÎPÂ his son MÎRZÂ 'ALÎ and dismissed him. And he took the countries of MÂRDÎN (*sic*), and the fortress of KÎPÂ and 'ÂMID, and he spoiled them and their districts (i.e.

suburbs). And from NISIBIS he came and encamped against ṢALḤ, and he plundered the Monastery of MÂR YA'ḲÛB of ṢALḤ, and he looted the manuscripts, and the coffins, and the furniture, and the chalices, and the phials, and the rods of office and things generally. And the monks and the Patriarch MAS'ÛD fled, and the monastery remained a ruin without inhabitants; and he looted the whole district of the citadels, but the district of HAITÛM was preserved by God. And all the monasteries were laid waste by the accursed KÛRDS of TASHLIK, and the MAḤLAMÂYÊ, and the GARÔDNÂYÊ of SARKASHÂYÂ. And the Christians were in great trouble and tribulation. And afterwards Sulṭân RUSTAM Bâg sent ambassadors after him twice or thrice, and he did not come to salute him. And from there he sent a great force [fol. 201 *r*., col. II] and five Amîrs of his slaves, and they came against him to kill him. And he fled from them and went and took asylum in the castle of SHEMSHKAZÂN, and he sent an embassy concerning peace. And ḲASIM (?) Bâg, the uncle of the Sulṭân who had brought soldiers, reigned over MARDÎN and the citadel of KÎPÂ. And the sons of the rebels forced themselves inside the castle of MÂRDÎN (*sic*) with many prisoners.

ܟܬܒܐ ܕܡܫܘܚܘܬ ܐܪ̈ܥܐ.

ܐܘܟܝܬ ܓܐܘܓܪܐܦܝܐ.
ܕܣܝܡ ܠܡܪܝ ܓܪܝܓܪܝܘܣ
ܡܦܪܝܢܐ ܕܡܕܢܚܐ. ܘܕܡܥܪܒܐ:
ܕܗܘ ܐܒܘ ܐܠܦܪܓ ܐܣܝܐ:
ܕܡܢ ܡܠܝܛܝܢ ܡܕܝܢܬܐ
ܘܡܬܩܠܠ ܒܪ ܥܒܪܝܐ ܀

ܐܬܛܒܥ
ܒܐܣܩܘܦܘܪ ܡܕܝܢܬܐ
ܫܢܬ ܐܠܦܐ ܘܬܫܥܡܐܐ ܘܬܠܬܝܢ ܘܬܪ̈ܝܢ
ܡܫܝܚܝܬܐ

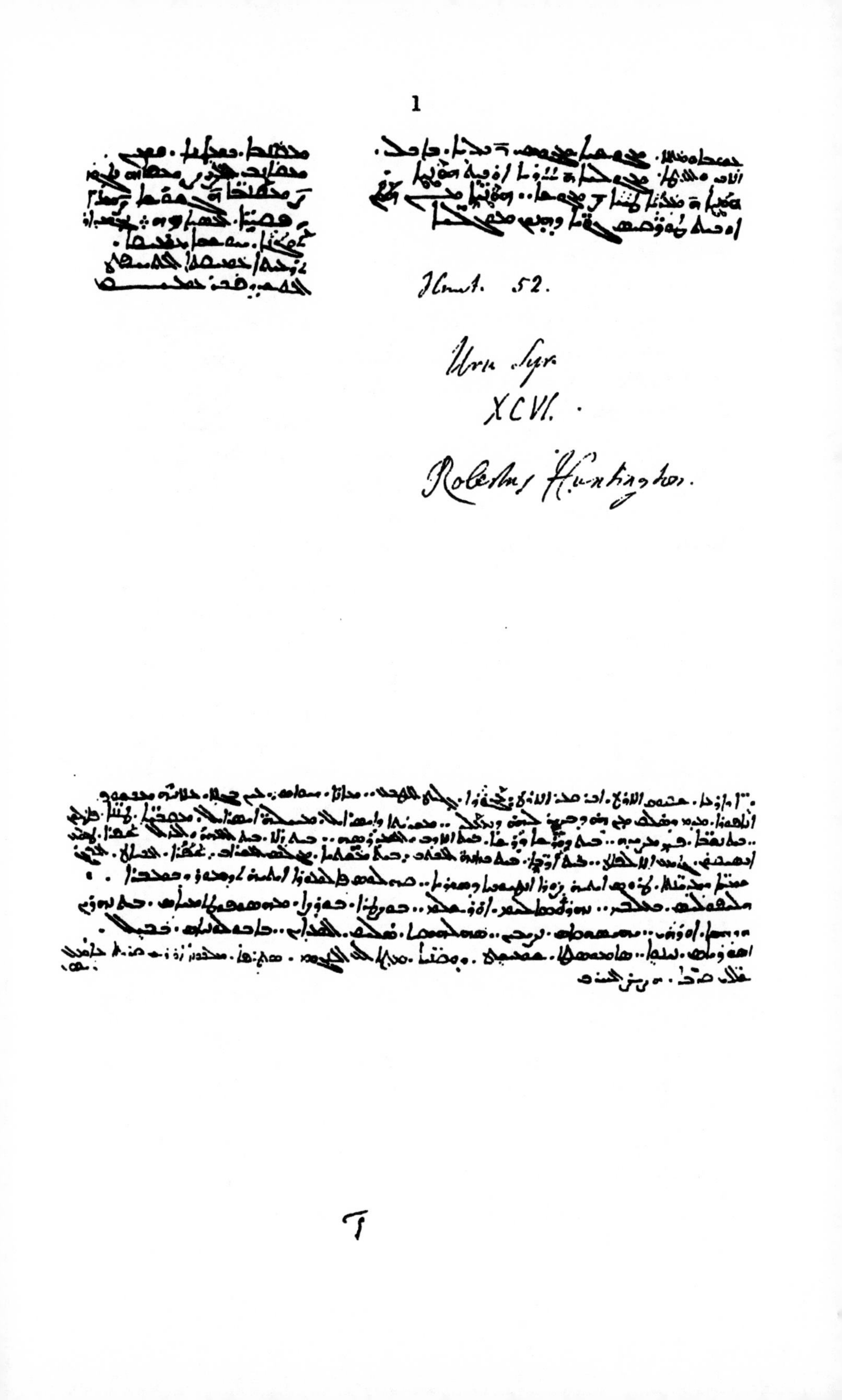

[illegible]

[illegible]

Hunt. 52.

Uri Syr.

XCVI.

Robertus Huntington.

[illegible]

T

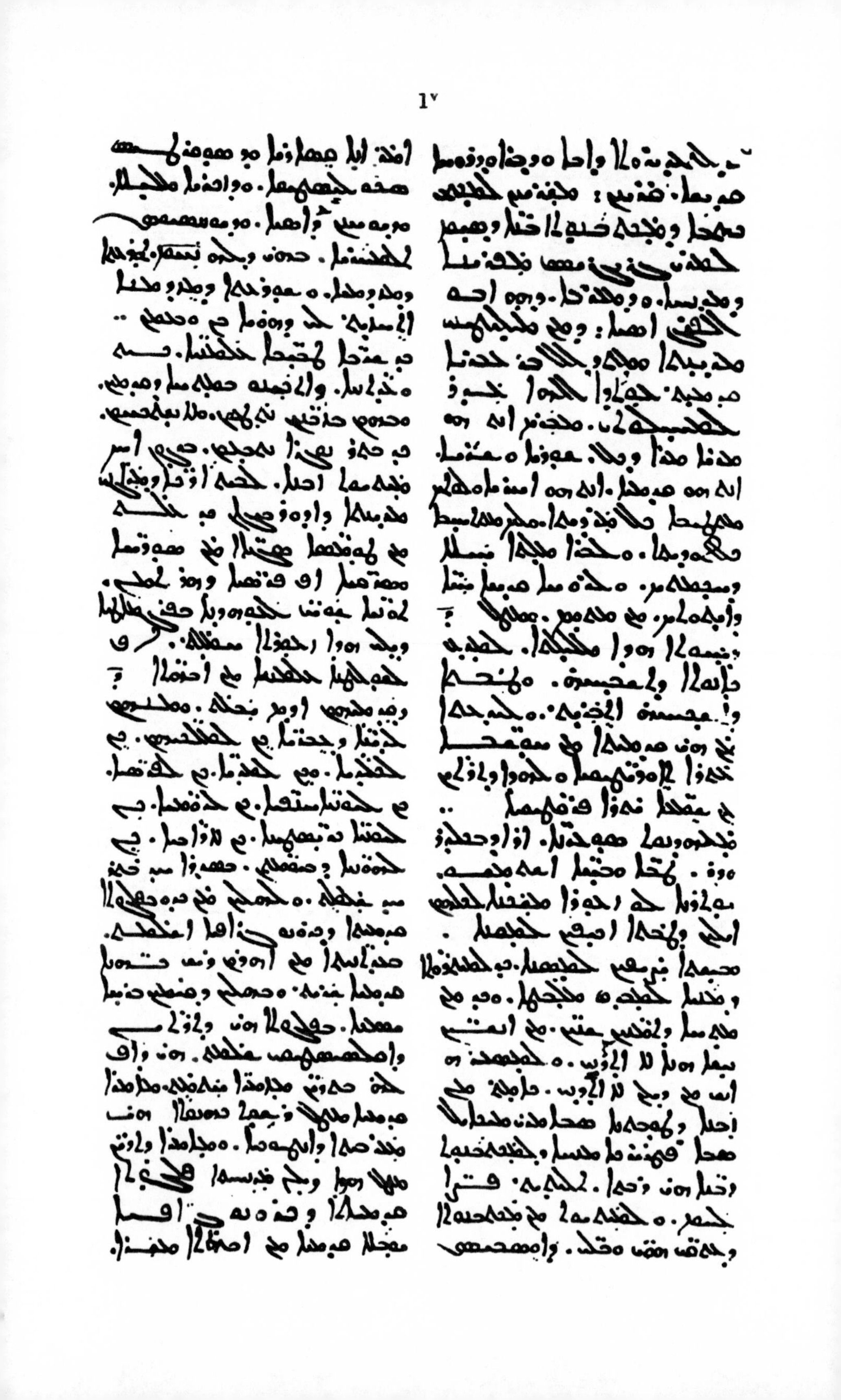

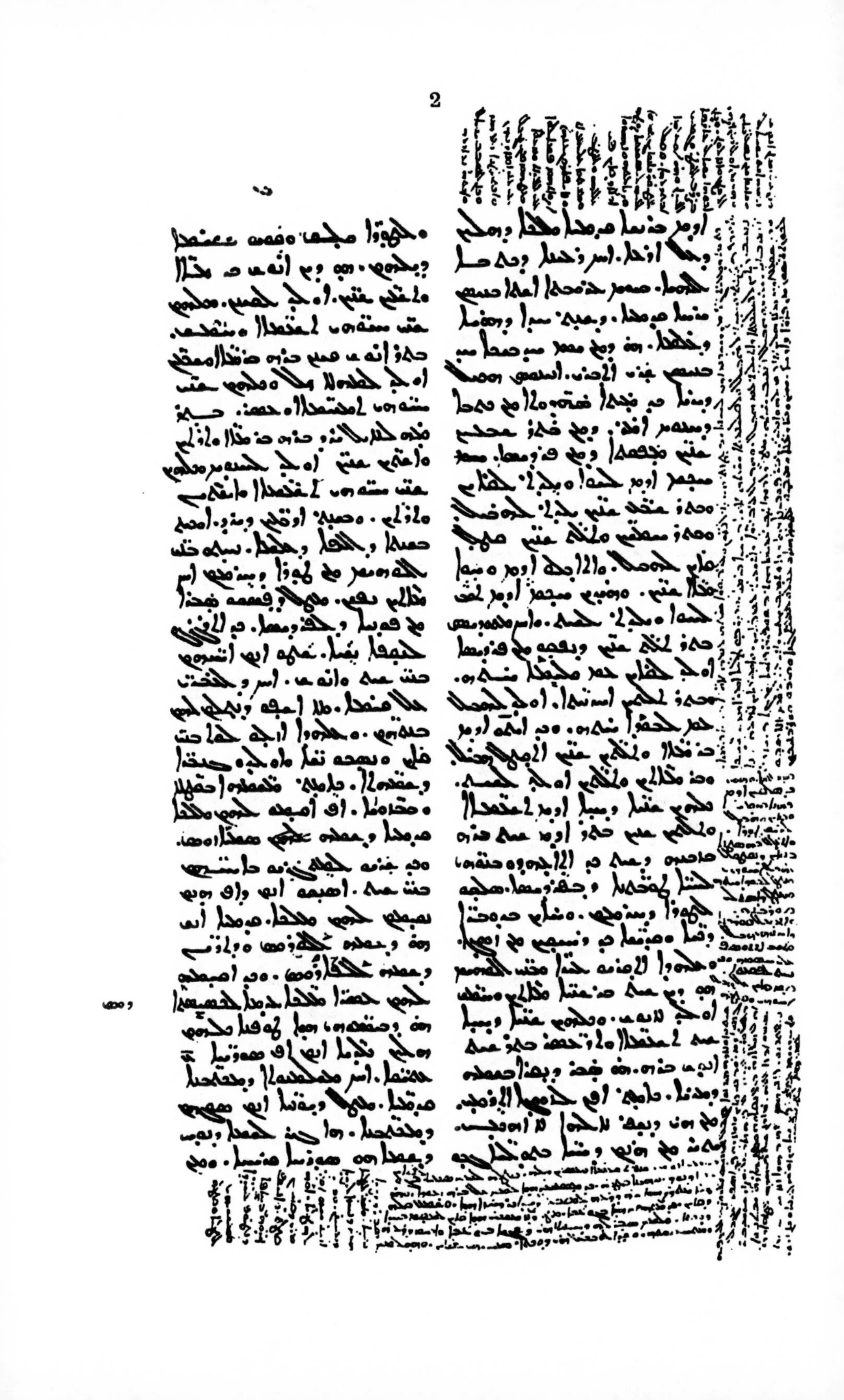

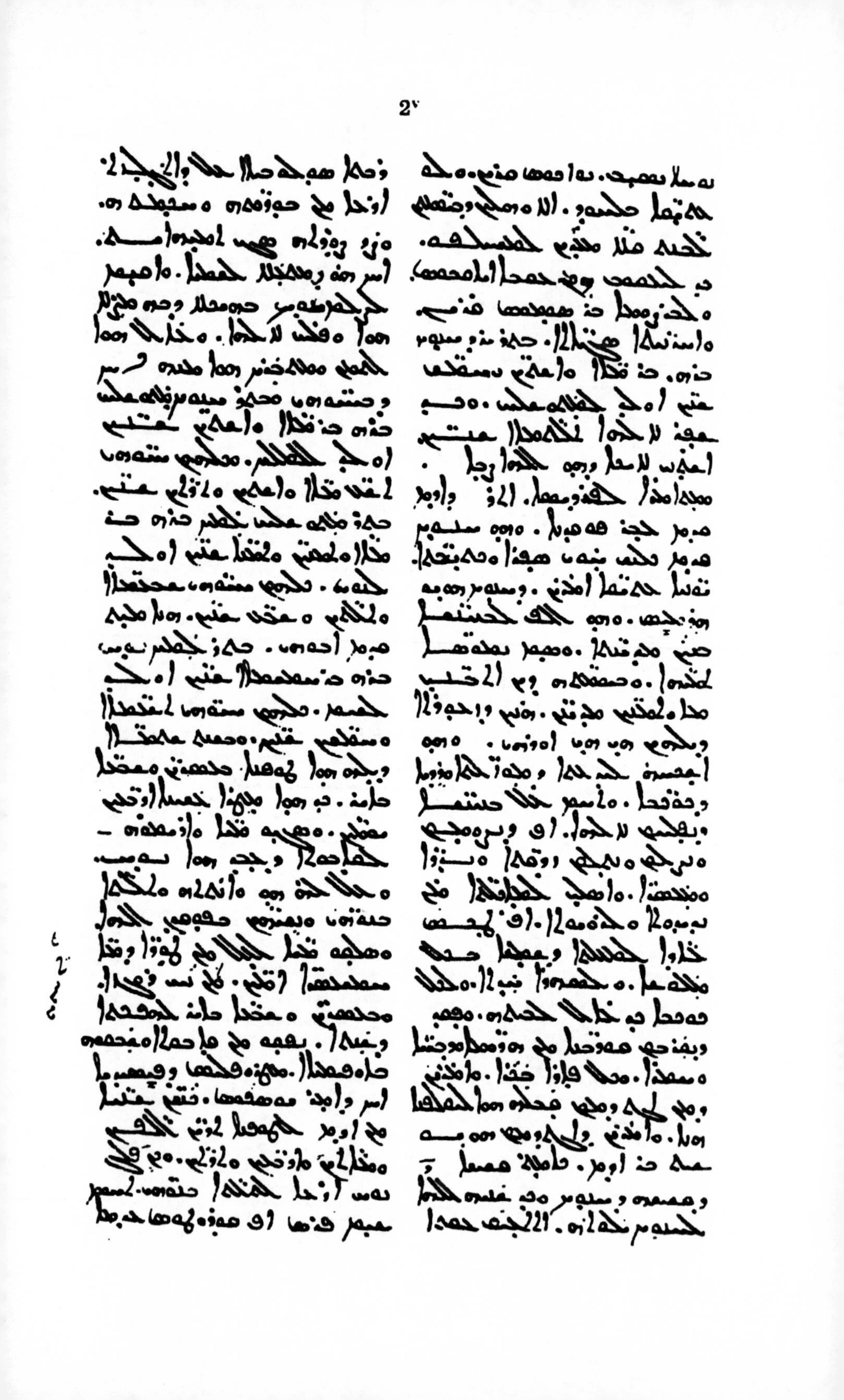

ܠܥܘܕܪܢܗ ܘܫܘܬܦܘܬܗ. ܐܠܗܝܬܐ. ܦܫܝܛܐ .
ܥܘܬܐ. ܚܪܬܐ ܦܬܝܬܐ. ܠܐܣܛܘܡܘܣ ܢܝܫ
ܡܢ ܕܫܡܥܘ ܒܝܕ ܡܠܐ ܗܘܐ ܡܬܟܬܒܢܘ
ܗܘܝܘ ܡܠܬ ܡܚܕܪܐ ܐܢܛܝܘܟܝܐ ܣܬܠܝܢ
ܡܬܘܣܐ. ܐܬܩܪܝ ܥܡܐ ܝܗܘܕܝܐ. ܐܪܢܘܢ.
ܐܘ ܐܣܛܘܡܘ ܡܟܒܝ. ܡܢ ܡܕܝܢܬܐ ܡܘܕܝܢ
ܒܚܕ ܒܢܝܢܐ ܚܝܡ ܡܩܕܘܢܝܐ ܐܘܪܫܠܡ
ܡܕܝܢܬܐ. ܡܘܬܢܐ ܘܟܦܢܐ ܐܝܟ ܕܟܬܝܒ. ܒܗܘ
ܢܘܣ ܚܝܡ ܒܪܗ. ܗܢ ܡܠܟ ܘܡܛܐ
ܫܢܝܐ ܐܘ ܟܒ ܠܐܘܪܣܛܘܒܘܠܘܣ. ܘܒܬܪܗ ܫܢܘܗܝ
ܡܠܟܝܢ ܫܢܝܢ. ܒܬܪܗ ܫܡܥܘܢ ܐܘܪܣܛܘܒ
ܒܪܗ. ܗܢ ܡܠܟ ܘܬܠܬܝܢ ܫܢܝܢ ܐܘ ܟܒ
ܠܗܘܢ. ܘܒܬܪܗ ܫܢܘܗܝ ܐܘܪܣܛܘܒܠܐ
ܘܐܬܩܪܝ ܘܡܬܩܪܐ ܫܢܝܢ ܒܬܪܗ
ܐܘܪܣܛܘܒ ܢܦܩ ܒܪܗ ܗܘ ܡܠܟ ܘܒܬܪܗ
ܫܢܝܢ ܐܘ ܟܒ ܒܬܘܠܬܐ. ܘܒܬܪܗ ܫܢܘܗܝ
ܐܘܪܣܛܘܒܠܐ ܘܬܠܬܝܢ ܫܢܝܢ. ܒܬܪܗ ܝܘܚܢܢ
ܡܢܗ ܘܒܬܪܗ ܐܠܟܣܢܕܪܐ ܐܪܣܛܘܒܘܠܘܣ.
ܡܢ ܡܘܟܠܐ ܕܝܢܐ. ܐܝܠܐ ܒܥܠ
ܒܥܕܢܐ ܘܒܝܕ ܡܫܘܪܝܐ. ܒܗ ܥܠ
ܕܝܢ ܡܕܝܢ ܒܗܘ ܒܐܪܥ ܐܠܟܣܢܕܪܘܣ. ܘܐܝܟ
ܘܒܬܪܗ ܡܠܟܬܐ. ܗܝ ܐܠܟܣ ܡܠܝܣܐ ܚܝܡ
ܒܢܘܗܝ ܐܚܕ ܘܠܐ ܚܠܦܐ ܗܘܐ ܒܗ.
ܘܐܦܝܣ ܒܗ ܕܒܬܪܗ. ܗܘܐ ܗܘܪܩܢܐ
ܫܢܬܐ ܕܬܠܬܐ ܒܗܘܪܩܢܘܣ ܫܡܥܘܢ
ܒܪܗ ܗܘ ܡܠܟ ܘܬܠܬܝܢ ܫܢܝܢ ܐܘ ܟܒ
ܒܬܪܗ. ܘܒܬܪܗ ܫܢܘܗܝ ܐܘܪܣܛܘܒܠܐ
ܗܢܘ ܫܡܥܘܢ ܒܪܗ ܒܪܗ ܗܘ ܡܠܟ
ܘܬܠܬܝܢ ܘܬܠܬ ܫܢܝܢ ܐܘ ܟܒ ܒܬܪܗ
ܘܒܬܪܗ ܫܢܘܗܝ ܠܐܪܣܛܘܒܠܐ ܘܐܘܪܩܢܘܣ
ܘܬܠܬ ܫܢܝܢ. ܐܘ ܐܚܪܢܐ ܕܡܢܗ
ܐܠܟܣܢܕܪܘܣ ܒܥܕܢܐ. ܒܗ ܒܥܕ ܒܬܪܗ
ܒܪܗ. ܗܘ ܡܠܟ ܘܬܫܥ ܫܢܝܢ ܐܘ ܟܒ
ܠܐܘܪܗ. ܘܒܬܪܗ ܫܢܘܗܝ ܠܐܪܣܛܘܒܠܐ
ܘܐܘܪܩܢܘܣ ܫܢܝܢ. ܘܡܠܟ ܡܚܐ
ܘܬܠܬ

ܘܚܝܐ ܕܝܠܗ. ܐܣܛܘܡ ܡܠܟܘܬܐ ܒܡܕܝܢܬܐ
ܡܩܕܘܢܝܐ ܦܠܣܛܝܢܐ ܚܫܝܫܐ ܗܘܘ.
ܘܟܕ ܡܠܟ ܬܠܬ ܫܢܝܢ ܘܦܠܓ. ܐܠܟܣܢ
ܕܝܢ. ܐܘܪܫܠܡ ܦܘܡܦܝܐ ܘܠܬܡܢ. ܟܕ ܗܘ
ܢܘܣ. ܐܠܟܣܢܕܪܘܣ ܚܝܡ ܡܟܒܝܐ ܐܬܐ ܠܗ
ܡܕܝܢ ܐܠܟܣܢܕܪܐ. ܒܕܡܢ ܠܒܝܬ ܩܘܕܫܐ
ܡܕܝܢܬܐ. ܘܠܐܪܝܣܛܘܒܘܠܘܣ ܡܫܬܡܠܝܐ
ܐܠܗܐ ܕܝܗܘܕܝܐ ܡܠܟܐ ܚܝܡ ܢܦܫܗ
ܘܦܪܣ. ܒܗܢܝܢ ܫܢܝܢ ܕܝܢ ܡܠܟܘ
ܠܡܕܝܢܬܐ ܡܢ ܡܕܝܢܬܐ ܠܐܢܛܝܘܟܝܐ. ܘܗܘܐ
ܐܘܪܫܠܡ ܘܠܐ ܡܬܩܪܝܢܐ. ܗܘ ܥܕ ܡܫܝܚܐ
ܡܢ ܕܝܢ ܒܥܕܢܐ. ܐܢܛܝܘܟܘܣ ܘܐܝܟ ܦܪܘ
ܕܝܢܐ. ܘܡܫܠܡܢܐ ܡܕܝܢܬܐ ܒܥܕܢܐ.
ܒܗܢܐ. ܘܡܢ ܕܐܘܪ ܦܘܡܦܝܐ ܘܦܠܓ
ܒܥܕܢܐ ܘܒܥܕܢܐ ܐܢܛܝܦܛܪܘܣ. ܘܒܬܪ
ܢܦܩ ܒܗܘ ܕܒܥܠ ܡܢ ܡܕܝܢܬܐ
ܒܥܕܢܐ. ܐܘܪܚܐ ܘܐܢܛܝܦܛܪܘܣ ܗܘܪܩܢܐ.
ܐܘܪܚܐ ܕܩܛܠܐ. ܒܡܕܝܢܬܐ ܠܐܪܝܣܛܘܒܘܠܐ.
ܡܠܟ ܘܡܠܟ ܦܠܓ. ܘܡܠܟ ܒܪܗ
ܡܠܟܘ ܐܣܛܘܡܘܢ ܘܒܗ ܒܢܘܗܝ
ܬܪܝܢ. ܐܢܛܝܦܛܪܘܣ ܒܢܘܗܝ ܠܬܠܬܐ
ܘܬܠܬ. ܒܥܠܐ ܘܐܚܝܢ ܘܡܫܒܚܐ ܘܡܫܝܚܐ
ܒܬܪܗ ܐܠܟܣܢܕܪܐ. ܘܢܦܩ ܒܚܝܠܐ
ܒܒܥܠܐ ܡܣܩܒܠܐ ܒܗܕܐ ܘܐܡܝܢܐܝܬ
ܡܢ ܚܝܠ ܐܝܟܐ ܕܒܢܝ ܡܚܝܐ ܘܡܢܗ
ܡܕܝܢܬܐ. ܢܦܩ ܒܥܠܕܒܒܐ. ܘܒܢܝ
ܡܢܗ ܗܢ ܡܠܟ. ܗܢ ܢܘܣ ܒܪ ܡܠܟ
ܠܐܘܪܚܐ ܕܐܠܟܣܢܕܪܘܣ. ܘܒܬܪܗ ܘܡܠܟ
ܡܠܟܗ ܒܗܢ ܘܠܐ ܝܕܥ ܘܐܬܐ ܒܥܠ
ܒܬܪ ܥܠܝܗܘܢ. ܘܐܬܚܙܝ ܡܠܟܐ ܕܒܗܝ
ܡܠܟܐ ܘܡܠܟܘܬܐ. ܒܗܘ ܦܠܓ ܐܘܪܗ
ܒܪܗ ܗܘ ܡܠܟ ܘܬܠܬܝܢ ܘܬܠܬܝܢ
ܐܘ ܟܒ ܒܗܘܦܢܘܣ. ܘܒܬܪܗ ܫܢܘܗܝ
ܠܐܪܣܛܘܒܠܐ ܘܬܠܬܝܢ ܘܬܠܬ ܫܢܝܢ.
ܘܡܠܟ ܒܡܠܟܬܐ ܘܡܢ ܕܐܘܪܚܗ ܒܪܗ

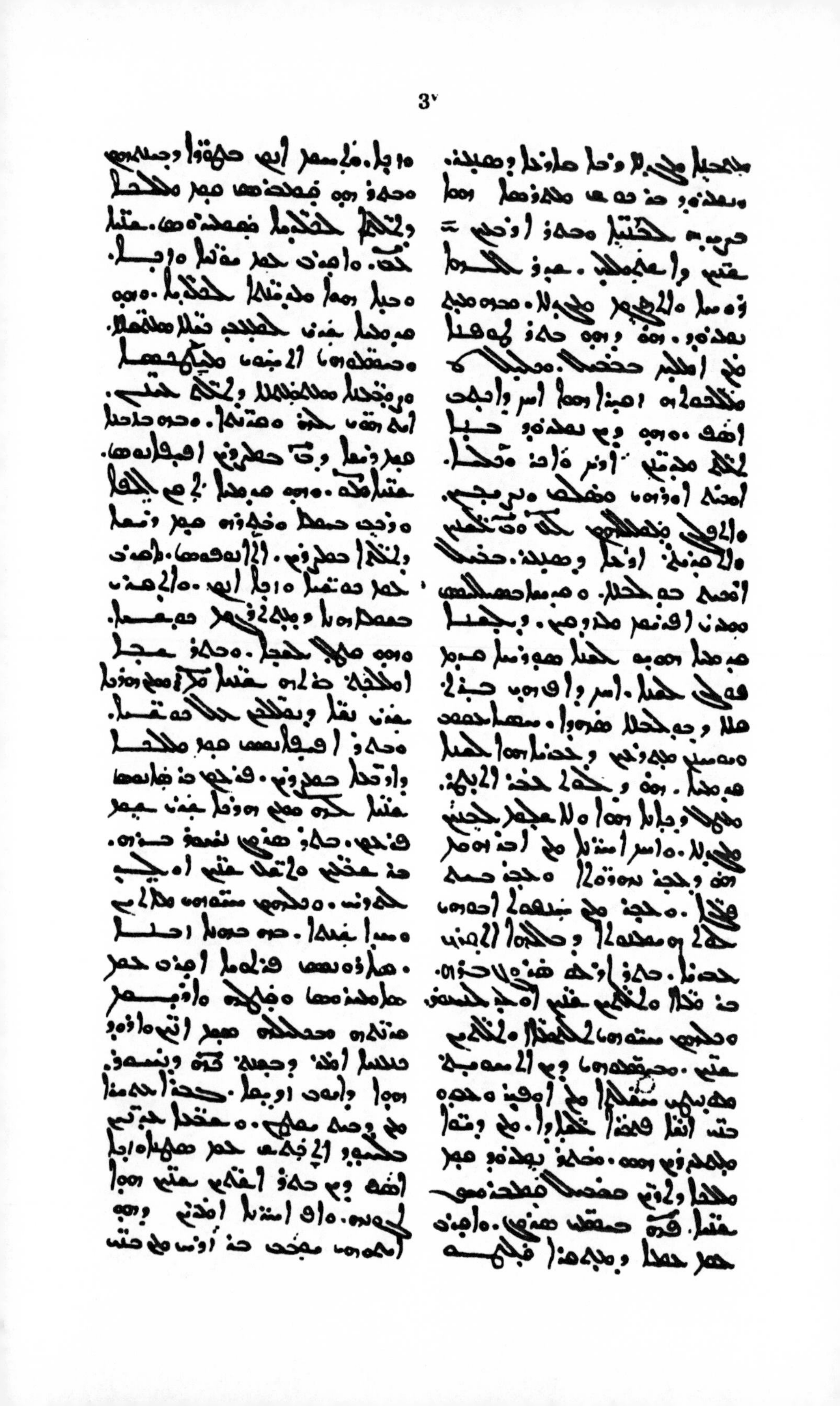

[illegible]

[illegible]

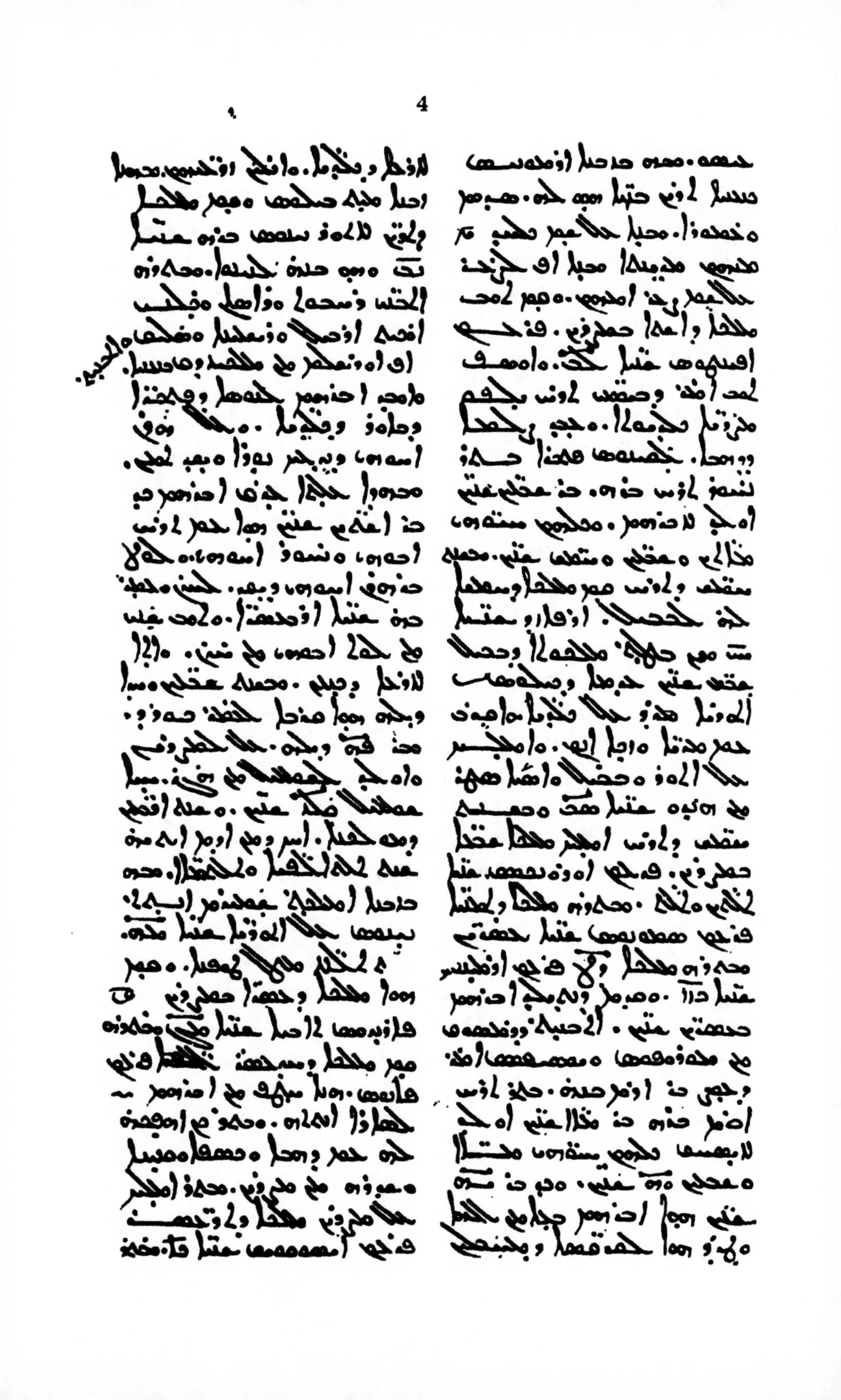

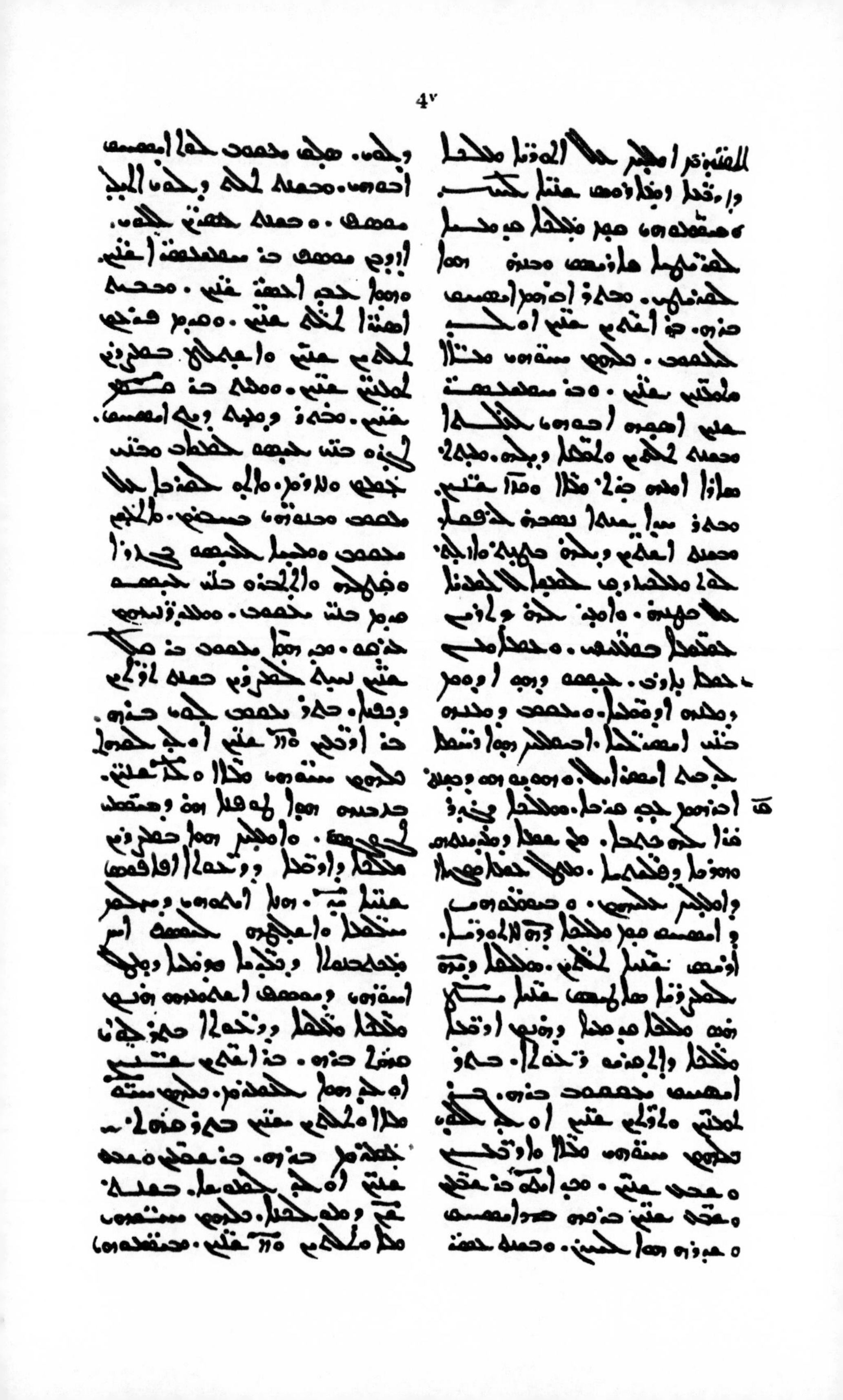

ܐܡܝܢ ܒܡܠܟܘܬܗ ܢܫܬܘܬܦܘܢ ܥܡ ܡܫܝܚܐ
ܡܪܢ. ܡܢ ܬܘܕܝܬܗ ܗܘܬ ܡܫܝܚܐ ܡܢ
ܡܢ ܐܝܟܐ ܦܫܩܬ ܡܫܝܚܐ ܡܪܢ. ܕܗܘܐ
ܒܪܢܫ ܡܢ ܒܢܝܢ ܡܠܘܐ ܘܒܡܐ ܕܐܬܪܥܝܘ
ܡܢ ܒܥܒܕܘܗܝ ܡܪܢ ܠܗ ܘܐܡܠܟ
ܠܠܐܚܪܢܐ ܐܝܟܢܐ ܕܠܐ ܕܝܢ ܡܫܝܚܐ ܦܠܓܢ.
ܘܐܦ ܠܥܡܐ ܒܡܘܪܐ ܐܘܪܚܐ ܡܫܝܚܐ.
ܗܘܐ ܒܗ ܐܠܗܐ ܐܝܟܢܐ ܕܟܬܝܒ .
ܡܢܝܢ: ܦܪܘܩܢ ܐܡܘܢ ܗܘ ܕܥܠܘܗܝ
ܘܒܥܠܡܐ ܐܝܬܝ ܒܪܐ ܡܠܟܐ ܕܡܫܝܚܐ
ܘܫܠܚܗ ܡܢ ܫܡܝܐ. ܐܦ ܕܡܫܝܚܐ ܗܘ
ܟܕ ܗܘܐ. ܡܛܠ ܗܢܐ ܕܡܫܝܚܐ ܒܫܡܐ.
ܒܐܢܫܐ ܘܡܬܟܢܫܢܐ ܕܝܢ ܦܠܓܘܬ ܗܘܐ
ܟܠܗ ܡܫܝܚܐ. ܐܝܟ ܐܢܫ ܕܫܡܥܘܢ
ܢܟܣܐ ܕܠܥܠܡ. ܐܠܐ ܡܢ ܐܠܗܘܬܐ
ܗܘܐ. ܐܠܐ ܡܫܝܚܐ ܗܘ ܕܟܠܗܘܢ ܐܢܫܝܢ
ܟܠܗ. ܡܫܡܫ ܟܢ ܘܒܗ ܘܦܪܘܩܢ
ܐܝܟ ܡܫܝܚܐ ܕܐܬܐ ܠܥܠܡܐ
ܘܠܡܫܝܚܐ ܠܐ ܐܢܫ ܦܠܓܐ ܡܢ ܡܠܟܐ
ܘܐܝܬ ܐܦ ܕܡܬܚܙܐ ܐܦ ܒܡܫܝܚܐ
ܕܡܫܝܚܐ ܕܝܠܗ ܘܐܢܫܐ ܘܡܠܟܐ
ܘܒܠܚܘܕ ܟܢ. ܘܐܦ ܡܫܝܚܐ ܗܘ
ܡܢ ܗܘܐ ܐܦ. ܐܦ ܘܝܢ
ܒܡܫܝܚܐ ܕܡܫܝܚܐ ܗܘܐ. ܘܡܠܟܐ
ܗܘܐ ܡܫܡܫ ܟܠܗ ܒܫܡܝܐ ܘܟܠ
ܠܡܫܝܚܐ. ܘܠܐ ܐܠܗܐ. ܡܫܝܚܐ
ܘܡܢ ܐܠܗܐ ܘܡܠܟܗ ܒܫܡܐ ܡܬܩ
ܠܐ ܐܬܐ ܒܗ ܕܟܠܗ ܡܢ ܫܡܝܐ.
ܡܢ ܐܠܗܘܬܗ ܕܝܢ ܡܪܢ ܒܫܡܝܐ ܢܫܡܥ
ܠܡܫܝܚܐ ܕܝܢ ܕܒܫܡܝܐ ܕܝܢ ܕܟܠܗ
ܕܝܢ ܕܝܢ ܡܢ ܕܝܢ ܐܝܟ ܕܐܡܪ ܕܝܢ
ܦܬܓܡܐ ܐܠܗܐ . ܡܫܡܫܢܐ ܘܡܢ
ܐܠܗܐ ܘܡܠܟܐ ܗܘܘ ܕܟܠܗ ܗܘ
ܡܫܝܚܐ ܐܝܟ ܗܘܐ ܬܘܒ ܗܘ ܘܡܠܟܐ
ܘܡܫܝܚܐ ܕܟܠ ܒܫܡܝܐ. ܒܫܡܐ ܦܪܘܩܢ.

ܘܗܕܐ ܛܥܝܢܐ ܕܚܝܠܐ ܕܡܪܗ
ܐܦ ܐܘ ܬܘܕܝܬܐ ܐܝܟ ܕܐܡܪ ܡܫܝܚܐ.
ܡܛܠ ܗܢܐ ܡܫܝܚܐ ܒܪ ܠܐܠܗܐ ܡܬܩܪܐ
ܐܦܢ ܒܫܡܐ ܟܟ ܘܡܫܝܚܐ
ܐܬܦܢܝ ܡܢ ܐܘܪܚܐ. ܠܦܪܘܩܢ ܠܚܝܐ
ܡܢ ܡܪܢ. ܘܒ ܒܚܝܐ ܕܒܪܢܫ
ܡܠܟܐ ܡܫܝܚܐ. ܦܪܘܩܢ ܦܬܓܡܐ
ܗܘ ܕܒܫܡ ܒܗ ܐܡܘܢܬܐ ܢܦܫ
ܡܠܟܗ ܢܦܫܗ ܐܠܗܐ ܒܫܡܐ ܕܡܫܝܚܐ.
ܡܫܝܚܐ ܕܝܢ ܗܘ ܕܠܐ ܢܦܫܗ ܒܫܡ
ܦܪܘܩܢ ܒܗ ܡܬܠܗ ܠܐ ܐܢܫ ܗܘ ܕܢܦܫܗ.
ܟܠܗ ܠܟܠܗܘܢ ܕܐܝܟ ܗܘܐ ܕܐܝܬܘܗܝ.
ܒܒܗ ܠܗ ܕܫܡܐ ܘܡܫܝܚܐ ܐܦܢ
ܘܒܫܡܗ ܐܠܗܐ ܡܢ ܡܫܝܚܐ ܐܝܟ
ܐܝܟܐ. ܡܫܝܚ ܒܫܡܐ ܐܝܟ ܡܫܝܚܐ.
ܒܫܡ ܒܡܠܟܐ. ܘܡܠܟ ܠܫܡܝܐ ܒܫܡܐ
ܘܠܠܗܐ. ܦܪܘܩ ܢܦܫܐ ܘܡܫܝܚܐ
ܠܡܫܝܚܐ ܡܢ ܐܝܟ ܘܐܦ ܠܟܠ
ܠܐܢܫ ܐܝܟ ܗܘܐ. ܘܡܫܝܚ ܠܘܬ ܢܦܫܐ
ܘܠܟܠܗ ܢܦܫܐ ܐܘܟܝܬ ܠܘܬܐ ܘܠܐ
ܘܒܗ. ܡܫܝܚܐ ܐܘܪܚܐ ܘܡܫܝܚܐ
ܘܡܫܡܫܐ ܐܝܟ ܕܒܫܡܐ ܡܫܝܚܐ
ܘܡܫܝܚܐ ܘܡܫܘܕܥ ܠܗ ܦܘܠܚܢܐ
ܘܐܦ ܡܫܝܚܐ ܡܪܢܐ ܘܫܡܝܐ ܐܘܟܝܬ
ܡܫܝܚܐ ܕܠܟܠܗ ܡܫܝܚ. ܡܢ ܐܘܪܚܐ
ܒܫܡܗ ܘܡܫܝܚܐ. ܡܫܝܚܐ ܠܡܫܝܚܐ
ܠܟܠܗ ܟܟܘ ܘܡܫܝܚܐ ܘܡܫܝܚܐ. ܐܝܟ
ܐܝܟ ܢܦܫܐ ܘܡܠܟܐ ܘܠܗ ܡܫܝܚܐ ܡܫܝܚܐ
ܗܘܐ. ܐܝܟ ܕܡܢ ܡܫܝܚܐ ܠܟܠܗܘܢ
ܟܟܘ ܘܡܫܝܚܐ ܡܪܢ. ܗܘܐ ܒܡܠܟܘܬܗ ܡܢ
ܡܫܝܚܐ. ܡܫܝܚܐ ܡܪܢ ܡܫܝܚܐ ܡܫܝܚܐ
ܡܪܢ ܡܫܝܚܐ. ܡܢ ܗܘܐ ܡܫܝܚܐ ܘܡܫܝܚܐ
ܠܘܬܐ ܘܡܢ ܐܝܬܘܗܝ ܠܚܝܐ ܡܫܝܚܐ
ܒܪܢ ܡܫܝܚܐ ܕܡܠܟܐ ܡܫܝܚܐ ܒܫܡܐ
ܠܡܫܝܚܘܗܝ. ܘܒܪ ܡܫܝܚܐ ܐܝܟ ܐܡܘܢܬܐ

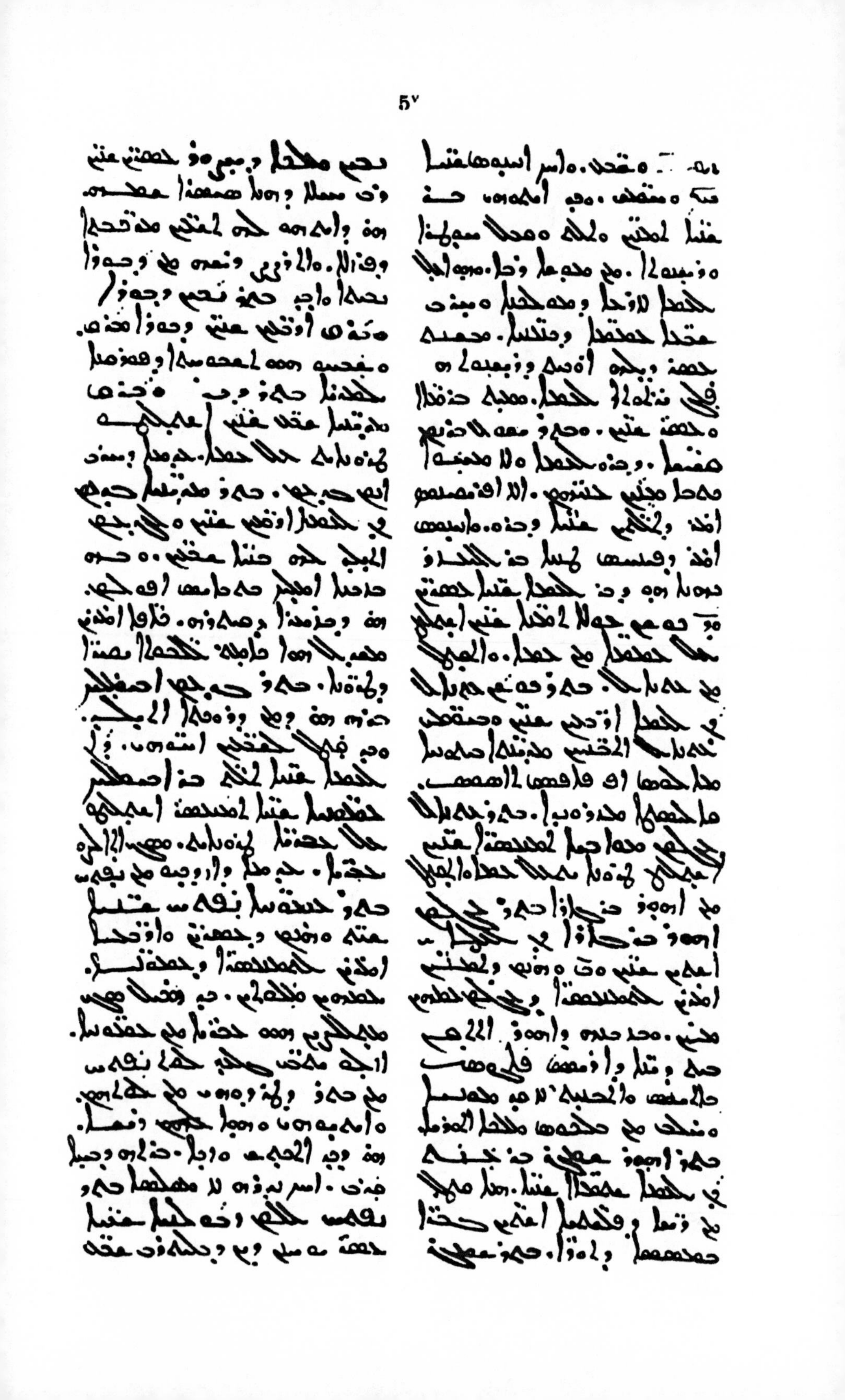

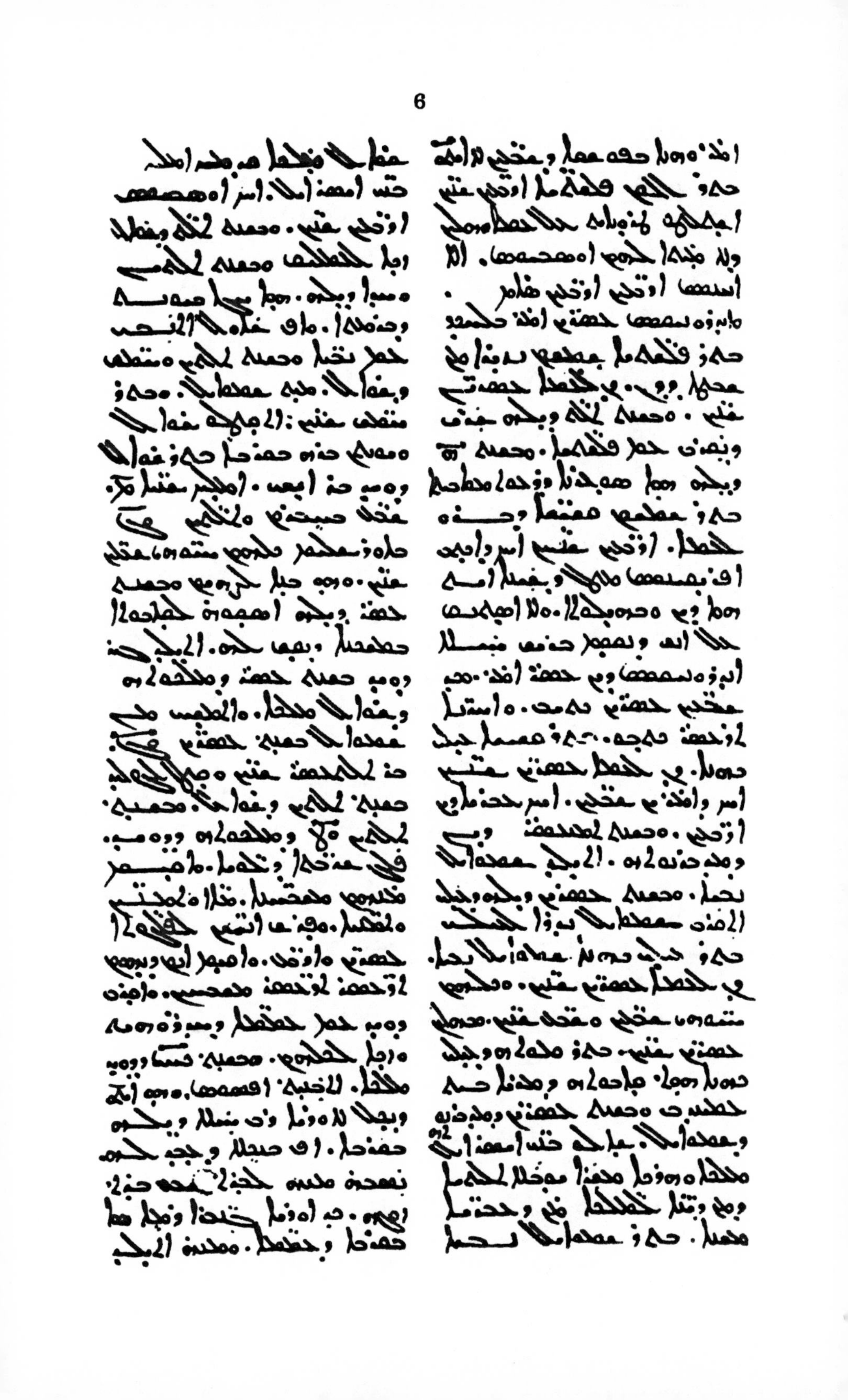

ܥܠܘܗܝ ܗܢܘ ܒܢܡܘܣܐ ܘܒܢܒܝܐ
ܟܕ ܕܝܢ ܫܠܡܘ ܒܗܘ ܟܕ
ܗܘ ܠܗ̈ܘܕܝܐ ܥܡܡܐ ܗܘܘ. ܐܒܓܪ ܘܬܪܝܢ
ܥܡܡܐ. ܘܡܠܟܝܢ ܡܫܬܡܥܝܢ ܠܗ ܥܡܡܐ.
ܡܨܠܝܐ ܕܐܪ̈ܥܐ ܘܡܠܟܘܬܗ ܒܟܠ
ܡܫܝܚܐ ܕܗܘ ܡܠܟܐ ܕܟܠ. ܘܡܫܬܥܒܕܝܢ
ܢܦܫܬܗ. ܒܗܕܐ ܘܐܡܘܪ̈ܐ ܕܗܘ
ܗܝ ܐܘܪܫܠܡ. ܠܐܘܪܗܝ ܕܐܦ
ܡܕܝܢܬܐ. ܐܚ̈ܪܢܝܐ ܐܘܪܗܝ.
ܘܡ̈ܕܝܢܬܐ ܦܠܓܘ. ܘܡܠܟ̈ܐ ܕܫܡܥܘ.
ܡܫܒܚ: ܠܡܠܟܐ ܘܐܪ̈ܥܐ ܕܡܠܟܘܬܗ
ܢܚܬ ܗܘܐ ܠܐ ܠܚܘܕ ܕܐܫܬܡܥܬܗ.
ܘܟܕ ܚܙܐ ܚܙܘܐ ܕܚܙܐ ܐܘܪܫܠܡ.
ܠܗ ܒܡܠܟܘܬܗ ܕܡܕܝܢܬܐ. ܡܠܟܘܬܗܘܢ
ܕܟܠ ܢܦܫܢ. ܘܫܠܛ ܒܡ̈ܕܝܢܬܐ ܥܡܡܐ
ܢܦܫܬܗ. ܐܡܪܗ ܡܕܐ ܐܚܪܢܐ ܡܦܩܗ
ܬܢ. ܘܐܡܪܘ ܠܗܝ. ܘܟܕ ܫܡܥܘ
ܥܡ̈ܡܐ ܘܕܝܢܐ. ܘܬܘܒ ܘܒܥܠܡܐ ܘܐܬܪܐ.
ܘܡܕܝܢܬܐ ܐܘ ܦܠܚܘܬܐ ܡܫܝܚܐ
ܐܡܪ: ܠܗ ܥܡܐ ܗܘܐ ܠܟܘܢ ܕܒܬܪ
ܕܝܢ ܠܡܕܝܢܬܐ ܐܡܪ. ܘܥܠ ܐܘܪ
ܕܝܢ ܠܒܢܝ ܗܘܡܠܐ ܕܡܫܝܚܐ
ܚܙܝ: ܡܠܟܘܬܗ ܕܡܫܝܚܐ ܚܕܐ.
ܐܒܓܪ ܠܐܘܪܗܝ ܡܠܟܘܬܗ ܗܘܬ ܐܝܬ
ܥܠܝܗ. ܘܟܕ ܡܠܟܘܬܗ ܐܒܓܪ ܗܘ
ܗܘܪܡܙܕ ܥܡ ܕܐܬܐ ܐܦܝܣܩܘܦܐ ܚܢܢܐ
ܥܠ. ܘܟܕ ܠܐܘܪܗܝ ܟܠܗ ܕܒܝܬܐ. ܗܘ
ܒܪ ܗܘ ܟܠܗ ܐܝܠܝܢ ܕܐܒܝ ܟܠܗܝܢ
ܐܦܝܣܩܘܦܐ ܕܐܝܟ ܡܢ ܐܘܪܗܝ ܘܡܕܝܢܬܐ
ܘܐܬܐ ܗܘܐ ܡܛܠܗ ܢܦܠ ܡܢ ܫܘܪܐ.
ܘܐܡܪܘ ܠܗ ܫܡܥܘܗܝ. ܕܐܝܬܘܗܝ ܫܡܥܘ
ܠܐ ܡܫܬܡܥ. ܘܐܬܐ ܘܐܡܪ. ܡܕܝܢܬܐ
ܡܕܝܢܬܐ ܡܫܝܚܐ ܦܠܓܘܗܝ ܘܡܕܝܢܬܐ. ܗܘ
ܐܬܐ ܒܝܘܡܐ ܕܚܕ ܘܗܘܐ. ܗܘ ܥܠ
ܡܫܝܚܐ. ܘܐܬܐ ܥܠܝܗ ܦܘܡܗ ܠܗܘ

ܘܐܬܬܐ ܢܨܝܒ ܥܠܝܗ. ܘܥܠܝܗܘܢ ܐܦ ܥܠ
ܗܘܪܡܙܕ ܐܝܟ ܕܠܡܫܝܚܐ ܘܡܫܒܚ:
ܘܟܕ ܟܠܗ ܡܠܬܗ. ܘܐܬܐ ܗܘܬ ܥܠ ܡܫܒܚ:
ܐܦܝܣܩܘܦܐ ܐܡܪ: ܕܗܘ ܗܘ ܡܠܟܐ ܡܫܝܚܐ
ܕܒܟܠ. ܗܘܐ ܡܢ ܥܠܡܐ ܘܗܘܐ ܕܒܝܬܗ
ܐܘܪܗܝ ܡܠܟܐ ܕܡܠܟܐ ܠܐ ܡܫܬܒܩ ܢܚܬ
ܗܕܐ ܕܝܢ ܒܡܠܟܐ ܗܘ. ܘܐܒܓܪ ܠܡܫܝܚܐ
ܘܟܕ ܟܠܗ ܦܘܡܗ. ܘܗܘܐ ܢܨܒ
ܡܕܝܢܬܐ ܘܡܦܩܗ ܠܐܘܪܫܠܡ. ܘܗܘܐ
ܫܡܥܐ ܠܗܘܪܡܙܕ. ܘܡܠܟ ܥܡܡܐ
ܡܠܟܐ ܕܡܠܟܝܢ ܟܠܗ ܘܐܘܪܗܝ ܫܒܩ
ܘܗܘܪܡܙܕ. ܘܢܨܒ ܫܡܥܐ ܕܗܘܐ
ܕܟܕ ܗܘܐ ܡܫܒܚܐ. ܟܕ ܕܝܢ ܕܚܠܬܐ
ܡܠܟܘܬܗ ܕܐܝܬܐ. ܟܕ ܗܘ ܕܡܫܝܚܐ
ܐܬܐ ܗܘ ܥܠܝܢ ܠܗ ܘܟܠܗ ܡܠܟܘܬܗ
ܗܘܪܡܙܕ ܠܡܫܝܚܐ ܐܒܓܪ. ܘܐܠܗܐ
ܫܡܥ ܡܢܗܘܢ ܐܘܪܗܝ ܐܒܓܪ ܐܬܐ
ܡܢ ܡܕܝܢܬܐ ܘܐܬܪܐ ܗܘܪܡܙܕ. ܘܢܦܠ
ܡܢ ܐܦܝܣܩܘܦܐ ܡܫܝܚܐ ܐܒܓܪ. ܢܨܒ
ܐܡܪܐ ܐܝܬܐ ܐܘܪܫܠܡ. ܘܗܘܐ ܥܠ
ܟܠܗ ܡܫܝܚܐ ܘܐܘܪܗܝ. ܘܡܠܟܐ ܡܢ
ܘܡܠܟܘܬܗ ܗܘܐ ܐܝܬܐ ܐܘ ܡܫܝܚܐ. ܟܕ
ܐܡܪ ܐܬܐ ܟܠܗ ܥܡܐ ܐܘܪܫܠܡ ܘܗܘܐ.
ܡܫܒܚ: ܕܝܢ ܕܚܠܬܗ. ܐܘܪܫܠܡ ܡܕܝܢܬܐ
ܕ ܫܦܠܐ ܟܠܗ ܕܒܝܬܗ ܐܒܓܪ
ܐܒܓܪ ܘܡܫܝܚܐ ܐܒܓܪ. ܟܕ ܥܠ
ܘܡܫܝܚܐ. ܐܬܐ ܟܠܗ ܥܠ ܡܕܝܢܬܐ.
ܘܢܦܩ ܐܬܐ ܘܡܫܝܚܐ ܐܝܟ ܕܐܘܪܗܝ.
ܡܫܒܚ: ܗܘ ܕܗܘܐ. ܐܘܦ ܟܠܗ ܥܡܐ.
ܘܐܦ ܠܐܬܐ ܚܕܐ ܡܢ ܡܠܟܘܬܐ ܕܐܒܓܪ
ܗܘܬ. ܠܟܠܗܘܢ ܥܠܝܗ. ܘܠܡܫܝܚܐ
ܐܘܦ. ܐܘ ܐܡܪ ܐܝܬ ܡܢ ܐܘܪܫܠܡ
ܡܫܒܚ: ܡܢ ܘܐܬܐ ܐܒܓܪ ܠܗ
ܐܦܝܣܩܘܦܐ ܐܬܐ ܠܗܘܢ ܫܡܥܝܢ. ܘܡܢ
ܠܡܕܝܢܬܐ ܕܐܘܪܗܝ ܡܢ ܚܕܐ. ܡܠܟܘ

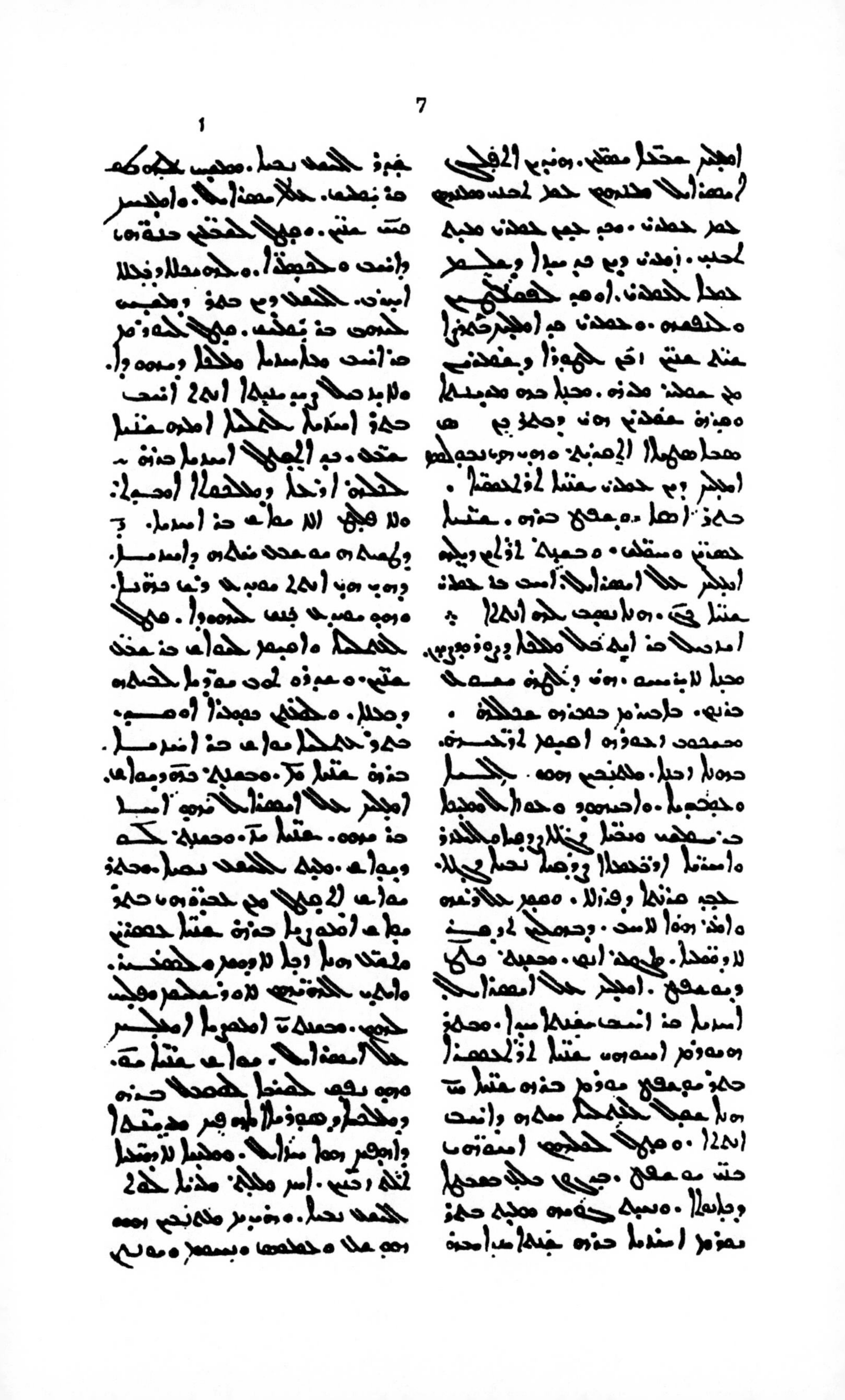

1

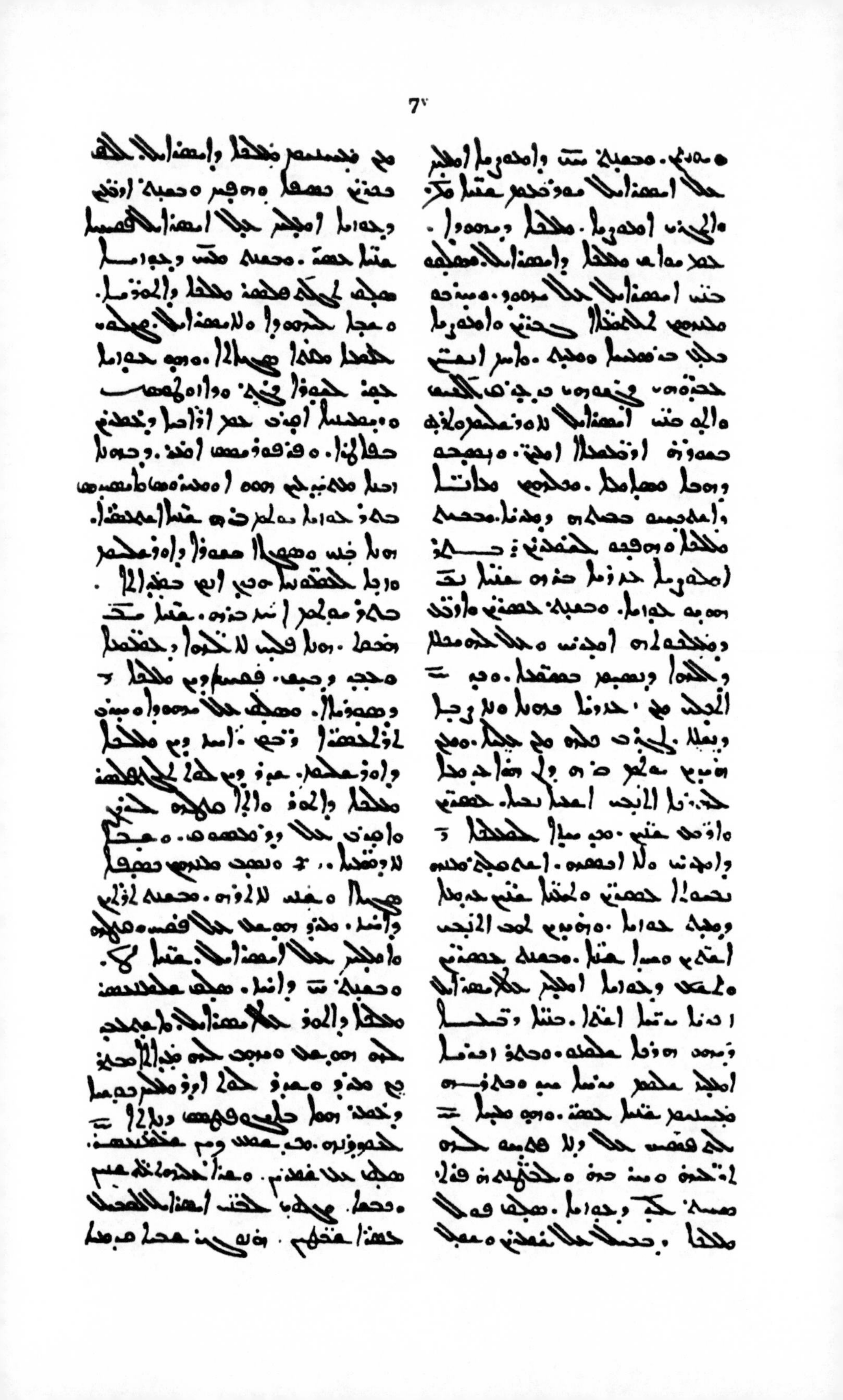

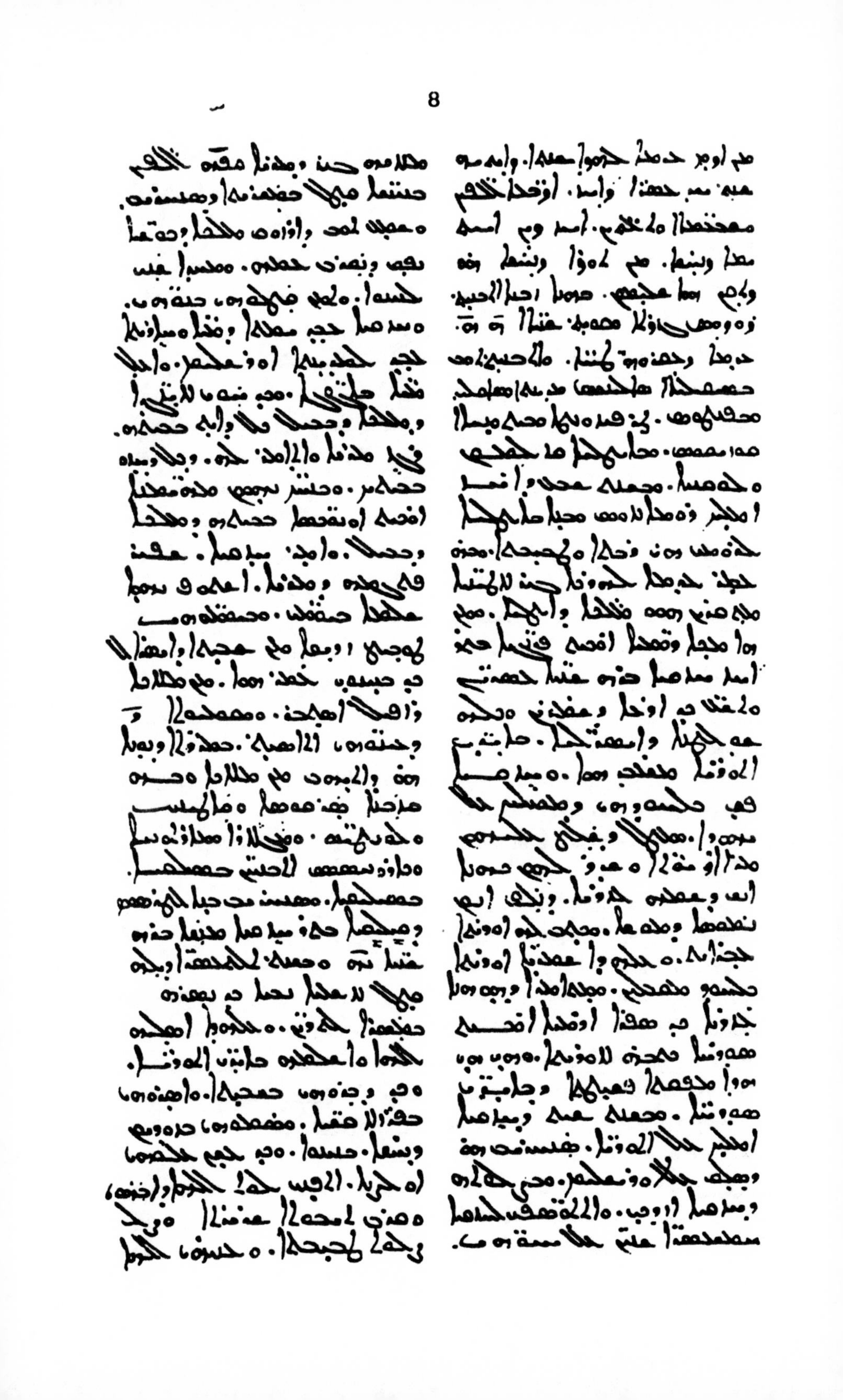

[illegible]

ܘܐܬܟܢܫ. ܘܩܒܠ ܠܐܘܪܫܠܡ ܘܟܪܟܗ̇
ܘܐܬܩܠ ܐܦܝ ܐܝܟ ܡܢ ܗܘ ܡܠܟܘܬܗ
ܘܚܪܒ ܠܡܕܝܢܬܐ. ܘܩܛܠ ܠܟܘܡܪܐ ܕܢܨܝܐ
ܕܐܘܪܫܠܡ. ܘܫܒܩ ܠܟܘܡܪܐ. ܘܗ̇ܝ
ܡܩܕܘܢܝܐ ܐܝܠܝܢ ܕܡܢ ܬܪܥܐ. ܘܡܢܐ.
ܐܢܛܝܘܟܘܣ ܐܦܝܦܢܣ ܐܝܟ ܕܐܡܪ ܕܢܝܐܝܠ
ܘܡܫܡܠܝܢ ܗܘܐ ܠܒܝܬ ܩܘܕܫܐ.
ܠܒܝܬ ܩܘܕܫܐ ܕܐܠܗܐ ܘܠܡܩܕܘܢܝܐ
ܡܕܝܢܬܐ ܩܣܩܣܘܣ ܐܝܟ ܕܐܡܪ ܕܢܝܐܝܠ
ܡܢ ܒܬܪ ܗܠܝܢ. ܘܡܫܡܠܝܐ ܕܒܫܢܬ ܕܝ
ܠܡܩܕܘܢܝܐ ܐܝܟ ܕܡܚܝܢ ܠܗ
ܘܚܣܡܐ ܐܡܠܟ ܥܠ ܐܬܪܐ ܕܝܗܘܕ
ܕܝܗܘܕܐ. ܘܗܘ ܥܒܕ ܗܘ ܩܛܠܐ ܗܘ
ܠܟܘܡܪܐ. ܘܫܡܗ ܟܕ ܘܡܫܚ ܐܡܠܟ
ܥܠ ܝܗܘܕܝܐ ܗ̇ܢܘܢ ܕܡܠܟܘ ܥܠܝܗܘܢ
ܗܝ ܐܝܟ ܐܢܛܝܘܟܘܣ ܘܗܘ ܕܩܛܠܗ
ܐܢܫܝܢ ܡܢ ܟܘܡܪܐ ܐܪܒܥܐ ܕܒܗ
ܥܡܗ ܡܫܝܚܐ. ܘܐܬܚܙܝ ܕܒܝܬܐ
ܚܡܫܐ ܩܕܡܝܐ. ܒܝܬ ܩܘܕܫܐ ܘܡܠܟܘ
ܠܟܘܡܪܐ. ܘܡܢ ܕܒܬܪ ܗܘ ܐܪܒܥ ܘܐܦܣܝܩܘ
ܡܩܕܘܢܝܐ ܘܡܠܟܘ ܗ̇ܘ
ܡܩܕܘܢܝܐ ܗ̇ܘ ܕܡܠܟ ܡܠܟܘܬܐ
ܐܝܟ ܕܗܘ ܫܢܝܐ ܕܝܘܢܝܐ. ܐܢܫ
ܕܡܢ ܕܒܫܢܬܐ ܘܐܝܣܟܢܕܪ ܡܠܟ. ܗܘ
ܕܡܢ ܐܝܟ. ܘܩܒܠ ܠܐܘܪܫܠܡ ܕܡܢ
ܕܡܫܝܚܐ. ܘܕܢܚ ܠܟܘܡܪܐ ܡܢ
ܡܢ ܟܘܪܗ̇ ܕܒܫܢܬ ܡܢ ܐܢܛܝܘܟ
ܐܝܟ ܡܫܝܚܐ ܕܒܗ ܫܢܝܐ ܠܐ ܘܗܘ
ܠܗ ܫܢܝܐ ܐܪܒܥ. ܡܫܝܚܐ ܘܡܠܟ
ܢܗܘܐ ܐܢܫ. ܘܐܝܟ ܡܫܝܚܐ ܡܠܟ ܕܠܐ
ܢܚܐ. ܘܗܘ ܡܫܝܚ ܚܣܝܢܐ
ܘܕܡܢܐ ܡܫܡܠܝܐ. ܘܗܘ ܢܚܐ ܗܘܐ
ܕܚܘܝܐ ܟܕ ܗܘ ܡܫܝܚܐ. ܘܡܫܚܗ
ܘܒܬܪܗ. ܒܫܢܬ ܐܪܒܥܐ ܕܝܘܢܝܐ
ܠܡܫܝܚ ܢܚܘܗ. ܘܡܫܚܗ ܡܠܟܐ ܕܒܬܪܗ

ܗܘ ܚܪܒ ܕܒܝܬܐ ܡܢ ܢܨܝܐ ܗܘܐ ܘܡܢܐ
ܕܡܝܐ ܚܕ ܡܪܝܡܘܬܐ ܥܠ ܡܫܝܚܘܗܝ
ܘܡܕܝܢܐ ܘܩܒܠ ܠܫܠܛܢܐ ܘܬܫܒܘܚܬܐ
ܘܒܝܬ ܢܝܫܐ ܡܢ ܥܠܘܗܝ ܘܡܕܝܢܬܐ
ܠܡܩܕܘܢܝܐ. ܡܢ ܒܪܫ ܗܘܐ ܐܢܛܝܘܟܘܣ
ܫܢܝܐ ܘܢܨܝܚܘܬܐ. ܗܘ ܕܝܢ ܗܢܐ ܐܬܚܙܝ
ܘܒܬܪܗ ܐܝܟ ܩܡ ܠܟܘܡܪܐ. ܘܟܪܙ
ܒܗܝܢܐ. ܘܪܘܫ ܡܠܟܘܬܗ. ܘܡܫܝܚ
ܢܨܝܚܘܬܗ ܠܒܝܬ ܩܘܕܫܐ ܢܦܩܘܬܐ.
ܘܐܦܩ ܠܟܘܡܪܐ ܘܐܡܪ ܐܝܟ ܗܘ ܗܘ.
ܘܗܝܟܠܐ ܢܚܘܬܐ ܘܥܒܕ ܡܠܟܘܬܗ ܐܡܪ
ܥܘܡܪܐ ܘܥܒܕ ܠܟܠܗܘܢ ܟܘܡܪܐ.
ܘܐܦ ܗܝ ܒܡܫܝܚܘܬܐ ܥܠ ܐܡܪ ܬܫܒܘܚ
ܒܟܠ. ܘܐܡܫܝܚܝܢ ܡܠܟ ܕܒܚܐ. ܘܐܬܐ
ܡܢ ܡܫܘ ܠܗ̇ ܗܘ ܕܒܫܢܬ. ܘܡܫܝܚ
ܠܟ ܕܗܘ ܥܒܕ ܐܡܠܟ ܒܫܢܬ ܕܢܝܐܝܠ
ܘܗܘܝܘ ܦܪܨܘ ܡܫܝܚܐ. ܗܘܐ ܢܚܝܫ
ܥܠ ܦܪܨ ܢܗܘܐ ܥܠ ܡܫܝܚܘ ܘܢܗܪܐ
ܚܕ ܡܠܟܐ ܘܐܠܗܐ. ܘܒܗ ܐܢ ܐܠܗܘܬܗ
ܡܫܝܚܐ. ܠܡܢ ܐܠܗܐ ܗܘ ܗܘ ܡܫܝܚܐ
ܡܢ ܢܚܐܘܬ. ܘܐܝܬܝܗܘܢ ܒܪܝܬܗܘܢ
ܘܦܪܨܘܗܝ ܚܠܘ ܕܢܚܡܝܢ. ܒܬܪ
ܡܫܚܐ. ܦܪܨܘ ܐܢܫ ܒܪܗ ܠܟܠܟܢ
ܡܫܝܚܐ. ܠܟܘܡܪܐ ܕܒܪ ܒܝܬܐ ܦܪܨܘ
ܡܫܝܚܐ ܕܝܢ ܩܒܠ ܘܐܝܬܝܗܘܢ ܡܠܟܗܘܢ
ܠܟܘܡܪܐ ܒܪ ܡܫܝܚܐ ܐܝܬܘܗܝ.
ܒܬܪ ܦܪܨܘ ܐܢܫ ܡܫܡܫܝܢ ܐܝܬܘܗܝ.
ܡܫܝܚܐ ܡܢ ܒܝܬܐ ܗܘܝܘ ܘܐܦܝܣ ܠܟܘܡܪ
ܘܠܗ ܐܦܝܣ ܦܪܨܘ ܡܫܝܚܐ ܡܠܟܐ
ܐܝܬܘܗܝ ܘܐܘܪܝܬ ܠܟܠܗܘܢ ܘܒܝܬ
ܥܠܐ ܐܡܪܐ ܒܕܢܝܐ ܘܗܢܐ ܡܫܝܚܐ.
ܟܠܗ ܘܒܡܫܝܚܐ ܐܡܠܟ ܥܠ ܐܘܪܫܠܡ
ܢܚܘܡܝܢ ܡܠܟܐ. ܒܪ ܢܚܘܡܠܟܘܬܗ.
ܫܢܝܐ ܡܠܟ. ܘܡܫܚܗ ܥܠ ܐܘܪܫܠܡ
ܘܐܝܬܗ ܡܫܝܚܐ ܡܠܟܐ ܗܘܡܠܟܐ ܘܐܪܒܥ

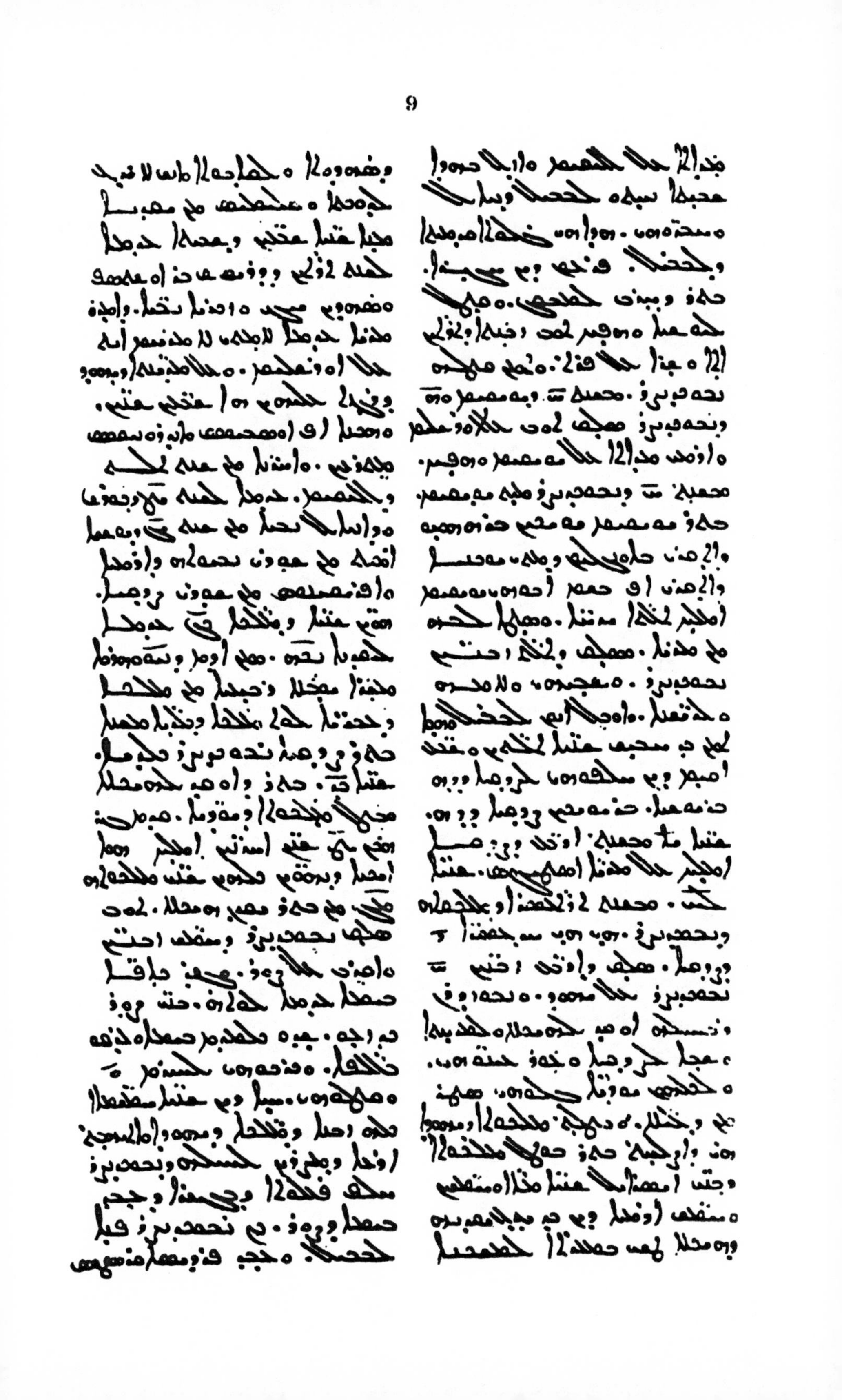

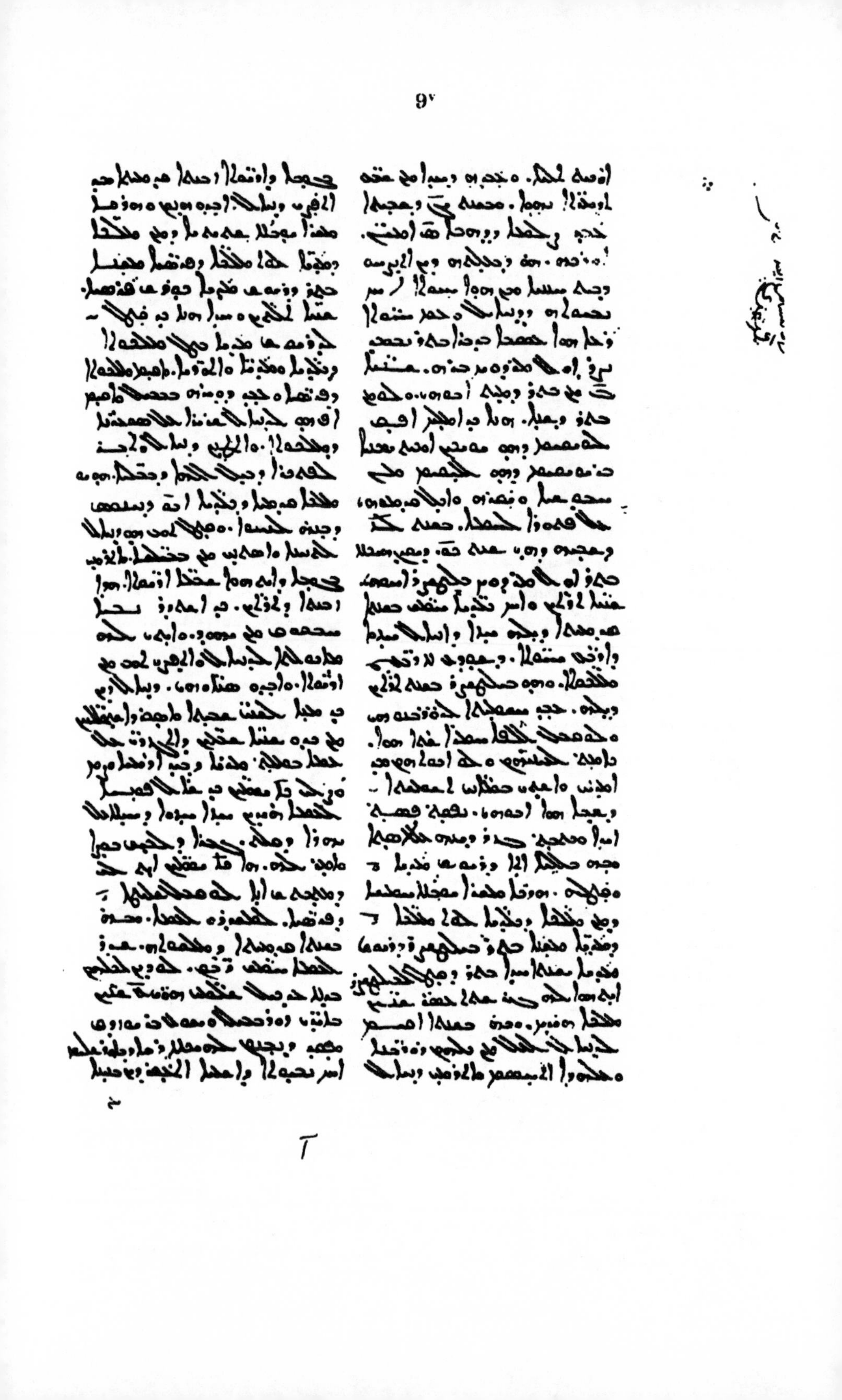

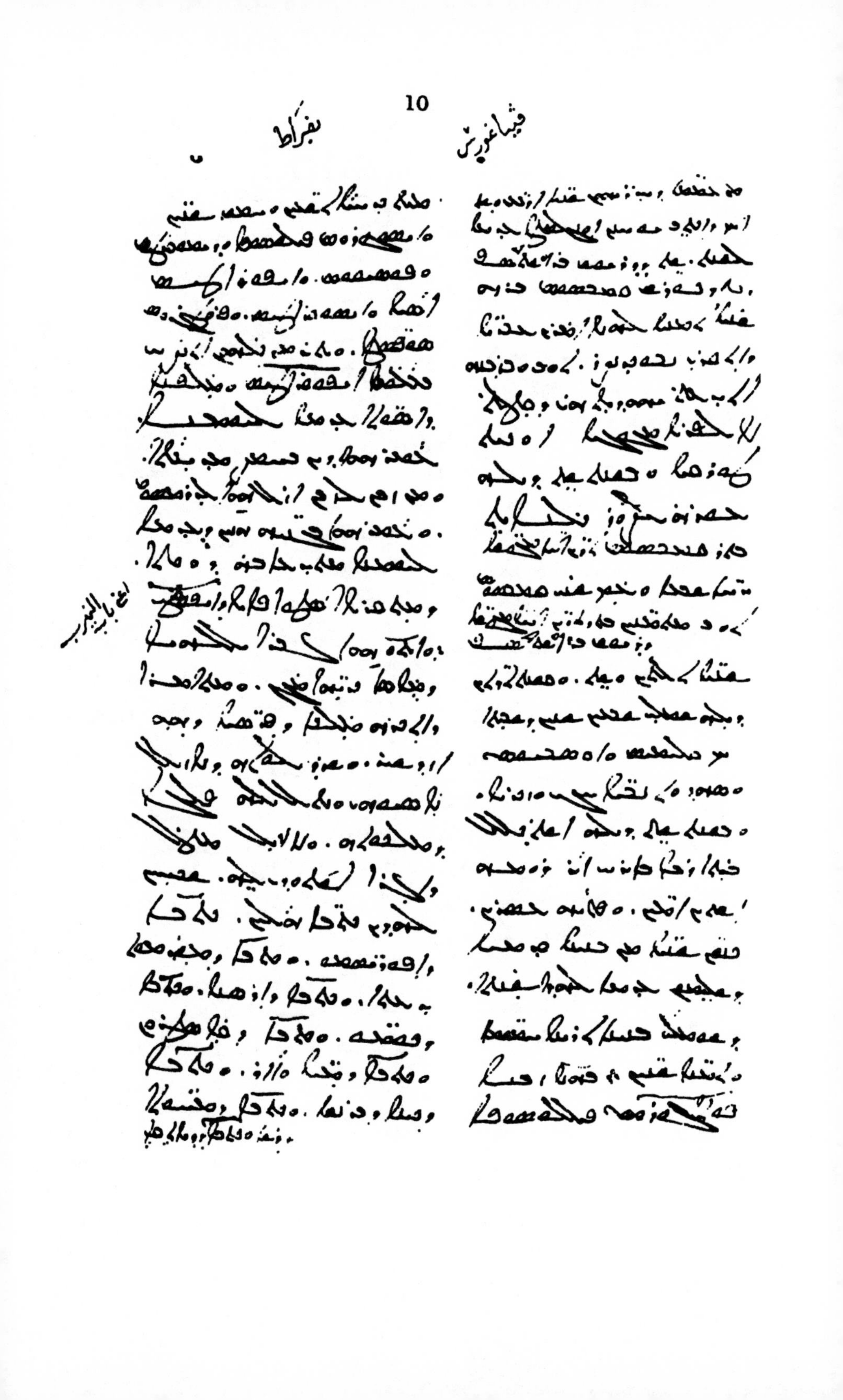

بقراط

فيثاغورس

[illegible]

لغز بابي النيرب

[illegible]

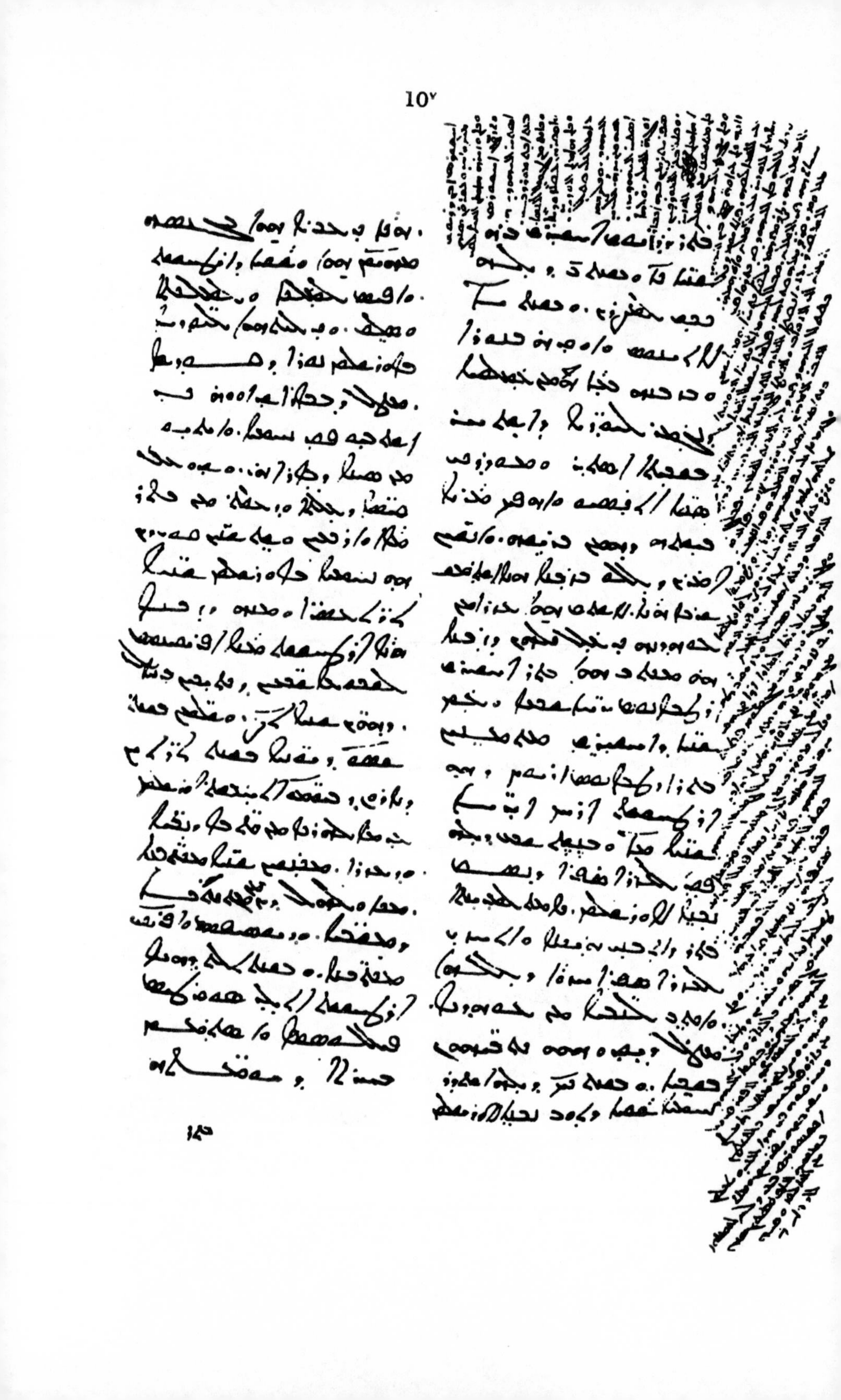

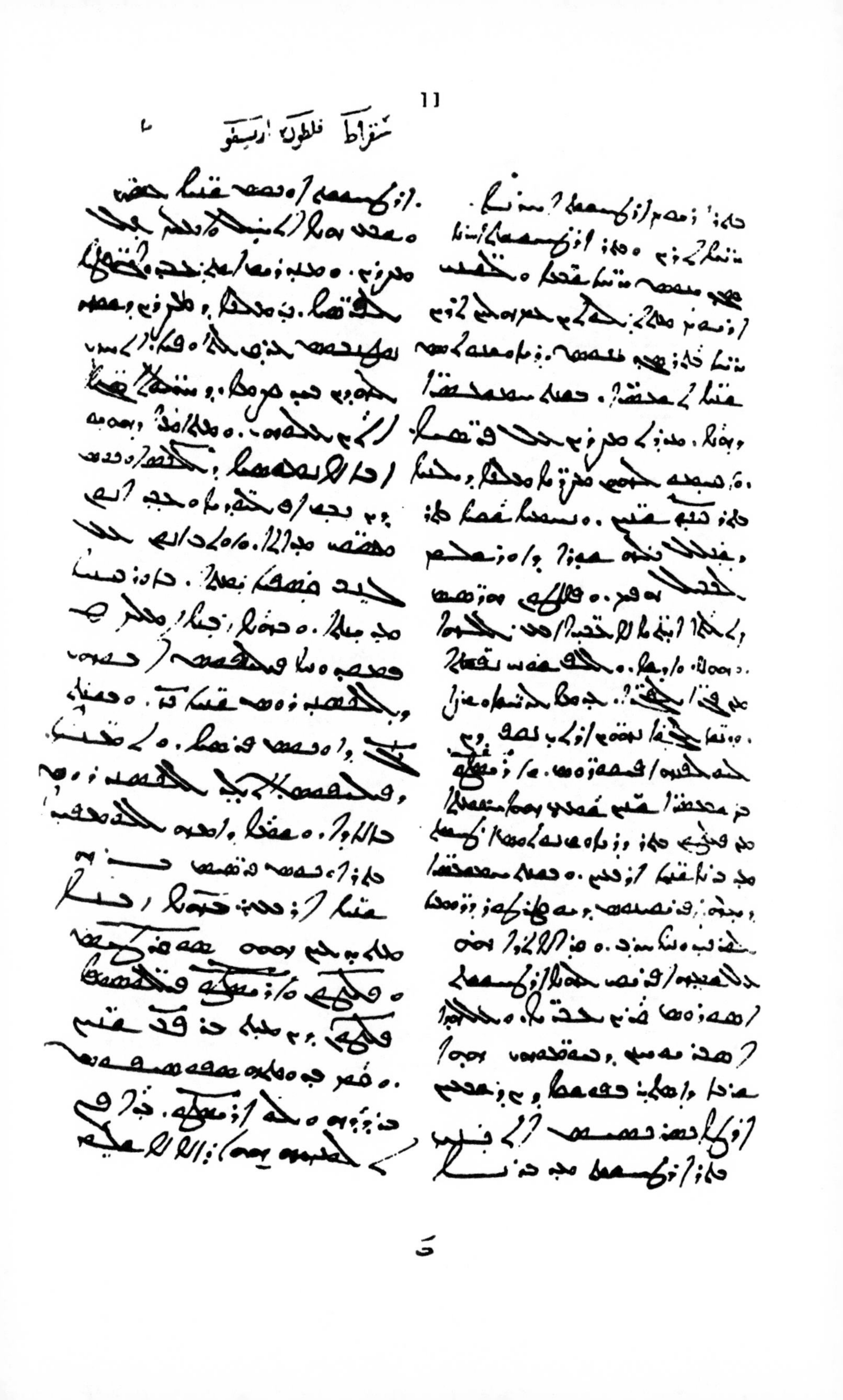

سقراط فلاطون ارسطو

[illegible]

[illegible]

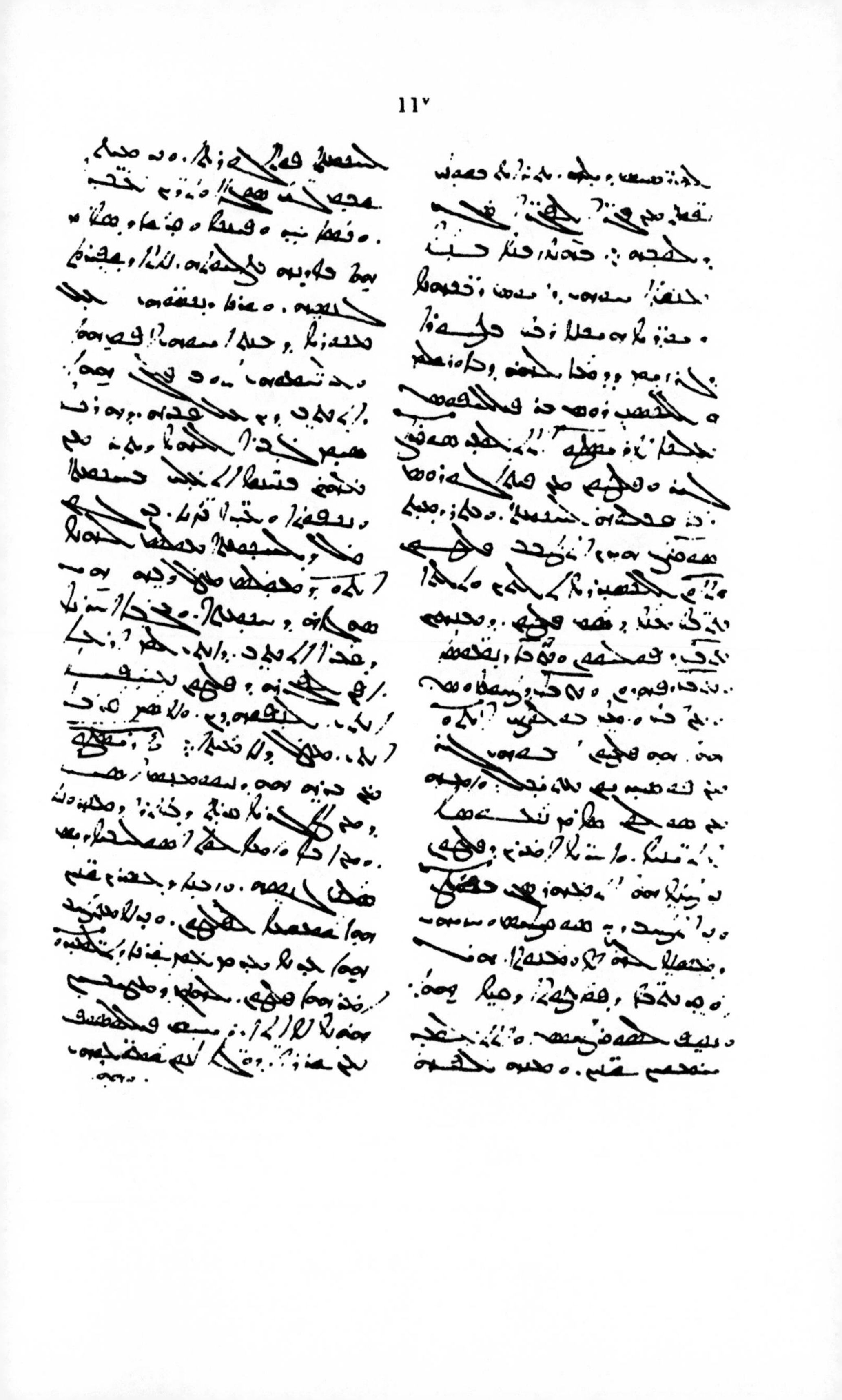

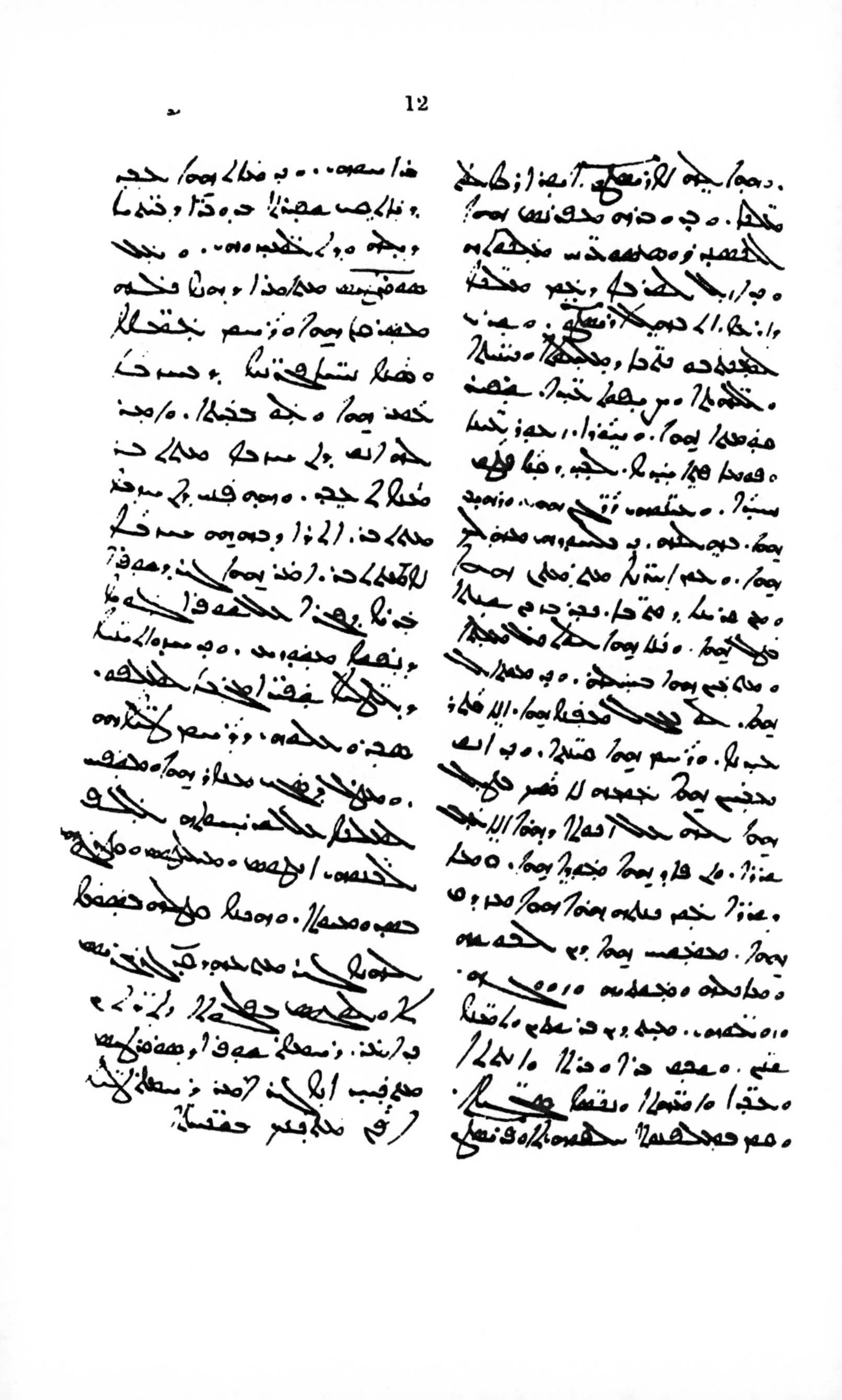

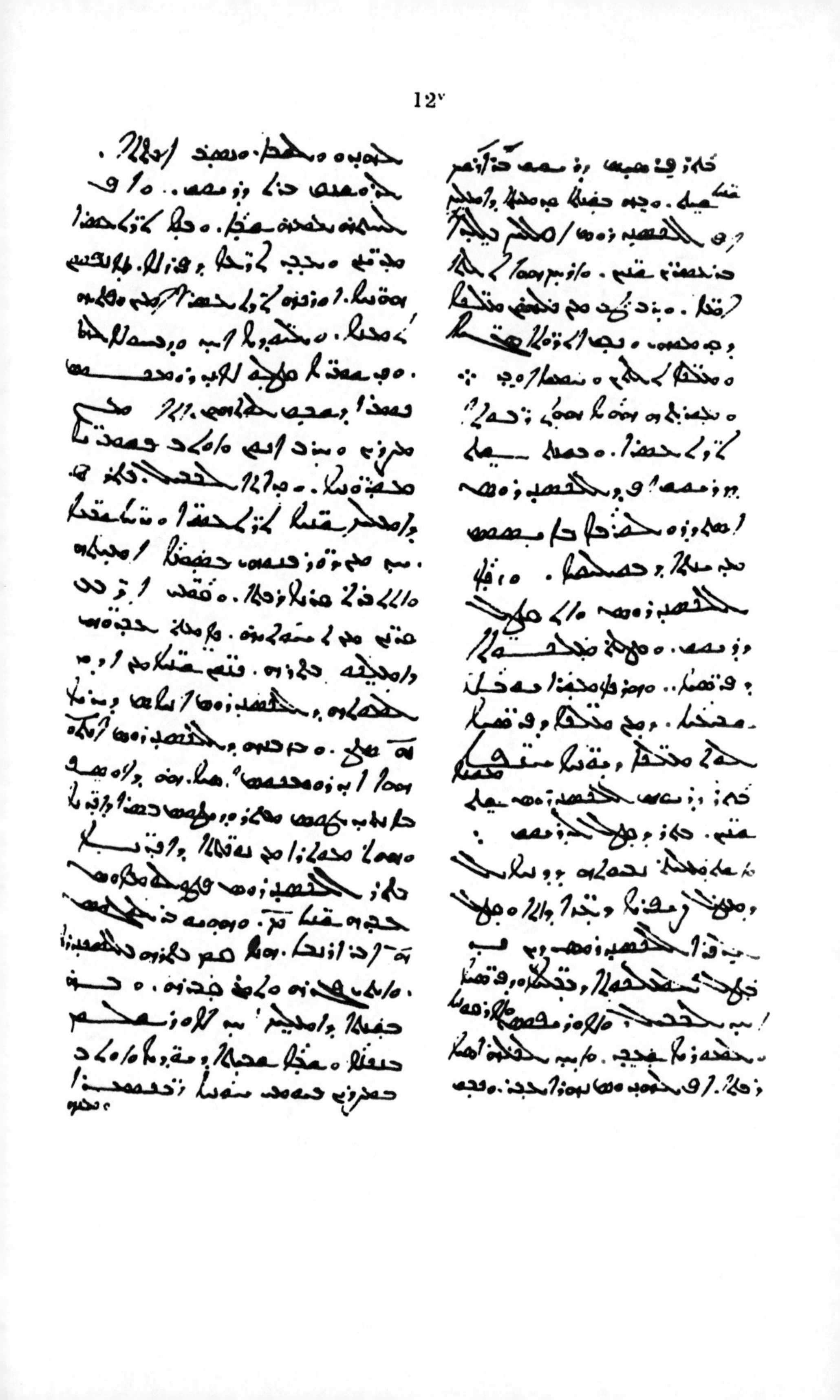

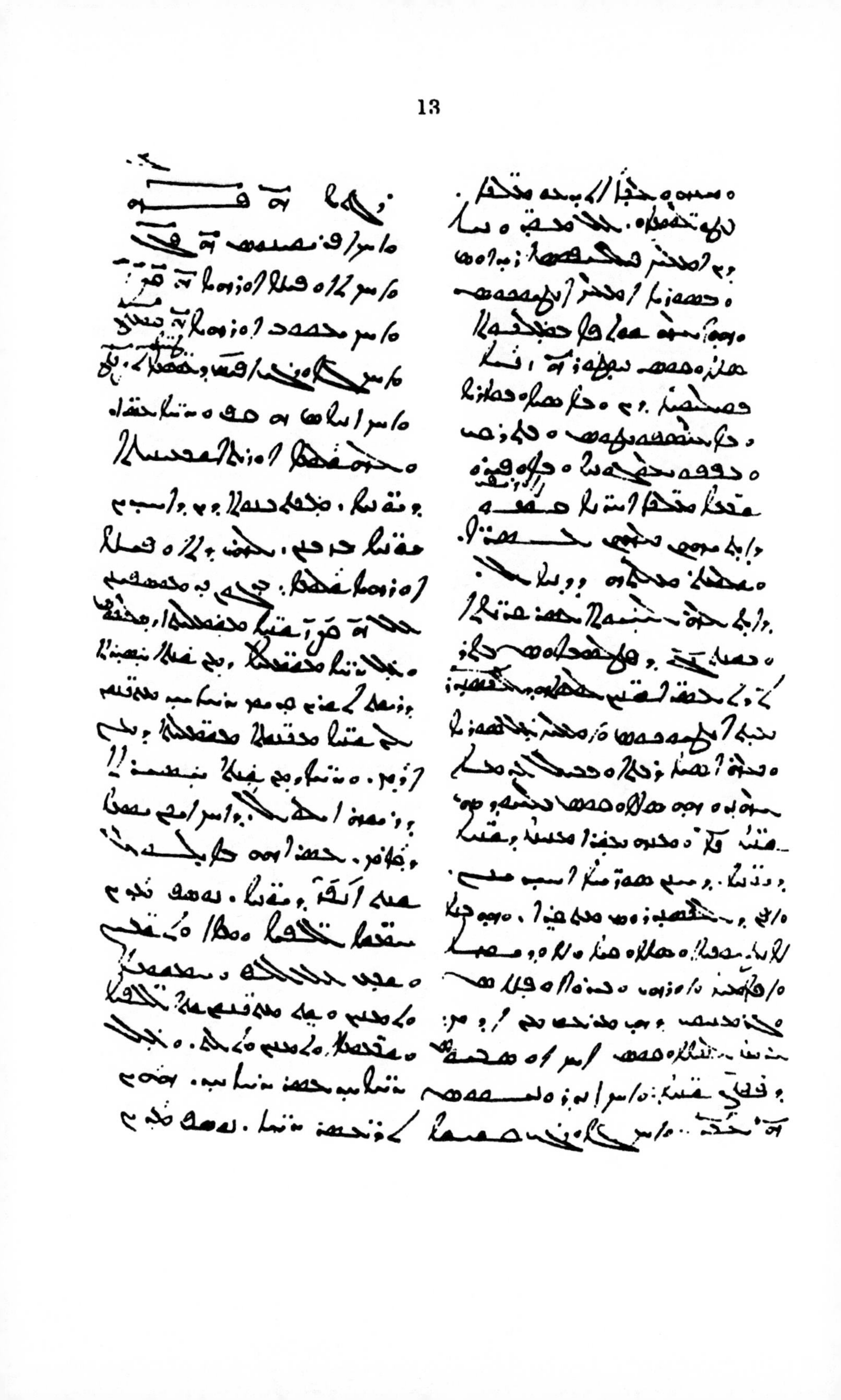

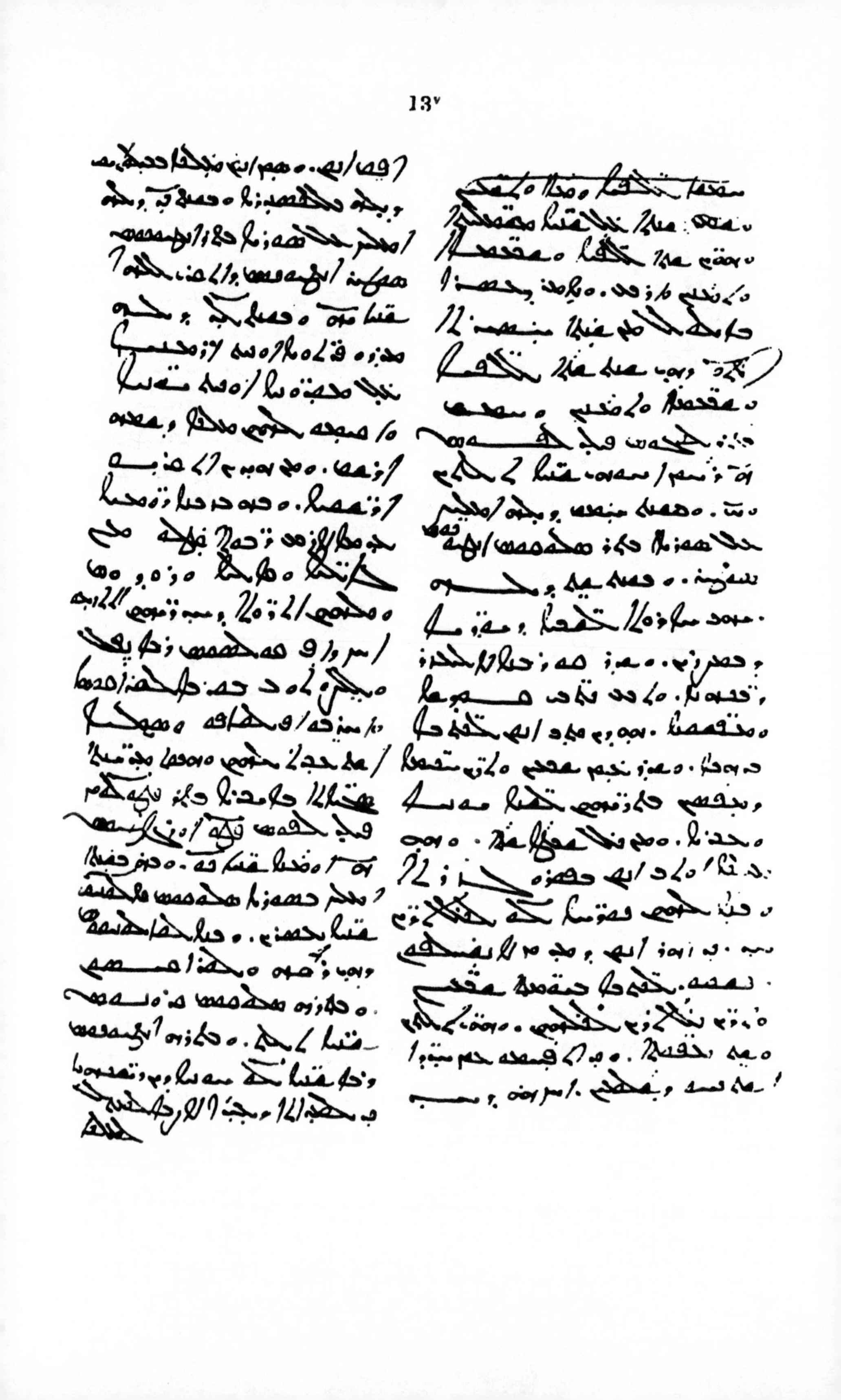

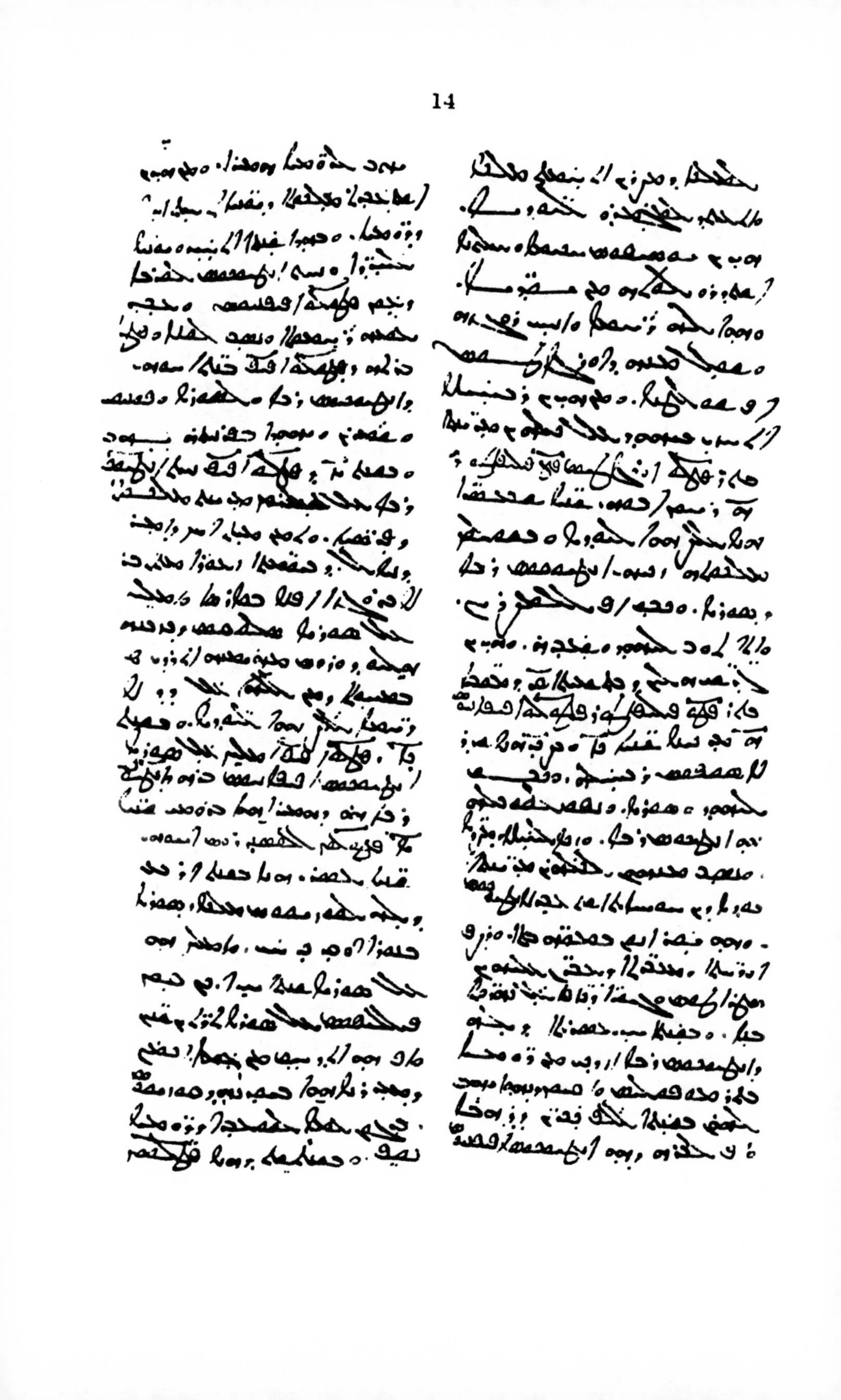

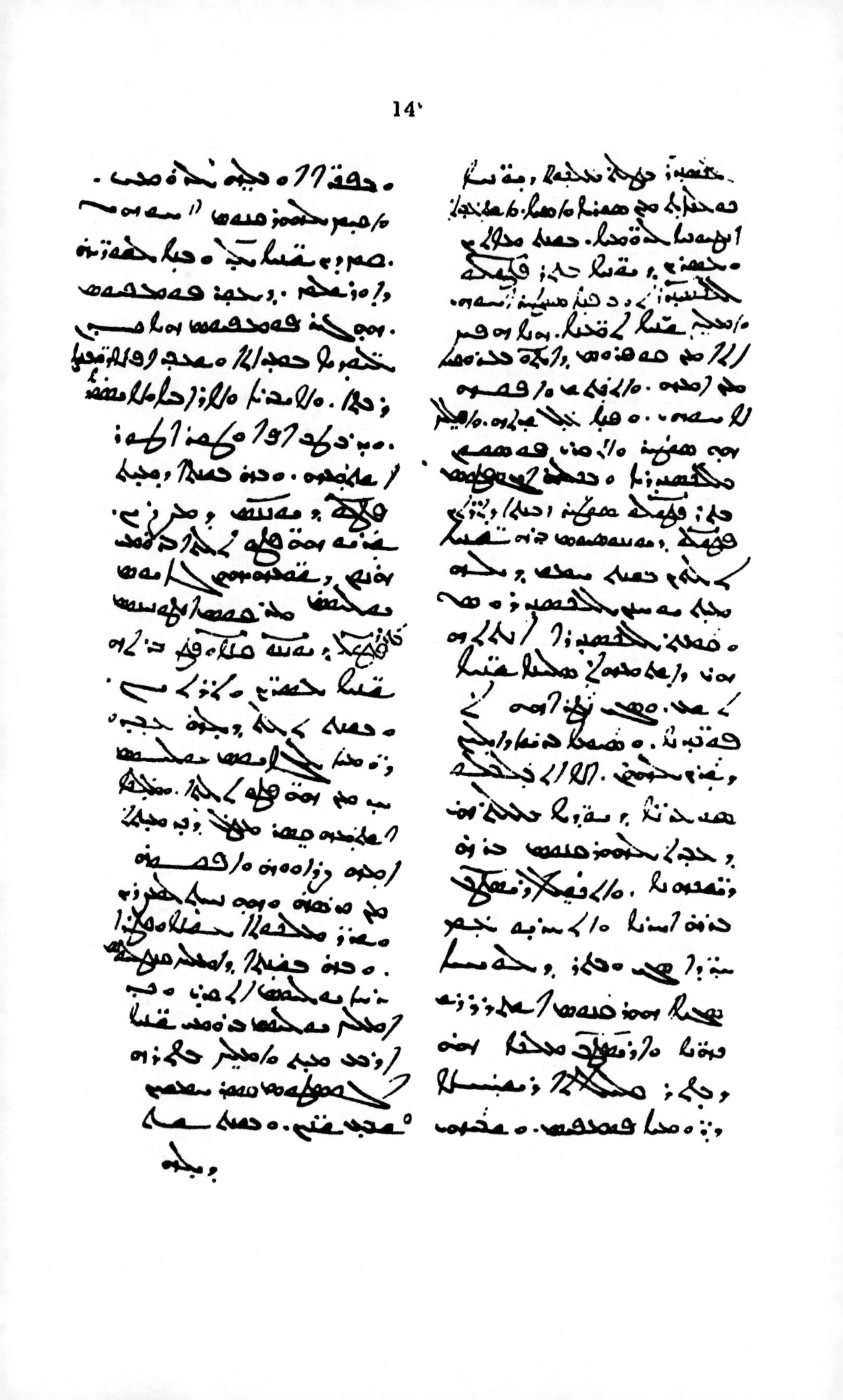

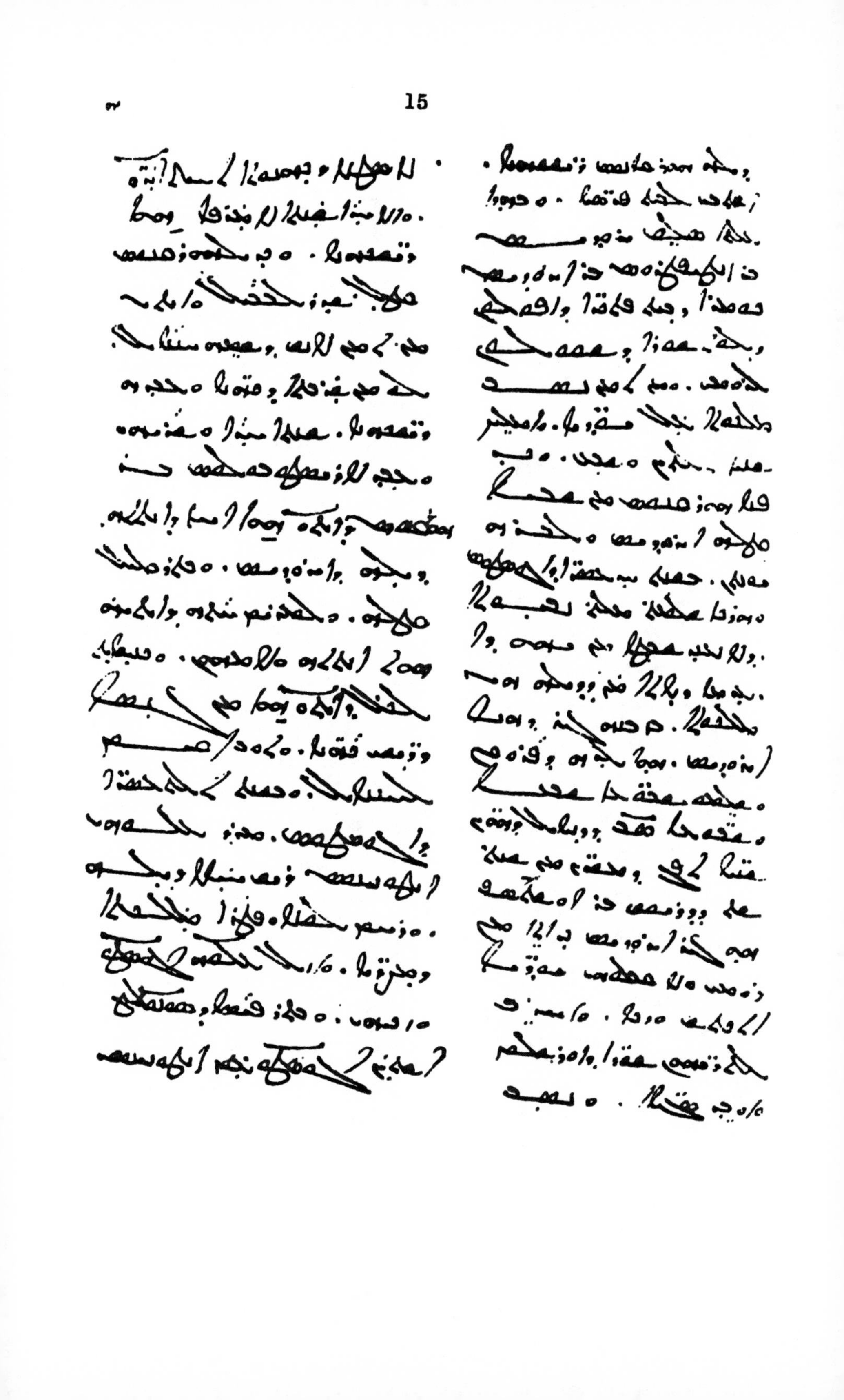

[illegible]

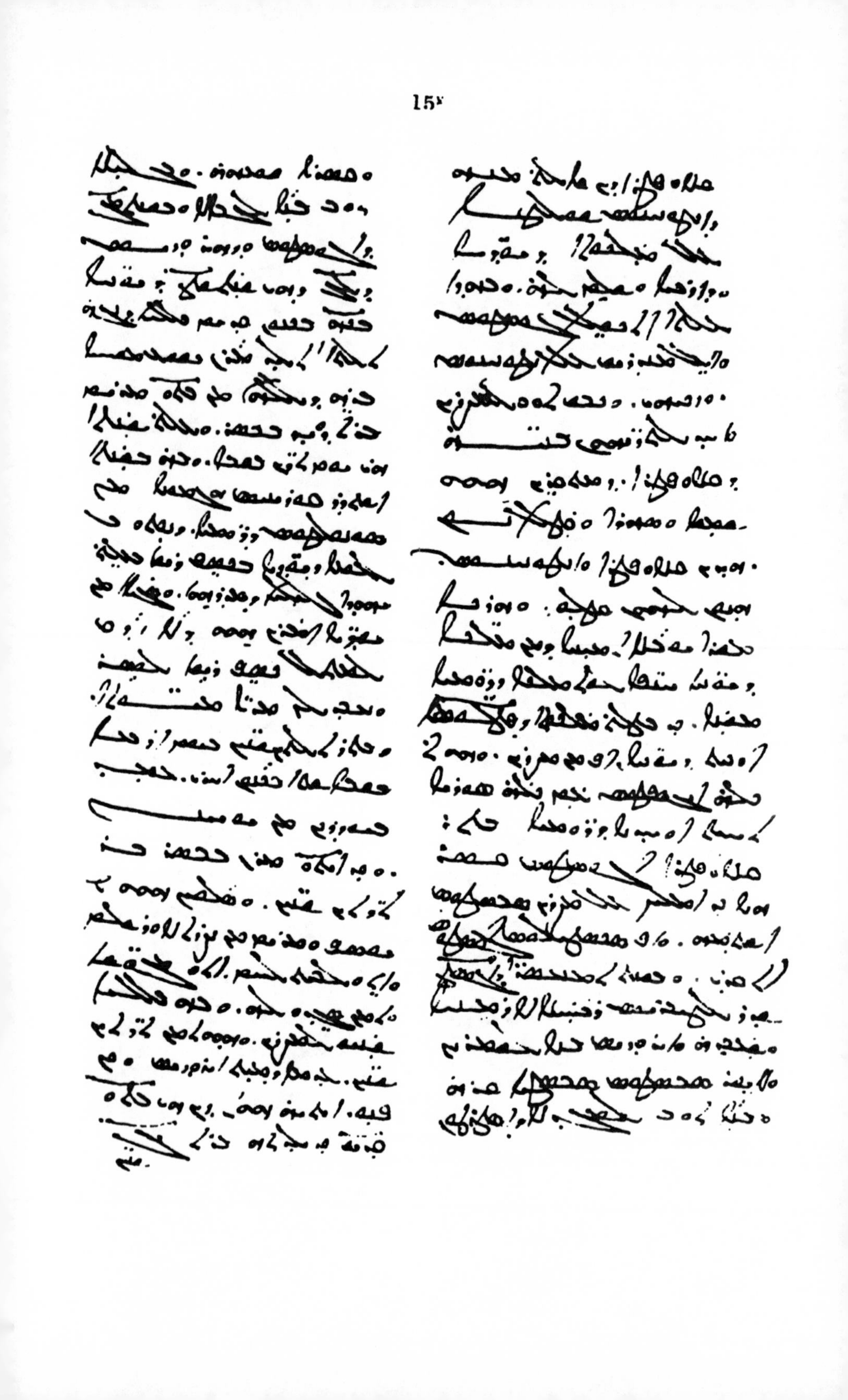

[illegible]

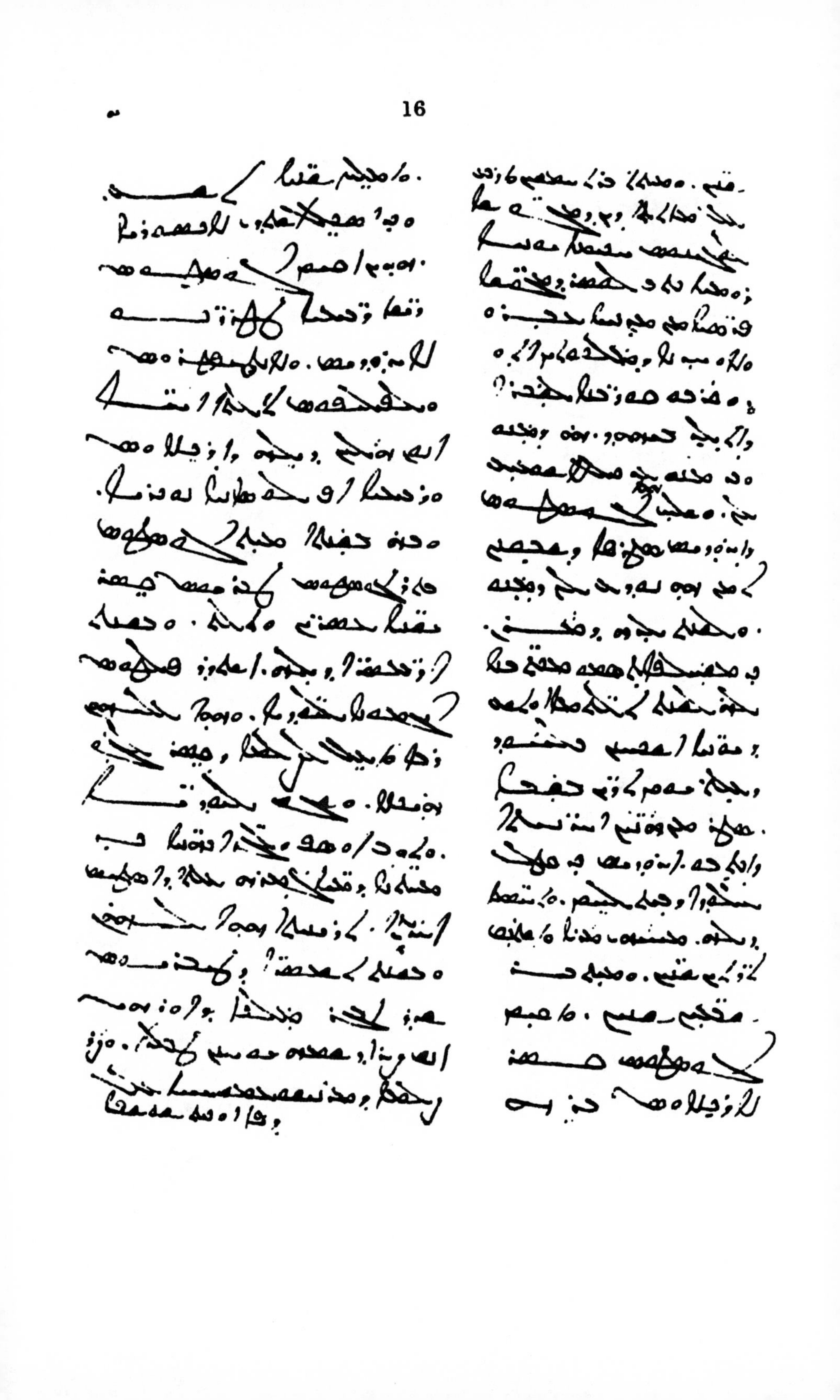

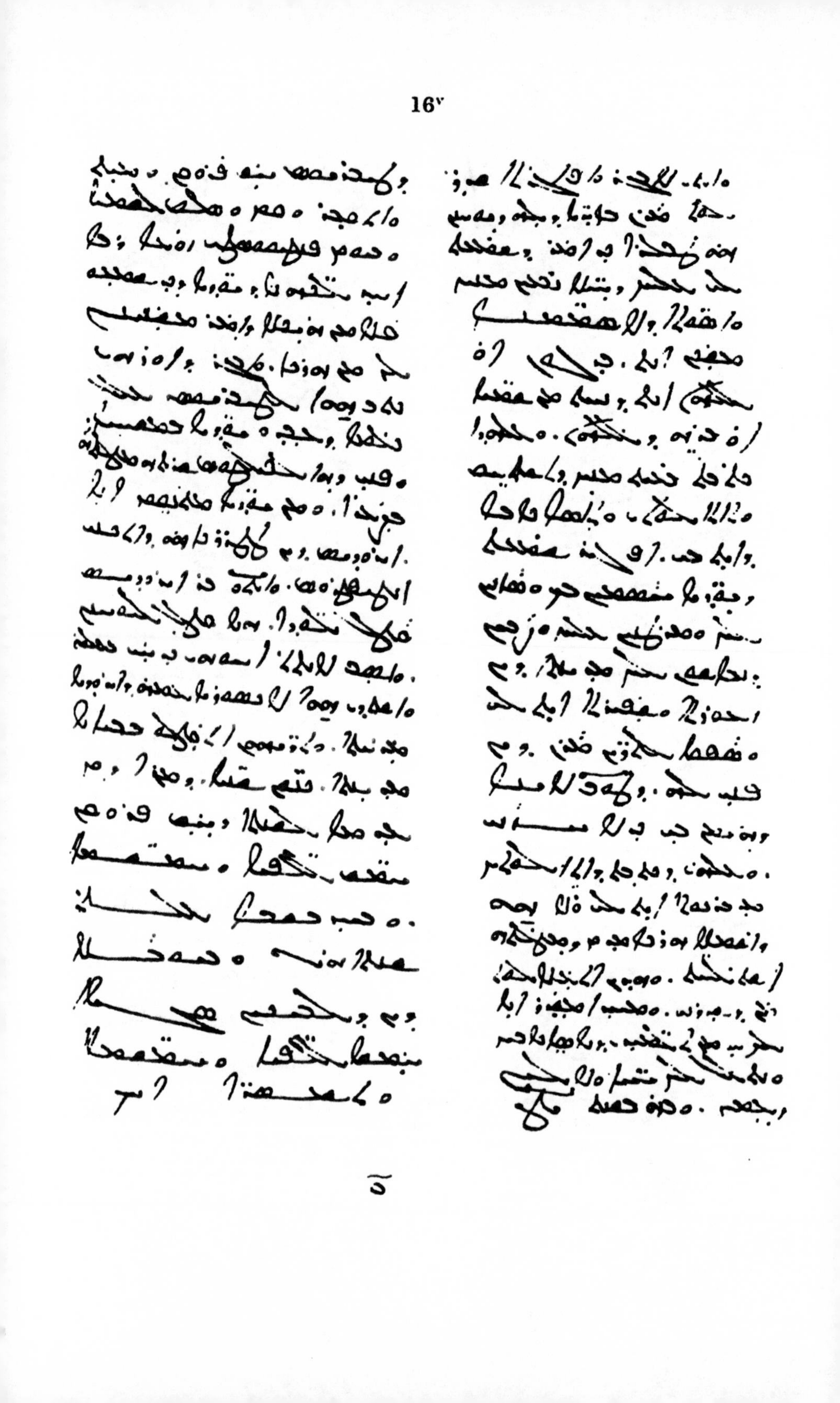

[illegible]

ܐܣܝ ܐܝܟ ܕܩܘܣܛܘܣ ܗܠܝܢ ܠܟܠܗܝܢ
ܡܬܩܕܡ ܕܐܬܝܠܕ ܘܡܢ ܠܐ ܐܝܬ ܚܕ ܗܘ
ܠܡܦܫܩܘ ܬܫܥܝܬܐ ܕܐܠܗܐ ܗܢܐ.
ܗܢܘܢ ܐܘ ܕܝܢ ܬܫܥܝܬܐ ܗܝ ܕܡܫܝܚܐ
ܗܘ ܕܝܢ ܐܘ ܬܫܥܝܬܐ ܕܩܘܪܝܢܘܣ
ܡܠܟܘܬܐ ܕܗܘ ܡܢ ܝܗܒ ܒܪܬܐ
ܗܘ ܕܝܢ ܡܠܟܐ ܕܗܘܐ ܒܫܢܬܐ. ܒܝܘܡܬܐ
ܕܩܪܝܢ ܐܢܘܢ ܗܘܐ ܒܫܡܐ ܕܡܘܫܐ
ܠܐܝܠܝܢ ܕܗܘܐ ܒܬܪܝܢ ܕܝܢ ܐܦ ܒܫܡܐ
ܘܐܬ ܡܢ ܠܘܩܒܠ. ܘܒܐܝܕܐ ܐܦ ܗܘܐ ܠܗ
ܗܘܐ ܕܝܢ ܒܝܬܐ ܬܫܥܝܬܐ ܗܟܢܐ. ܒܝܘܡ
ܒܐ ܡܠܟܐ ܗܘ ܕܐܝܬ ܠܗ ܐܪܒܥܐ
ܡܢ ܝܘܡܢܐ. ܘܡܠܟܘܬܐ ܡܬܝܕܥܐ ܗܘܬ ܐܢܫ
ܠܐܢܫ ܕܝܢ ܐܝܬ ܒܗ ܬܫܥܝܬܐ. ܡܠܟܐ
ܘܠܐ ܐܝܬ ܕܝܢ ܫܡܐ. ܐܝܟ ܕܐܬ ܡܢ
ܕܡܠܬܐ. ܐܝܬ ܠܗ ܬܫܥܝܬܐ ܚܕܐ
ܡܫܝܚܐ ܕܝܢ ܗܘܐ. ܒܡܠܬܐ ܗܕܐ ܡܢ
ܠܗ ܕܒܡܠܬܐ. ܘܡܠܟܘܬܐ ܡܢ ܗܟܢ
ܕܗܘܝܘ. ܘܢܩܝܦ ܡܠܟܘܬܐ ܠܐܢܫܘܬܐ
ܬܫܥܝܬܐ. ܘܡܬܝܕܥ ܠܐ ܒܬܫܥܝܬܐ
ܒܗ ܐܬܐ ܗܘ ܗܟܢ ܡܠܬܗ. ܘܒܗ

ܒܡܠܬܐ ܡܢ ܓܒܝܐ ܘܐܡܟܢ ܗܘܐ ܠܝ ܬܫܥܝܬܐ
ܡܠܟܘܬܗ ܕܗܘ ܐܝܬܘܗܝ ܘܒܬܪ
ܠܐܢܫ ܐܚܪܝܢ ܗܘ ܘܡܢ ܕܝܢ ܠܗ ܬܫܥܝܬܐ
ܘܒܫܢܬܐ ܕܝܘܢܝܐ ܕܠܐ ܡܠܟܐ. ܘܠܗ
ܒܫܢܬܐ ܕܠܐ ܬܫܥܝܬܐ. ܘܒܬܪܗ ܐܬܝܠܕ
ܐܝܟ ܬܫܥܝܬܐ ܕܐܢܫ ܕܝܢ ܒܗ ܘܐܝܬܘܗܝ
ܘܒܡܠܬܐ ܕܝܢ ܬܫܥܝܬܐ ܕܝܢ ܐܢܫ ܐܡܪܐ
ܘܒܗܘܢܐ. ܘܢܦܫܗ ܕܡܠܟܘܬܗ ܥܠ ܐܢܫ
ܒܗ ܡܠܟܐ ܘܒܬܪ ܬܫܥܝܬܐ ܘܕܝܢ ܗܘܐ
ܘܡܠܟܘܬܗ ܗܘ ܘܕܝܢ ܠܐ ܡܠܟܘܬܐ ܗܘܐ
ܠܐܝܬܐ ܘܕܝܢ ܕܝܢ ܒܗܘܢܐ ܡܢ ܕܝܢ ܐܢܫ.
ܘܠܗ ܬܫܥܝܬܐ ܒܗ ܡܠܬܐ ܐܝܬ ܠܗ ܒܫܡܐ
ܒܡܠܟܘܬܗ. ܐܬܐ ܠܬܫܥܝܬܐ ܘܒܝܬ ܐܒܐ
ܕܝܢ ܘܕܝܢ ܒܗ ܐܝܬ ܡܠܟܘܬܗ ܘܒܫܡܐ
ܘܡܠܬܐ ܘܒܬܪ ܘܕܝܢ ܒܗ ܐܝܬ ܡܠܟܐ
ܘܐܝܬ ܒܡܠܬܐ. ܘܐܬܐ ܡܢ ܕܝܢ ܐܝܬܘܗܝ
ܘܒܬܪ ܐܚܪܢܐ ܡܢ ܬܫܥܝܬܐ ܘܒܫܡܐ ܠܗ
ܗܘ ܬܫܥܝܬܐ. ܡܠܟܘܬܐ ܗܘܐ ܠܗ ܡܢ ܗܘܐ ܠܗ
ܘܡܠܟܘܬܐ ܡܬܝܕܥܐ ܠܒܝܬ ܐܒܐ.
ܗܘܘ ܠܗ. ܘܠܐ ܐܝܬ ܠܗ ܒܝܬ ܐܒܐ
ܒܡܠܬܐ. ܘܠܗܘܢ ܡܠܟܘܬܐ ܡܢ ܒܬܪܗ

ܒܗ ܕܝܢ ܐܣܘܬܐ ܡܫܟܚܐ ܡܠܟܘܬܗ ܕܒܥܠܡܐ ܡܩ̈ܕܫܝܢ ܘܐܦ ܕܒܫܡܝܐ

ܡܫܟ. ܫܡ̈ܝܐ ܐܪ̈ܥܢܝܐ. ܘܒܪܝܫܗ ܘܫܒܚܝܢ. ܒܗܘܢܐ ܐܚܝܕܐ ܒܟܢܐ ܣܦܪ

ܗܘܐ ܒܝܡܡܐ ܕܐܘܪܫܠܡ ܘܒܟܪܘܙܐ ܡܬܘܡܐ ܢܚܡܐ ܒܟܠ ܐܬܪ̈ܐ ܠܥܡܡܐ.

ܘܦܫܛܐ ܒܗ ܡܢ ܚܕ ܒܡܦܩܢܘܬܗ ܘܐܝܟ ܒܗܪܘܬܗ ܕܫܡܫܐ ܕܒܥܠܡܐ

ܚܕܐ ܕܗܘ ܫܠܛ ܠܗ ܕܫܡܫ ܘܒܥܘܒܐ ܐܢܫܐ. ܘܟܕ ܐܦܢܝ ܐܝܟ ܕܥܒܕܢ ܐ

ܐܠ ܢܫܡܗ ܡܢ ܚܕ ܡܢ ܘܡܠܟ ܘܥܩܪܐ ܐܝܟ ܐܝܟ ܕܫܡܥ ܐܢܫܐ ܘܪܥܘܬܐ

ܕܠܐ ܗܘܐ ܒܟܠܗ ܡܢ ܚܝܘܬܐ · ܘܐܬܚܙܝܘ ܠܗ ܠܐܘܪܫܠܡ ܘܫܒܚܘ

ܘܐܬܚܝܠܬ ܢܒܝܐ ܒܠܐܬܪܗ ܡܢܗ ܦܬܟܪ̈ܐ ܘܗܘܐ ܡܪܕܐ ܡܕܝܢ

ܘܒܝܬ ܒܗ ܘܦܪܨܘܦܐ ܘܠܟܝܢܐ ܡܬܘܡܐ ܘܫܠܡ ܐܟܝ. ܘܟܘܒܐ

ܘܒܐܝܕܗ ܒܪܬ ܩܠܐ ܘܦܘܩܕܢܐ· ܐܝܠܝܢ ܕܗܘܘ ܡܢ ܥܒܕܝܗ ܐܪܐ

ܗܘܐ ܠܗ ܒܝܬܝܗ. ܦܪܫܗ ܗܘܐ ܠܐ ܗܘܐ ܐܠܐ ܐܝܟ ܕܗܘܐ ܐܝܟ ܫܡܥܐ·

ܘܡܢܗ ܒܥܒ̈ܕܐ ܕܐܪܥܐ ܘܫܠܡ ܘܡܛܠ ܗܢܐ ܫܡܗ ܘܝܗܒ ܫܡܐ

ܘܡܠܟ ܢܚܡܐ ܒܟܢ ܒܗܘ ܦܬܓܡܐ ܫܡܥ ܫܡܥܐ ܫܦܝܪܐ ܪܘܚܢܝܐ ܝܗܒ.

ܡܚܝܐ ܕܝܢ ܦܠܚܐ ܒܪܘܚܐ. ܘܐܦܠܐ ܣܒܪ ܒܫܡܫܐ. ܘܒܪܐ ܠܫܠܝܚܐ

ܟܠ ܐܠܗܐ ܘܡܠܟܐ ܠܚܝܐ ܗܘܐ ܘܗܘܐ ܡܢ ܟܠ ܐܦܝ ܗܘܐ ܟܠ

ܠܡܫܝܚܐ ܕܒܫܡܝܐ ܘܒܐܪܥܐ ܕܫܠܝܚܐ. ܘܟܢܫ ܥܡܐ ܘܗ

ܡܢ ܫܡܝܐ ܘܡܢ ܐܪܥܐ ܒܫܠܡܐ. ܘܫܡܫ ܒܡܘܗ ܐܢܫ ܘܐܠܗܐ

ܘܐܝܟ ܡܢܗܘܢ ܠܐܠܗܐ ܗܘܐ ܡܢܗ ܘܟܢܝܫܝܢ ܠܗ ܥܡܐ ܘܐܢܫ ܒܟܠܗ.

ܘܒܗ ܥܡܡܐ ܘܫܡܥ ܗܘܐ ܘܫܠܡ ܡܩܒܠܐ ܘܟܠ ܐܢܫ ܡܢ ܟܠ ܠܐ ܡܫܡܫܢܐ

ܡܫܡܫܐ ܠܒܝܬܐ ܘܓܒܪܐ ܘܡܫܡܫܢܐ ܘܫܡܫܝܢ ܒܗ. ܘܟܢܝܫܐ

ܒܟܠܗ ܫܡܝܐ. ܘܐܦ ܕܐܪ̈ܥܬܐ ܩܕܝܫ ܫܡܗ ܘܫܡܝܐ ܠܥܠܡܝܢ

ܡܩܕܫܝܢ ܠܐ ܐܦܠܐ ܘܐܦ ܕܒܫܡܝܐ ܐܦ ܫܡܗ ܩܕܝܫܐ ܡܢ ܟܠ ܡܠܟ ܕܒܫܡܝܐ

ܕܐܦ ܡܢ ܗܘܐ ܐܘܣܛܐܬܝܘܣ ܦܛܪܝܪܟܐ
ܕܐܢܛܝܘܟܝ ܕܣܘܪܝܐ ܕܗܘ ܗܘܐ ܕܝܢ
ܡܠܠ ܕܒܢܝܩܝܐ. ܘܟܕ ܐܬܠܚܡ ܥܠ
ܠܐܘܣܛܐܬܝܘܣ ܟܠܗ ܡܢ ܐܦܝܗ
ܕܒܐܪܥܐ. ܘܗܘܐ ܕܡܫܠܡ ܗܘ ܒܗܕܐ
ܒܪܓܐ ܠܐ ܡܬܚܫܒ. ܗܘܐ ܕܝܢ
ܐܘܣܛܐܬܝܘܣ ܒܗ ܗܘܐ ܒܢܝܐ
ܐܡܪ ܕܐܦܣܩܘܦܐ ܐܢܛܝܟܝܐ. ܕܡܛܠ ܕܐܦ
ܦܝܠܐ ܐܘܣܛܐܬܝܘܣ ܡܢ ܗܘ ܐܘܐ
ܕܒܪܝܪ ܐܡܝܢ ܚܝܪܘܬܐ ܕܥܡܗ.
ܠܐܪܥܐ ܡܠܟܘܬܐ. ܘܟܕ ܐܘܣܛܐܬܝܘܣ
ܒܥܕܢܐ ܕܒܗ ܐܬܪܥܝ ܥܠܝܗ ܒܝܘܡܐ
ܗܘܐ. ܡܢ ܐܢܛܝܘܟܝܐ ܕܝܠܗ ܕܐܬܪܥܝ
ܗܘܐ ܡܛܠܬܗ ܕܐܘܣܛܐܬܝܘܣ
ܐܦܪܝܡ ܡܠܟܐ. ܥܠ ܡܠܟܘܬܐ
ܕܒܗ ܐܬܪܥܝ ܥܠܝܗ ܒܗܢܐ
ܗܘܐ ܐܝܟ ܠܐ ܥܡ ܩܘܣܛܢܛܝܢܘܣ
ܐܠܐ ܒܥܠܡܐ ܕܥܡܗ ܒܡܛܠܬܗ
ܡܢ ܐܘܣܛܐܬܝܘܣ ܒܡܬܐ
ܒܢܝܐ ܒܗܢ ܗܘ ܒܟܠ ܕܝܢ ܒܟܠܗܘܢ
ܘܥܘܡܪܗܘܢ. ܠܚܣܘܡܘܬܐ ܕܝܢ ܒܗܢܐ

ܟܕ ܒܐܪܥܐ ܒܗܢ ܐܝܟ ܒܥܠܡܐ ܕܝܢ ܕܝܢ
ܠܗ ܡܢܐ ܘܐܡܪ ܡܠܟܘܬܐ ܘܒܗܕܐ
ܚܝܐ ܒܟܠ ܘܢܩܠܬ. ܘܒܗ ܡܢܗ ܒܗܢܐ
ܕܐܦܠܐ ܐܝܟ ܘܐܝܟ ܒܥܠܡܐ
ܘܒܥܠܡܐ ܒܥܒܕܗ. ܘܒܥܠܡܗ ܠܐܦܪܝܡ
ܕܐܘܣܛܐܬܝܘܣ. ܗܘ ܥܠܠܐ ܕܢܦܩ
ܒܥܠܡܐ ܕܐܦ ܗܘ ܡܢܝܐ ܒܗܢ.
ܡܕܝܢܬܐ. ܒܥܠܡܐ ܗܘ ܕܝܢ ܢܦܩ
ܗܘܐ ܐܟܚܕܐ ܕܝܢܐ. ܡܢ ܐܘܪܚܐ ܕܝܢ
ܒܘܠܐ ܒܗܢܐ ܐܦܝܐ ܣܓܝܐ ܟܠܗܝܢ
ܥܠܝܗܝܢ ܘܣܓܝܐ ܡܢܐ ܘܡܢܝܢ ܘܡܢ
ܘܡܢ ܕܐܬܚܙܝ ܗܘ ܥܠܐ ܒܝܕܐ ܕܒܗܢ
ܗܘ ܟܠ ܡܢܝܐ ܠܐ ܡܢ ܘܣܓܝ .ܘ ܥܠܝܐ
ܕܡܢ ܒܡܕܐ ܐܝܟ ܒܗ ܐܡܪ ܗܘ ܡܘܣܝܣܘܣ
ܘܒܢܝܐ ܐܟܠܘ ܘܒܢܝܐ ܡܢܬܗ ܕܥܡܗ ܐܦ
ܒܥܠܡ ܘܣܓܝܐ ܐܡܪܐ ܘܟܠܐ ܘܟܠ
ܐܡܪܐ ܒܥܠܡ ܒܥܠܡ ܡܢ ܘܠܥܠܡ
ܗܘܘ ܗ ܗܟܢ ܘܟܠ ܠܟܠܐ ܕܝܢ ܒܫܢܝܐ
ܘܕܝܢܐ ܘܢܩܘܡ ܠܐ ܐܦܠܝܢ. ܡܢ ܕܢܝܢ
ܐܝܟ ܦܠܓܗ ܗܘܘ ܒܥܕܢܐ ܘܡܢܐ
ܘܒܥܠܡ ܕܝܢ ܒܥܠܡܐ ܣܓܝܐܘܗܘܢ

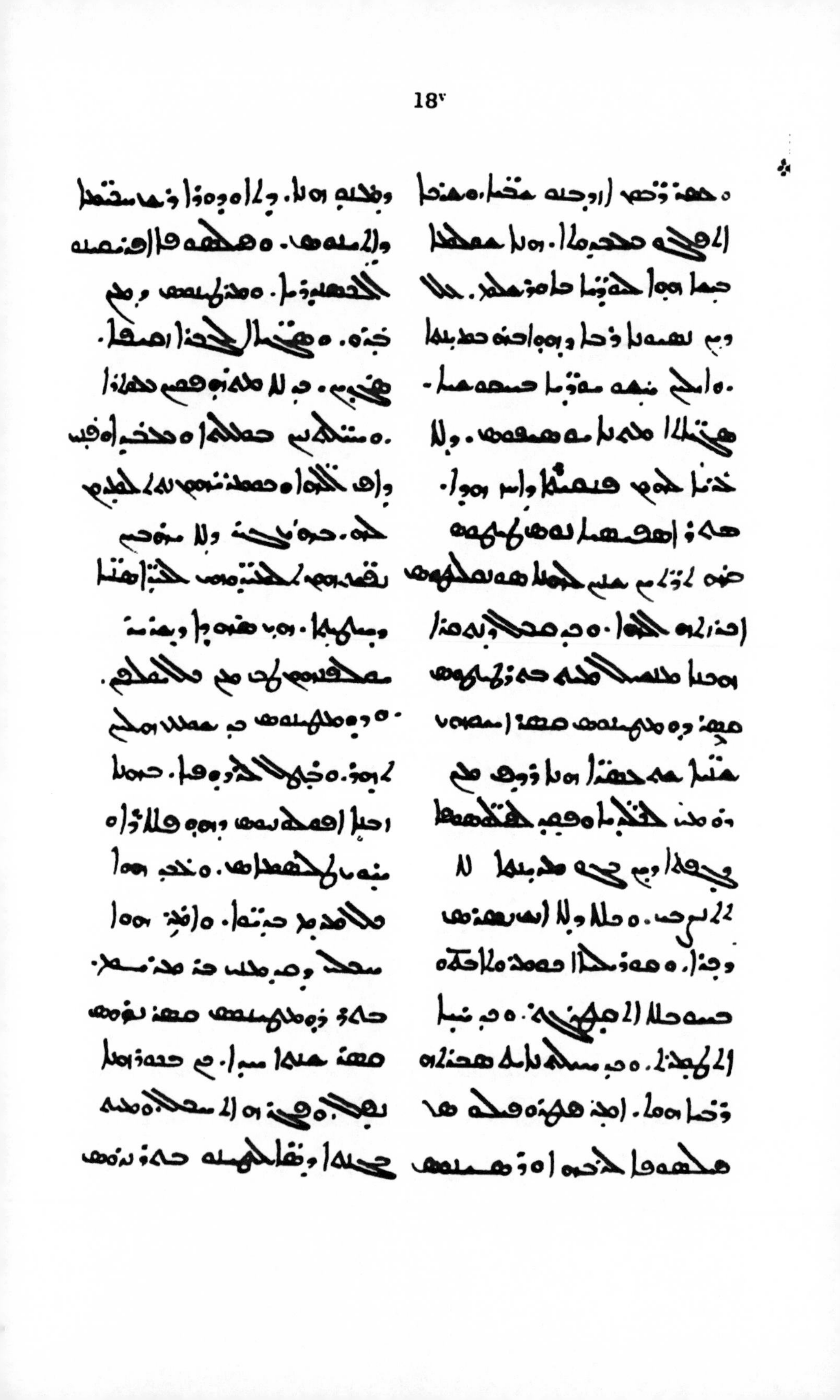

[illegible]

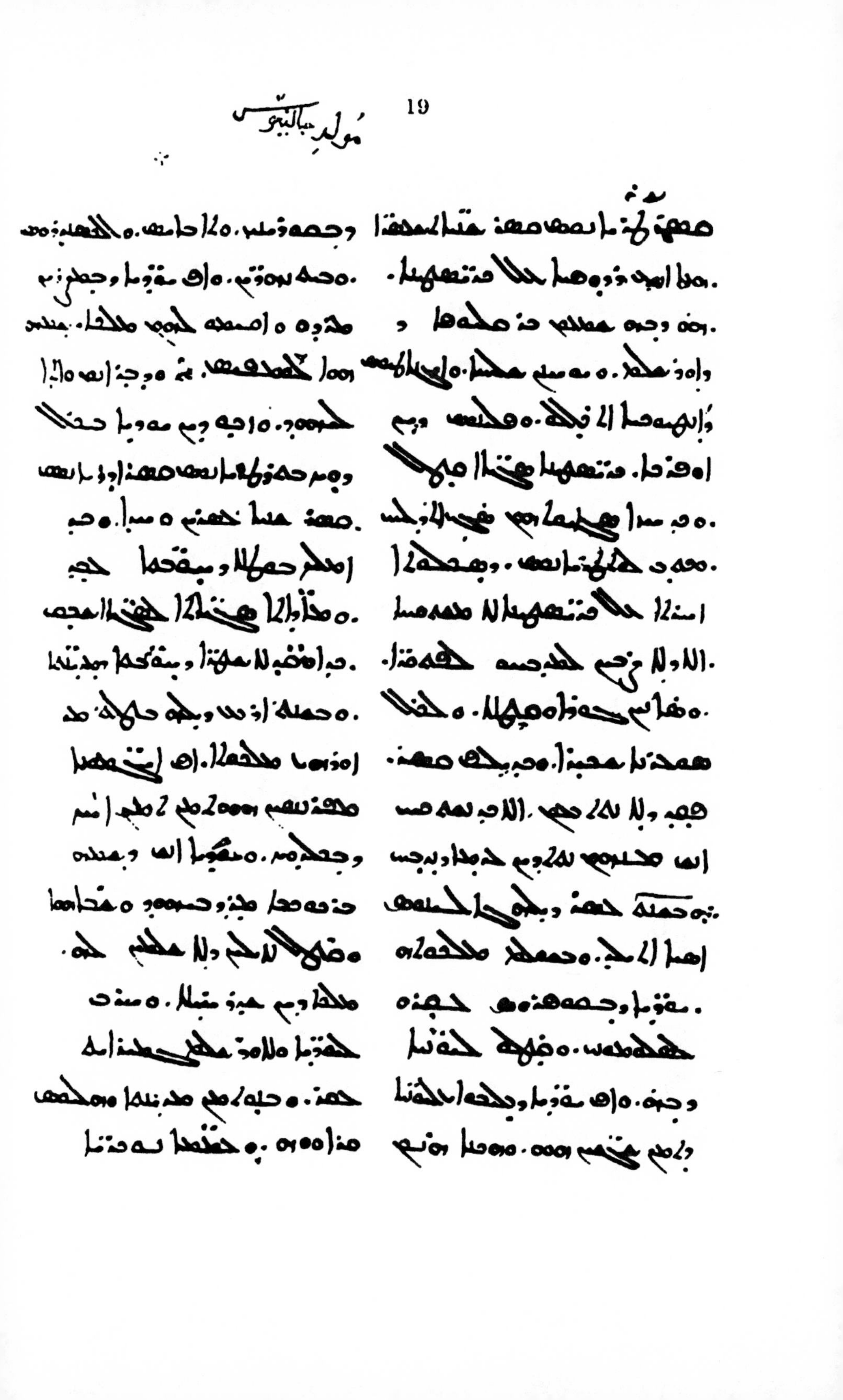

مولد حبالتيوس

[illegible]

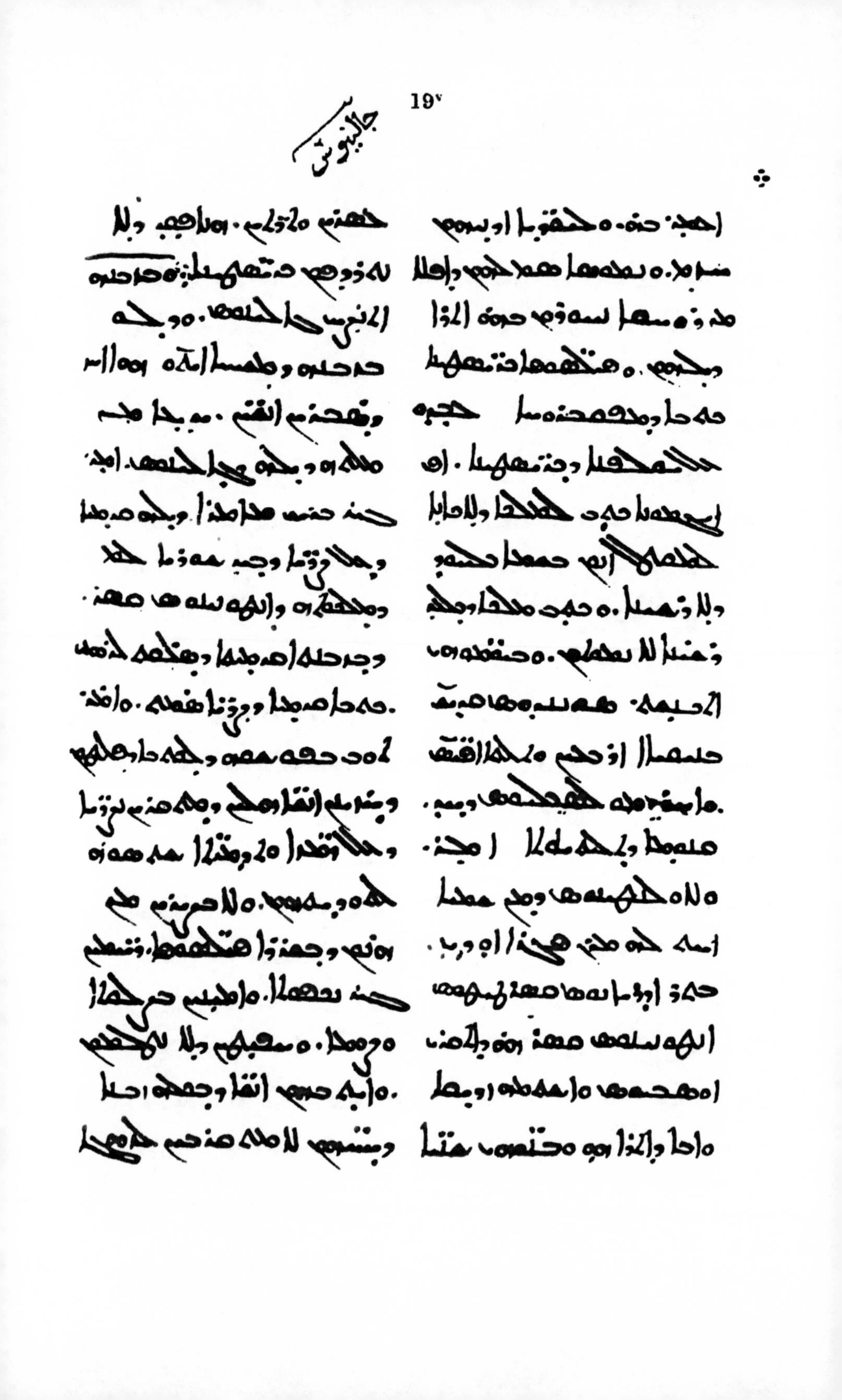

جالينوس

ܟ

ܐܦܢܝ ܐܒܐ ܕܥܡܐ ܐܬܐ ܗܘ ܕܘܪܫܠܡ ܐܬܐ.
ܐܢܝܢ ܐܝܟ ܕܐܡܪ ܒܡܫܠܡܢܘܬܗ ܕܡܪܢ
ܒܡܒܝܢܘܬܐ ܕܡܬܐ ܥܢܝܢ ܗܘܐ ܠܒܝܬܐ
ܒܢ̈ܝܗܘܢ ܕܝܢ ܕܐܝܠܝܢ ܕܡܢ ܡܫܠܡܢܘܬܗ.
ܘܒܢܝ ܒܪܡܐ ܒܥܠܡܐ ܗܢܐ ܕܠܥܠܡ
ܐܝܟ ܦܪܚܐ ܚܕܝܐ ܘܡܬܦܪܢܣܐ ·
ܡܬܐ ܘܐܚܝܢ ܒ̈ܢܝܢ. ܗܘ ܒܪܢܫ
ܠܥܠܡ ܡܢ ܫܢܬܐ ܕܚܡܫ
ܡܕܝܢܬܐ ܐܢܛܝܘܟܝܐ. ܘܐܝܟ ܦܬܓܡܐ
ܗܟܢܐ ܡܢܗ ܘܡܬܚܒܠܐ ܐܬܩܛܠܬ
ܘܗܘܝܢ ܗܘܢ ܕܒܚܝܢ ܒܬܪܝܗܘܢ
ܐܝܟ ܡܬܐ ܕܚܕܐ. ܘܡܢ ܕܗܘ ܠܐ ܫܡܥܬ
ܐܬܚܪܝܬܐ ܕܒܚܘܒܐ ܝܘ ܘܐܬ.
ܘܟܠ ܐܡܪ ܒܗ ܡܬܠ ܐܬܦܩܕܬ.
ܘܫܠܐ ܕܒܥܕܢ ܕܡܪܢ. ܘܐܡܪ ܘܠܐ
ܡܢ ܦܠܚ ܐܒܐ ܕܫܒܩܗ ܠܥܠܡܐ ܐܡܪ
ܗܟܢ. ܘܫܒܩ ܠܗ ܠܐܒܘܗܝ ܥܡ ܐܚܘܗܝ
ܠܡܐ ܗܘܘ. ܘܐܡܪ ܠܗ ܕܒܘܢ
ܐܚܝܢ ܡܠܬܗ ܥܠ ܡܫܠܡܢܘܬܐ. ܘܟܕ
ܫܡܥ ܕܐܬܐ ܠܗ ܡܫܠܡܐ. ܘܟܕ ܡܛܐ
ܠܒܫܗ ܡܢܗ ܠܡܕܢܚܐ ܠܡܐܬܝܢ

ܘܠܦܬܚ ܐܢܫ. ܘܒܫܘܪܐ ܕܠܥܠܡܐ
ܠܥܠܡ ܕܠܥܠܡ ܗܘ ܕܒܫܠܡܐ
ܕܒܗ ܠܐܒܘܗܝ ܐܝܬܘܗܝ ܠܐܒܘܗܝ
ܘܐܝܟ ܕܠܥܠܡ ܘܐܡܪ ܐܝܟ.
ܒܡܐ ܐܝܬܘܗܝ ܘܐܚܝܢ ܡܢ ܡܬܡܨ
ܘܐܢܫ ܡܬܠ ܒܥܠܡܐ ܒܚܝܐ
ܥܠܝ ܐܡܪ̈ܢܐ. ܒܫܡܪܐ ܕܡܢ ܘܒܥܠܡܐ
ܘܒܠܗ ܡܬܠ ܘܟܠܗ ܐܢ ܐܢܬ ܪܡܐ
ܗܟܢܐ ܚܙܐ ܡܢ ܪܘܚܐ. ܪܘܚܐ
ܐܝܟ ܒܢ̈ܝܗܘܢ ܐܝܬܘܗܝ ܒܥܡܗ
ܘܡܟܝܠ ܗܘܐ ܠܐܬܪܐ. ܘܗܘܐ
ܡܪܐ ܠܪܡܐ ܠܗ ܥܠܡܐ
ܘܫܡܥܗ ܘܐܚܝܢ ܒܥܠܡܐ.
ܒܫܡܥܗ. ܘܐܬܚܙܝ ܐܬܚܙܝ
ܐܡܪ. ܘܗܢܘ ܠܗ ܥܠܝܡ.
ܡܢܗ ܗܘܐ ܐܝܬܘܗܝ ܐܝܬܘܗܝ
ܡܬܐ ܗܘ ܒܥܠܡܐ
ܠܡܐܬܐ ܒܪ ܐܚܘܗܝ. ܘܟܕ
ܐܝܬܘܗܝ ܐܢܘܢ ܒܥܠܡܐ
ܡܢܗ. ܘܡܥܘܠܗ ܒܗ ܒܪ
ܘܡܬܐ ܠܗ ܒܥܠܡܐ ܐܚܝܢ ܐܚܝܢ.

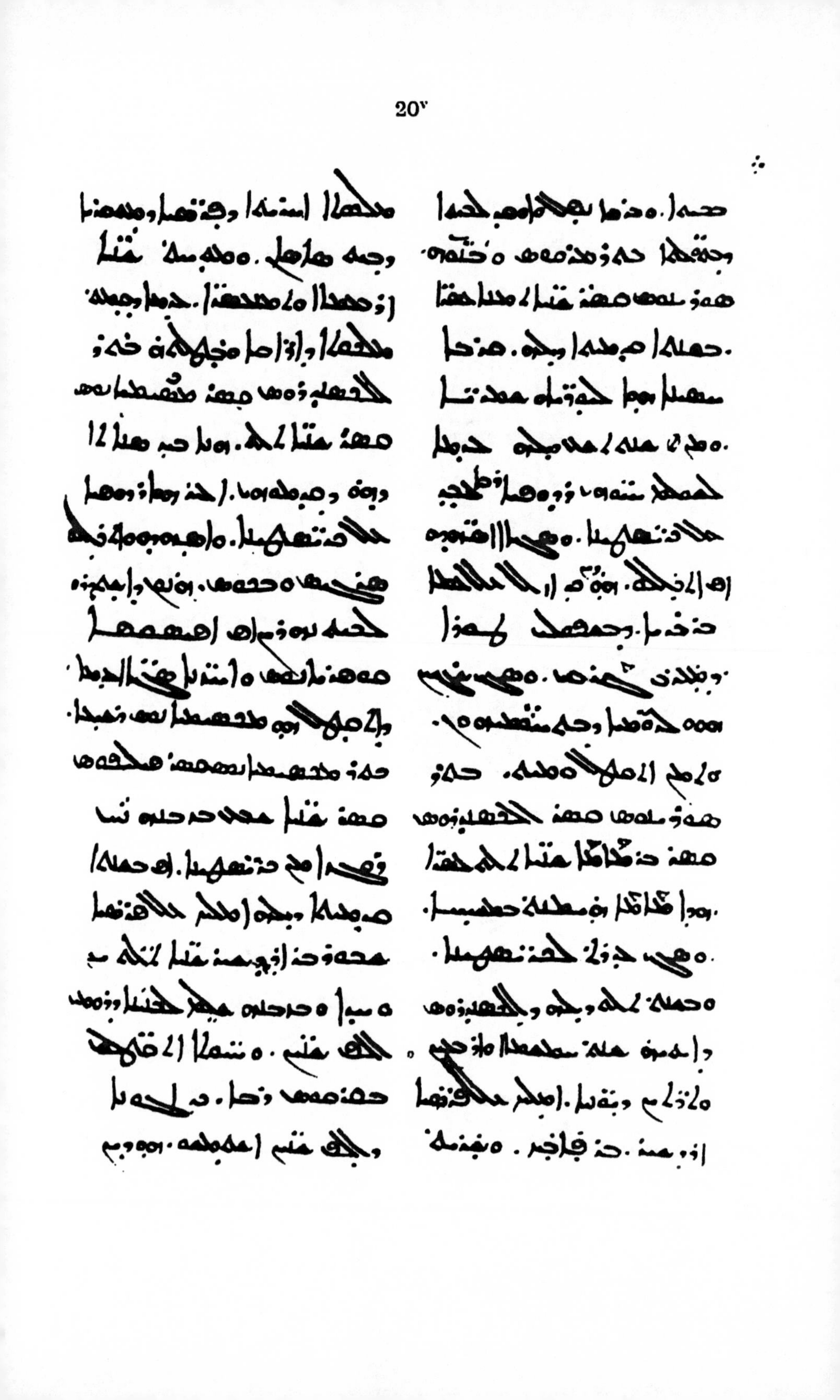

ܢܫܠܡܘܢ ܡܪܢ ܡܢ ܘܕܩܕܝܫܐ ܠܐܝܣܘܢܐ ܐܣܟܘܠܝܐ ܕܝܠܗ.
ܐܟܝܠ ܠܟܘܢ ܒܟܬܒܐ ܡܫܪ ܡܫܝܚܐ. ܘܝܗܒ ܐܦ ܡܣܝܒܪܢܘܬܐ ܐܚܪܢܝܬܐ
ܘܕܩܢܘܡܐ ܡܫܪ ܡܠܬܐ ܚܝܐ ܡܫܪܪܐ. ܐܝܟ ܫܘܒܚܐ ܕܡܫܝܚܐ.
ܗܘܐ ܫܒܚܐ ܪܘܚ ܠܚܕܐ ܕܢܒܝܘܬܐ ܕܝܗܒ ܡܢ ܝܗܒܗ ܐܚܪ ܠܡܪܐ ܐܦܝܐ
.ܘܒܪܟܬܗ ܒܪܗ ܡܢ ܐܠܗܐ ܡܢ ܗܘܐ ܠܡܫܝܚܐ. ܘܡܫܠܡ
ܡܢ ܐܦܝܣܩܘܦ. ܘܐܠܗܐ ܘܡܫܝܚܐ ܕܡܢܐ ܘܕܠܐ ܡܢ ܕܒܫܘܠܡܐ ܘܡܫܝܚܐ ܕܝܠܗ
ܡܢ ܕܝܗܒܗ ܒܪܗ. ܡܢ ܐܠܗܐ ܐܦܝܣܩܘܦܘܬܐ. ܘܐܬܐ ܘܕܝܫܘܥ ܡܫܝܚܐ
ܘܢܚ ܦܘܠܘܣ. ܐܬܐ ܗܘܝܘ ܕܝܠܗ .ܘ ܡܫܠܡ ܡܢܗ ܘܐܬܐ ܐܣܩܘܦܐ.
ܠܐܪܥܐ. ܘܡܠܟܐ ܗܘܐ ܬܚܘܬ ܐܬ. .ܘܐܢܐ ܠܐ ܕܐܝܬܝ ܫܡܝܐ ܕܒܝܬ
.ܘܐܡܪ ܗܘܐ ܠܐܢܫܐ ܘܠܗ ܡܫܝܚܐ ܠܡܫܝܚܐ ܘܡܠܟܐ ܡܫܝܚܐ. ܐܢܬܘܢ
.ܘܐܬܐ ܡܢ ܪܘܚܐ ܘܐܡܪ ܠܗ ܪܘܚܐ ܘܡܢ ܡܫܝܚܐ ܠܗ ܡܣܝܒܪܢܘܬܗ .
ܟܕ ܐܬܐ ܟܠܗܘܢ ܡܢ ܩܕܝܫܐ ܐܝܟ ܠܟܬܒܘܗ ܡܢ ܗܘܢܐ
ܚܝܠܐ ܡܪܝܐ ܘܠܗ. ܢܒܝܐ ܠܡܫܝܚܐ. ܘܗܘܐ ܐܪܥܐ ܕܐܠܗܐ
ܘ ܡܠܟܐ ܠܐܠܗܐ. ܡܢ ܚܝܠܗ ܟܠܐ ܡܫܝܚܐ ܠܗ ܡܢ. ܘܡܢ ܪܘܚܐ
ܐܠܗܐ ܡܠܟܐ. ܘܗܘܐ ܗܘܐ ܕܠܗ ܠܒܢܝܫܢܐ ܡܠܟܐ ܚܝܐ ܘܡܫܝܚܐ
ܚܕܐ ܘ ܚܕ ܫܡܝܐ. ܘܫܡܥ ܪ ܠܡܬܐܪ ܠܐܢܫܐ ܡܢ ܘܡܠܟܝܗ ܐܝܟ
ܟܠ ܠܗ ܡܢܗ ܐܚܪܢܝܐ ܕܐܠܗܐ ܡܢ ܫܡܝܐ ܠܗܘܢ. ܘܢ ܠܗ ܐܠܗ
ܢܦܫܗ. ܘܐܠܗܐ ܡܢܗ ܠܐ ܗܘܐ ܐܝܬܝܐ ܐܠܗܐ ܠܗ ܠܗ.
ܪܘܚܐ. ܘܐܠܗ ܡܢܗ ܐܢܫܐ ܡܫܝܚܐ ܡܫܝܚܐ ܐܠܗ ܘܢܗ ܟܠܗ
ܡܢ ܫܡܝܐ. ܘܐܦܝܣܩܘܦܐ. ܘܡܫܝܚ ܪܘܚܗ ܕܠܗ. ܘܐܬܐ ܡܢܗ ܠܗ.

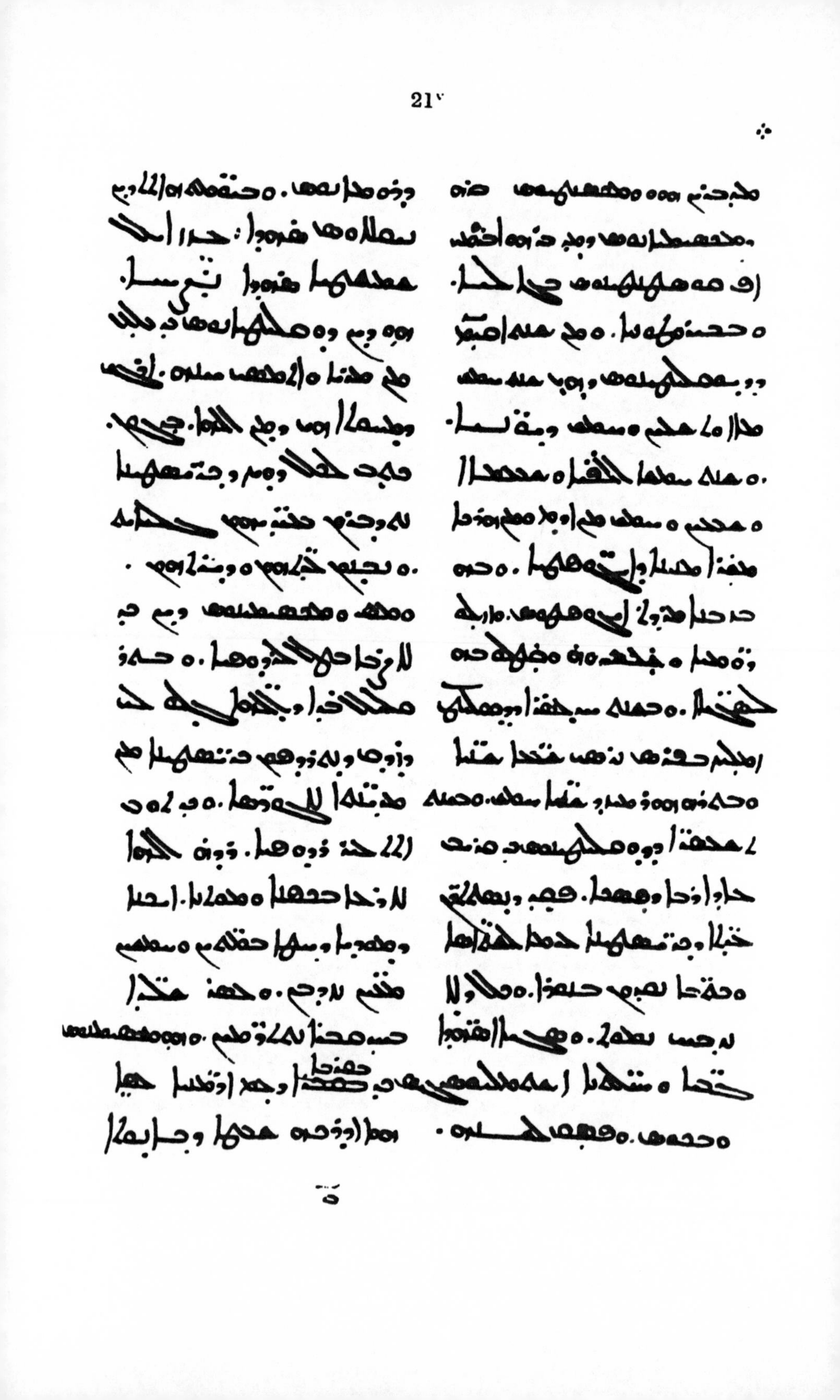

. ܘܟܠܗ ܒܥܒܕܐ ܒܝܫܐ ܘܡܢܗ ܐܦ ܝ
ܗܘ ܟܕ ܕܡܫܬܟܚܝܢ ܒܬܪܥܝܬܗܘܢ
ܐܦ ܣܢܐܘܗܝ ܡܡܫܡܫܢܘܬܗܘܢ
ܘܥܠܝܗ ܕܒܢܝܗܘܢ ܕܡܫܬܟܚܝܢ
ܡܢܗܘܢ ܗܘܐ ܐܝܟ ܐܠܐ. ܗܘܘ ܐܚܘܗܝ
ܕܡܫܡܫܢܘܬܗܘܢ ܕܚܝܐ. ܡܛܠ ܐܝܠܝܢ
ܐܬܬܠܝ ܢܦܫܝ ܐܢܐ ܕܟܠܗ ܗܘ ܚܝܐ
ܘܡܛܠ ܐܟܘܬܗ ܕܡܫܡܫܢܘܬܗܘܢ
ܐܚܐ. ܘܐܬܬܐ ܘܨܦܪܐ ܕܢܬܐܘ
ܕܟܬܒܢܐ ܠܗܘܢ ܕܒܝܬܐ. ܘܢܦܫܐ
ܕܡܫܡܫܢܘܬܗ ܕܥܠ ܐܢܫܘܬܐ
ܘܪܘܚܐ ܠܟܠܗܘܢ. ܒܗܘ ܕܚܪܝܒܐ
ܗܘܐ. ܘܗܘ ܡܫܡܥ ܘܒܝܬܗ ܘܐܬܐ ܐܦܢ
ܐܝܠܝܢ ܕܝܢ ܕܥܒܕܐ ܠܟܬܒܐ. ܘܕܒܝܬܗ
ܠܦܓܪܐ ܕܡܫܬܡܠܝܐ ܐܝܟ ܕܟܠ ܡܠܬܐ
ܕܝܢ ܒܡܫܡܠܝܘܬܐ ܠܟܢܫܐ ܕܒܝܬܗ ܗܡܢ
ܪܘܚܐ ܚܕܪ ܘܡܫܡܫܢܘܬܗ ܕܥܠ
ܡܡܫܡܫܢܘܬܗ ܪܘܚܐ ܚܕܪ ܡܫܝܚܐ
ܠܬܠܡܝܕܘ ܘܬܠܬܝܢ ܡܢܗܘܢ ܡܬܠܡ
ܐܪܒܥ ܒܢܝܢ ܘܐܝܠܝܢ ܗܘ ܐܚܘܗܝ
ܐܝܠܝܢ ܕܝܢ ܕܚܝܠܗ ܒܗܘܢ ܐܡܪܢ

ܘܬܠܬܐ ܕܢܒܝܐ. ܘܒܬܪܗ ܗܘ ܐܝܟ
ܢܦܫܐ ܐܚܪܬܐ ܘܬܪܬܝܢ ܠܡܥܡܕܢܘܬܐ
ܒܬܠܬܐ ܠܬܪܬܝܢ ܕܡܫܡܫܢܘܬܗ
ܐܝܠܝܢ ܠܟܠܗܘܢ ܡܫܡܫܝܢ ܒܗ
ܗܘ ܪܥܝܢ ܚܝܐ ܐܝܬܝܗܝ ܘܬܠܬܐ ܗܘܐ
ܡܡܫܡܫܢܘܬܗ. ܕܐܝܠܝܢ ܠܡܪܐ
ܕܝܠܗ ܡܡܫܡܫܢܘܬܗ ܕܢܦܫܐ ܕܡܢ
ܡܡܫܡܫܢܘܬܗ. ܚܕܐ ܗܘܐ ܕܒܝܬ ܟܠ
ܐܫܬܡܠܝܘ ܒܪܘܚܐ ܕܡܫܝܚܐ
ܕܐܝܬܝܗ ܕܢܗܘܐ ܐܝܟ ܗܢܐ. ܘܒܗ
ܒܗ ܬܠܬܐ ܕܐܝܟ ܕܢܗܘܐ ܢܦܫܐ
ܪܘܚܐ ܐܚܪ. ܘܡܫܝܚܐ ܠܡܪܗ ܒܗ
ܡܢ. ܘܐܝܟ ܠܗ ܚܕܐ ܒܪܘܚܐ ܐܬܬ
ܘܡܫܝܚܐ ܘܐܝܬ. ܘܒ ܚܕܐ ܐܦ ܕܒ
ܠܡܬܐ ܕܡܫܡܫܢܘܬܗ. ܘܐܬܐܡܪ
ܒܪܘܚܐ ܕܡܫܝܚܐ. ܗܘ ܡܢ ܕܝܢ
ܡܢ ܐܡܝܢܐ ܒܗܘ ܡܫܡܠܝܐ ܠܟܠ
ܐܬܬܠܝܗ ܕܡܫܬܟܚܝܢ ܠܬܪܥܝܬܐ
ܚܝܘܬܐ. ܘܒܗ ܬܠܬܐ ܕܒܝܬܗ ܢܦܫܐ
ܠܟܢܫܐ ܕܒܗ ܐܝܬ. ܘܐܘܦ ܟܢܘ
ܡܢܗܘܢ ܐܪܒܥܐ. ܘܐܚܪܢ ܠܟܠܗܘܢ .

ܡܢ ܪܘܡܐ ܚܕܐ ܕܐܠܗܘܬܐ ܘܒܗ
ܒܗ ܕܒܬܪ ܠܐ ܡܫܢܝܢܐ ܘܐܣܬܪܬܐ
ܠܗ̇ ܪܥܝܢ ܡܫܒܚܐ ܘܟܠ ܚܝܠܘܬܐ ܕܒ
ܠܡܫܡܫܘܬܗ. ܘܫܡܫ ܠܒܢܝ ܥܦܪܐ
ܘܠܐ ܐܝܟ ܡܢ ܚܘܒܐ ܐܦܠܝܢ. ܘܡܠܟܗ
ܕܡܠܟ ܐܒܘܗܝ ܡܫܒܚܐ: ܠܐܘܪ ܡܫܚܐ
ܘܟܠܐ ܠܚܕܘ ܘܕܢܝ ܒܝܬܡ:.
ܘܐܬܚܫܒܘ. ܘܡܬܚܫܒܢܘ ܡܠܒܘ ܡܥܒܕ
ܒܗ ܟܠܗ ܕܒܝܬܗ ܘܠܐ ܠܡܦܪܫ
ܘܕܡܢܐ ܒܝܘܡܐ ܠܡܫܡܫܐ. ܘܒܪܝܗ.
ܕܒܗ ܟܠ ܡܫܝܚܐ ܕܐܝܟ ܗܘ ܡܫܒܚ
ܐܬܚܙܝܬ ܠܡܫܝܚܐ. ܘܫܪܝܘ ܠܗ
ܡܠܟܐ. ܘܢܫܒܚܘܢ ܐܣܛܝܟܣܐ
ܘܡܫܬܥܐ ܘܒܝܬܐ. ܘܐܦ ܡܫܬܥܝܢ
ܡܫܡܠܝܐ. ܘܡܫܒܚܐ ܘܝܗܒ ܘܒܐ
ܐܝܟ ܡܠܟܐ ܕܡܫܠܡܘ ܚܘܒܪܘ
ܘܒܐ ܕܒܪܐ ܕܠܐܠܗܐ..
ܠܒܫܬ ܘܒܫܡܝܐ. ܘܒܪܚܐ
ܐܪܡܝܐ ܠܚܠܐ. ܘܟܠܗܘܢ
ܘܫܘܠܡܐ ܒܝܬ ܫܒܬܐ. ܒܢܘܗܝ
ܘܫܒܘܚܐ ܠܐܒܐ ܘܠܒܪܐ ܘܠܪܘܚܐ ܩܕܝܫܐ

ܢܫܬܒܚ ܒܚܕܐ ܕܐܠܗܘܬܐ ܡܫܒܚܐ. ܘܠܐ
ܡܫܝܚܐ ܗܘܐ ܐܦ ܕܠܐ ܫܢܝ. ܘܒܝܬܗ
ܠܗܘܢ ܐܣܛܝܟܣܐ ܕܟܠܗܘܢ ܟܠܗܘܢ
ܠܒܝܬܗ ܘܒܝܬ ܐܠܗܘܬܐ ܘܫܡܠܐ
ܠܡܠܟܘܬܗ. ܘܒܝܬ ܕܫܡܝܐ ܐܠܗ
ܠܫܡܐ ܕܠܐ ܚܫܐ. ܘܒܝܬܗ ܗܘܐ
ܫܒܩܬܗ. ܘܫܡܫܐ ܠ ܡܚܒ ܘܐܒܗ
ܘܫܡܠܝܘܢ ܠܚܕܬܐ ܟܠܗ. ܕܡܠܟ
ܡܠܐ ܘܟܠܗ ܒܫܡܝܐ. ܘܡܫܬܥܝܢ ܫܡܐ
ܒܡܠܗ ܡܫܡܠܝܐ ܘܡܫܒܚ ܘܡܫܒ
ܘܒܫܡܝܐ. ܘܫܡܠܝܐ ܕܒܘܟܠܗ ܟܠܗ ܐܬܒܪܘ
ܐܬܚܙܝ ܒܗ. ܘܫܡܫ ܡܠܟܐ ܕܫܡܝܐ
ܒܫܡܠܝܘ ܕܘܒ ܠܒܪܢܫܐ. ܘܒܗ
ܐܘ ܡܫܝܚܐ. ܘܫܡܫ ܟܠܐ ܒܝܬܗ
ܘܗܘܐ ܒ ܒܝܬܗ ܒܪܫܠܡܘ ܡ
ܘܕܢܝ ܡܫܡܠܐ ܘܕܢܝ ܐܡܫܝܚ
ܘܫܡܠܝܘ ܡܫܐ ܠܡܠܟ ܒܪܘܡ .
ܘܐܝܠܐ. ܘܒ ܢܦܩ ܡܫܬܡܫܝܢ
ܠܒܪܗ ܠܐܒܘܗܝ. ܘܡܫܝܚܐ
ܠܡܫܬܡܫܘ ܗܘܝܐ ܐܠܗܐ. ܘܐܡܪ
ܒܝܗ. ܘܒܝܬ ܕܐܬܚܝܠ ܠܒܪܫܡܐ

ܠܡܠܟܘܬܐ ܕܫܡܝܐ ܢܩܪܒܘܢ.
.ܘܟܠ ܚܝܠܐ ܐܡܪ ܕܐܢܫ. ܫܡܥܐ ܐܠܗ
ܐܢܫܐ. ܘܟܕ ܡܛܐ ܐܬܐ ܠܘܬ ܡܠܟܐ
ܠܩܘܣܛܢܛܝܢܘܣ ܡܠܟܐ ܢܨܝܚܐ
ܙܟܝܐ ܕܐܡܪ ܐܒܘܗܝ ܥܠܝܗ ܠܗܢܐ
ܘܐܦ ܗܘ ܠܩܘܣܛܢܛܝܢܘܣ ܙܟܝܐ
ܕܡܠܟܐ ܐܚܝܢܐ ܗܘܐ ܠܗ. ܕܐܦ ܩܘܡܐ
ܩܕܡ ܐܒܘܗܝ. ܘܡܫܝܚܐ ܩܪܝܒ.
ܩܘܣܛܢܛܝܢܘܣ. ܘܐܬܬܩܢ ܩܘܣܛܢܛܝܢܘܣ
ܘܟܕ ܕܒܐ ܠܩܘܣܛܢܛܝܢܘܣ ܠܘܬܗ
ܠܡܢܐ ܗܘܐ ܐܡܪ ܩܕܡܘܗܝ. ܘܡܫܝܚܐ
ܕܐܝܬܘܗܝ ܘܩܕܡ ܡܢ ܚܕܐ. ܘܠܩܘܡܐ
ܒܪܢܫܐ. ܘܟܕ ܚܙܘ ܙܟܝܐ. ܗܢܘ ܒܪܐ
ܡܫܝܚܐ. ܐܟܡܐ ܕܩܪܒ ܗܘܐ ܩܕܡܝܗ
ܠܐܘܪܚܐ. ܘܐܝܟ ܩܪܝܒܐ ܠܩܕܡܝܐ ܗܘ
ܐܢܫܐ. ܘܗܘܐ ܒܠܡܠܟܐ ܘܐܡܪ ܠܗ ܐܒܘܗܝ
ܘܐܡܪ ܠܟܠܗܘܢ. ܘܗܘ ܐܝܬܘܗܝ
ܠܐܒܘܗܝ ܕܩܘܣܛܢܛܝܢܘܣ ܕܗܘܐ
ܠܟܠܗ ܡܠܟܘܬܐ. ܘܟܕ ܫܡܥ ܗܘ
ܥܡܗ ܡܠܟܐ ܙܟܝܐ ܘܫܒܩܗ. ܘܐܦ
ܗܘ ܠܡܠܟܐ ܢܣܒ ܘܐܬܐ ܠܗ

ܘܢܗܘܘܢ ܒܢܝܢܐ. ܘܡܢ ܡܘܬܐ
ܐܠܗܘܬܐ ܕܩܘܣܛܢܛܝܢܘܣ ܟܕ ܐܡܪ ܠܗ
ܡܠܟܐ ܡܘܬܒܐ. ܘܟܕ ܟܠܗܘܢ ܦܘܩܕܢܐ
ܘܟܕ ܡܢܝܢܐ ܕܒܗ ܡܠܟܐ ܕܐܬܐ
ܘܢܗܘܐ ܩܘܣܛܢܛܝܢܘܣ ܡܠܟܐ. ܘܗܘ ܕܐܡܪ ܠܗ
ܘܡܠܟܐ ܠܡܠܟܘܬܗ. ܘܟܕ ܐܬܐ ܡܘܬܐ
ܠܗ ܠܡܫܝܚܐ ܩܘܡܐ. ܘܠܐ ܫܡܥ ܠܡܠܟܐ
ܘܡܢܗ ܘܠܡܠܟܐ. ܘܟܕ ܫܡܥ ܚܝܠܐ ܕ
ܘܕܠܐ ܡܢܝܢܐ ܚܝܠܐ ܠܗ. ܘܐܝܟ ܩܘܡܐ
ܐܡܪܐ ܡܢܝܢܐ ܘܚܝܠܐ ܗܘܐ ܐܡܪ ܠܗ. ܘܐܦ
ܐܦ ܡܠܟܐ ܗܘܐ ܗܟܢ ܠܟܠ ܩܘܡܐ
ܘܢܬܒܠ ܠܒܢܝܢܐ. ܡܛܠ ܡܢ ܠܟܠܗ
ܘܐܡܪ ܠܟܠܗܘܢ ܡܠܟܘܬܐ ܘܟܠܗ .
ܘܐܬܒܠܗ ܡܫܝܚܐ ܦܠܐ ܠܗܘܢ ܡܠܟܐ ܗܘܐ
ܡܠܟܘܬܗ. ܘܐܦ ܠܒܢܝܐ ܘܐܘܪܚܐ ܘܕܟܝܐ
ܠܟܠ. ܘܟܕ ܫܡܥܘ ܡܠܟܘܬܗ ܠܗ
ܠܩܘܣܛܢܛܝܢܘܣ. ܘܟܕ ܫܡܥ ܗܘ ܐܡܪ
ܟܘܡܪܐ. ܩܘܣܛܢܛܝܢܘܣ ܕܝܢ ܗܘ
ܐܡܪ ܕܟܠ ܘܟܕ ܫܡܥ ܡܠܟܐ. ܟܕ ܐܬܐ
ܠܩܘܣܛܢܛܝܢܘܣ ܐܡܪ ܠܗ ܐܡܪ
ܘܟܕ ܫܡܥ ܘܐܬܒܠܗ ܡܢ ܡܠܟܐ

ܘܐܣܝ ܗܘܐ ܐܚܪܢܐ. ܘܡܢ ܒܬܪ ܕܢܝܚ
ܫܠܝܚܐ ܠܟܘܢ. ܘܡܫܠܡܘܬܐ. ܗܘܒܝܢ
ܩܘܣܛܢܛܝܢܘܣ ܐܝܟ ܡܢܝܢܐ ܕܐ ܒܩܘܡܝ
ܡܠܟܐ ܕܐܚܪܢܐ ܗܘܘ. ܗܢܘܢ ܕܡܕܒܪܝܢ
ܒܡܠܟܘܬܐ ܒܥܕܢܐ ܡܬܐܠܦ ܠܠ
ܒܟܠ ܡܕܝܢܬܐ. ܘܡܢ ܗܘܝܐ. ܘܬܪܬܝܢ
ܡܪܘܬܐ ܗܘܬ. ܘܫܠܡ ܗܘܐ ܒܬܪ ܠܗܠܝܢ
ܡܠܟܐ. ܘܡܢ ܪܒܘ. ܩܘܣܛܢܛܝܢܘܣ
ܕܝܢ ܗܘܐ ܠܒܝ ܡܠܟܘܬܐ ܘܐܦ ܗܘܐ ܗܘܐ
ܪܒܐ ܕܗܘܐ ܠܡܠܟܘܬܐ ܠܒܢܝ ܡܕܝܢ
ܒܕܡܐ ܠܒܢܘܗܝ. ܘܒܬܪ ܡܟܣܢܛܝܘܣ.
ܠܐ ܕܝܠܗ ܘܐܒܝܠܗ. ܘܡܢܝܢ ܡܠܟܐ
ܘܕܝܠܗ ܘܩܘܡܗ. ܘܐܦ ܠܠܝܩܢܝܘܣ ܐܚܪܢܐ
ܘܗܘܘ ܡܟܣܢܛܝܘܣ ܘܫܠܝܛܢܐ
ܘܒܬܪ ܡܢ ܐܘܪܚܐ ܡܠܟܘܬܐ ܐܠܗܐ.
ܬܠܬܐ ܡܢ ܡܠܟܐ. ܘܡܕܝܢܬܐ ܗܘܐ ܠܐܠܝܩܢܝܘܣ
ܕܠܘܬ ܢܩܝܡ. ܘܬܡܢ ܥܡ ܪܒܐ
ܠܐܠܝܩܢܝܘܣ. ܘܩܘܣܛܢܛܝܢܘܣ ܕܒܝܬܐ
ܐܝܟ ܗܘܐ. ܐܦ ܩܘܣܛܢܛܝܢܘܣ ܠܐܠܝܩܢܝܘܣ ܘܩܛܠ ܡܢ ܐܘܪܚܐ ܕܐܝܬܝܗ ܗܘܬ ܠܗ
ܕܒܝܬ ܐܠܗܐ ܗܘܐ. ܘܡܢ ܗܘ ܐܠܝܩܢܝܘܣ
ܠܡܠܟܘܬܐ ܐܢܫ ܘܡܫܠܡ. ܘܐܡܪ

ܘܒܢܝ ܠܩܘܡܐ ܕܐܢܐ ܡܢܐ ܡܠܟܐ
ܗܘܘ ܩܘܣܛܢܛܝܢܘܣ ܐܝܟ ܡܢܝܢܐ.
ܐܘܪܒ ܠܐܡܒ ܘܡܟܣܢܛܝܘܣ ܠܩܘܣܛܢܛܝܢܘܣ
ܘܗܘܘ ܩܘܣܛܢܛܝܢܘܣ ܐܝܟ ܕܝܢ ܐܚܪܢܐ.
ܕܒܪܘܡܝ ܒ ܝܘܡܐ ܗܠܝܢ ܐܡܠܟ ܒܡܠܟܘܬܐ
ܘܩܛܠ ܡܢܗ. ܡܟܣܢܛܝܘܣ ܘܒܢܝ
ܒܫܢܬ ܐܪܒܥ. ܘܐܦ ܢܦܫ ܐܚܝ. ܘܐܬܬܪ
ܡܠܟܐ. ܘܡܢ ܚܝܒܝ ܡܠܟܐ ܐܝܟ ܡܢܝܢܐ
ܕܝܢ ܐܝܟܢܐ ܠܗܠܝܢ ܬܪܝܢ ܘܩܘܣܛܢܛܝܢܘܣ
ܘܒܬܪ ܟܢܐ ܠܪܘܡܝ. ܘܡܢ ܗܢܐ.
ܗܘܐ ܠܩܘܣܛܢܛܝܢܘܣ ܡܟܣܢܛܝܘܣ ܐܡܪ ܗܘ
ܠܡܠܟܘܬܐ ܕܐܣܝܐ ܗܘܐ ܘܐܦ ܡܢ
ܘܒܬܪ ܗܢܐ ܐܝܠܐ ܠܐܚܪܢܐ ܐܘܪܚܐ.
ܗܘܐ ܕܩܘܣܛܢܛܝܢܘܣ ܠܐܦܪܝܩܝ. ܘܒܬܪ
ܠܠܗܠܝܢ. ܘܐܬܐ ܘܐܬܚܝܒ ܘܡܢܝ
ܘܐܝܡܢ ܠܘܬܗ ܐܝܩܢܐ. ܘܐܬܩܛܠ.
ܡܢ ܪܘܡܝ ܡܠܟܐ. ܩܘܣܛܢܛܝܢܘܣ
ܘܡܢ ܗܘ ܕܝܢ ܗܕܝܢ ܐܝܟ ܗܠܝܢ ܗܘܐ
ܠܡܠܟܘܬܐ ܠܡܠܟܘܬܐ. ܘܒܡܠܟܘܬܐ
ܠܫܢܝܢ ܡܠܟܘܬܐ ܠܟܡܐ ܫܢܝܢ ܡܢܗ

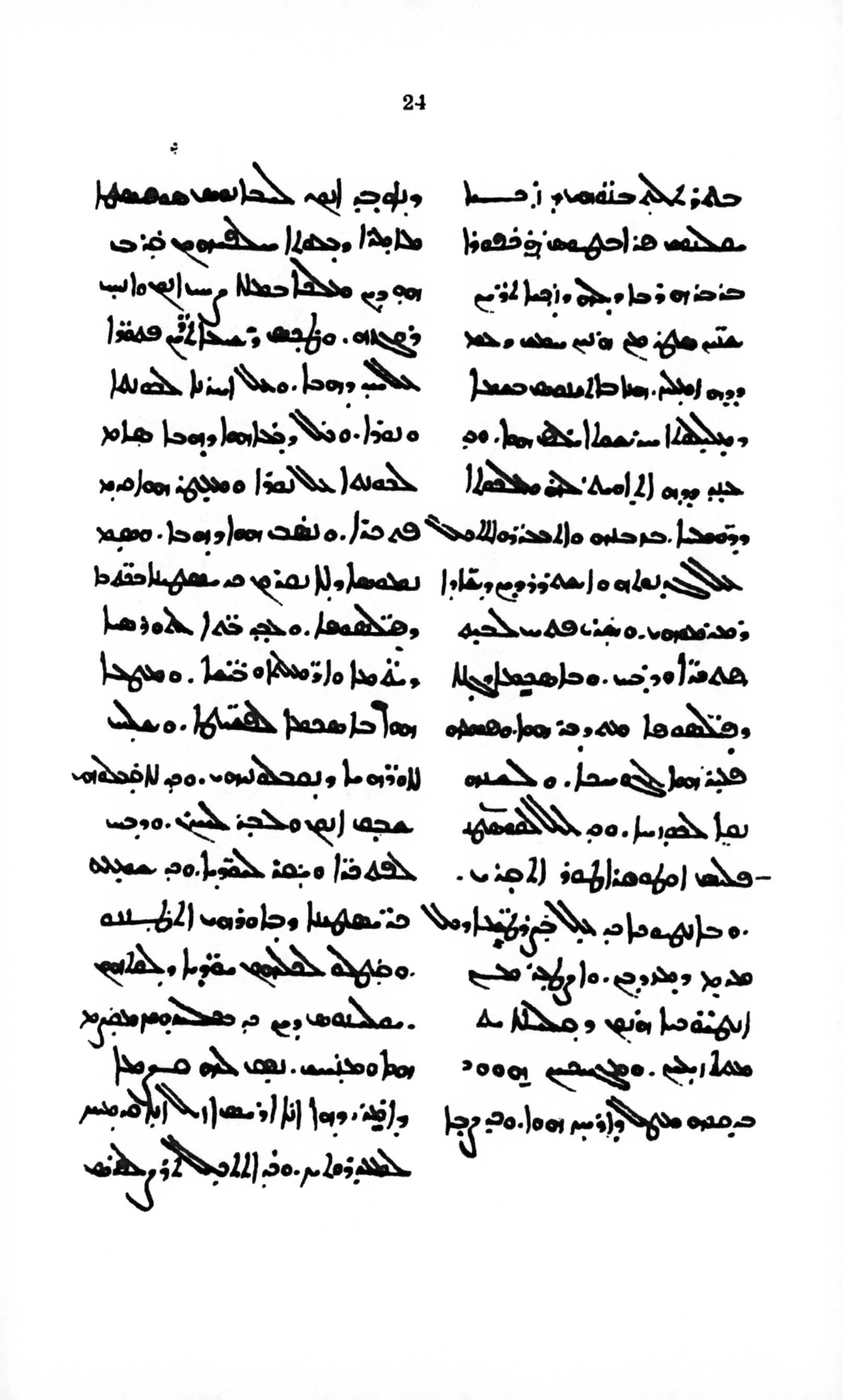

[illegible]

ܕܐܦ ܥܡܗܘܢ ܢܫܬܐܠܘܢ ܠܥܠܡ ܘܣܘܦ
ܠܟܠܗܝܢ ܡܫܡ̈ܫܢܐ. ܘܥܒܕܐ ܘܐܣܝܪܝܢ
ܠܥܠܡ ܘܡܩܕܫܝܢ. ܘܡܙܕܗܪܝܢ
ܡܥܕܪܢܐ ܦܪܝܫܐ ܕܐܝܟ ܠܐ ܡܬܬܙܝܥܢܐ
ܫܘܬܐ ܥܡ ܐܠܗܐ. ܘܢܦܫ ܕܢܦܫܐ
ܘܠܐ ܦܘܠܓܐ ܕܗܘܐ ܐܝܟ ܗܘ ܕܦܪܐ
ܒܗ ܕܗܘܝܐ ܘܦܪܝܫܐ ܒܠܐ ܦܘܫܝ
ܕܝܠܗ. ܘܐܦ ܕܟܠ ܡܠܐܟܐ ܡܝ
ܘܡܠܟܘܬ ܒܠܐ ܡܕܝܢܐ. ܐܦ ܡܛܠ ܡܘܟܟ
ܟܠ ܢܦܫܗ. ܡܛܠ ܕܢܦܩܘ ܐܠܐ
ܘܡܬܝܕܥܝܢ ܒܗܘܢ. ܘܟܠ ܢܦܠܐ
ܡܢܗ. ܘܡܢܗ ܐܦ ܕܒܠܐ ܫܘܠܡܐ
ܡܢ ܕܡܬܘܡܝܐ ܠܐ ܦܫܛܐ ܠܒܪܝܐ
ܘܟܠܗ ܡܫܡܠܝܐ ܒܟܠ ܕܐܬܐ ܡܫܡܠܐ
ܥܡ ܒܪܘܝܐ ܐܘ ܡܫܬܥܝܢܐ. ܘܠܐ
ܡܢ ܦܪ̈ܝܫܐ ܐܬ ܥܡܝ ܒܛܠܢܐ. ܘܥܒܕ
ܡܢ ܐܪ̈ܙܐ ܡܟܣܝܐ ܦܪ̈ܝܫܐ ܠܥܝܢܝ
ܟܠܐ ܐܪܙ ܡܬܠܗܡ ܘܡܬܝܕܥ
ܘܡܠܬܗ ܡܢܗ ܡܫܝܢܐ ܕܡܢ ܡܬܠܗܡ
ܡܢܗ ܘܡܢܗ ܕܪ̈ܘܚܐ ܢܒܝܘܬܐ
ܡܢ ܡܠܐ. ܒܪܐ ܕܐܒܐ ܘܐܬܐ
ܗܘܐ ܒܟܢ̈ܫܐ ܕܫ̈ܠܝܚܐ ܗܘ ܡܫܝܚܐ

ܒܗ ܒܫܡܗ ܡܠܟܐ ܕܡܫܝܚܐ ܠܥܠܡ
ܡܫܡܫܢܐ. ܘܐܬܡܗܘܢ ܡܫܒܚܝܢ
ܗܘ ܗܘ ܢܦܫܐ ܗܘܐ ܕܡܠܟܐ ܠܒܢ̈ܝ ܐܢܫܐ
ܗܘܐ ܐܝܟ. ܗܘ ܕܒܗ ܡܠܟܘܬܐ ܕܫܠܡ
ܥܠ ܒ̈ܢܝ ܐܢܫܐ ܫܠܝܐ. ܘܦܬܓܡܐ ܕܢܒܝܐ
ܫܠܡܝܢ ܗܘܘ. ܘܡܫܒܚ ܠܡܫܝܚܐ
ܕܟܠܐ ܘܠܐ ܦܪܘܫܝܐ. ܘܐܦ ܕܟܠܗ
ܘܫܡܥܘܗ ܟܠ ܥܡܡܐ. ܘܢܫܒܚܘܢܗ
ܠܗܘܢ ܘܡܫܒܚܝܢ ܠܗ ܒܢܦܫܗܘܢ ܘܡܫܟܚ
ܘܗܘܐ ܟܕ ܡܫܒܚܝܢ ܐܝܟ ܕܟܠ ܡܫܡܫ
ܘܐܦ ܡܫܡܫ ܐܝܟ ܗܘܐ ܕܫܡܫܐ ܒܟܠ
ܕ ܡܫܡܫ ܕܗܘܐ ܒܟܢ̈ܫܐ ܠܐ ܡܫܬܪܝܢ
ܡܢܬܐ ܕܝܢ ܕܒܪܐ ܘܗܘܐ ܒܡܫܝܚܐ
ܡܫܡܫ ܕܝܠܗ ܟܕ ܡܫܝܚܐ ܘܠܐ ܡܫܡܫ

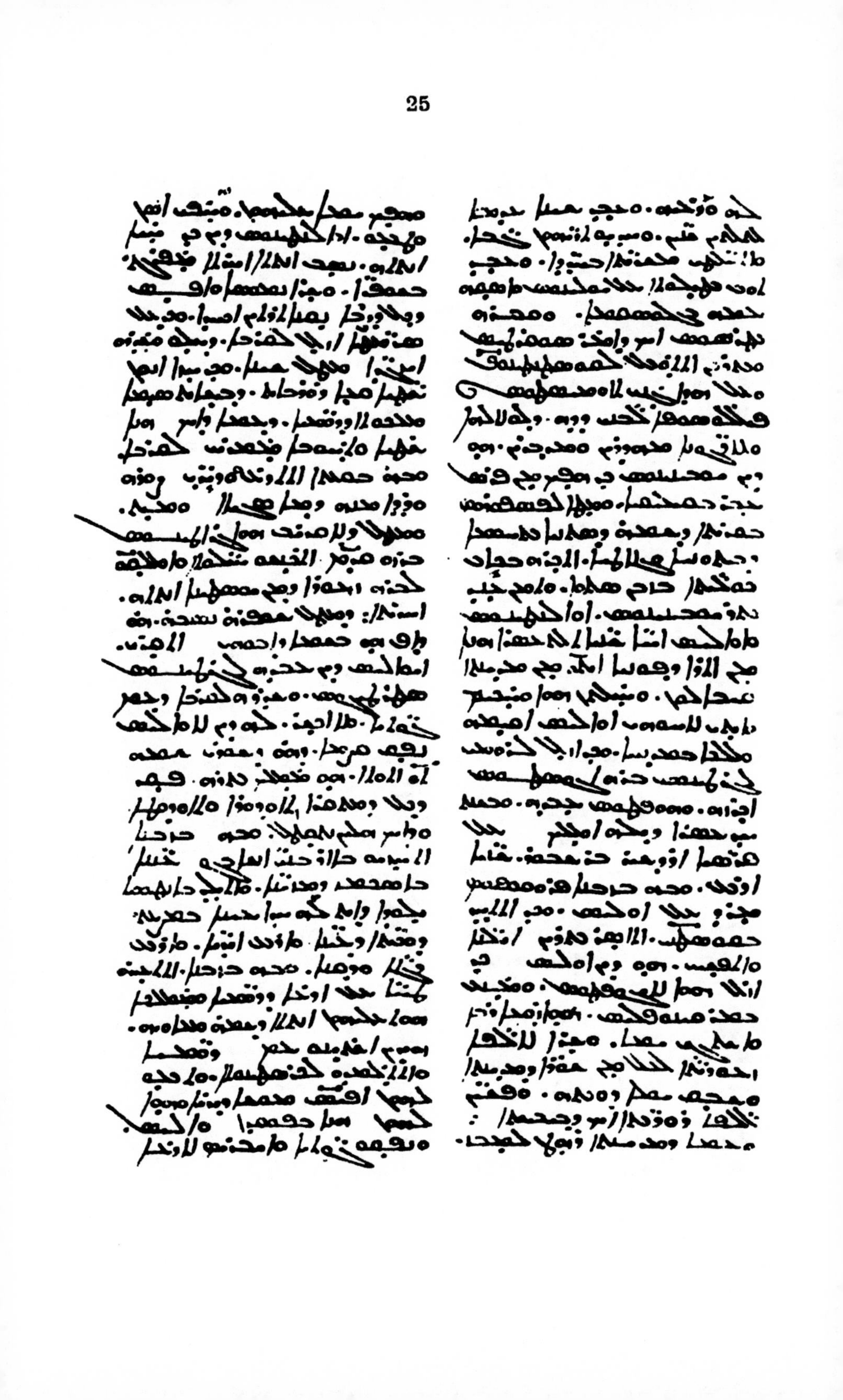

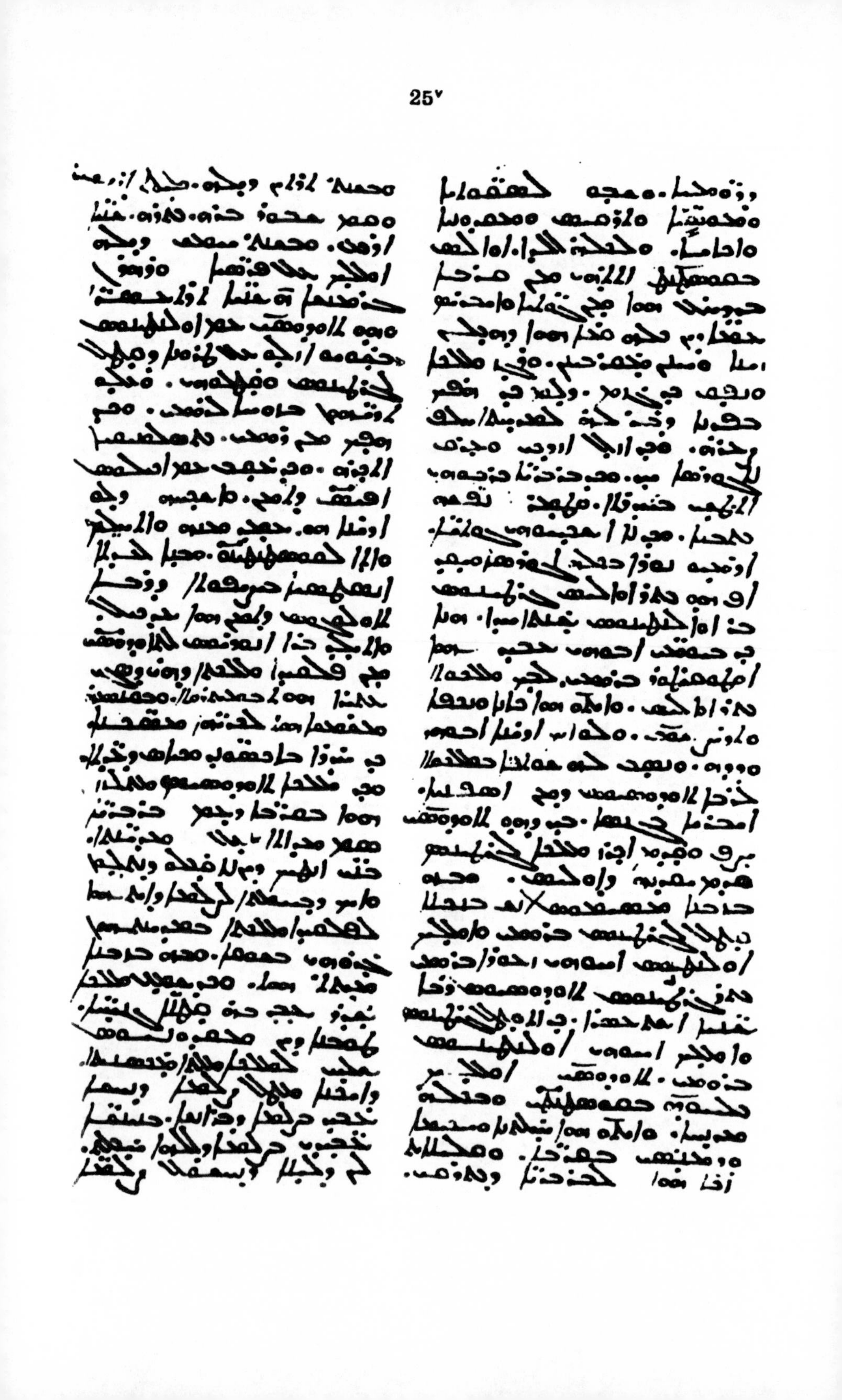

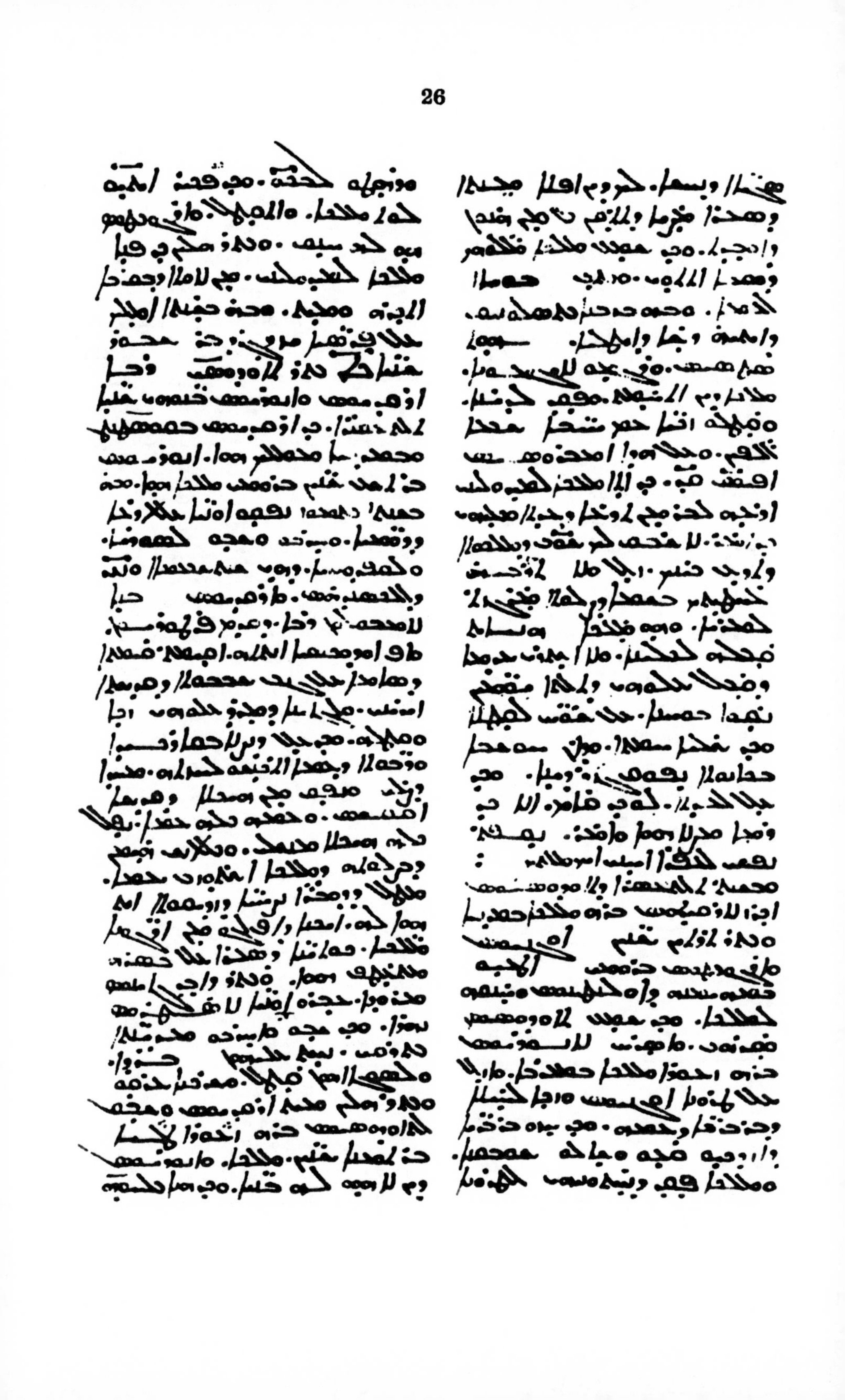

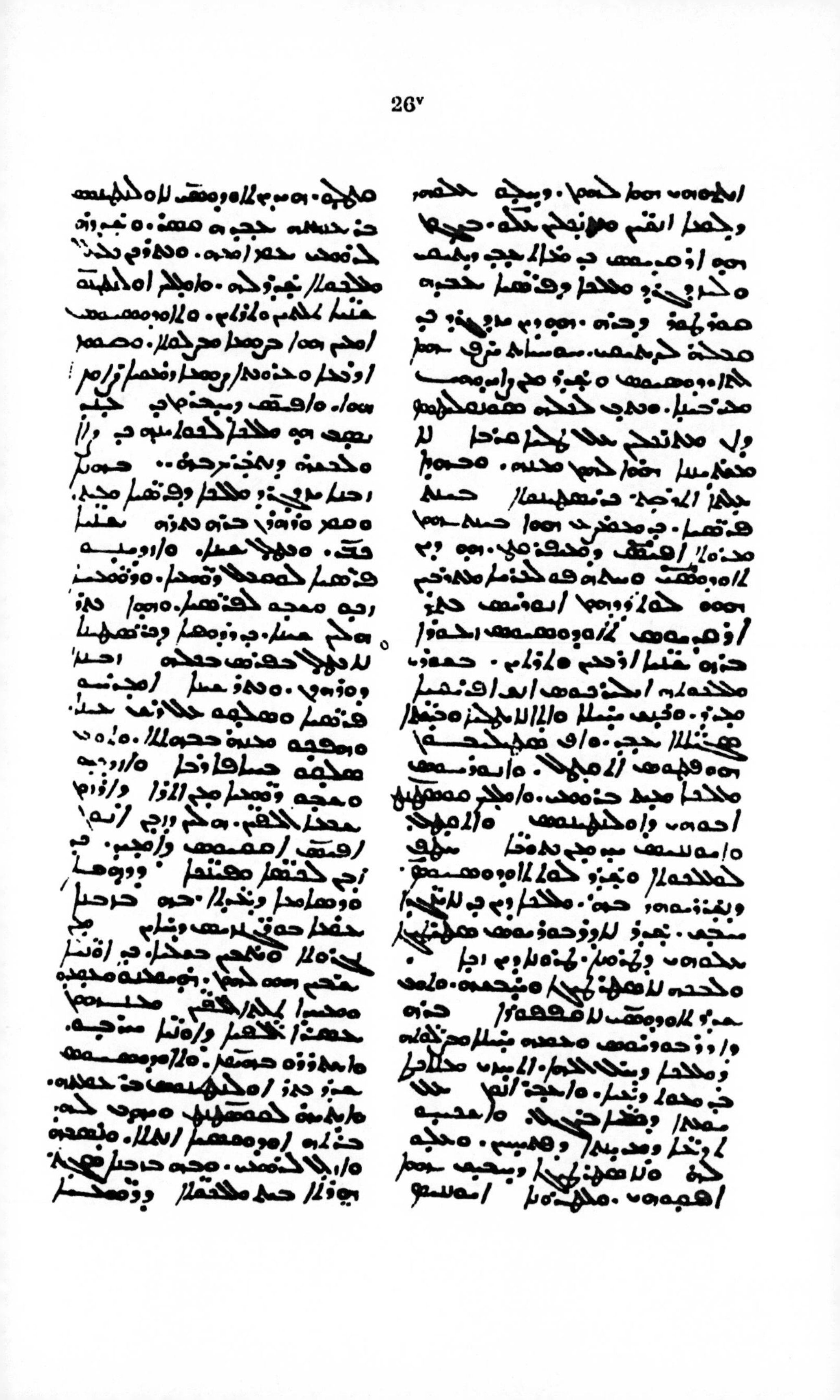

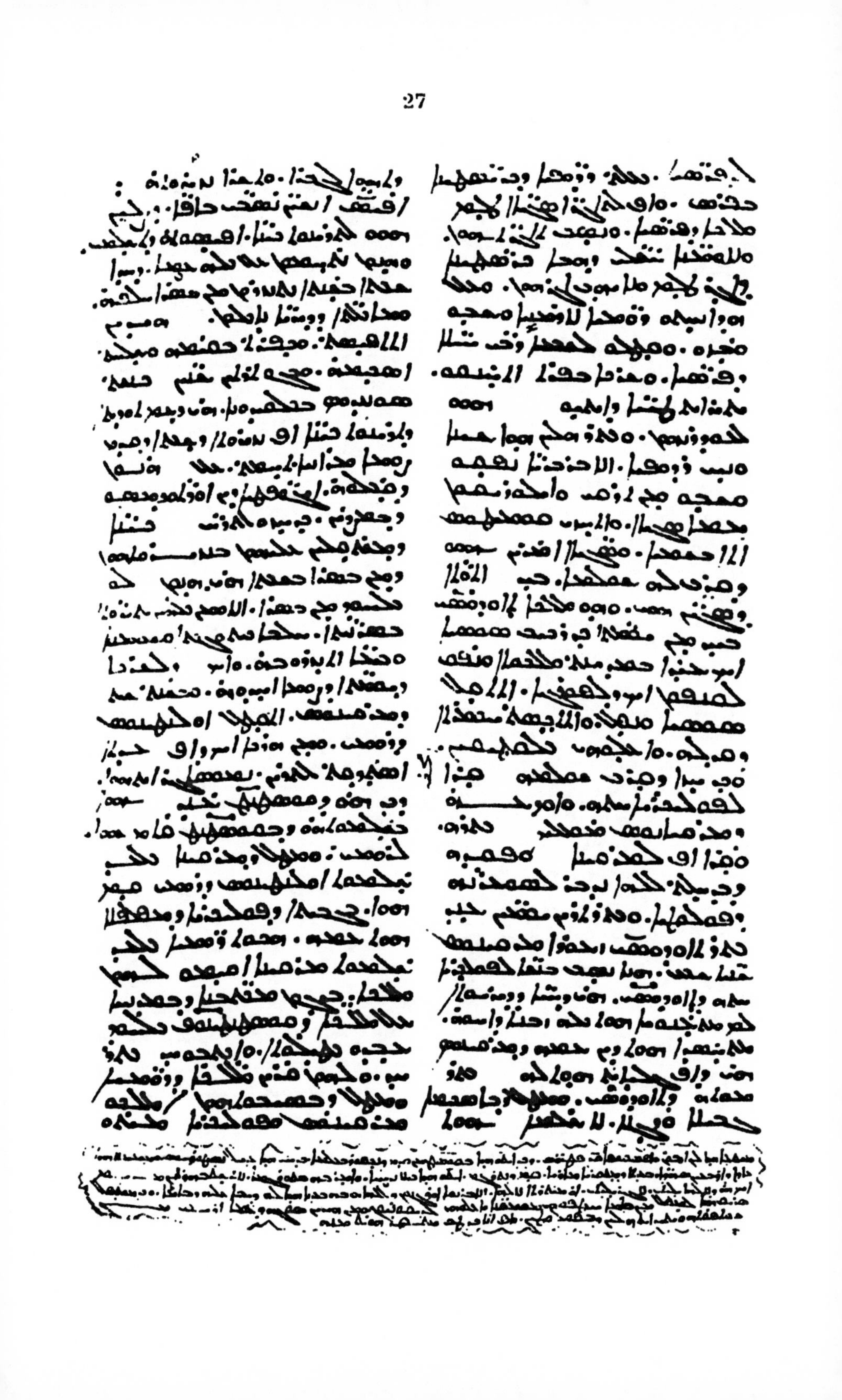

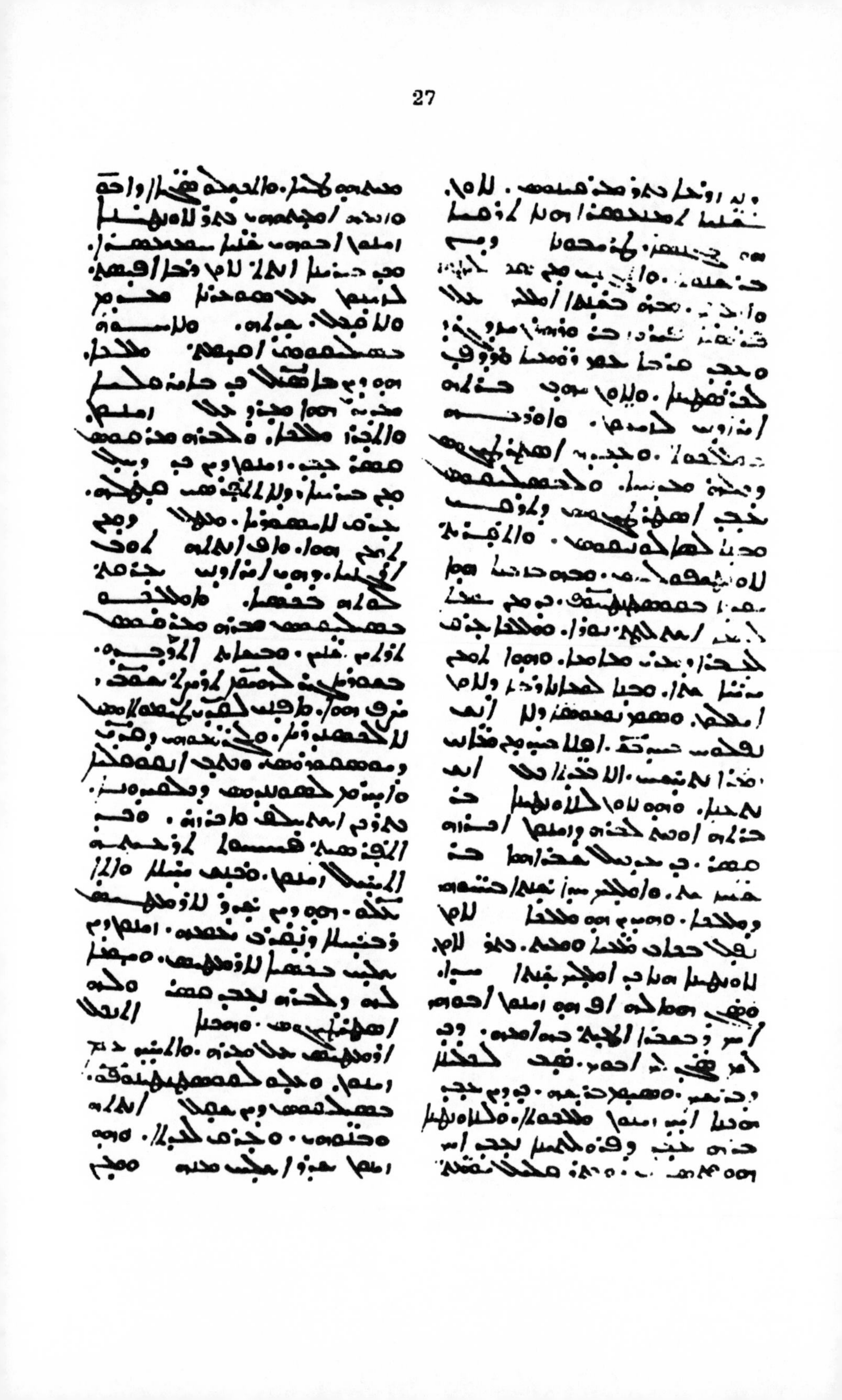

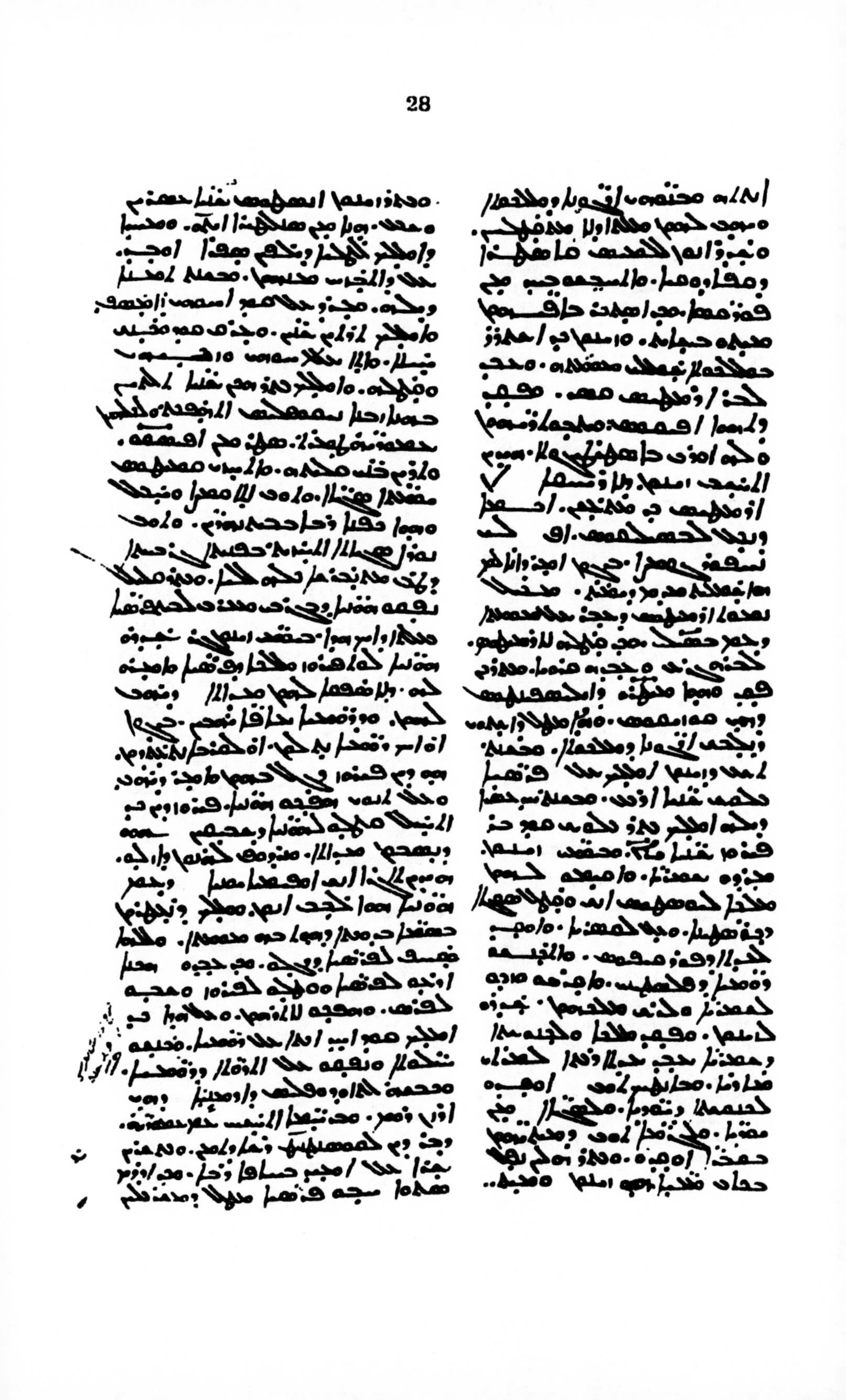

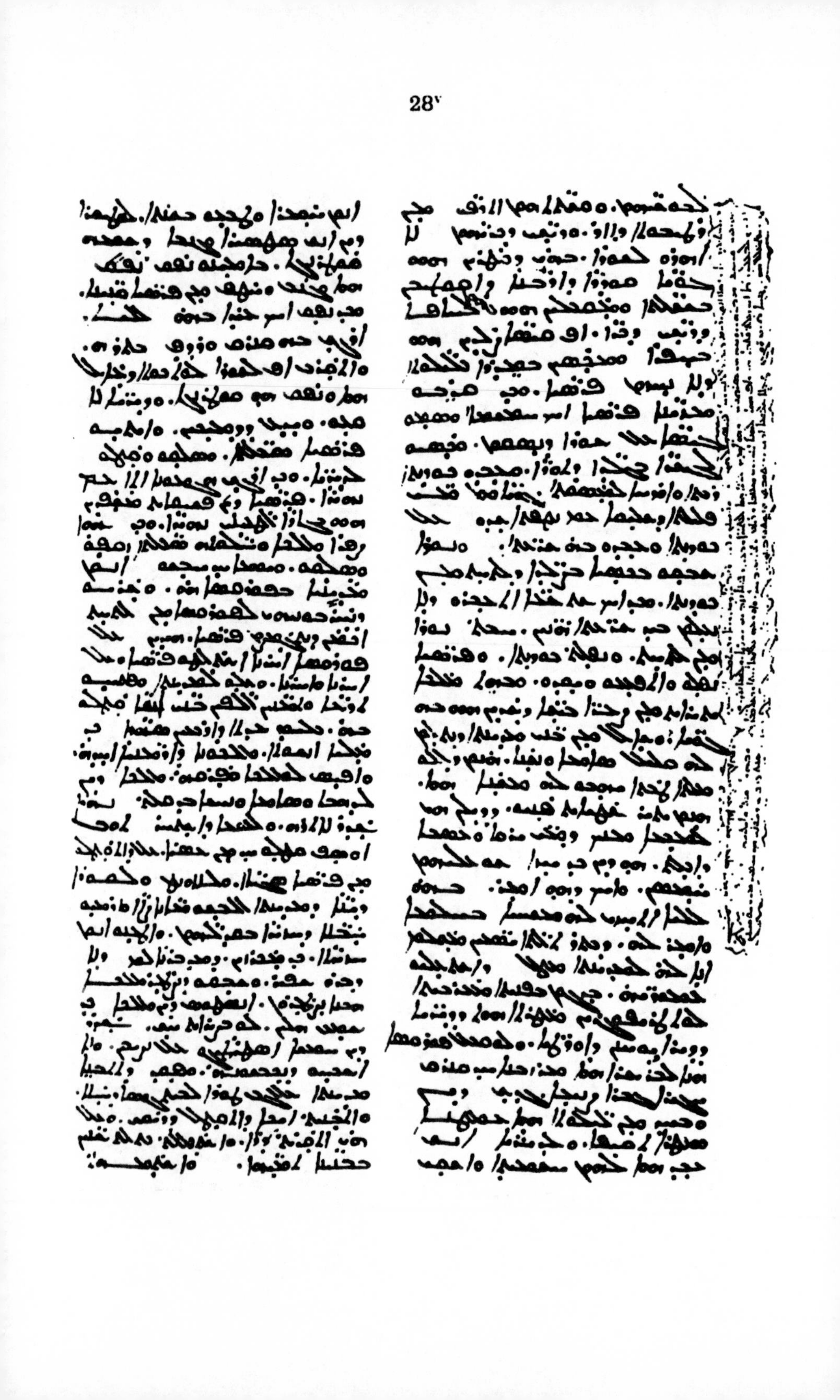

[illegible]

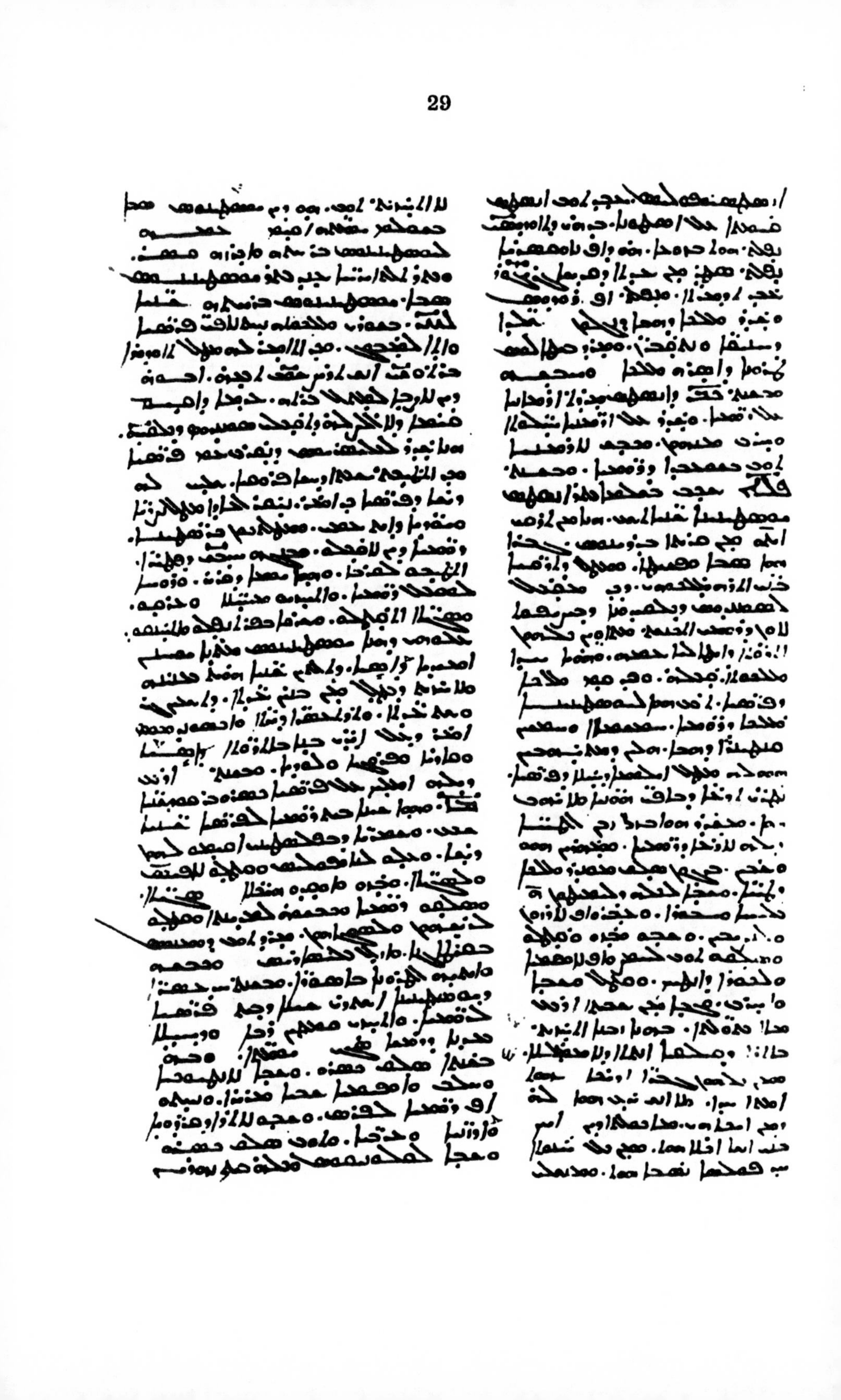

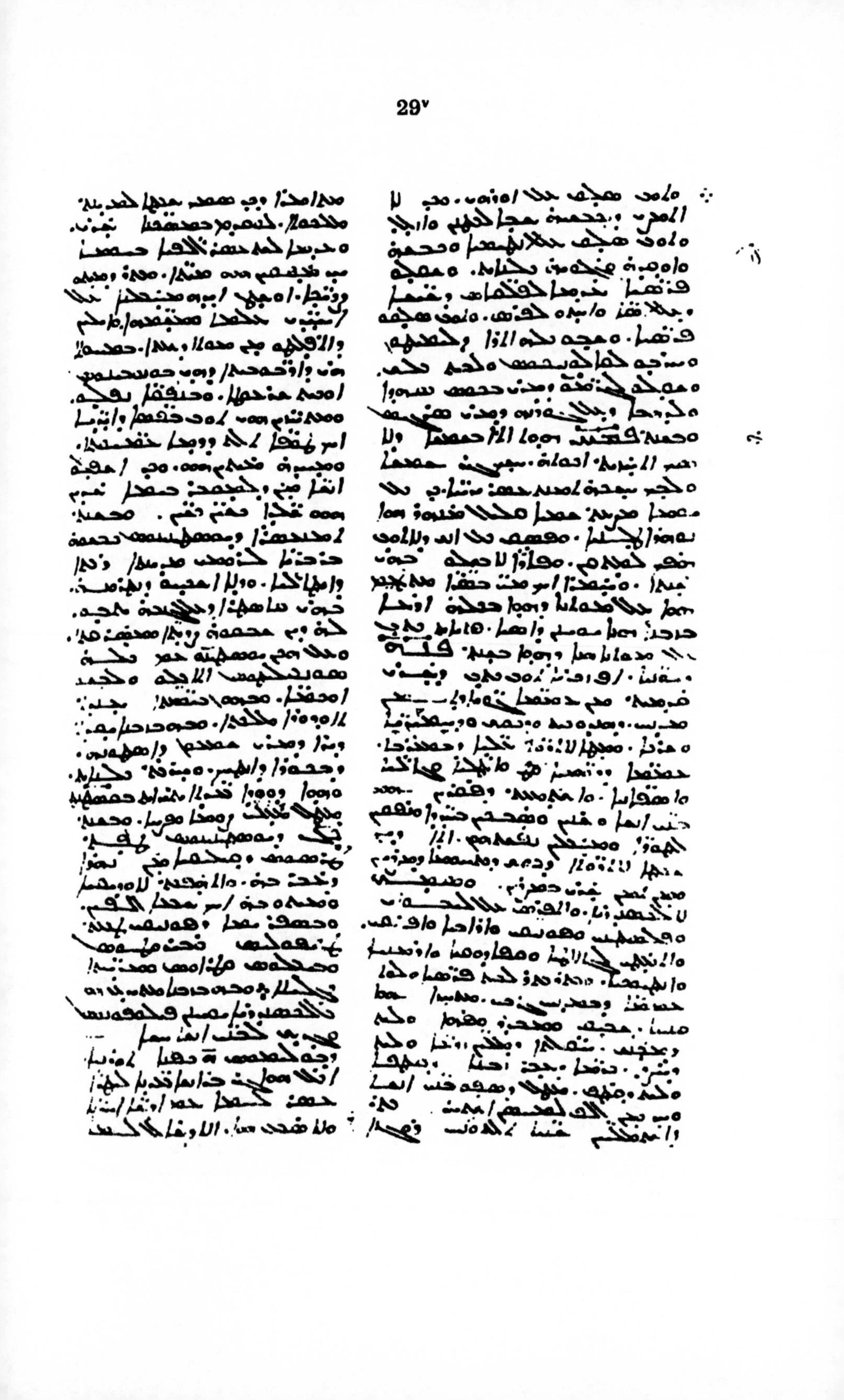

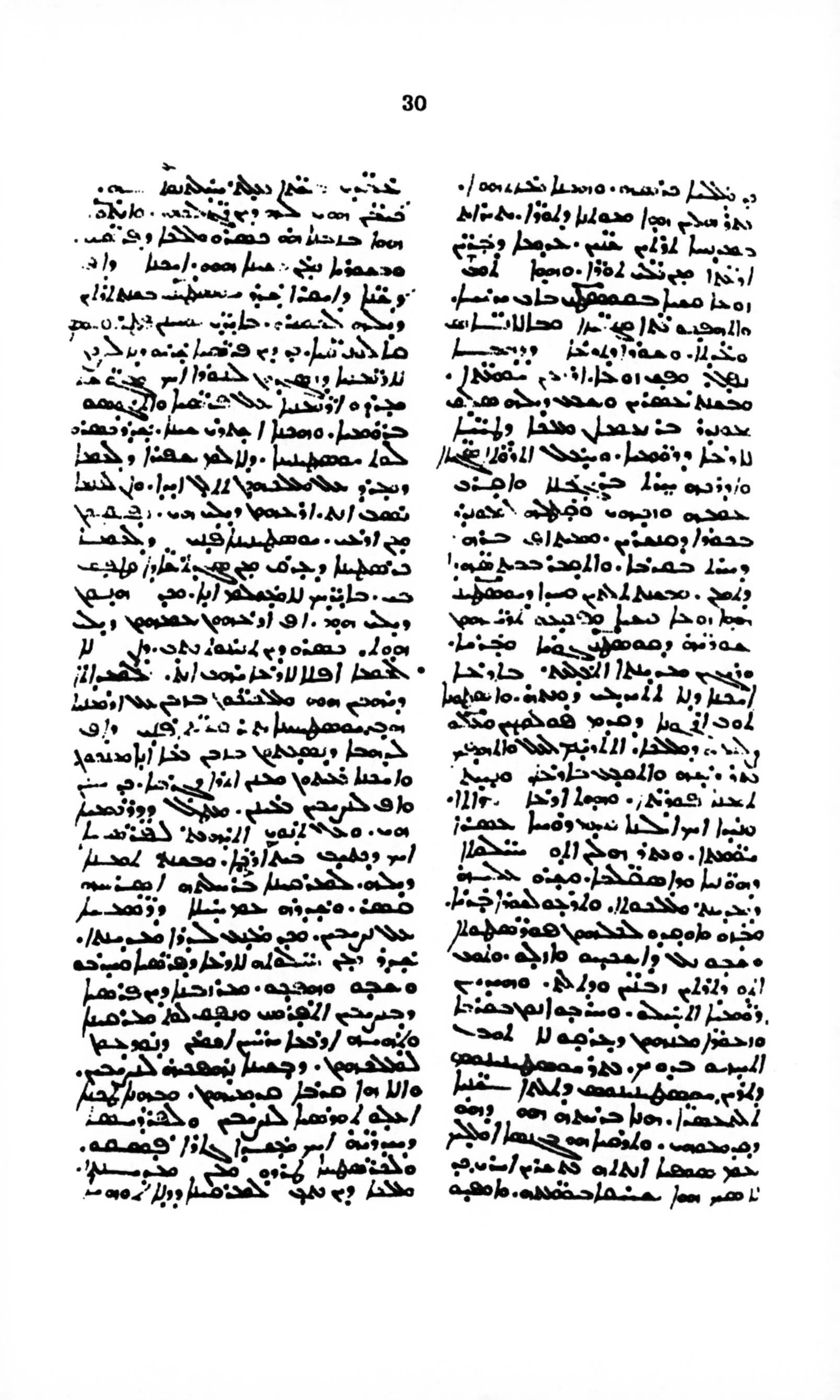

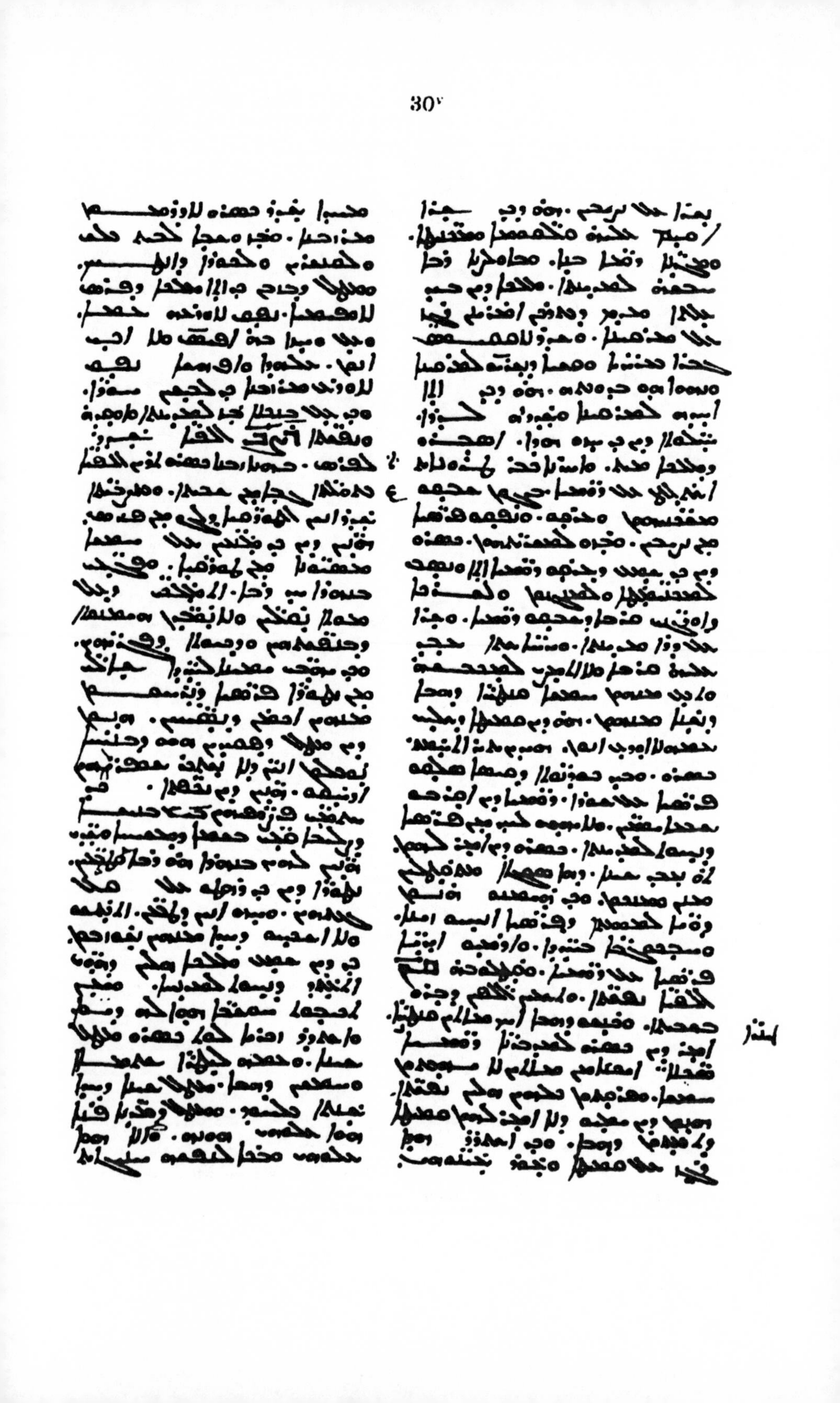

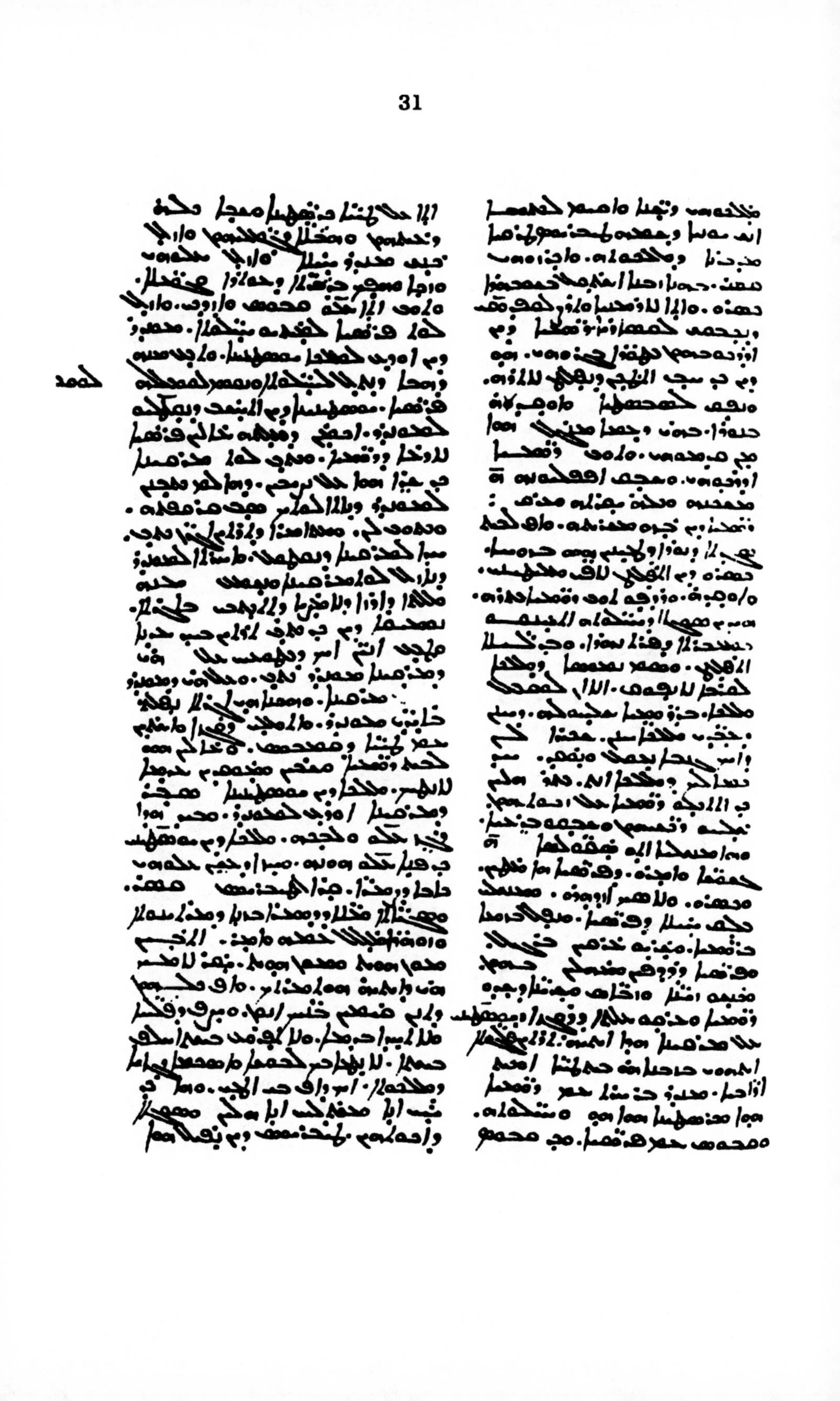

[illegible]

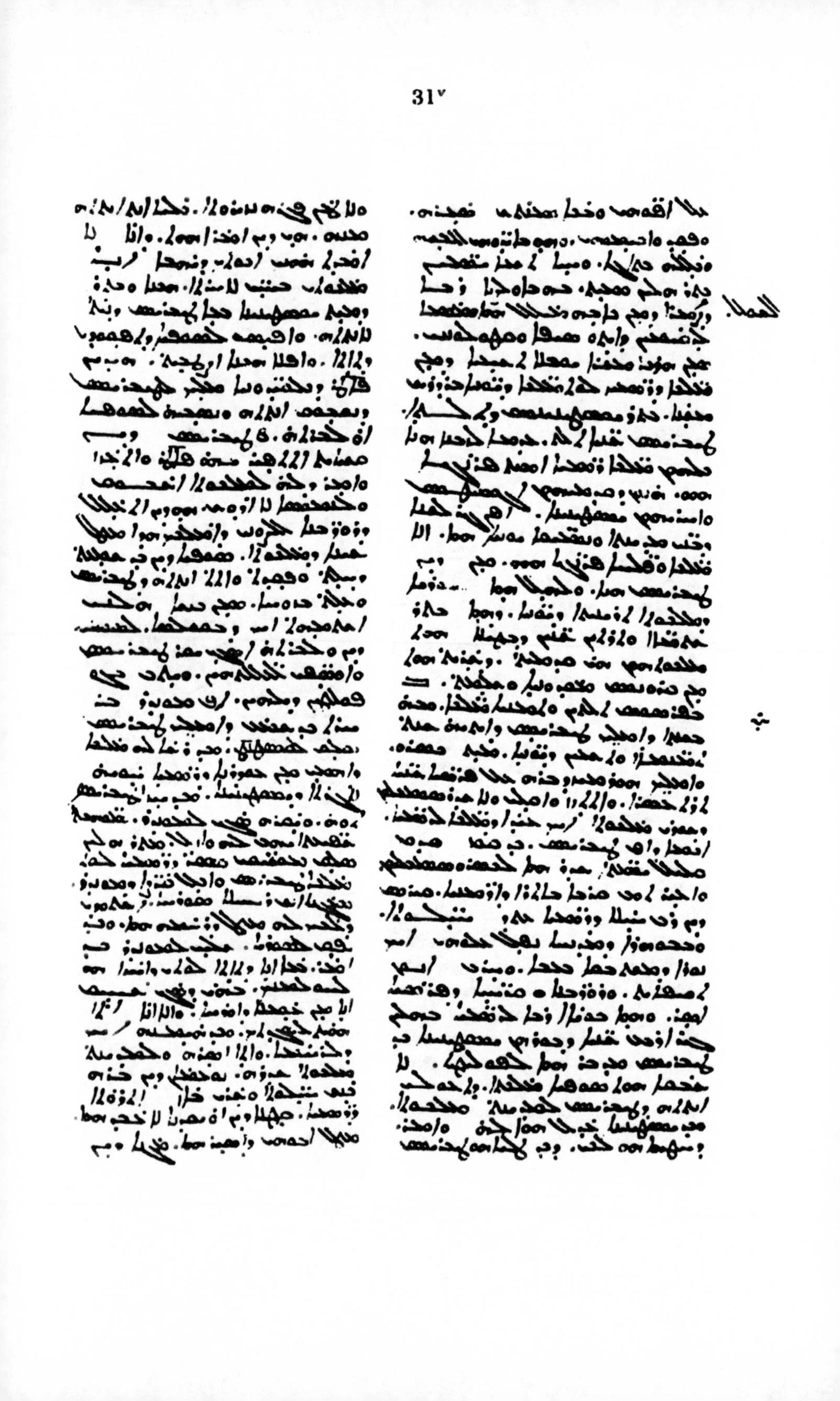

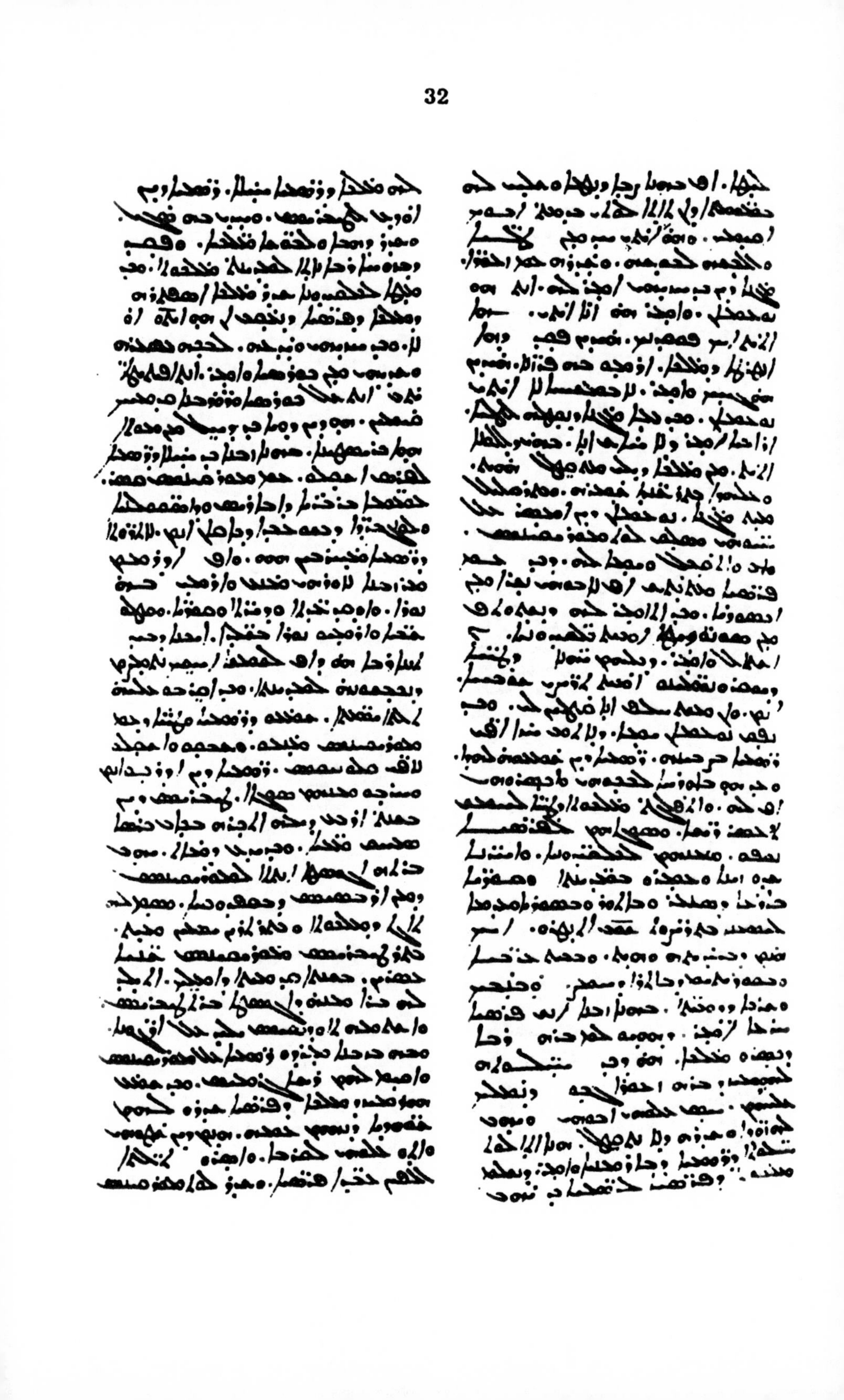

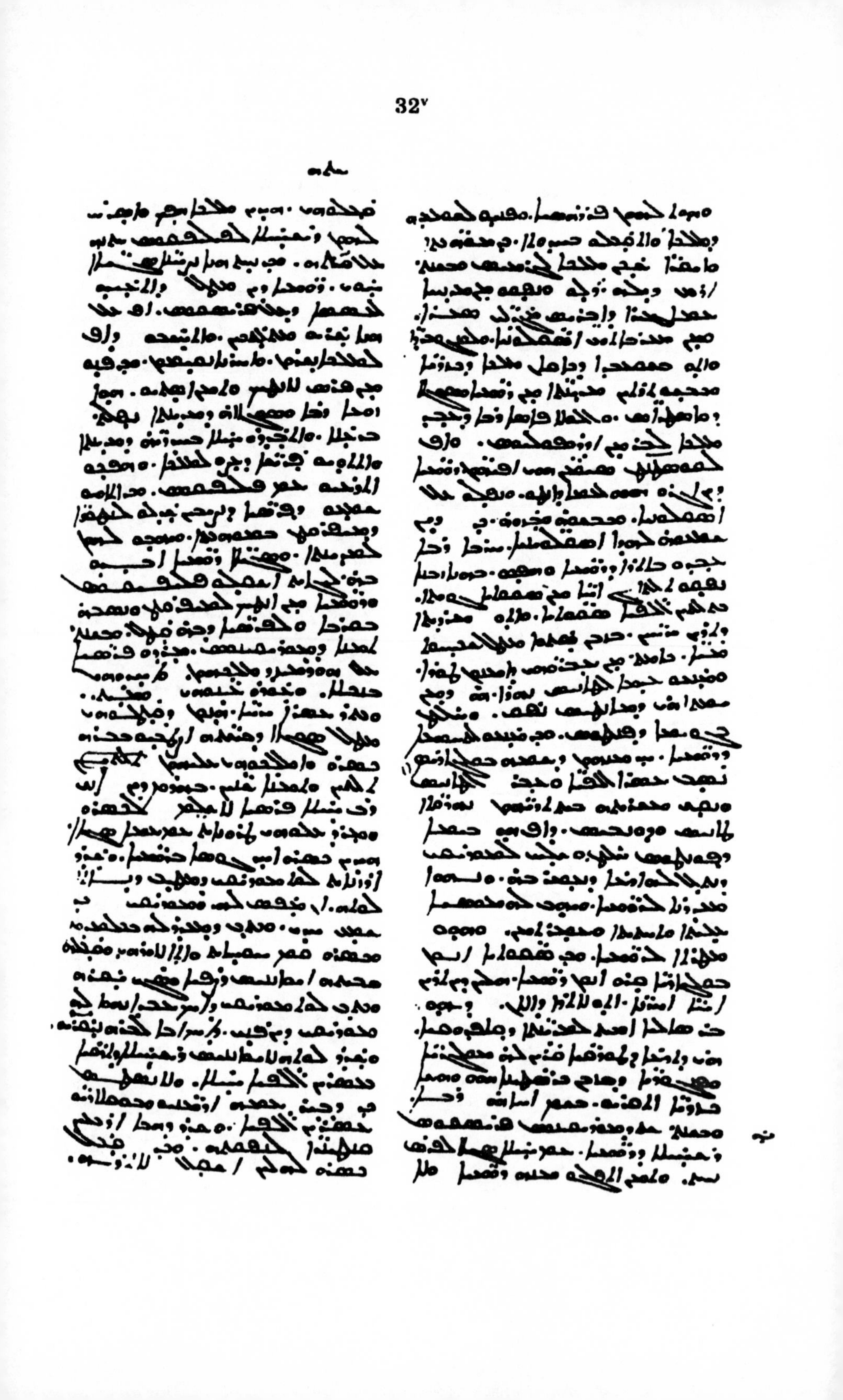

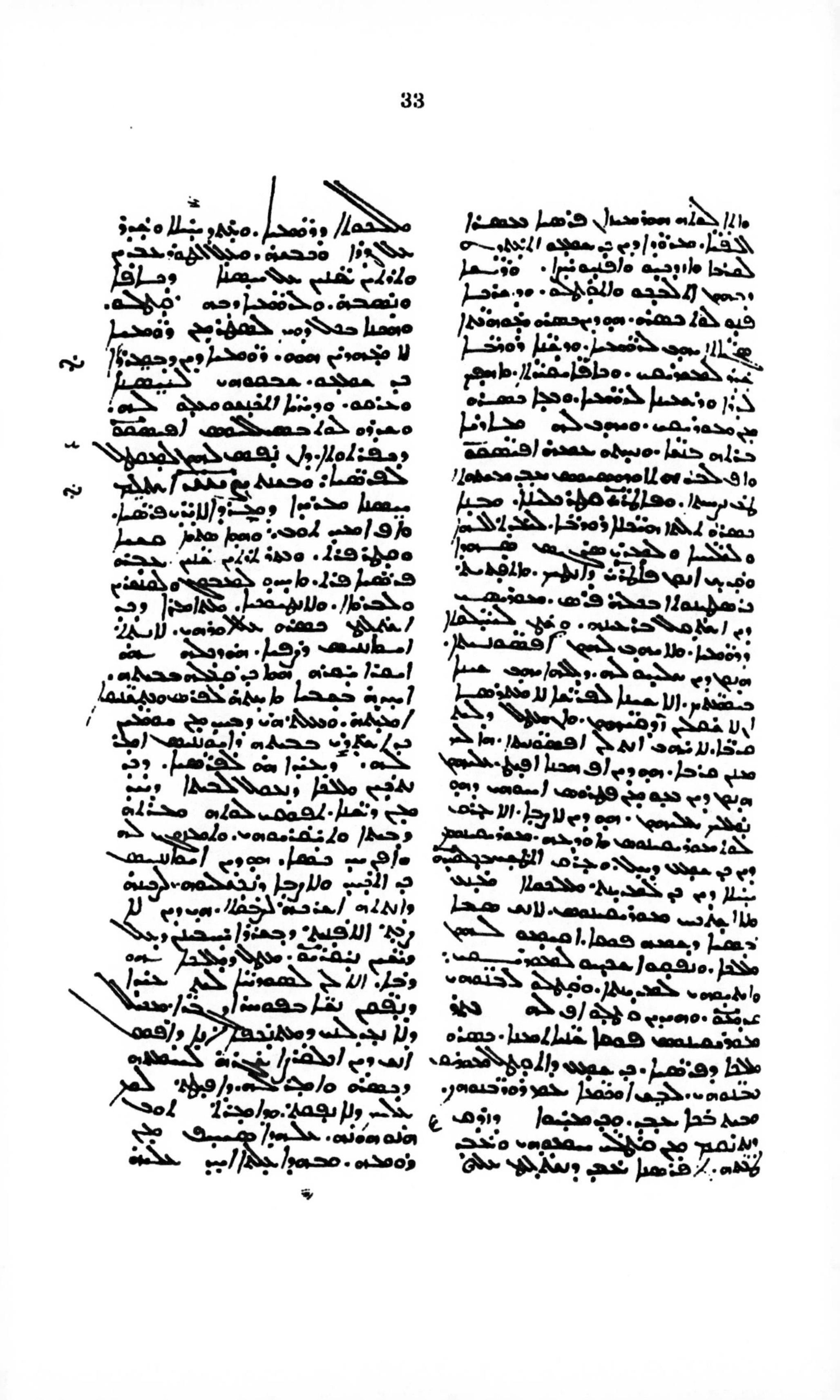

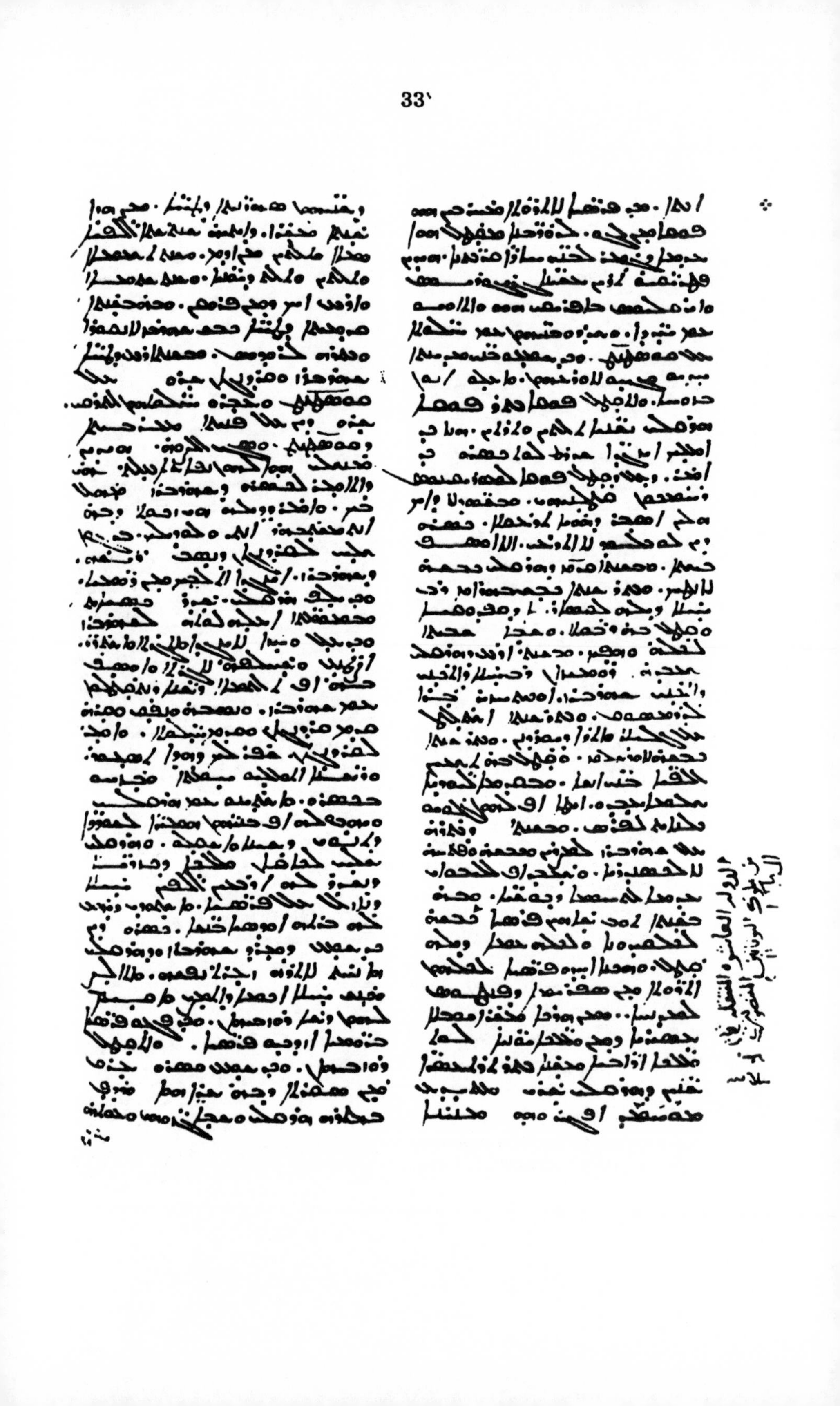

[This leaf is left blank
in the manuscript]

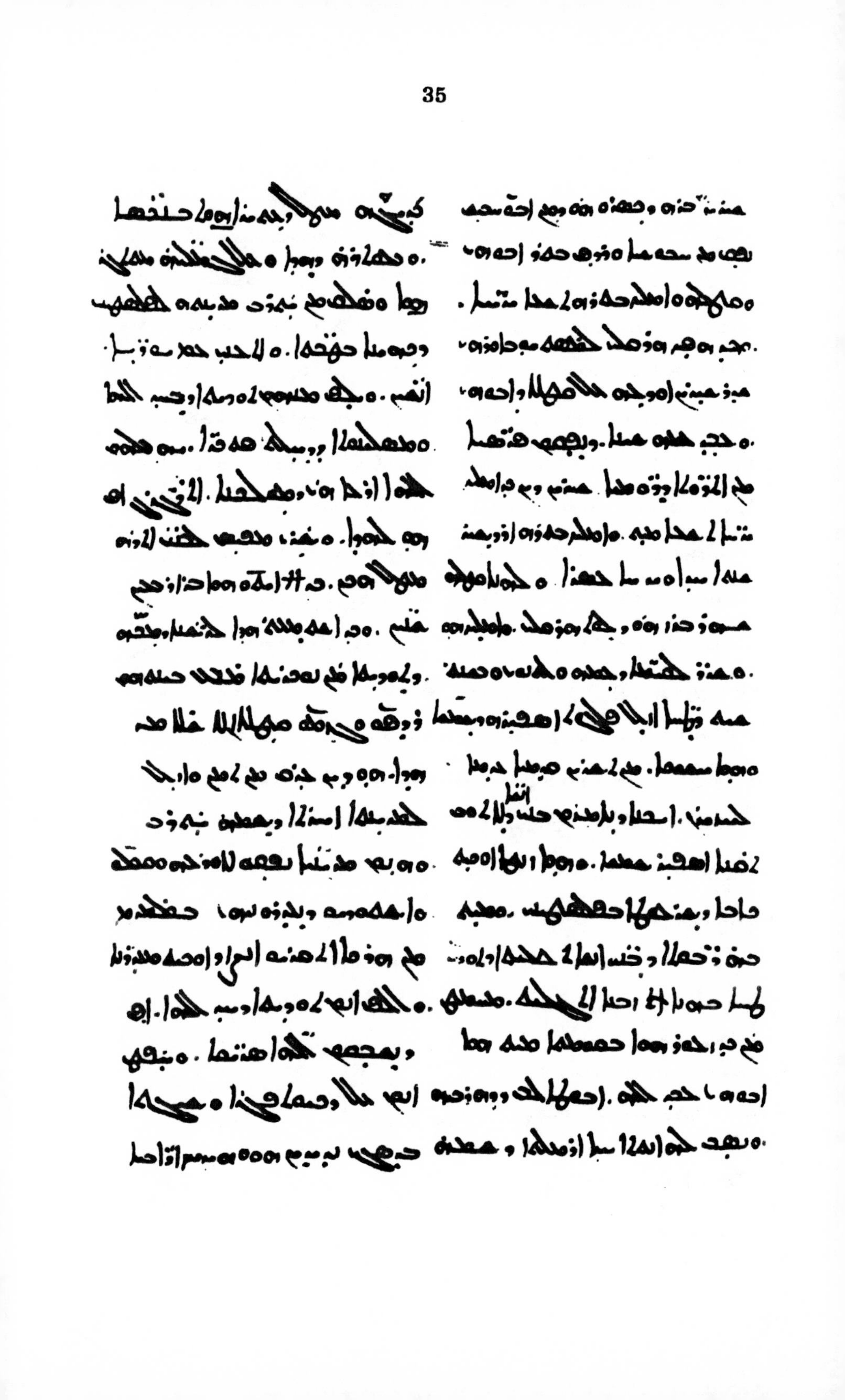

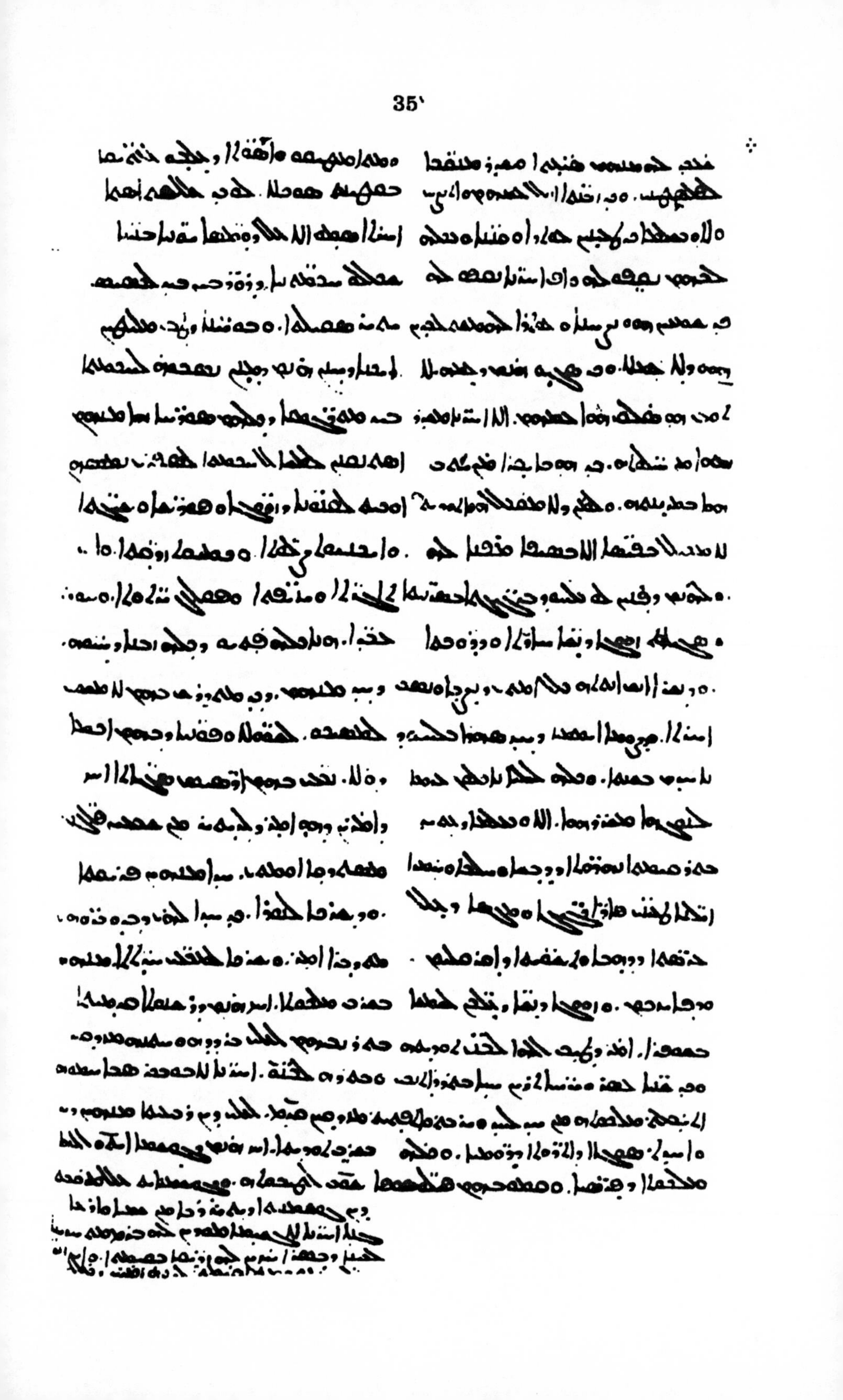

[illegible]

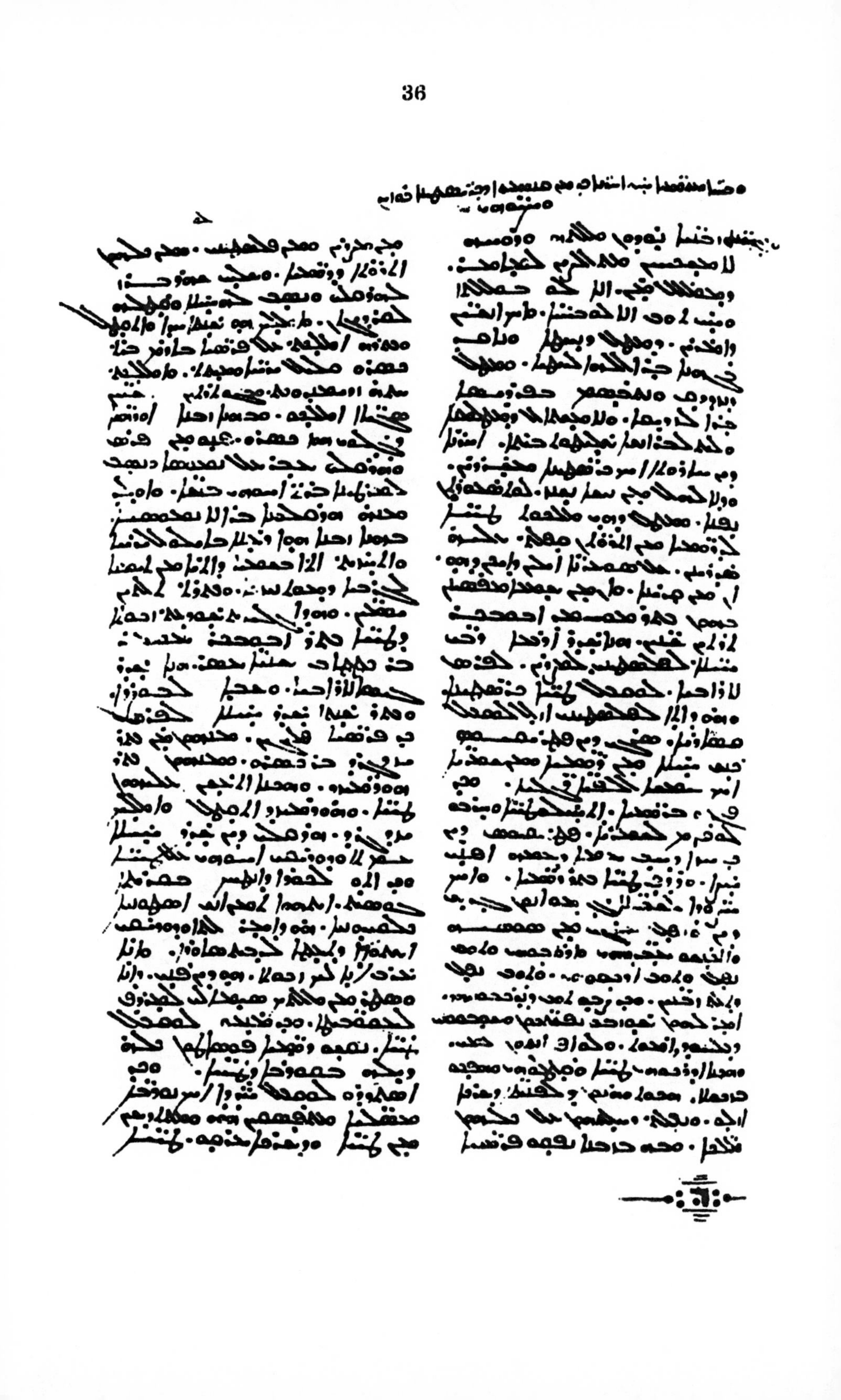

[illegible]

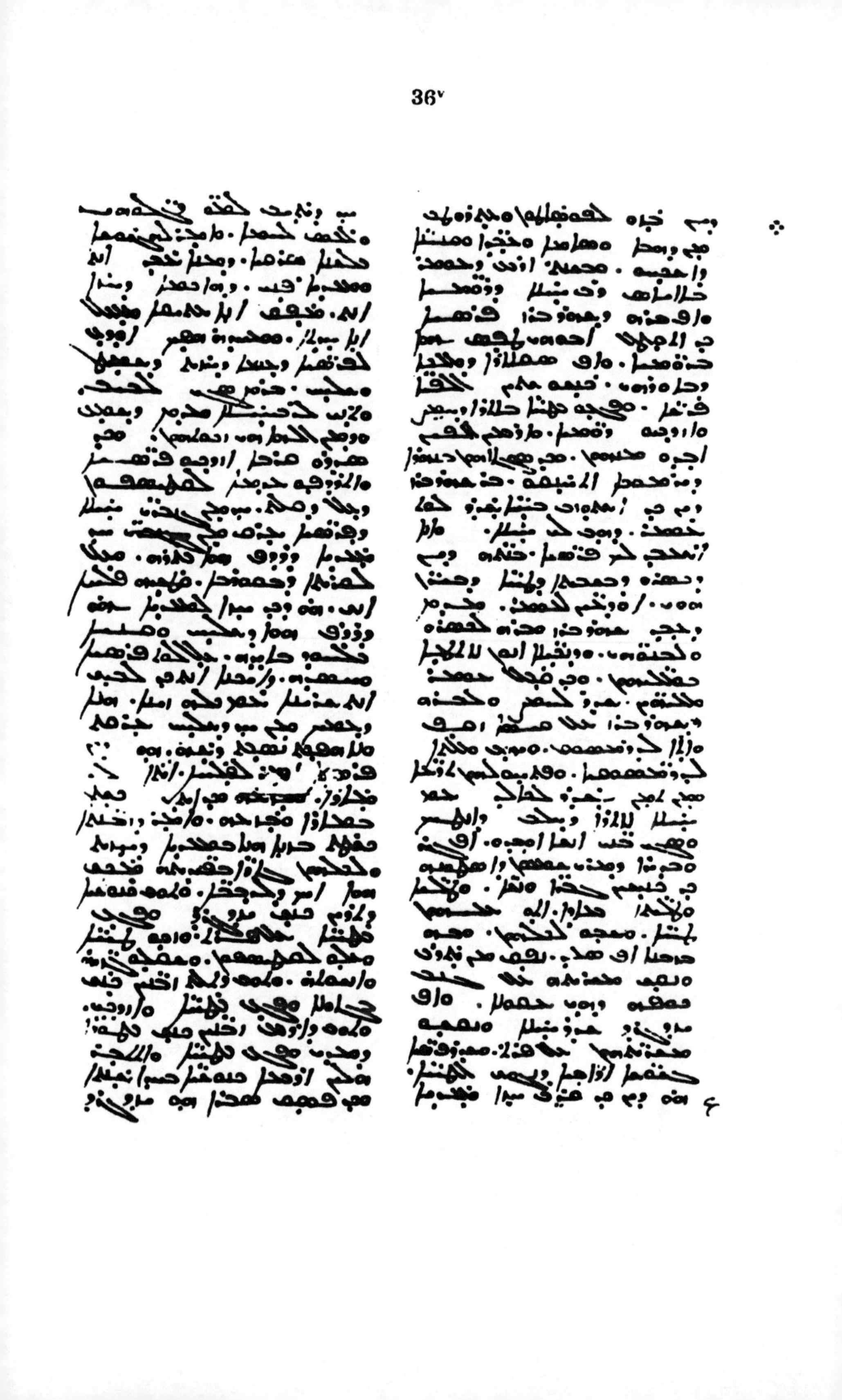

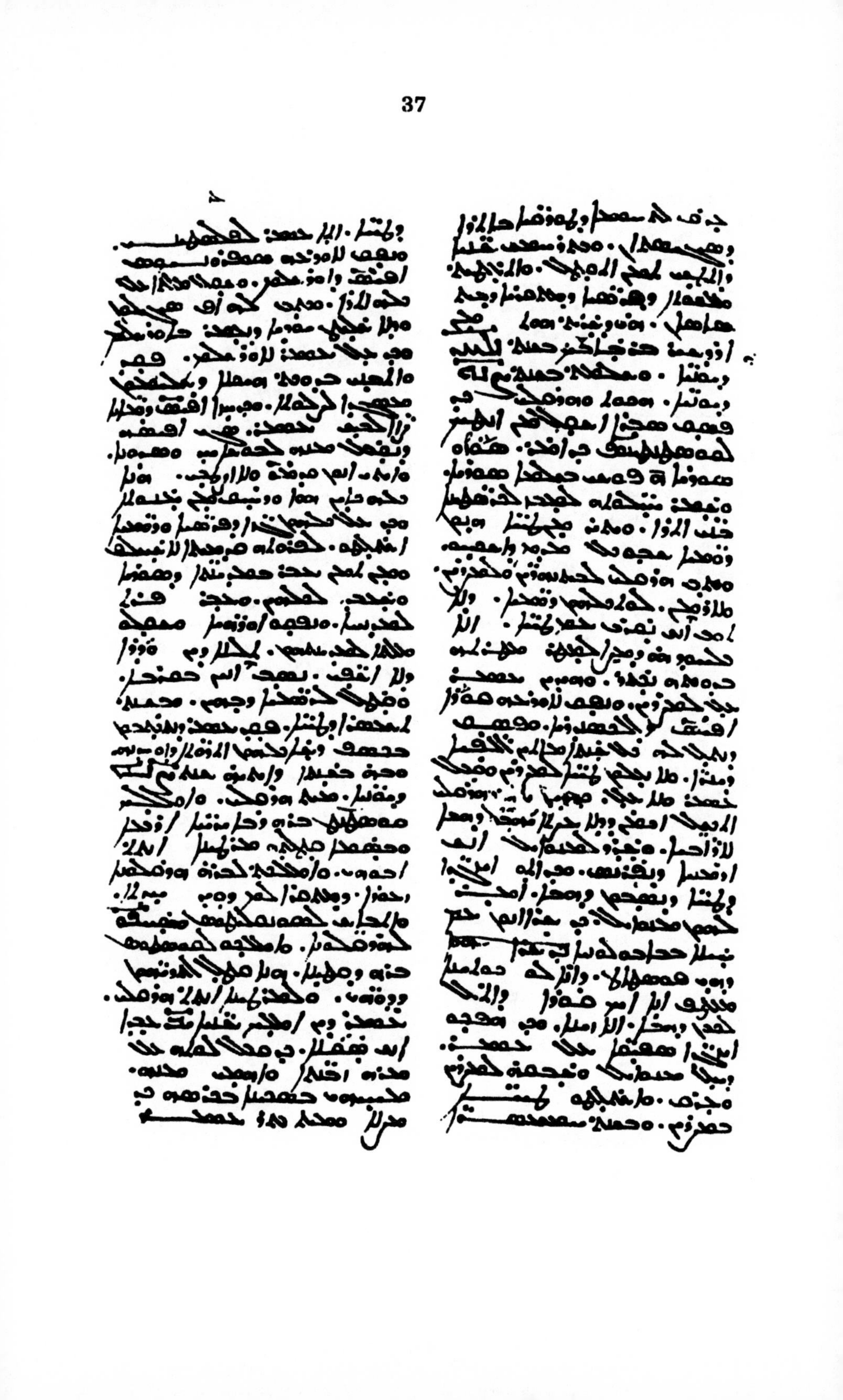

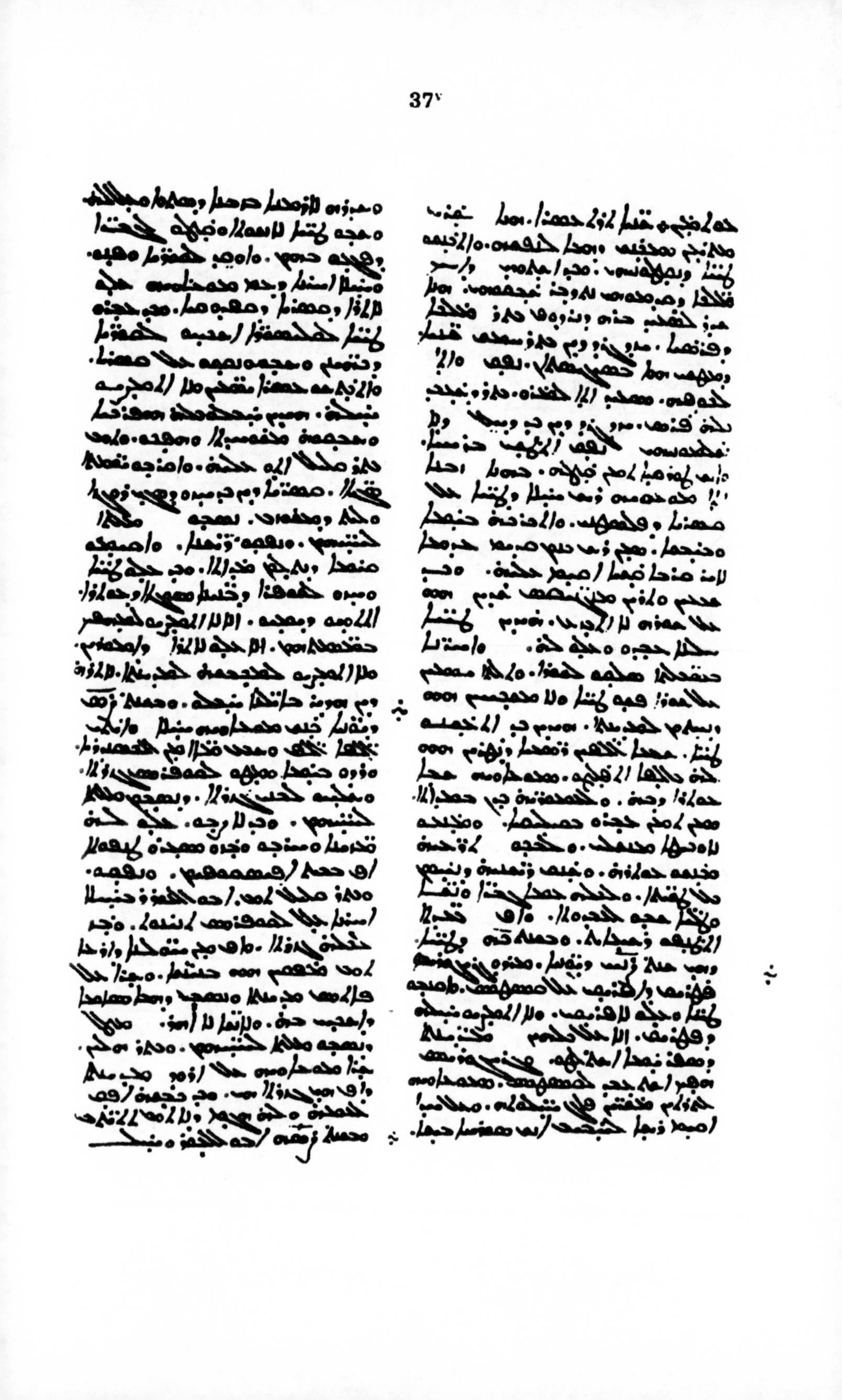

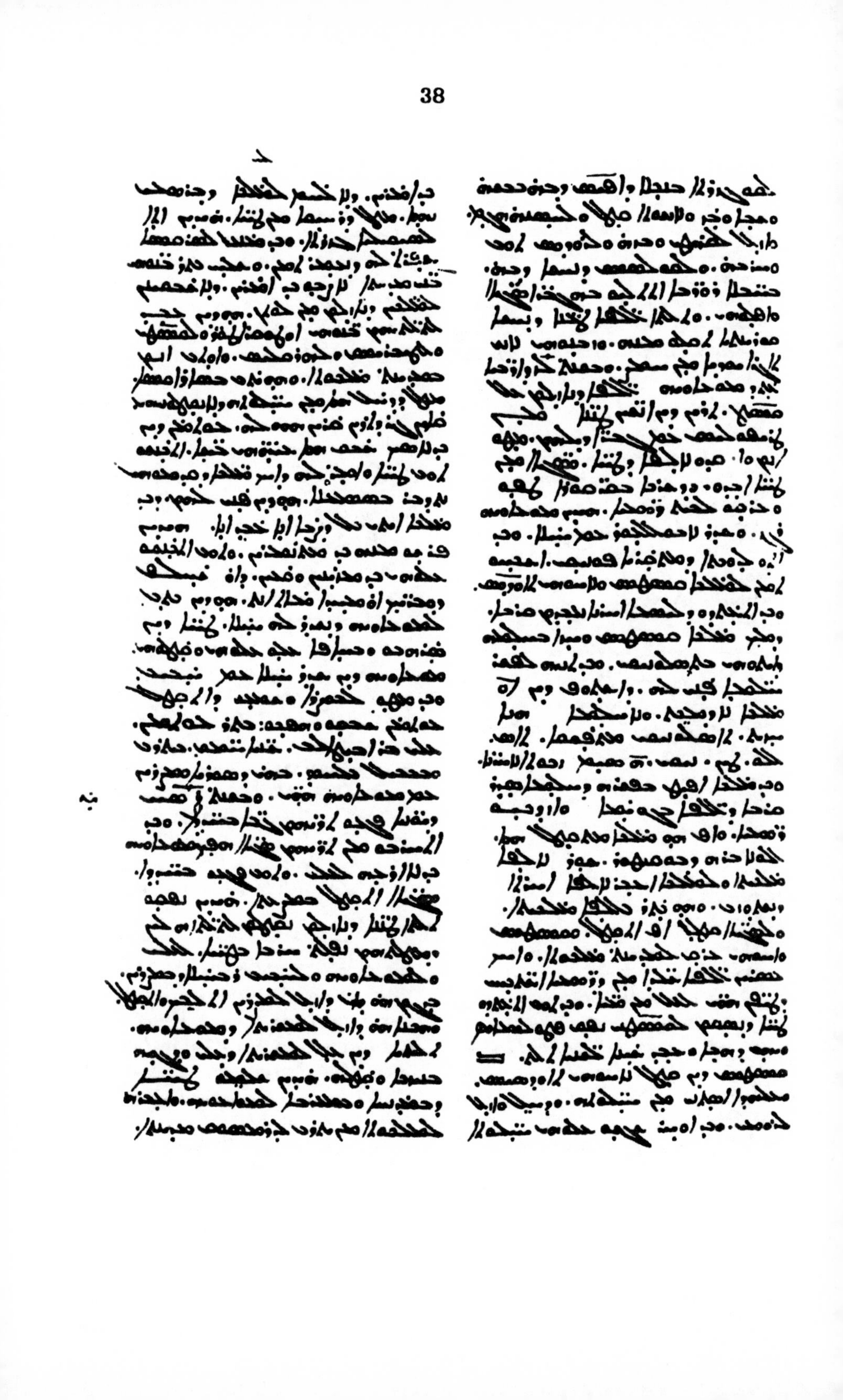

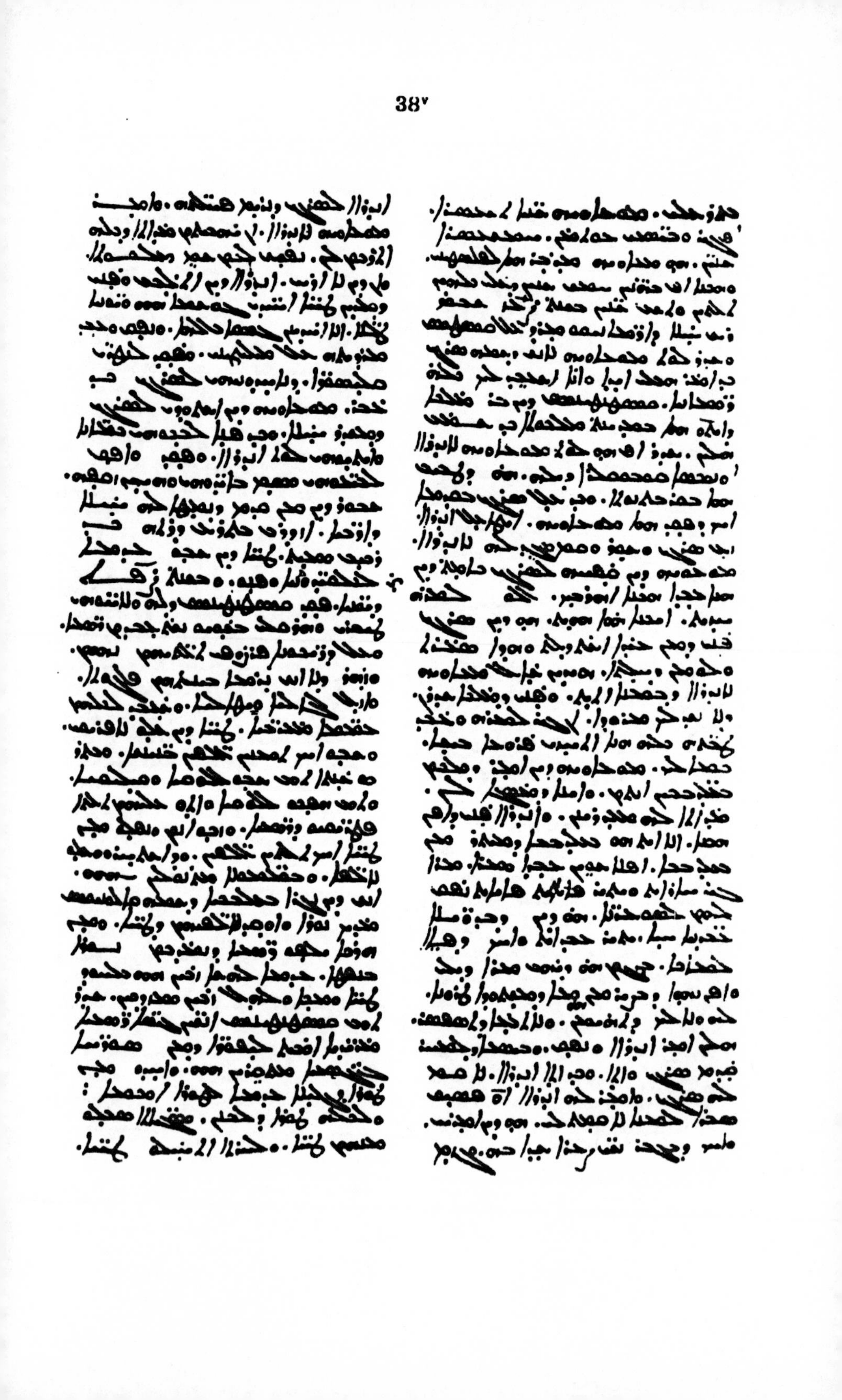

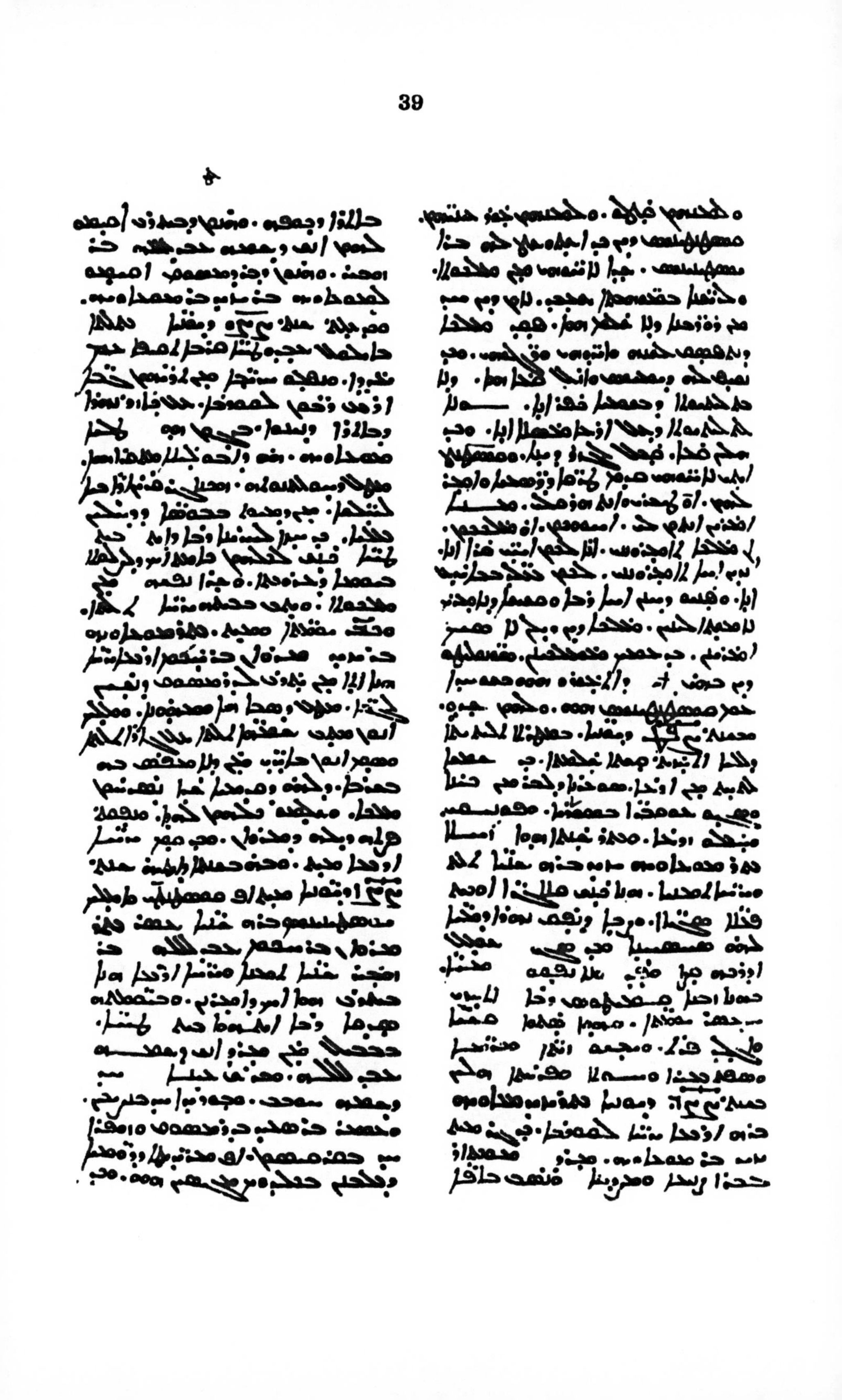

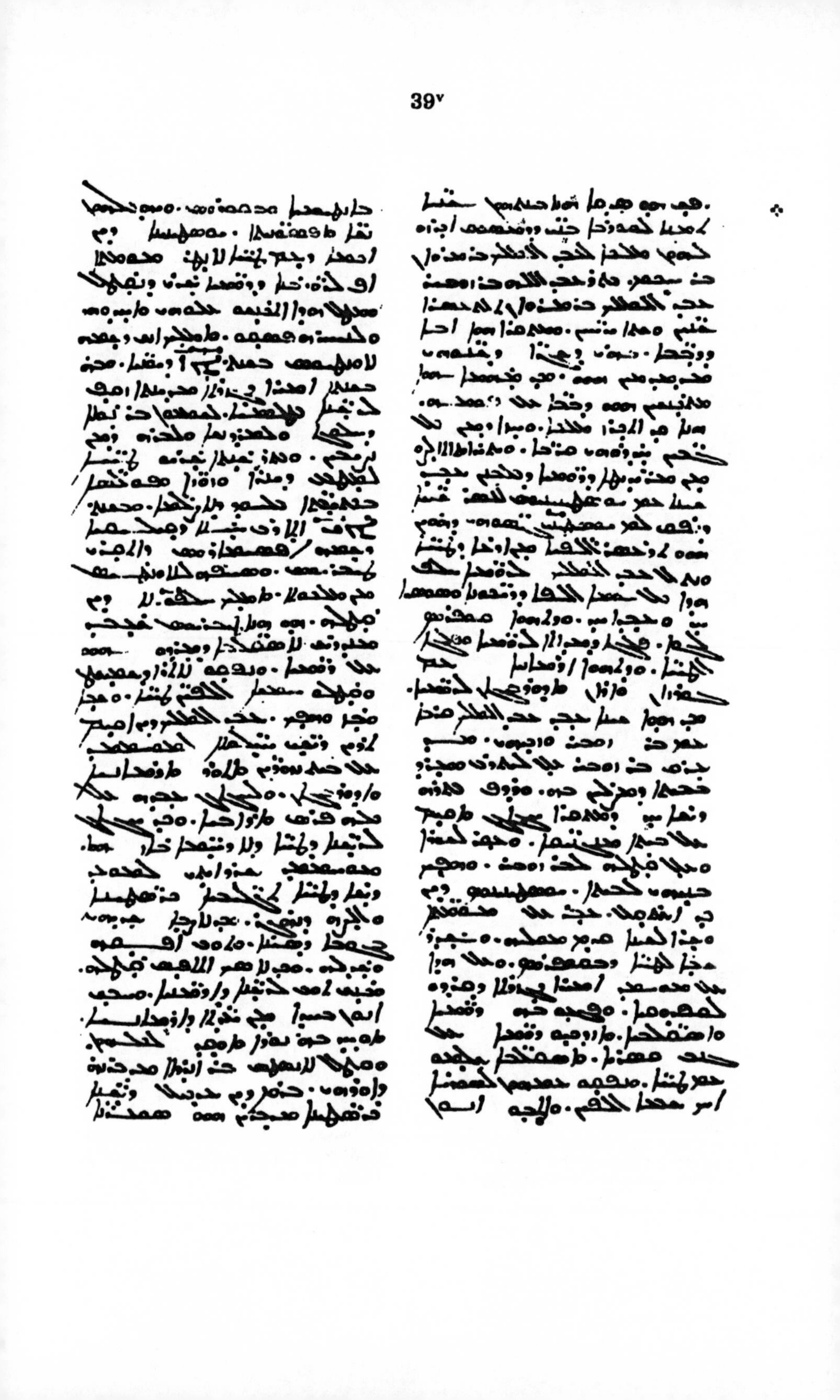

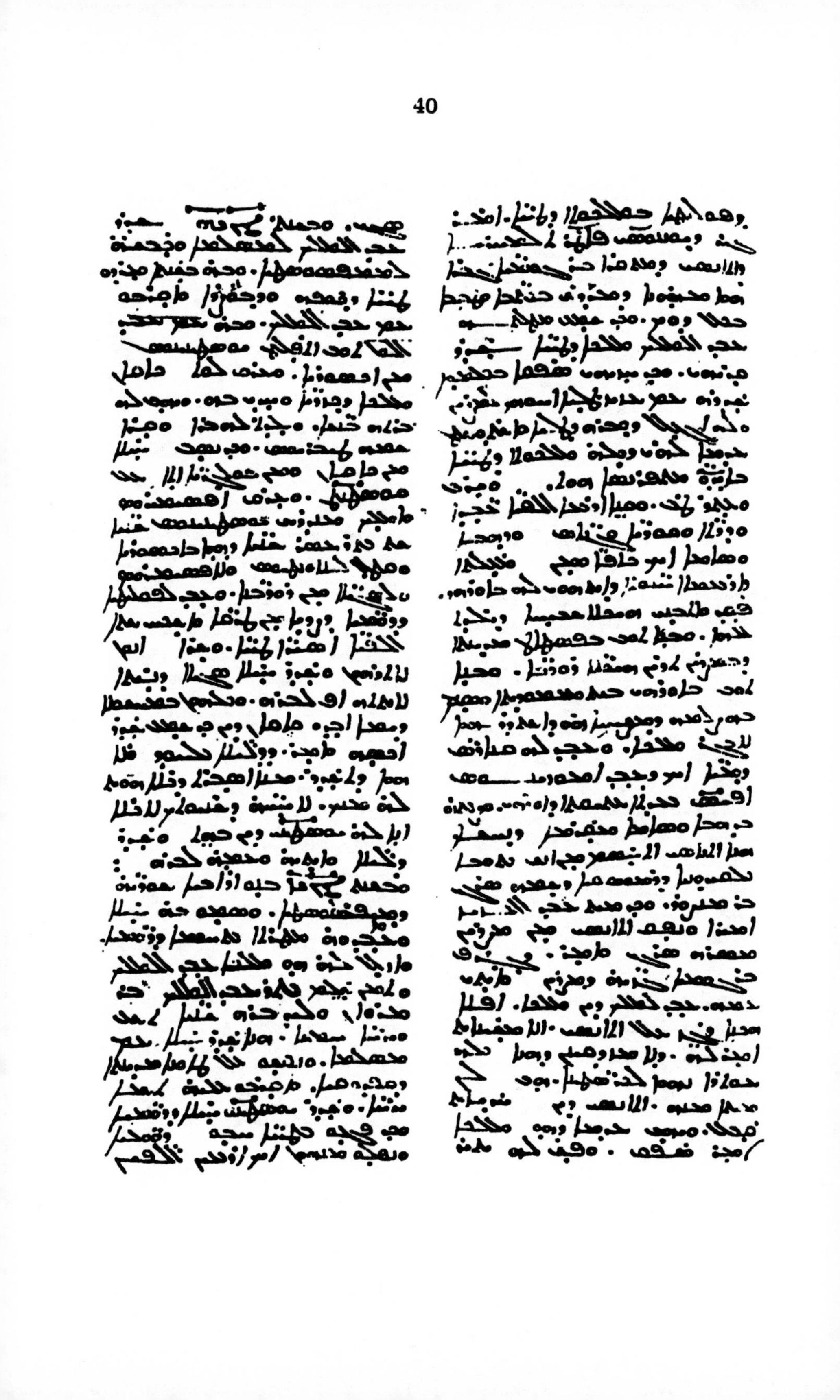

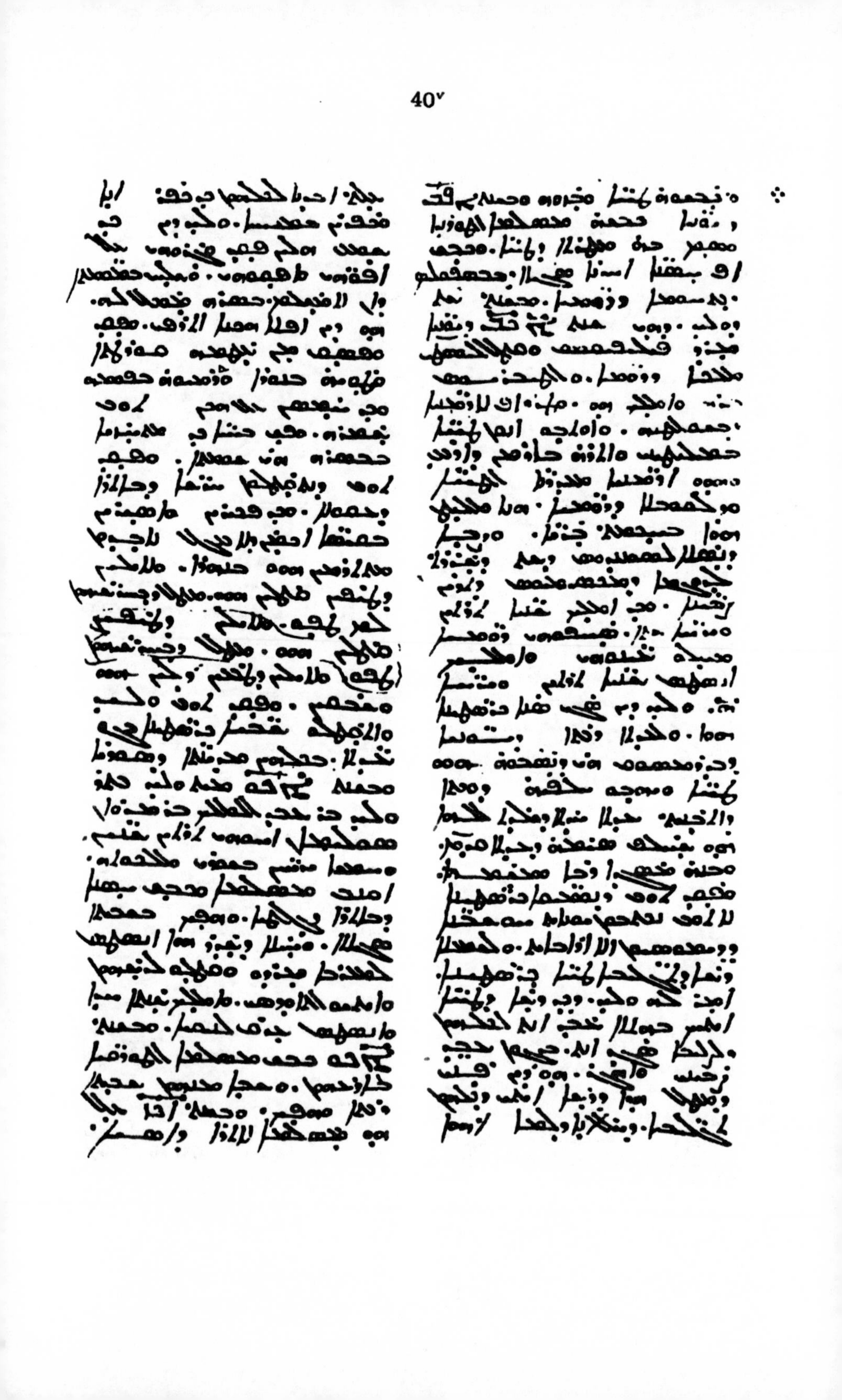

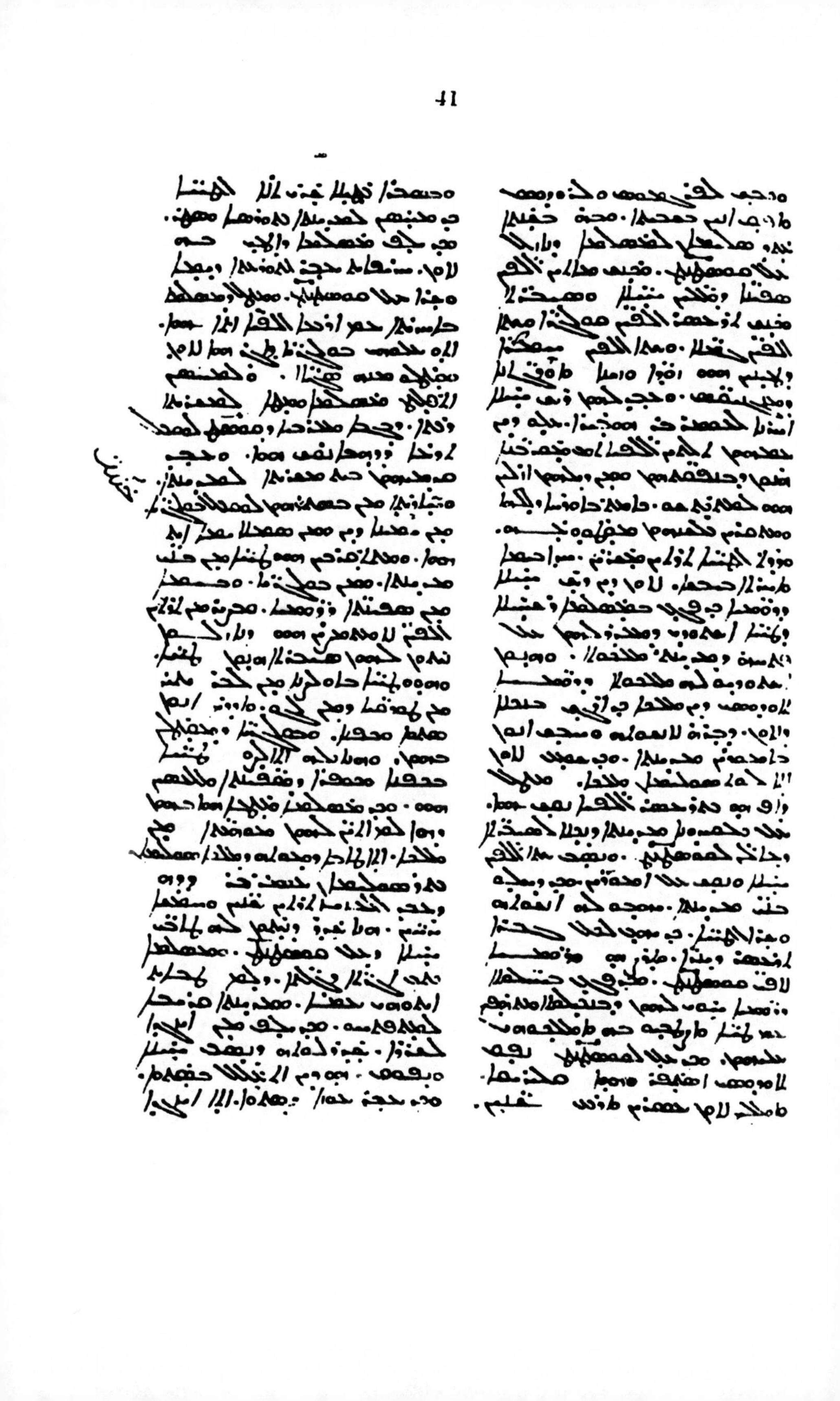

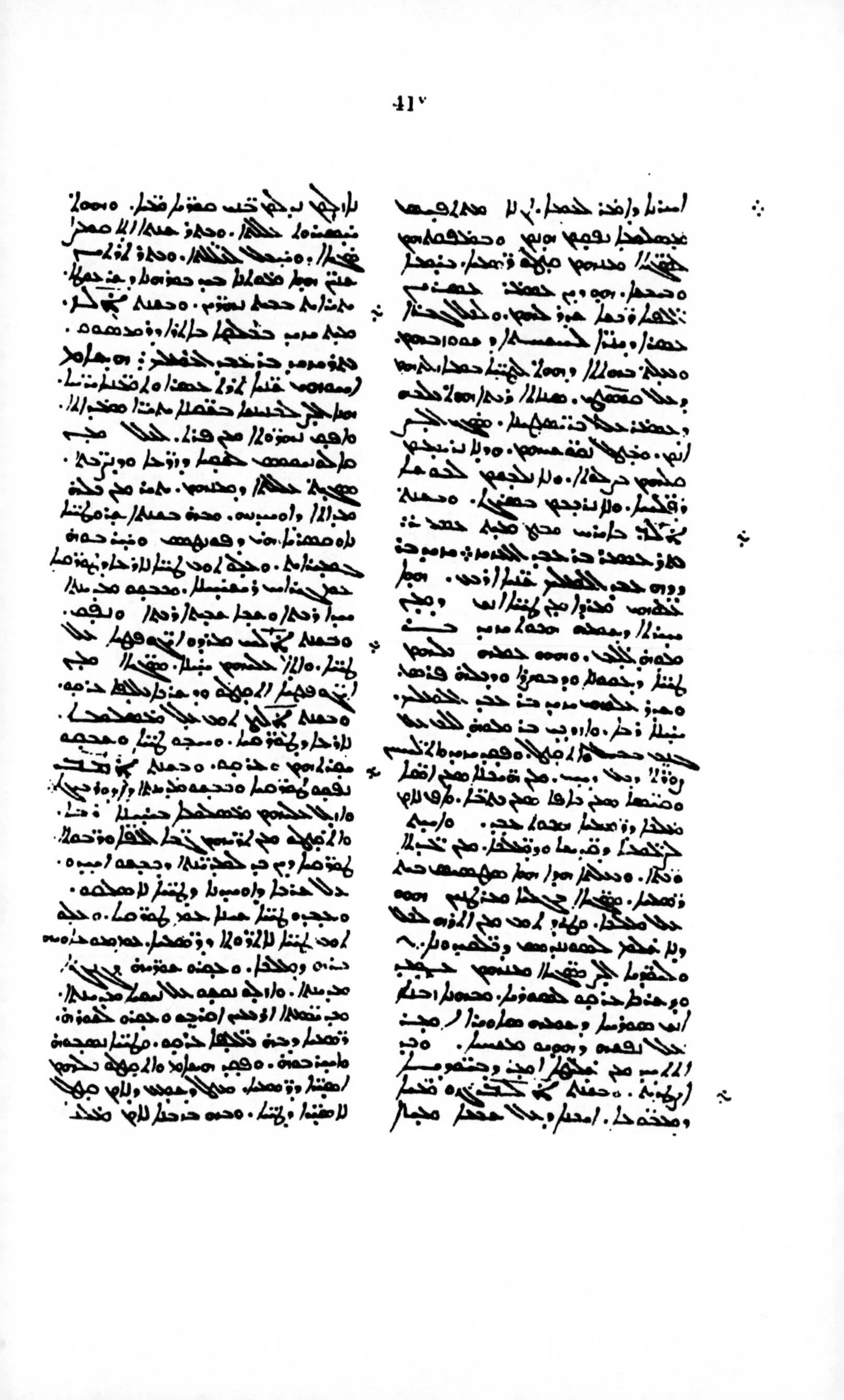

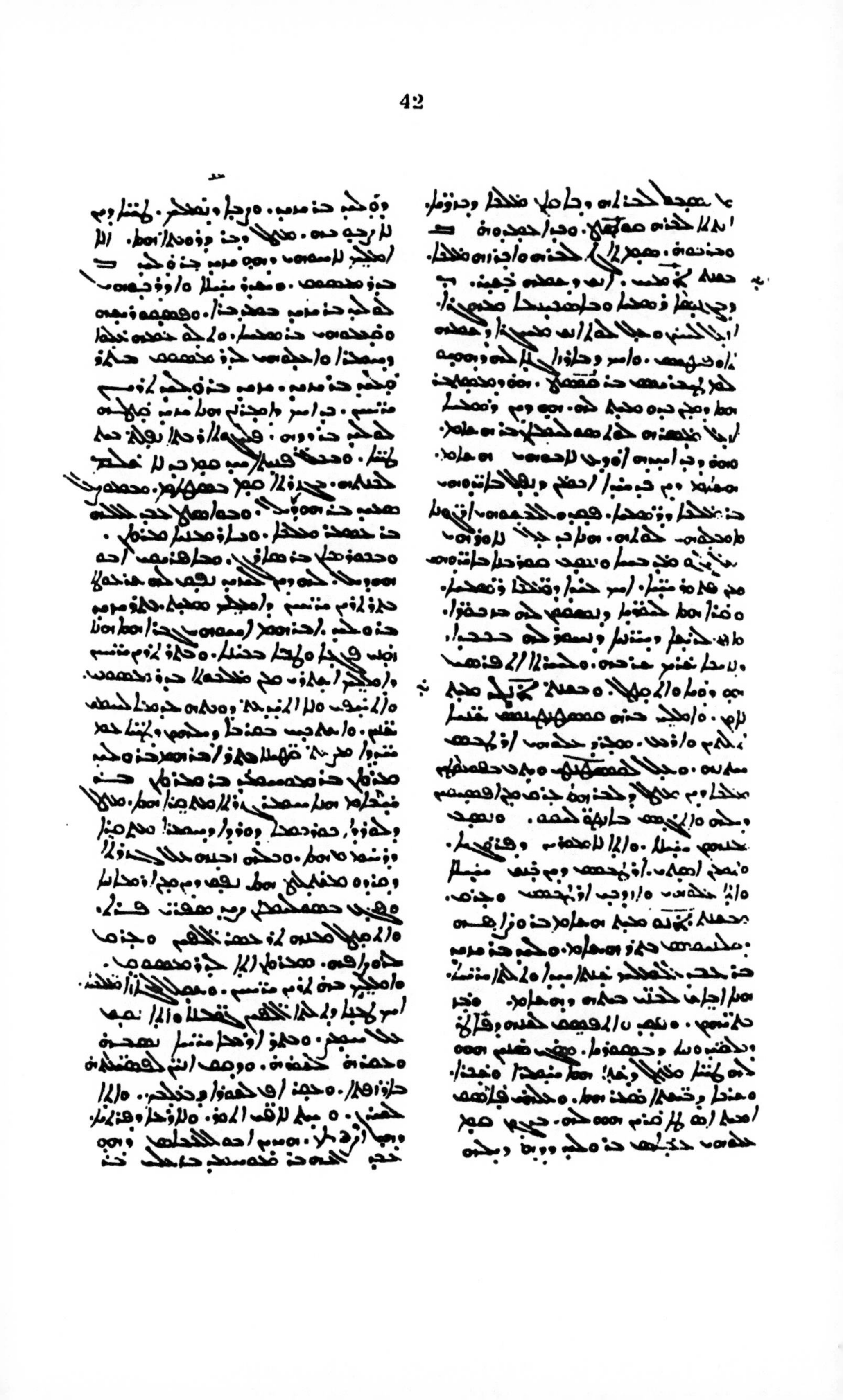

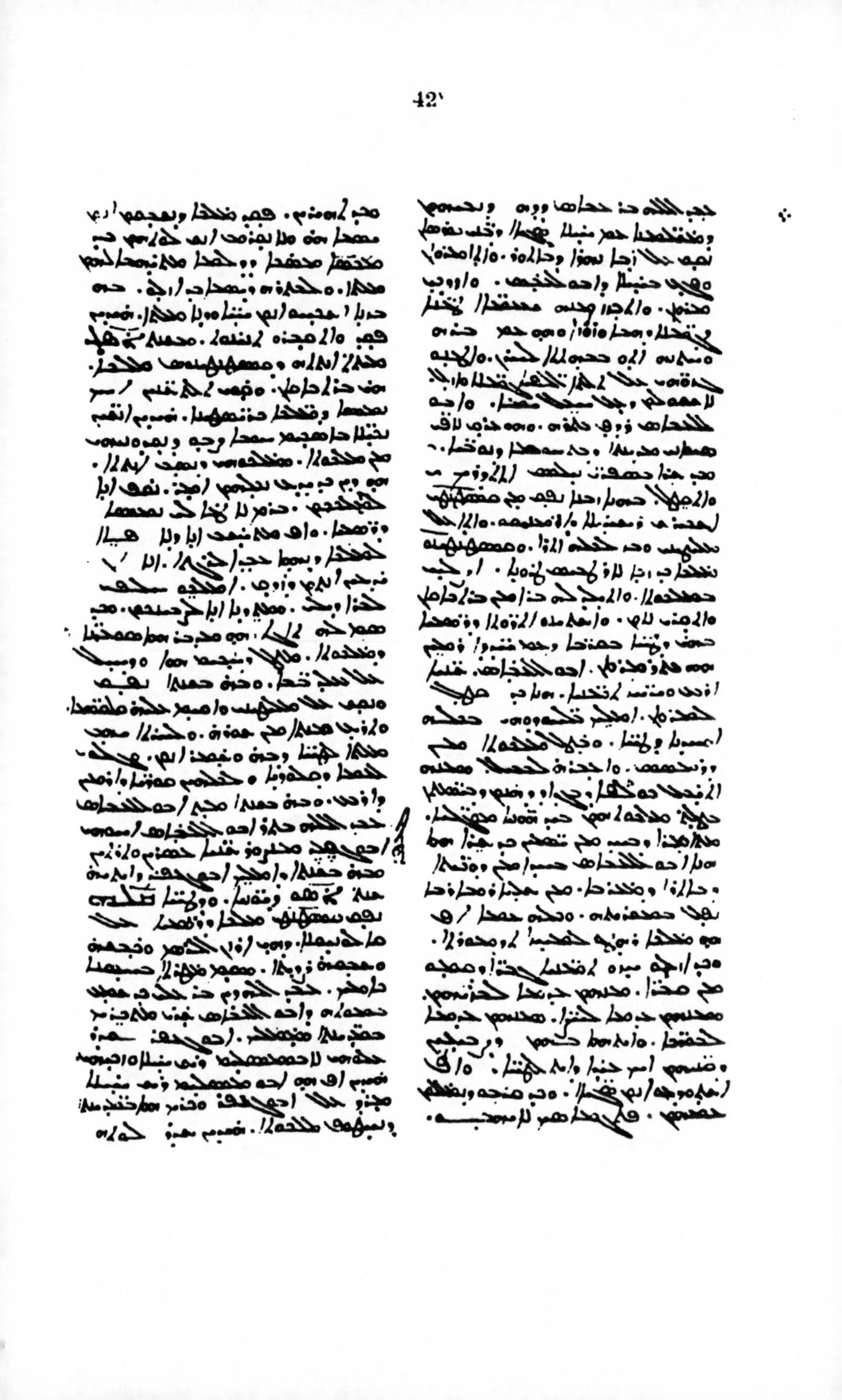

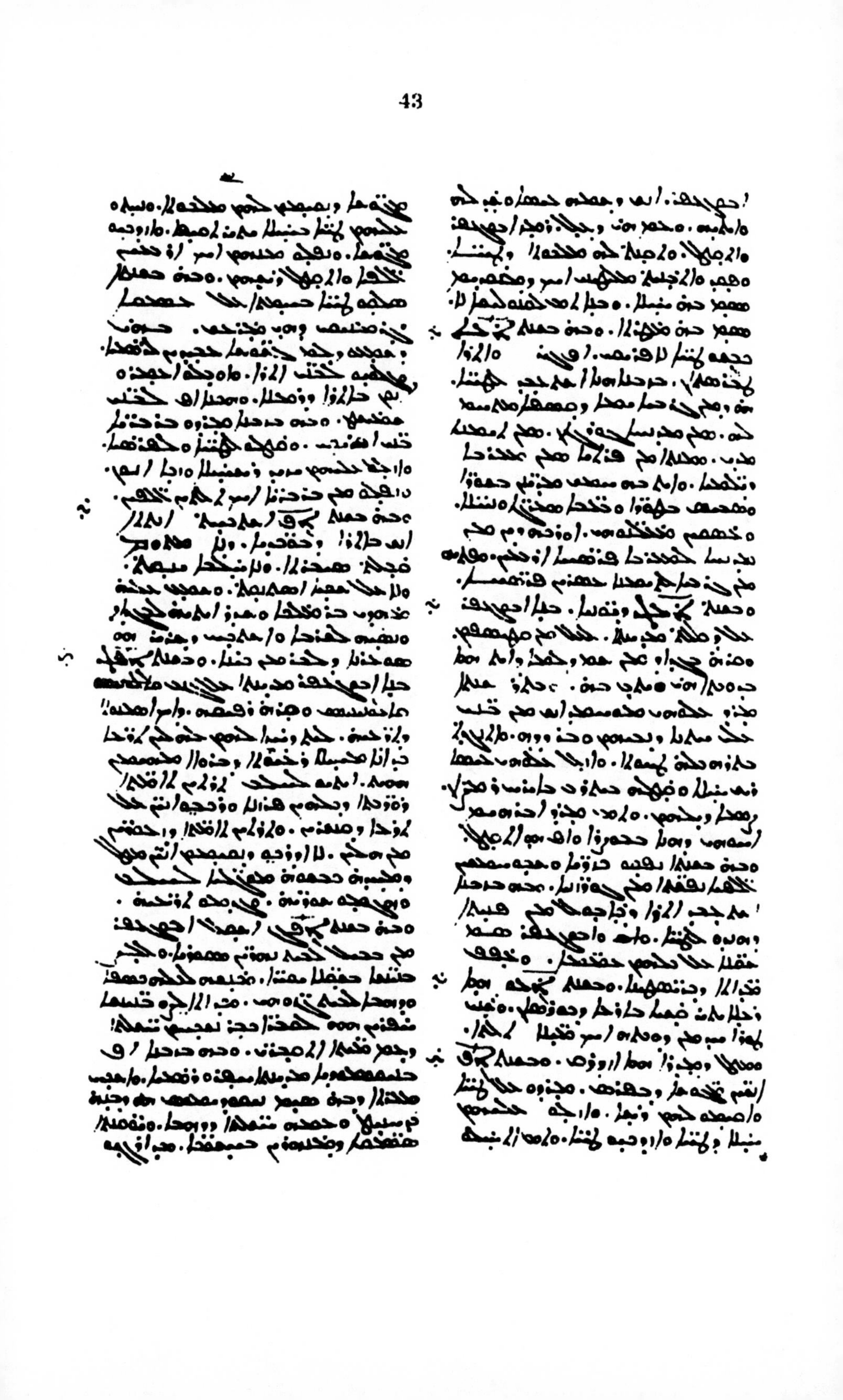

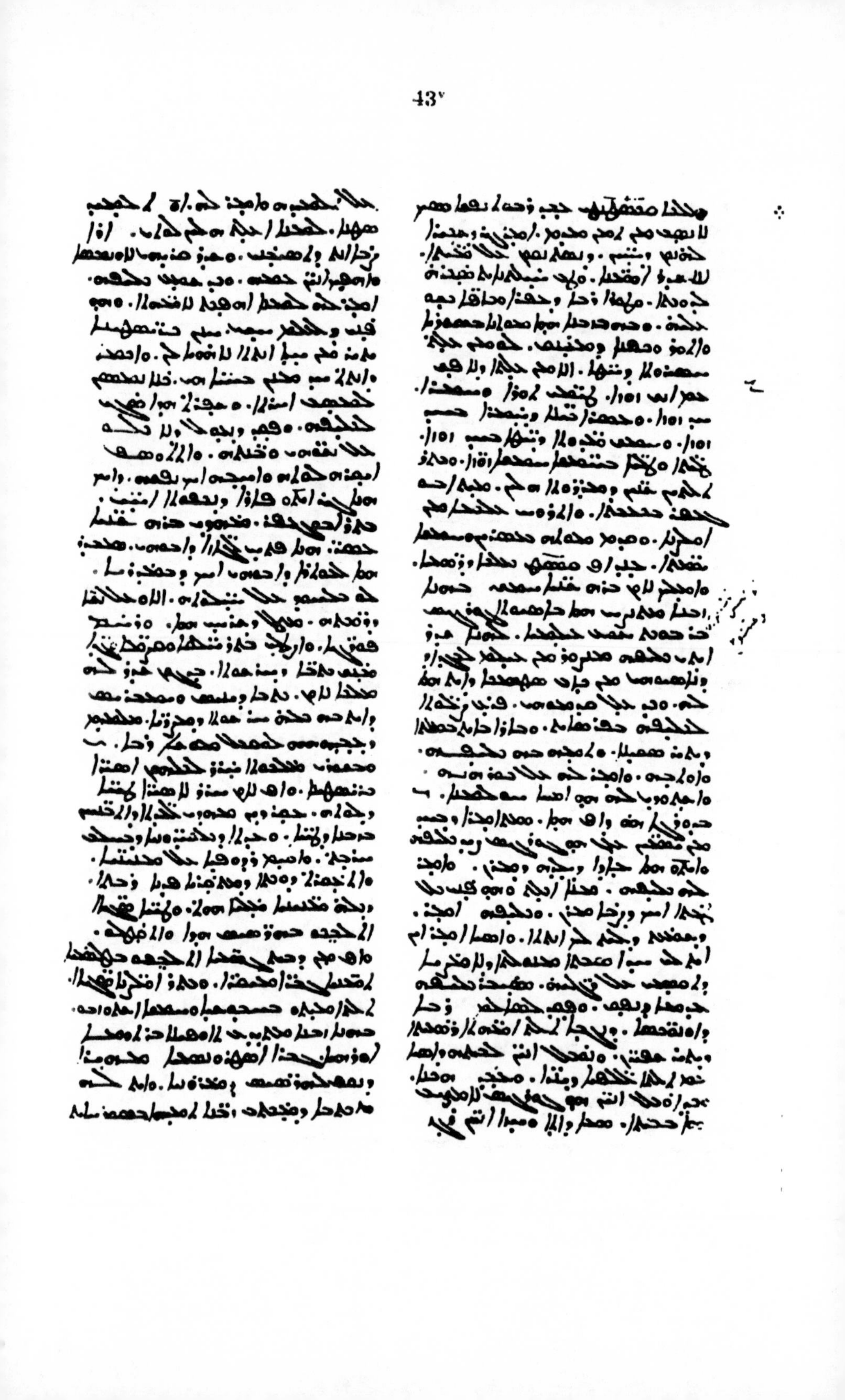

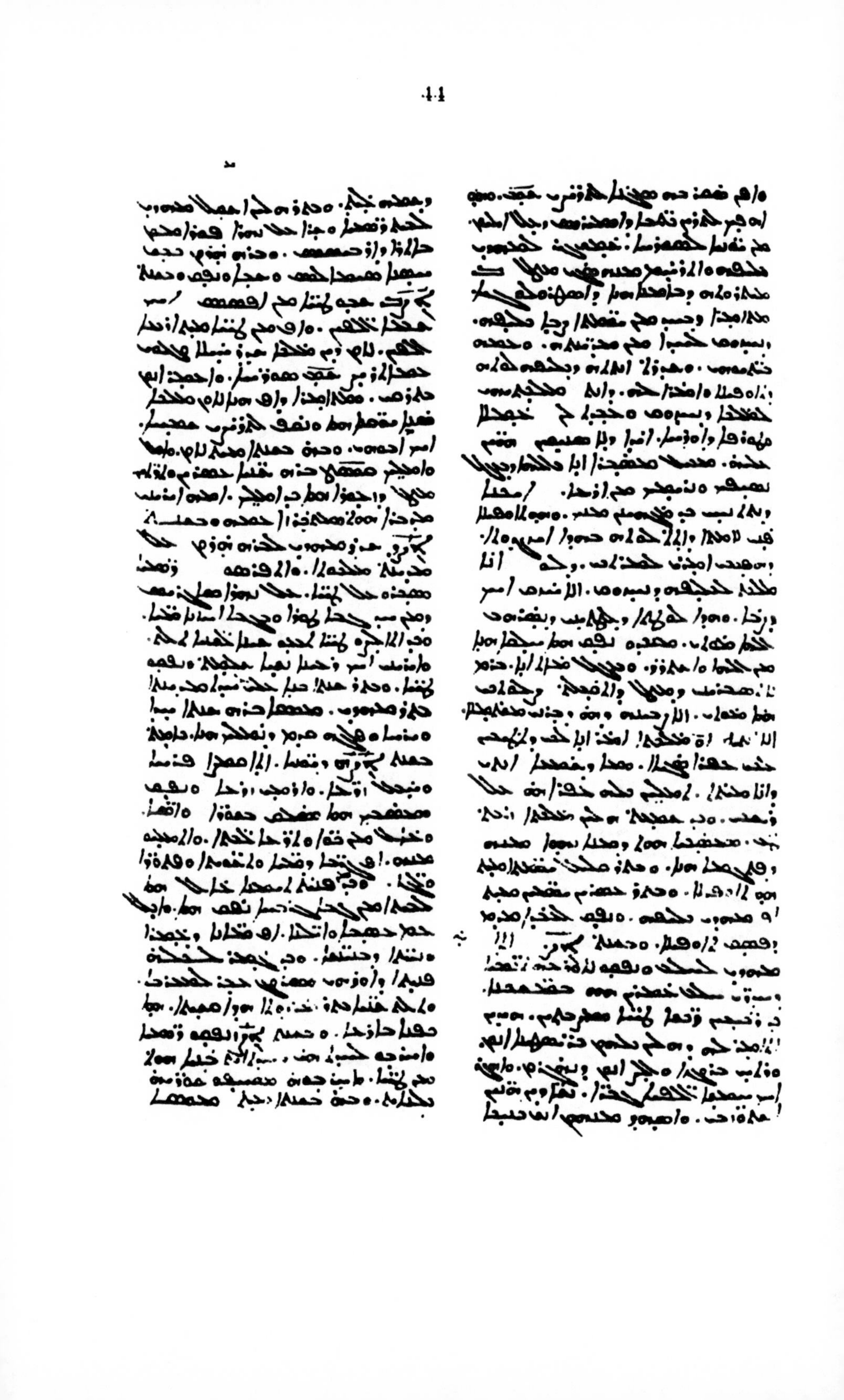

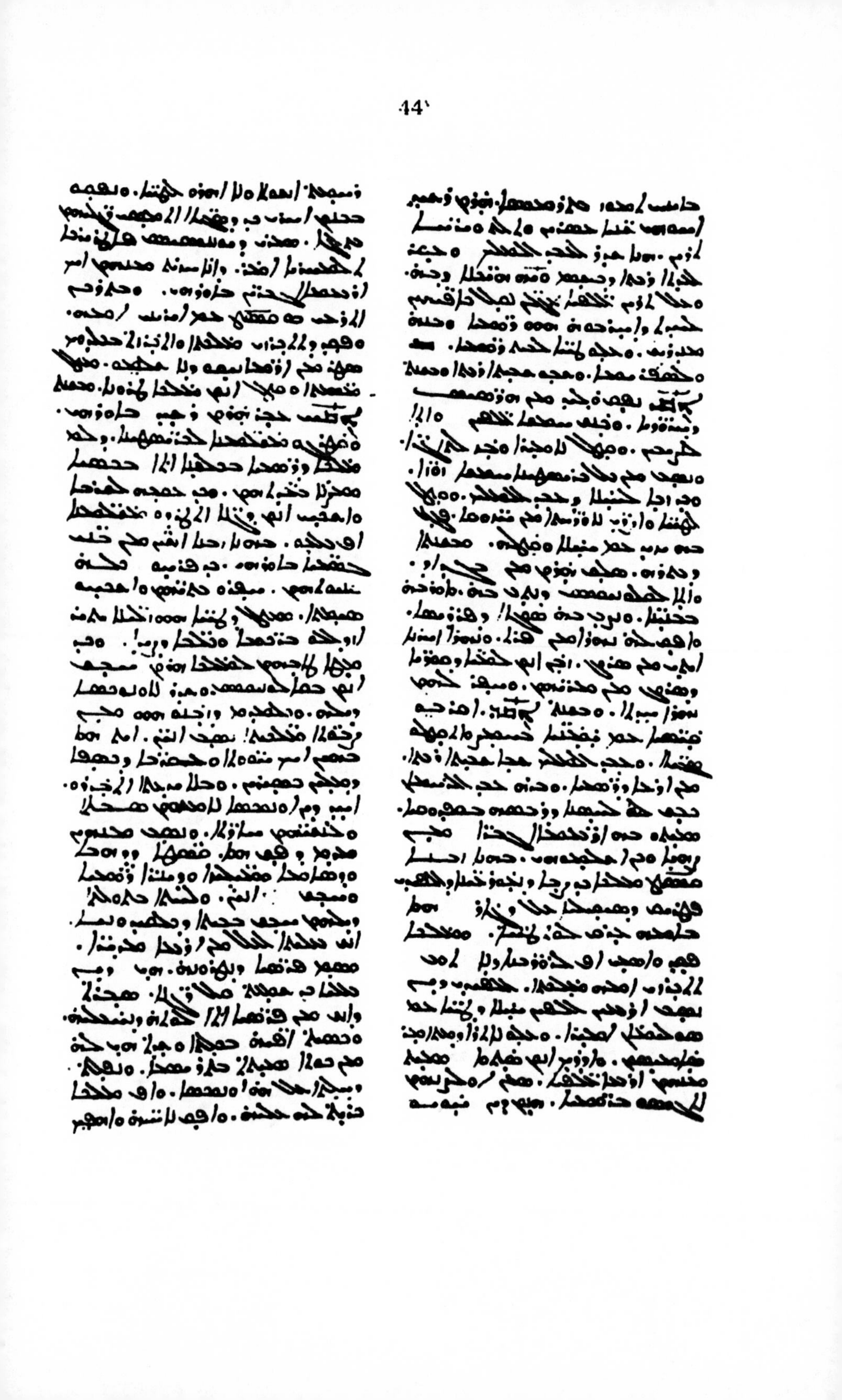

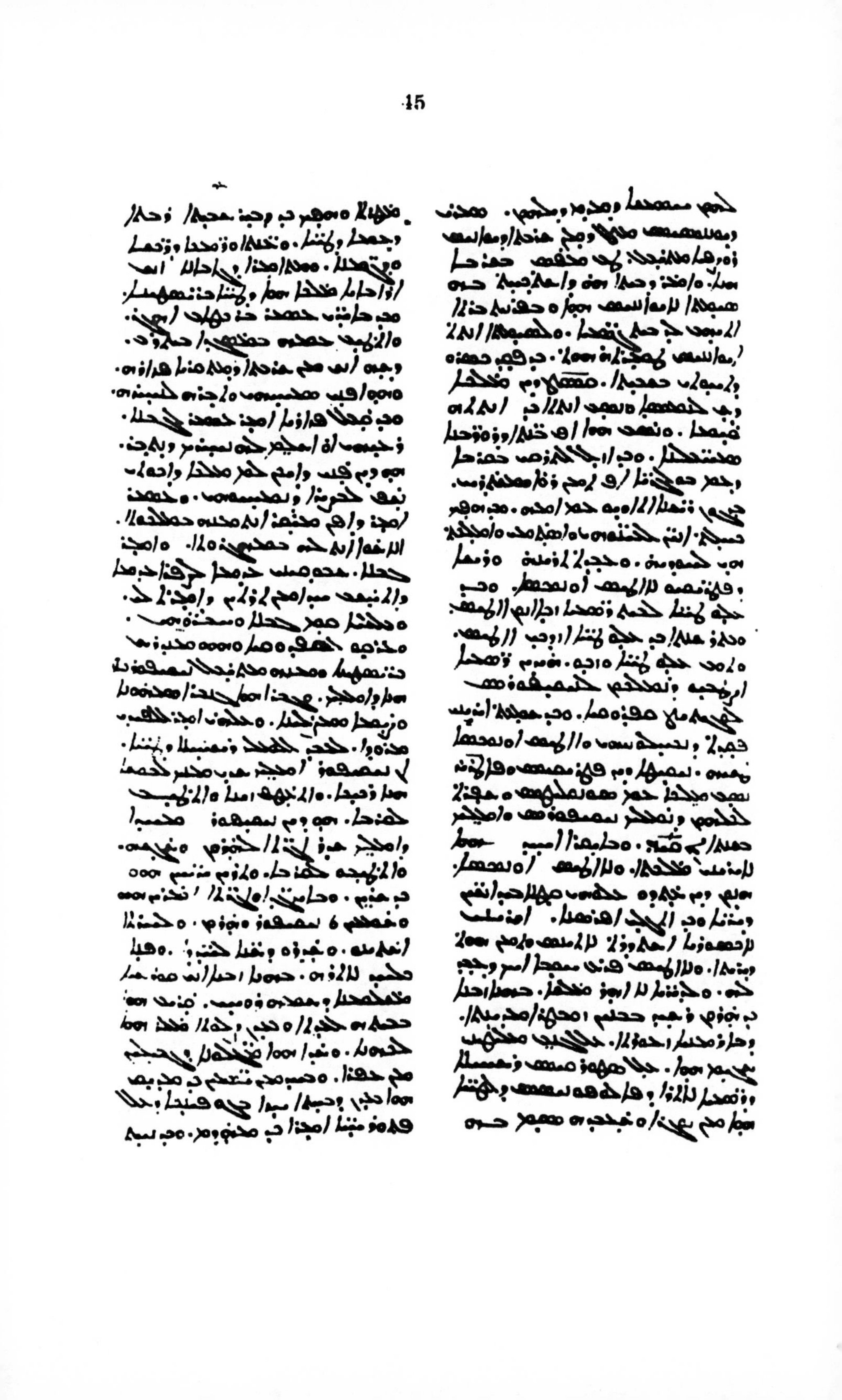

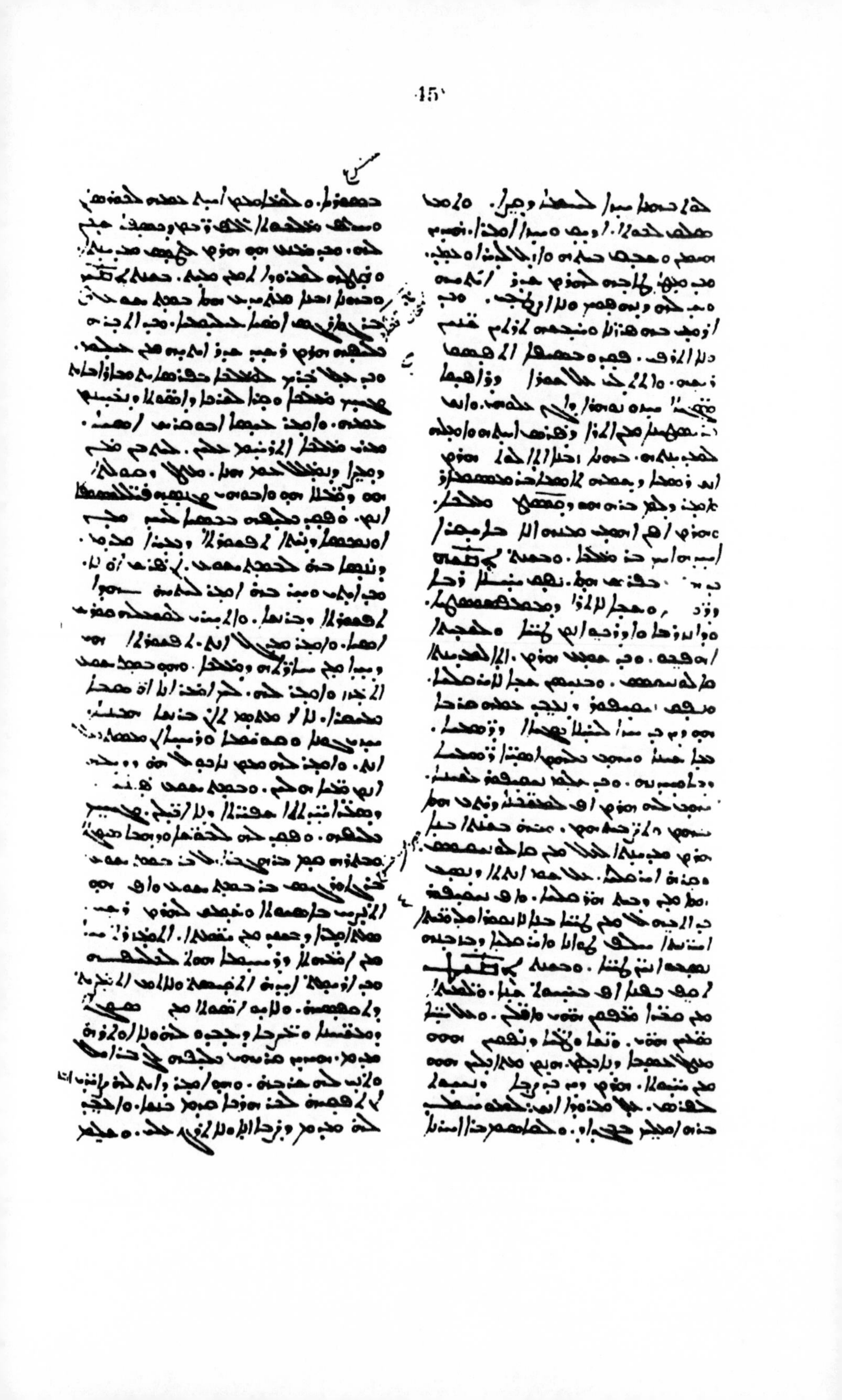

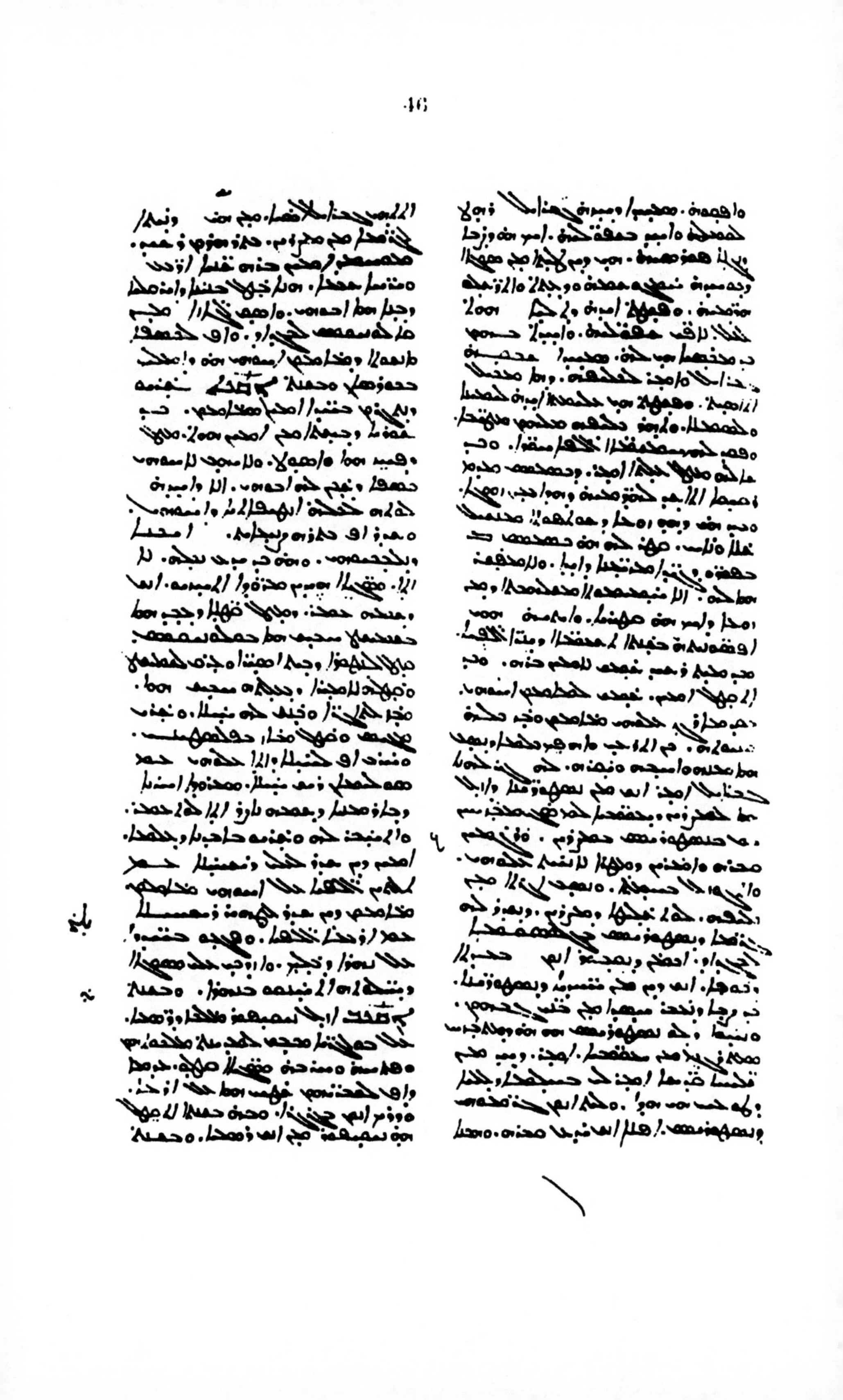

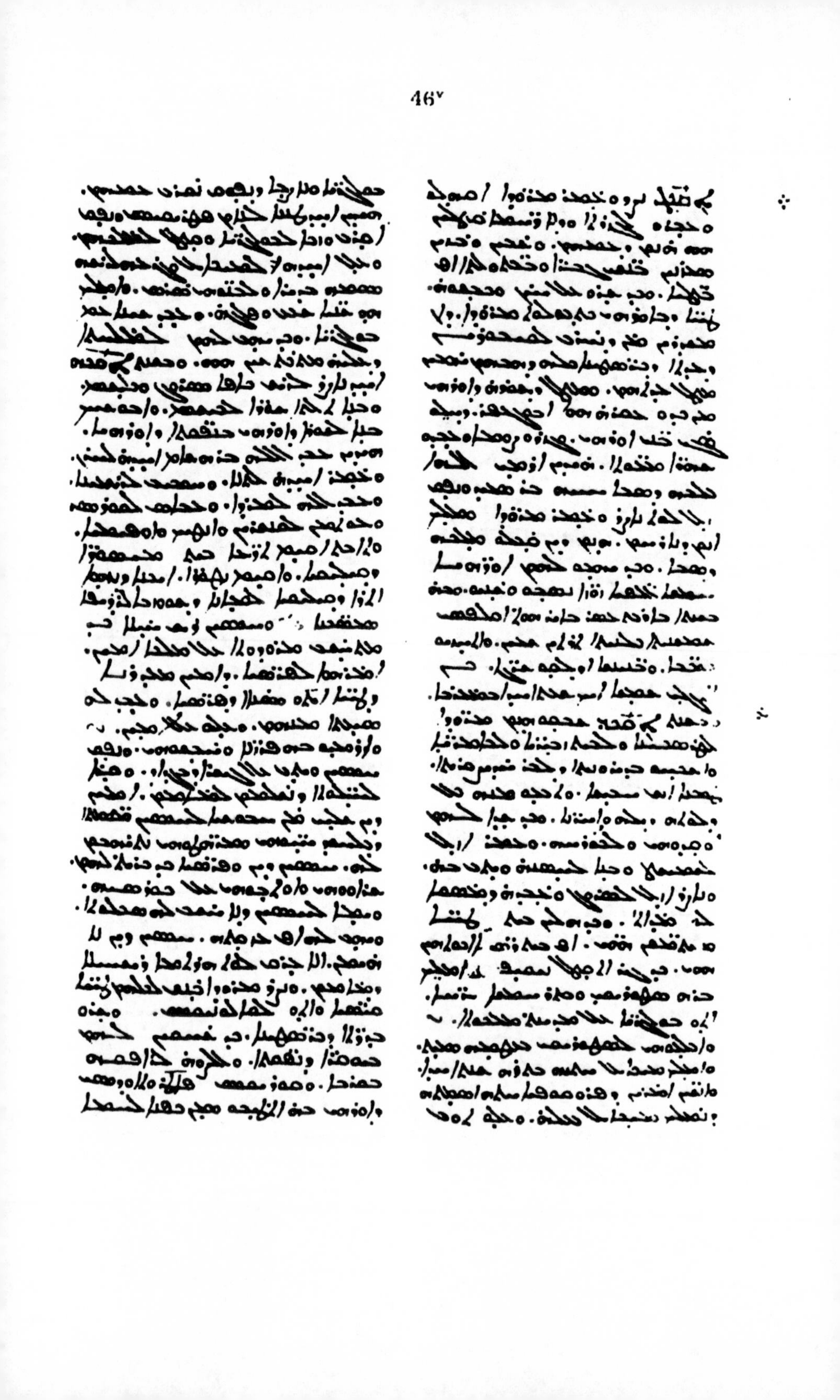

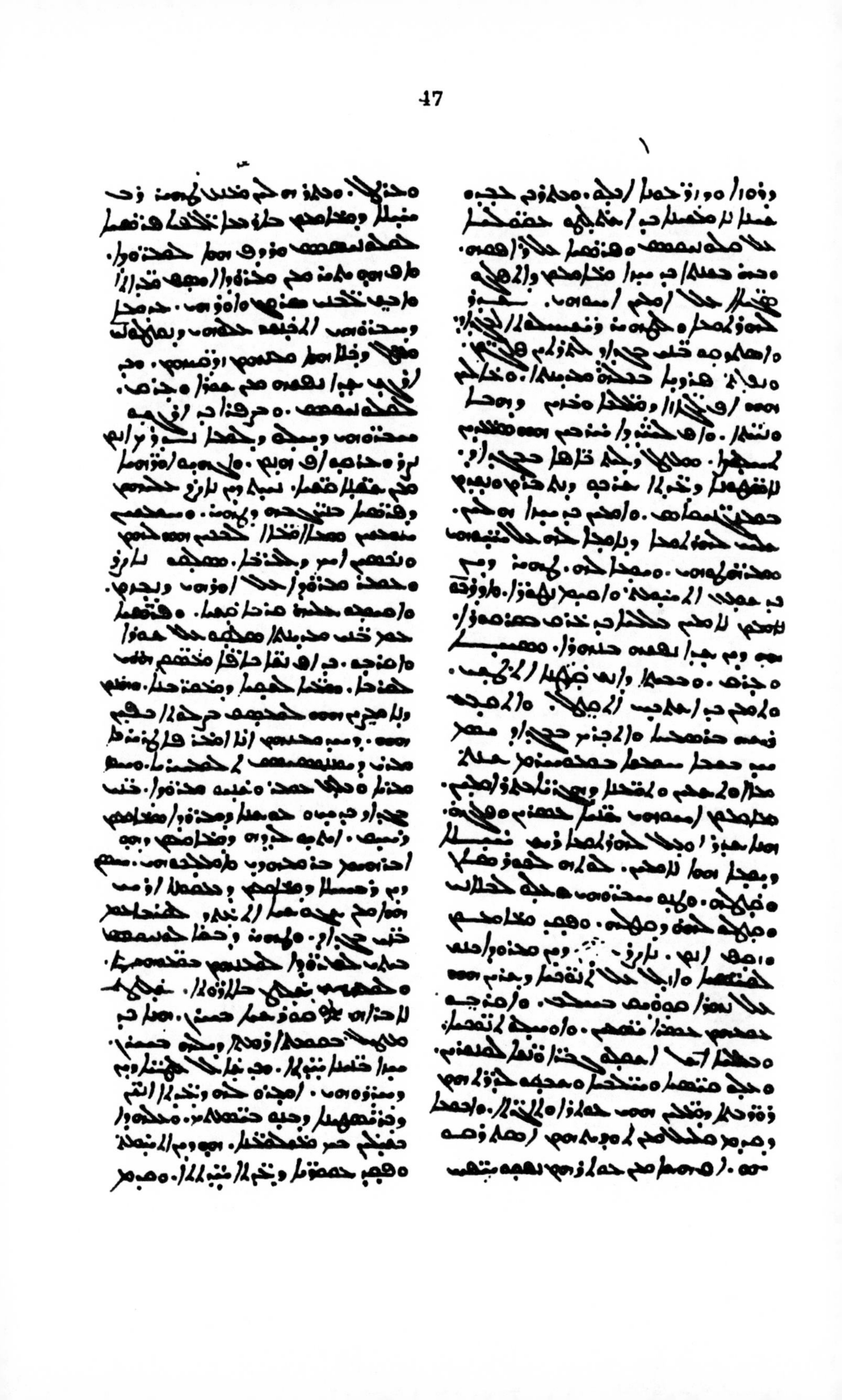

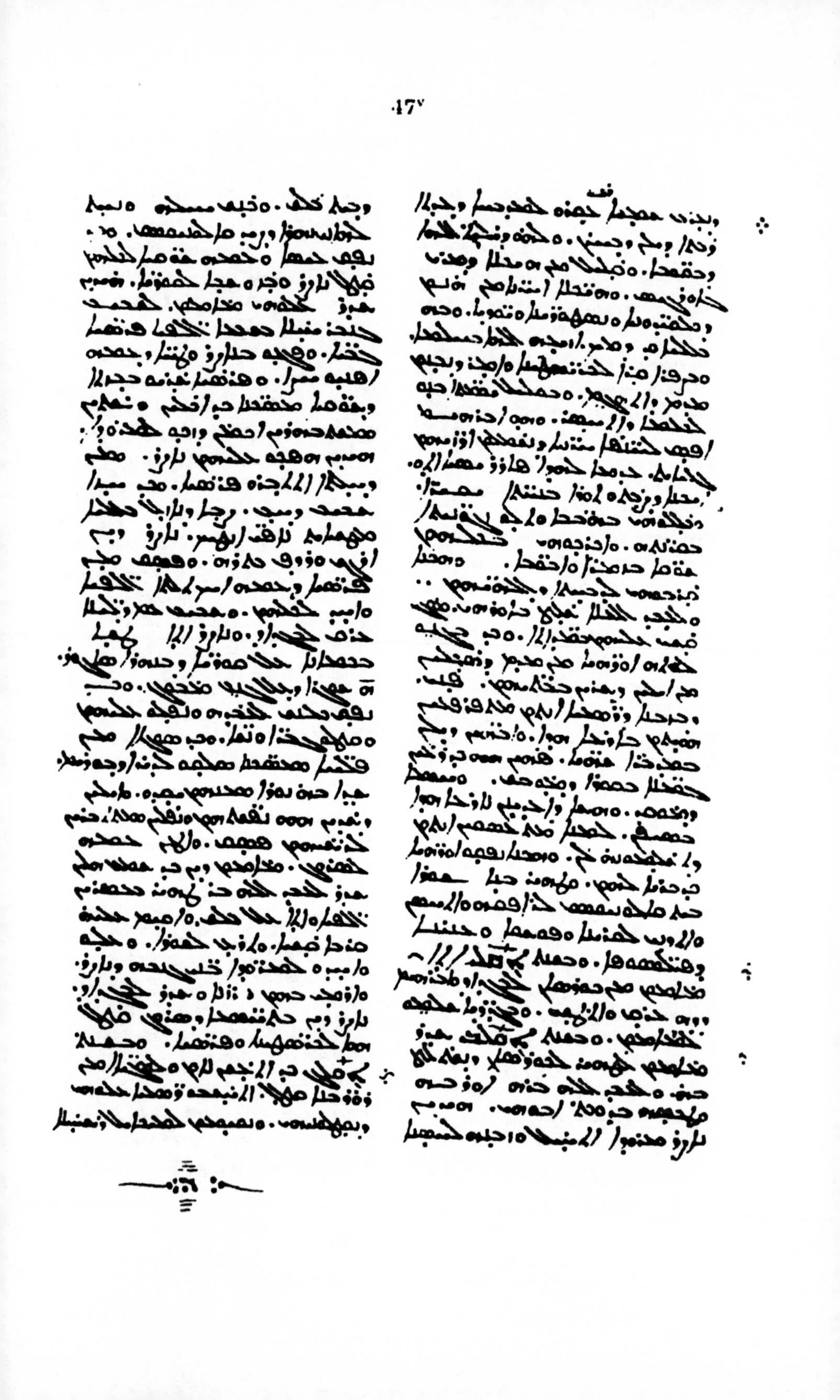

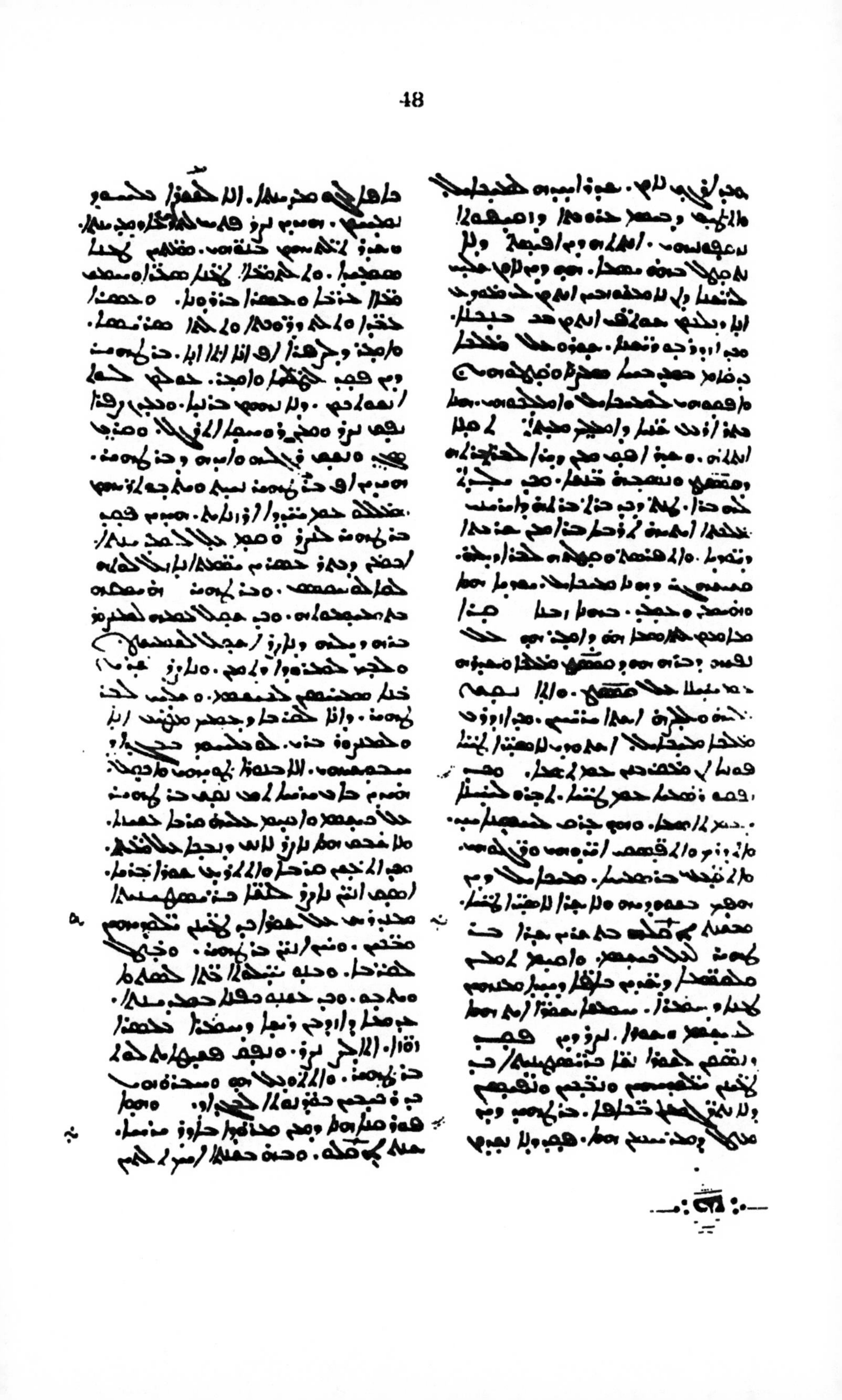

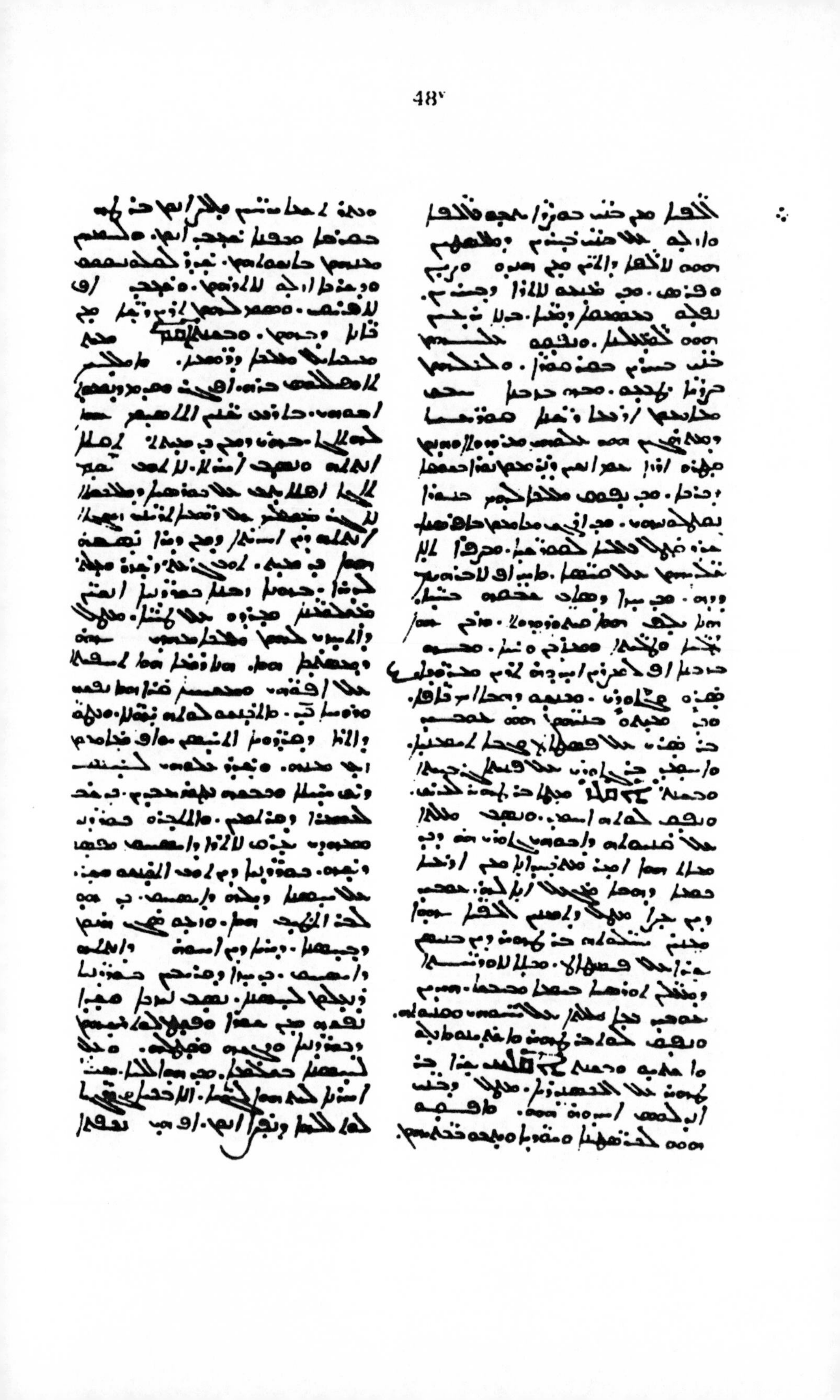

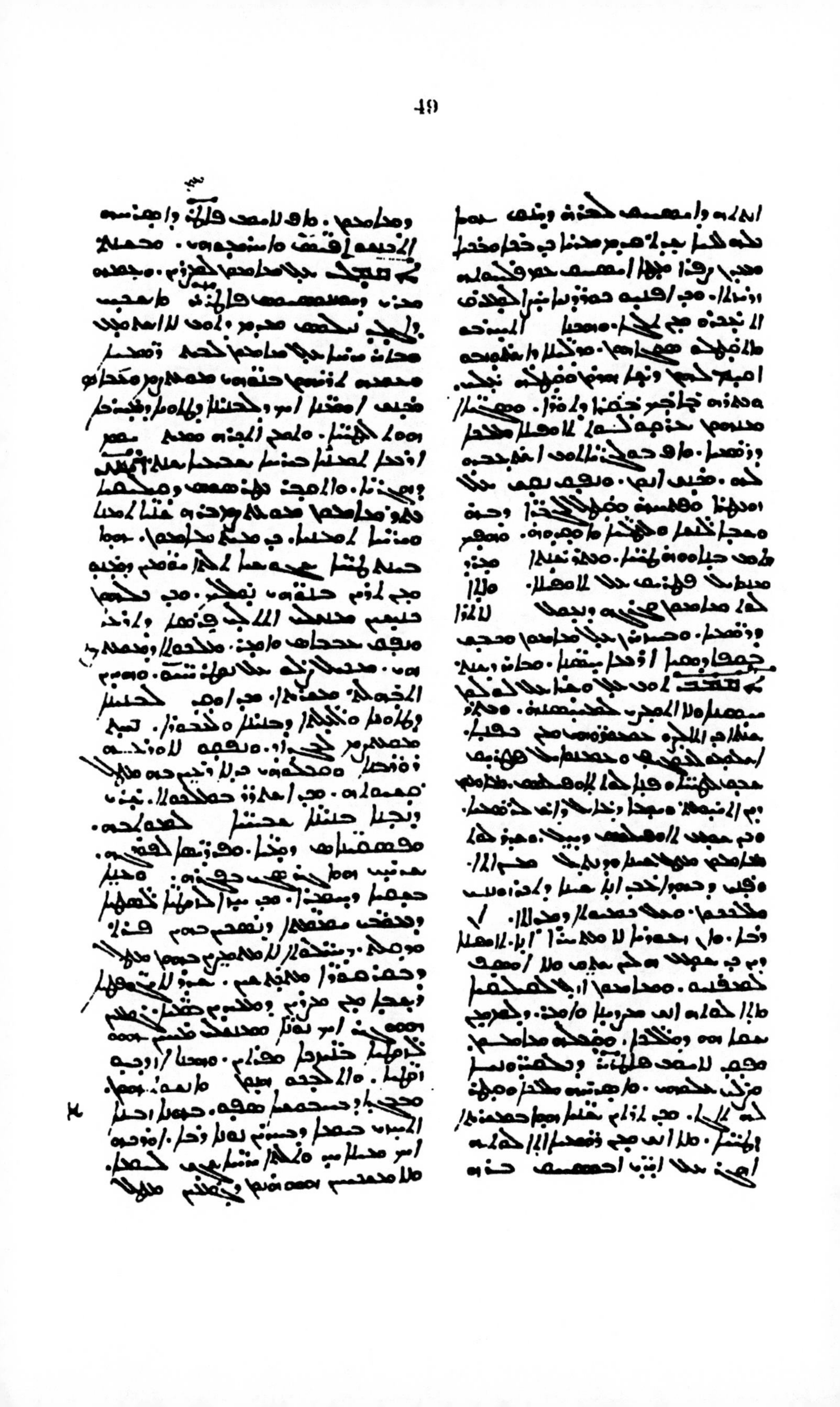

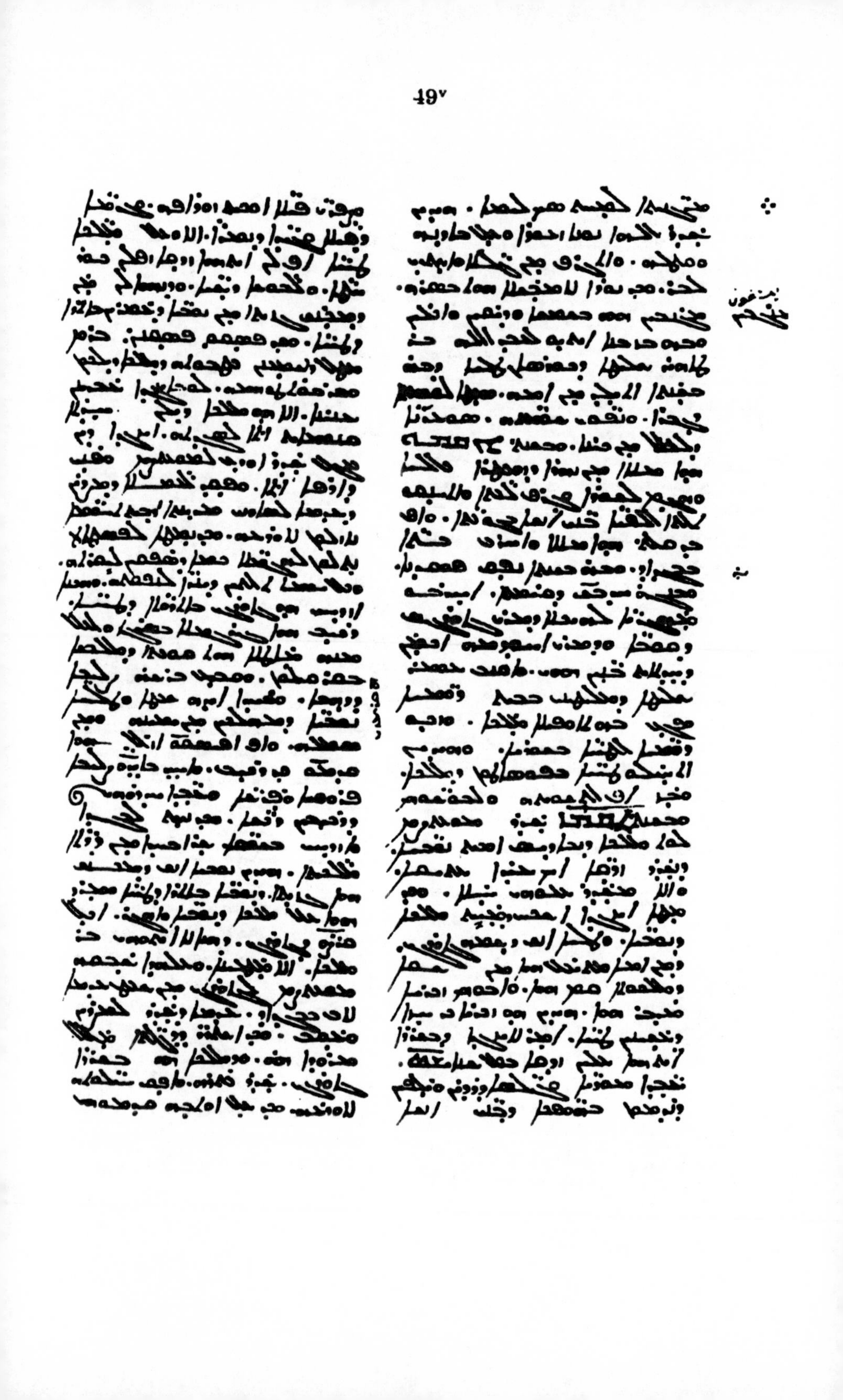

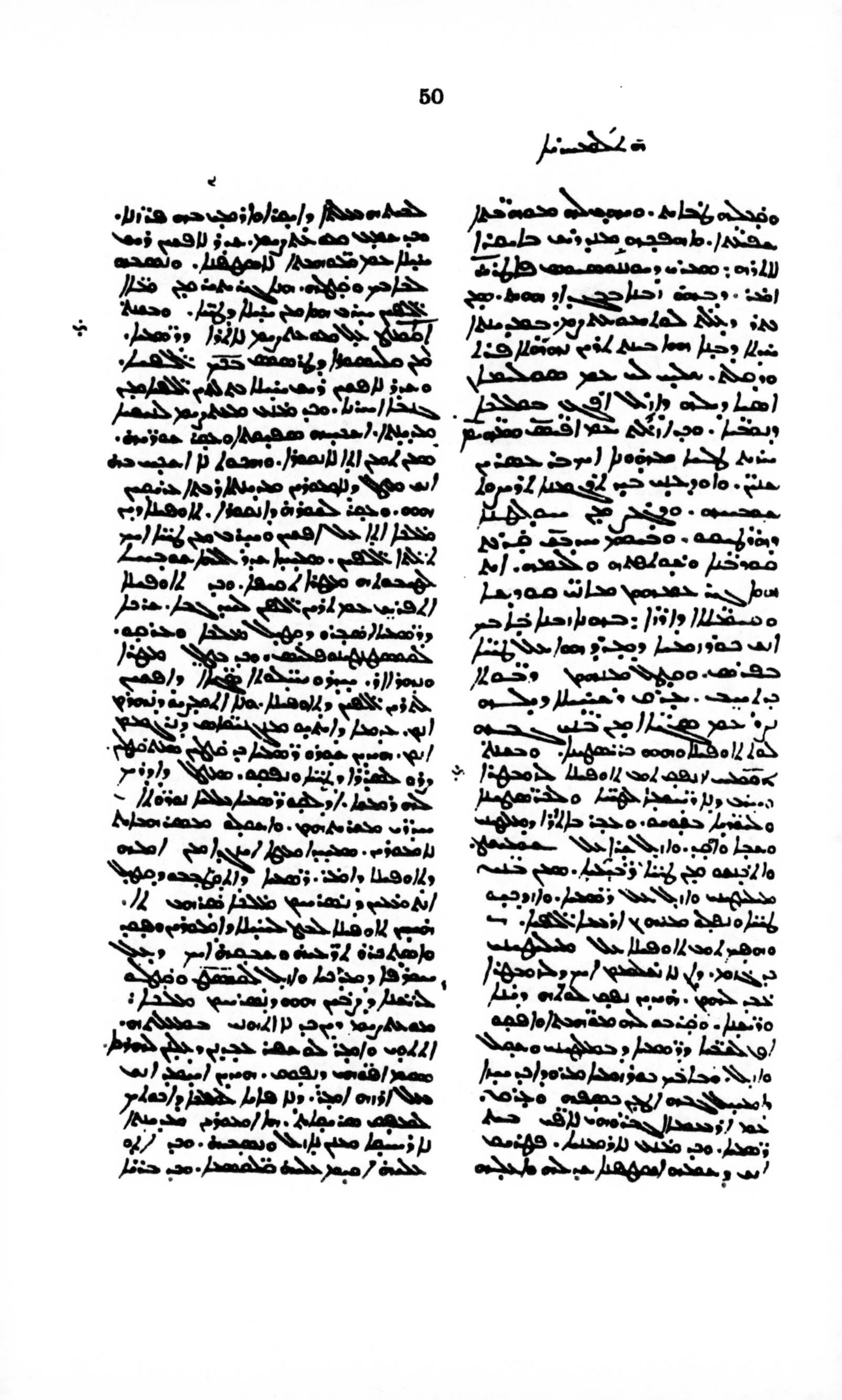

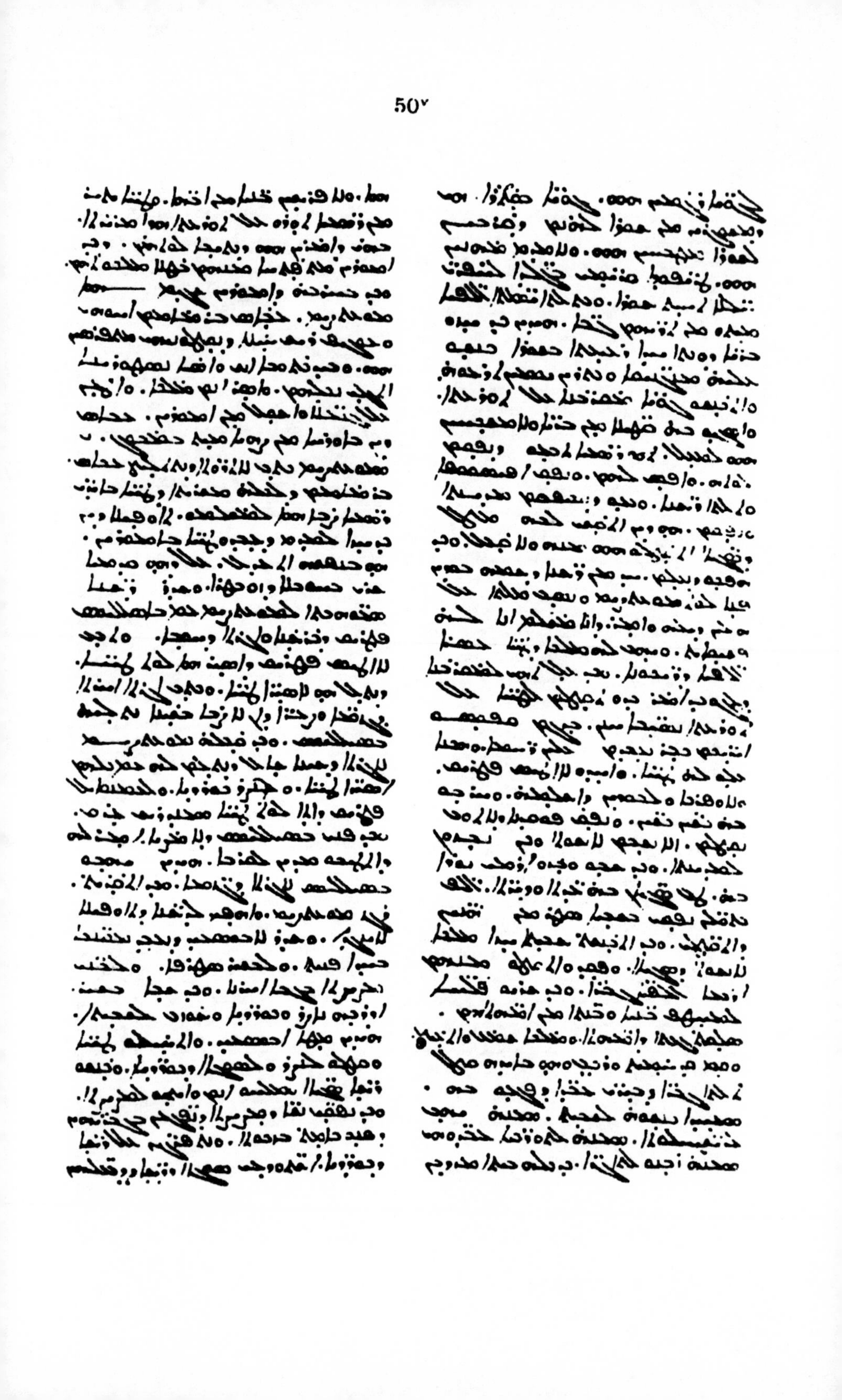

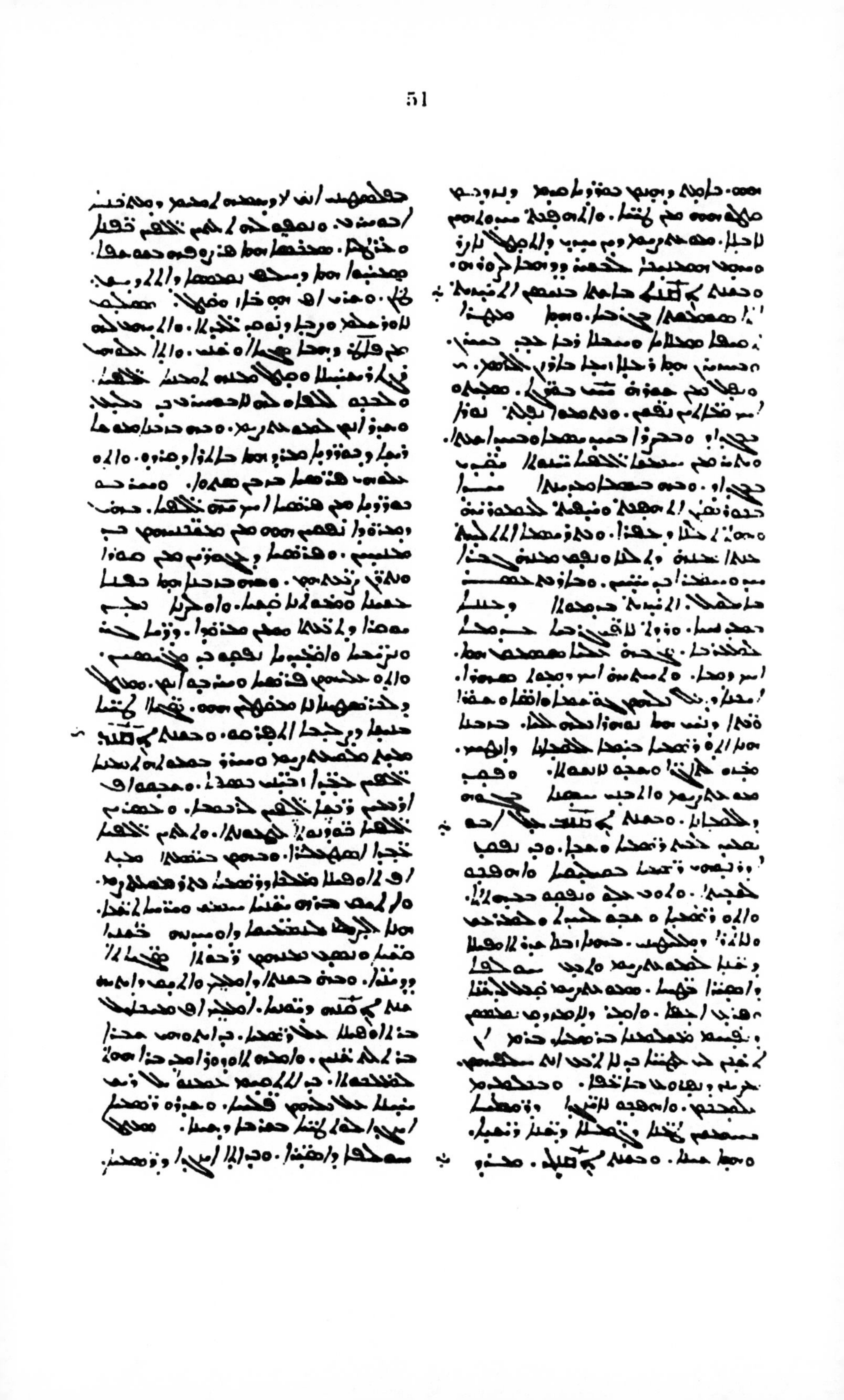

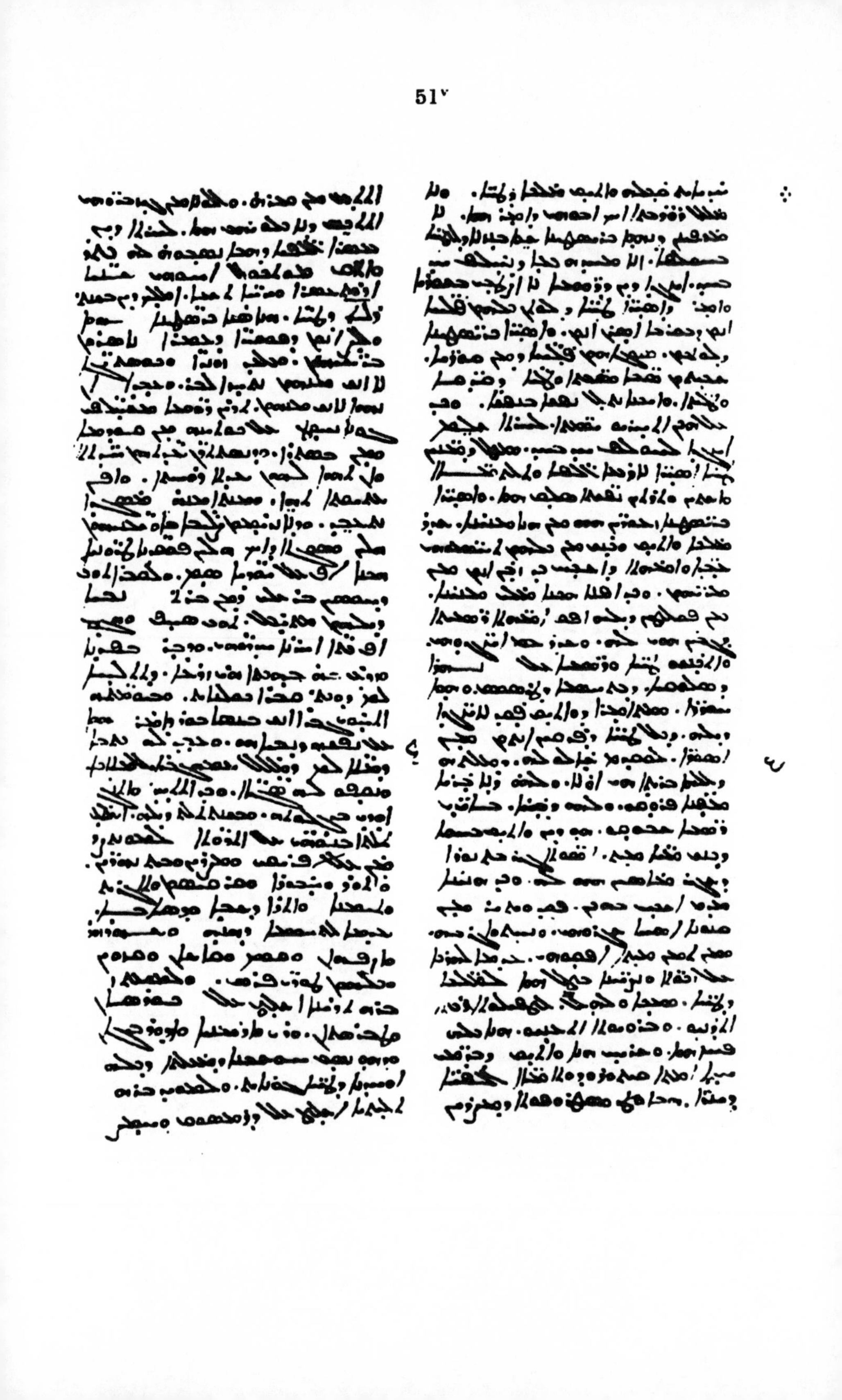

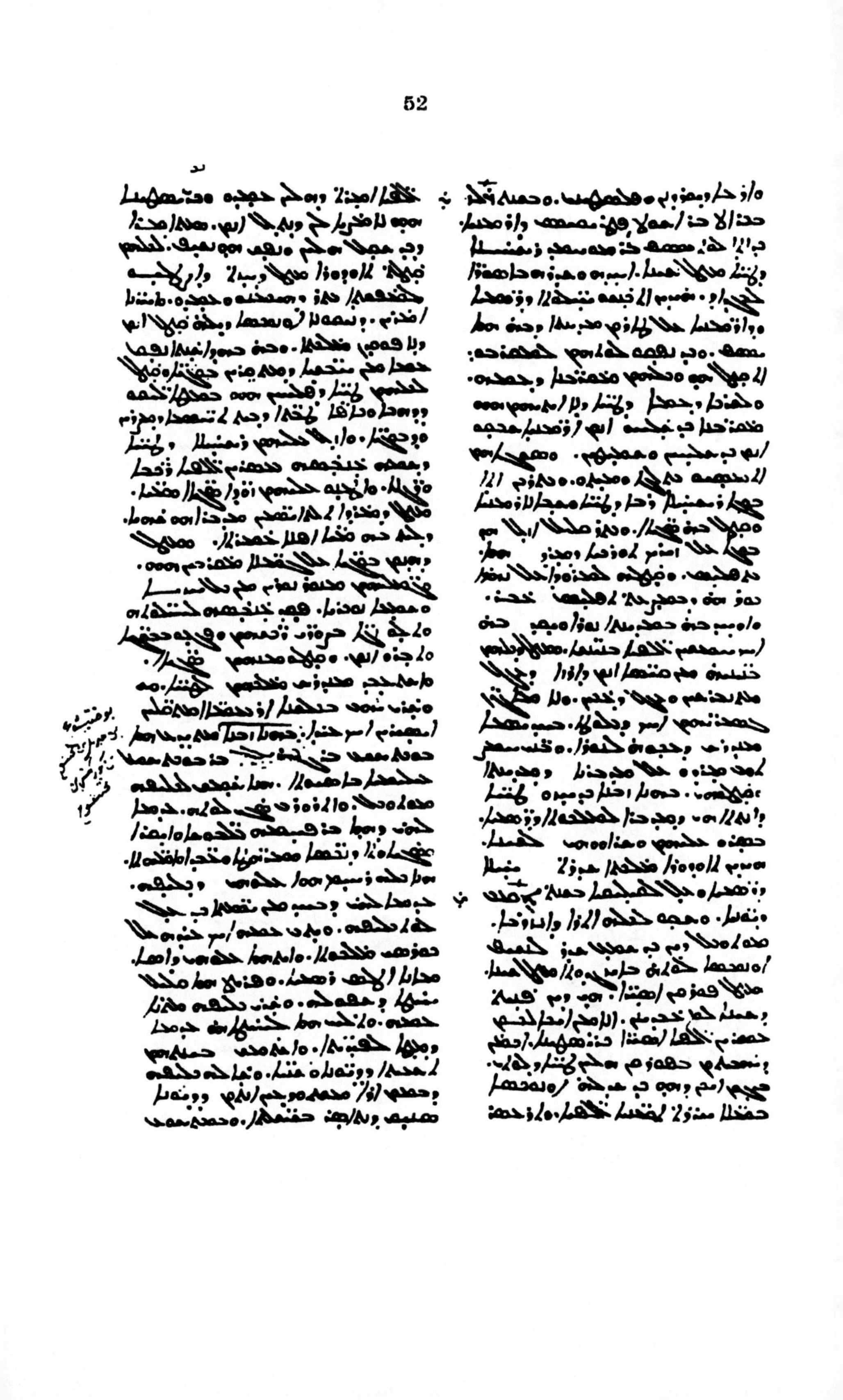

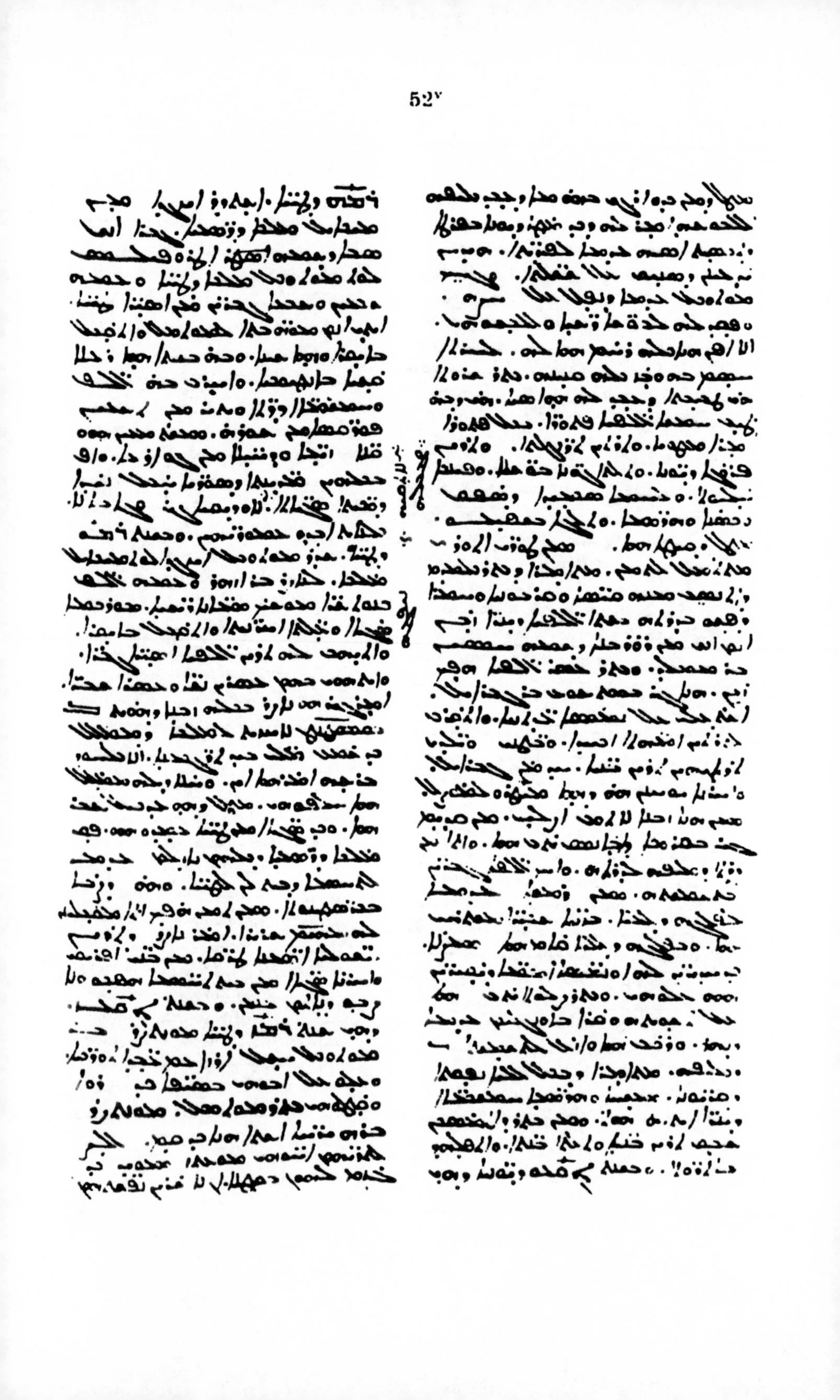

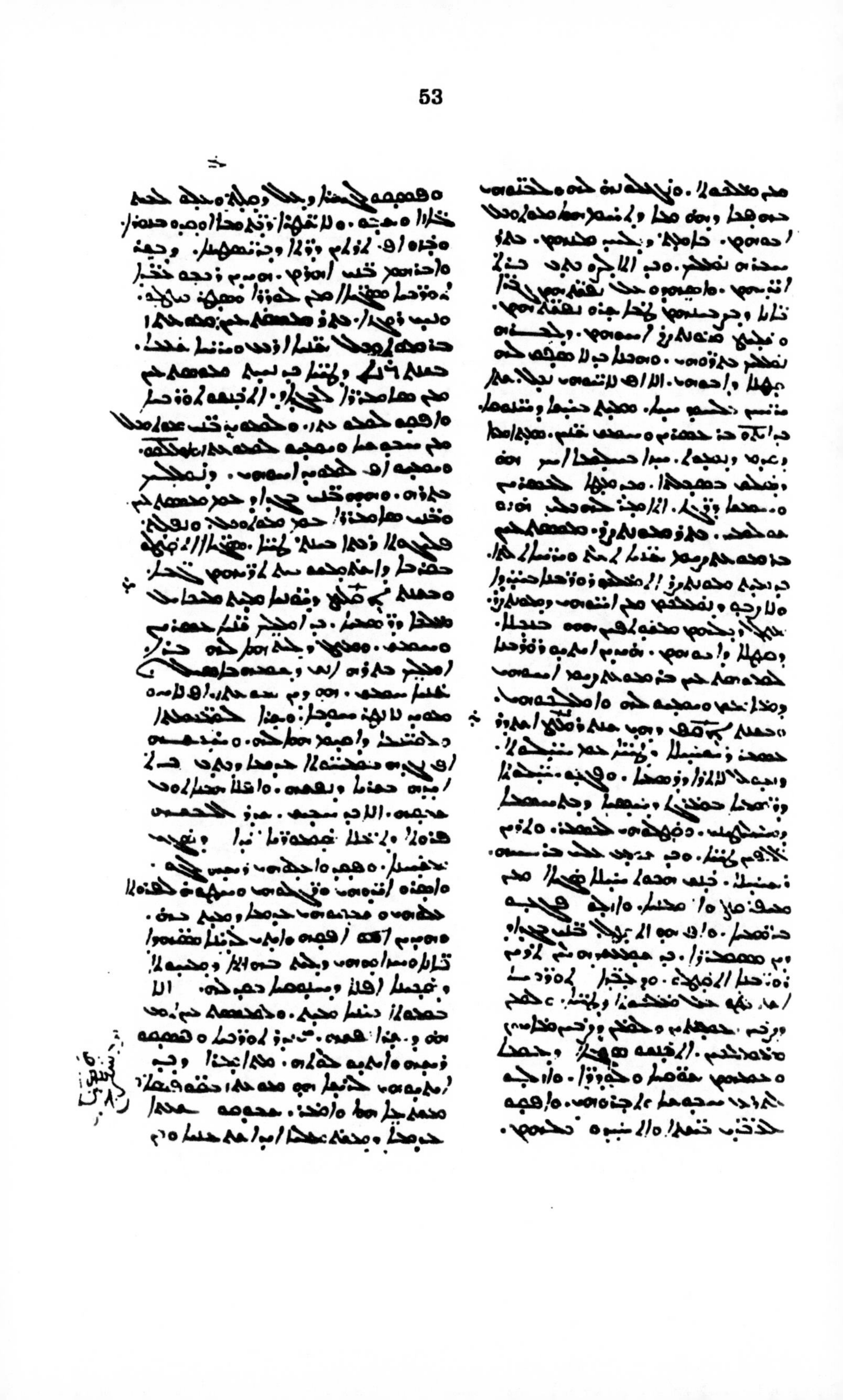

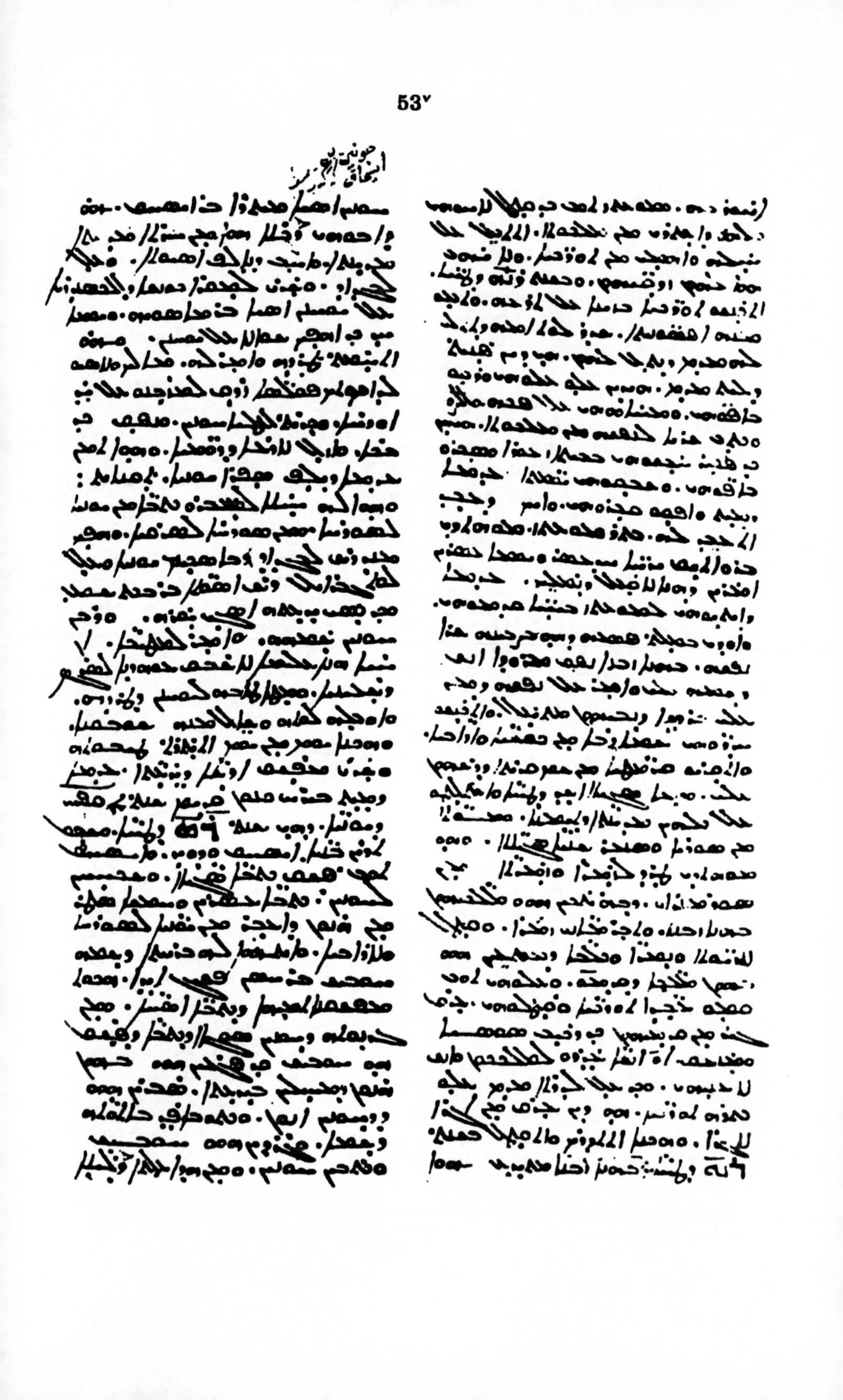

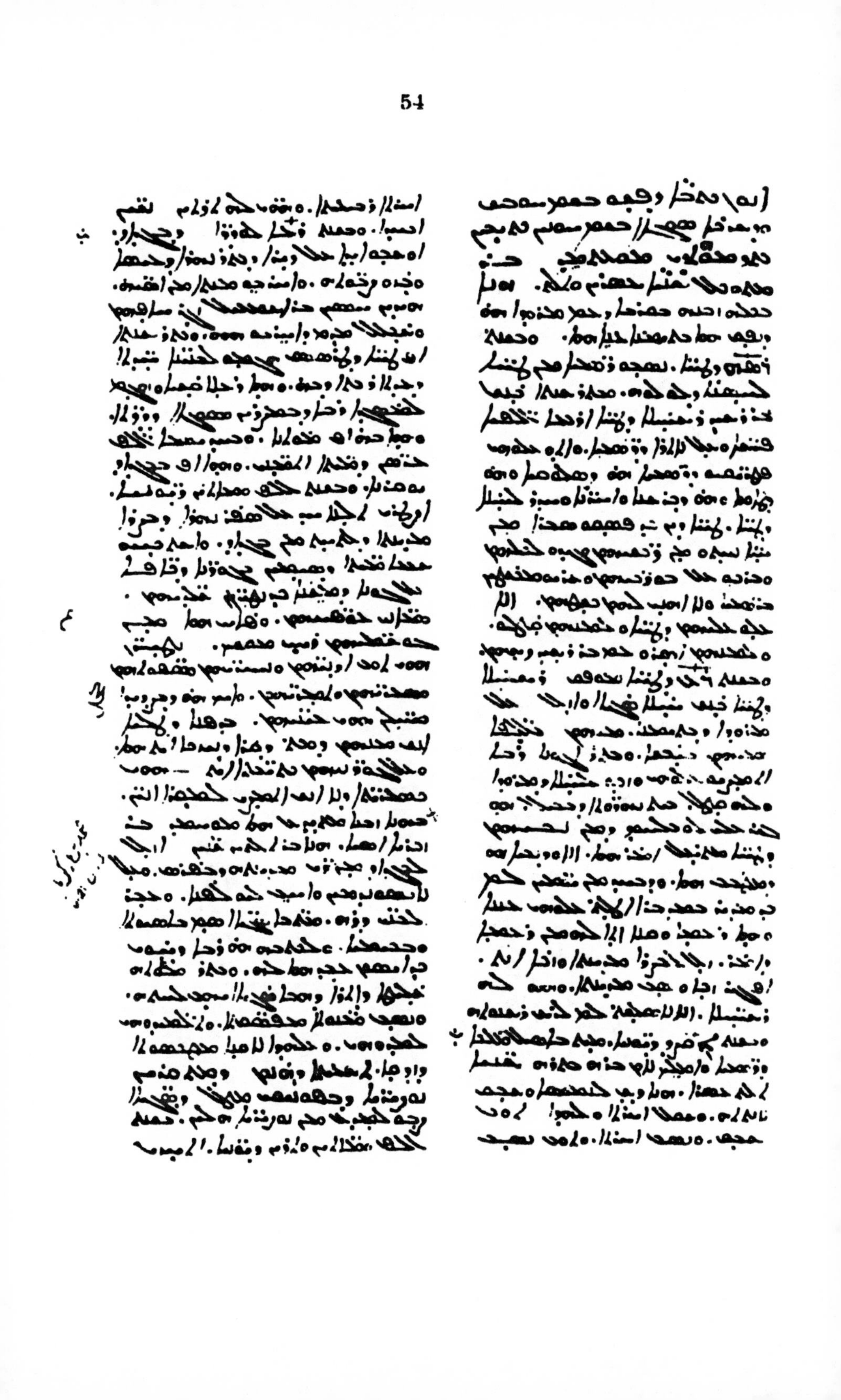

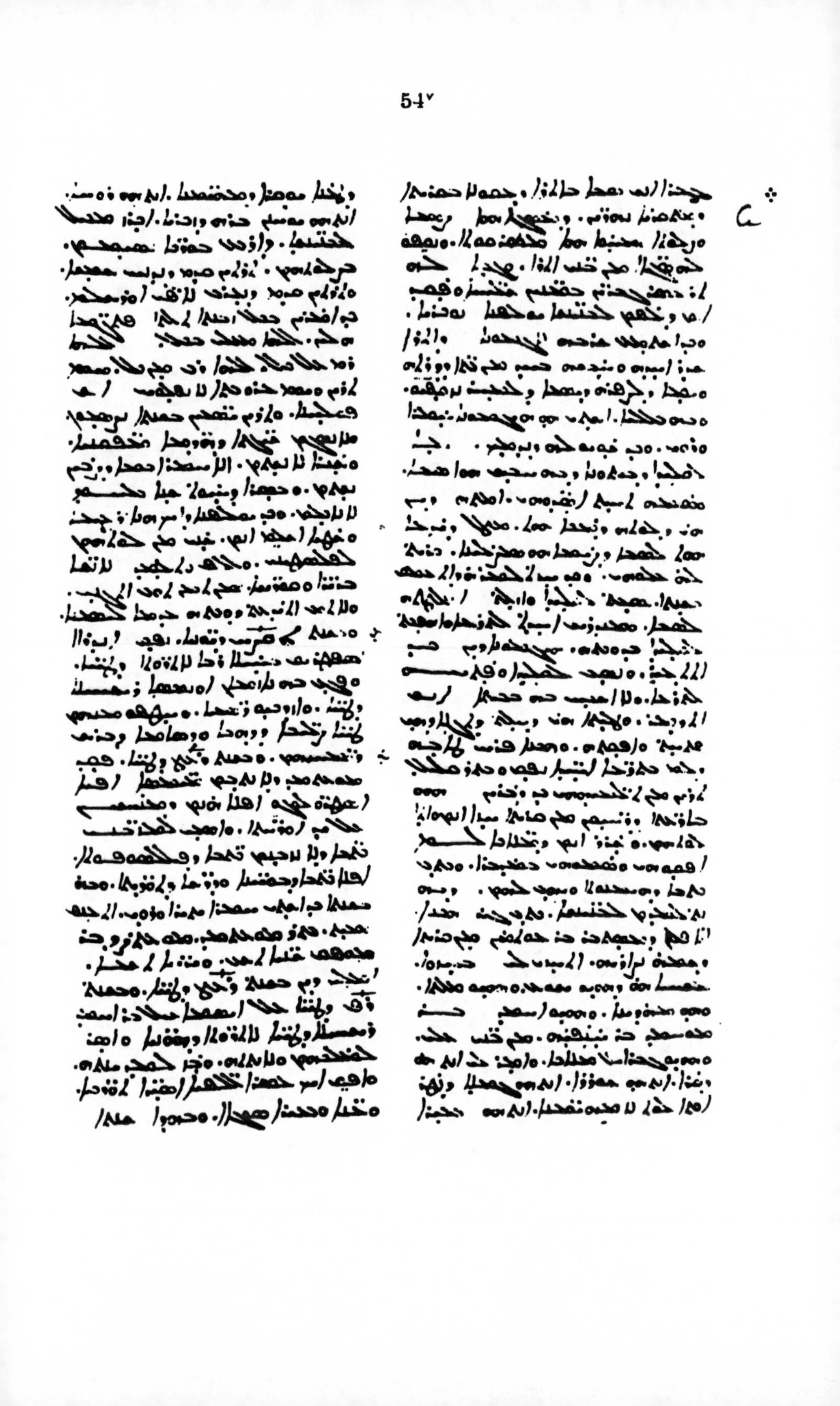

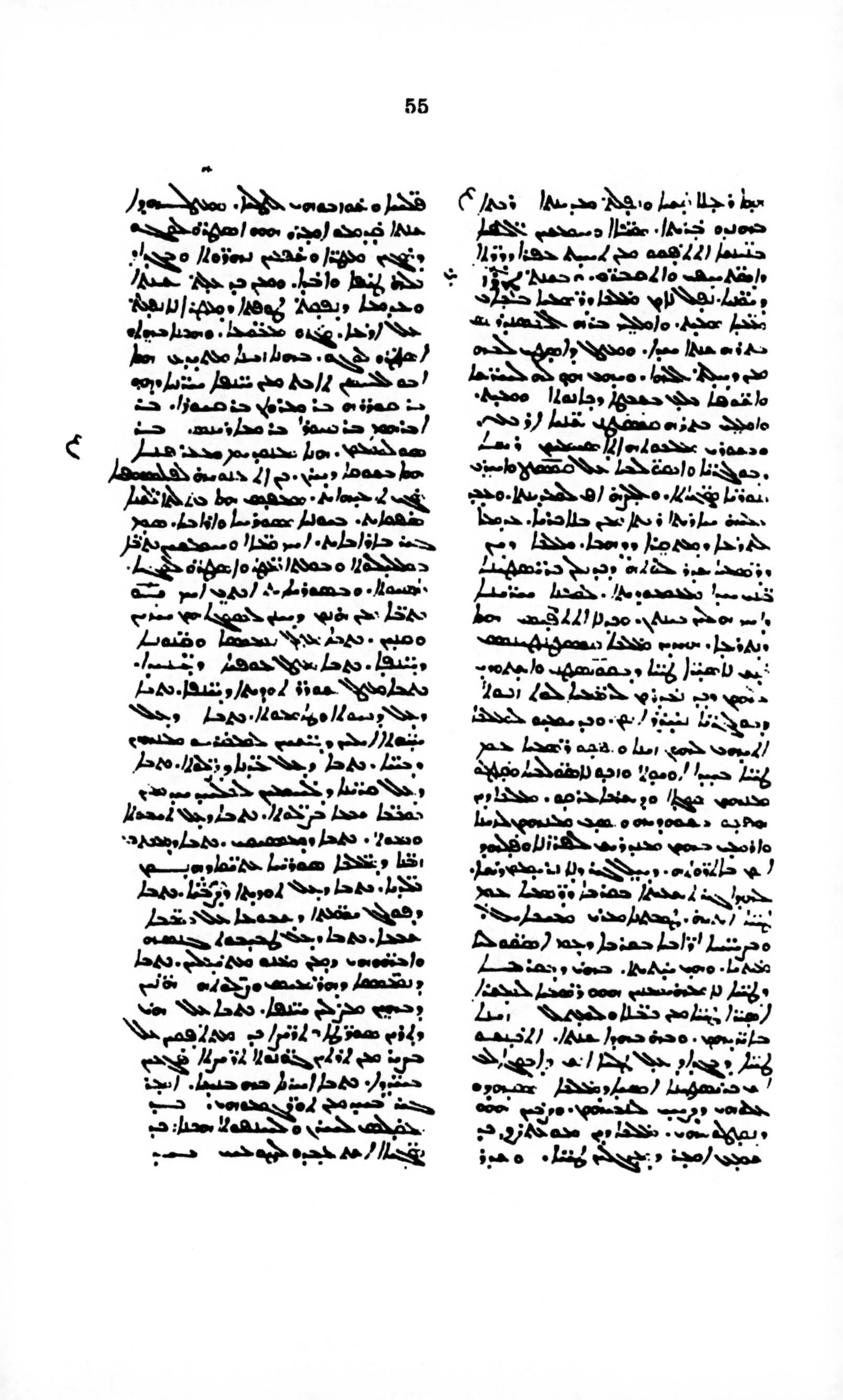

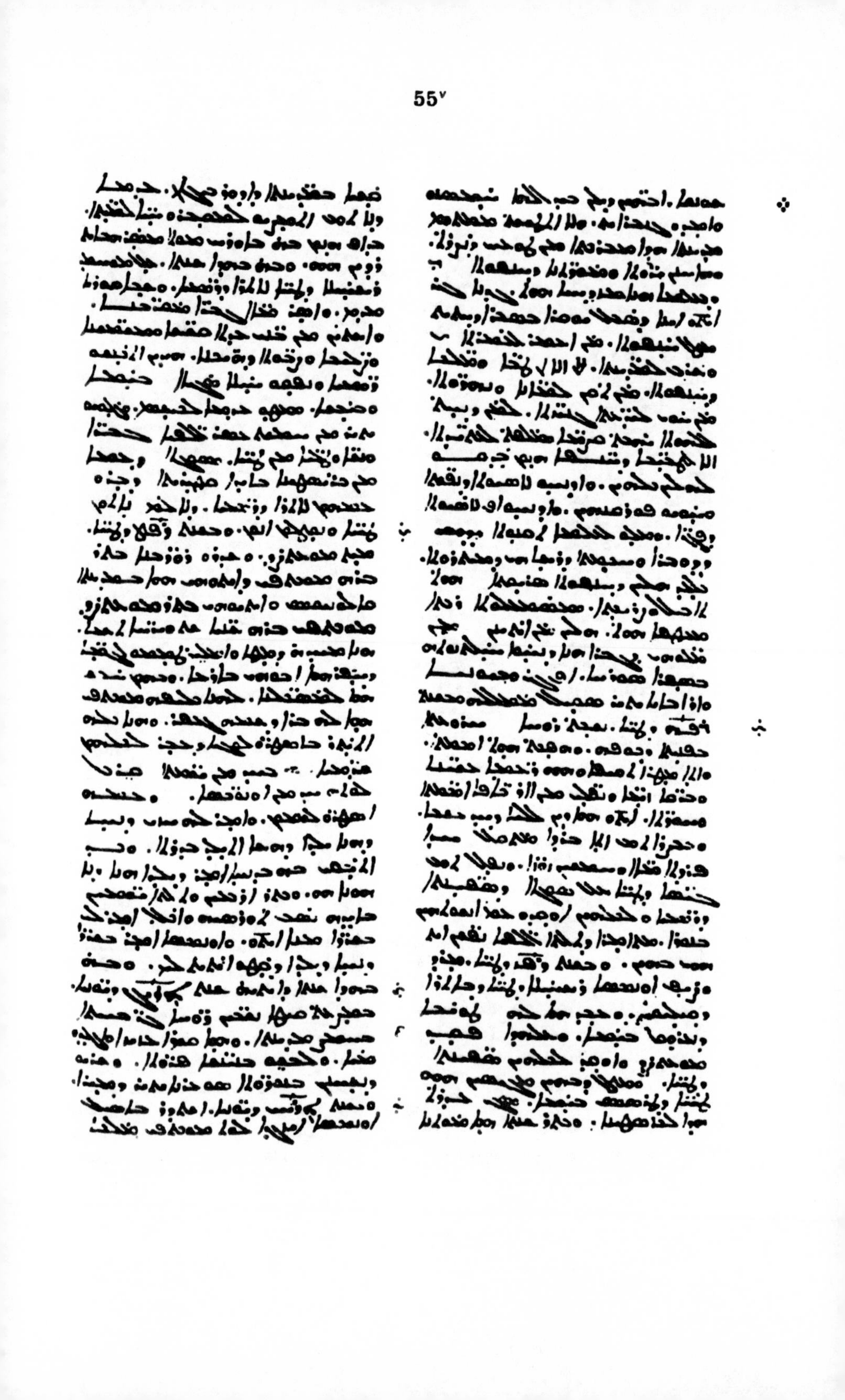

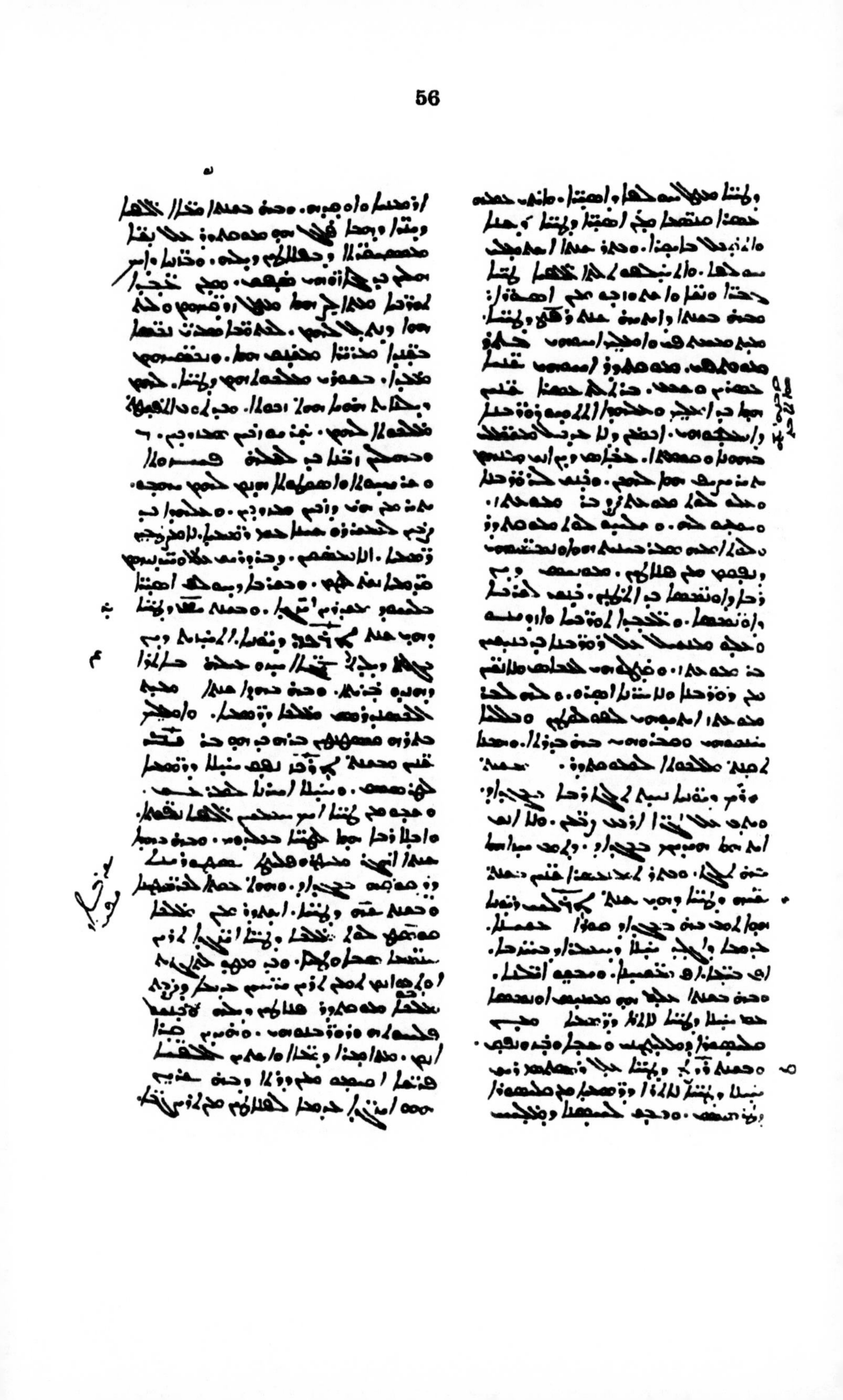

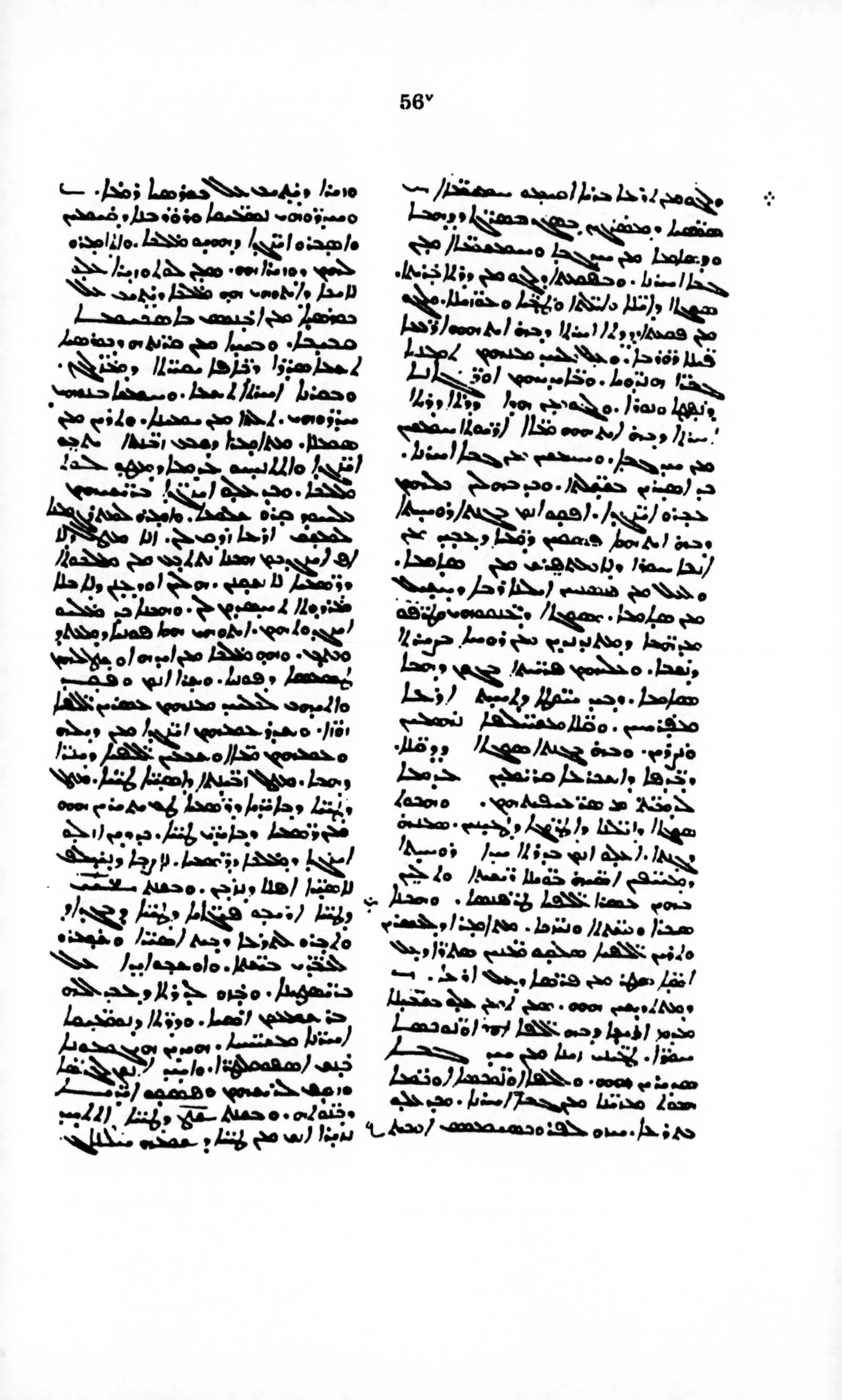

[illegible]

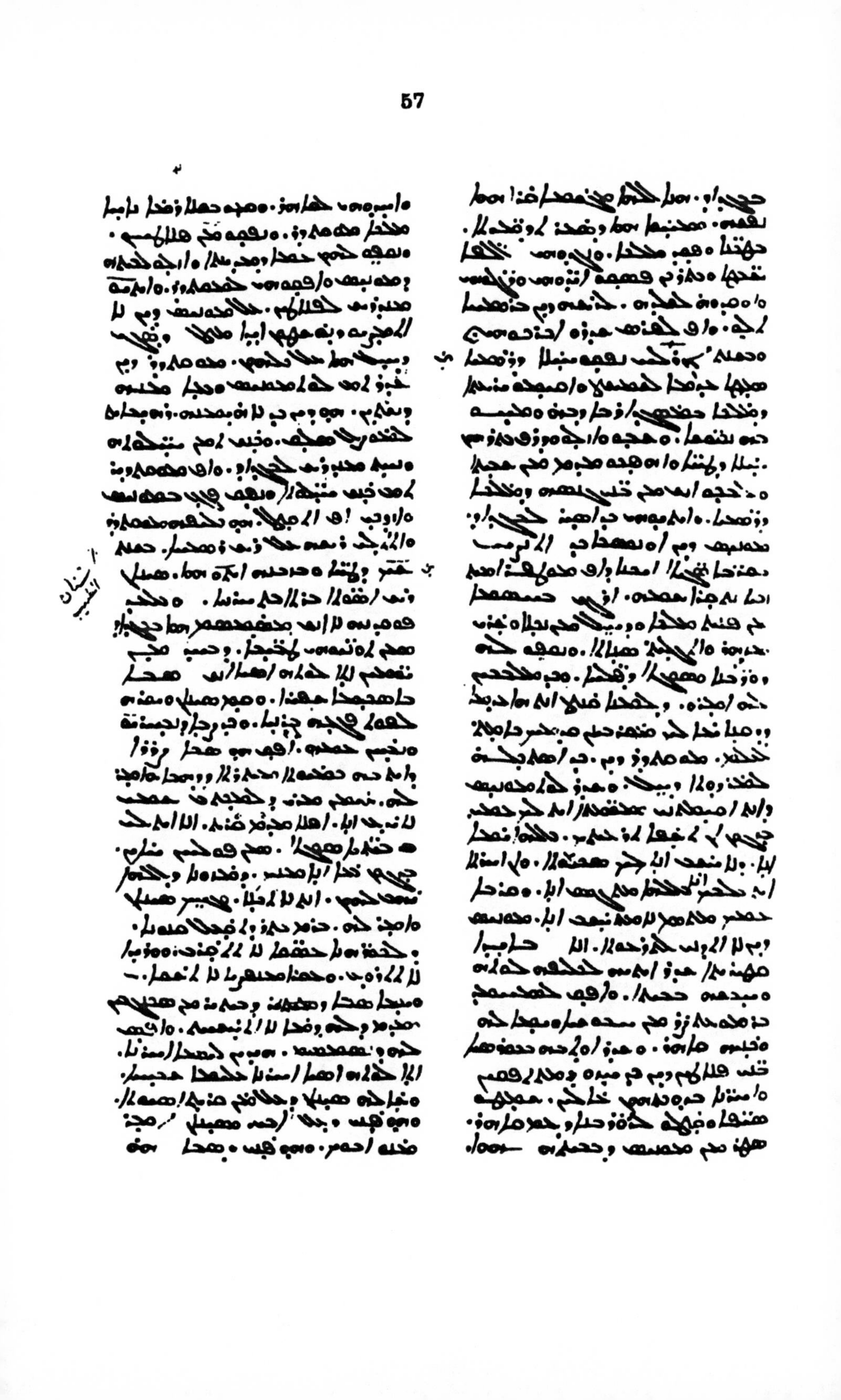

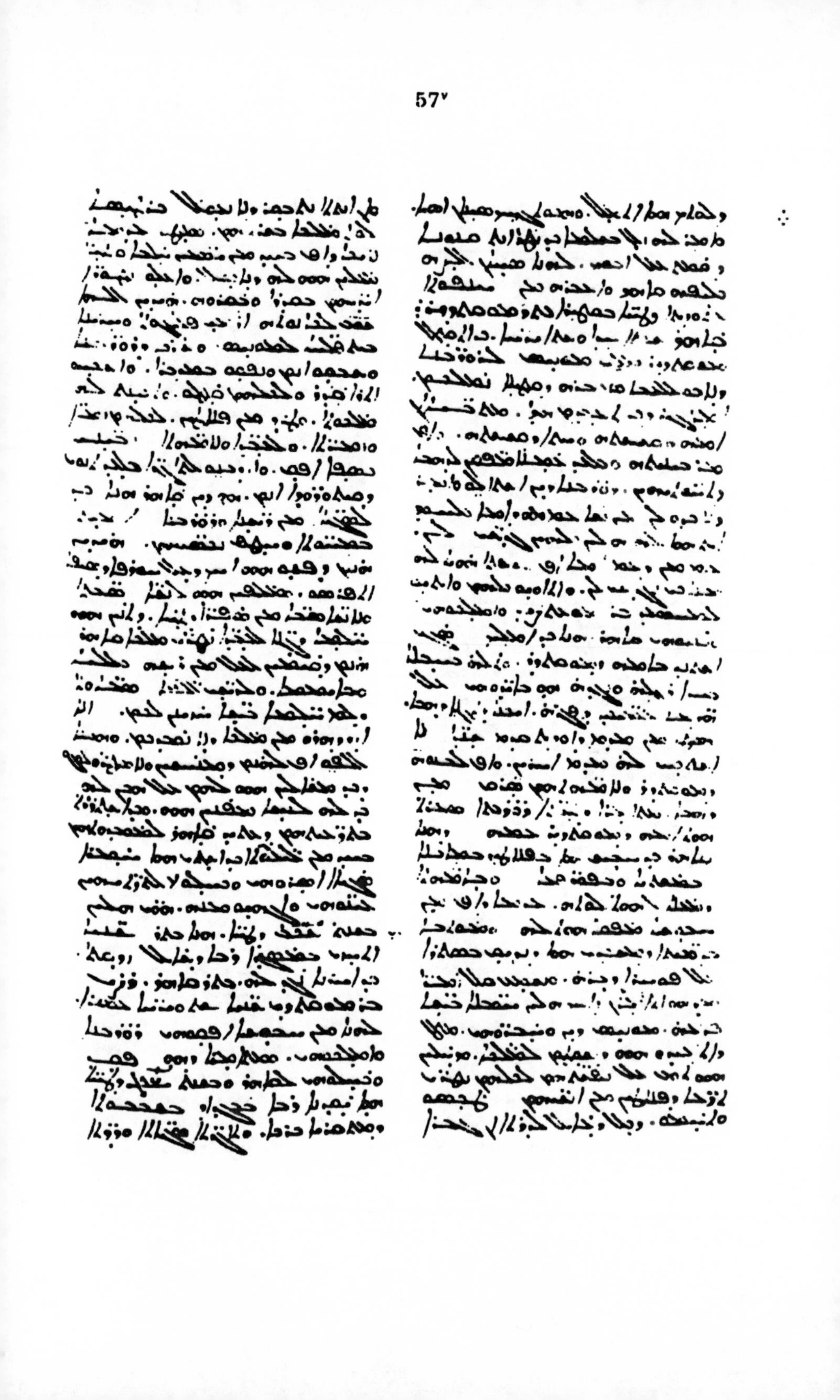

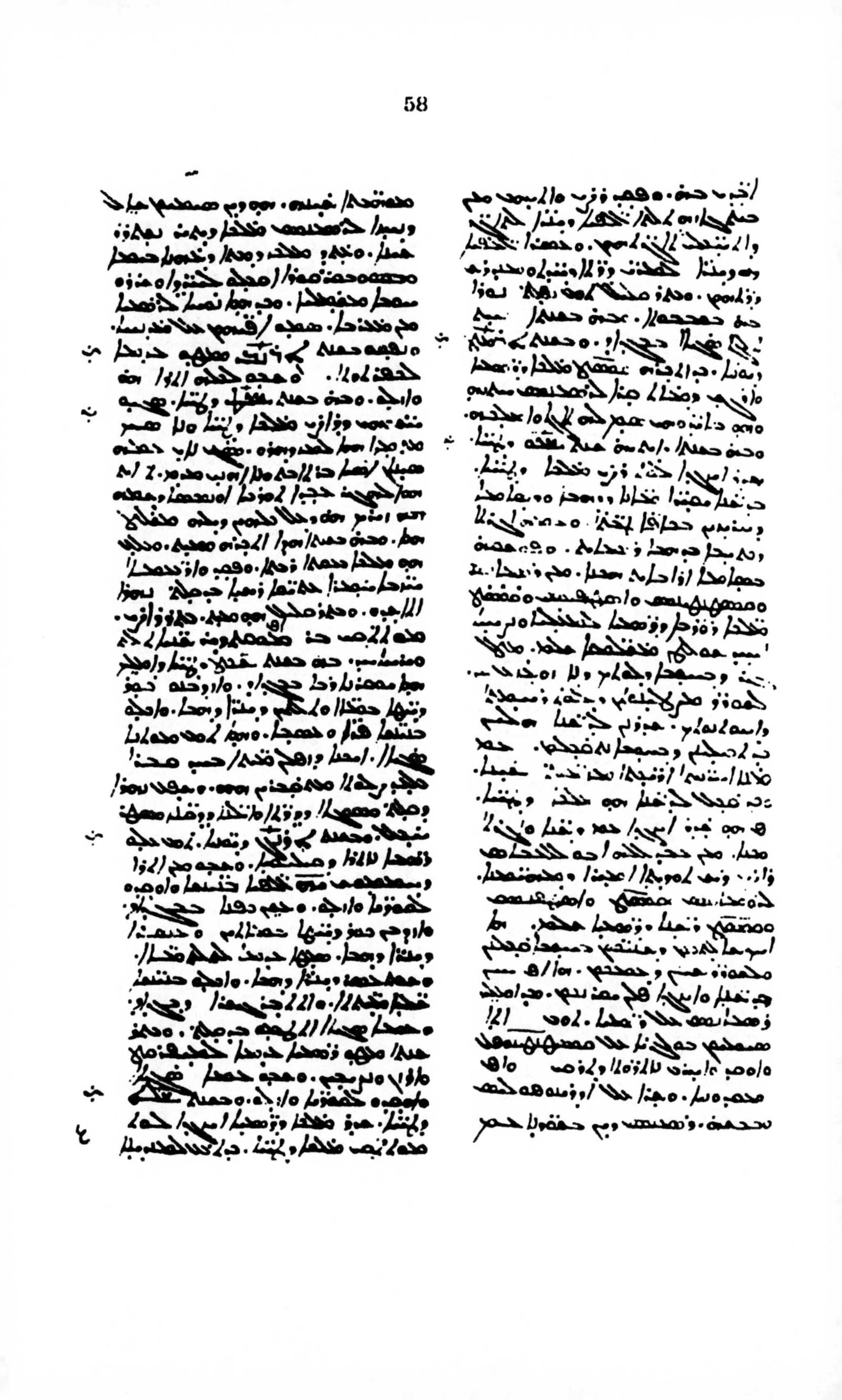

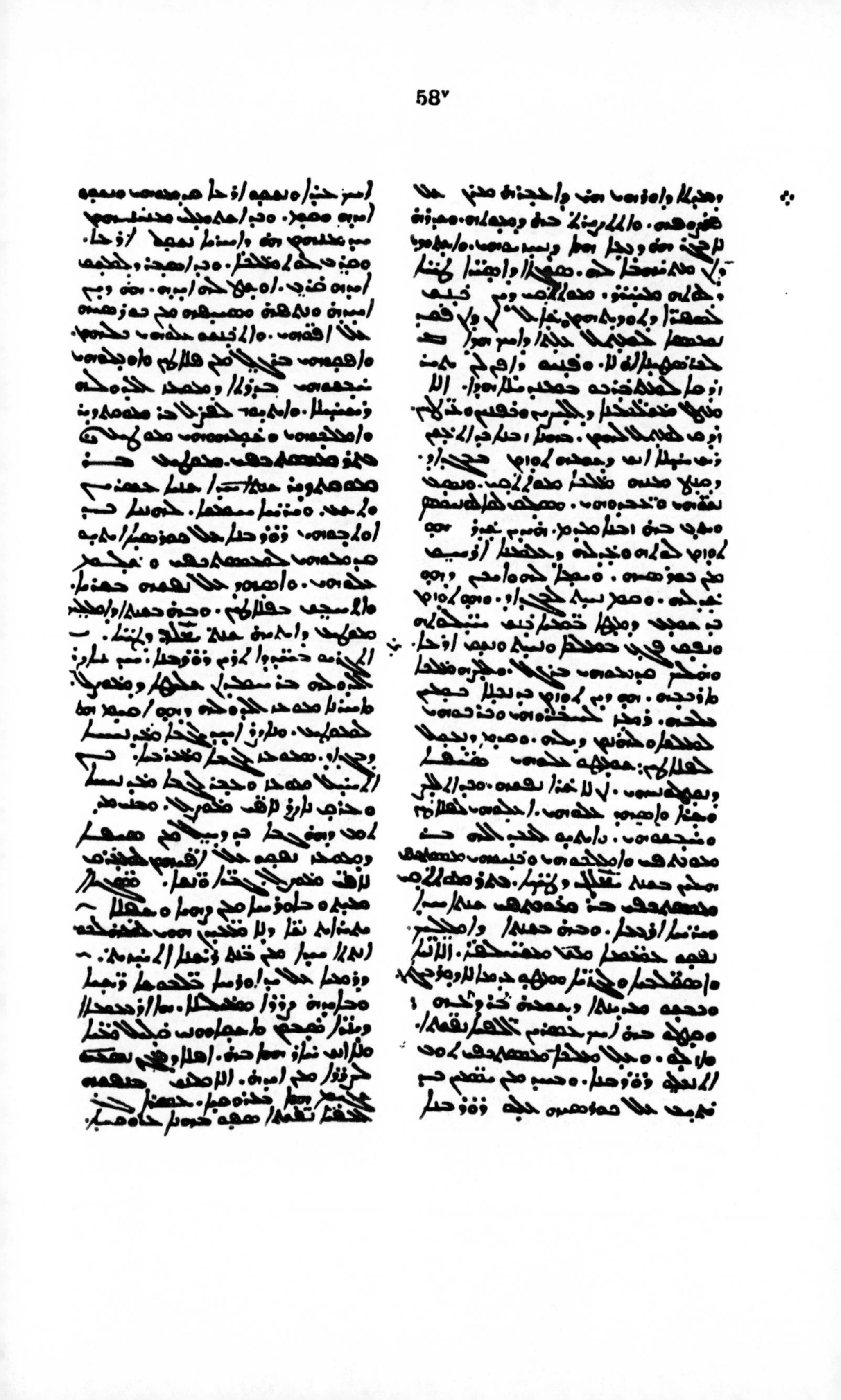

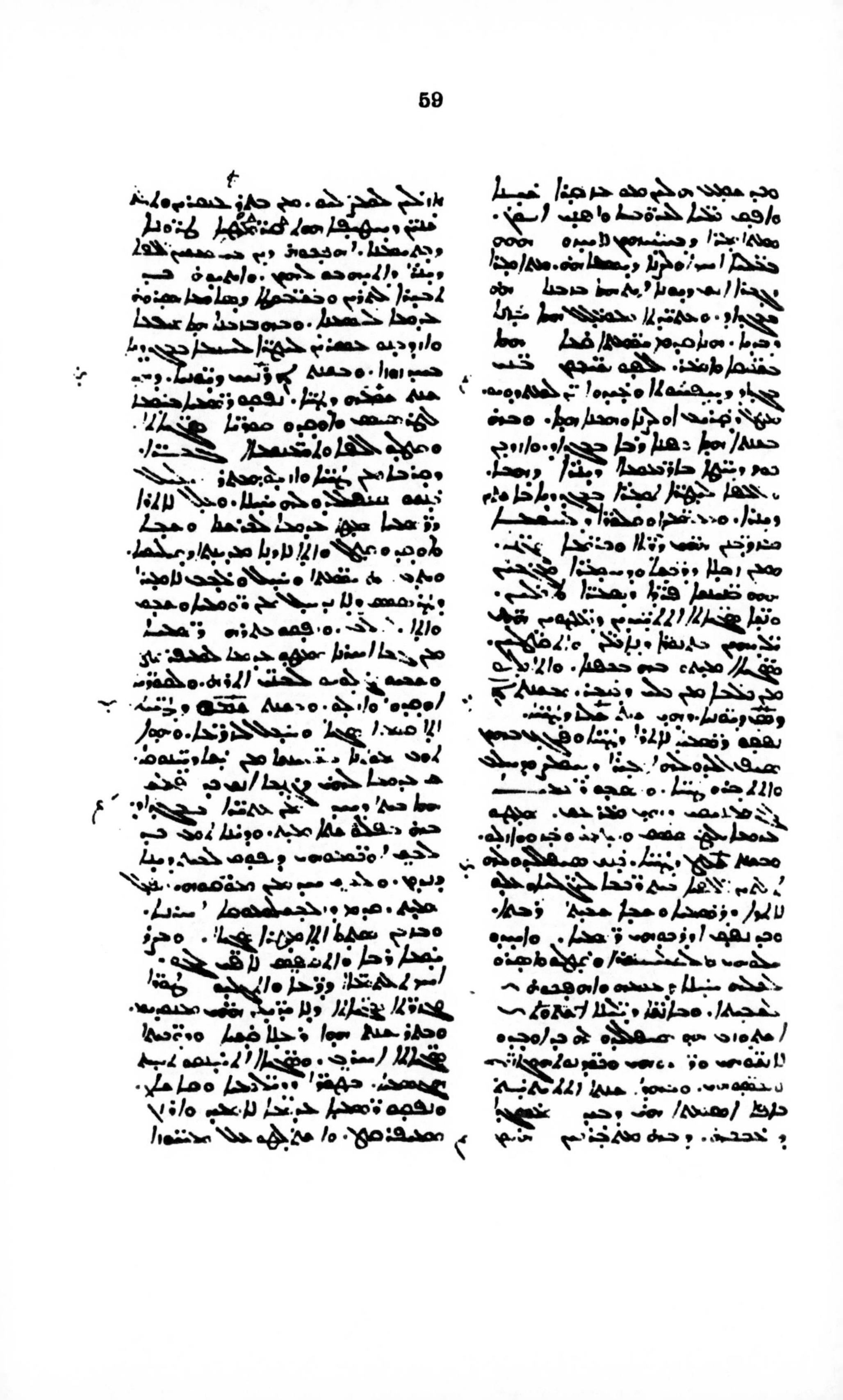

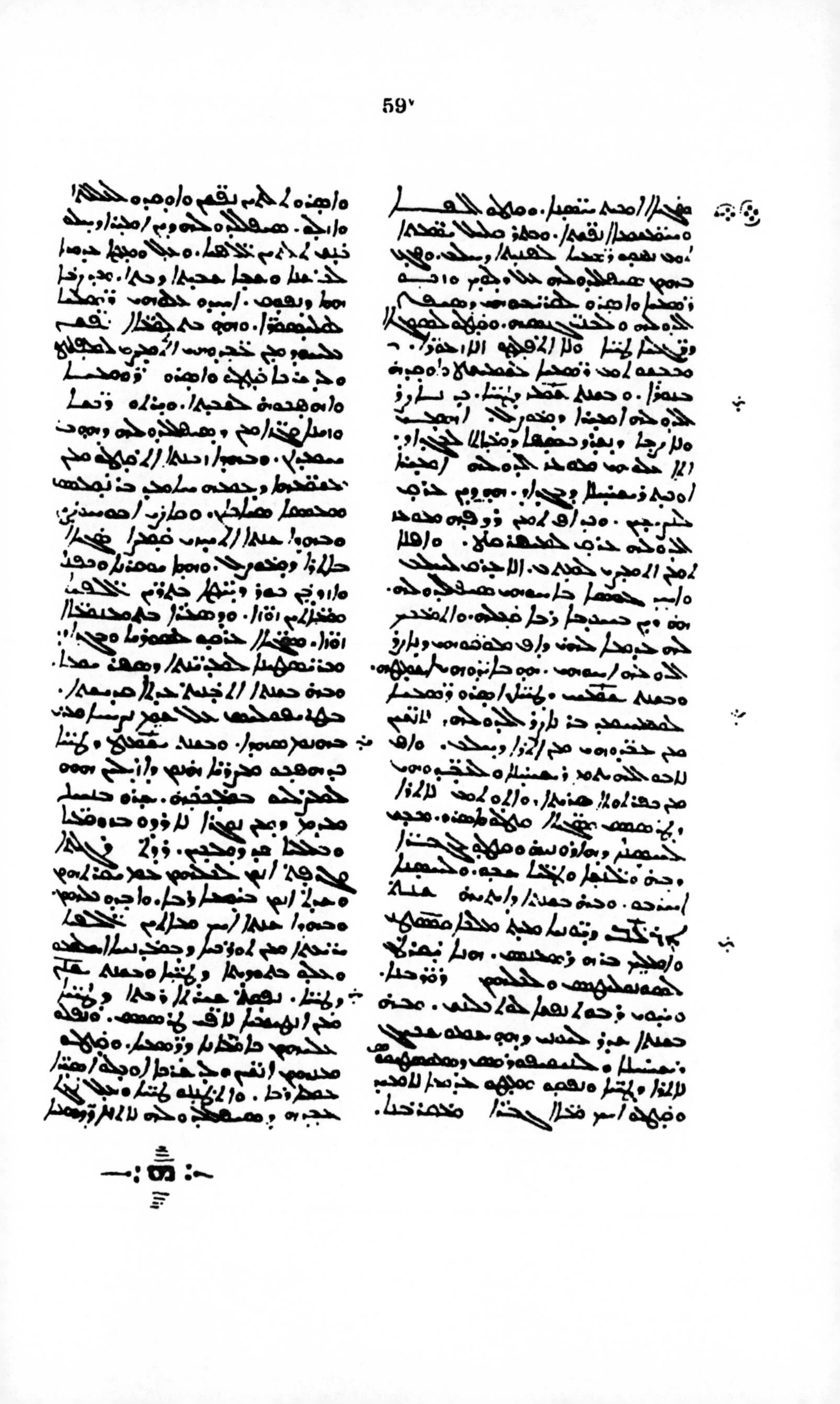

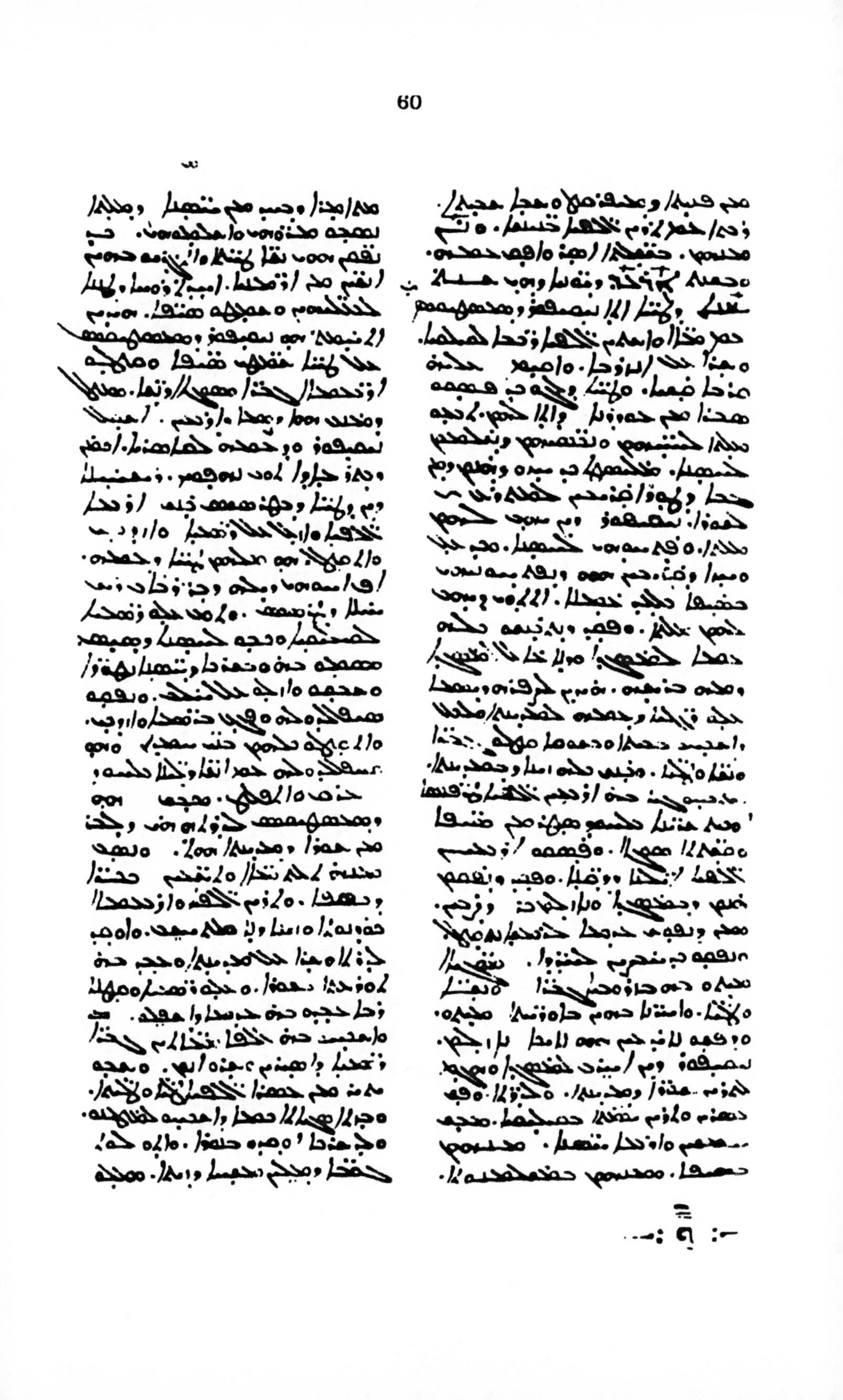

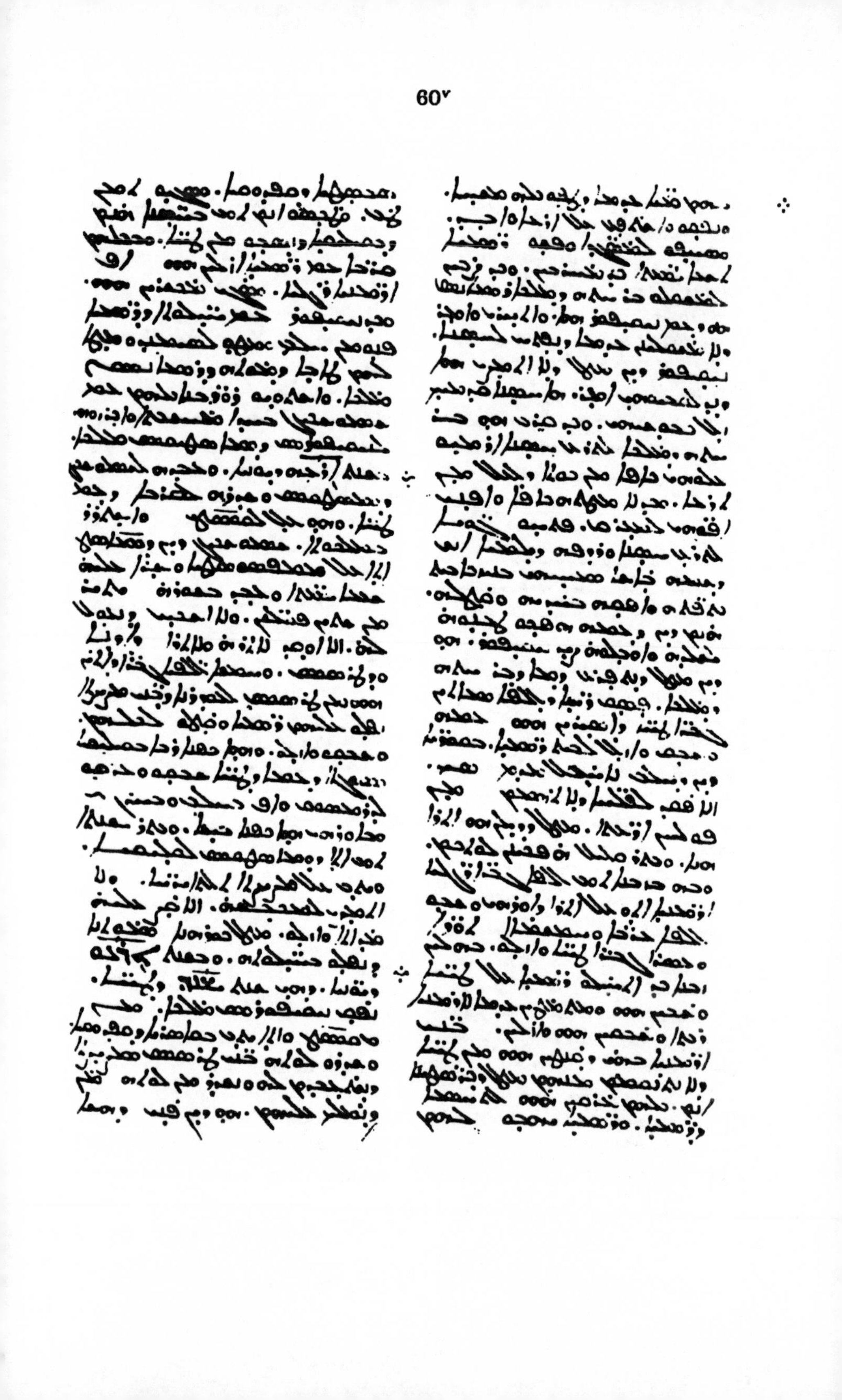

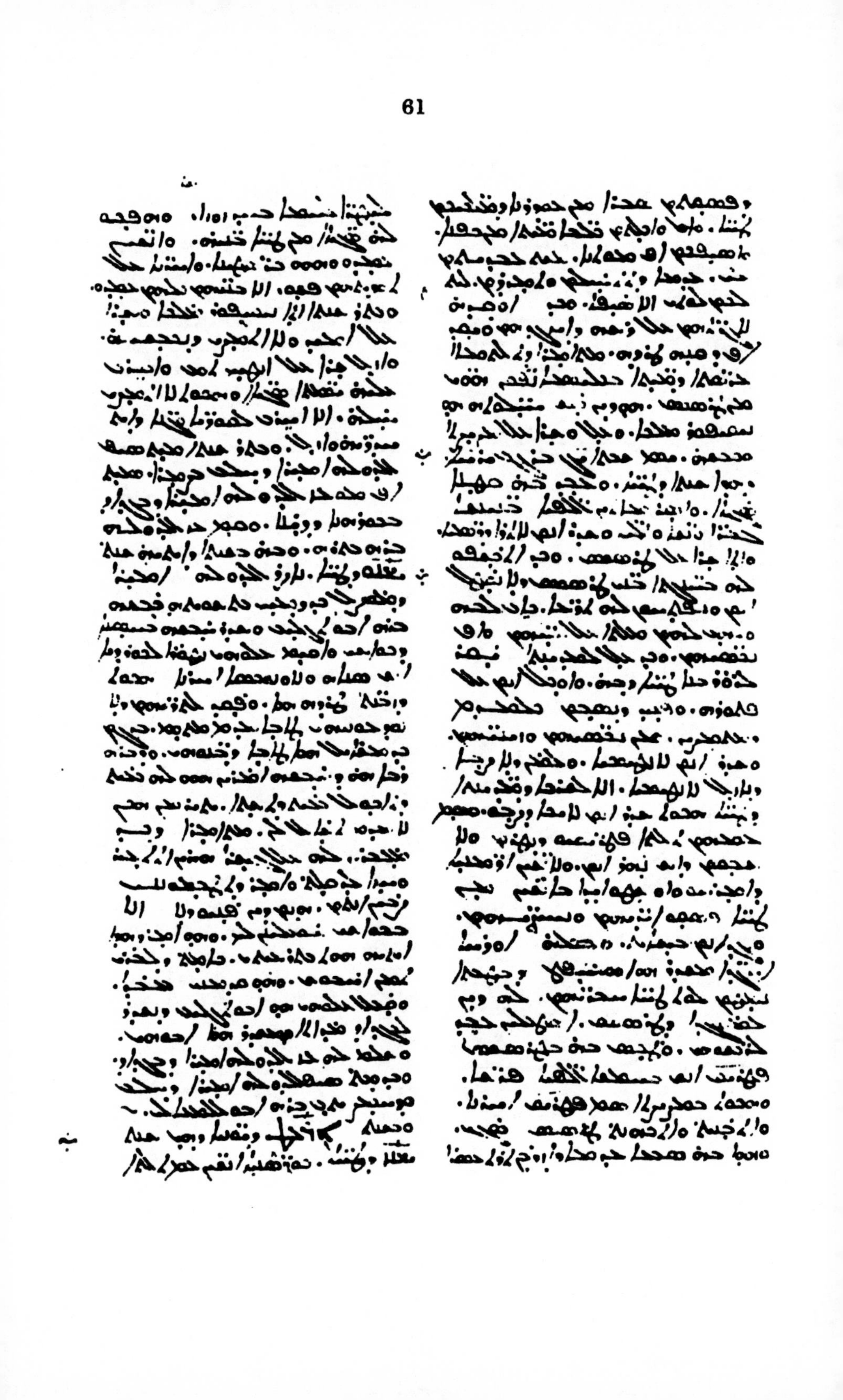

[illegible]

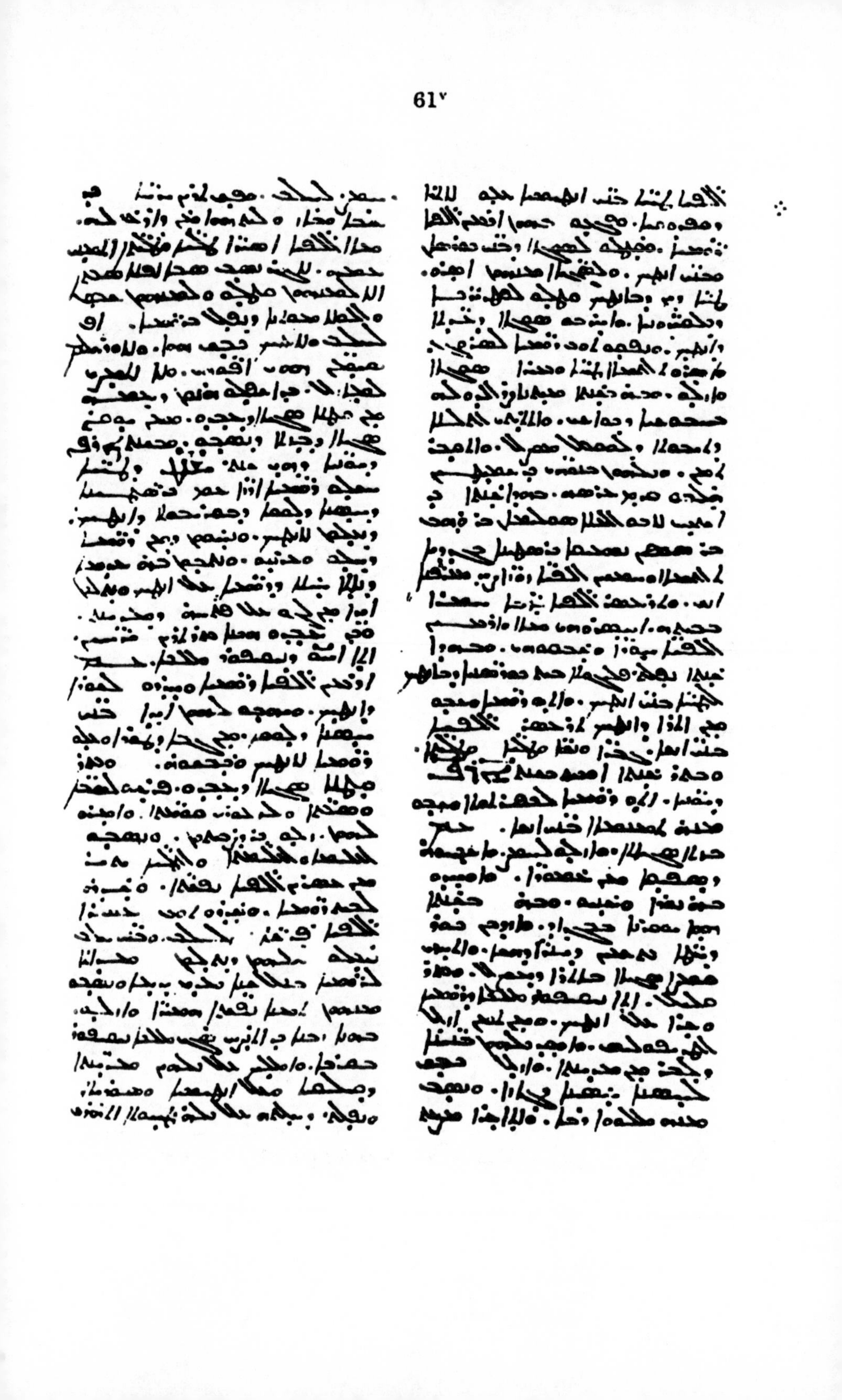

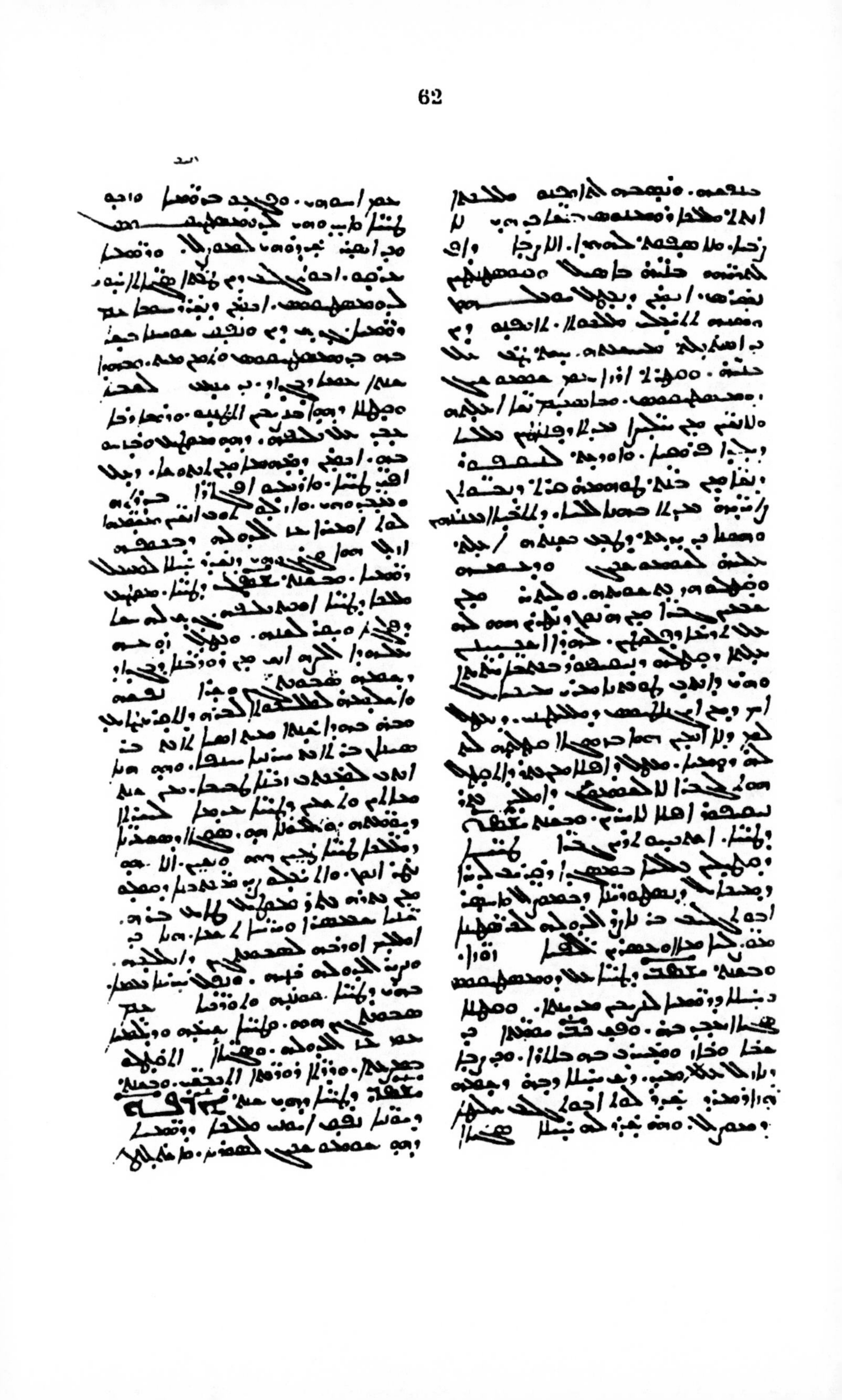

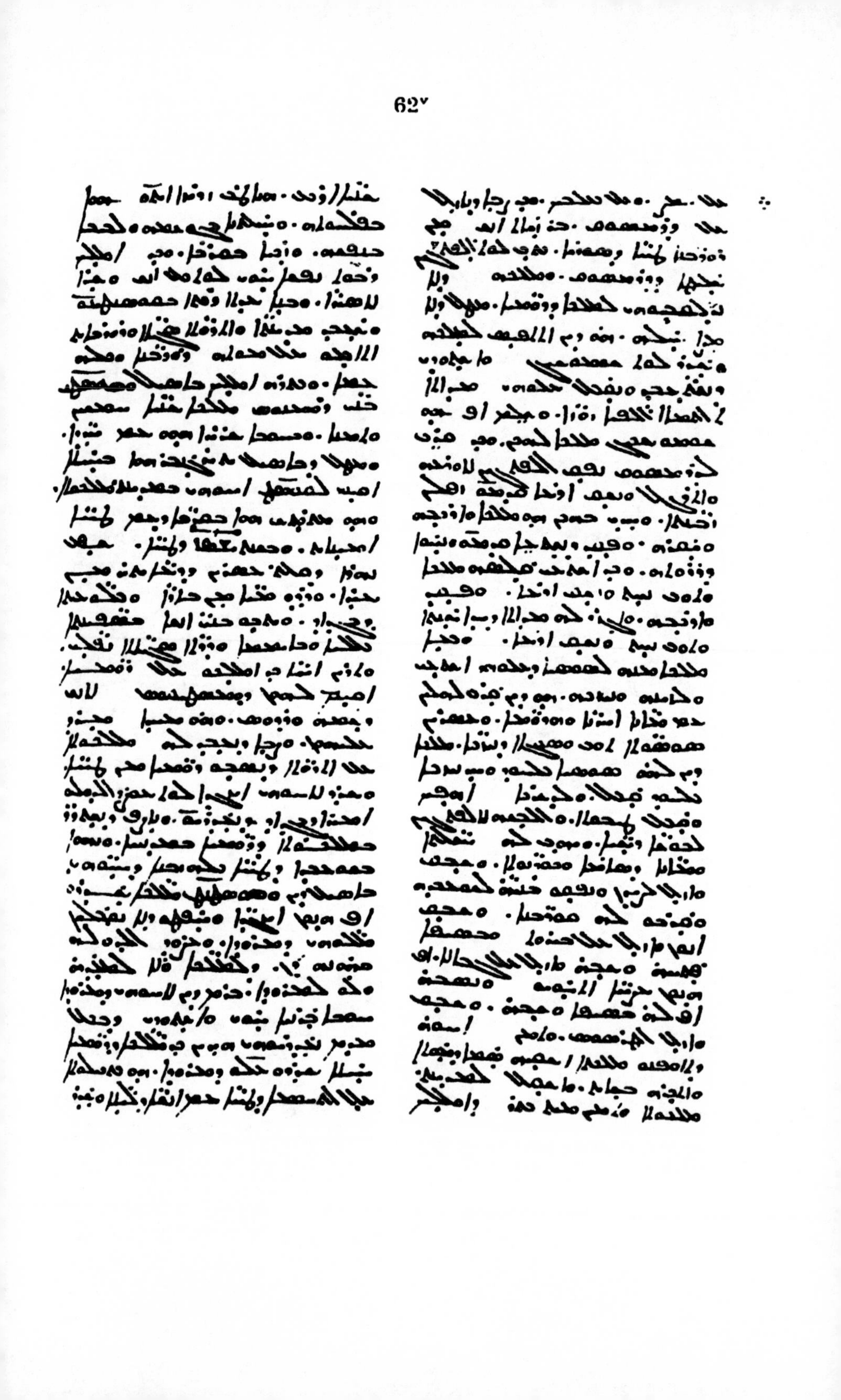

[illegible]

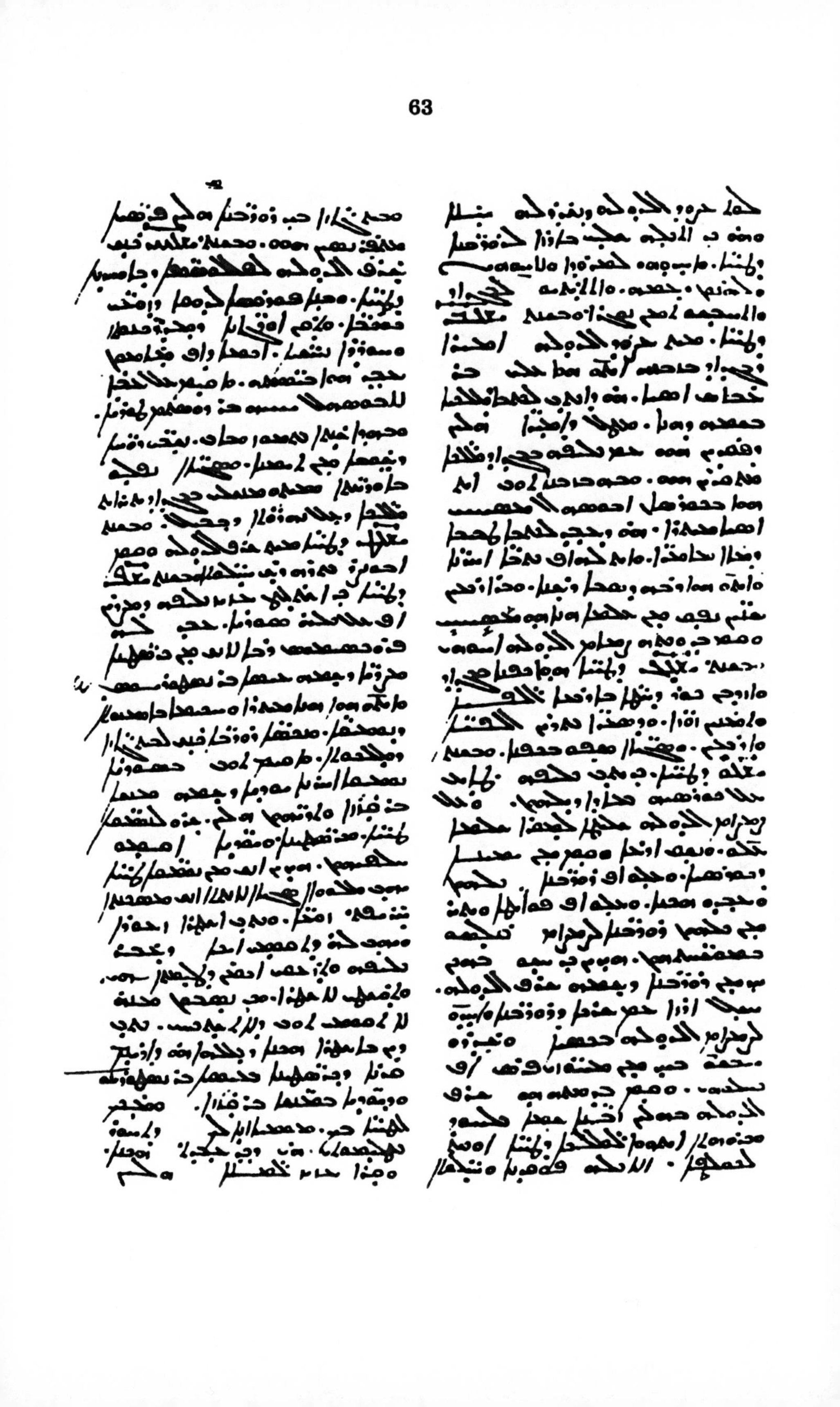

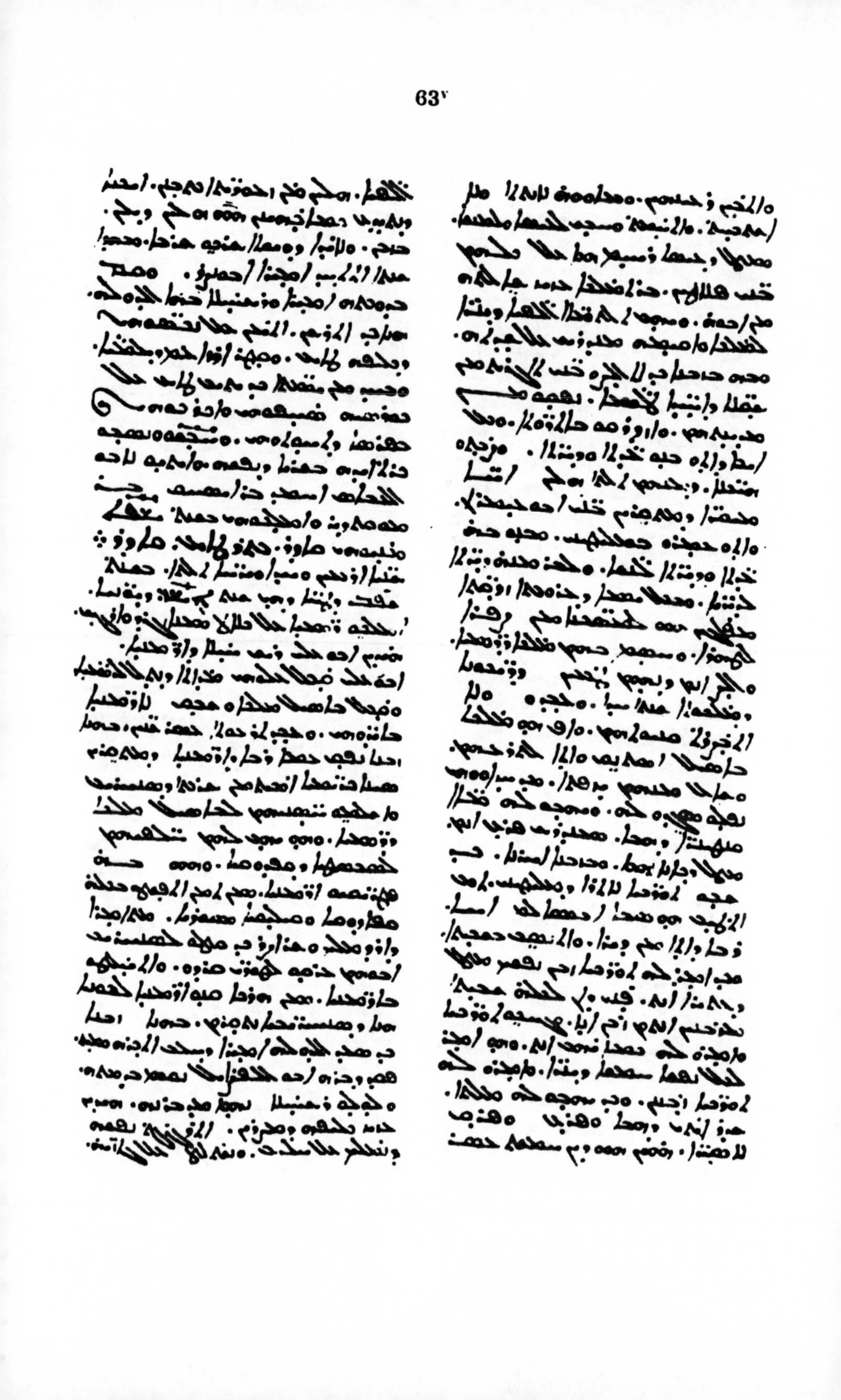

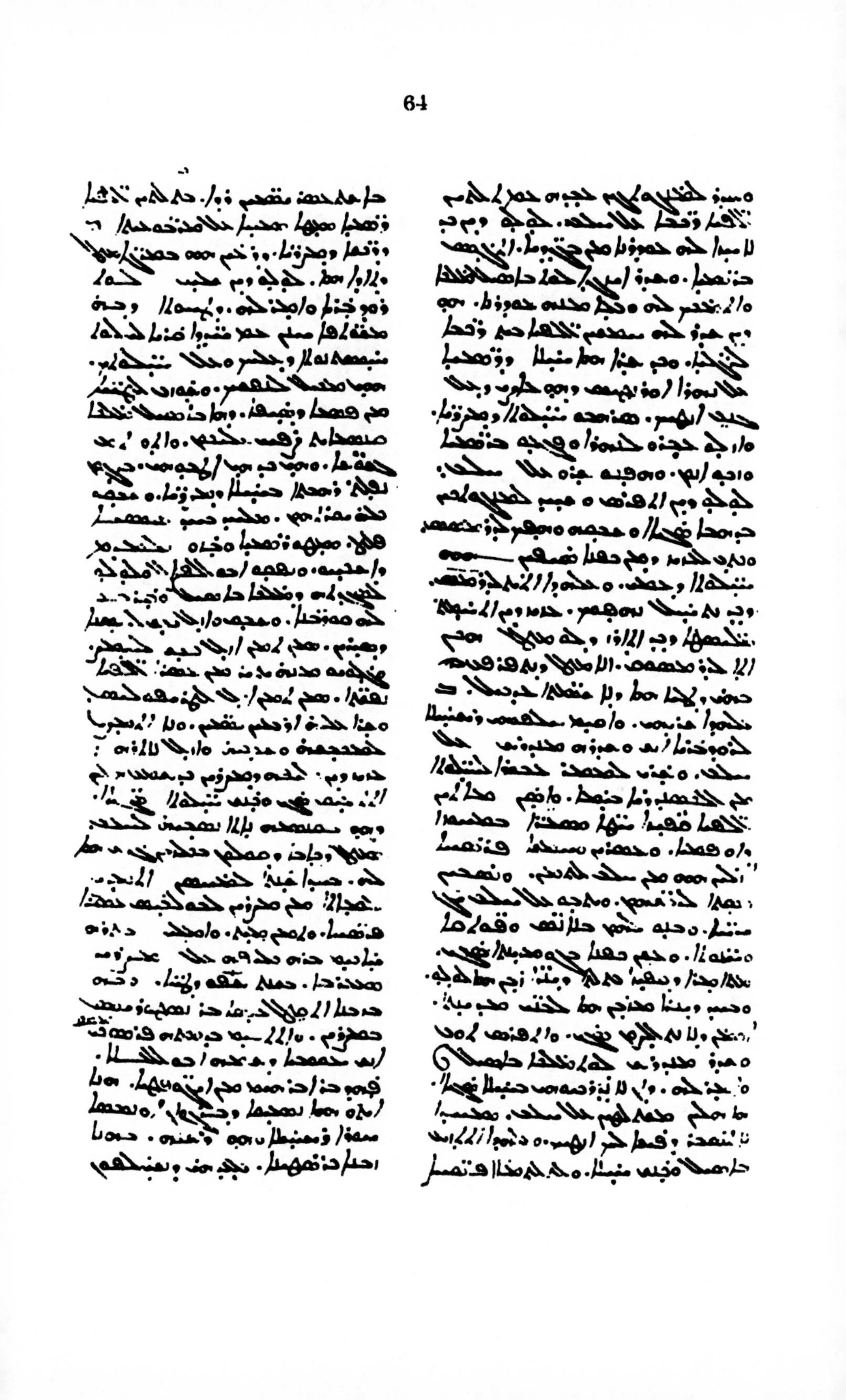

[illegible]

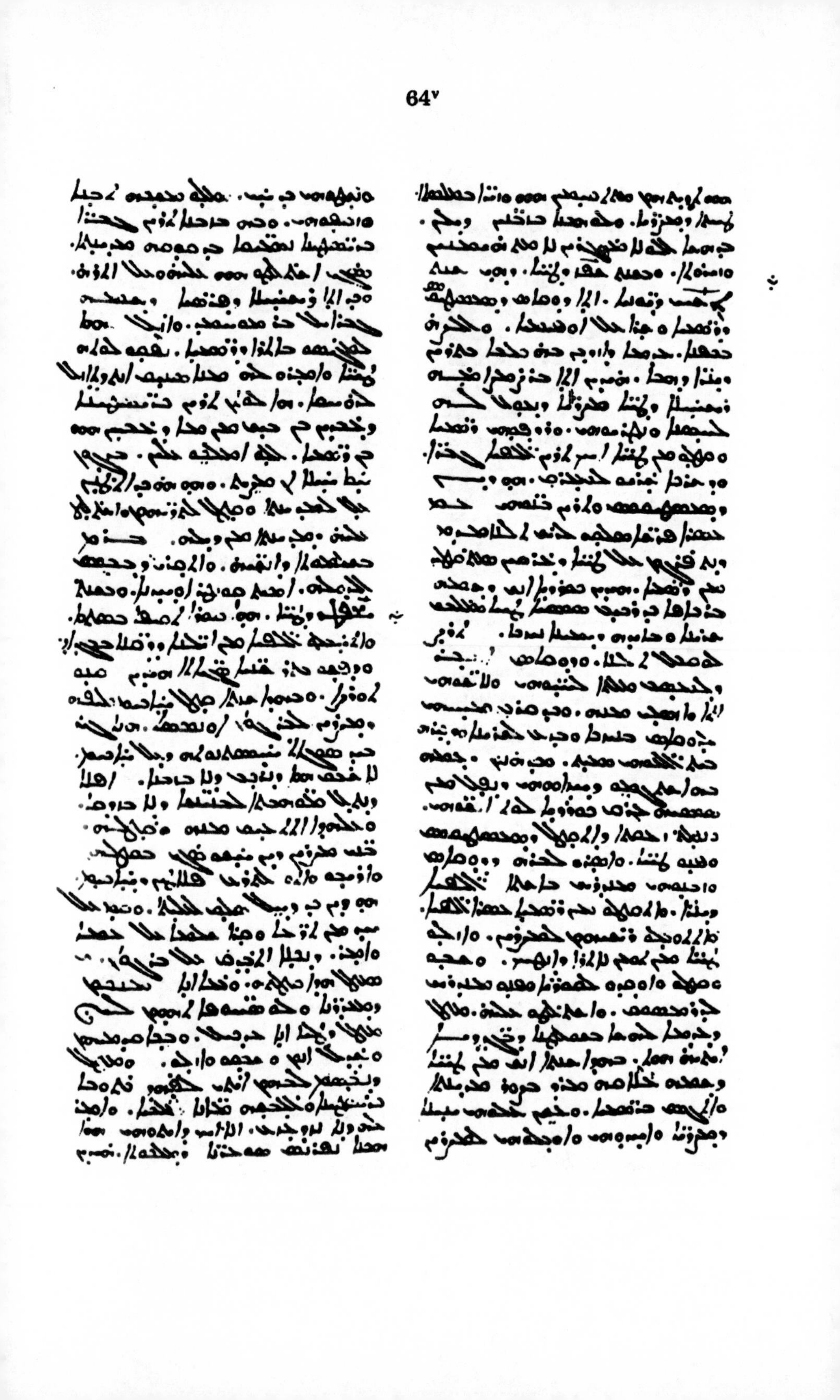

[illegible]

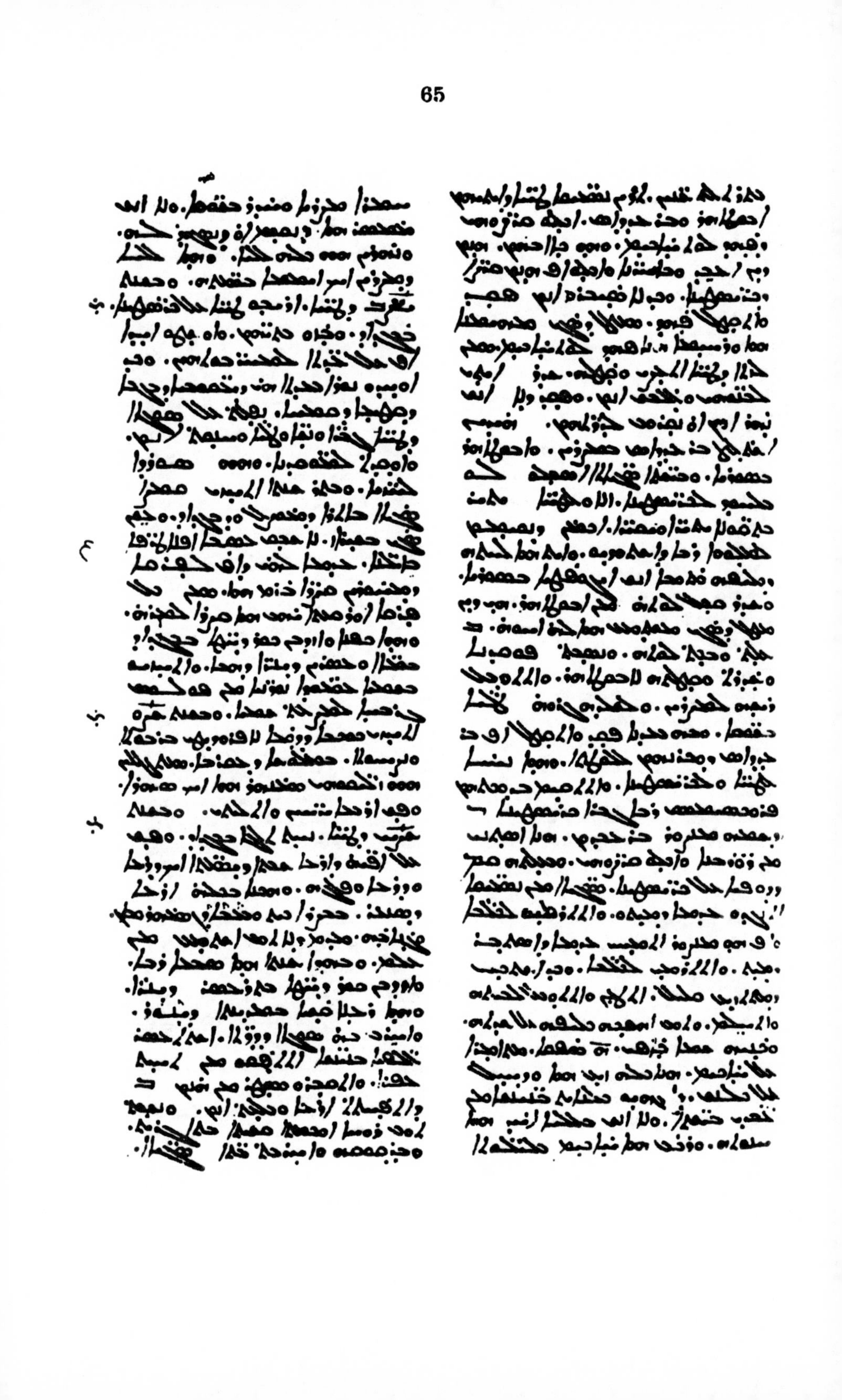

[illegible]

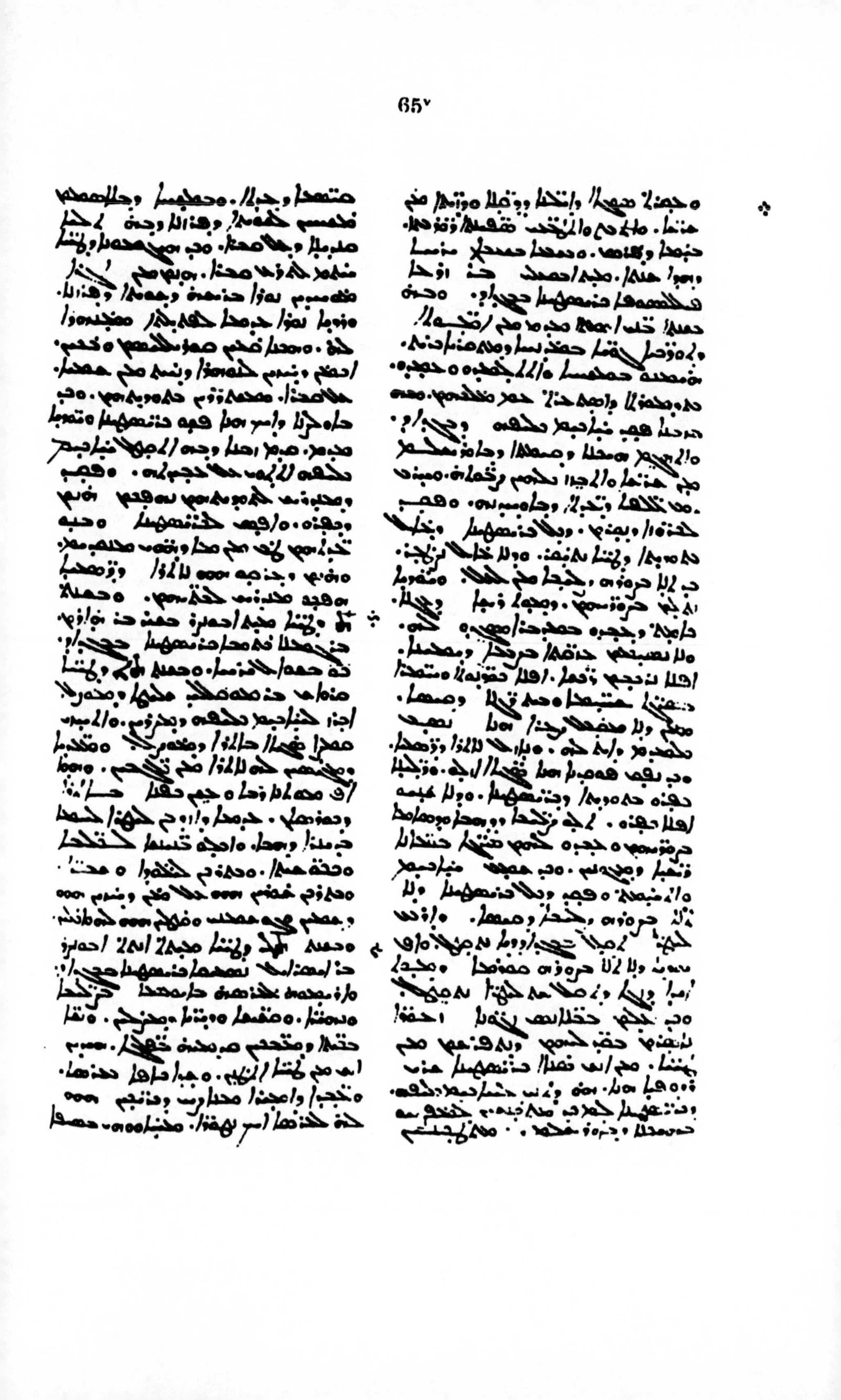

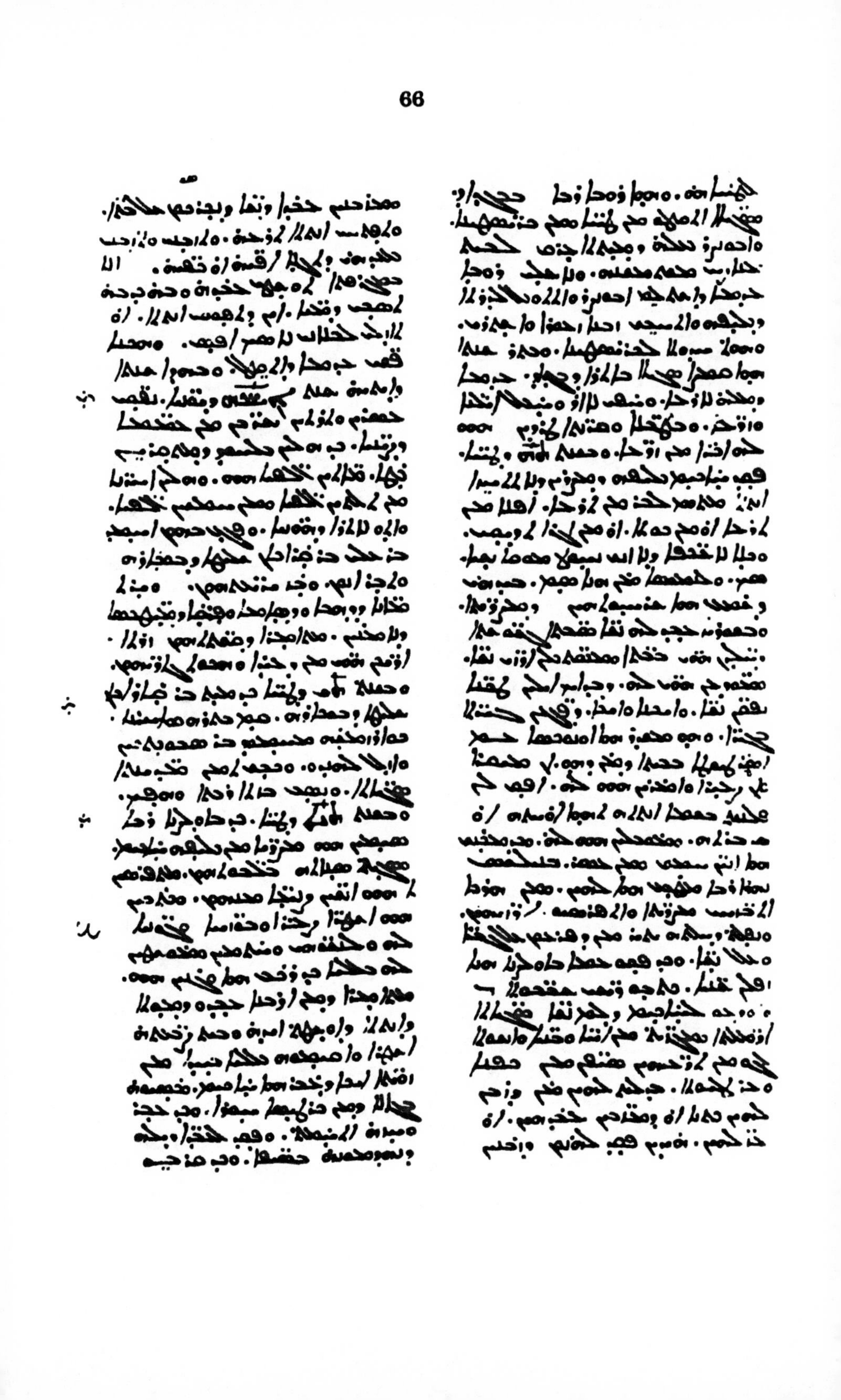

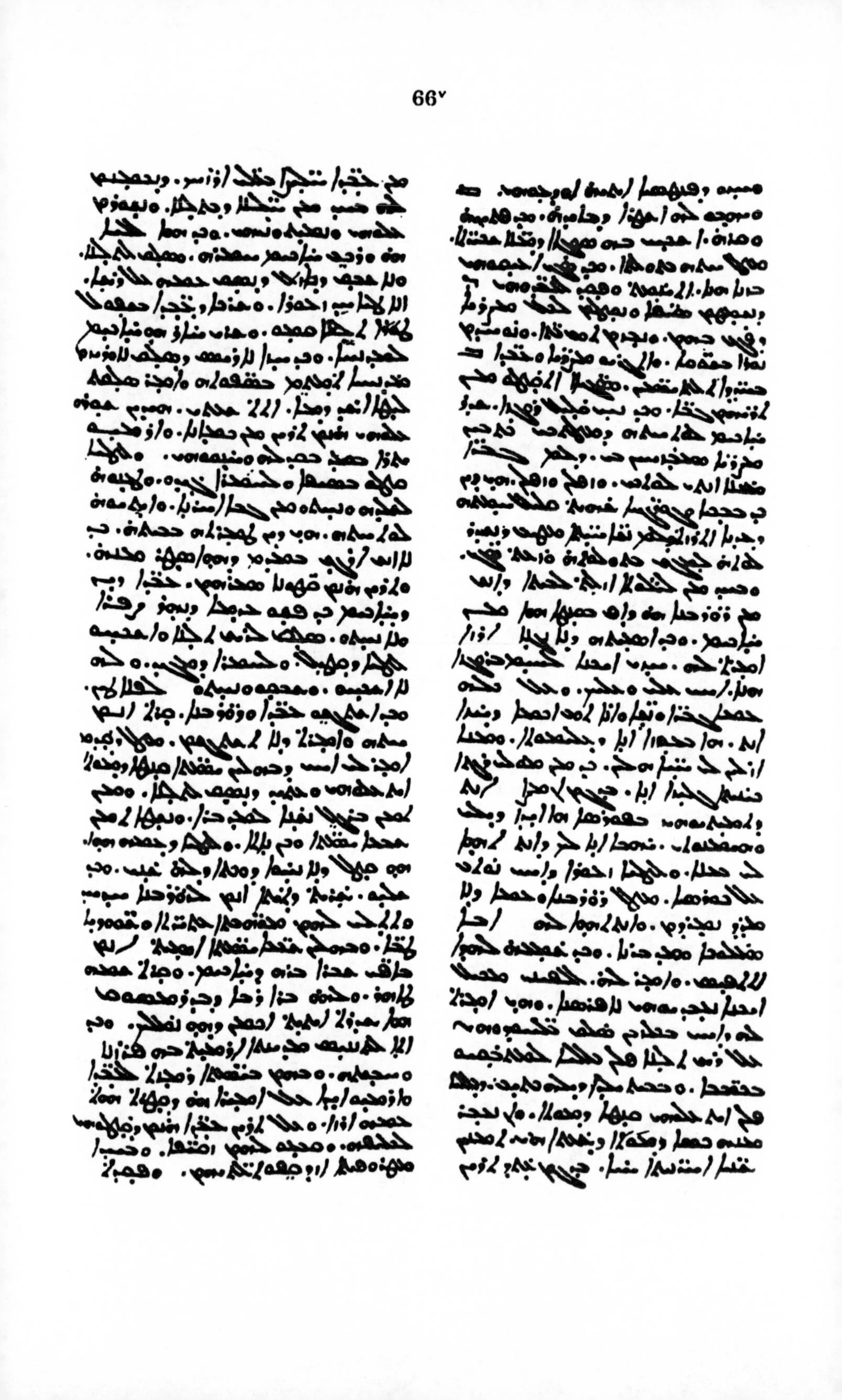

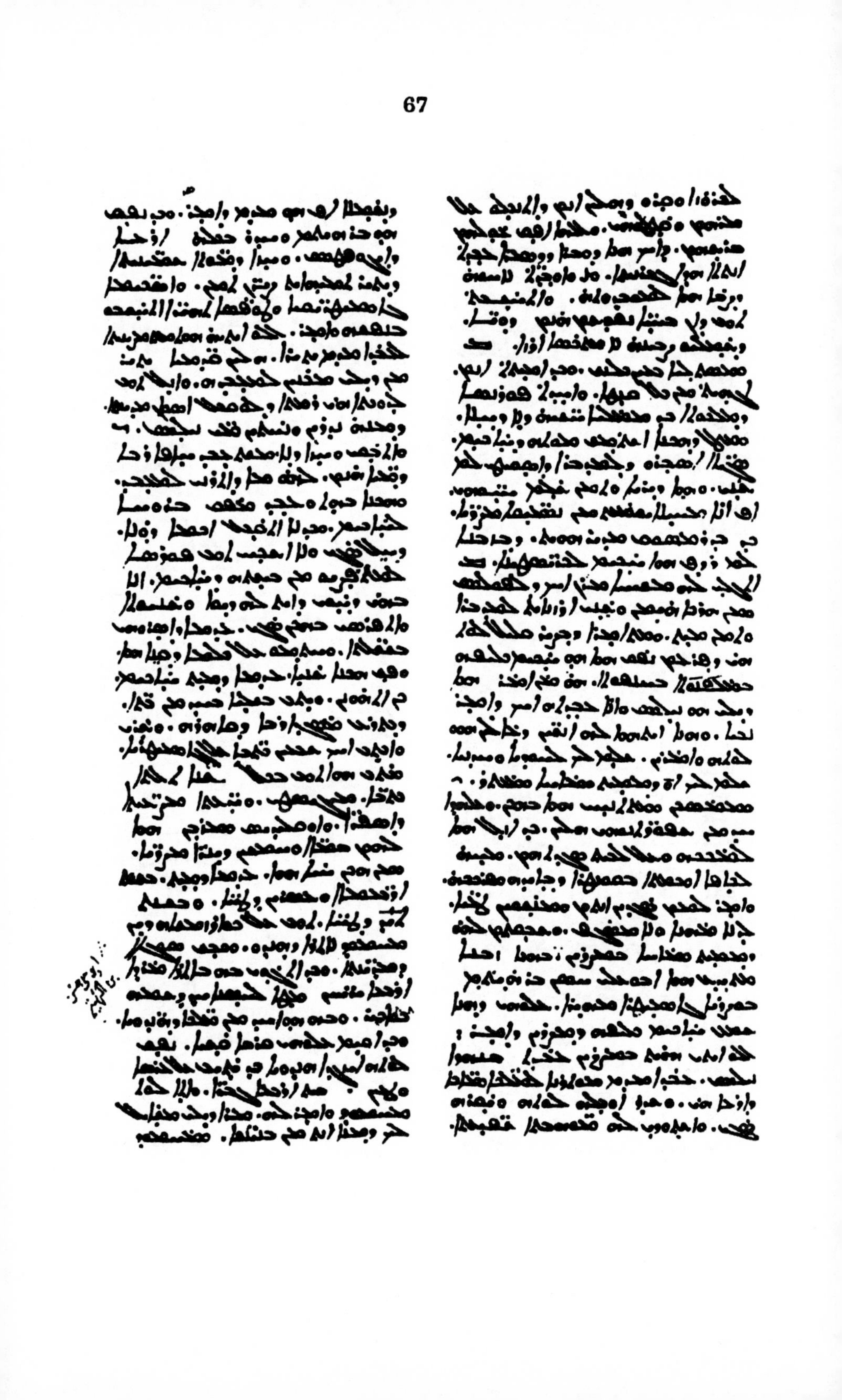

[illegible]

[illegible]

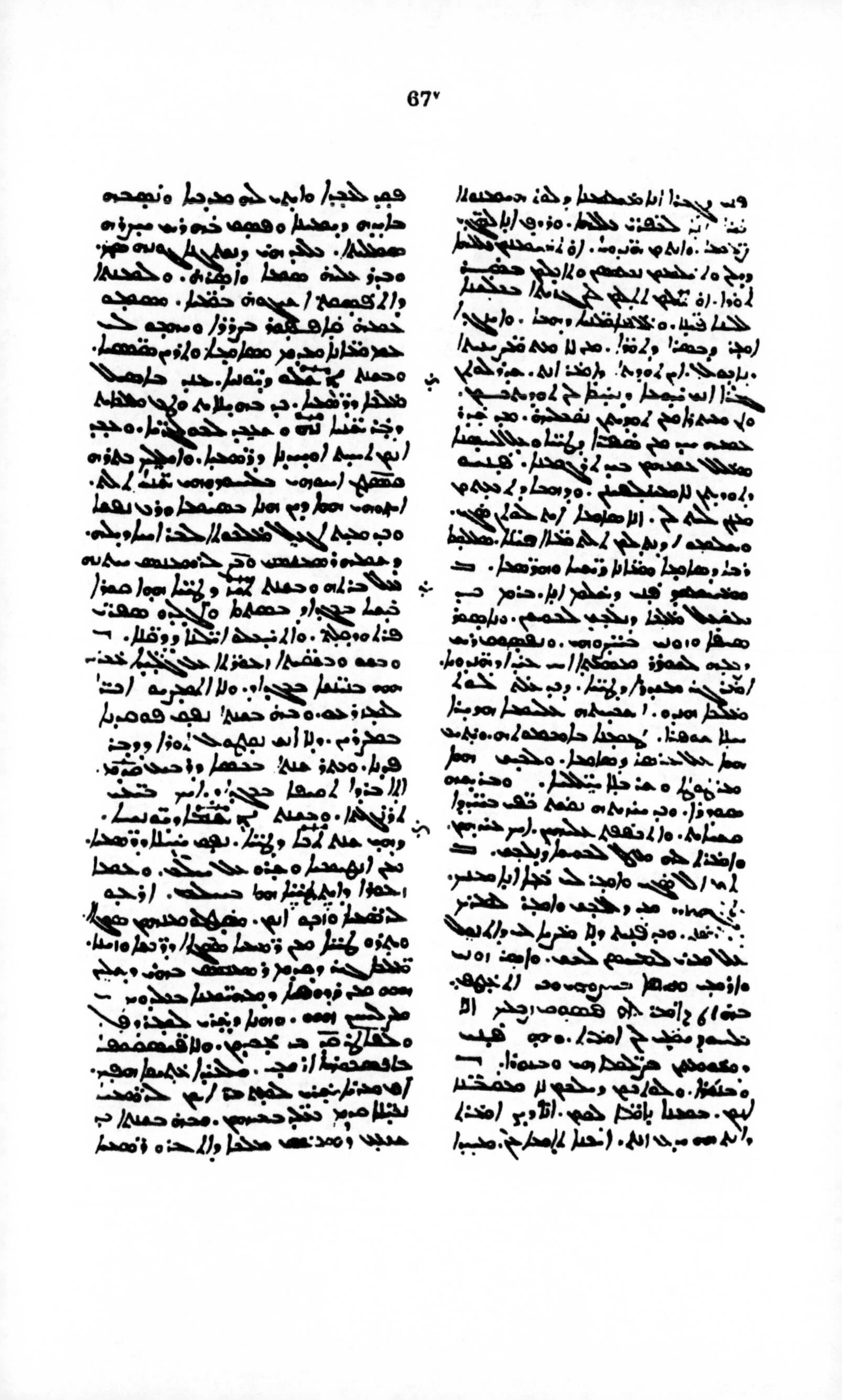

[illegible]

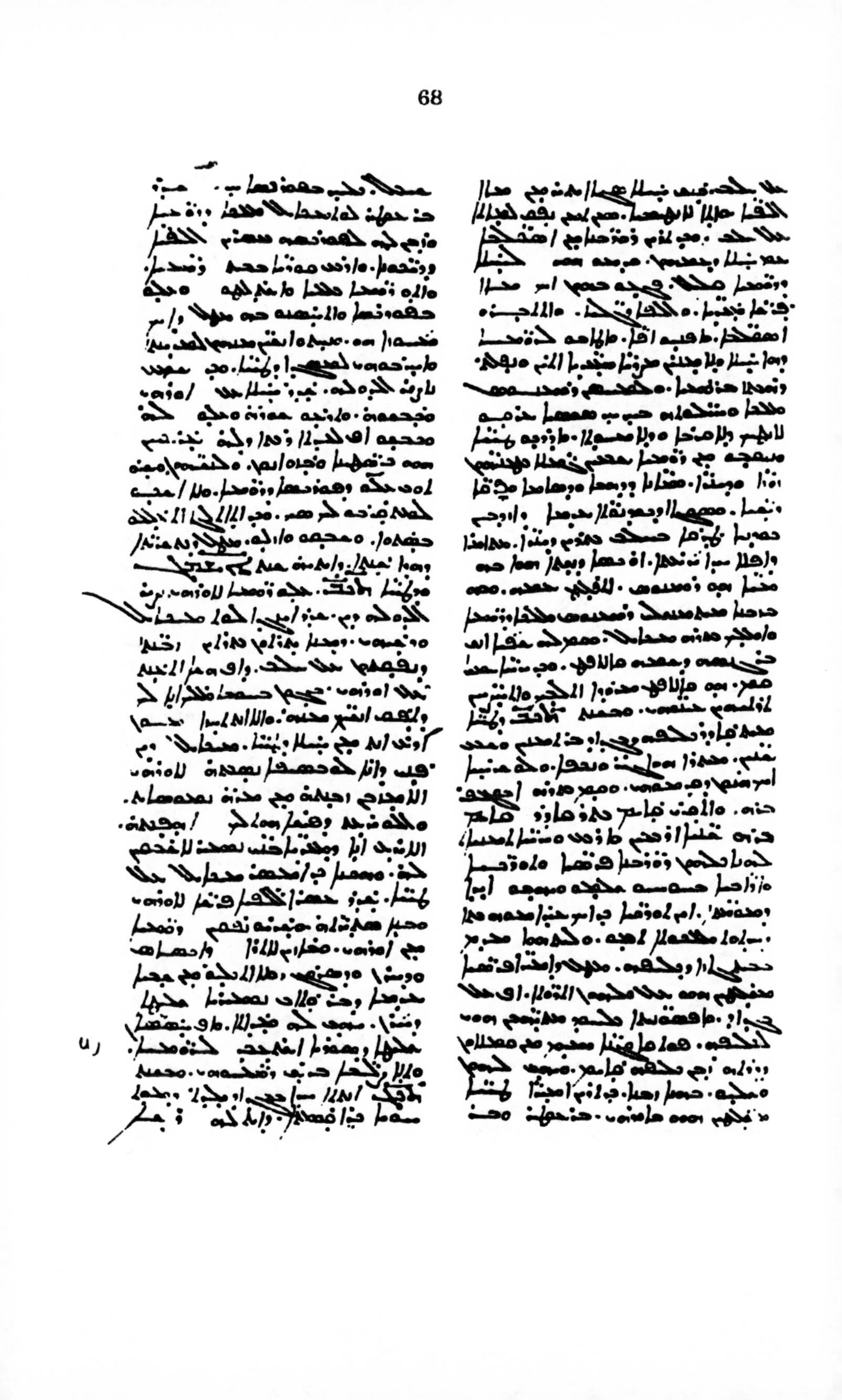

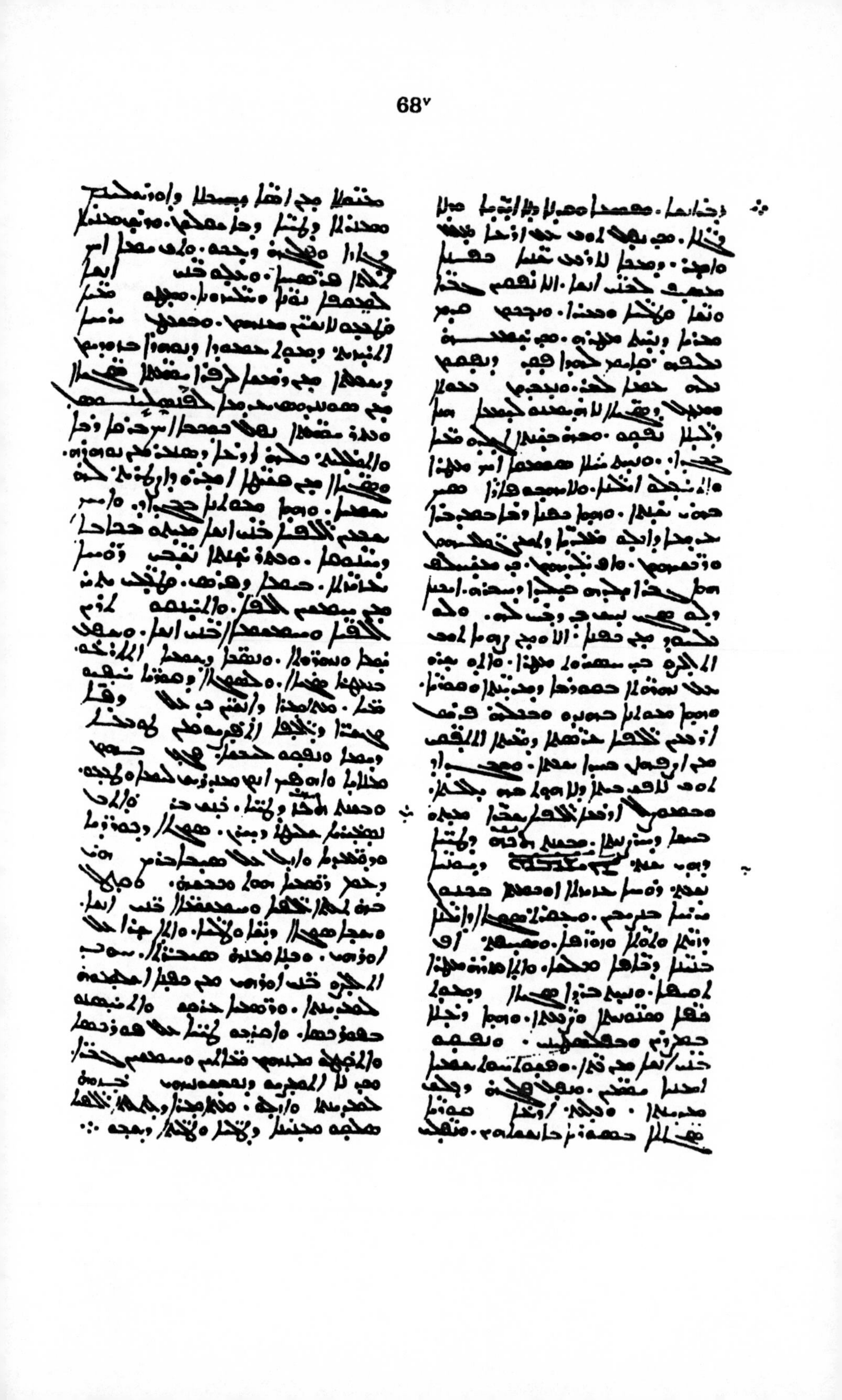

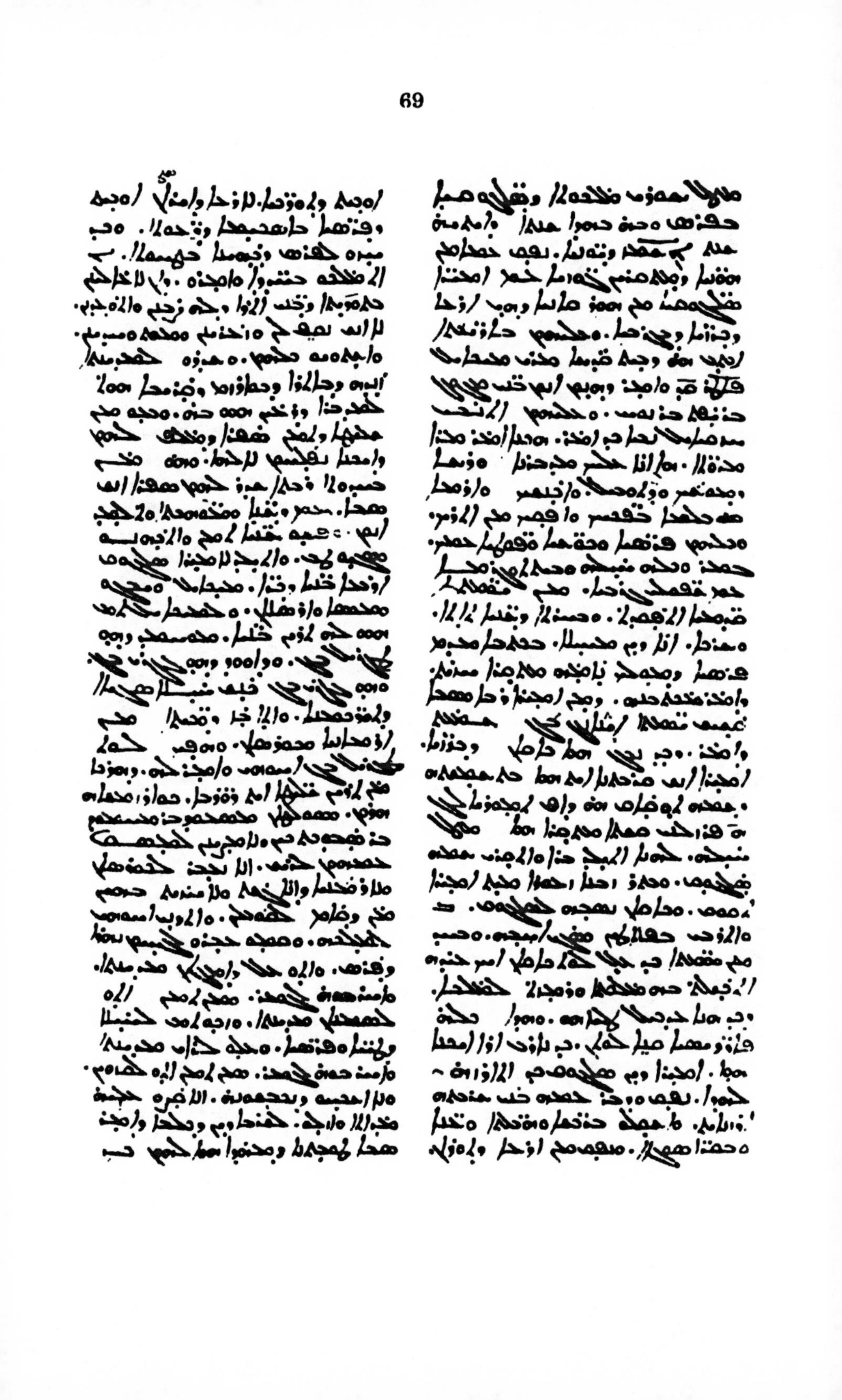

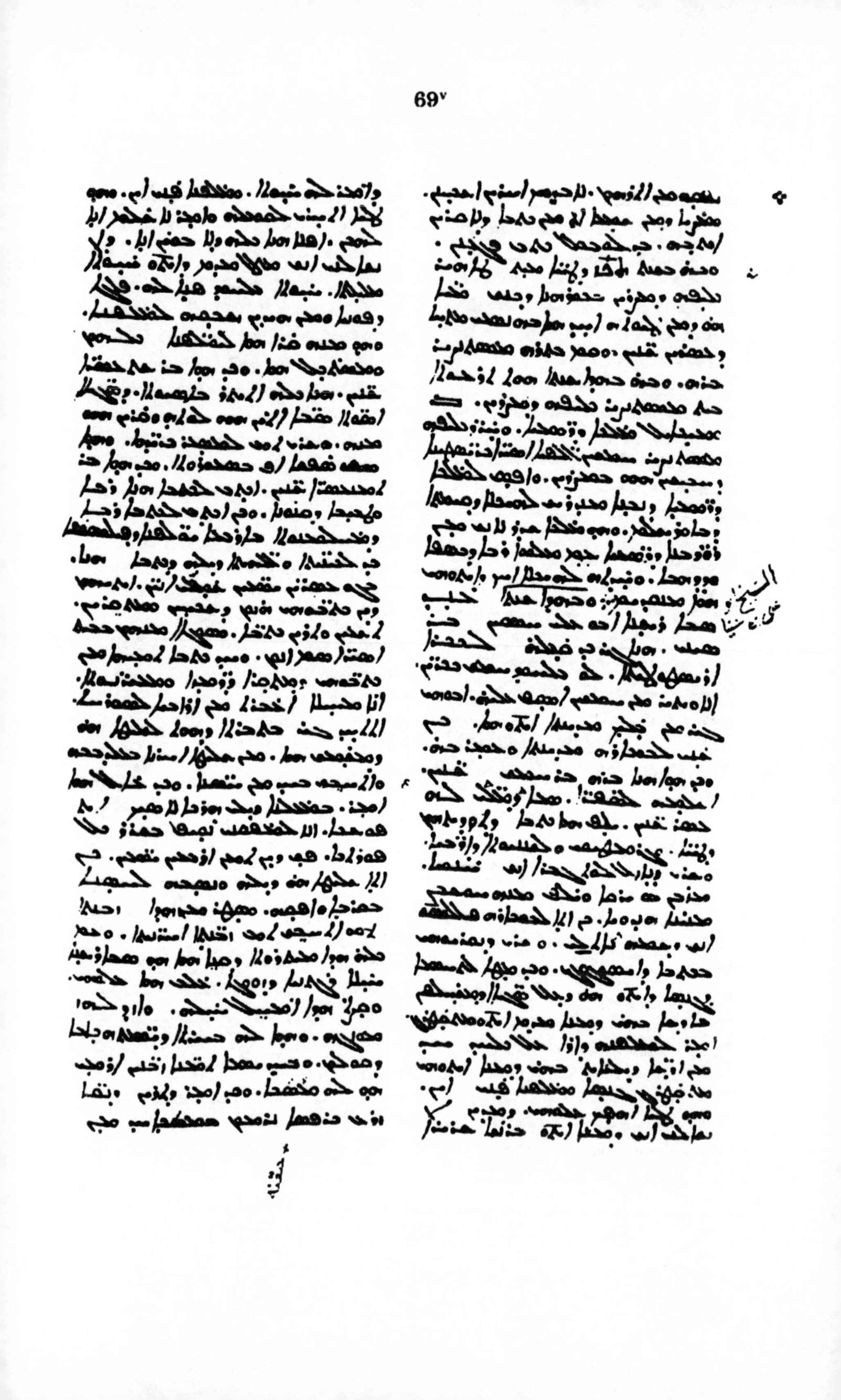

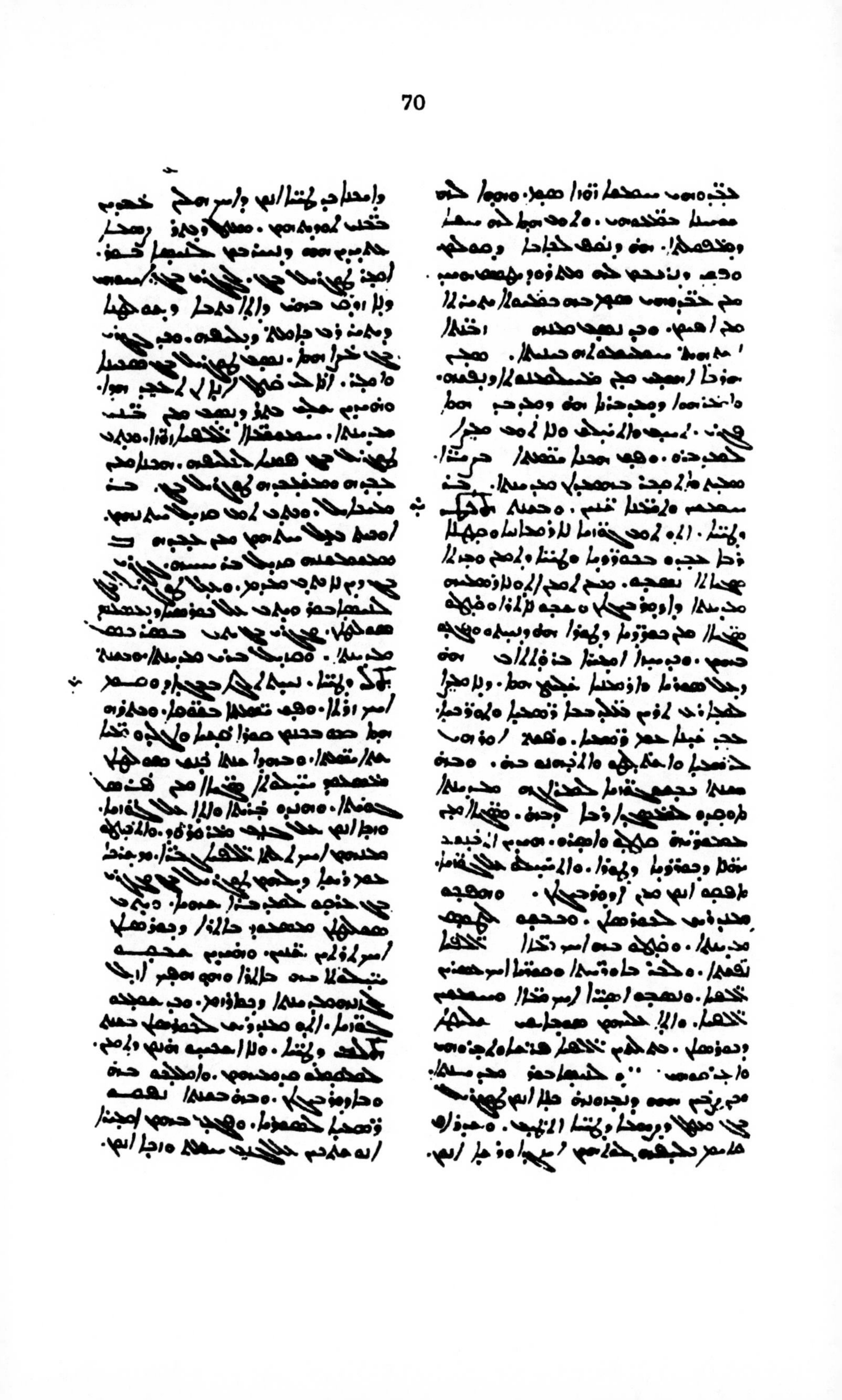

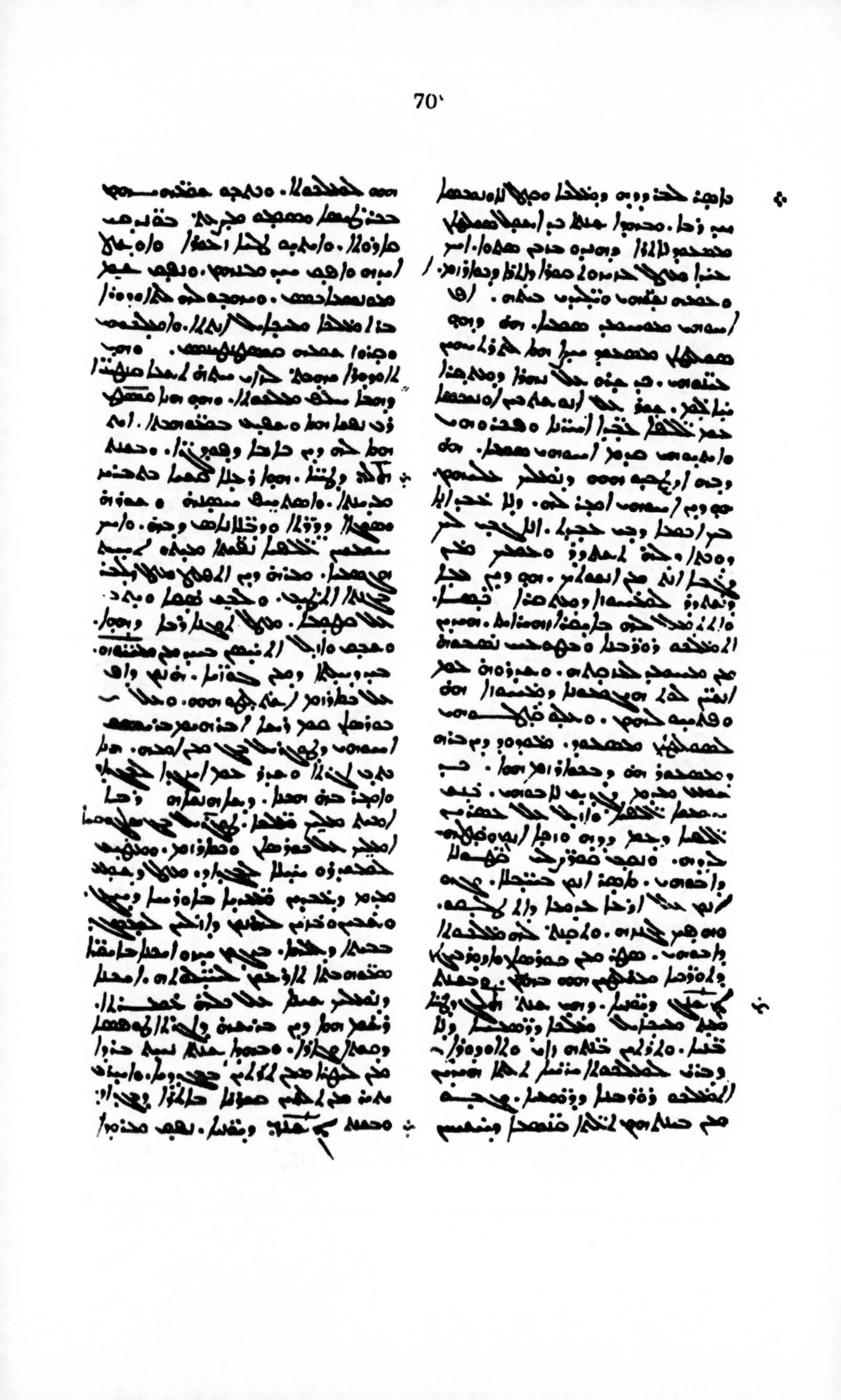

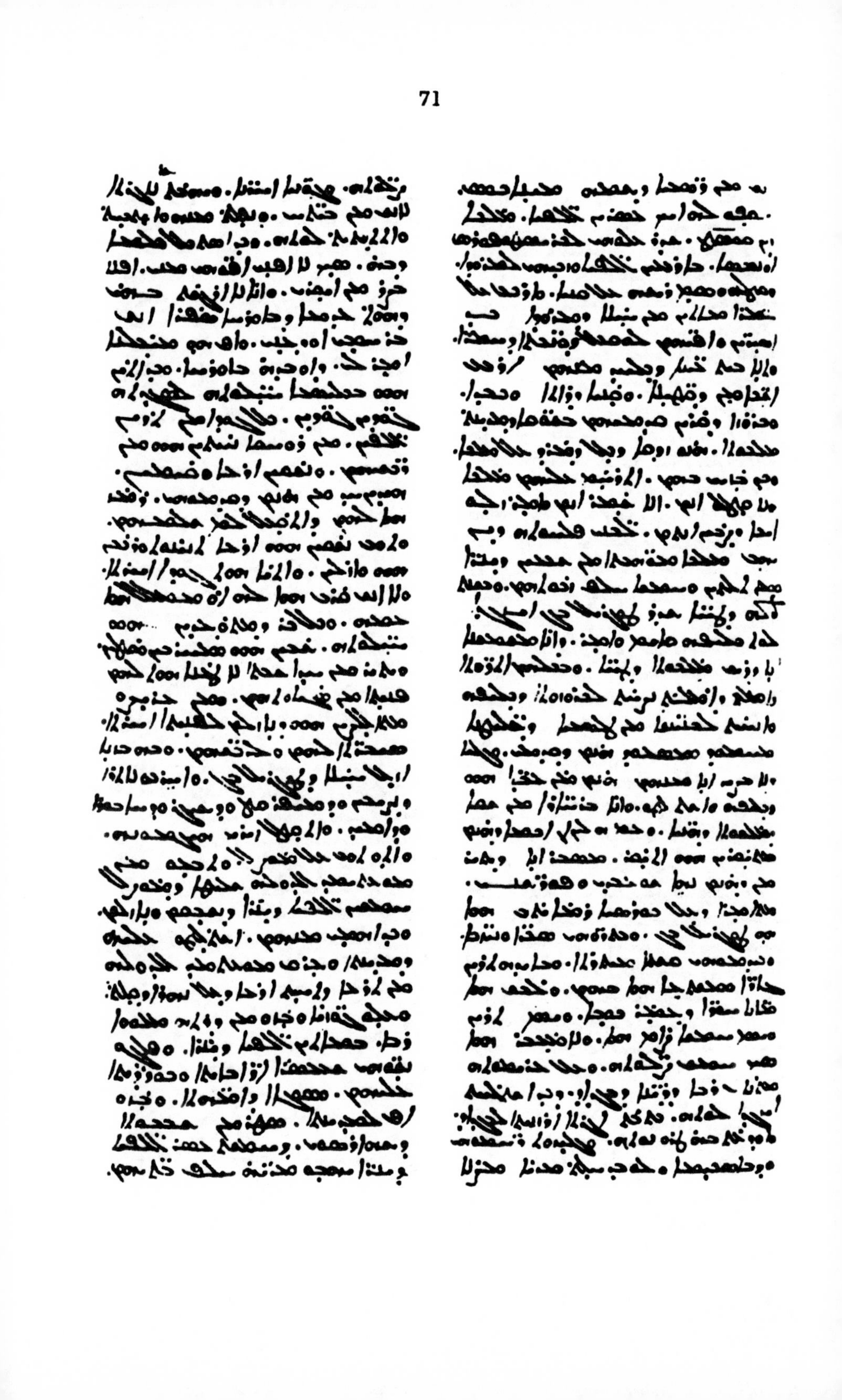

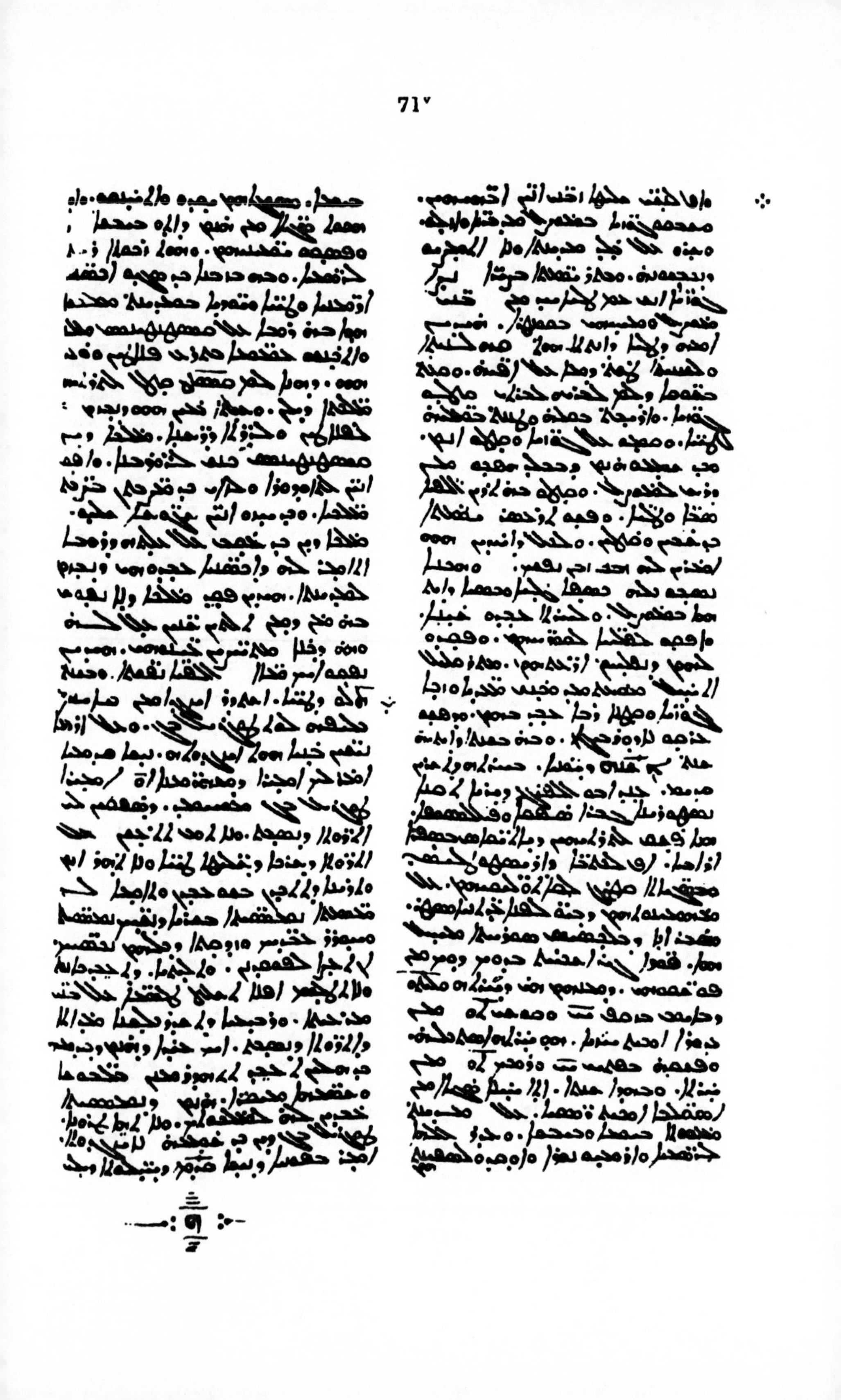

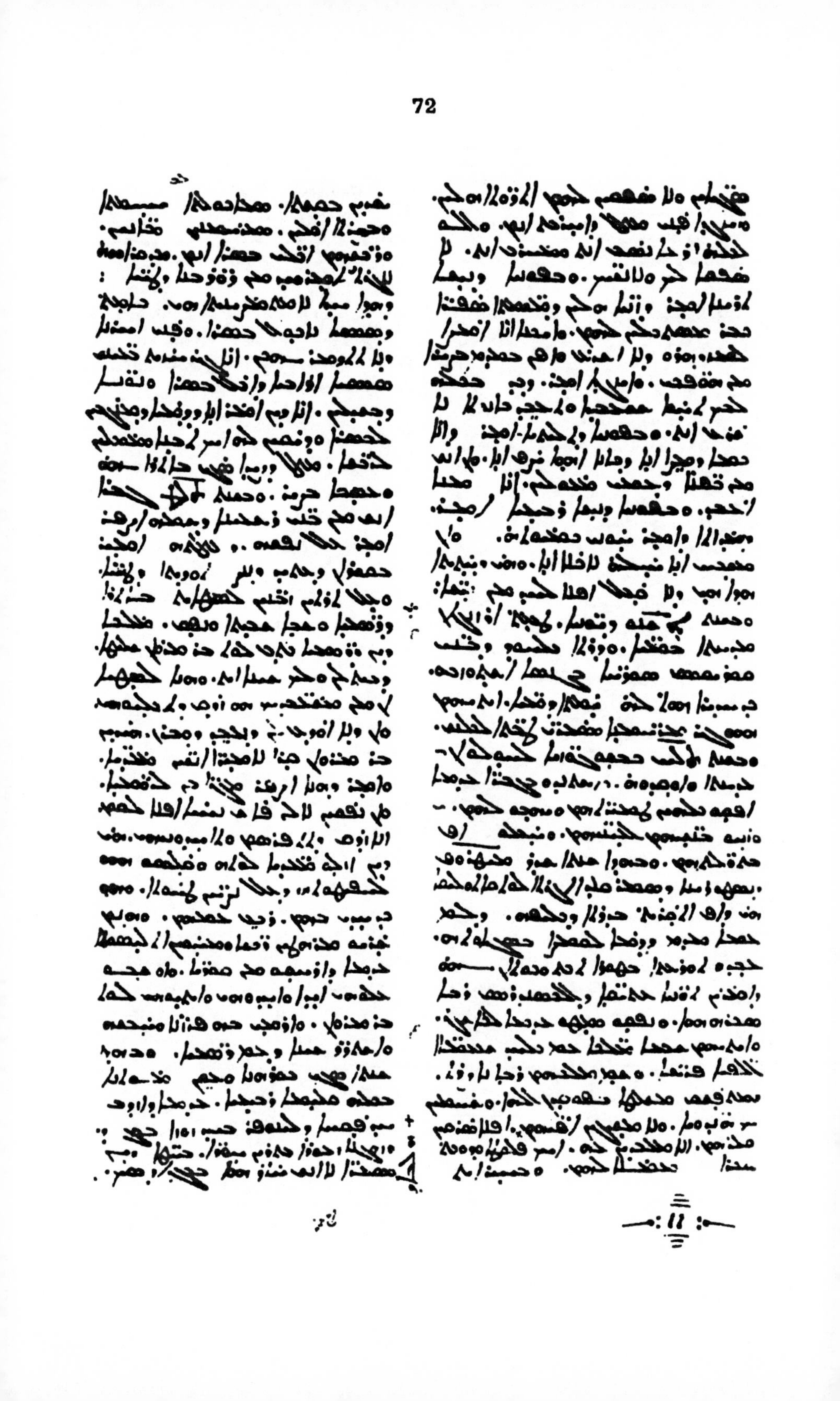

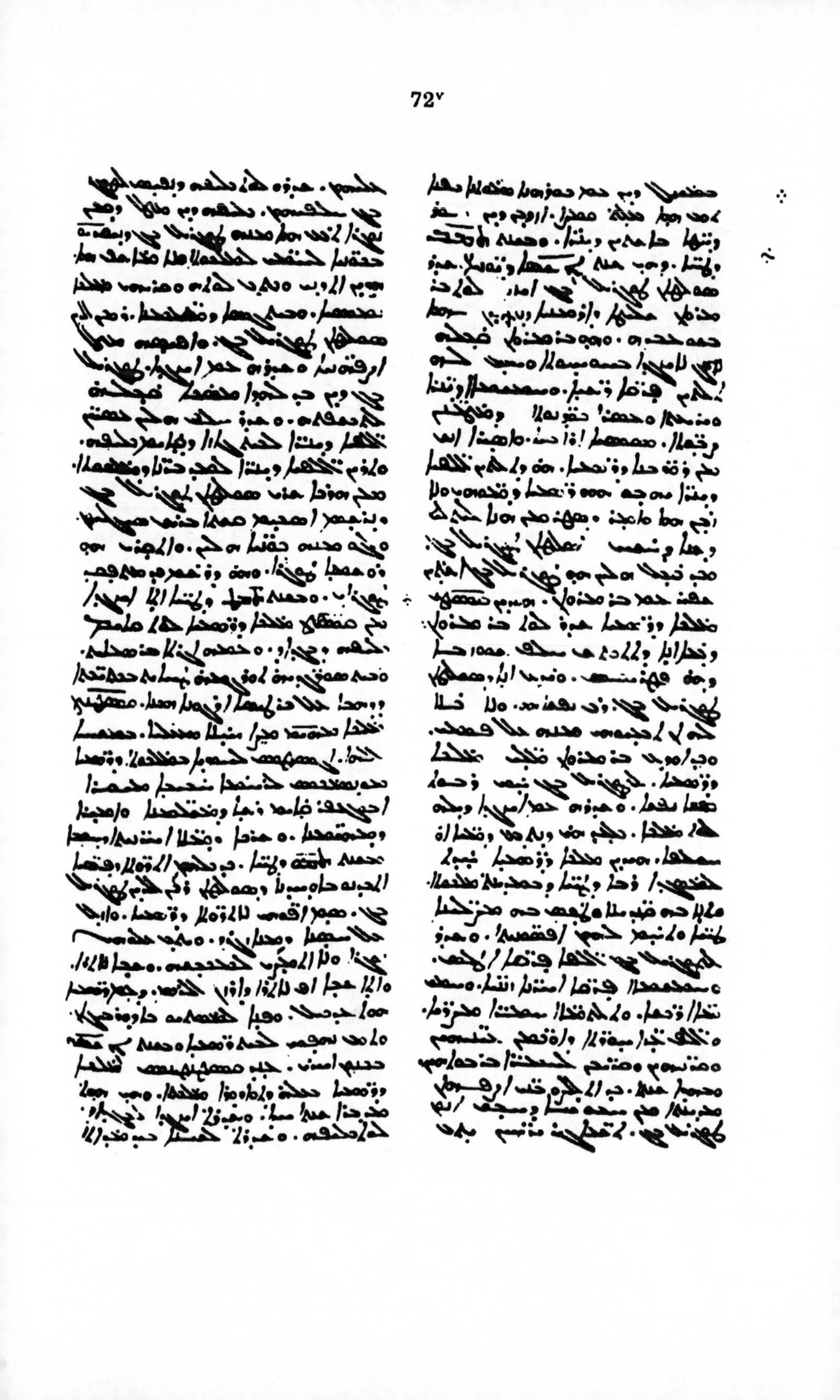

[illegible]

[illegible]

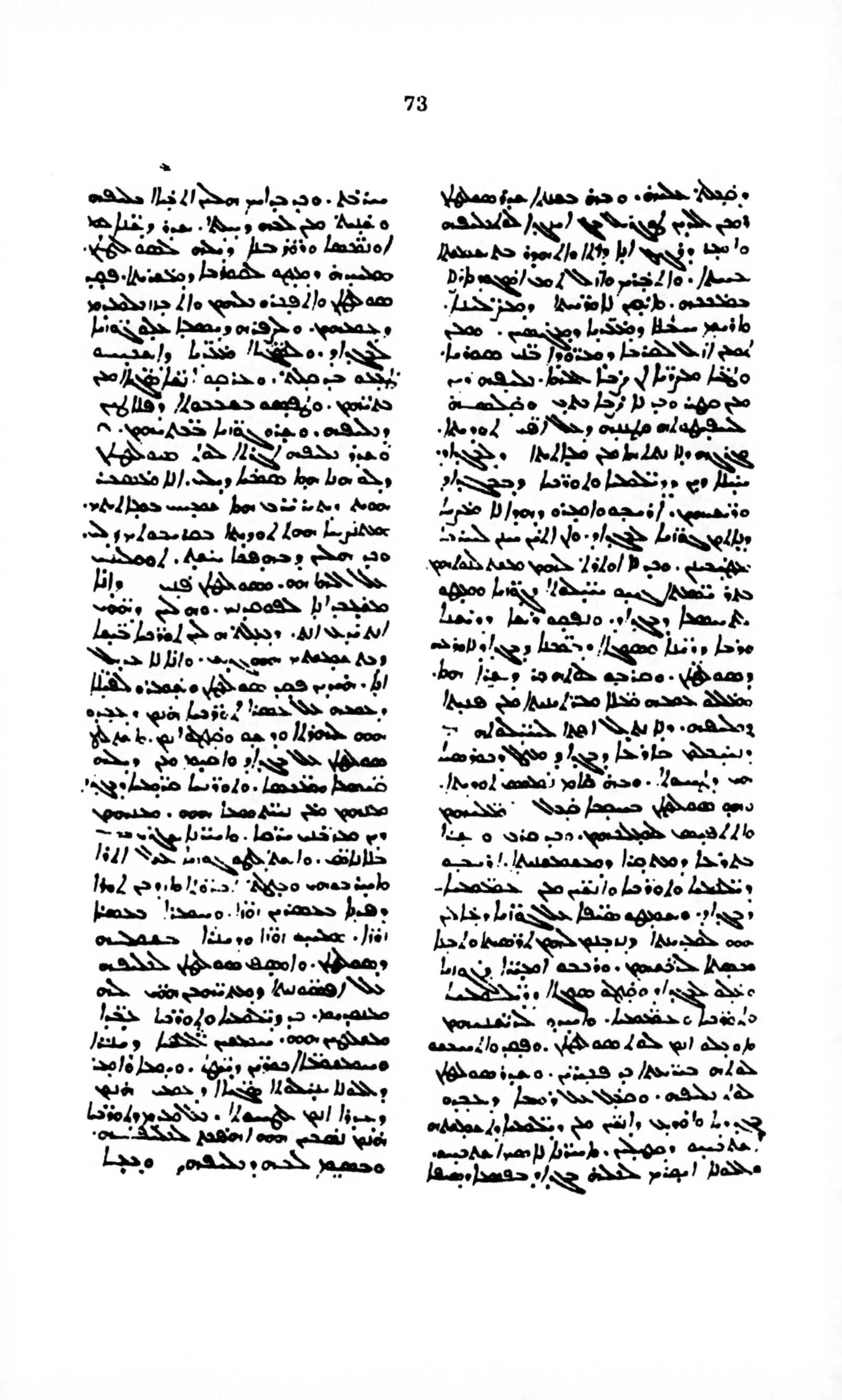

[illegible]

[illegible]

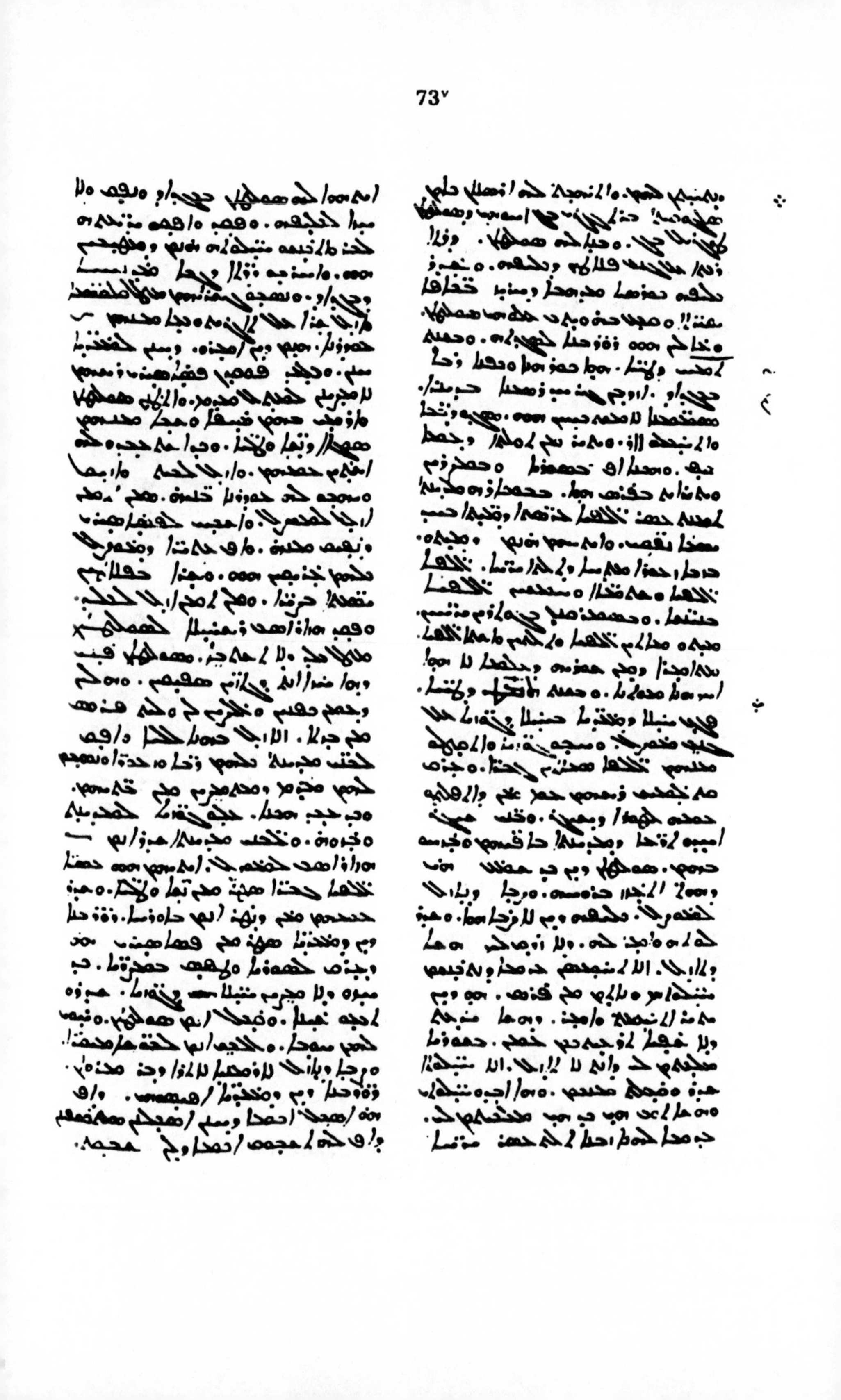

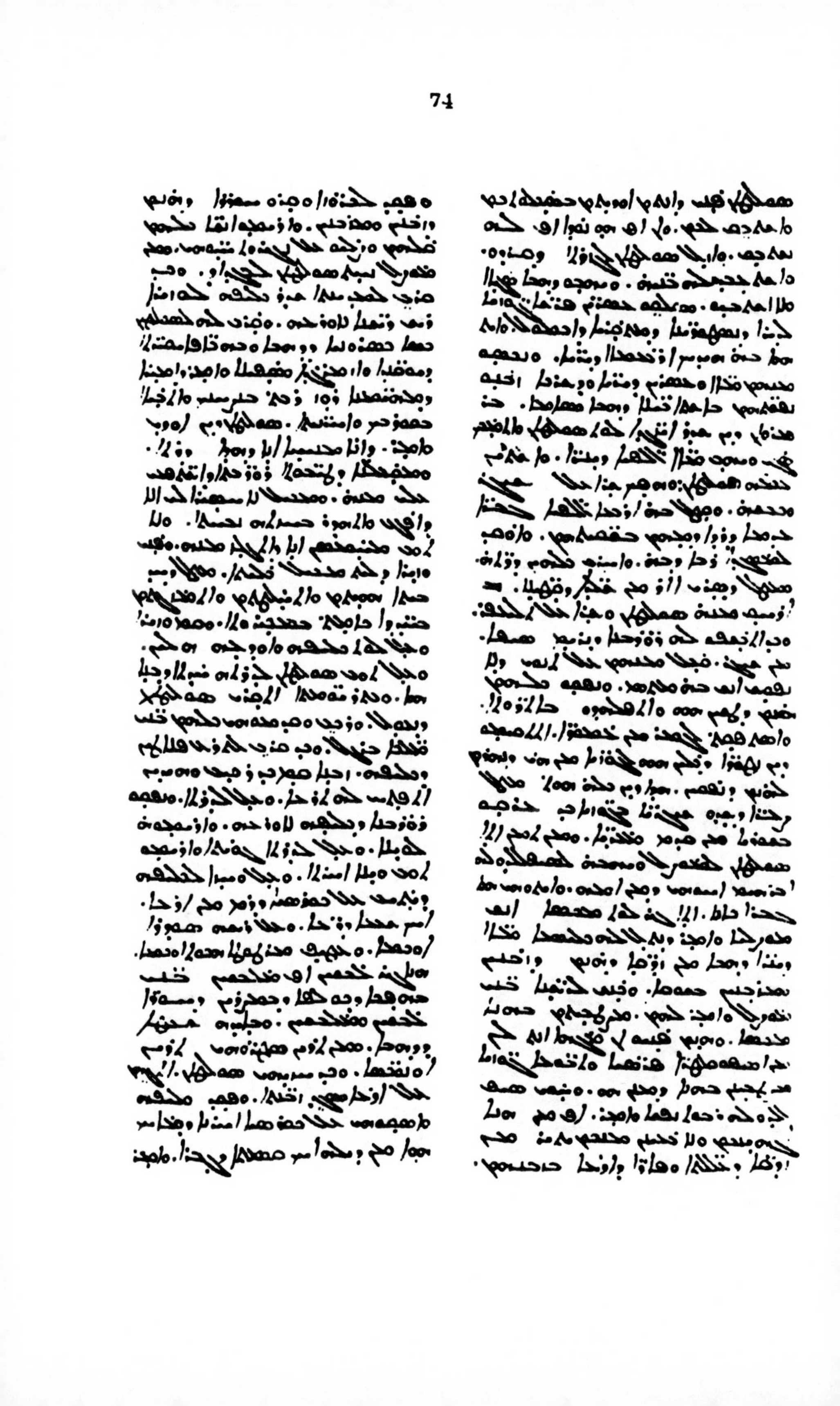

[illegible]

[illegible]

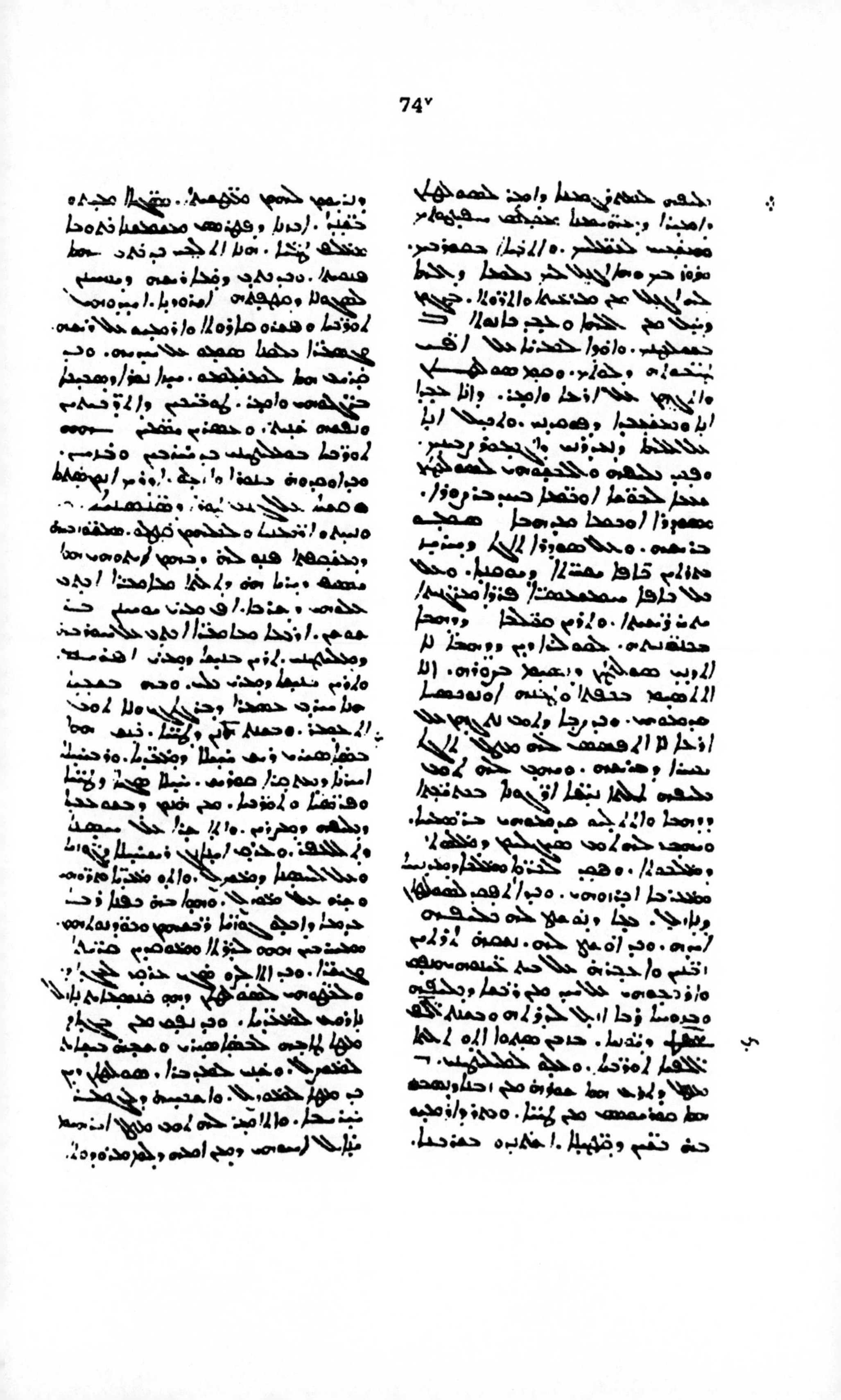

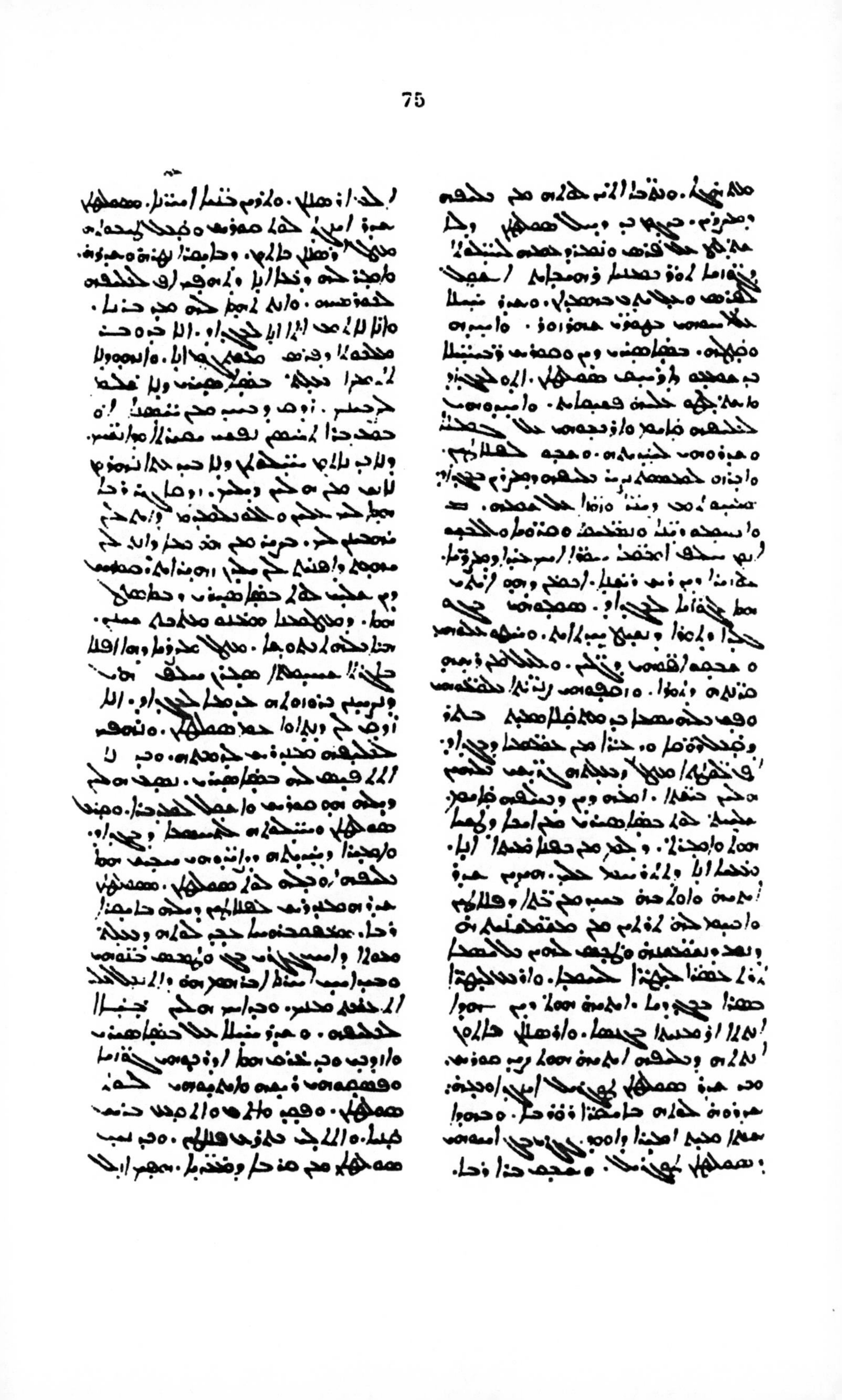

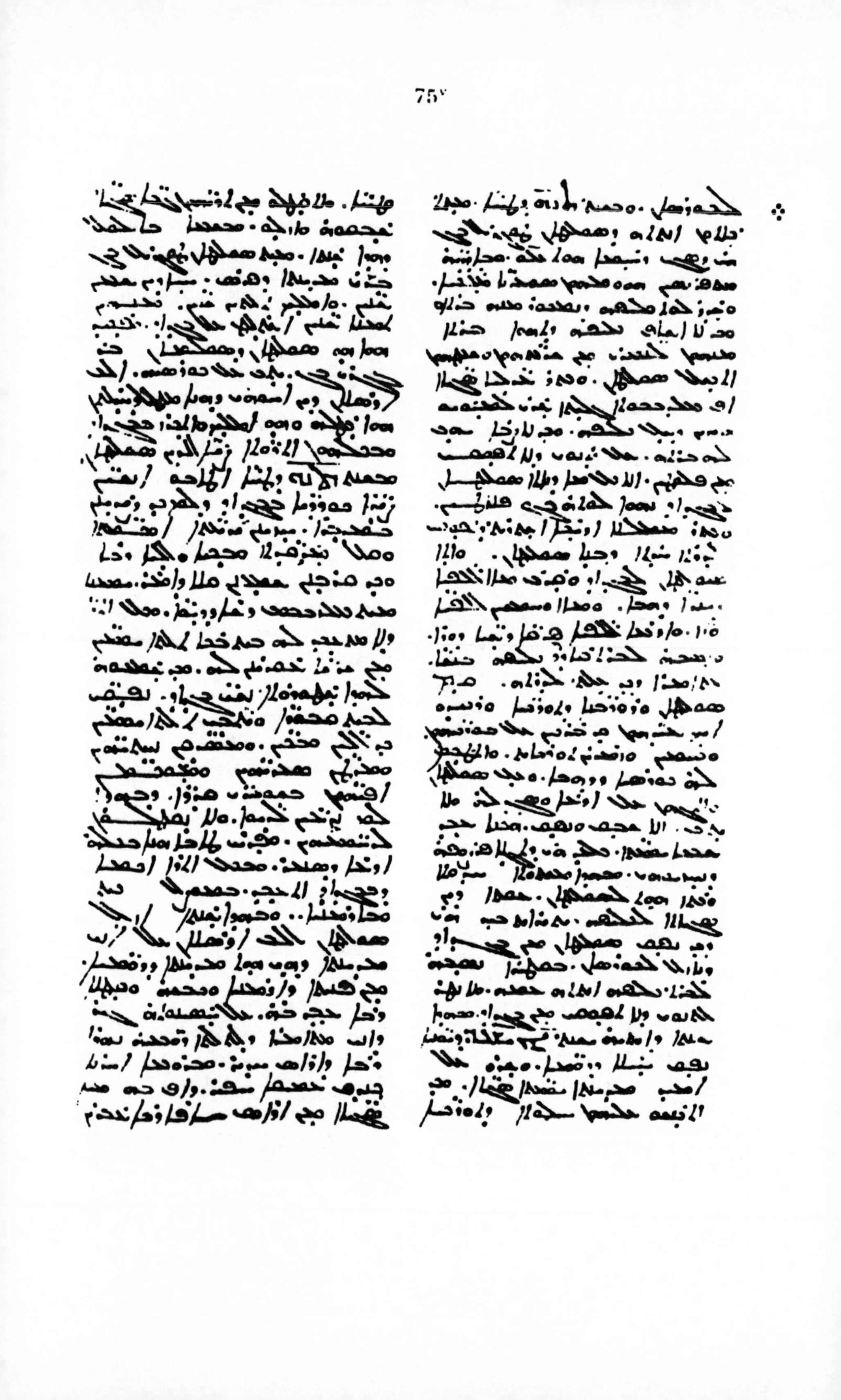

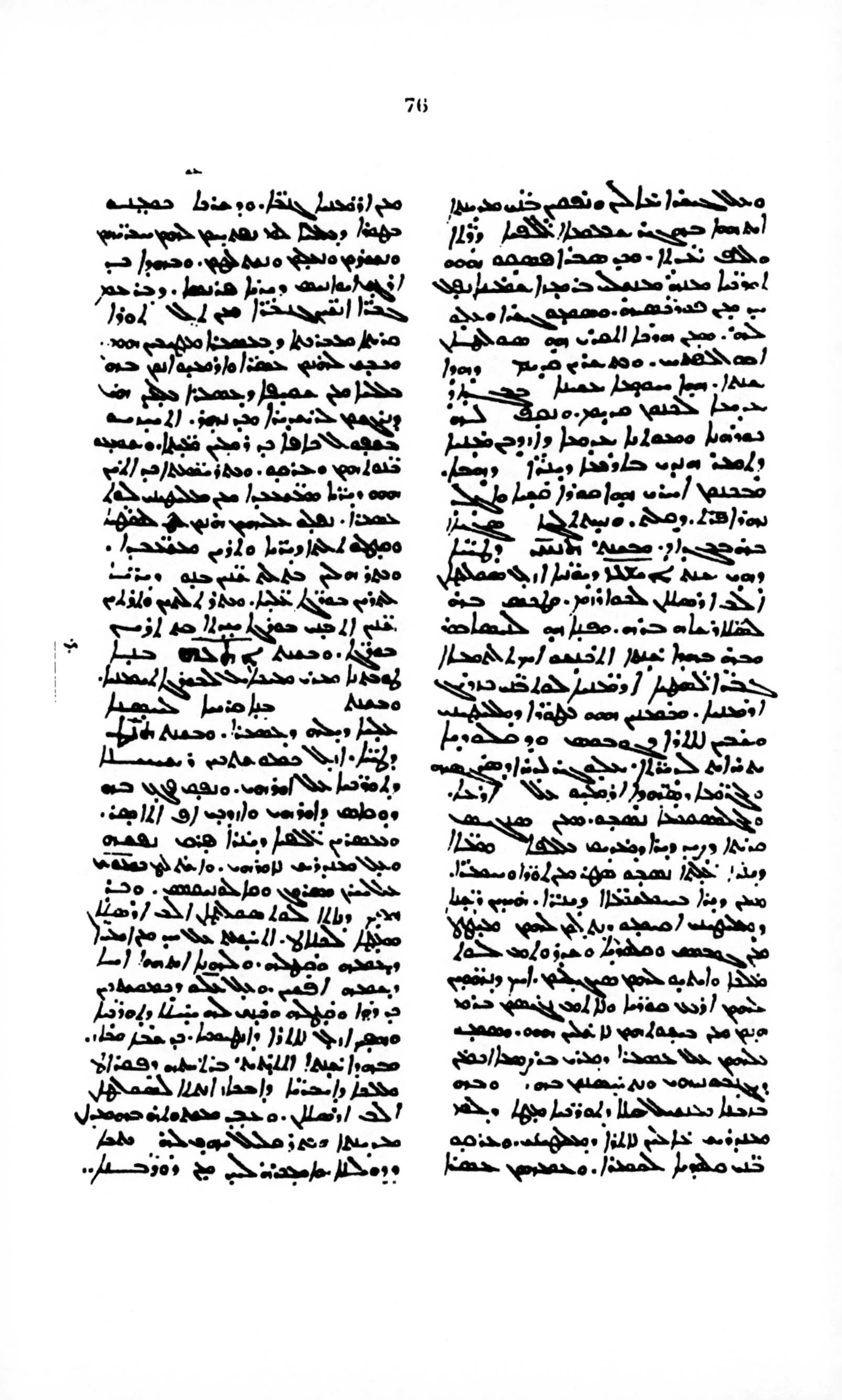

[illegible]

[illegible]

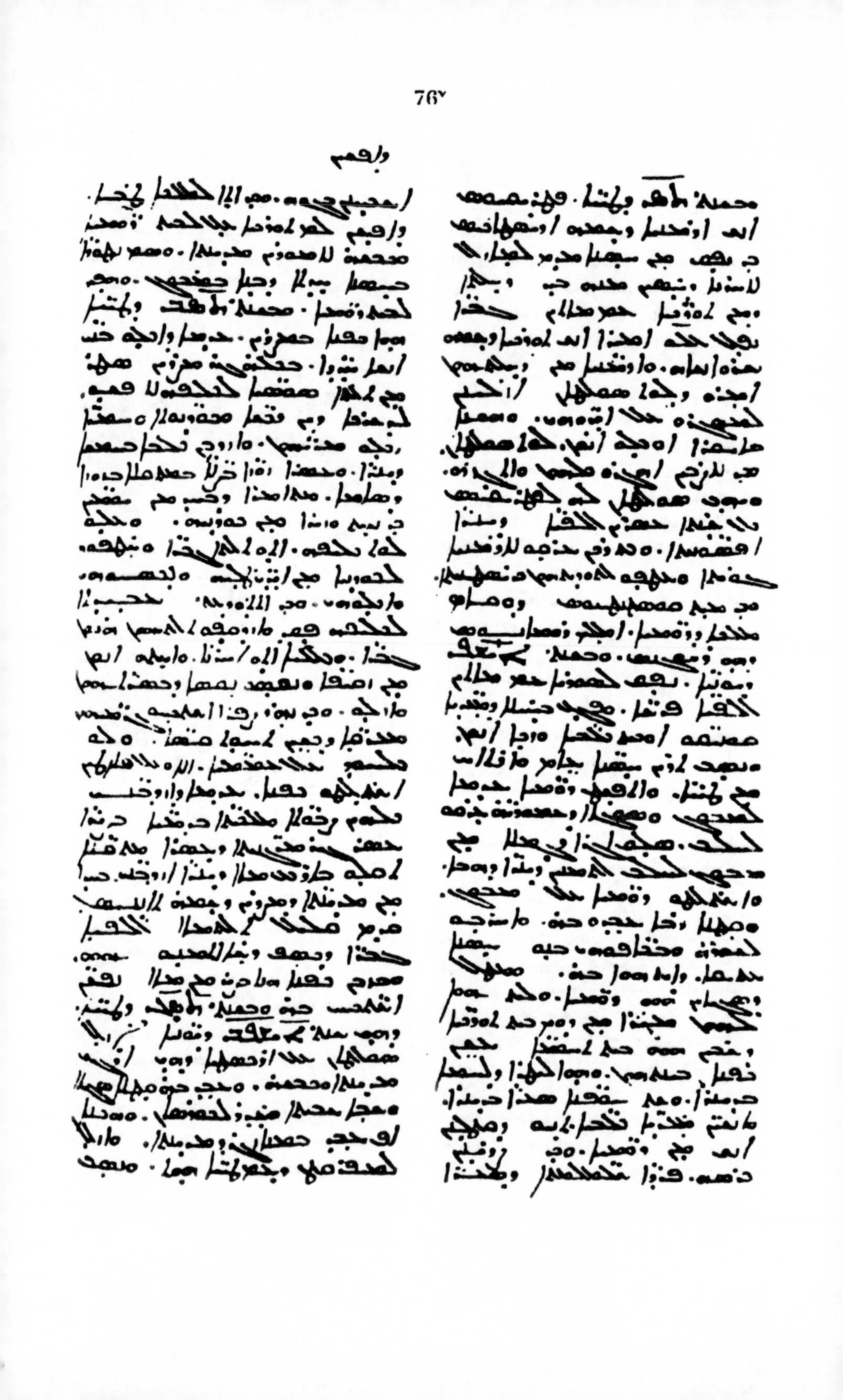

ܘܐܦܣܡ

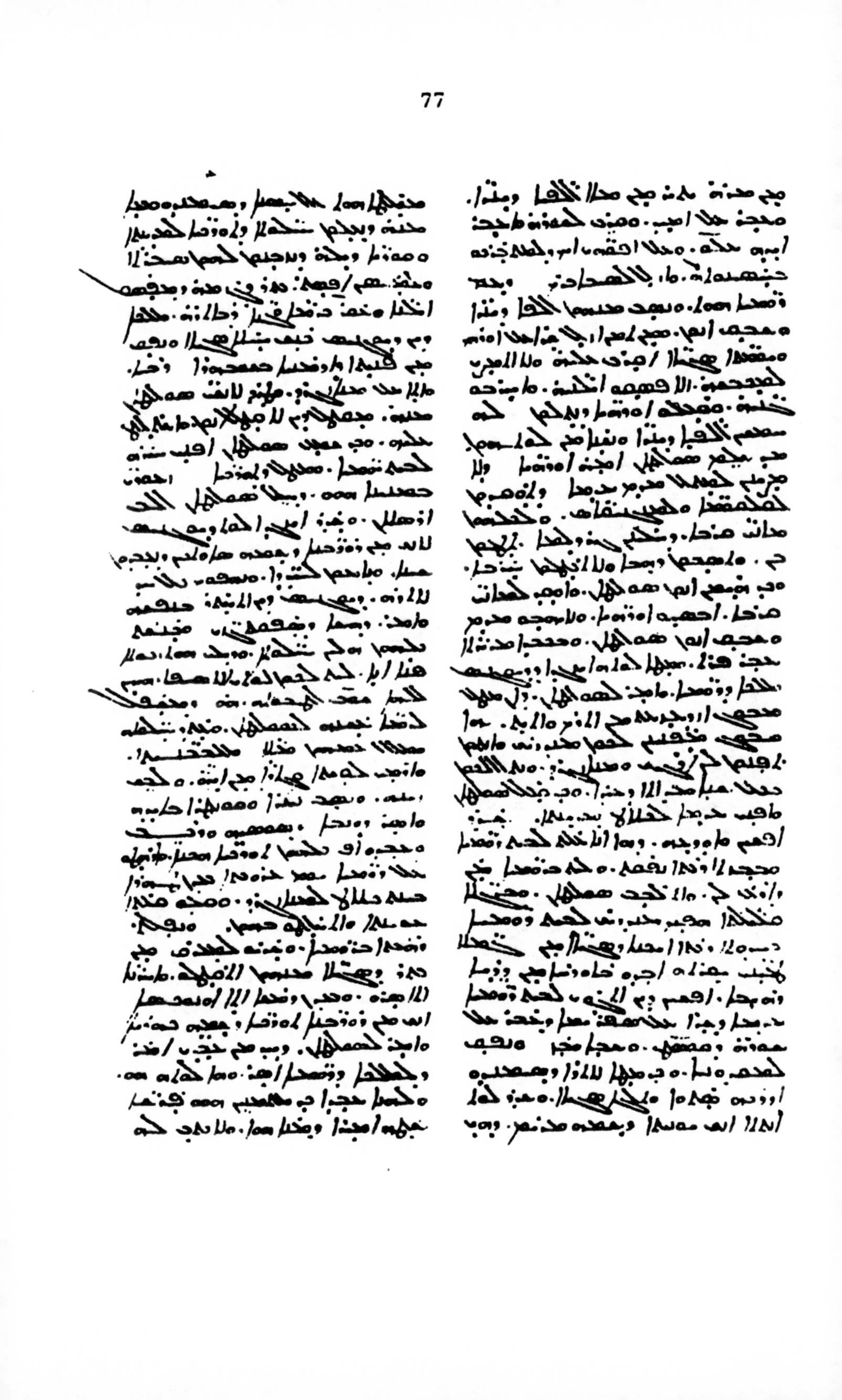

[illegible]

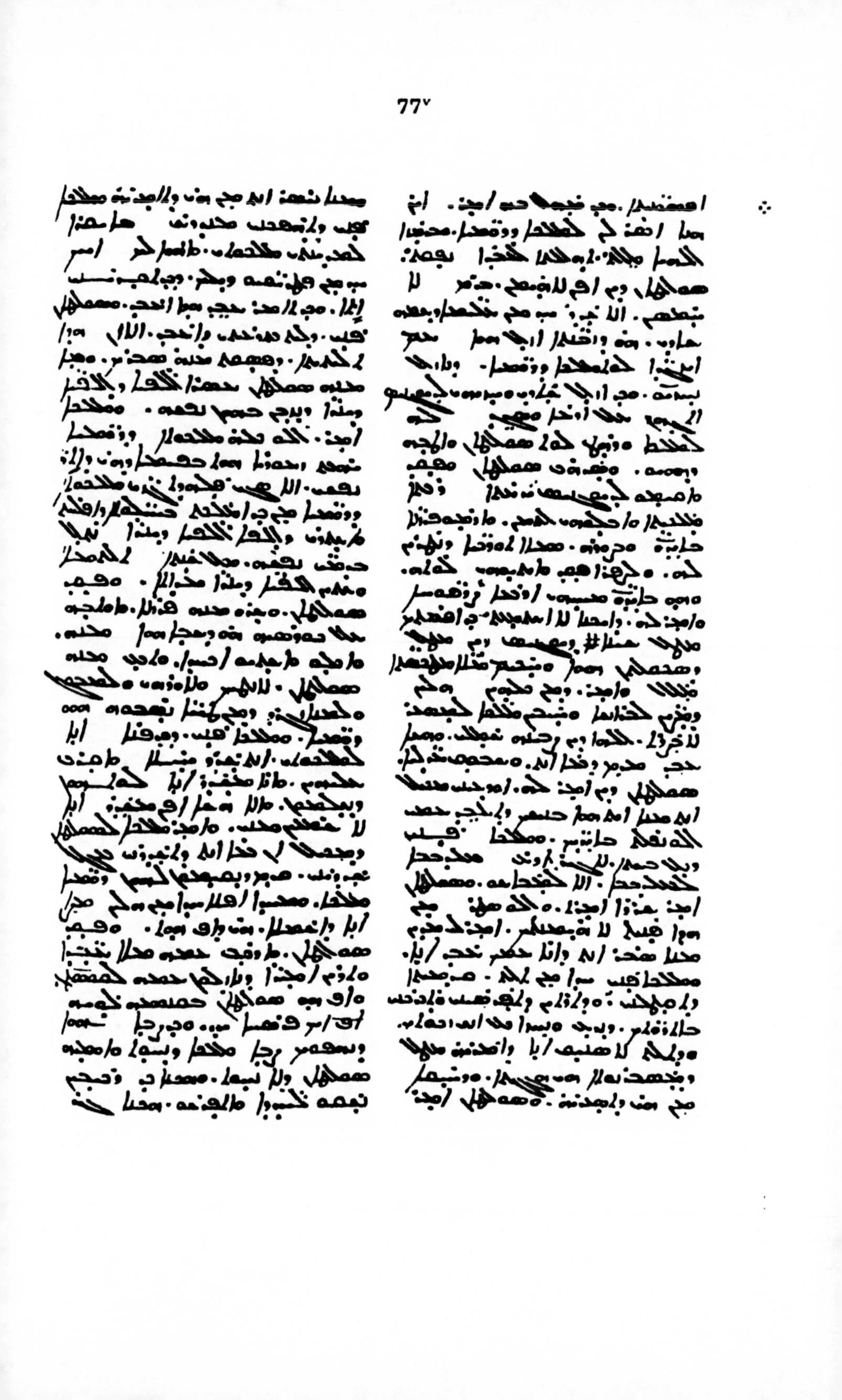

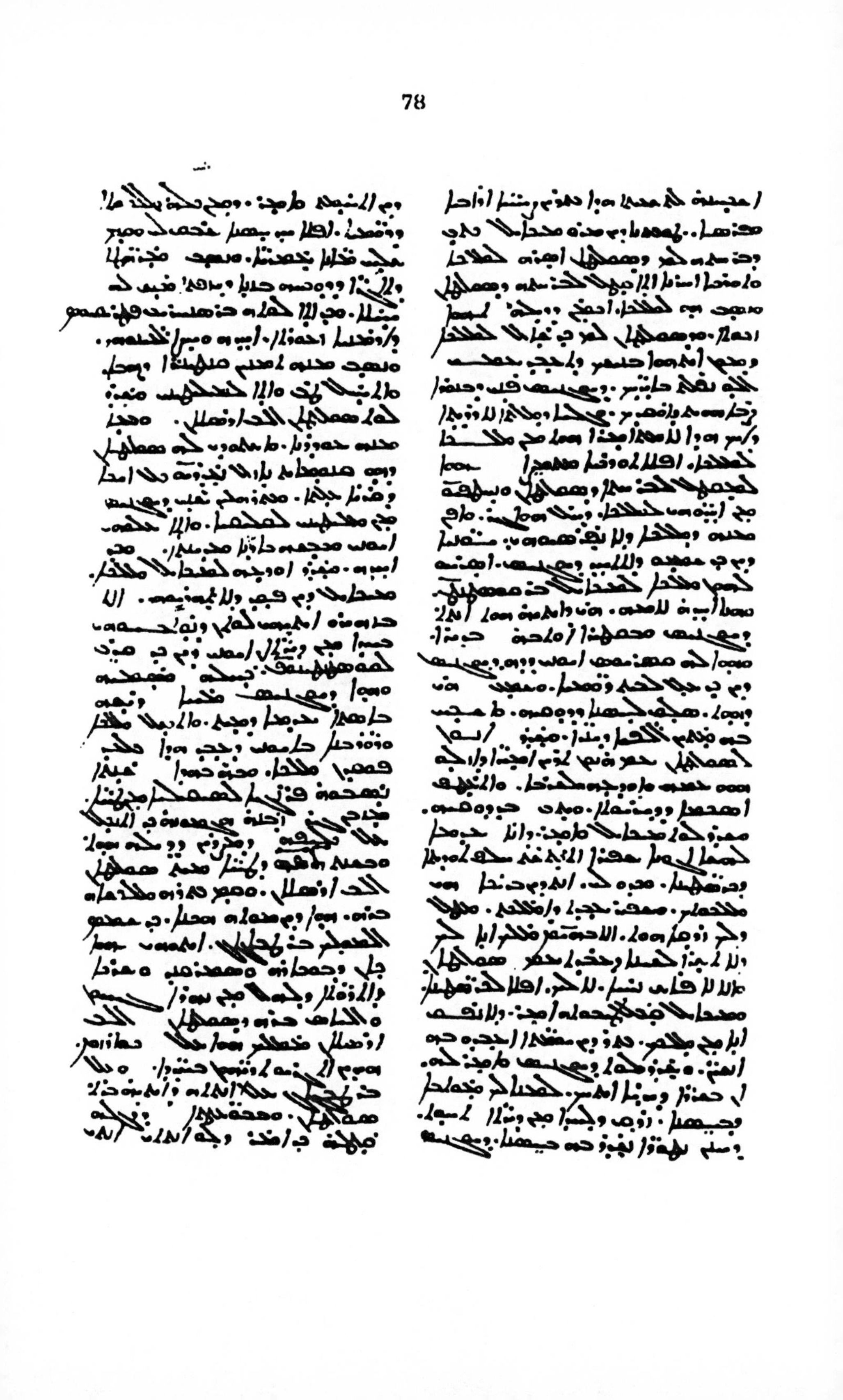

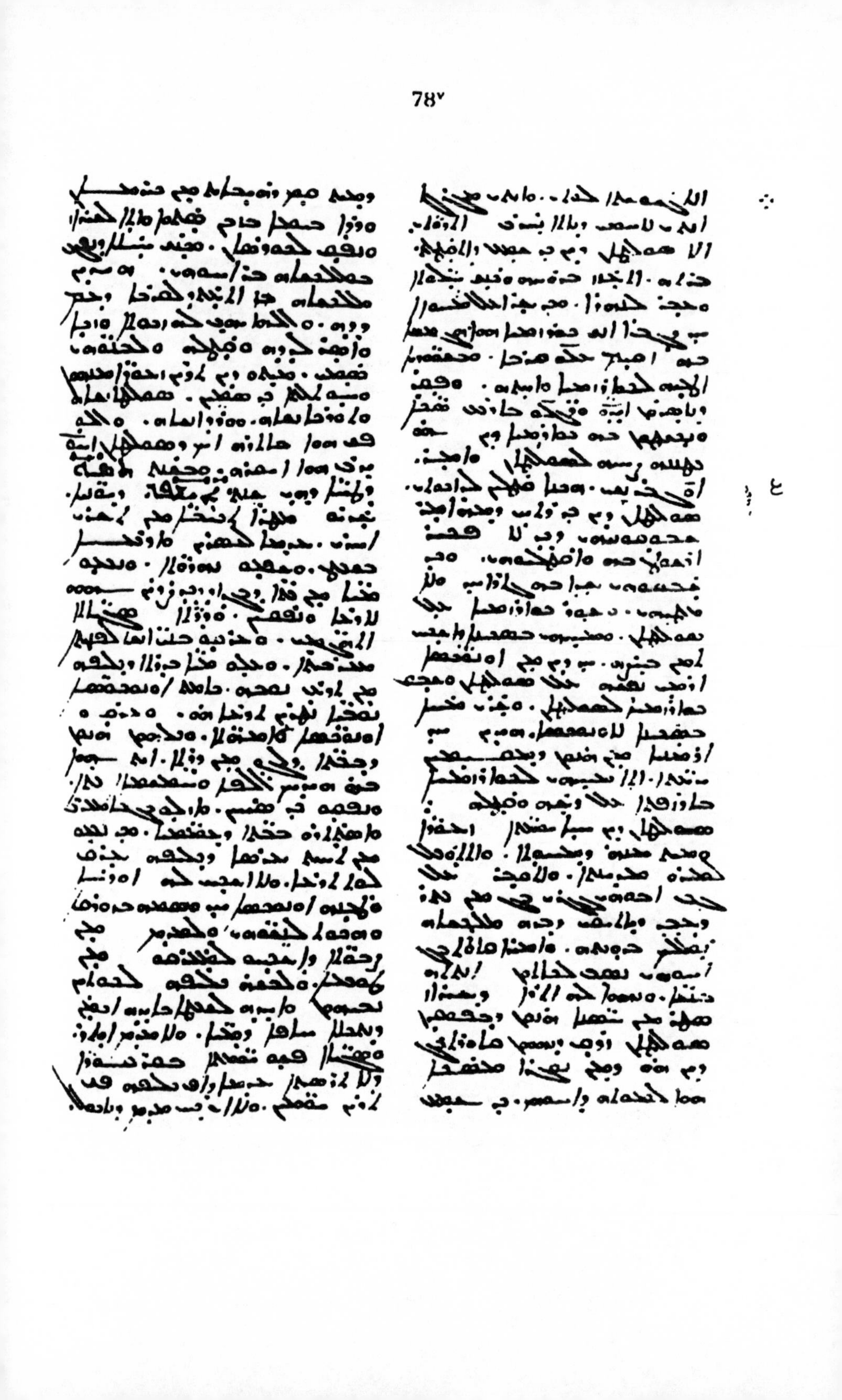

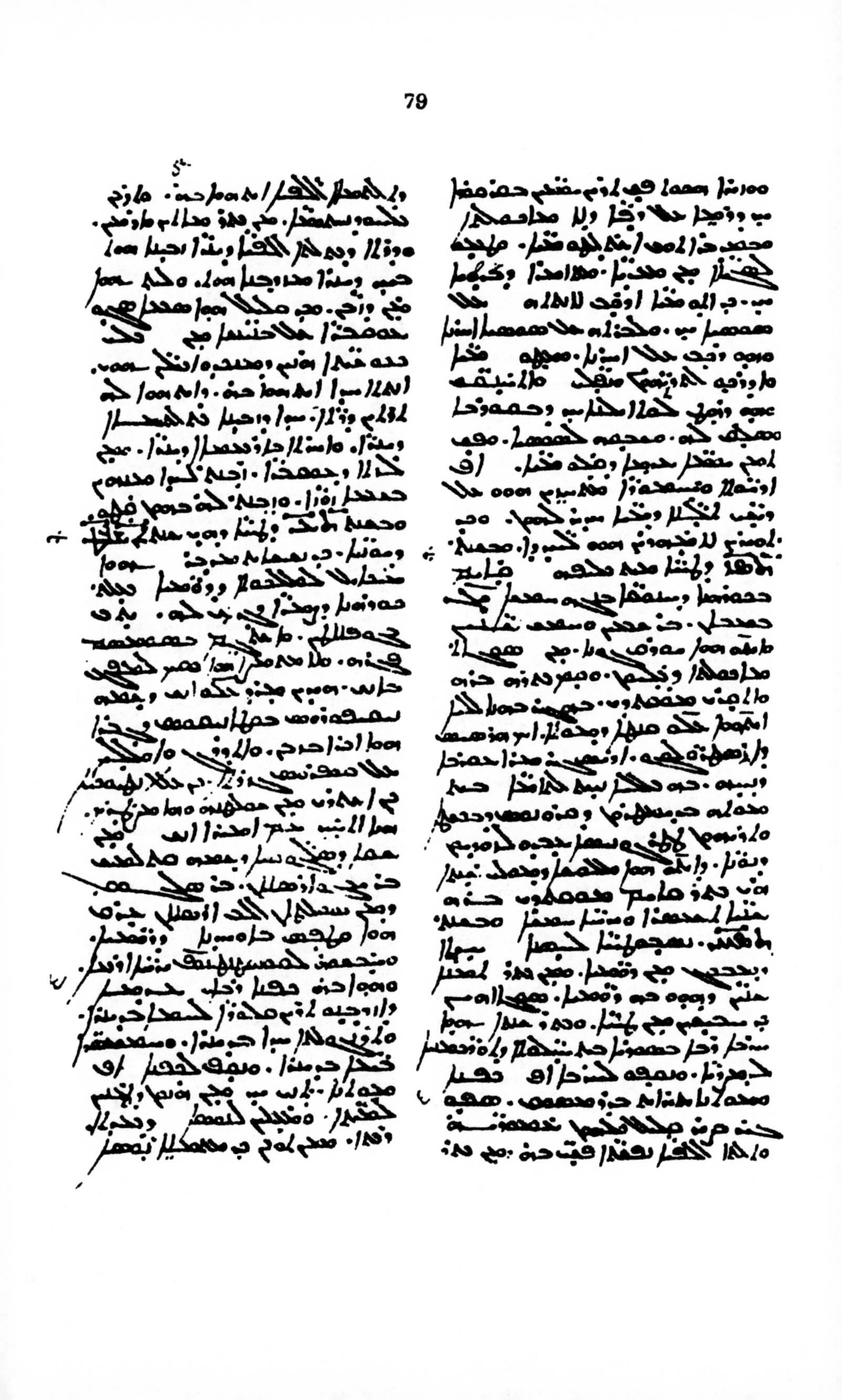

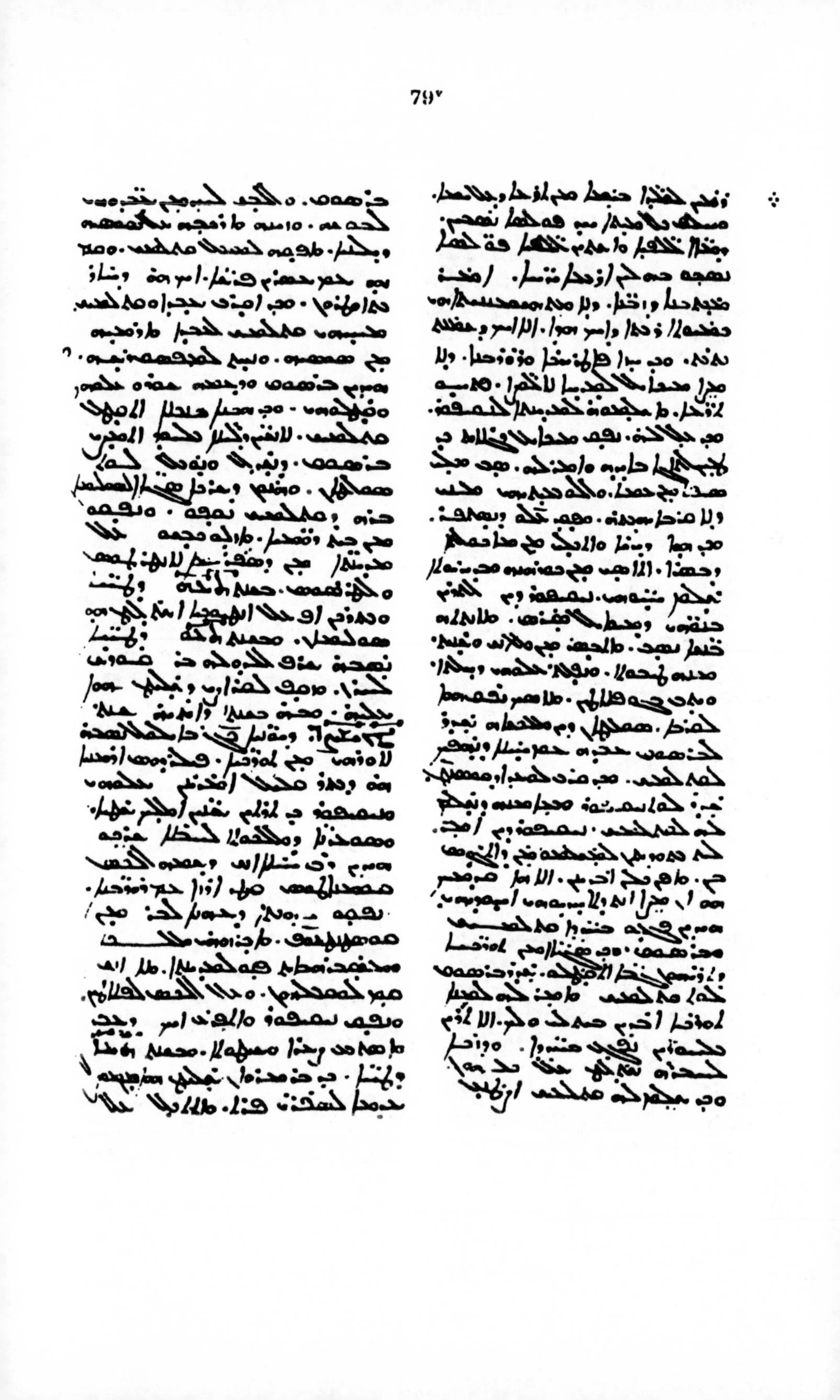

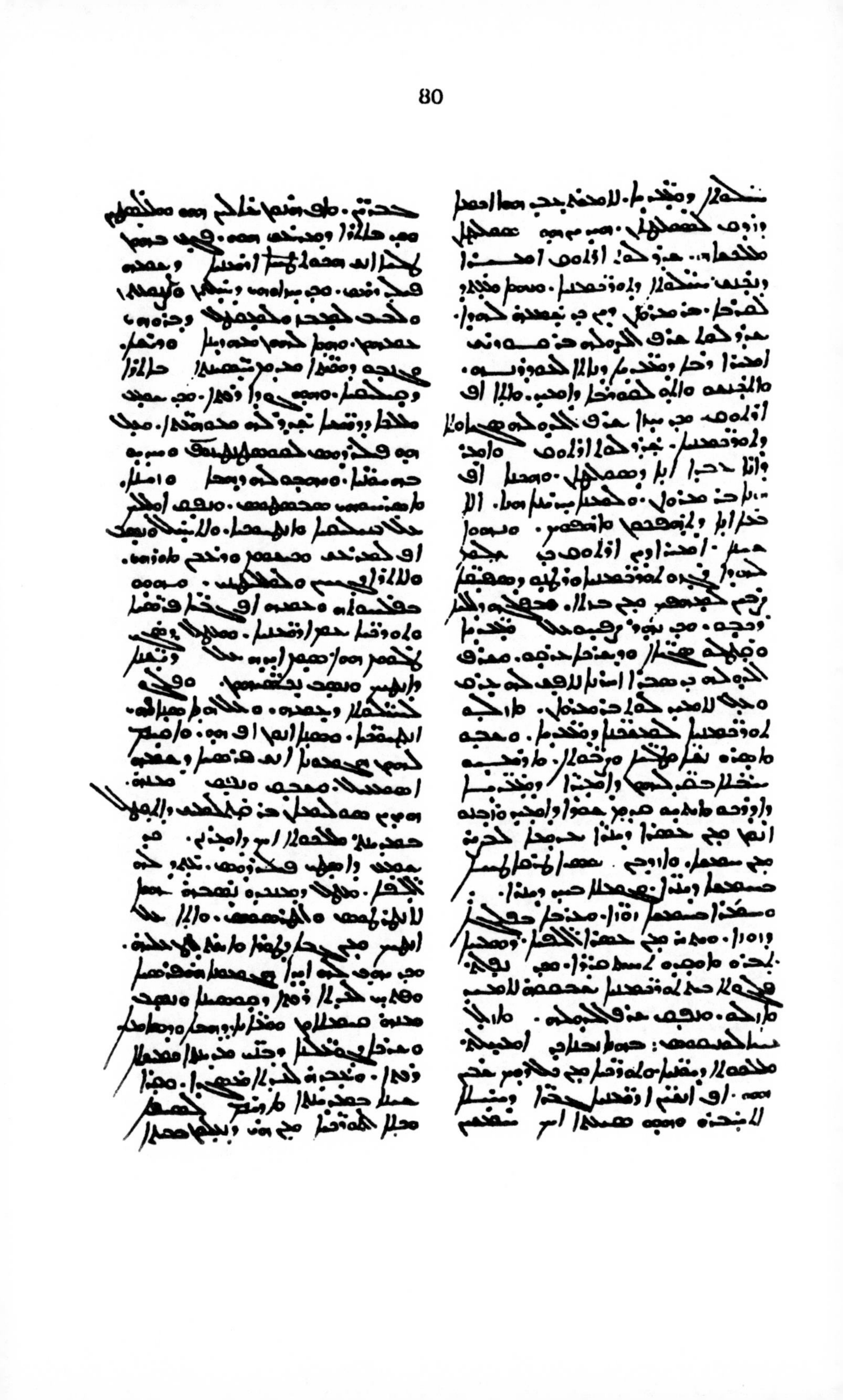

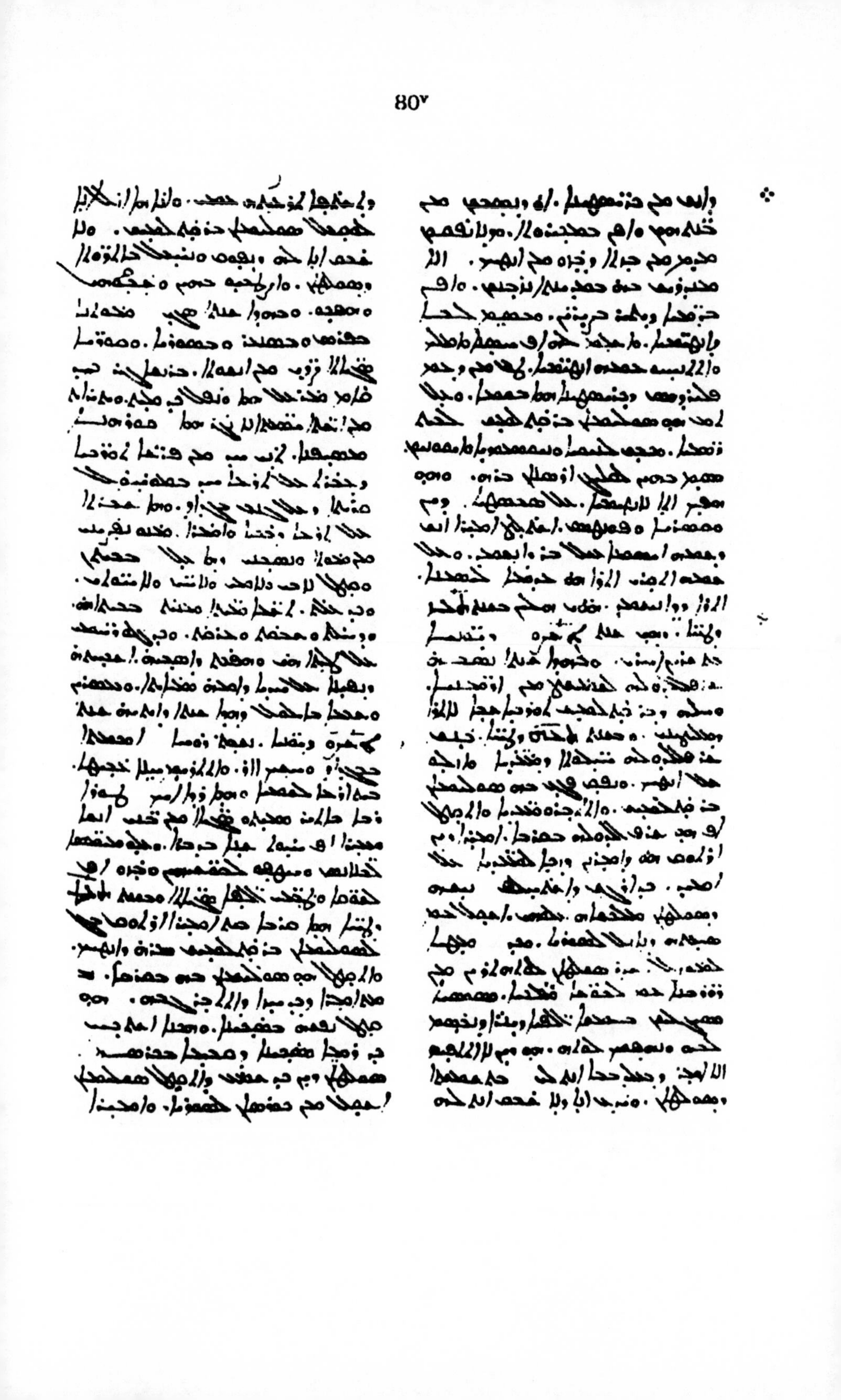

[illegible]

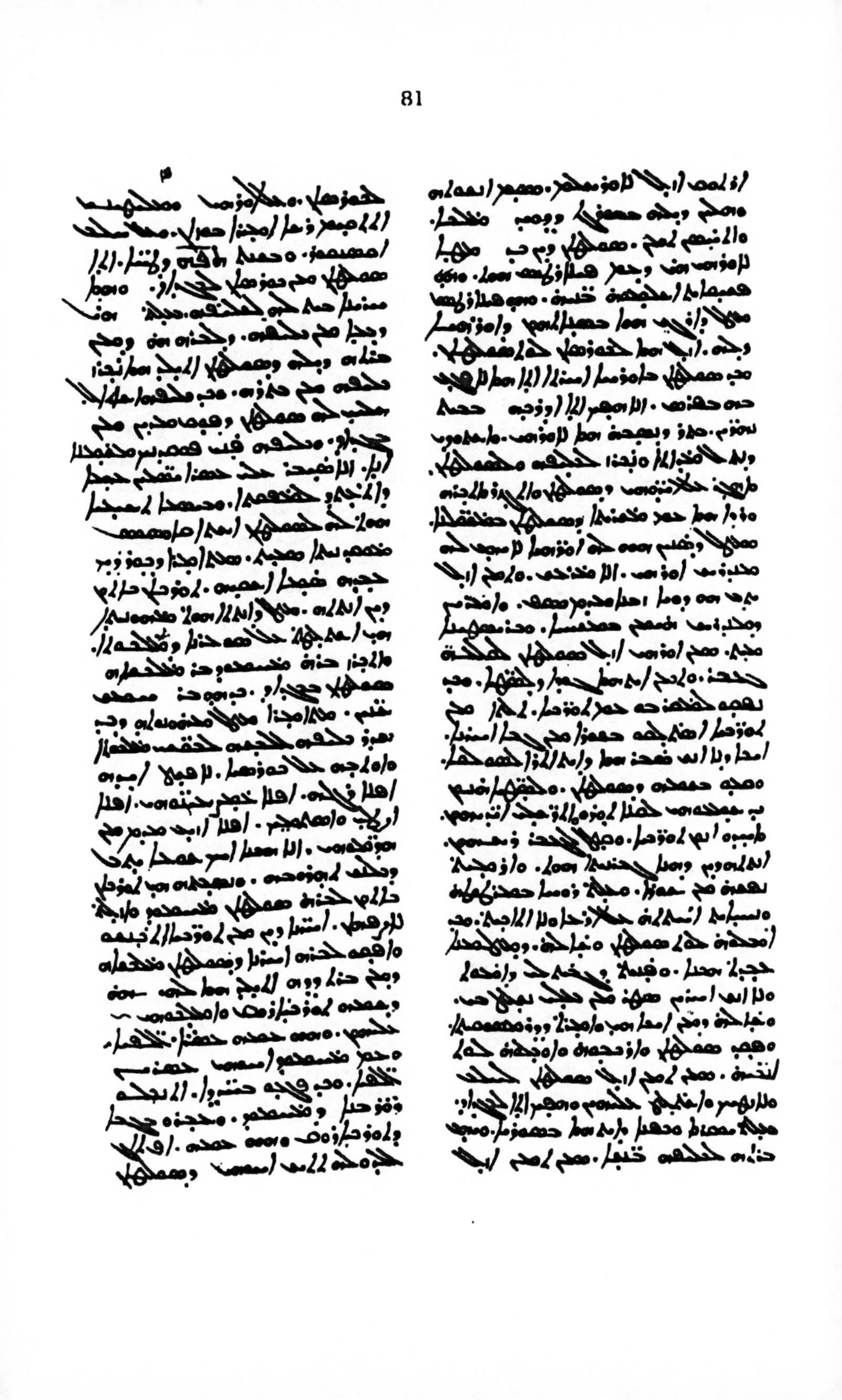

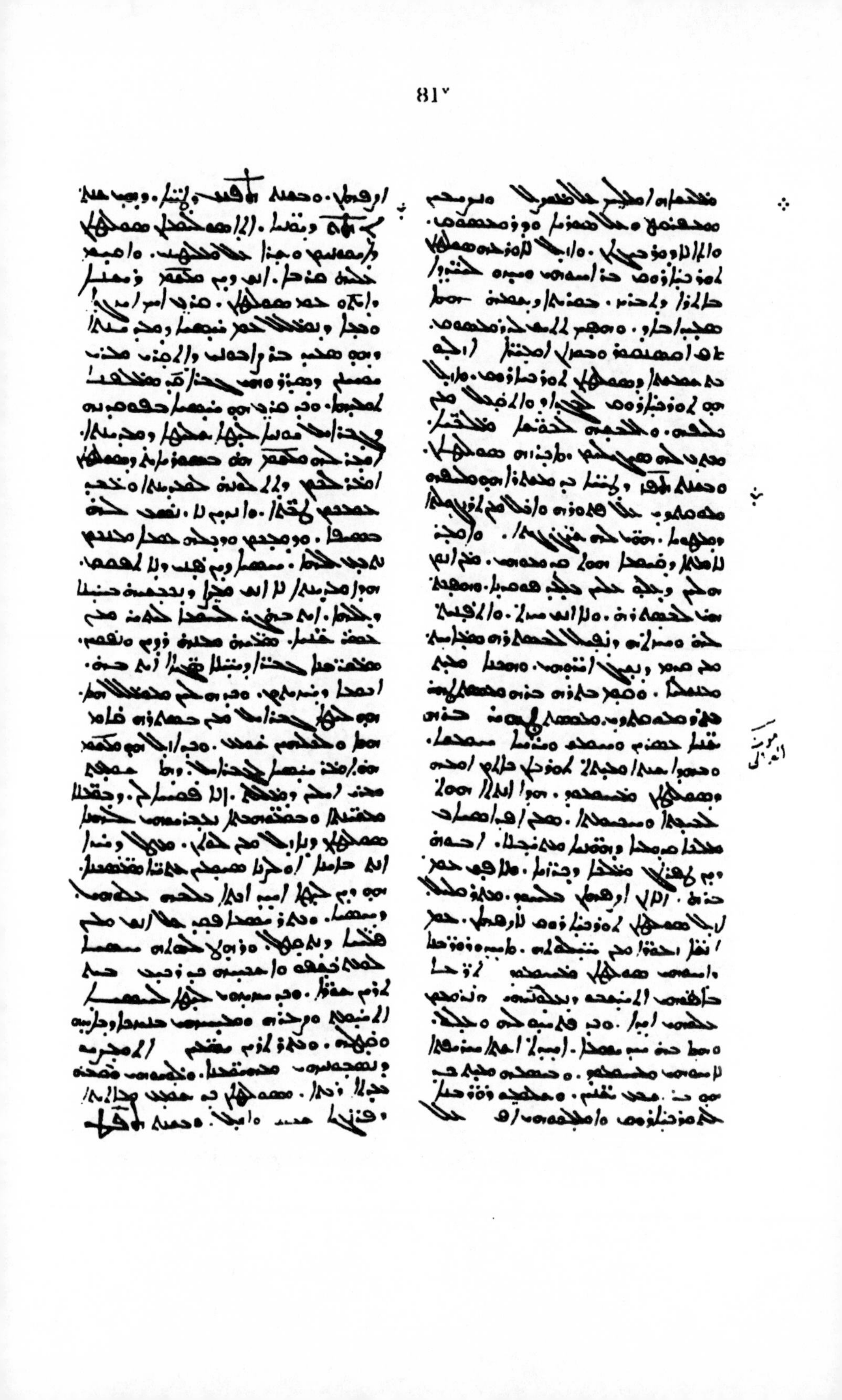

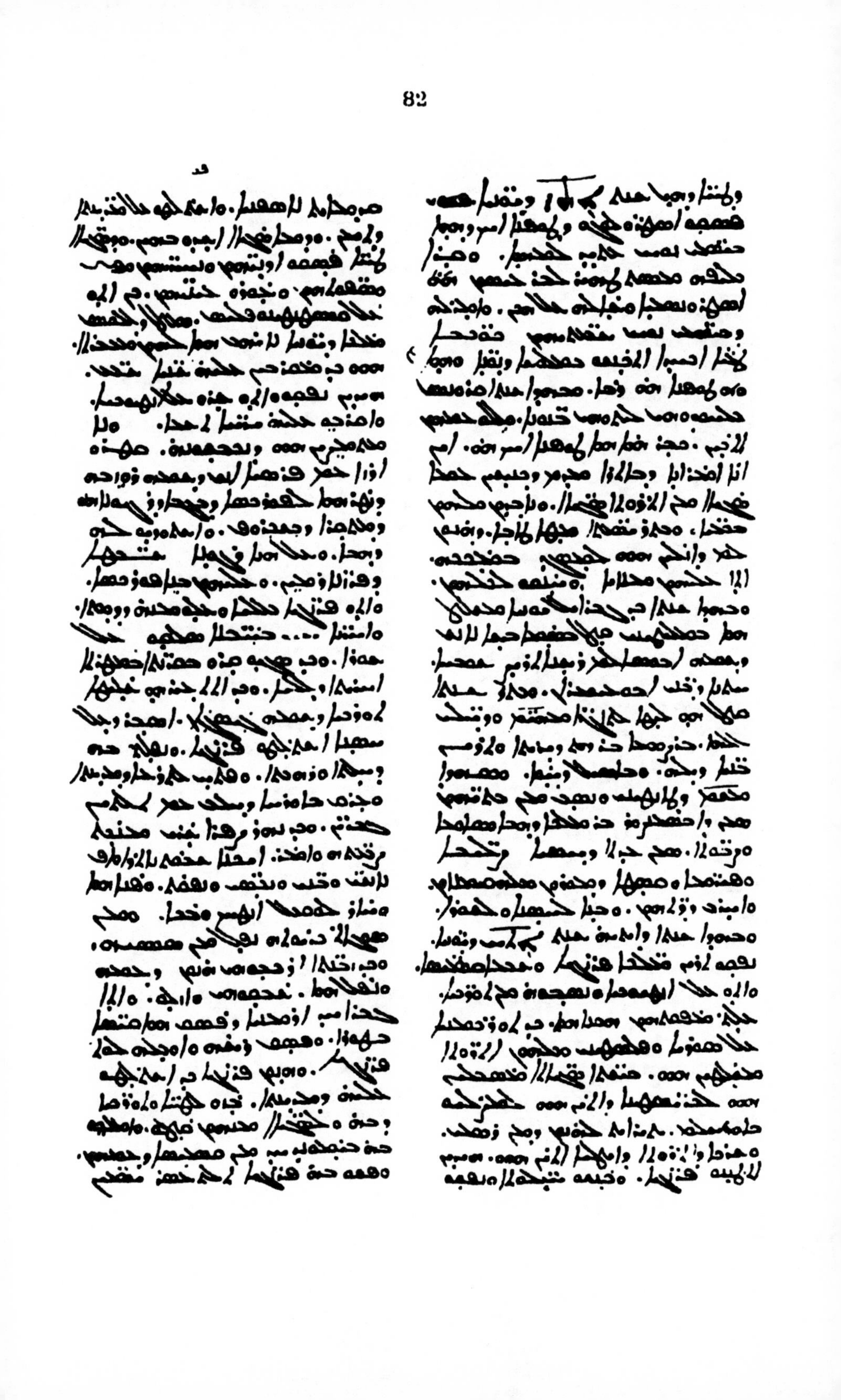

[illegible]

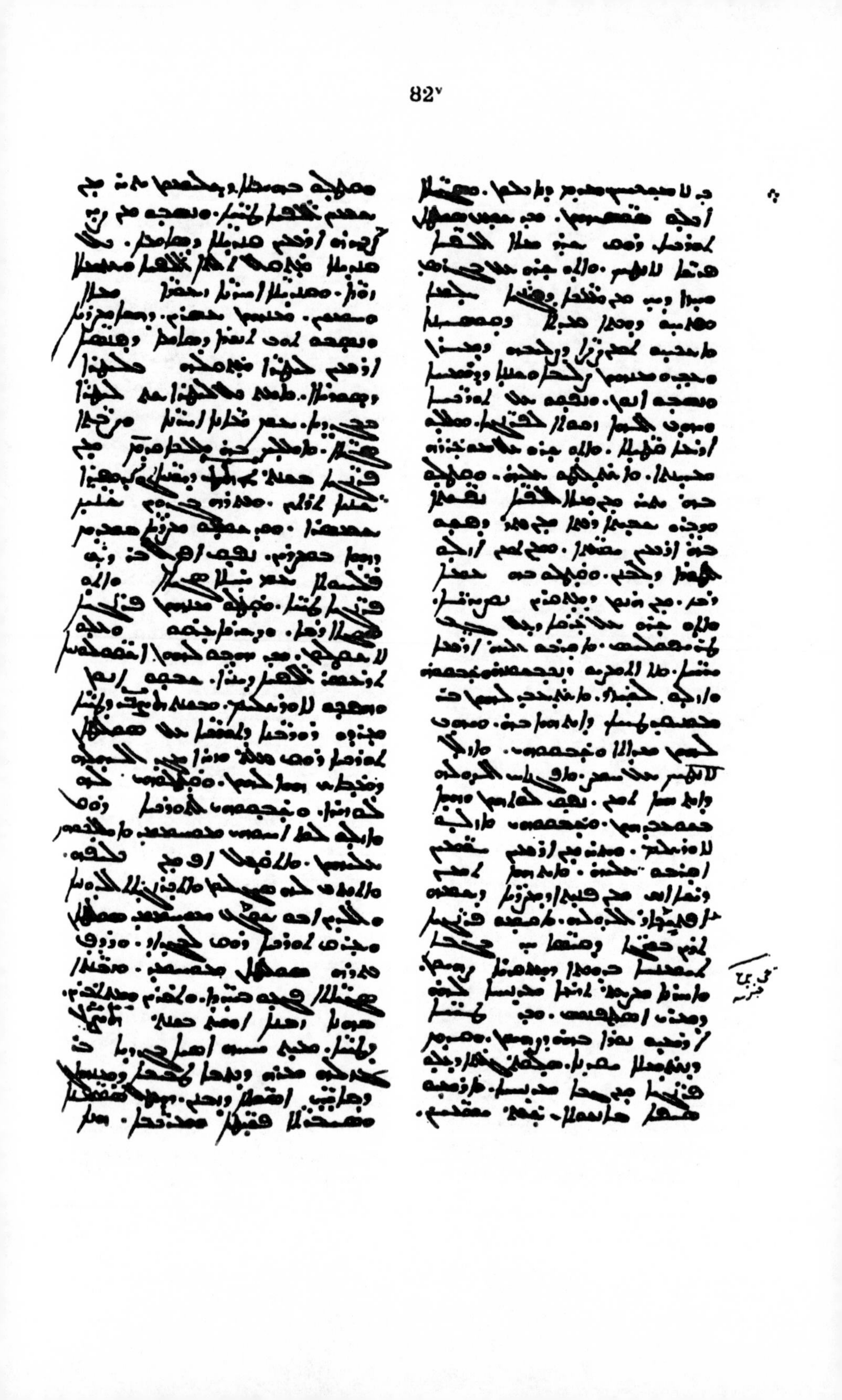

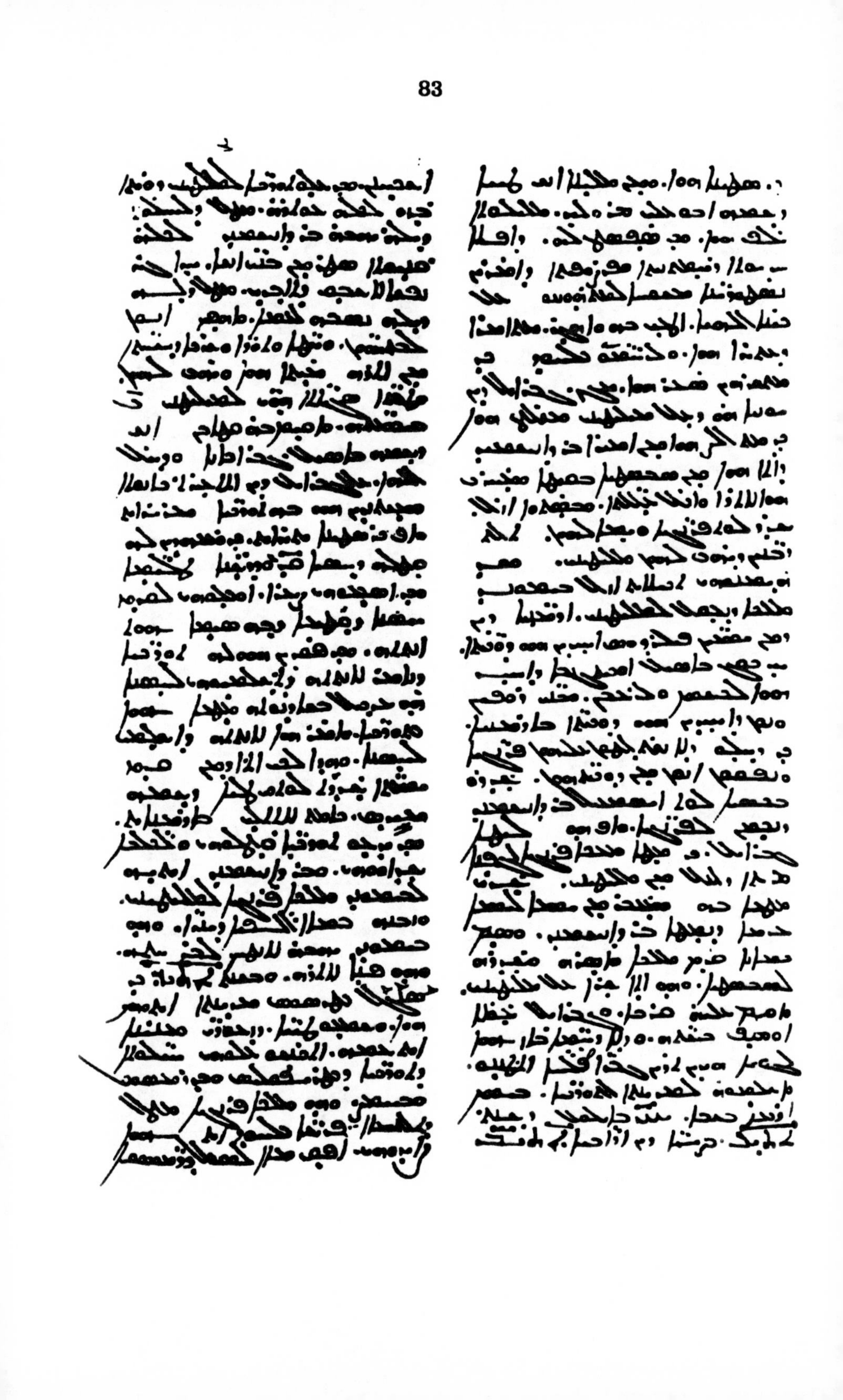

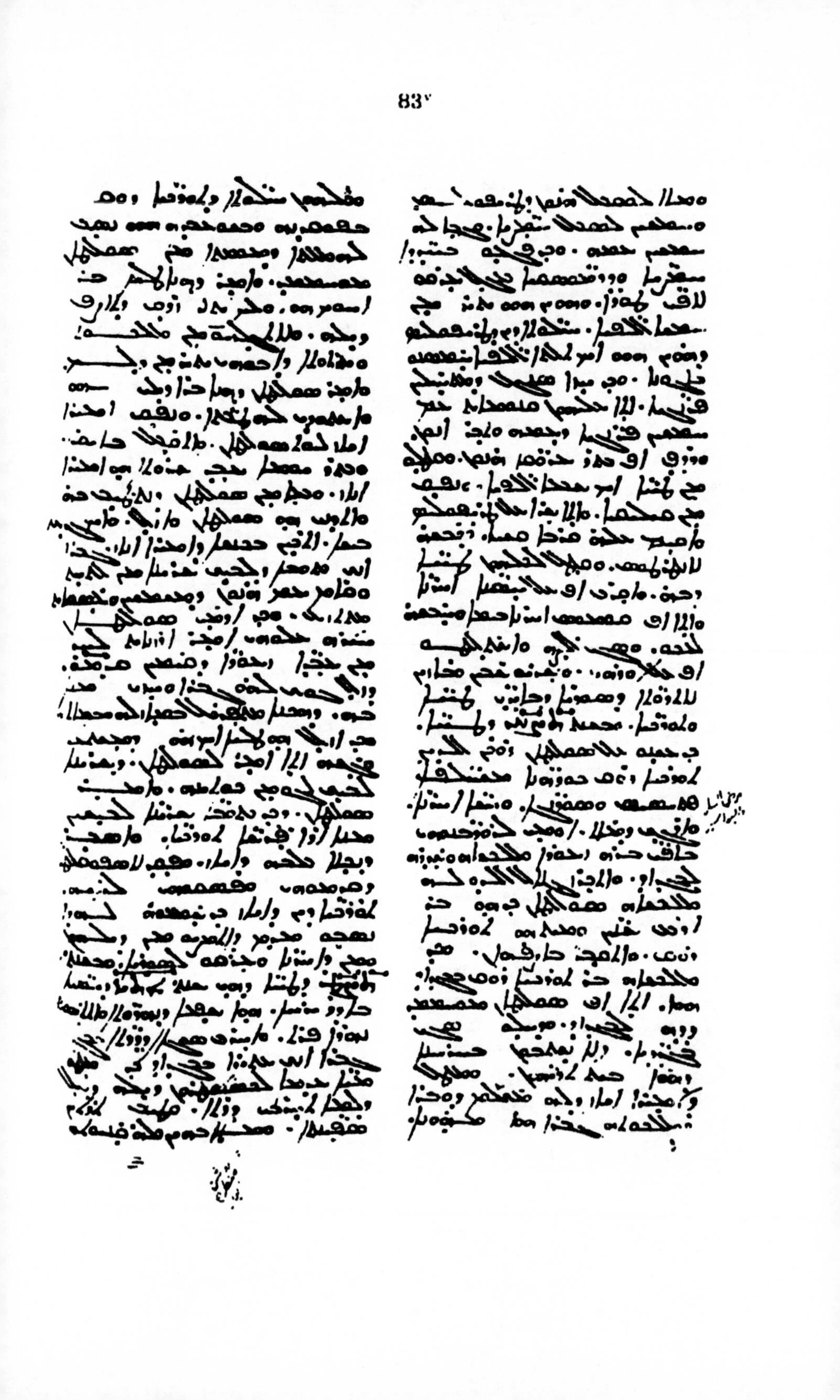

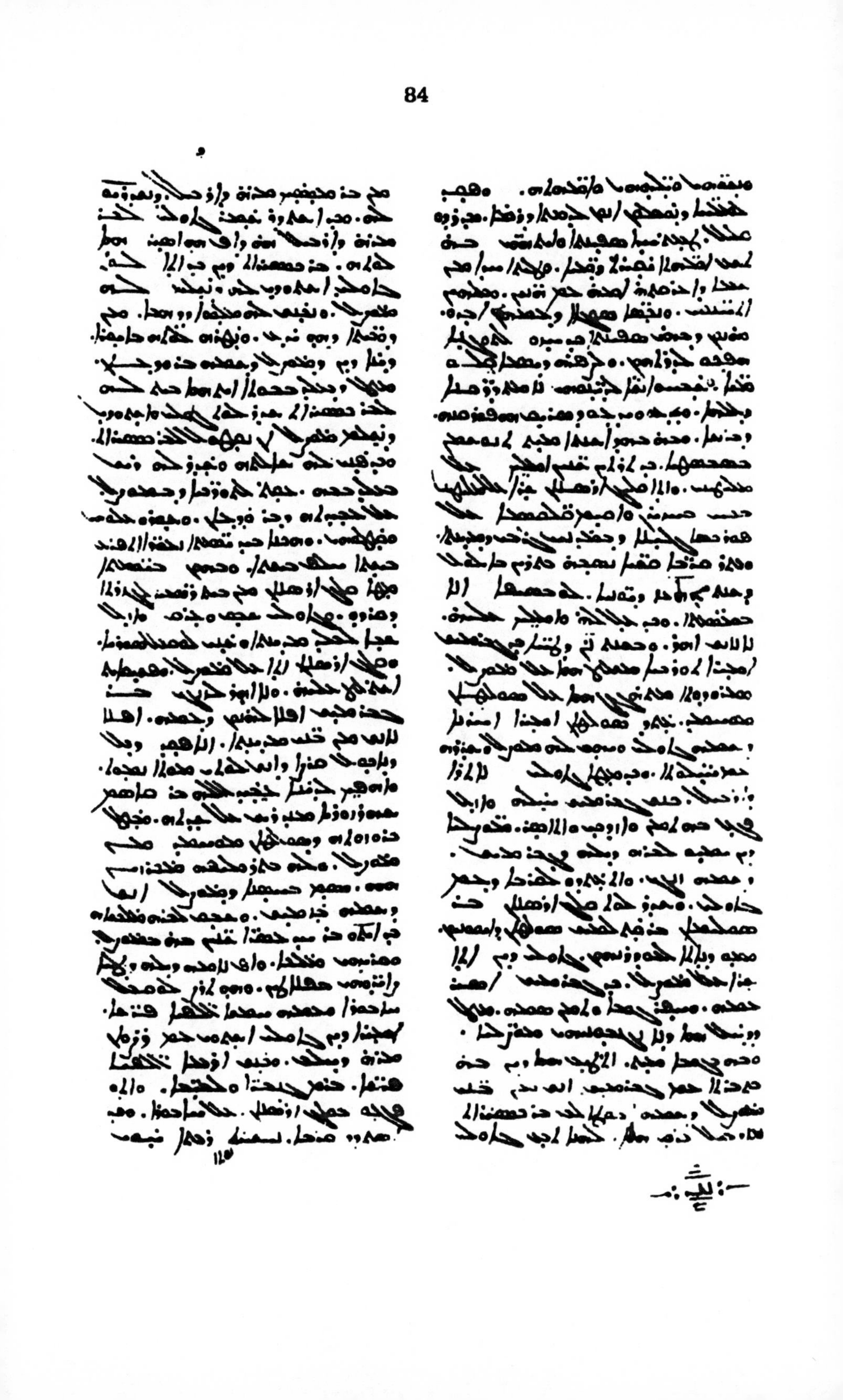

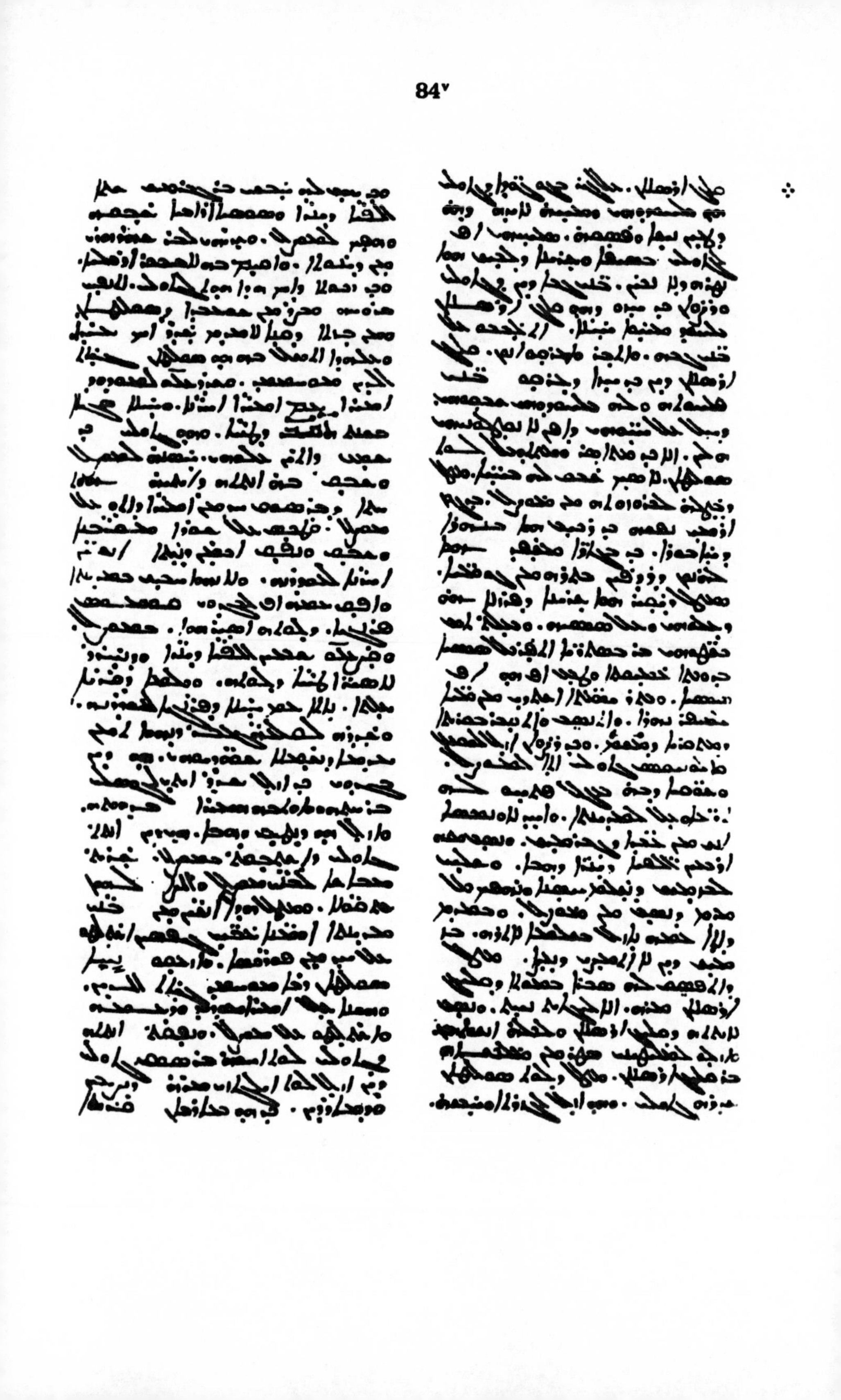

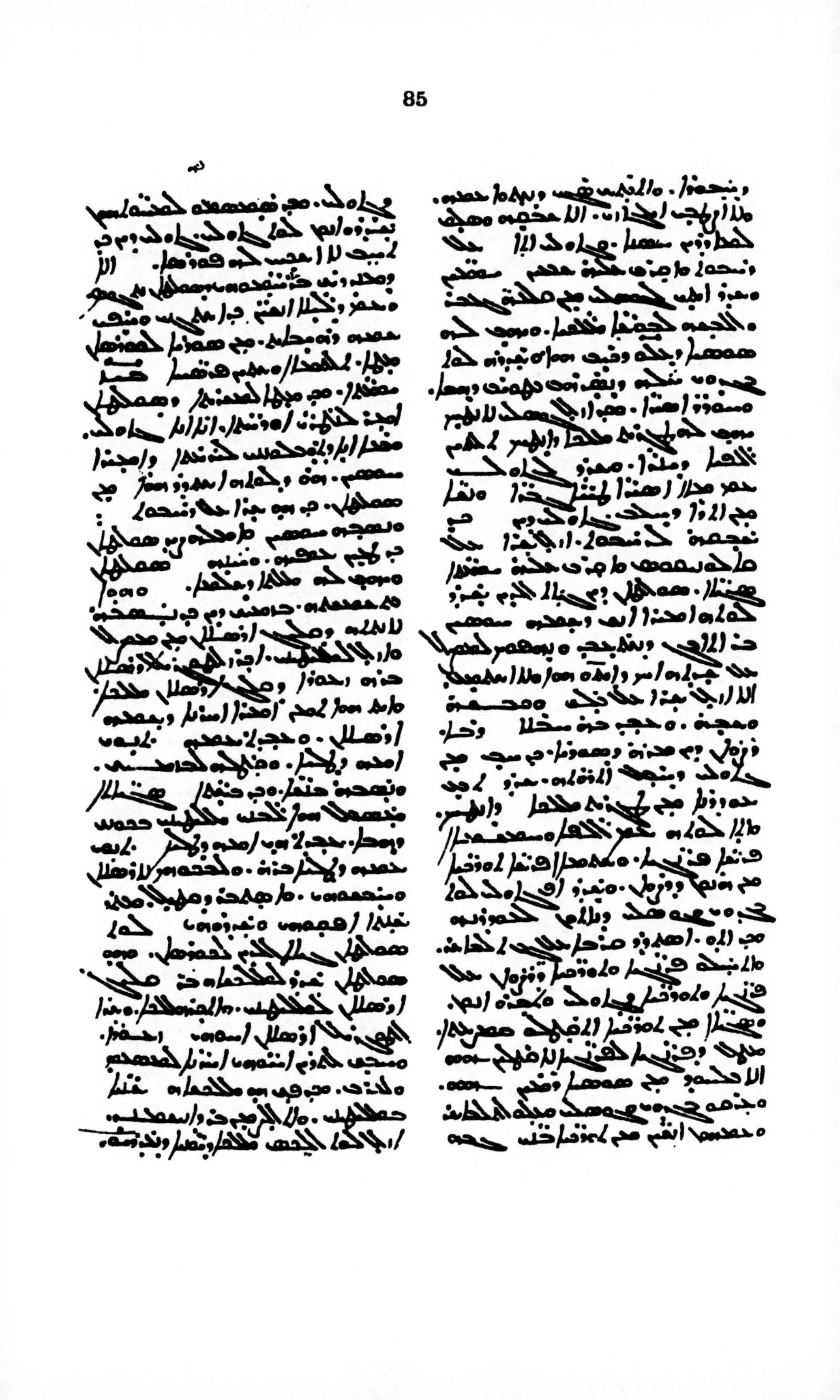

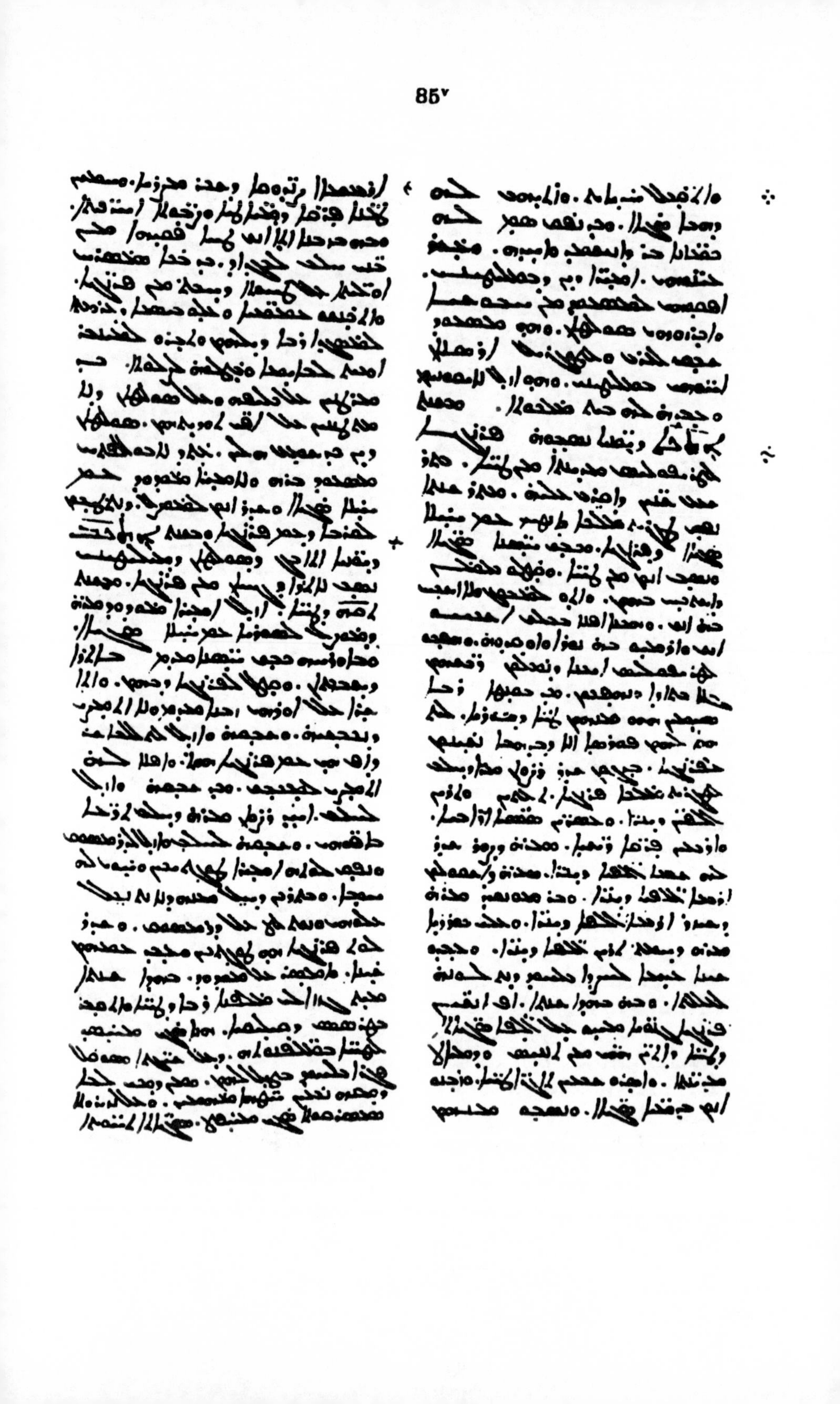

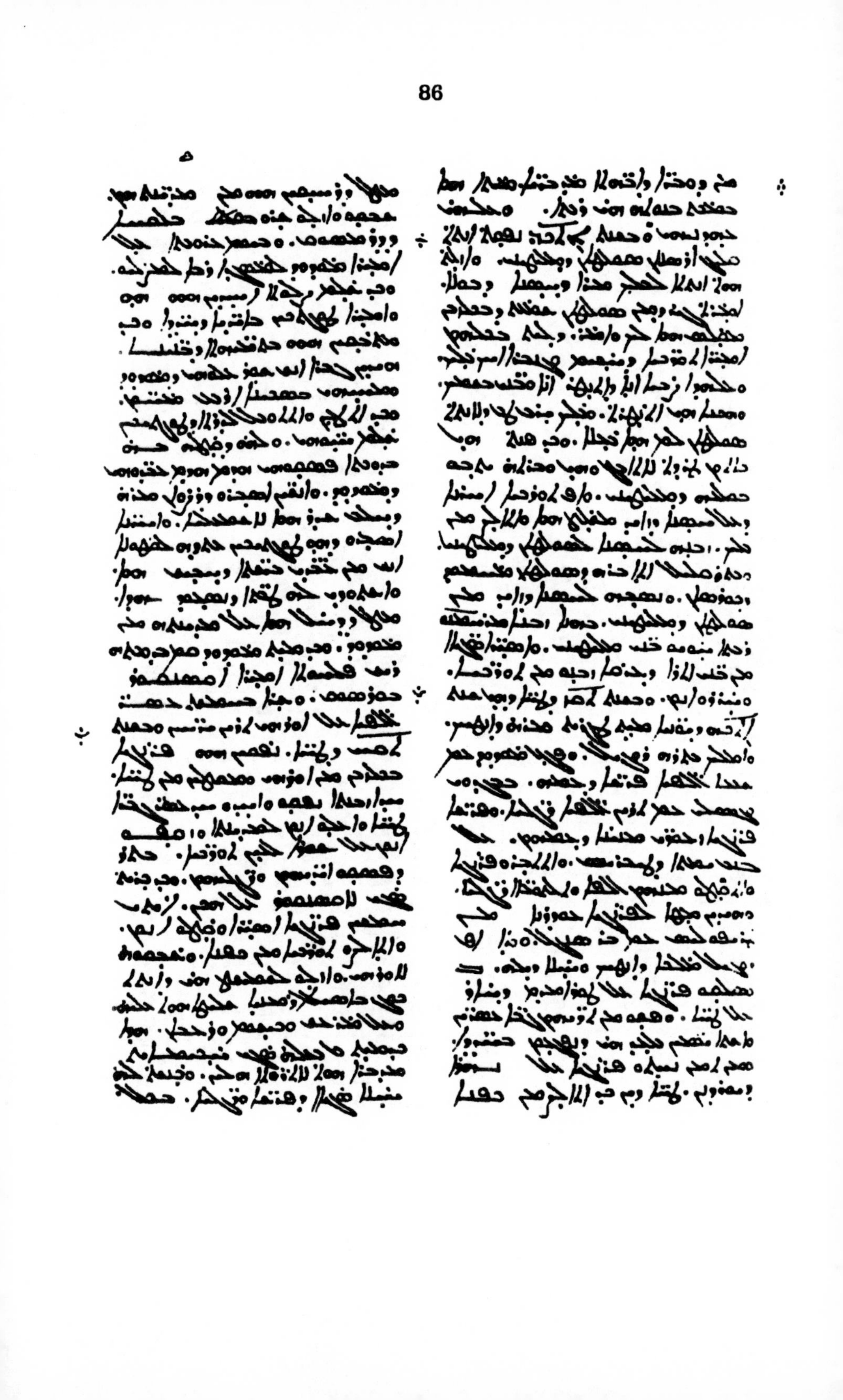

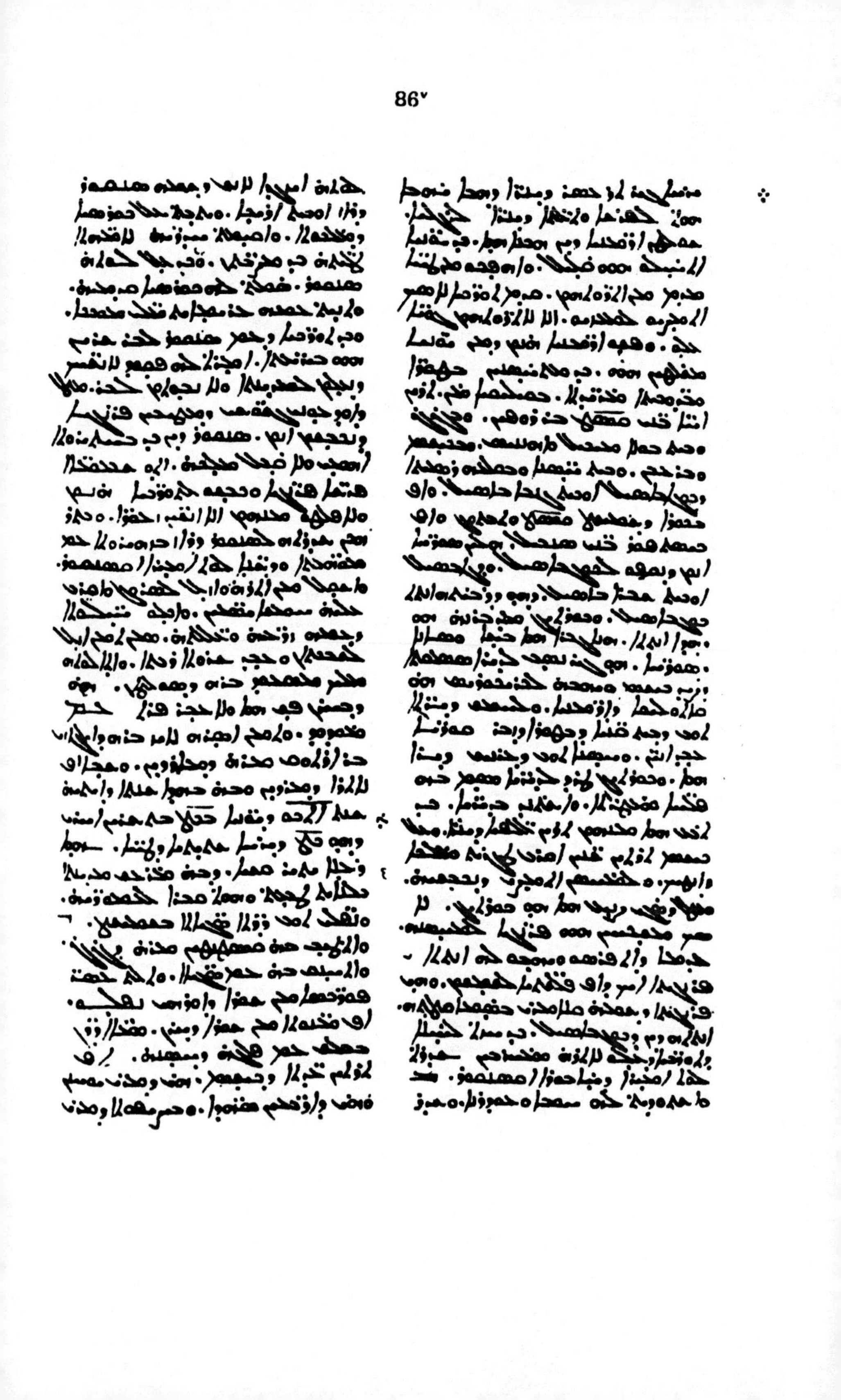

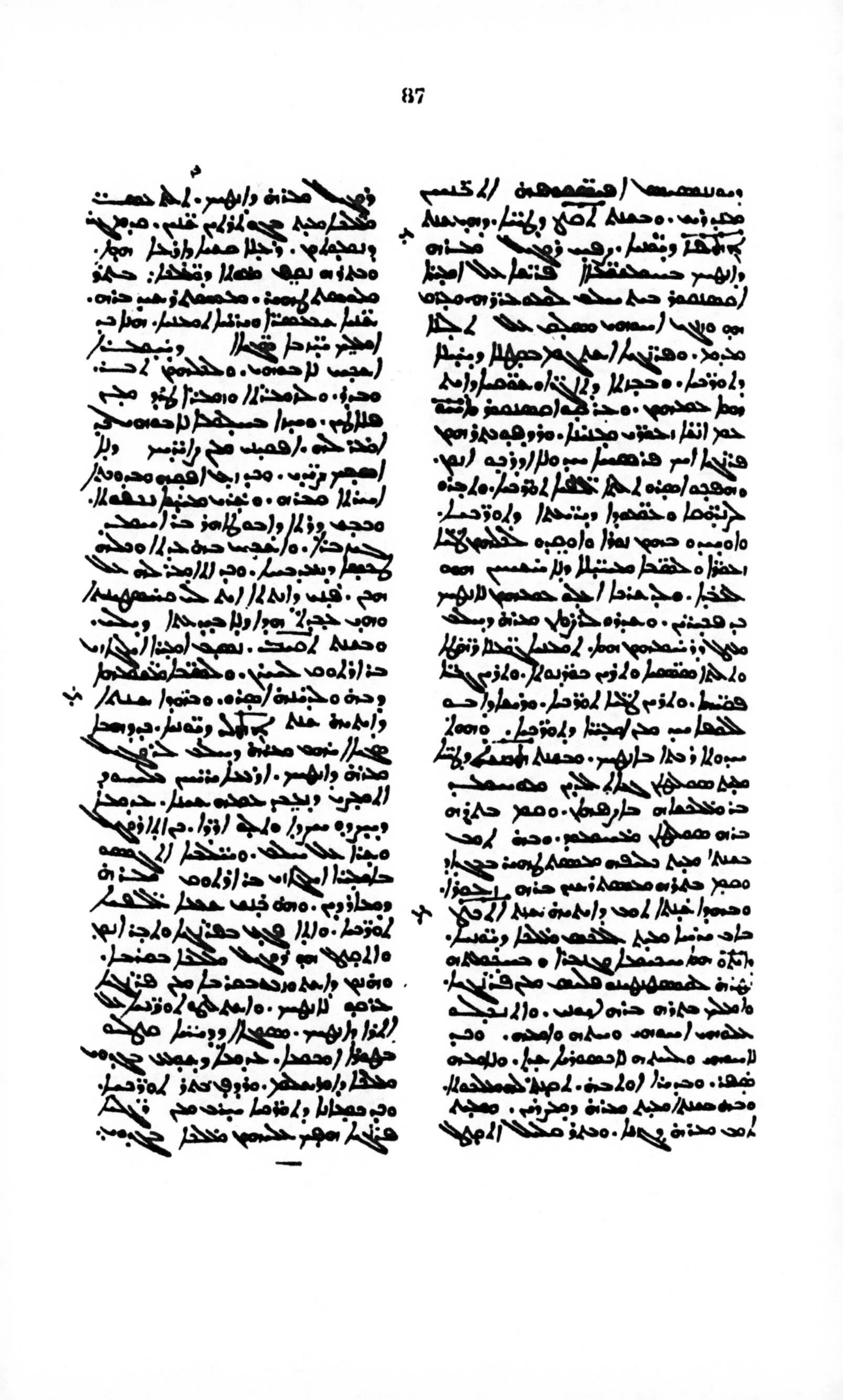

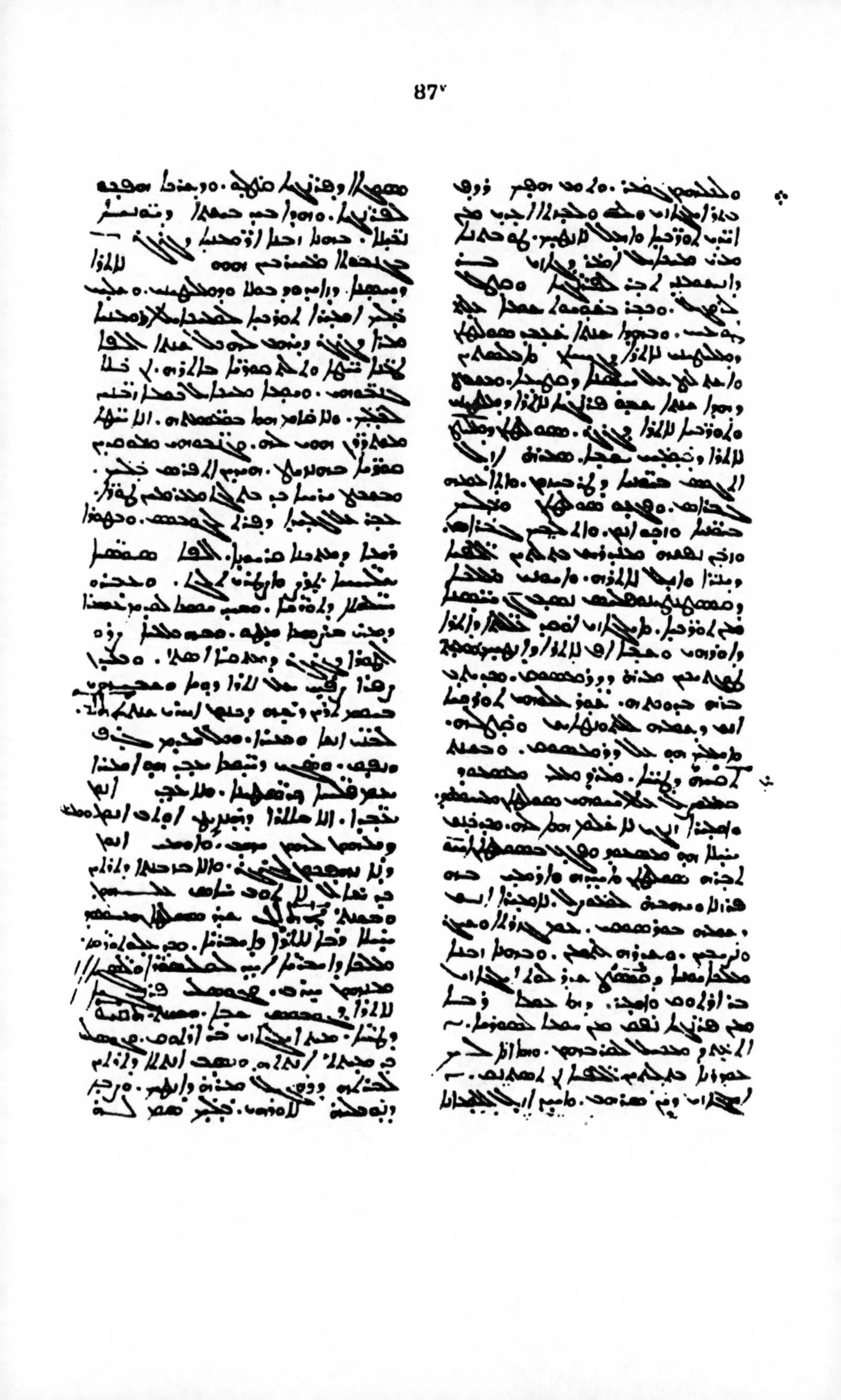

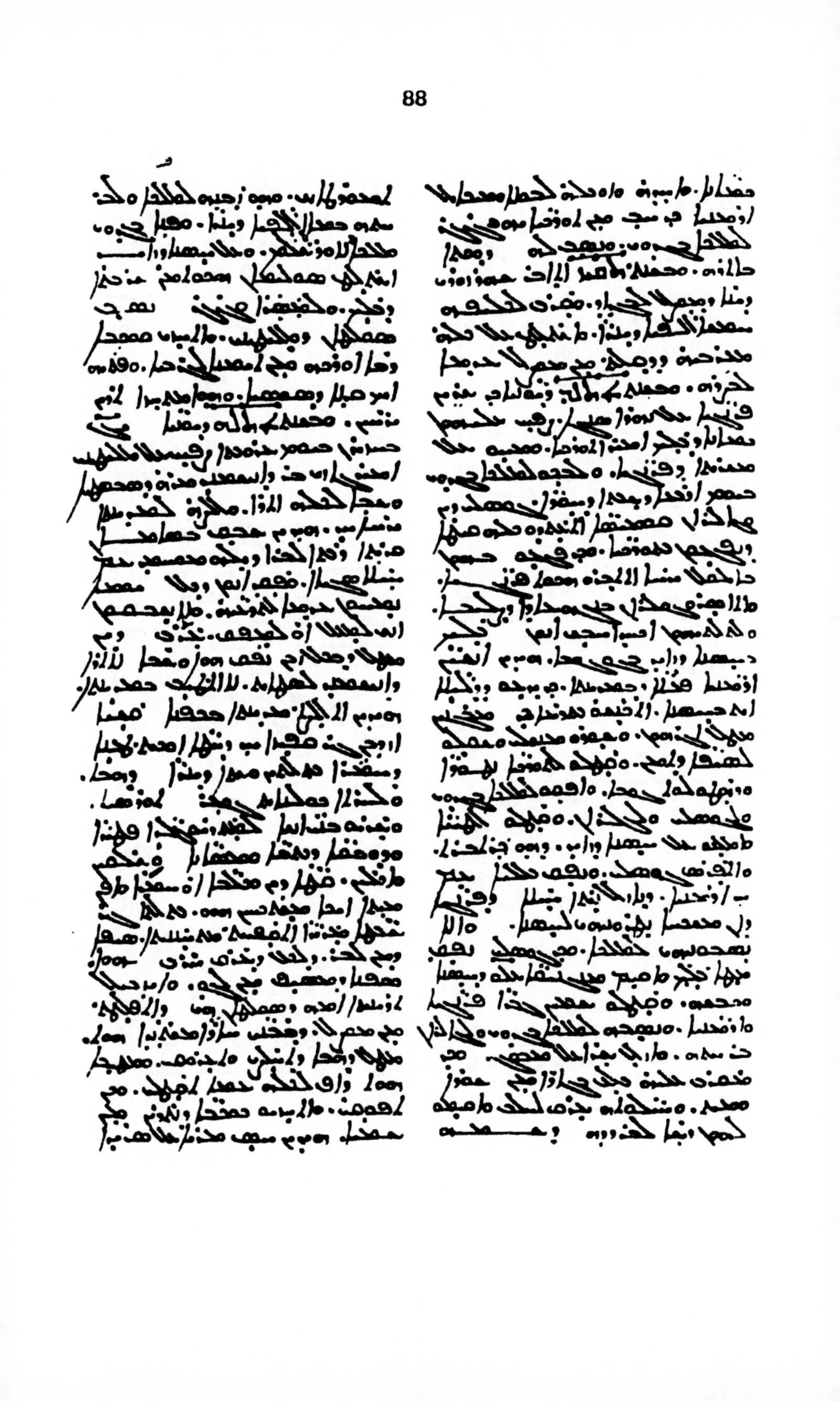

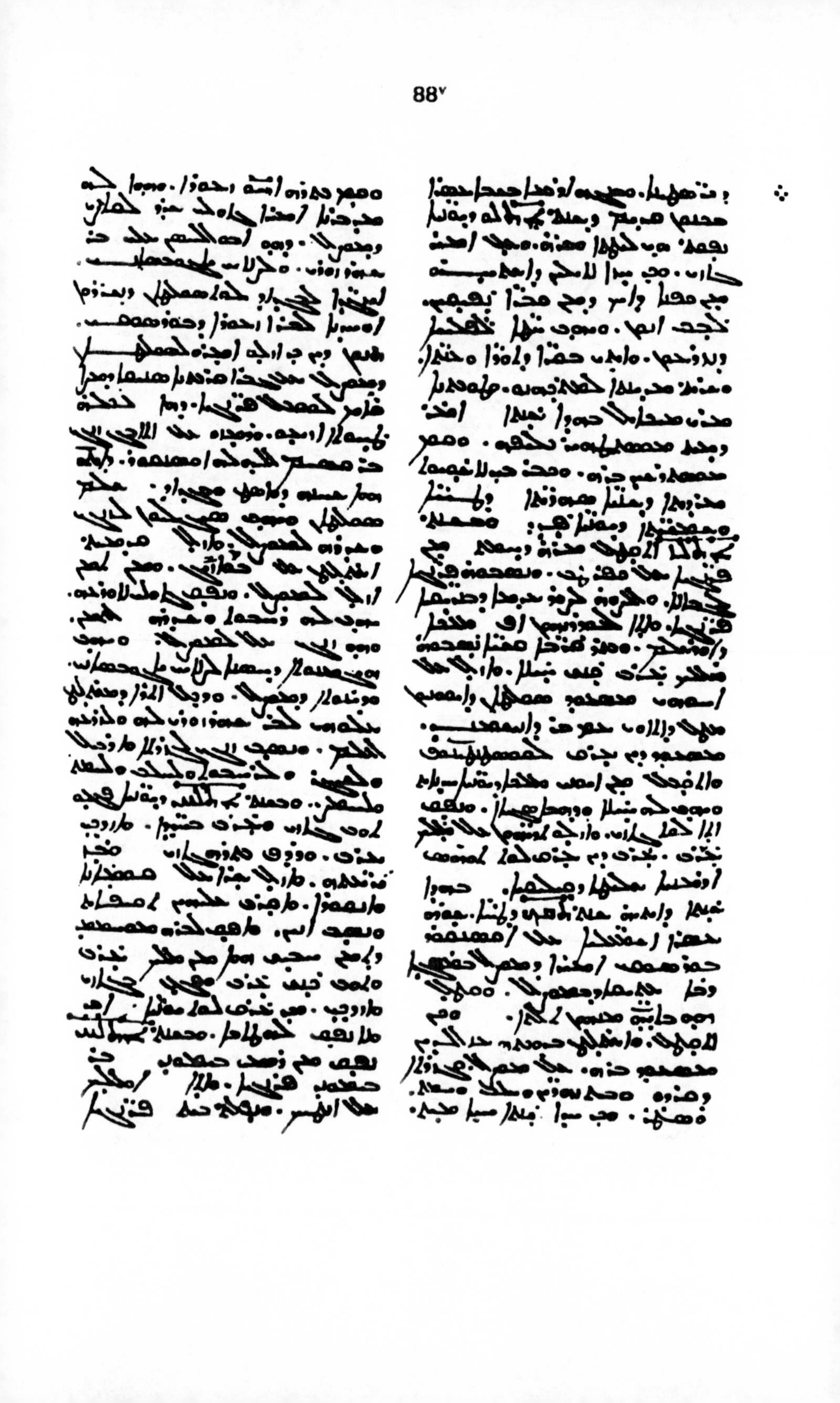

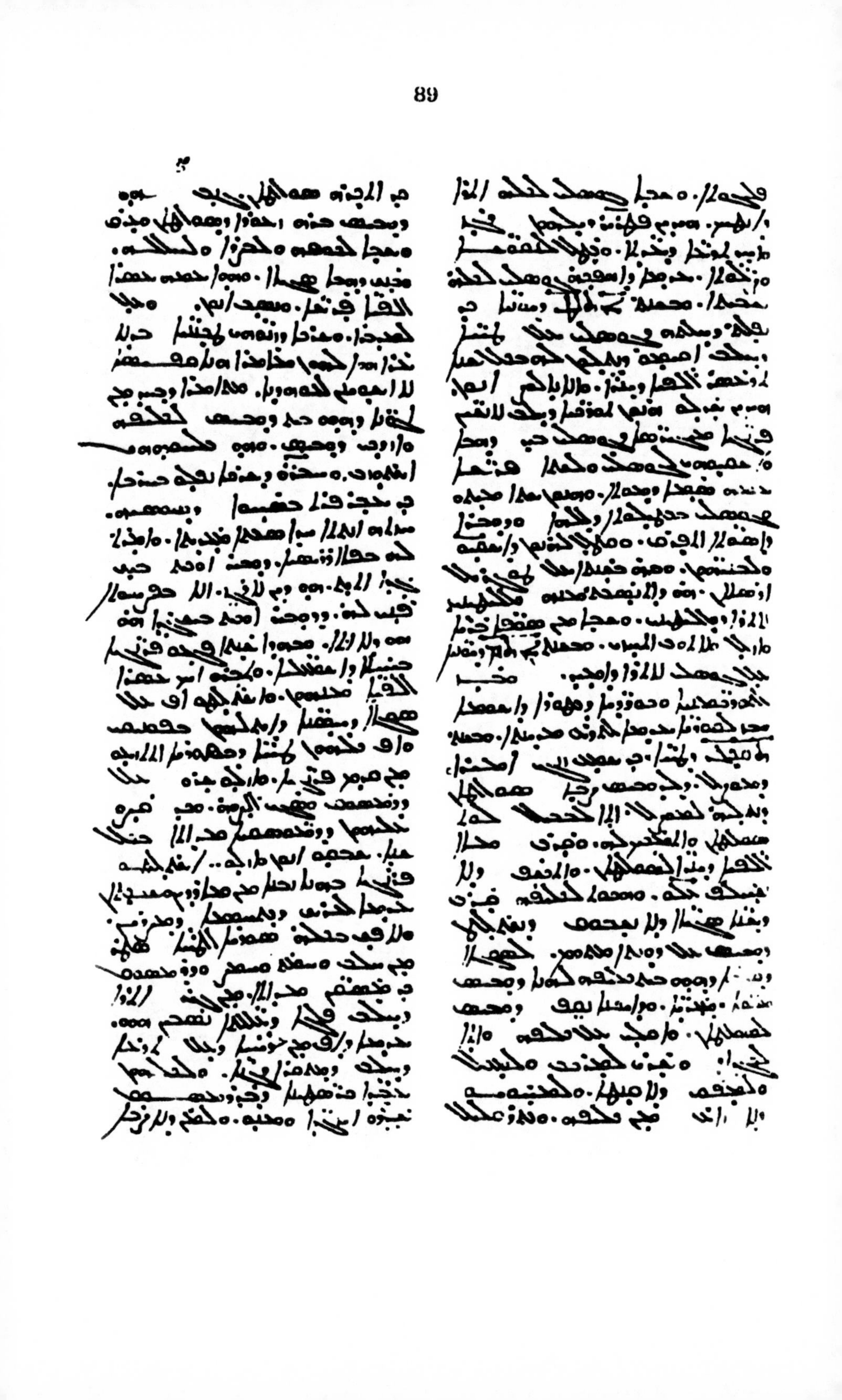

[illegible]

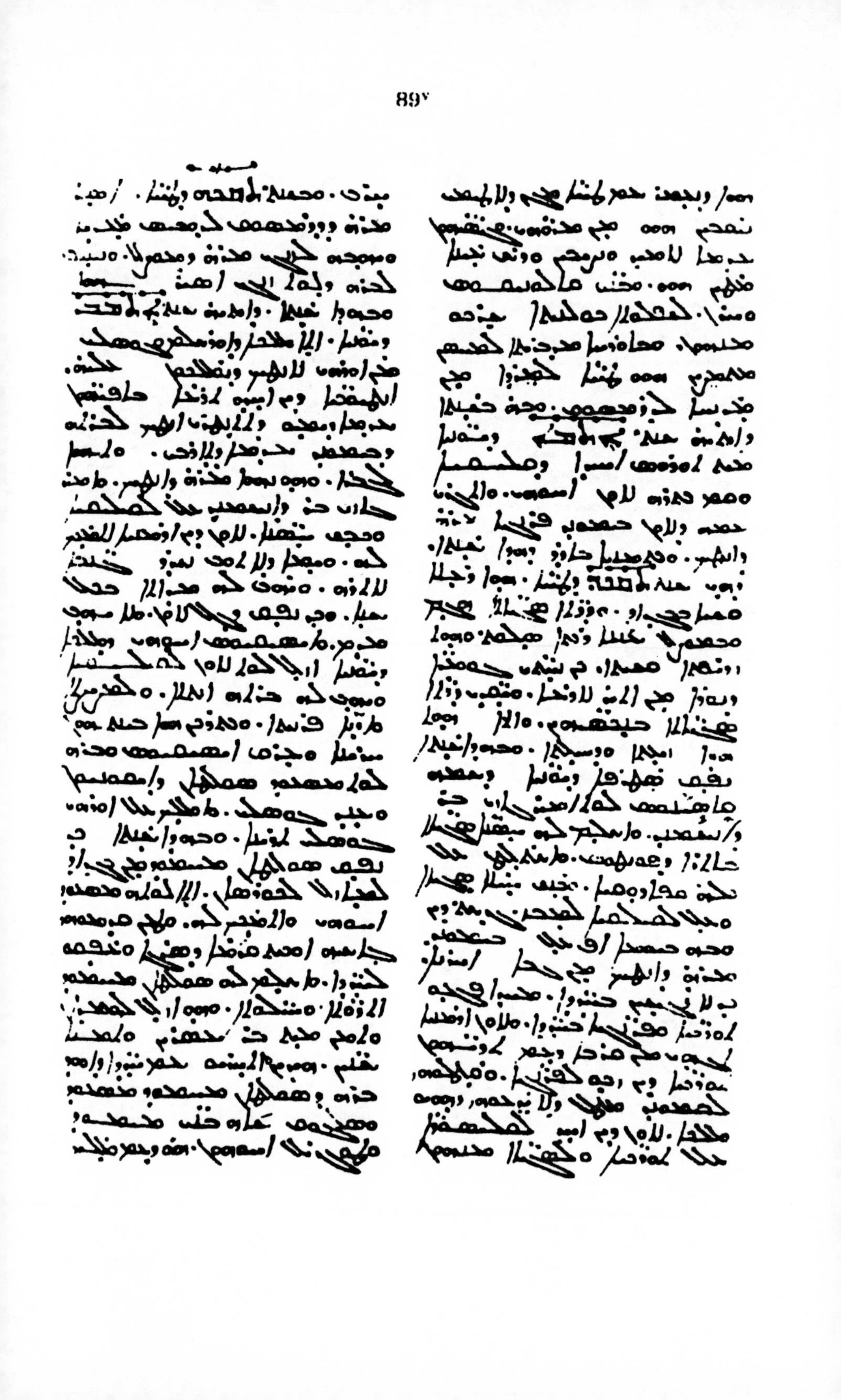

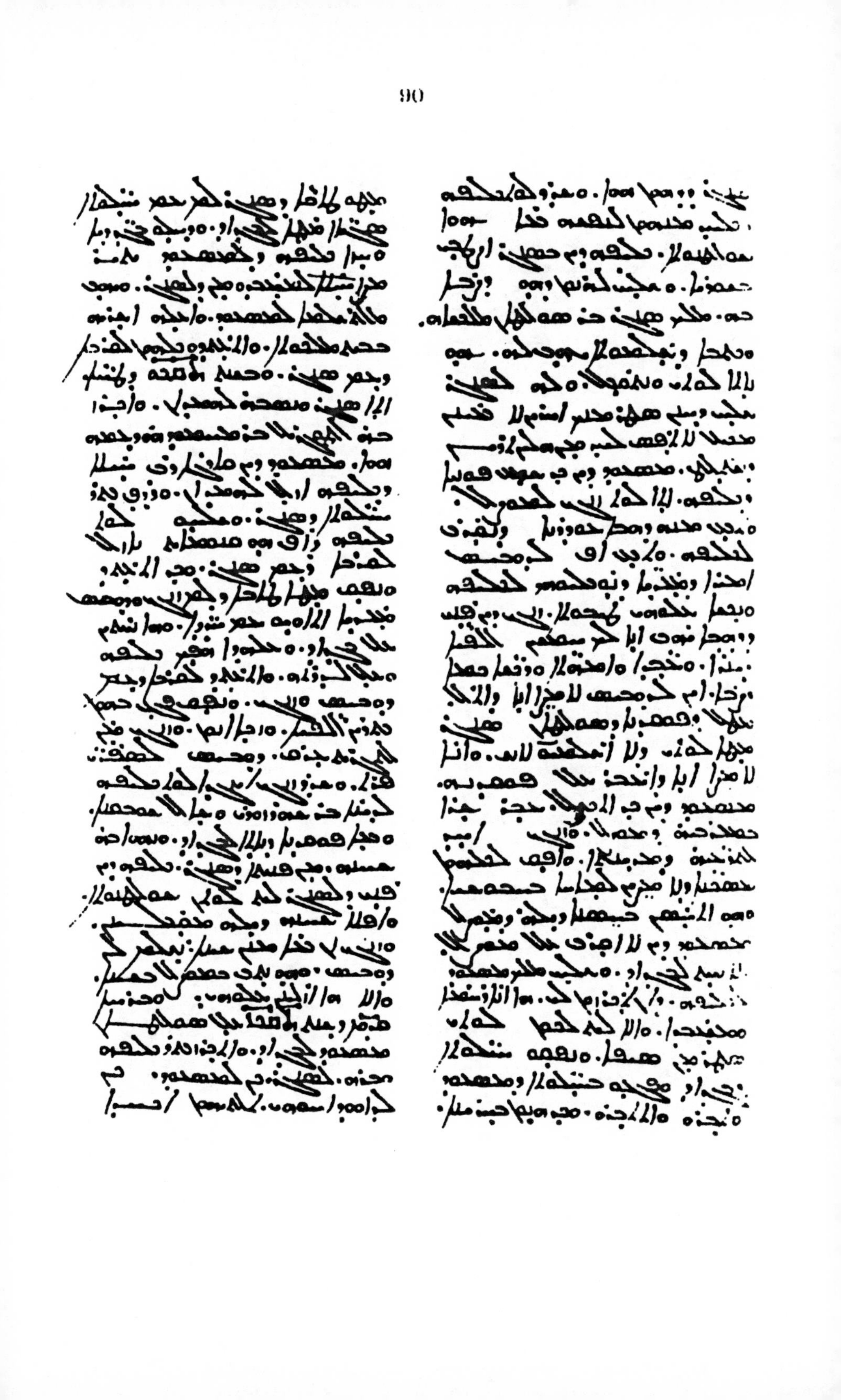

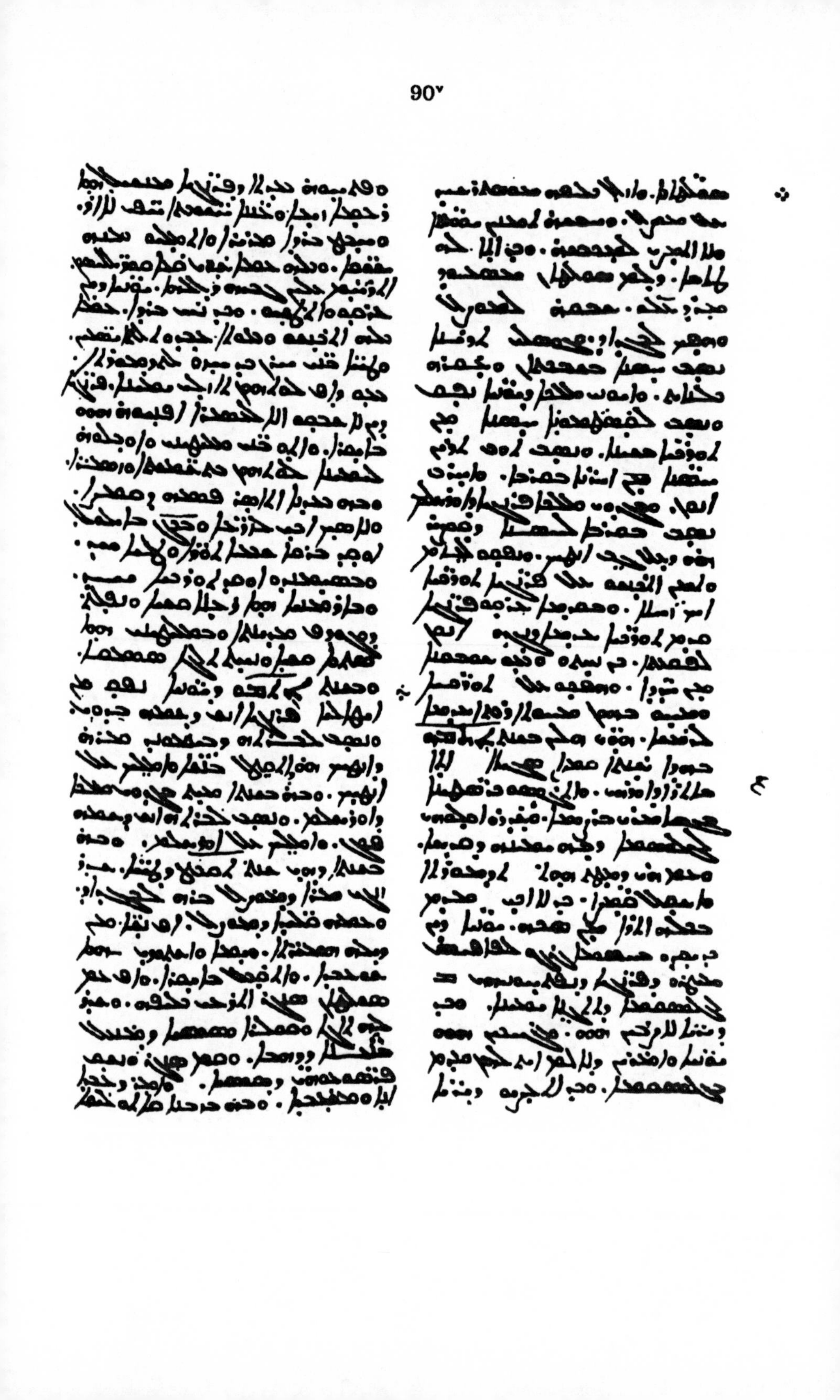

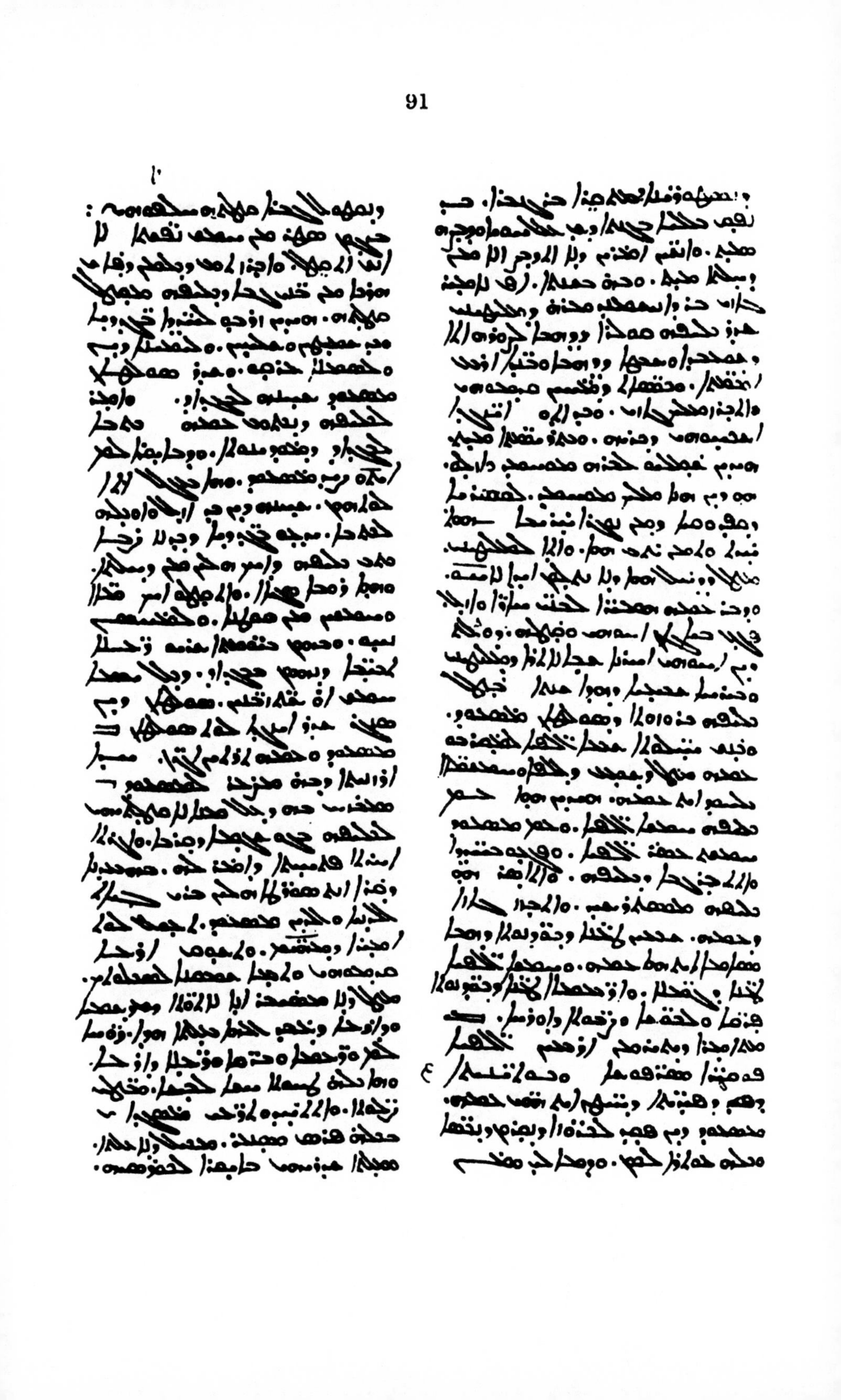

[illegible]

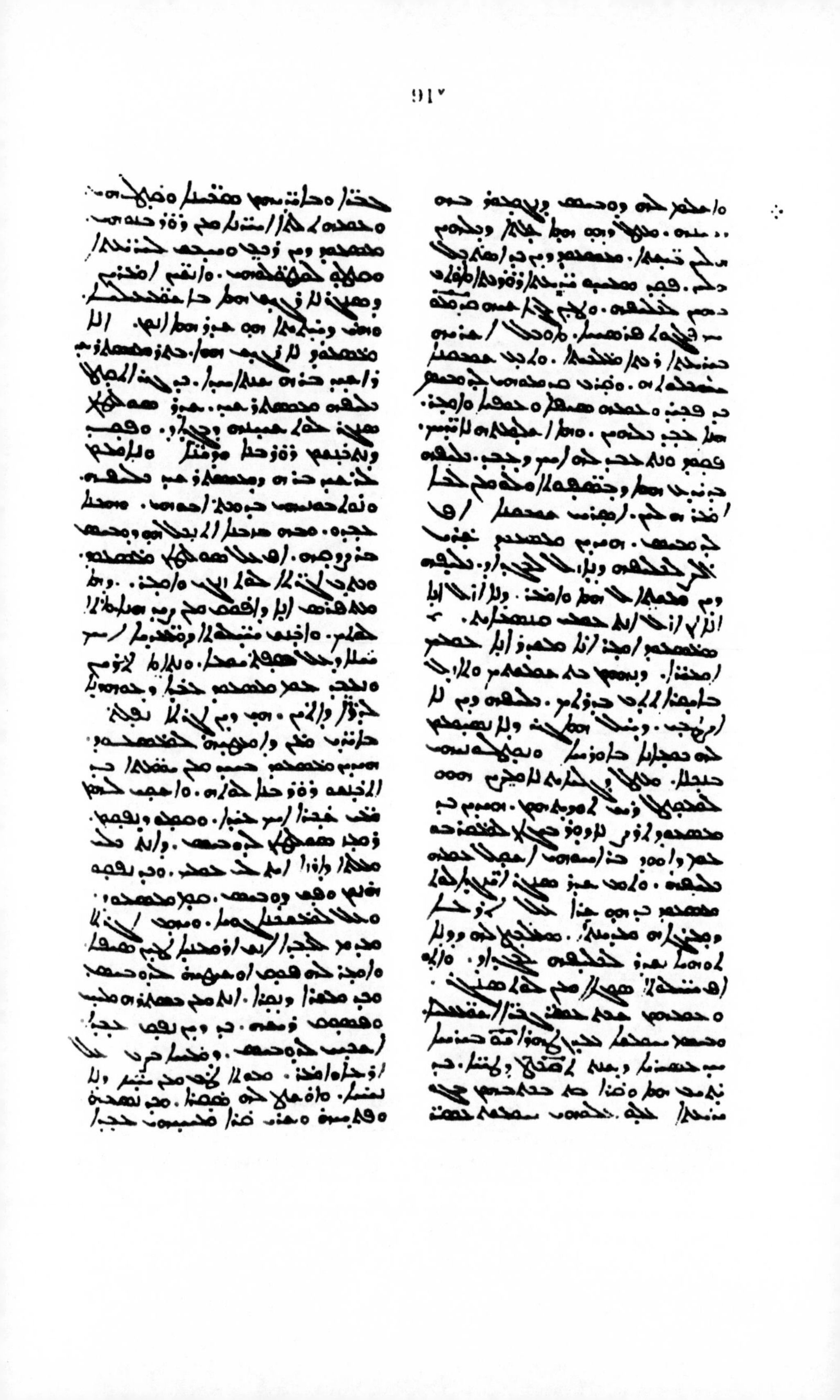

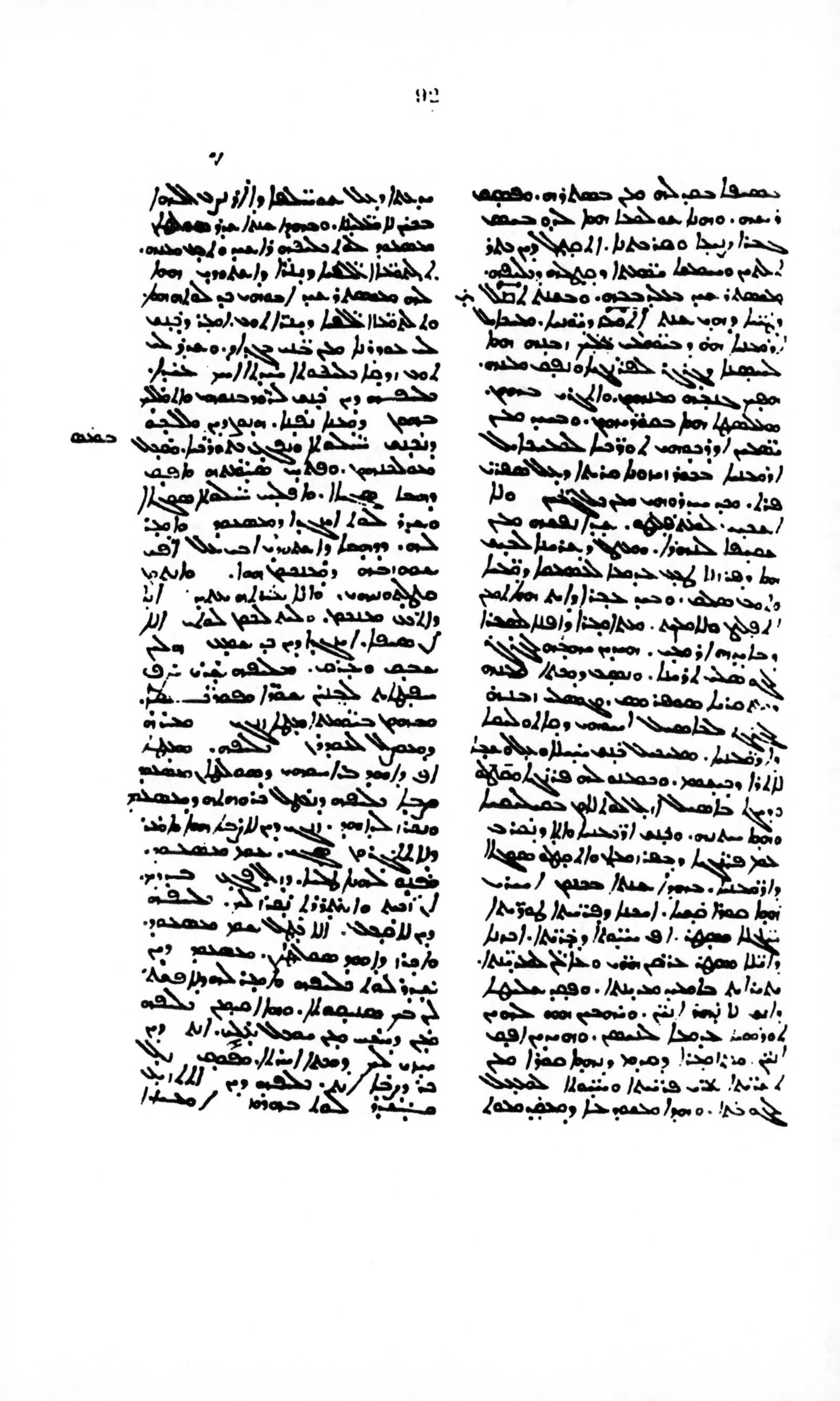

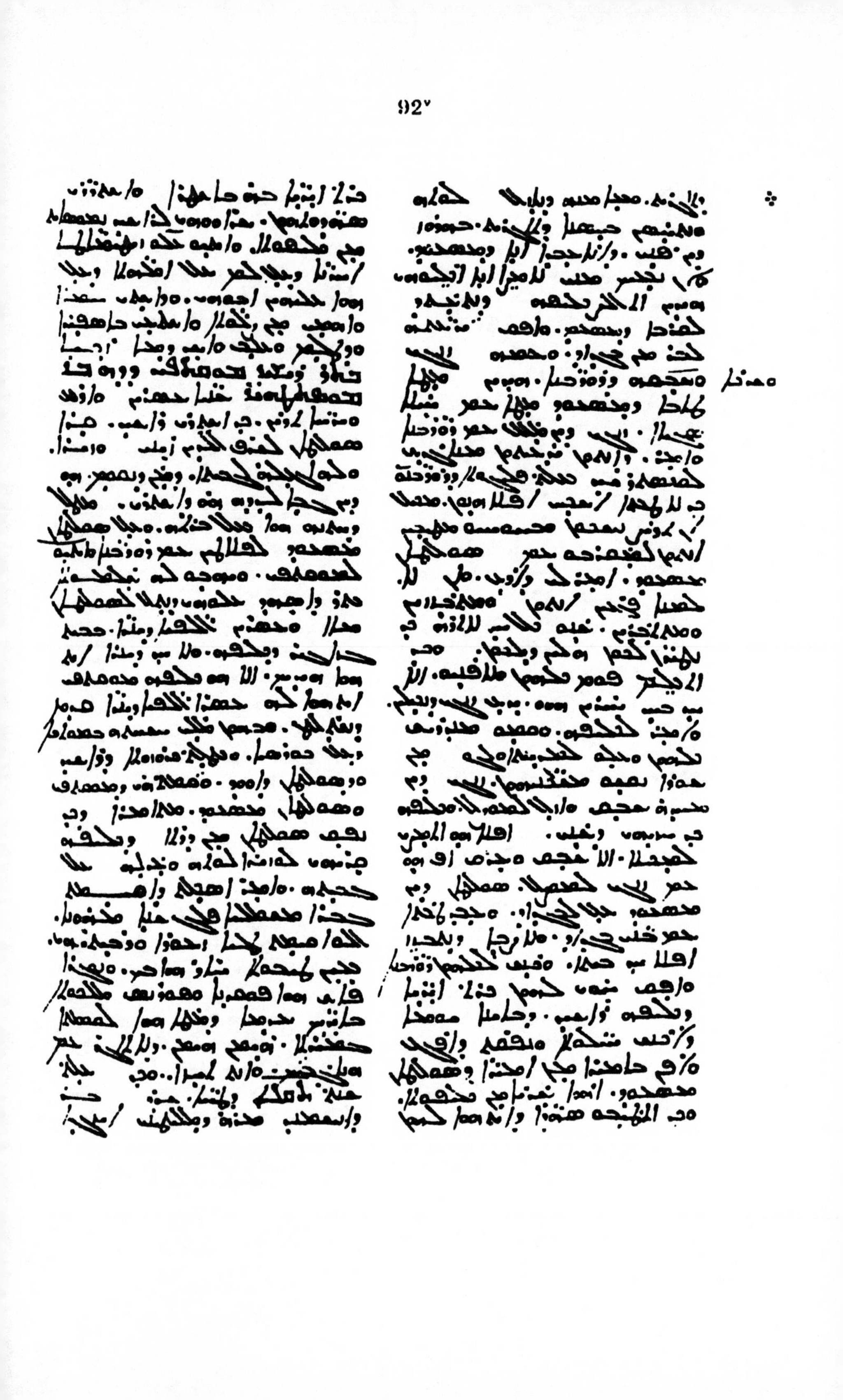

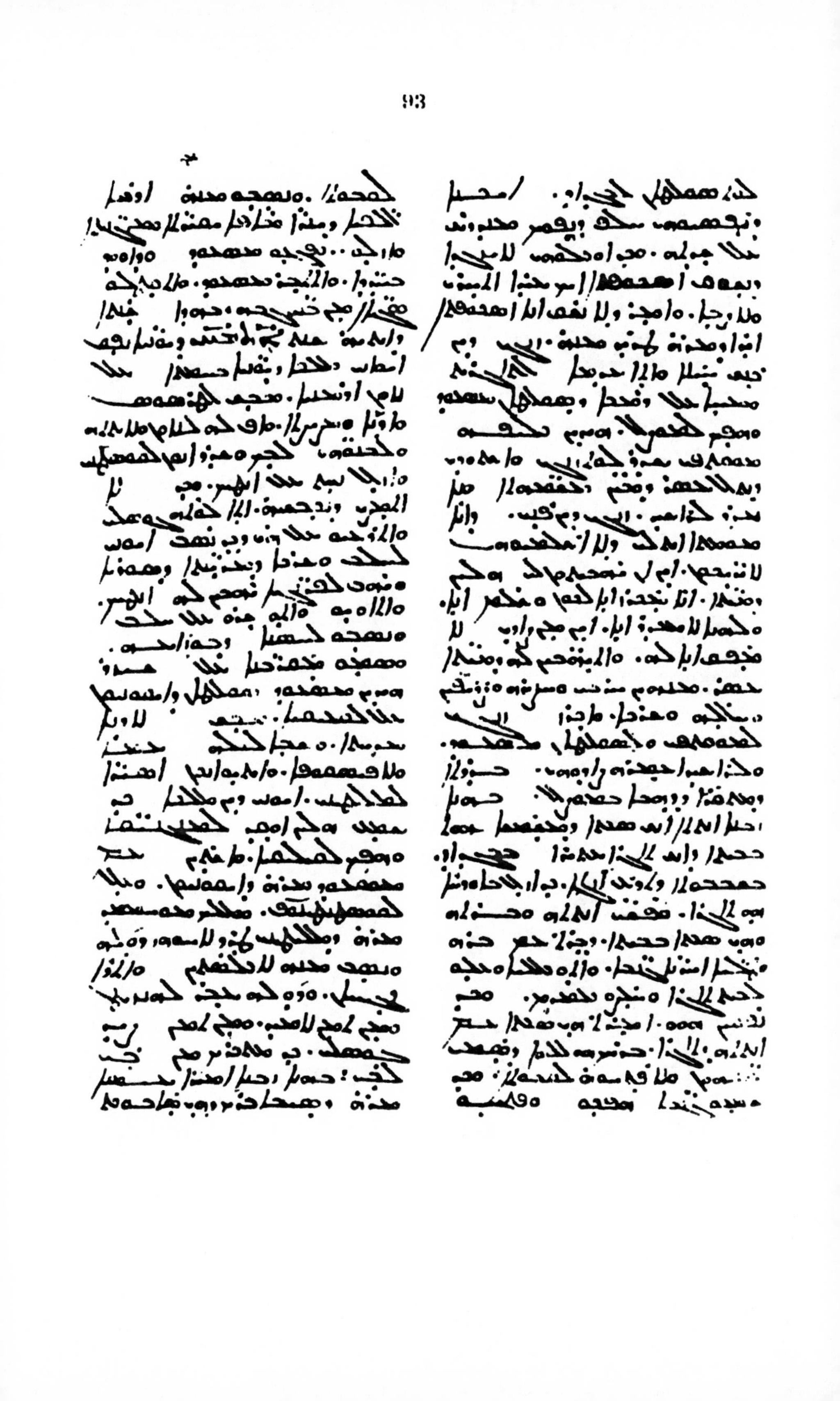

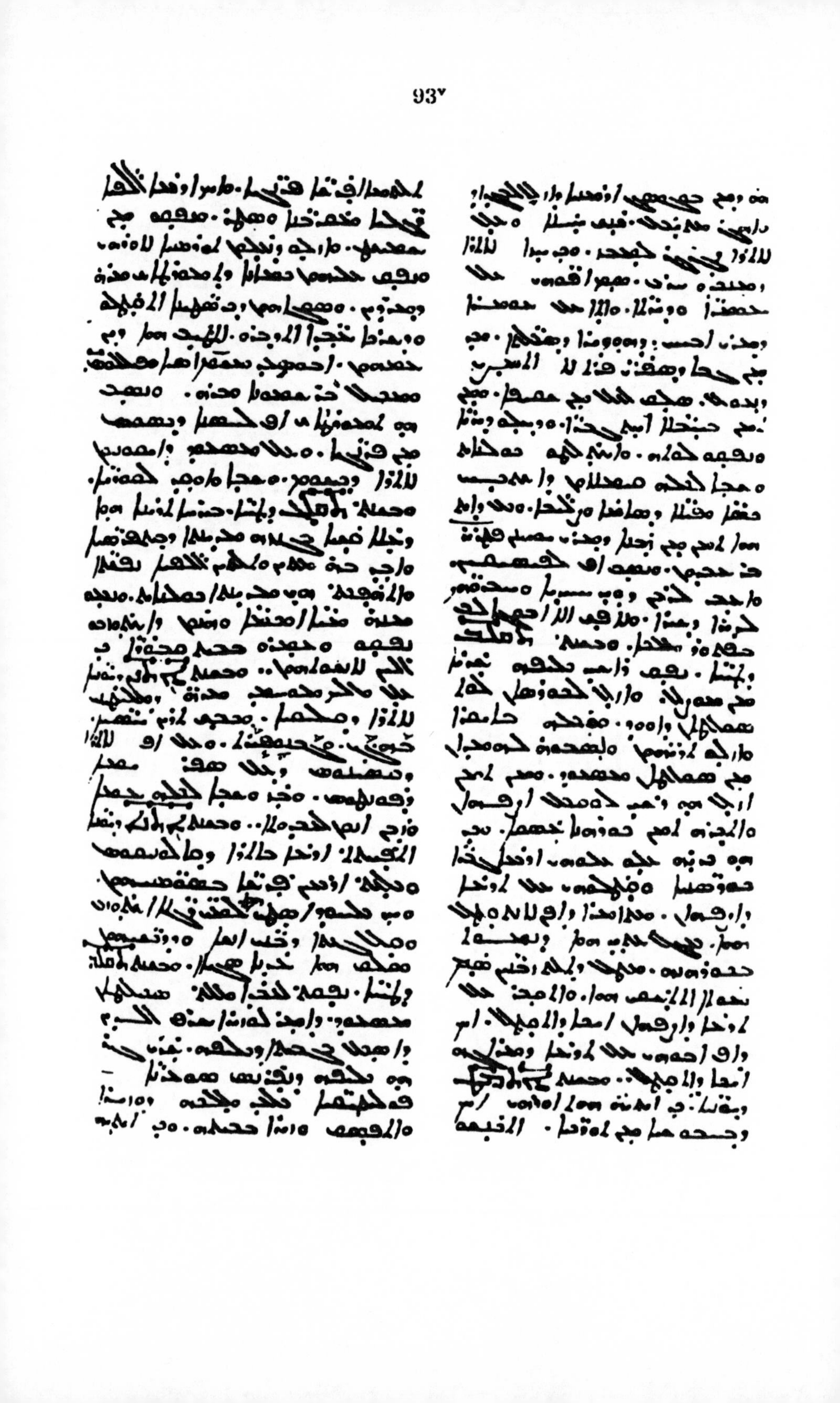

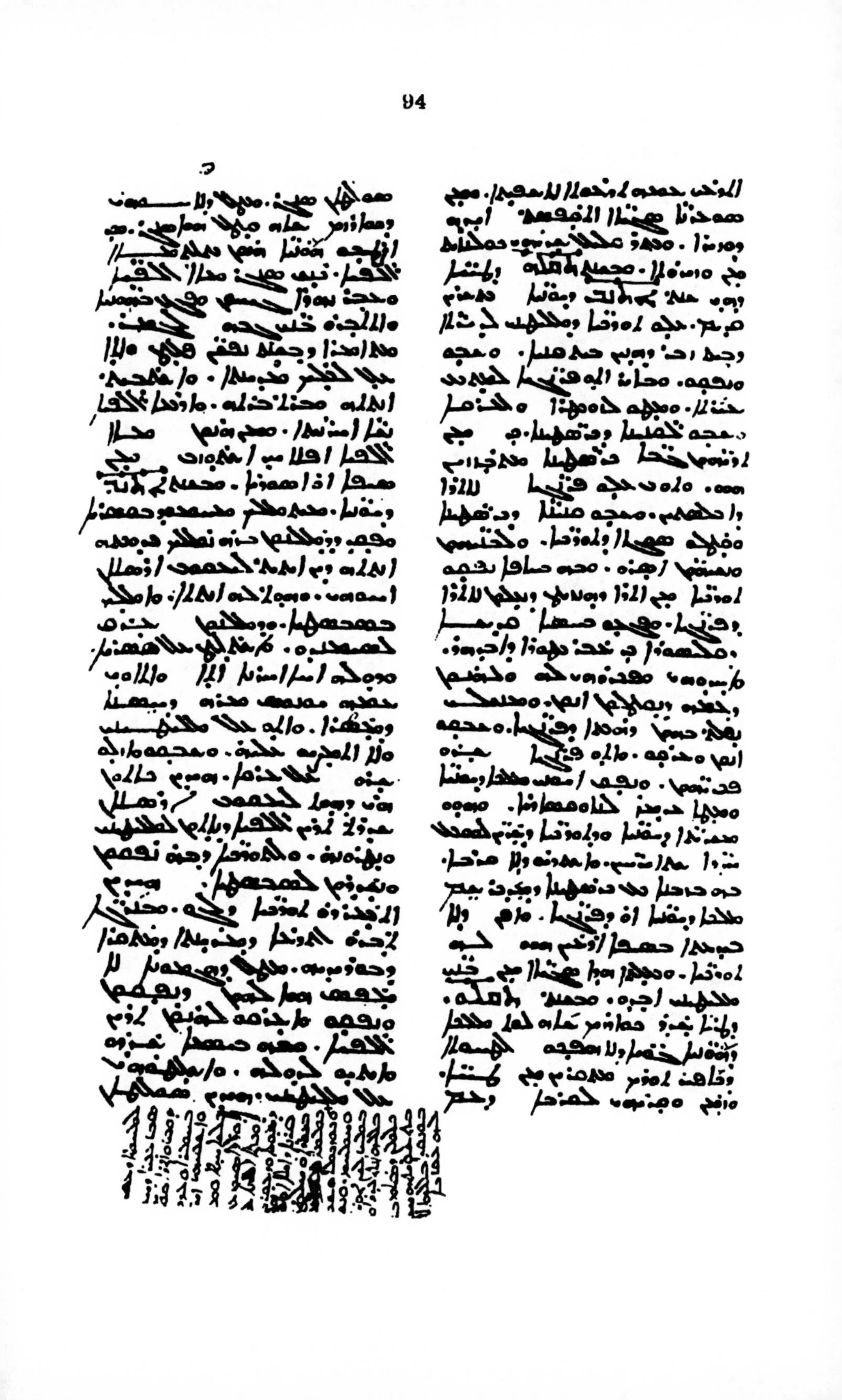

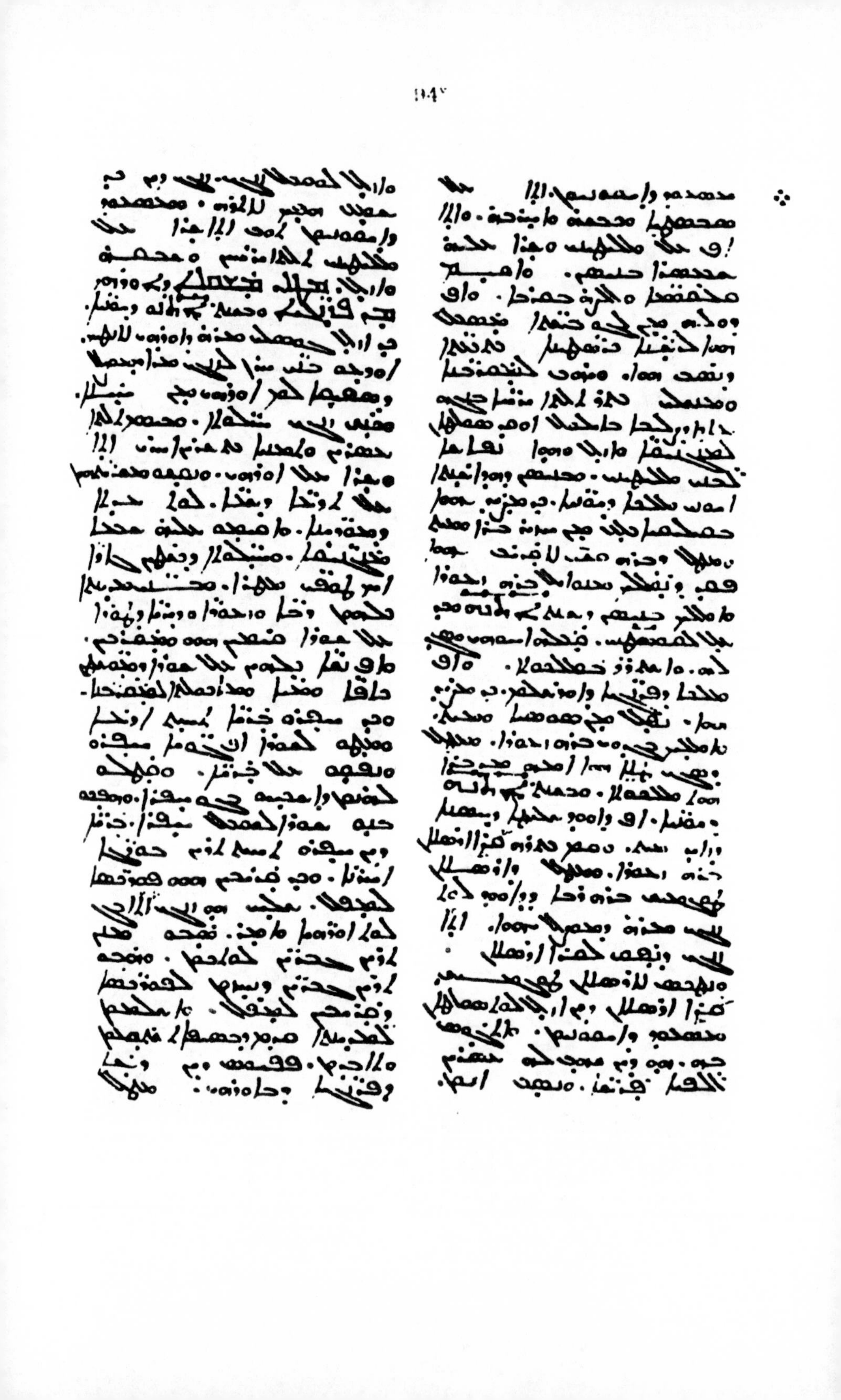

[illegible]

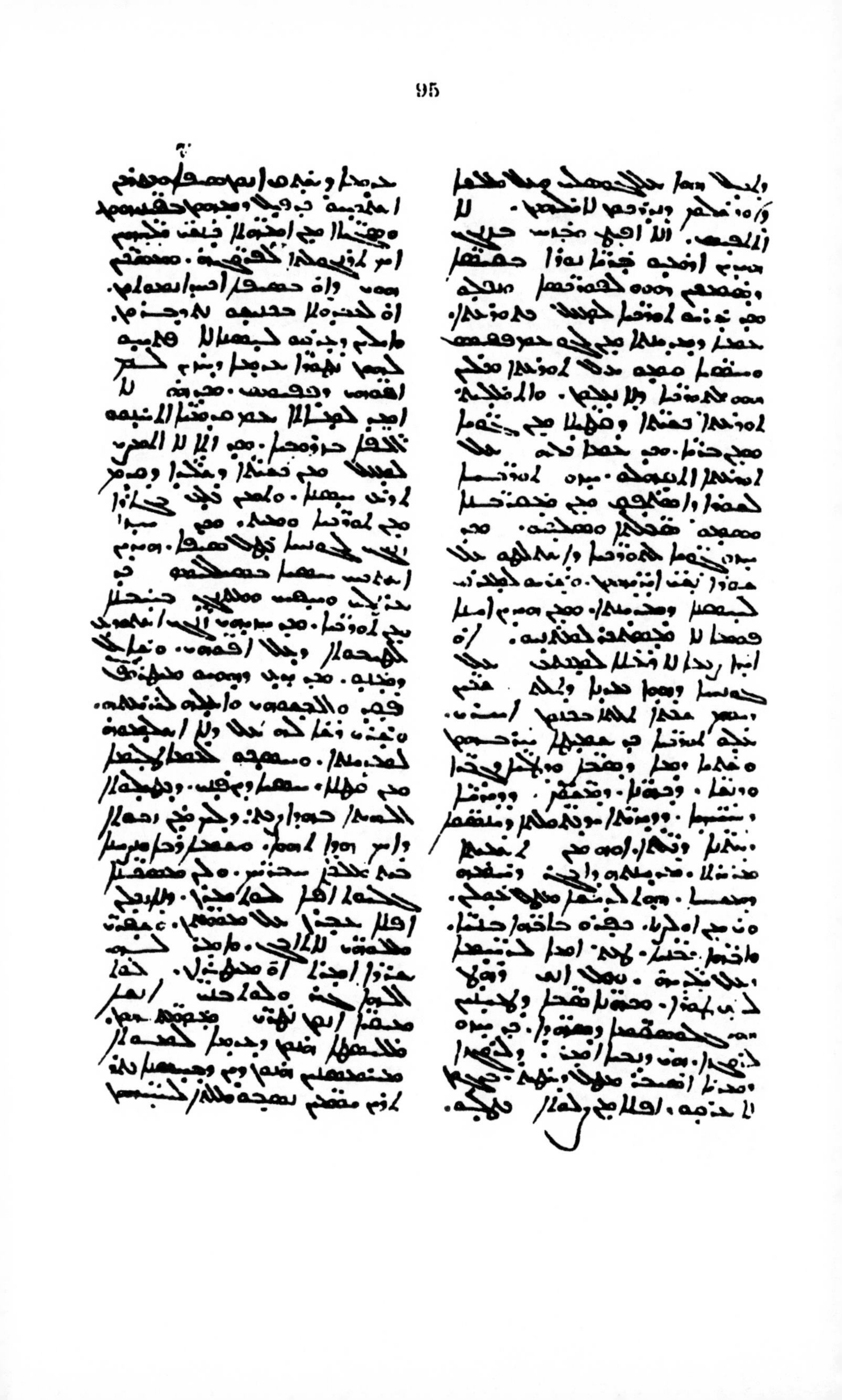

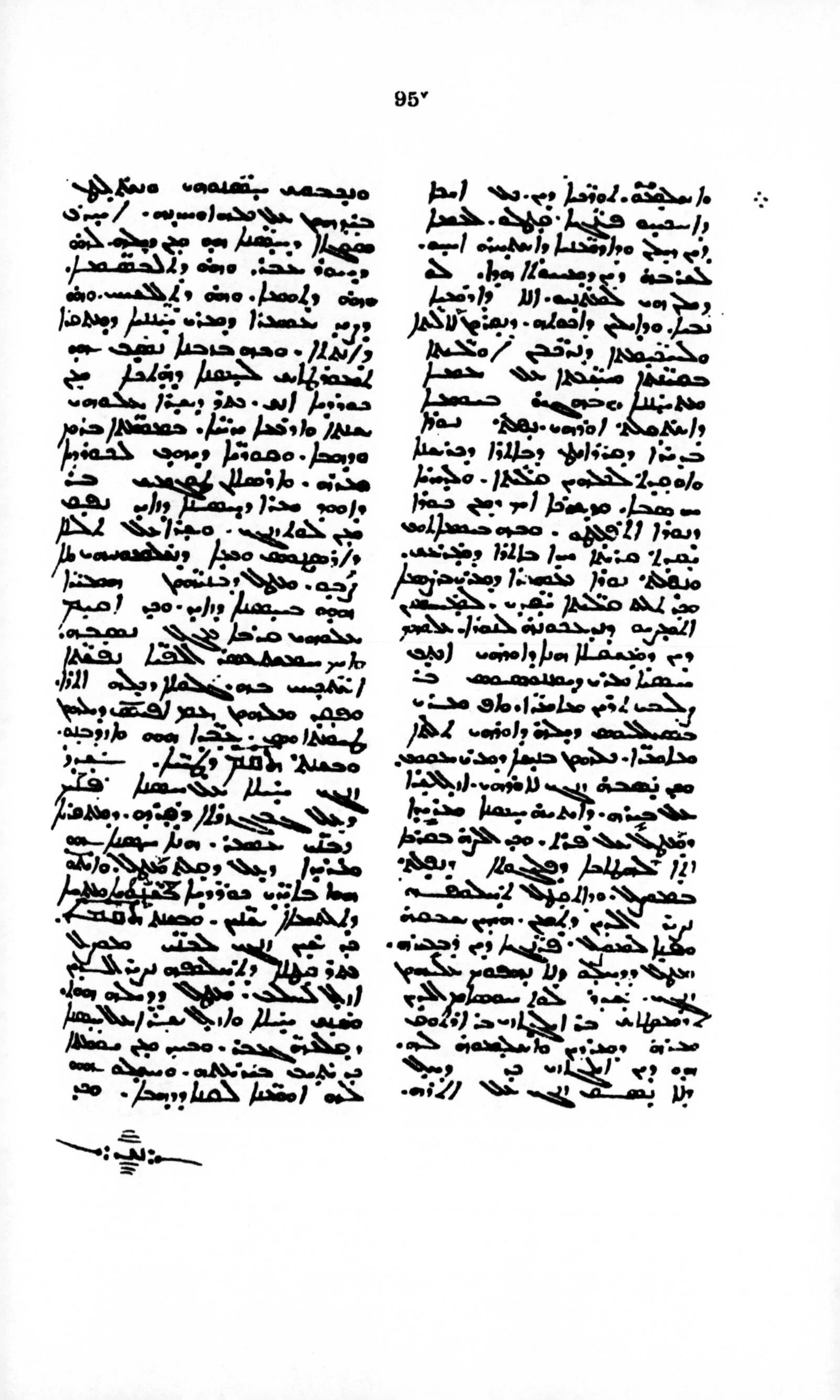

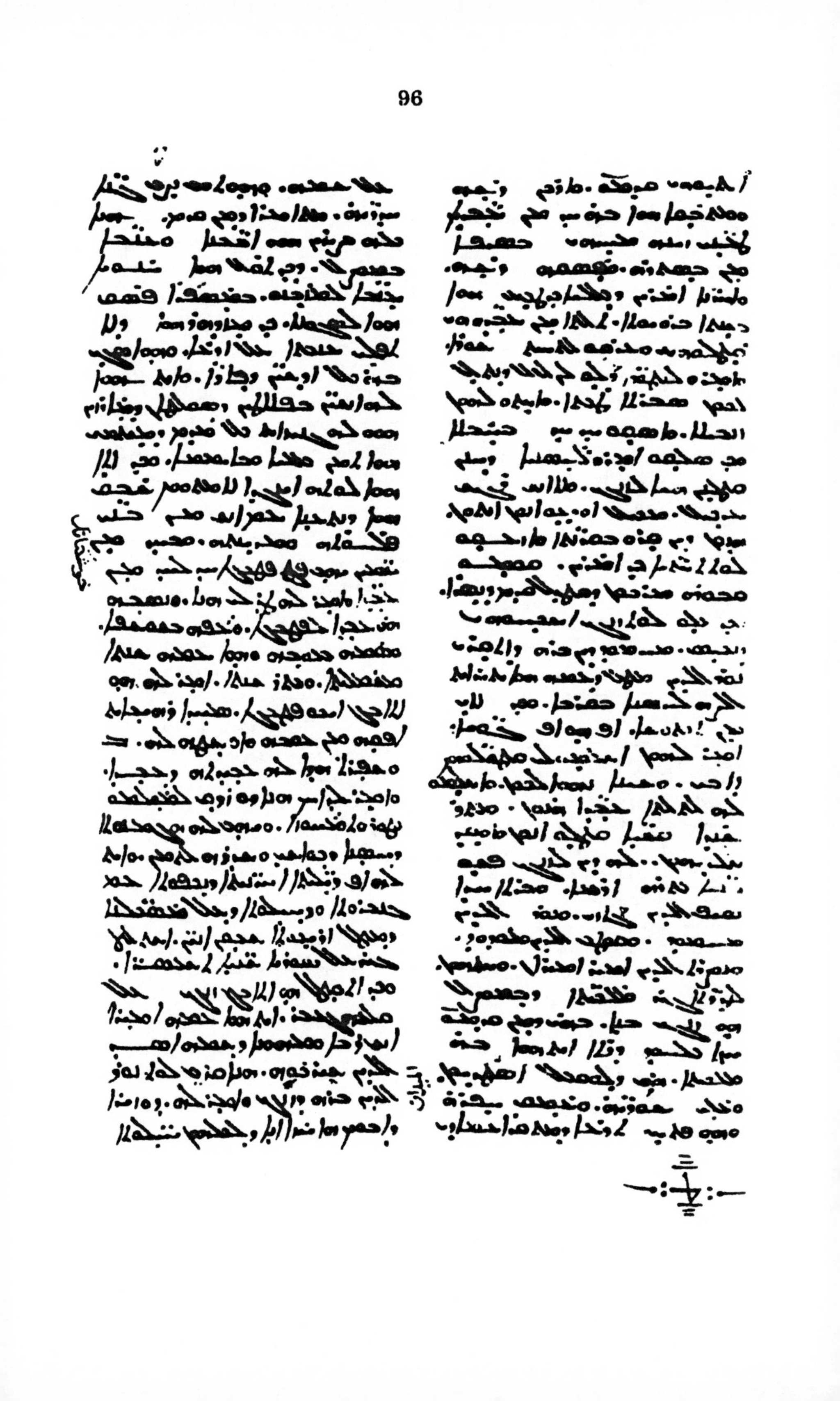

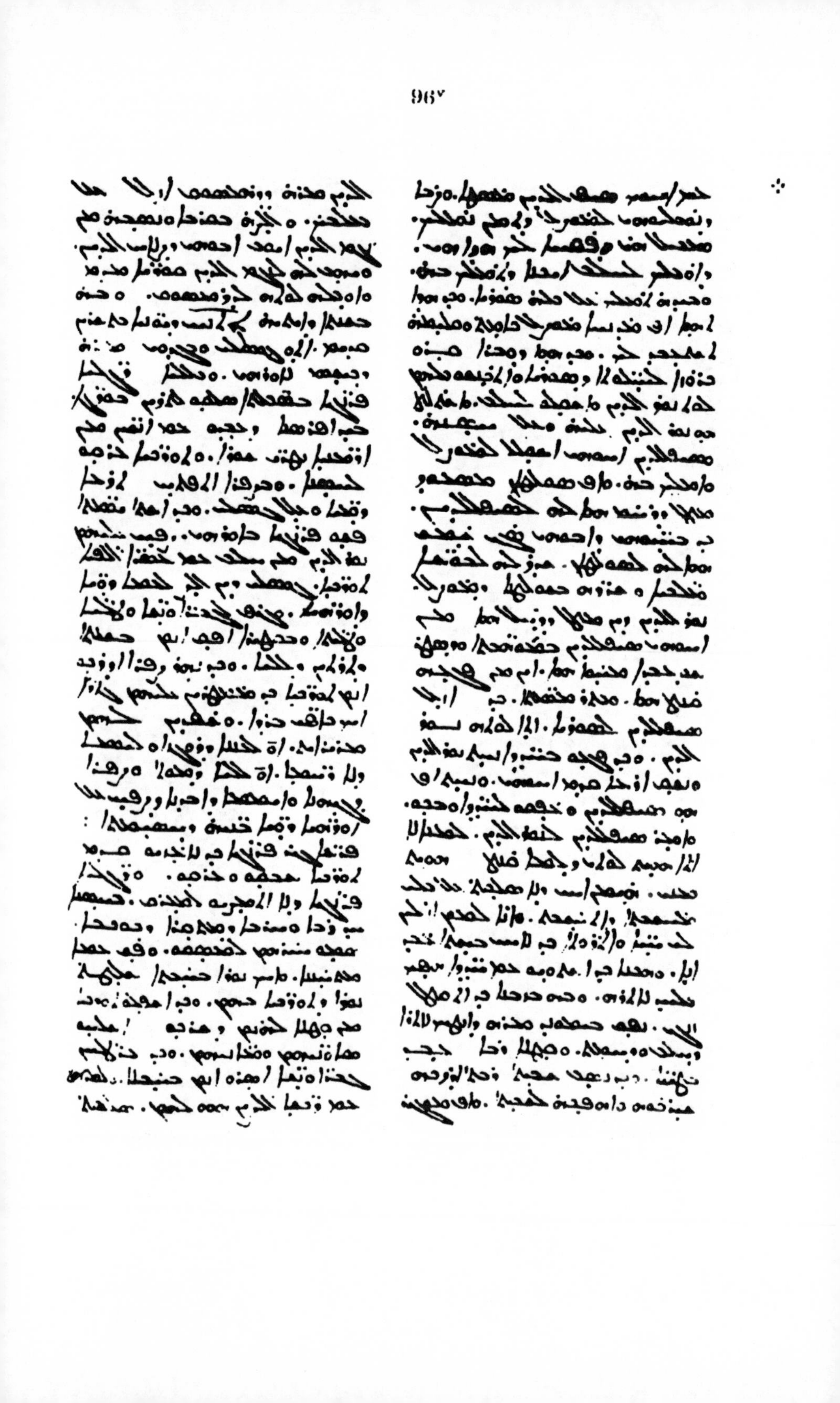

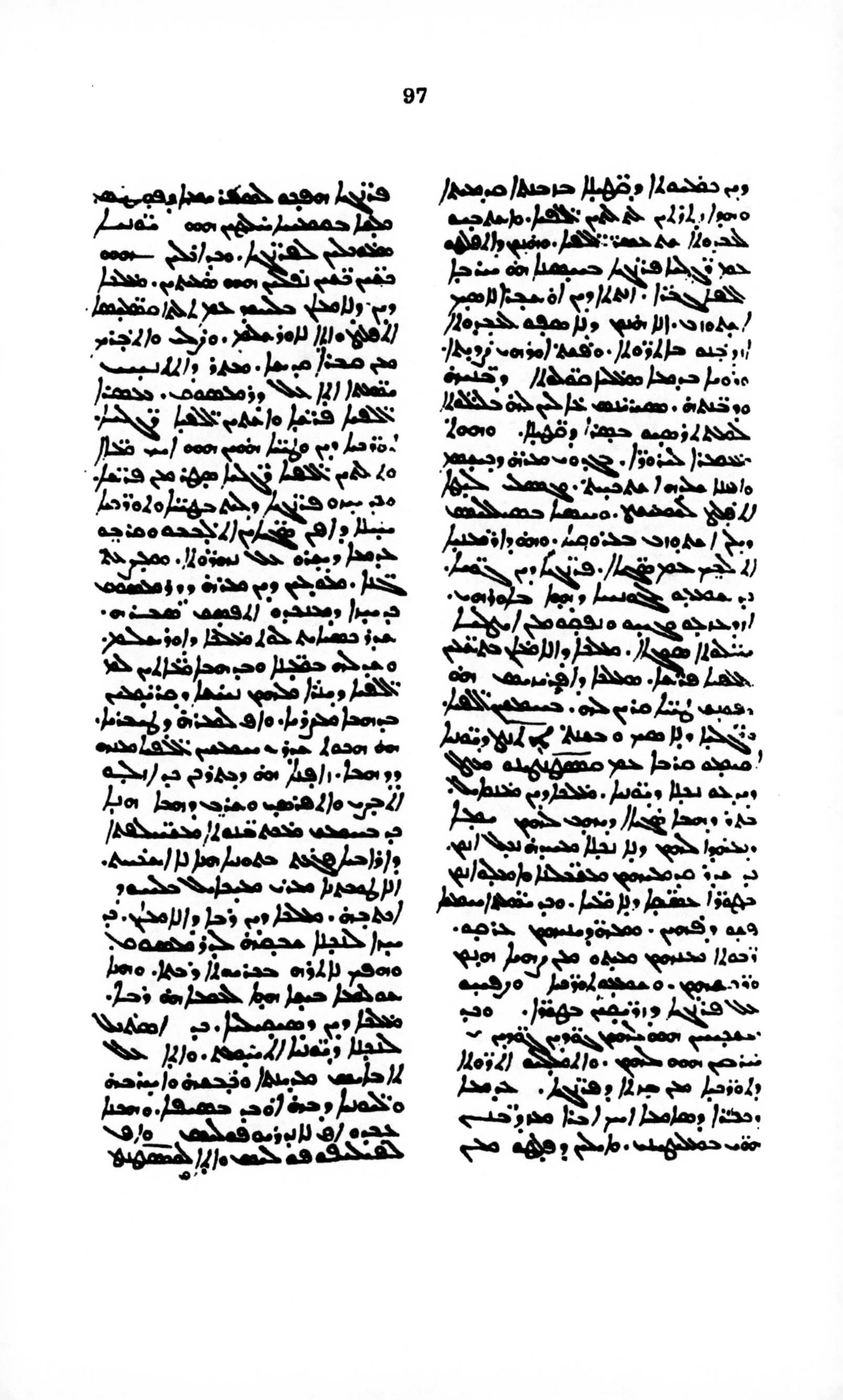

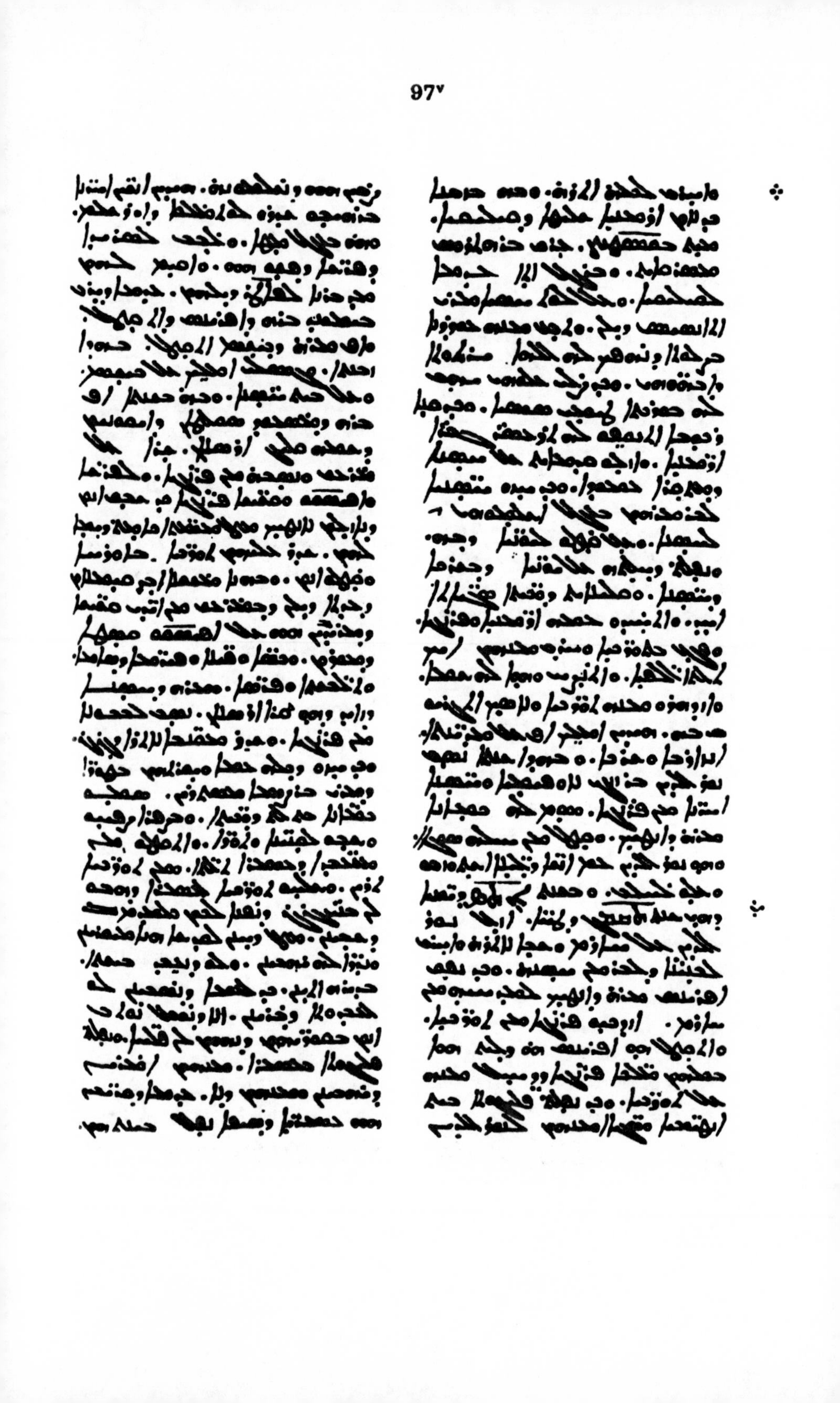

[illegible]

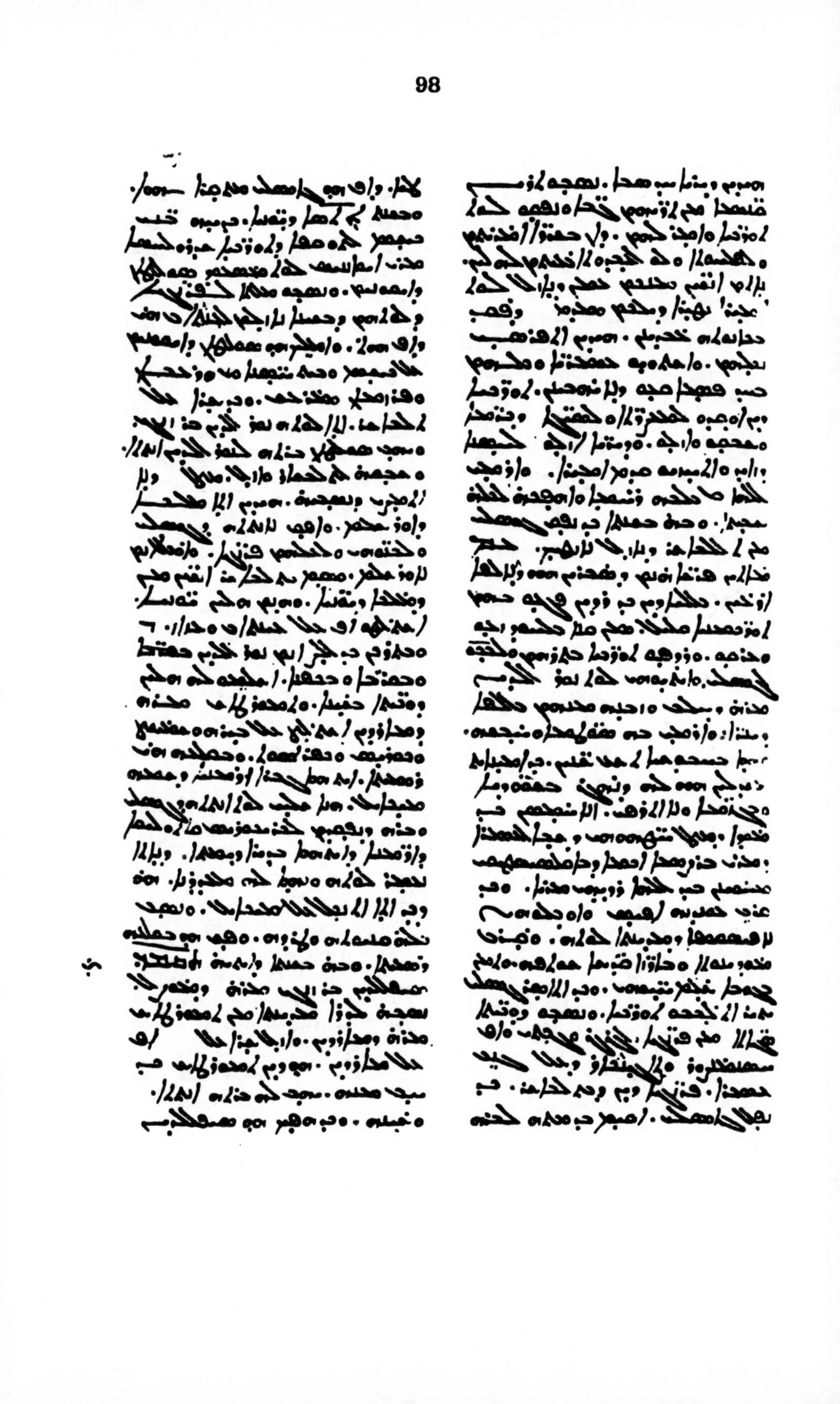

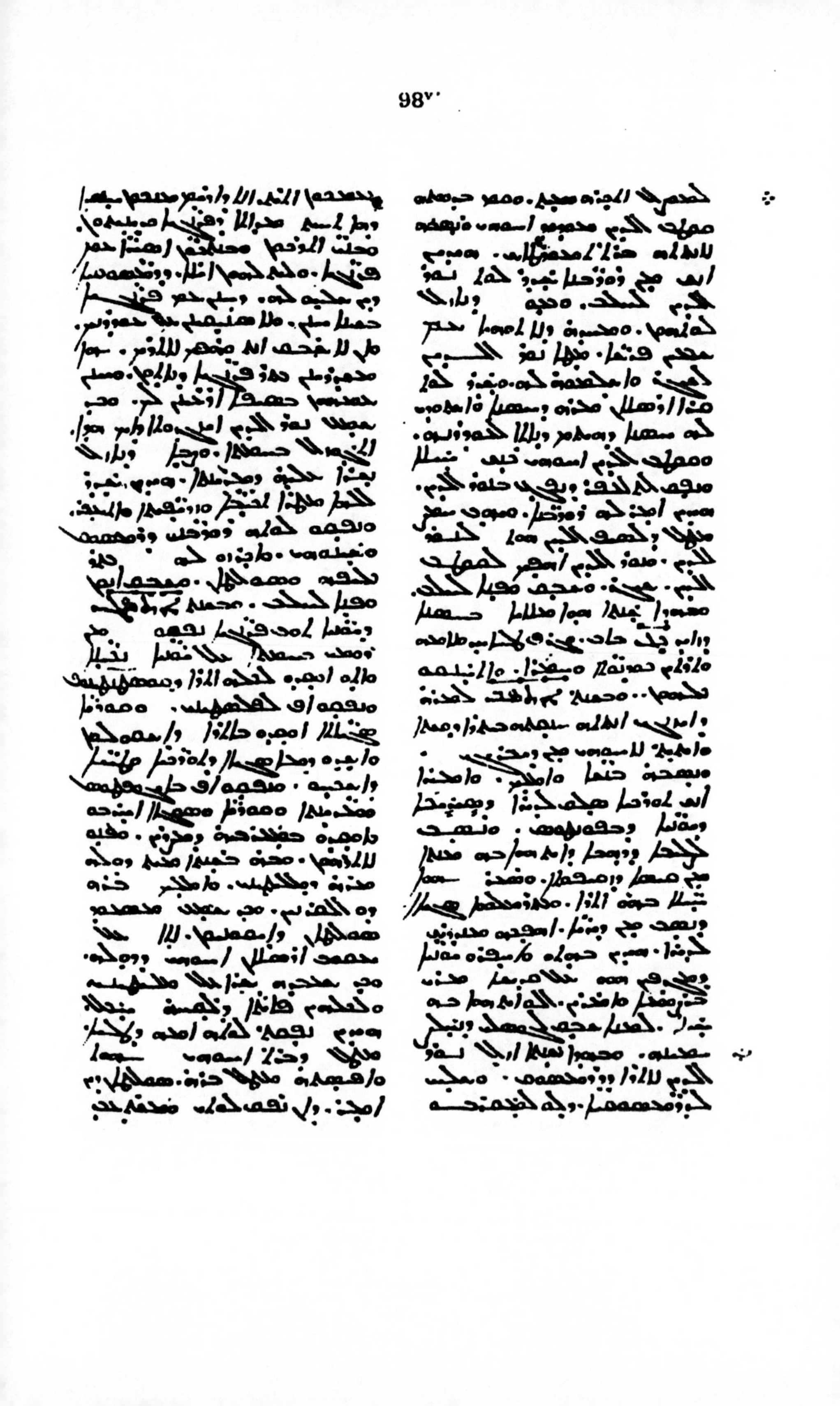

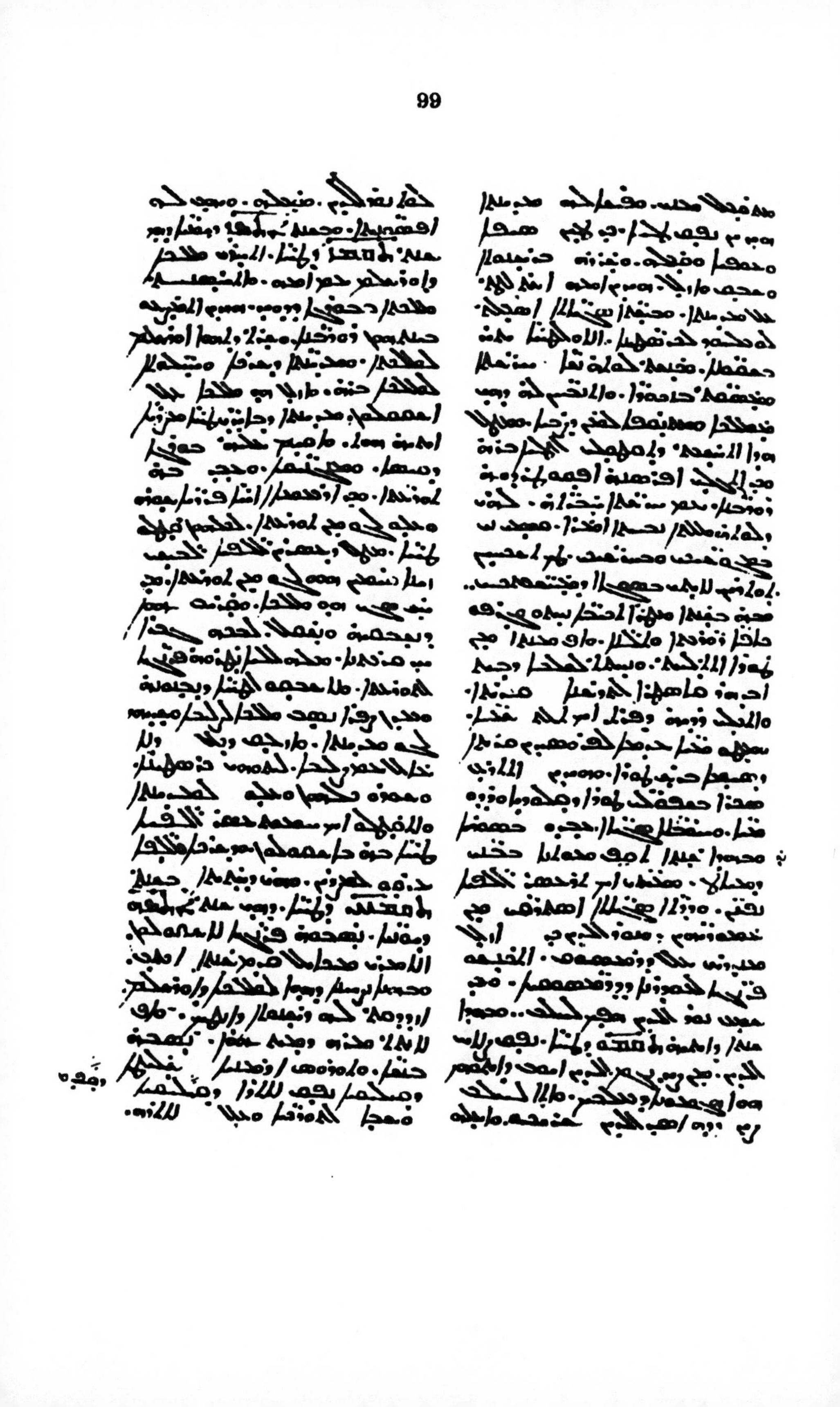

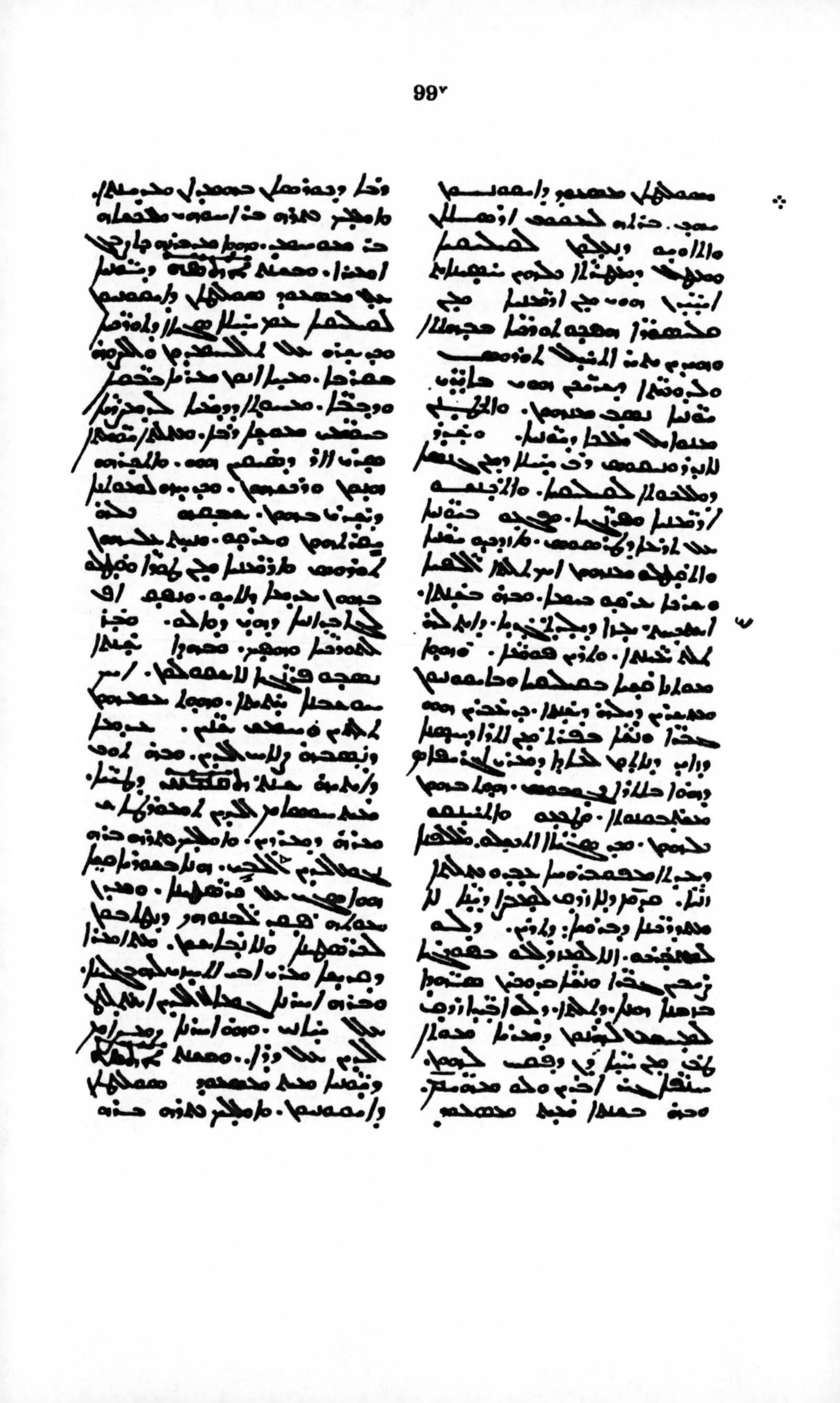

[illegible]

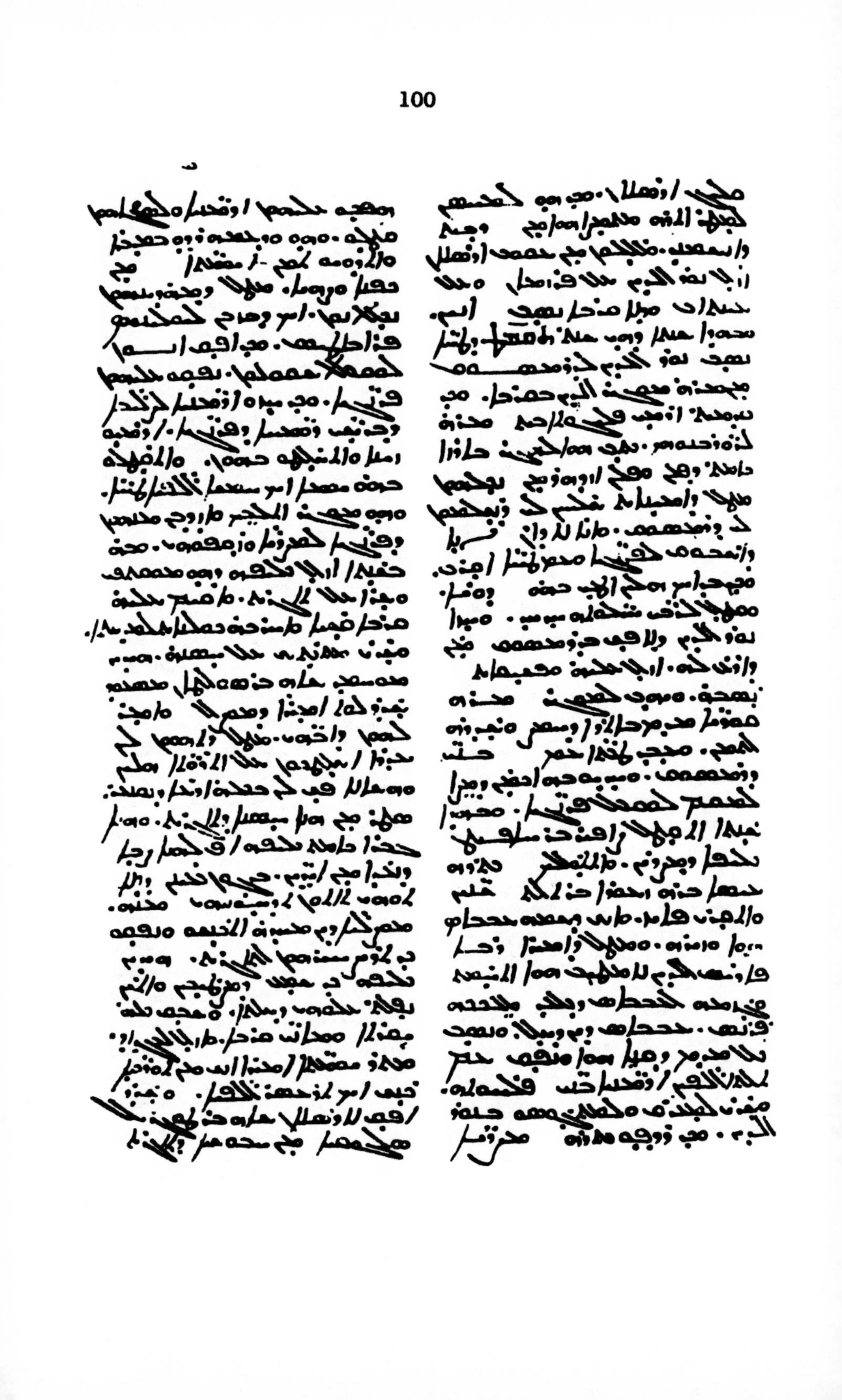

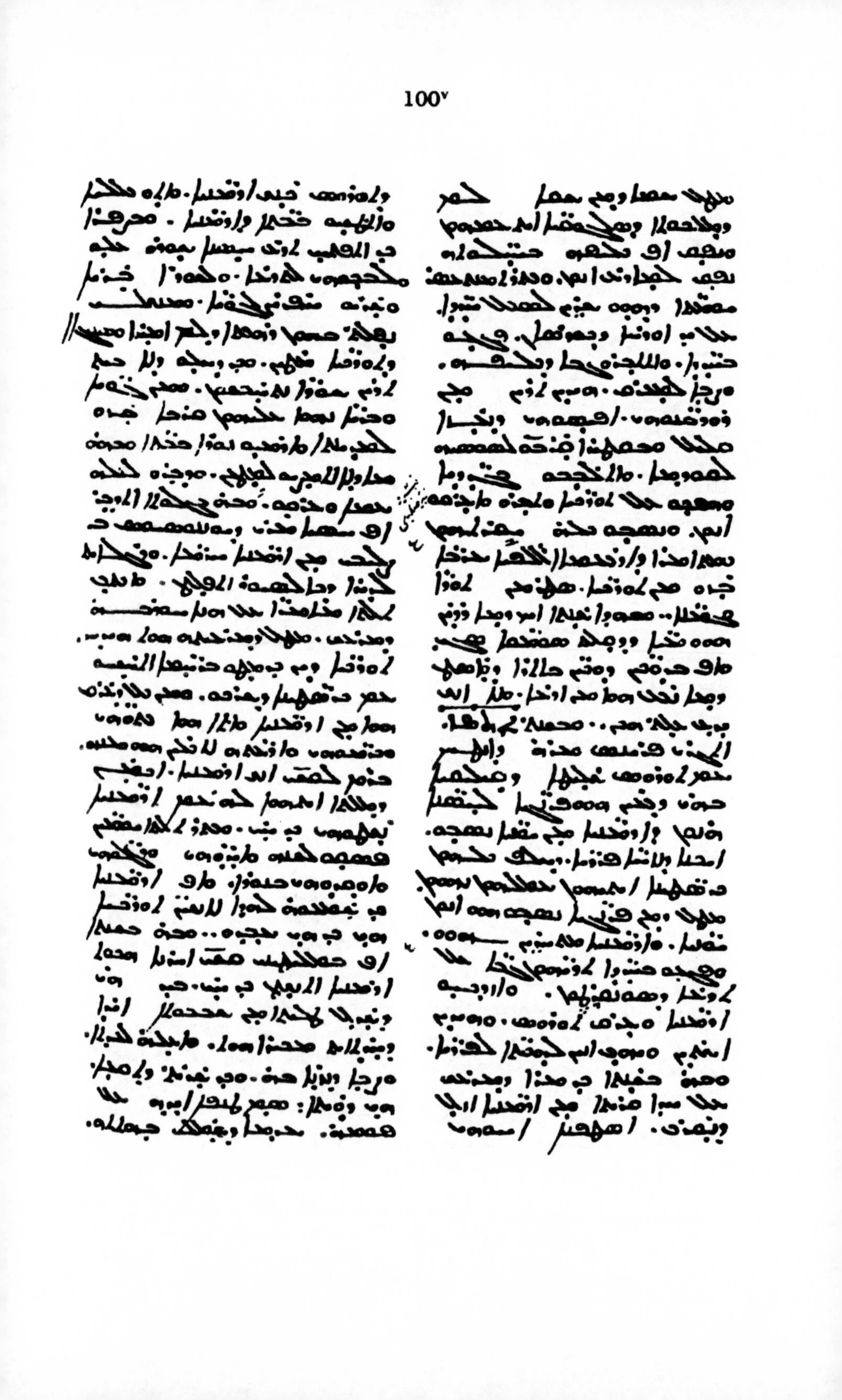

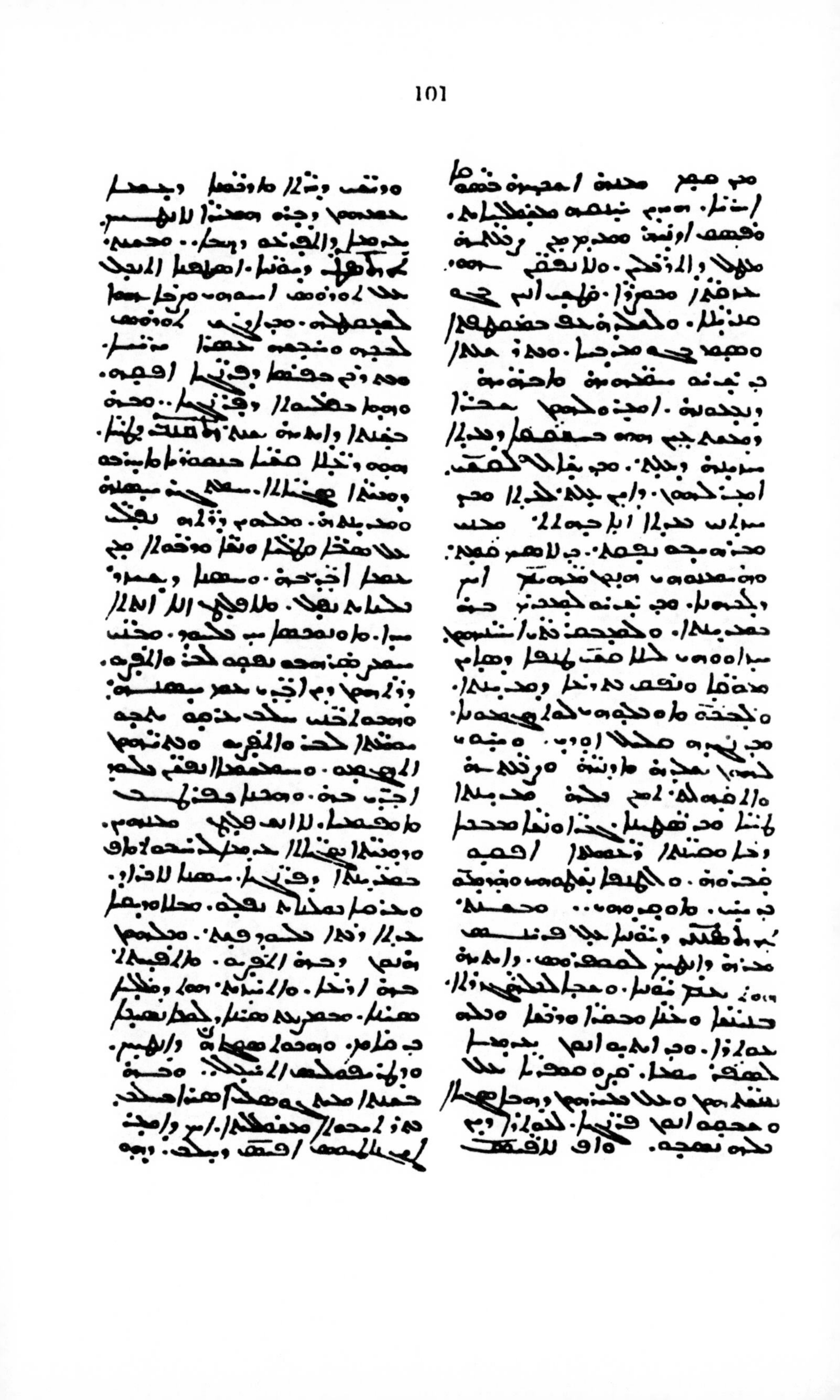

[illegible]

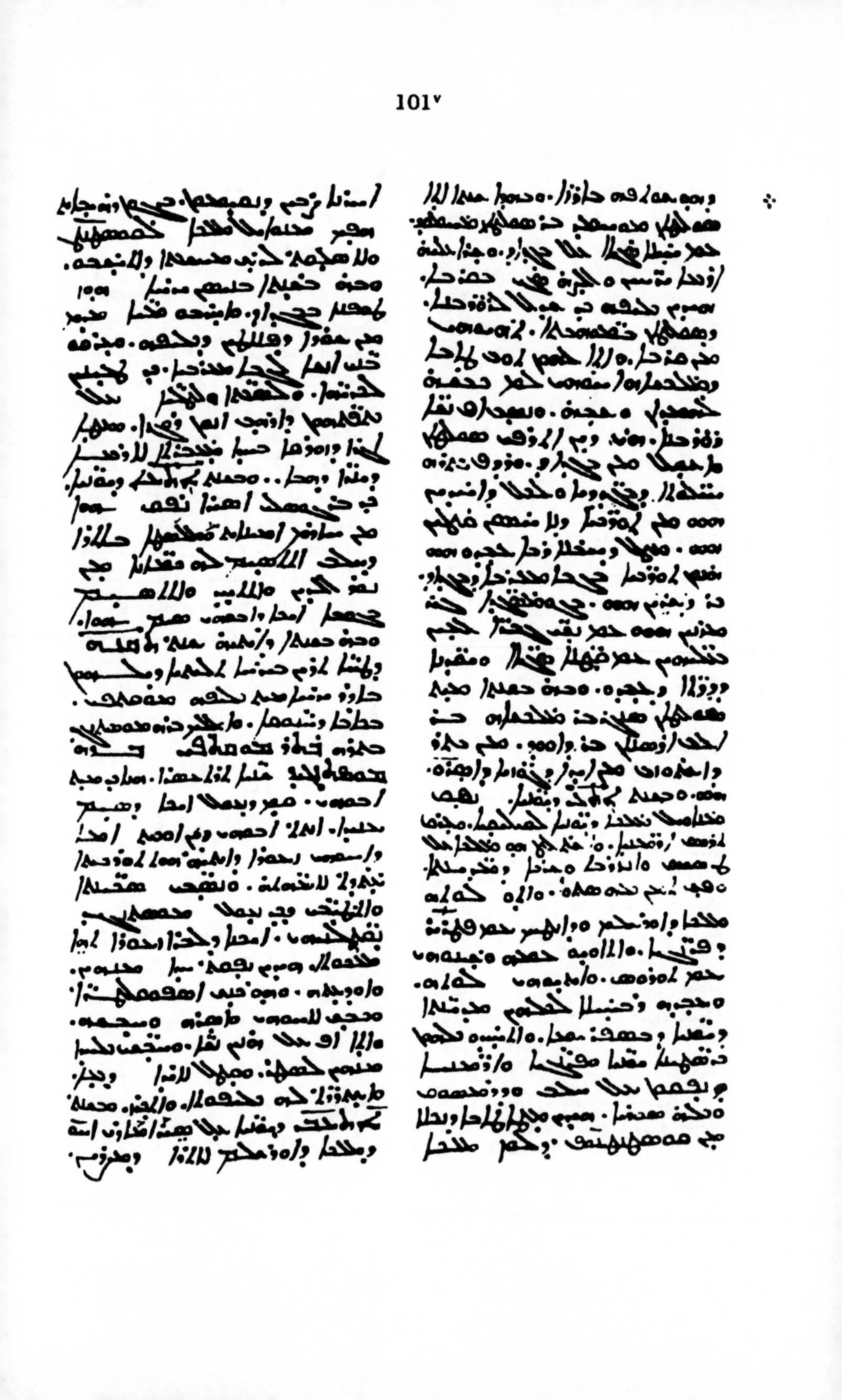

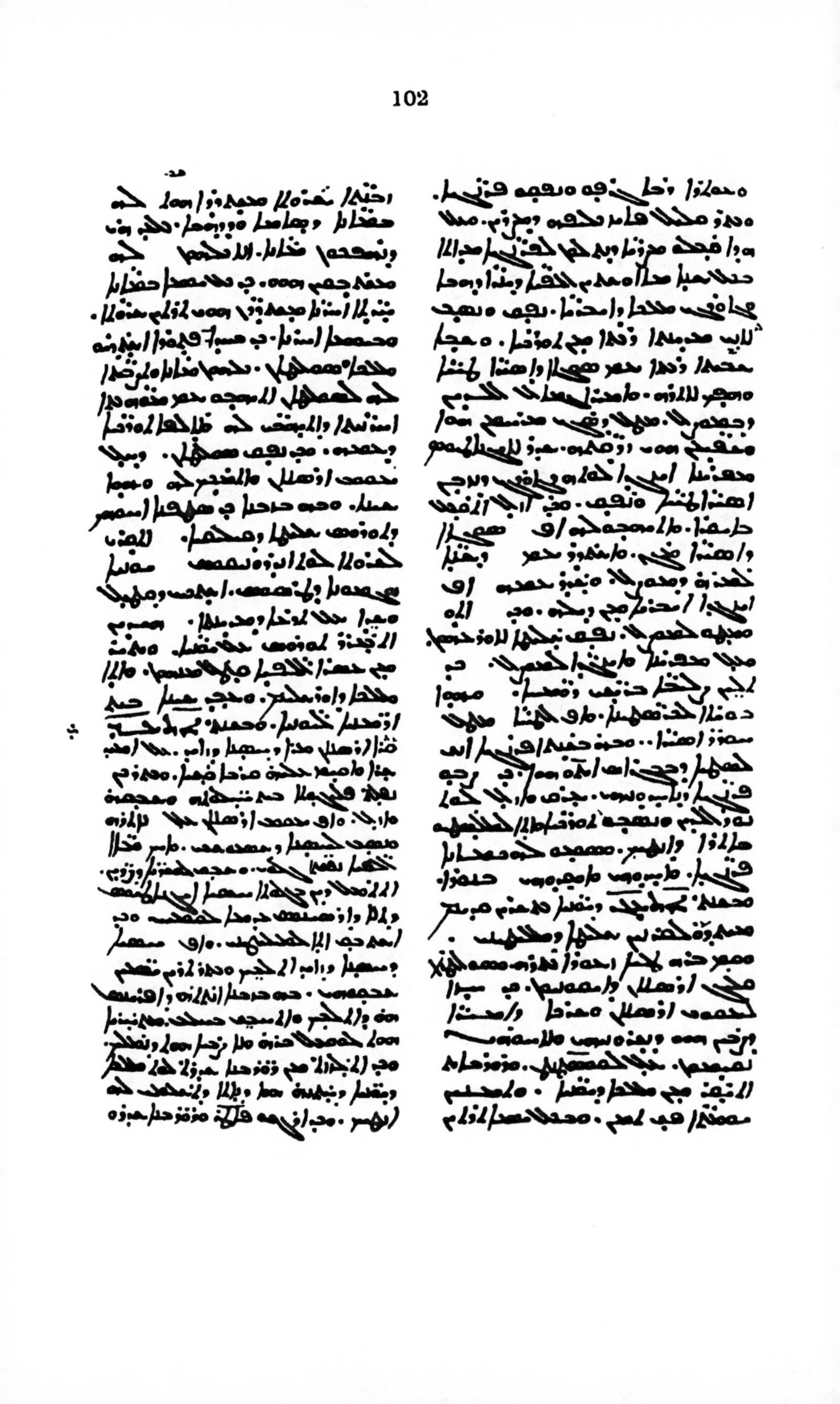

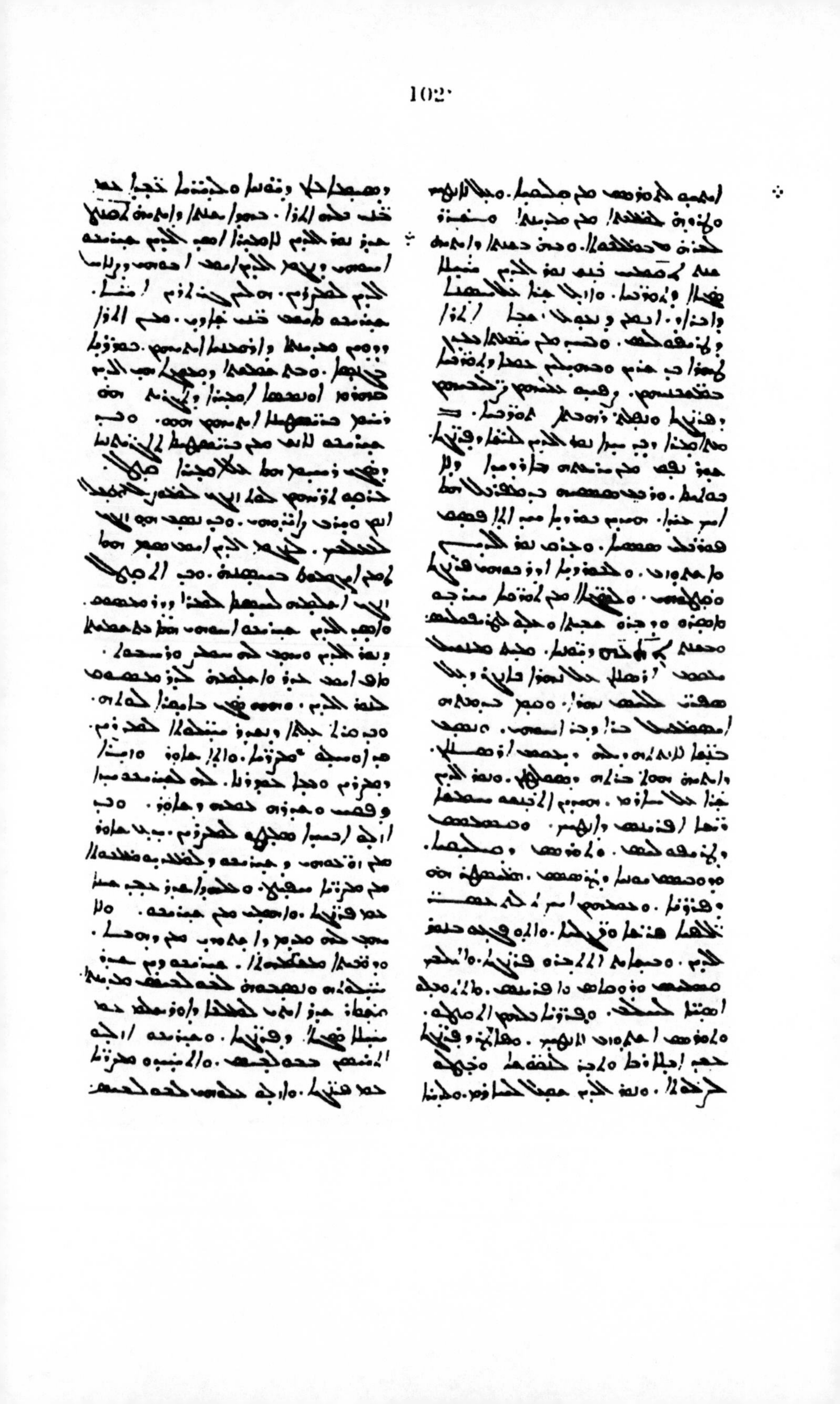

[illegible]

[illegible]

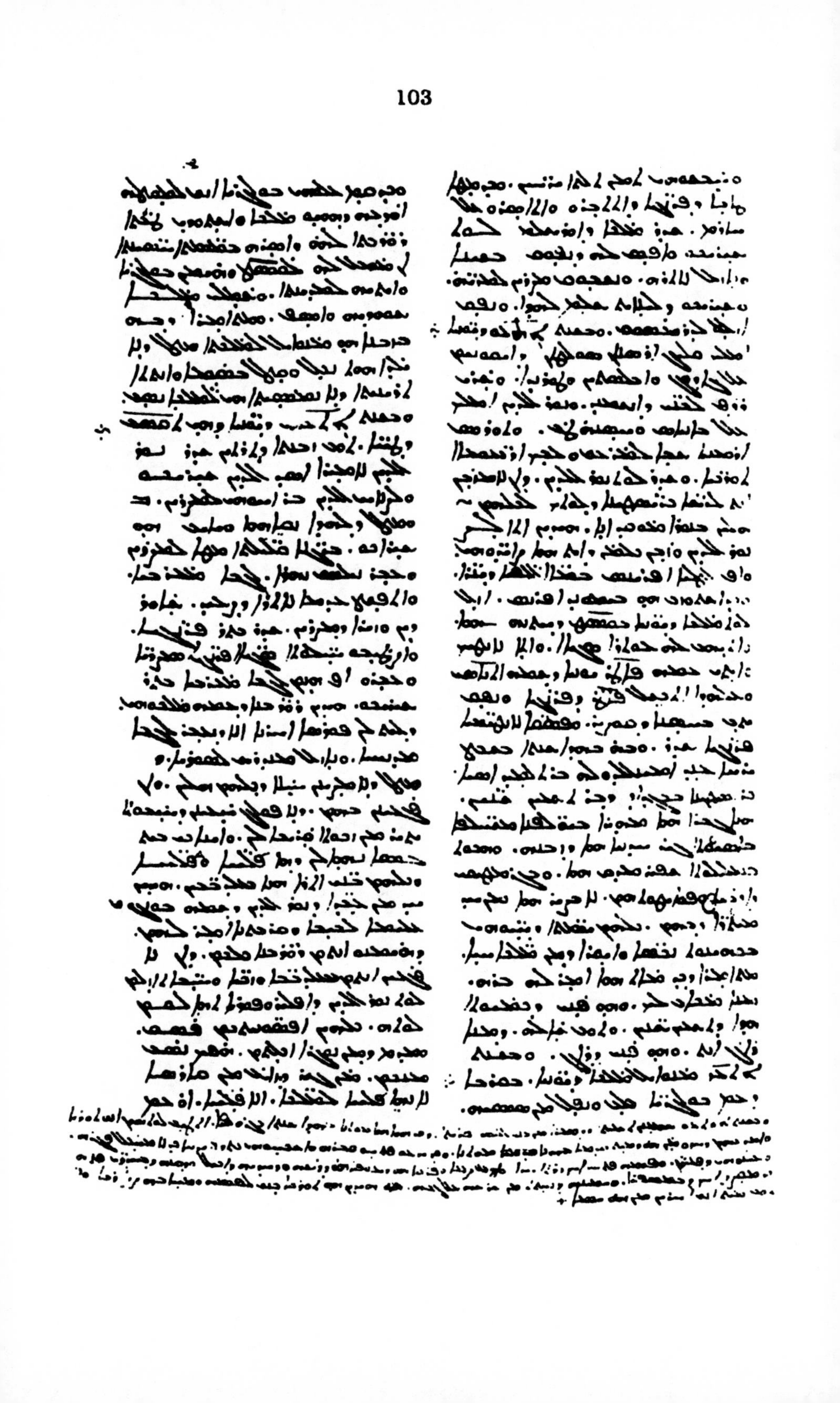

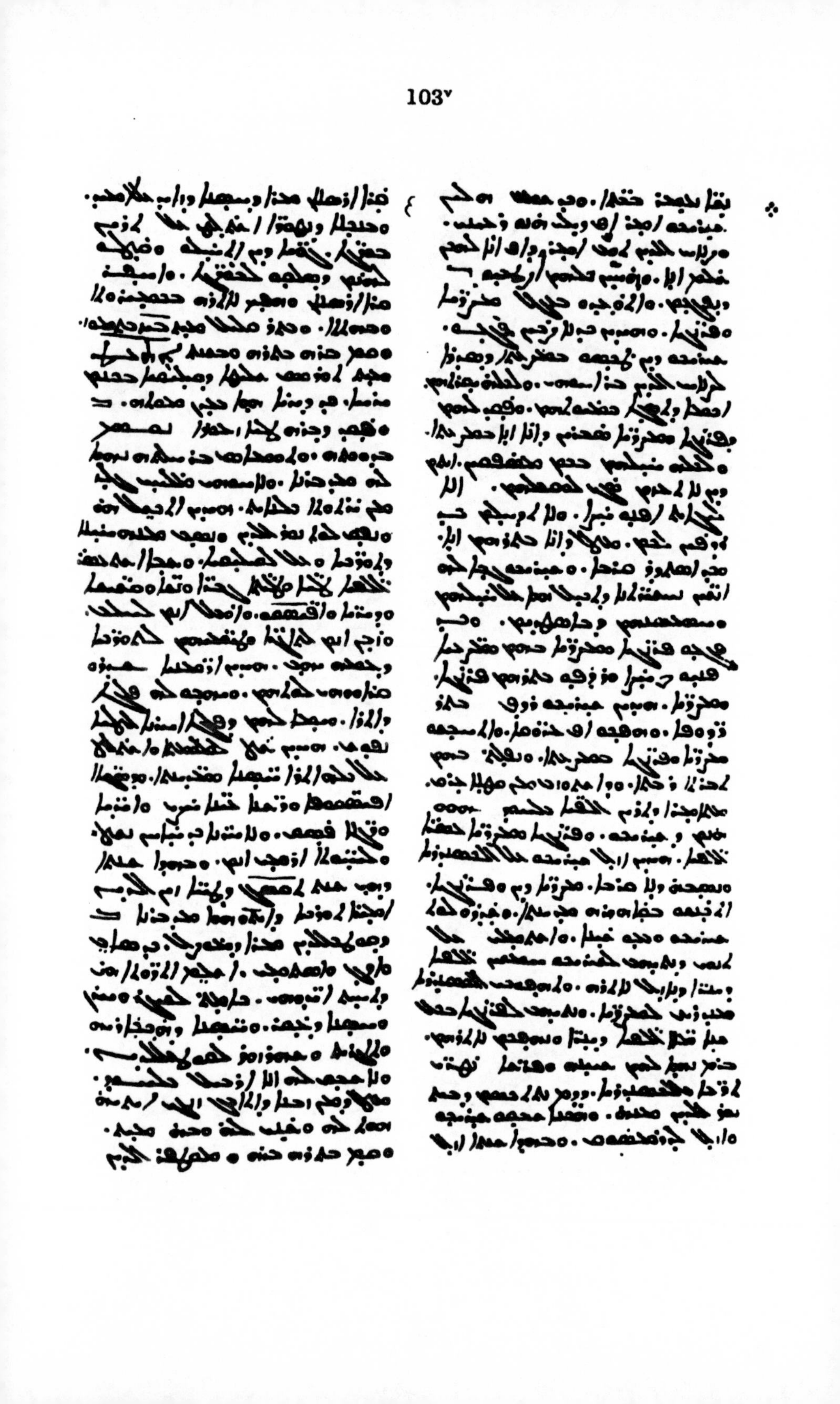

[illegible]

[illegible]

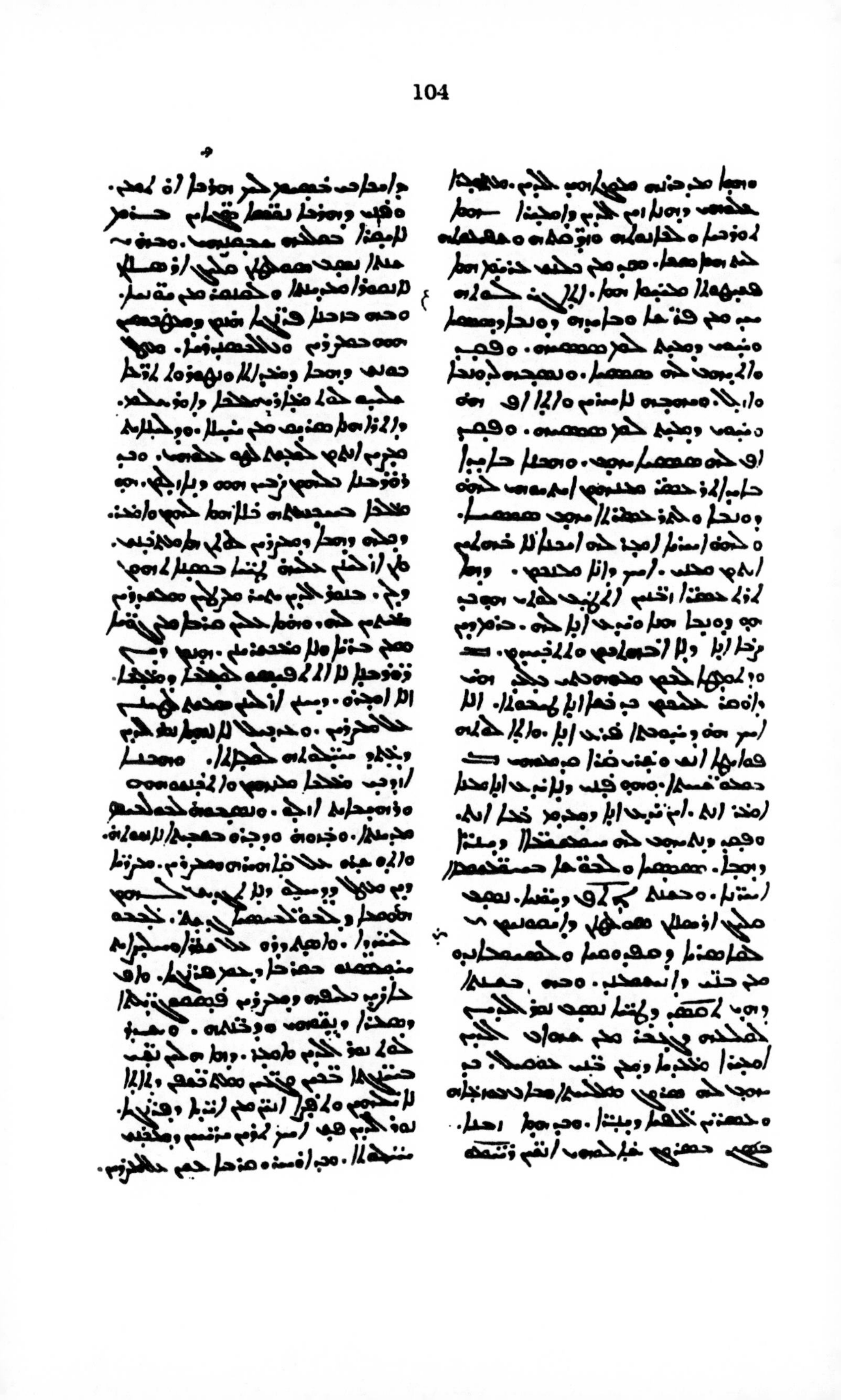

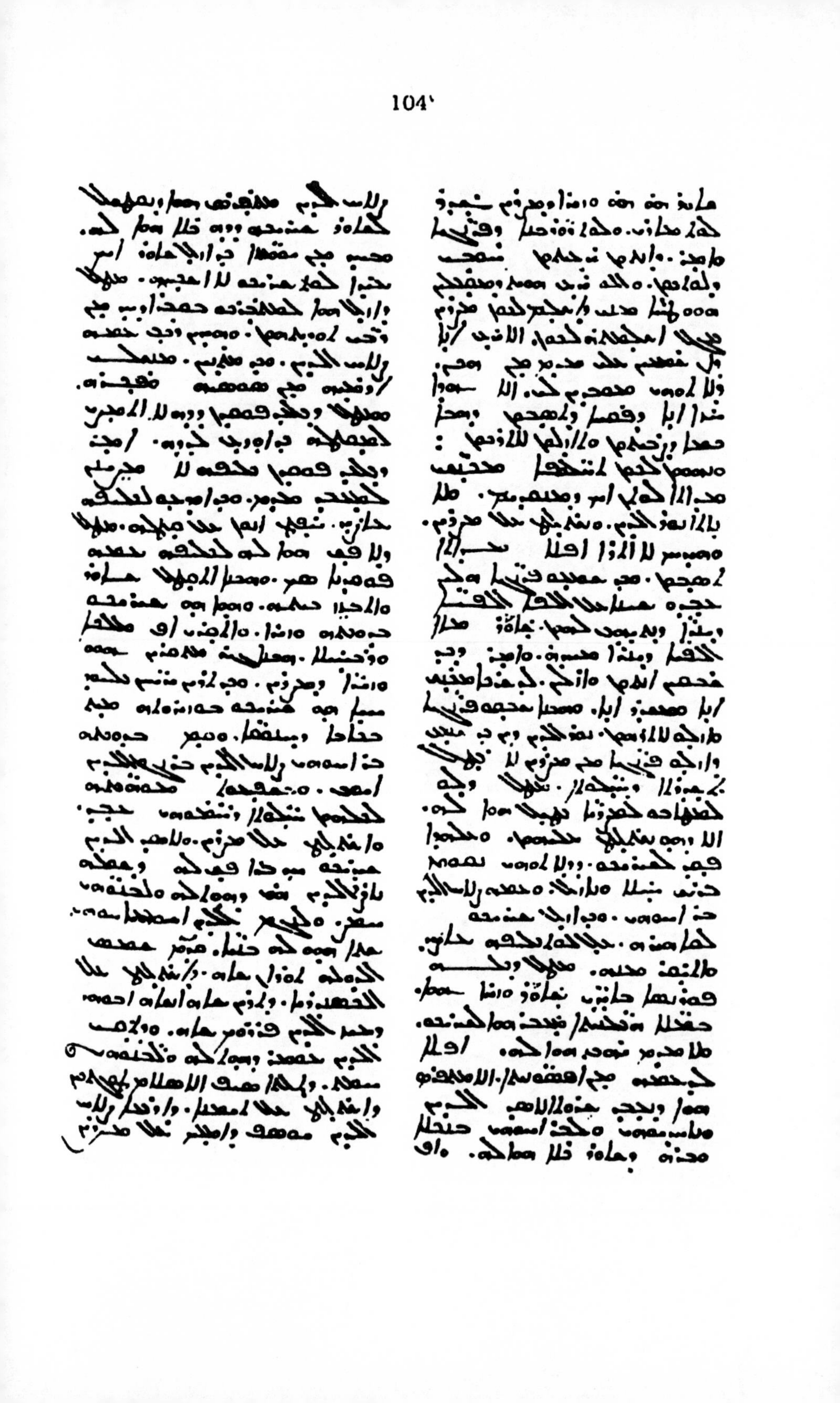

[illegible]

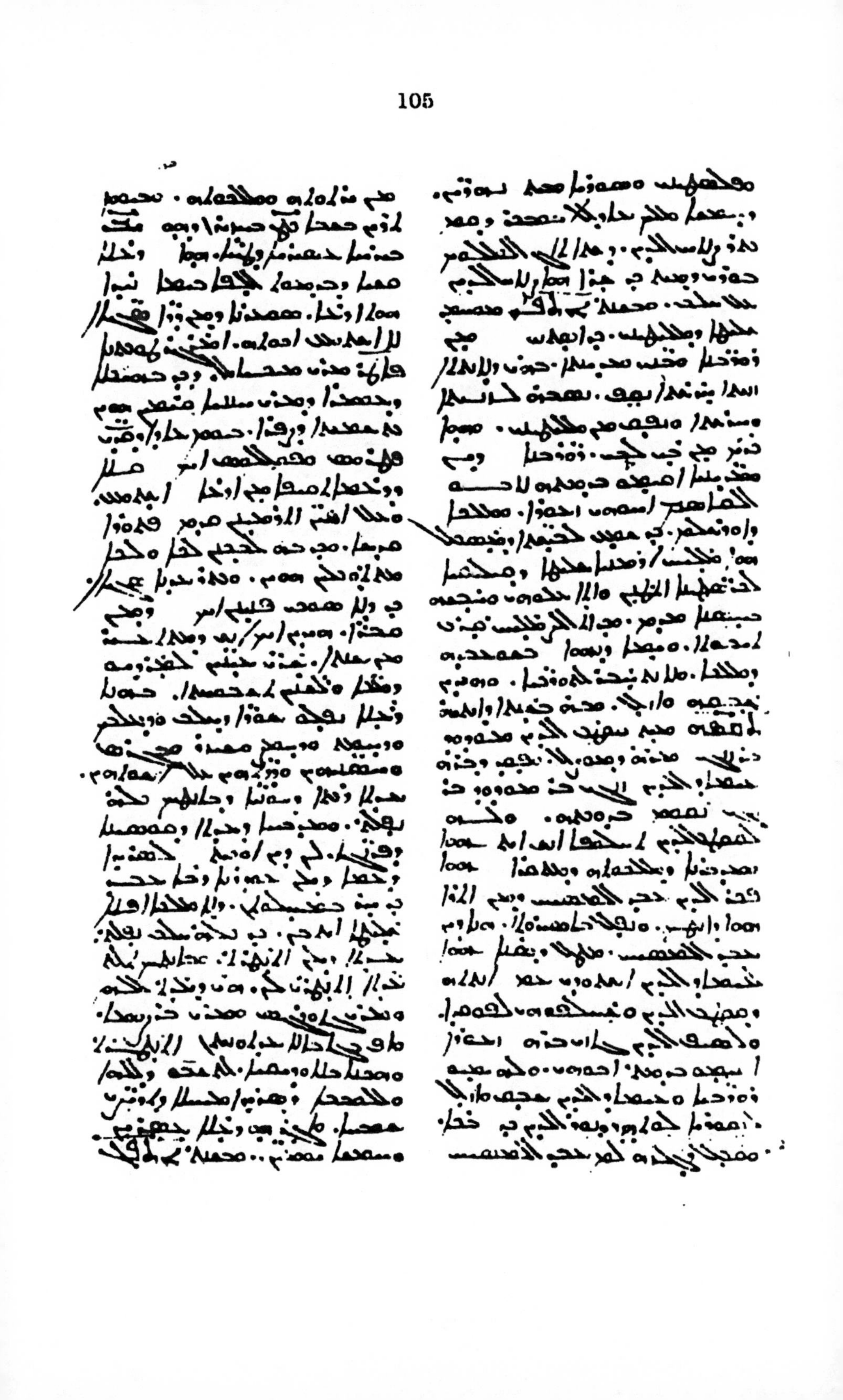

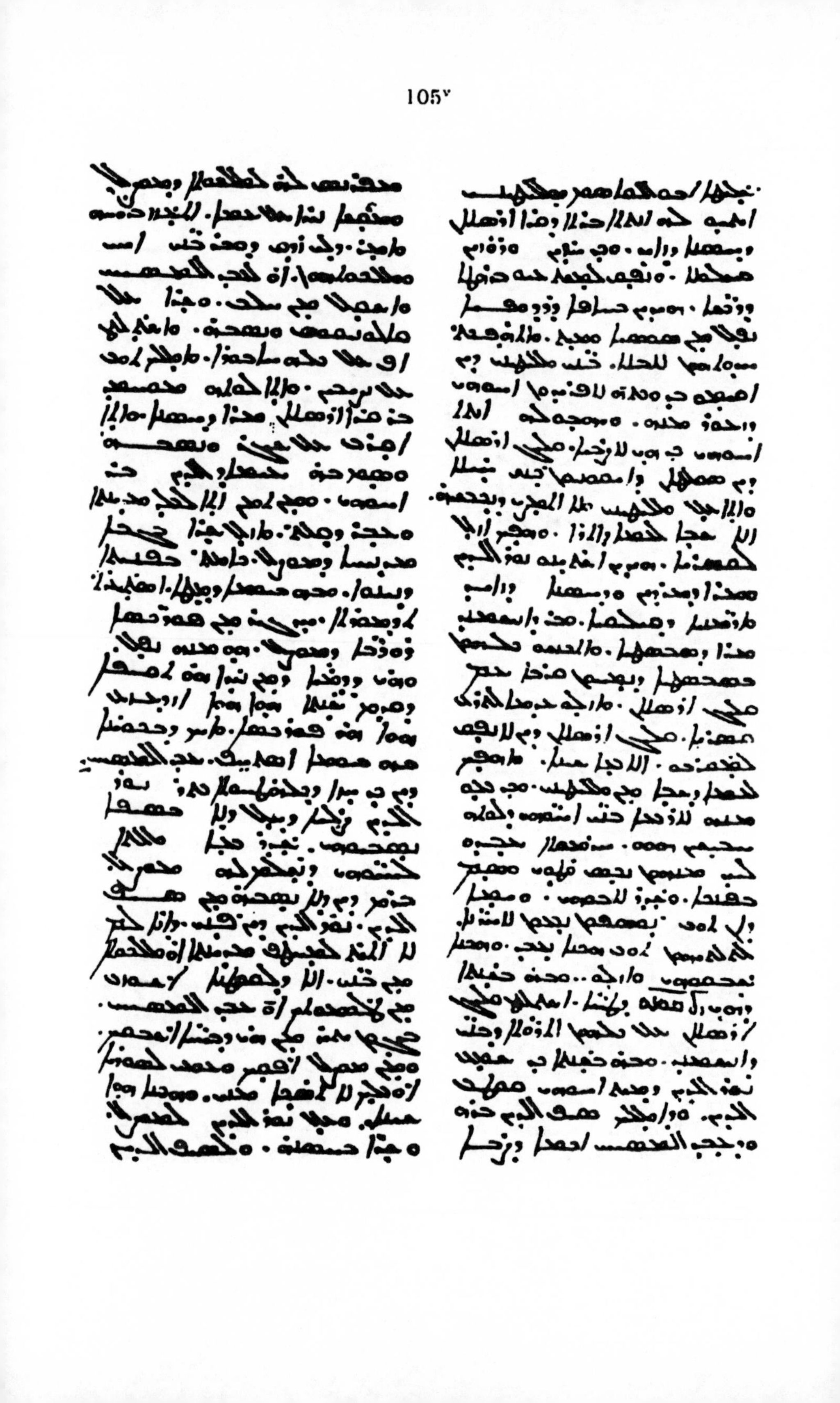

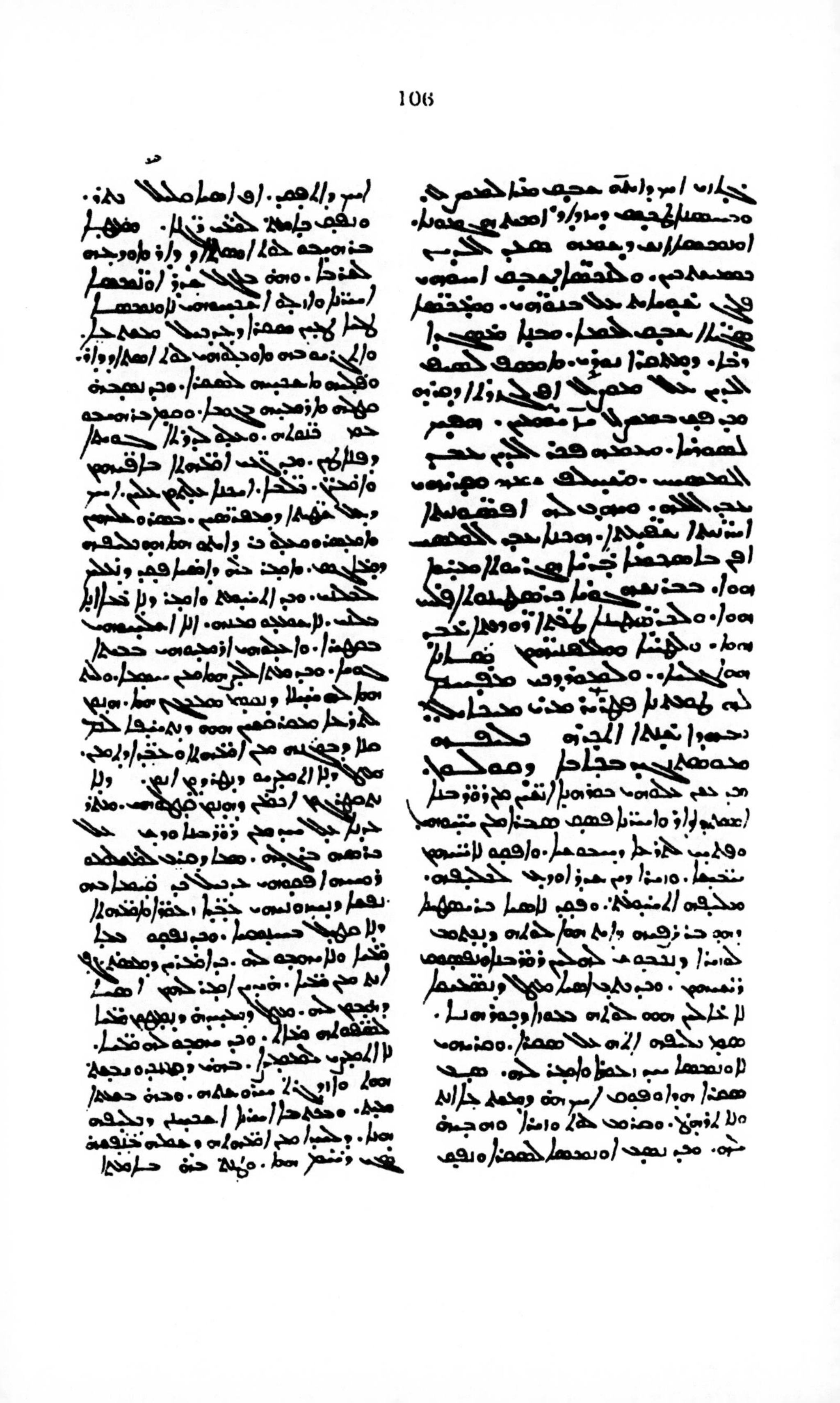

[illegible]

[illegible]

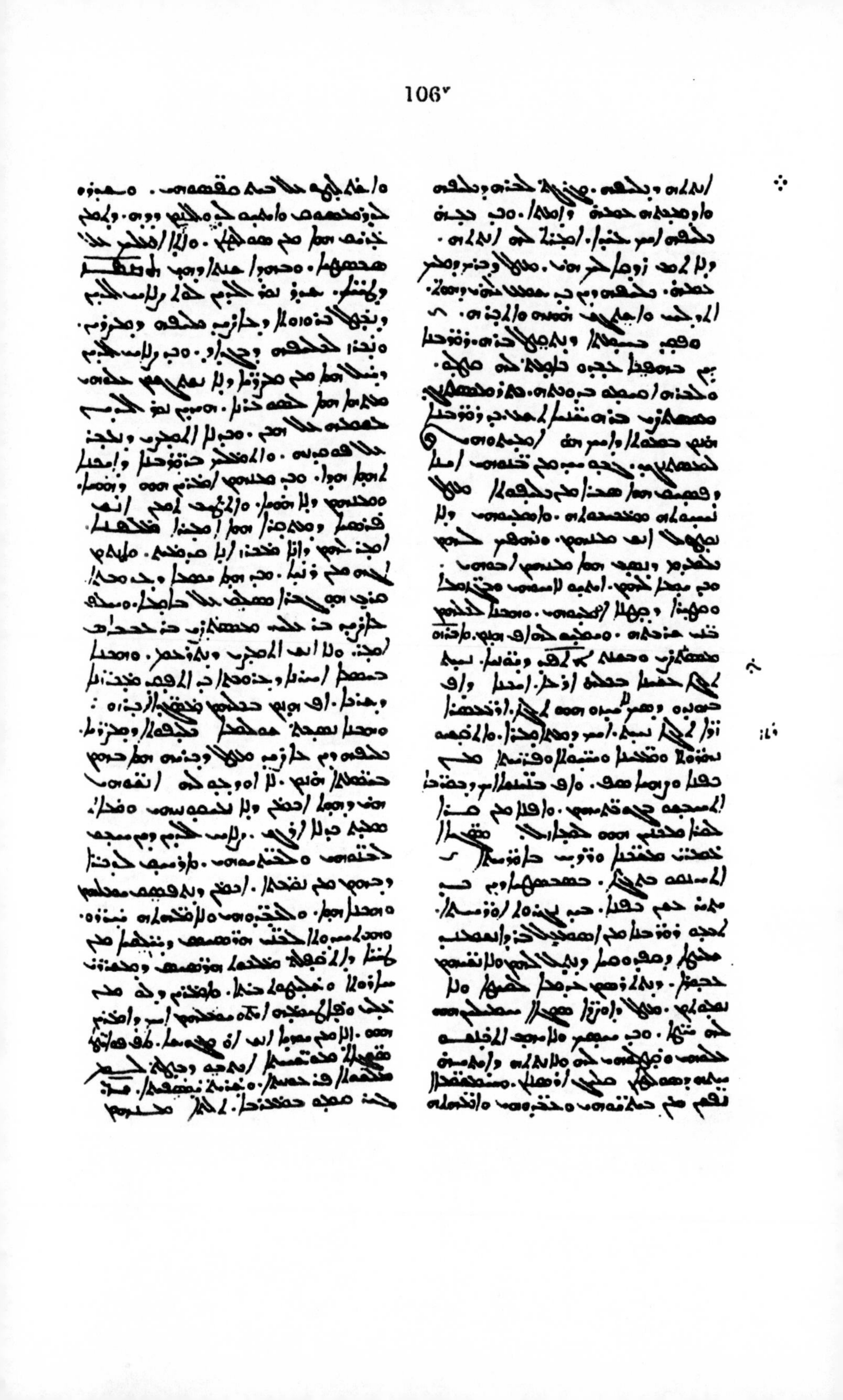

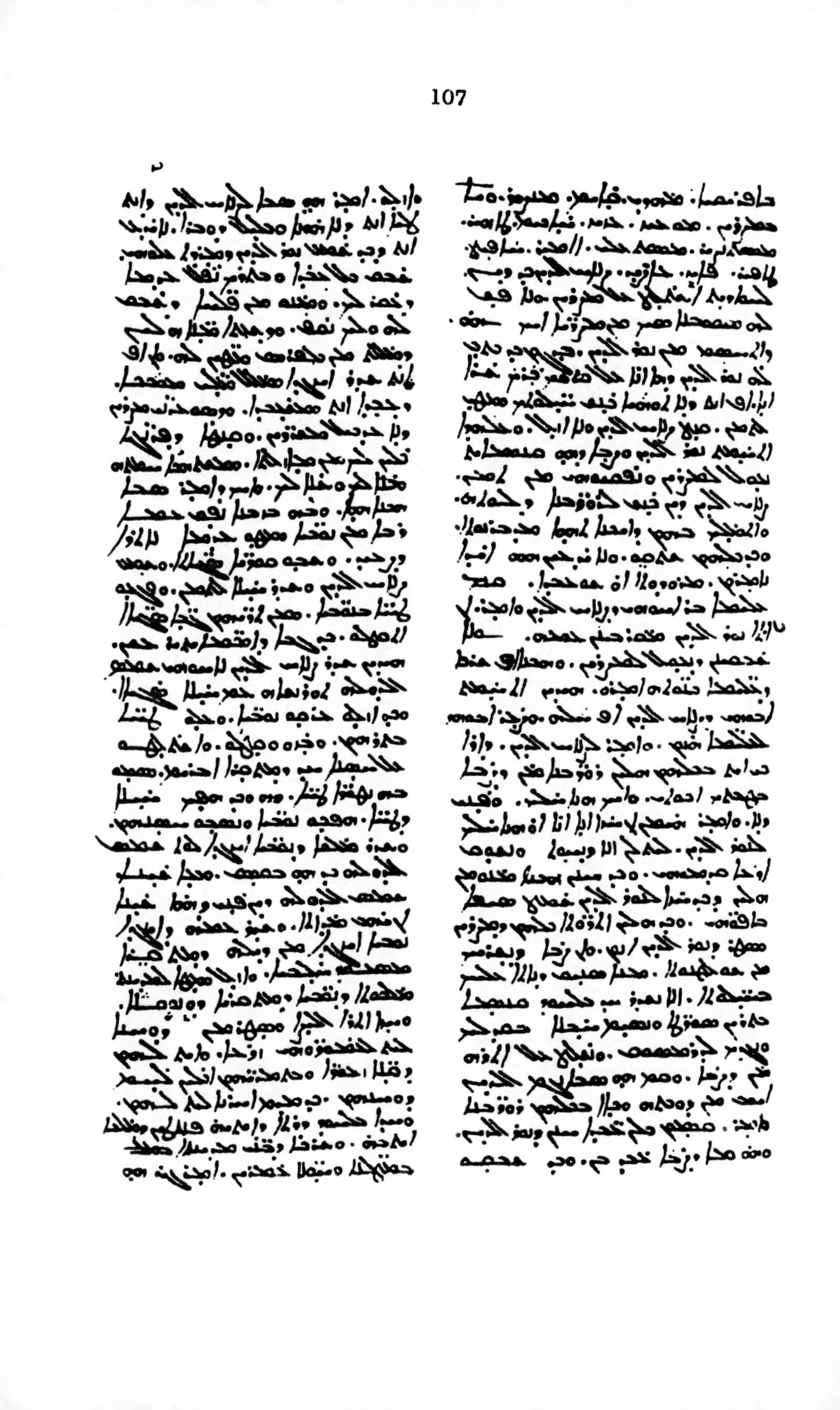

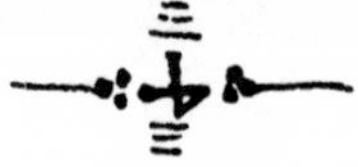

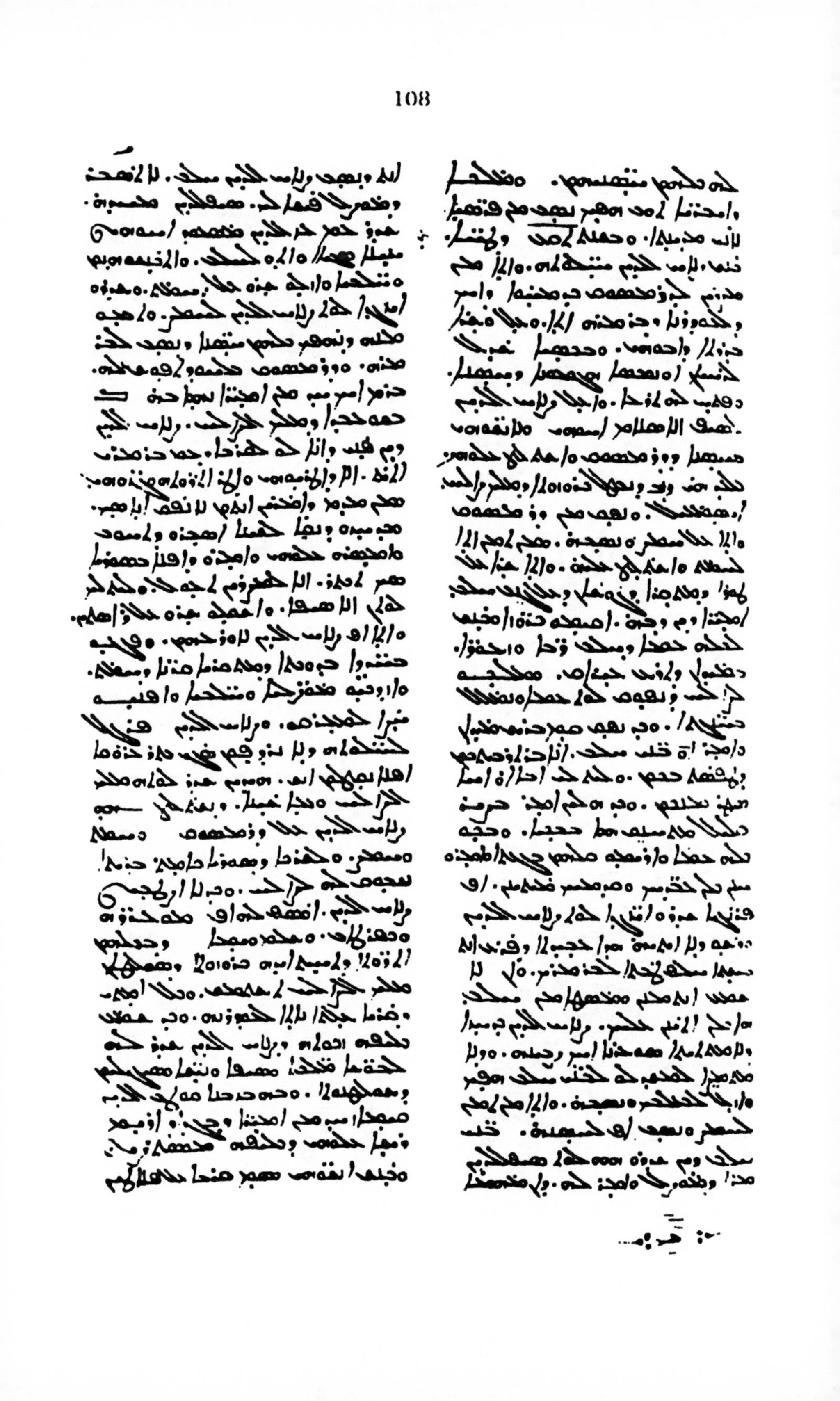

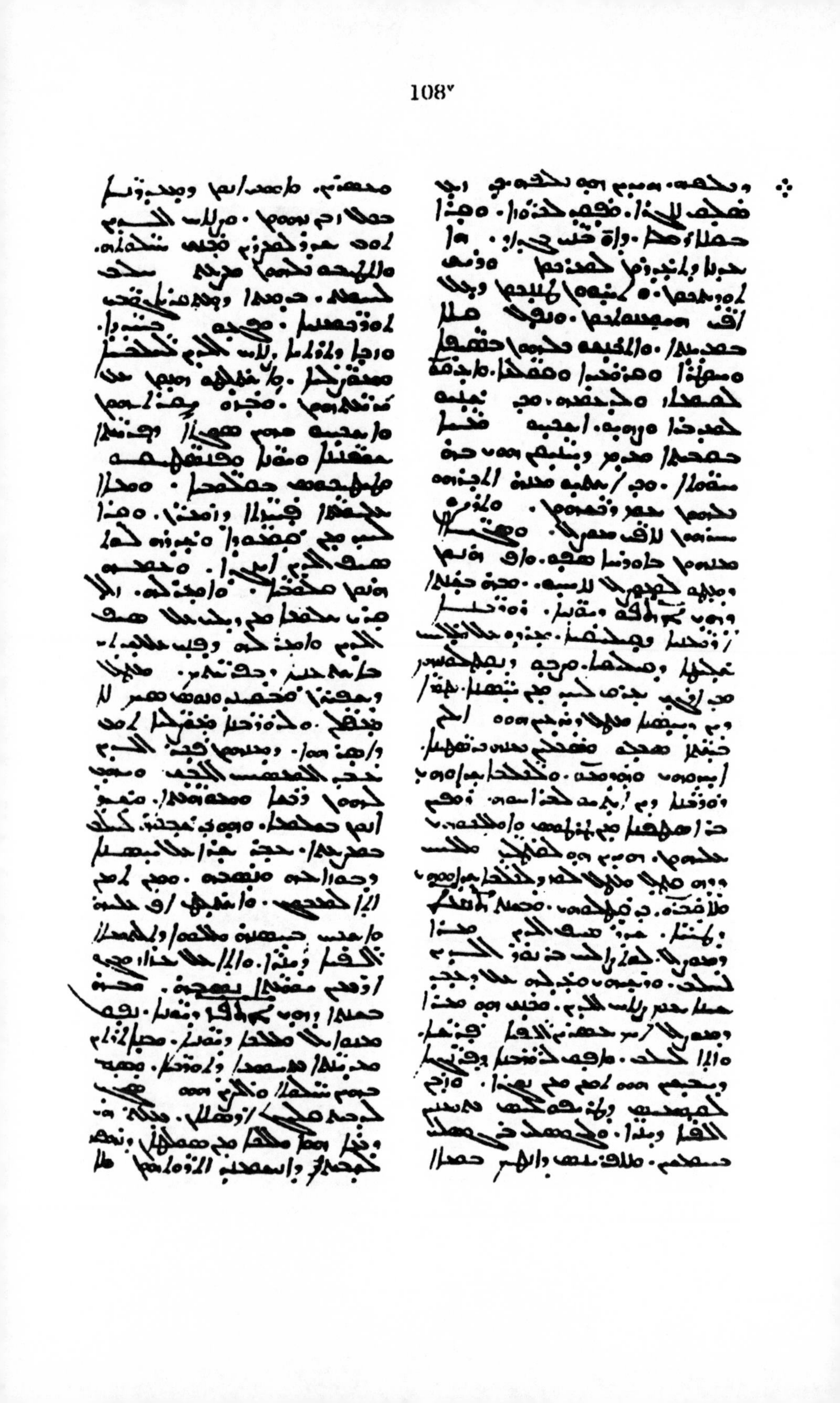

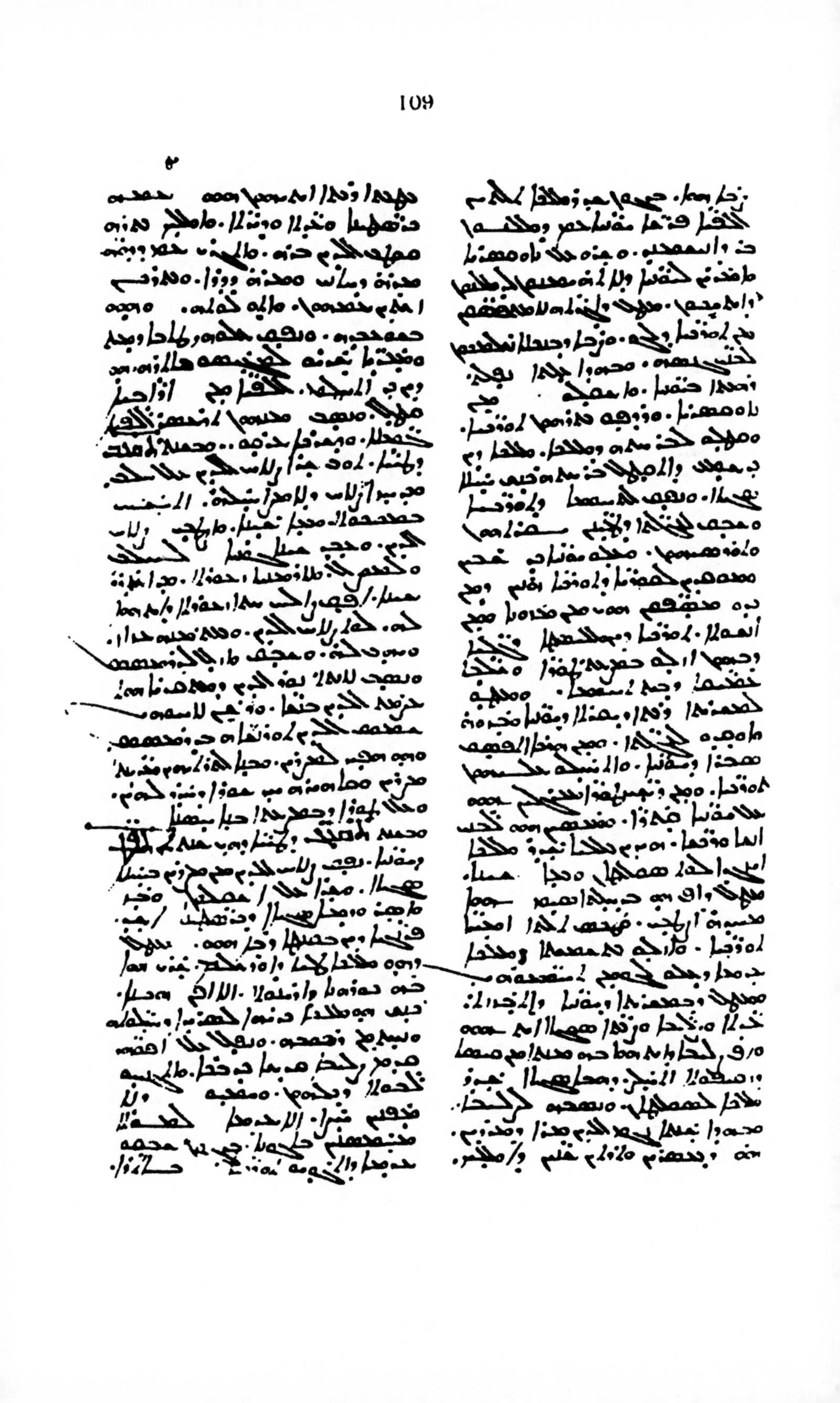

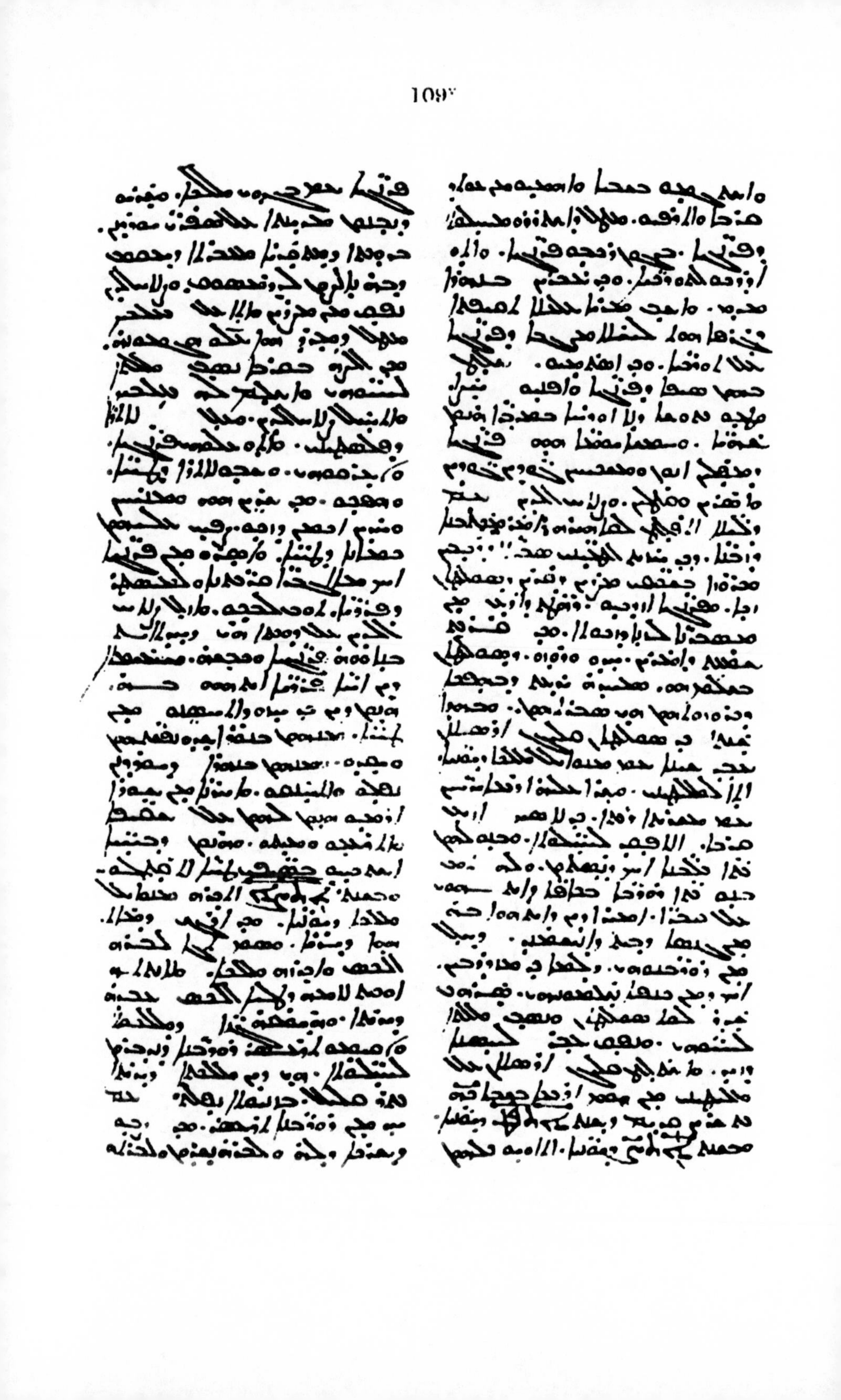

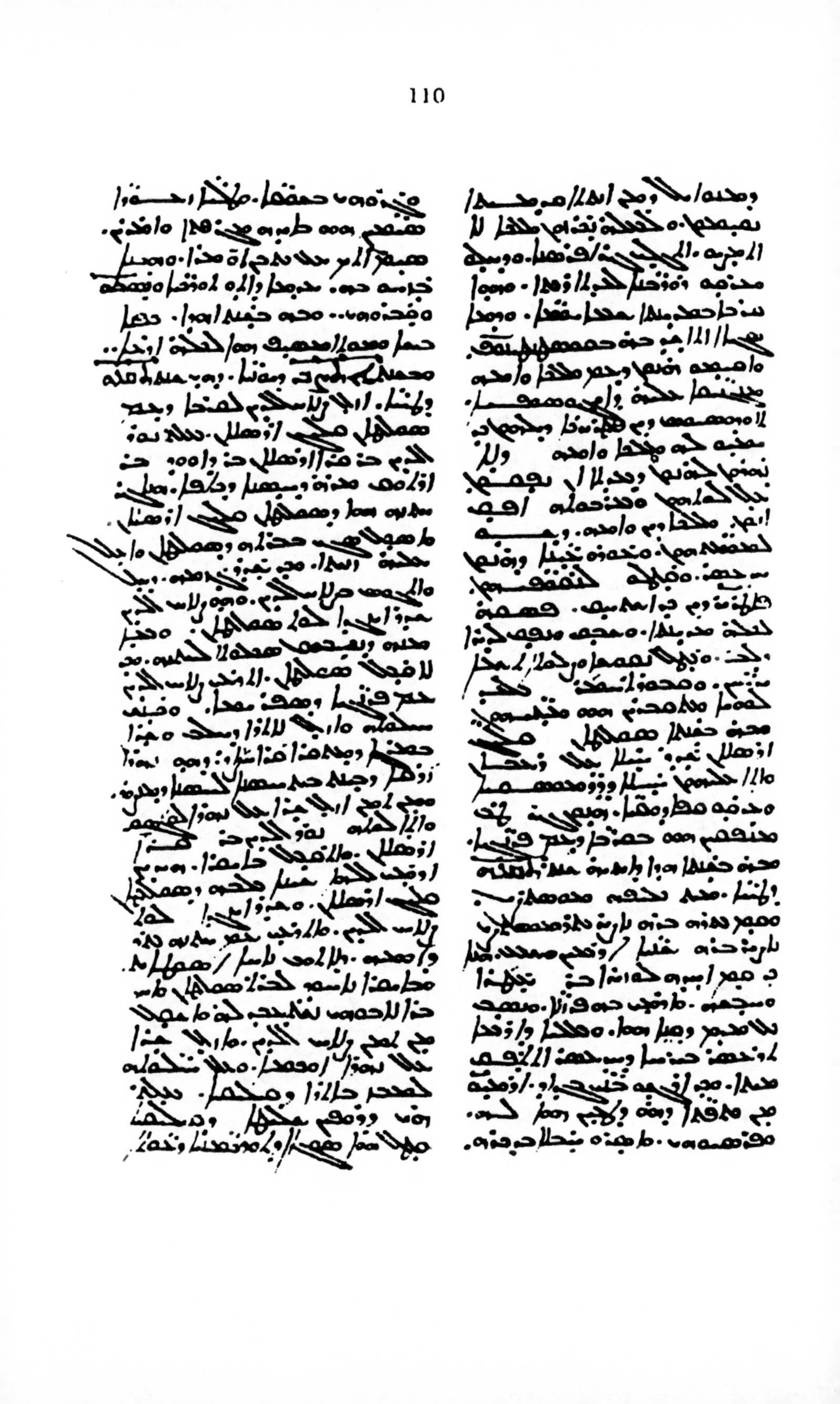

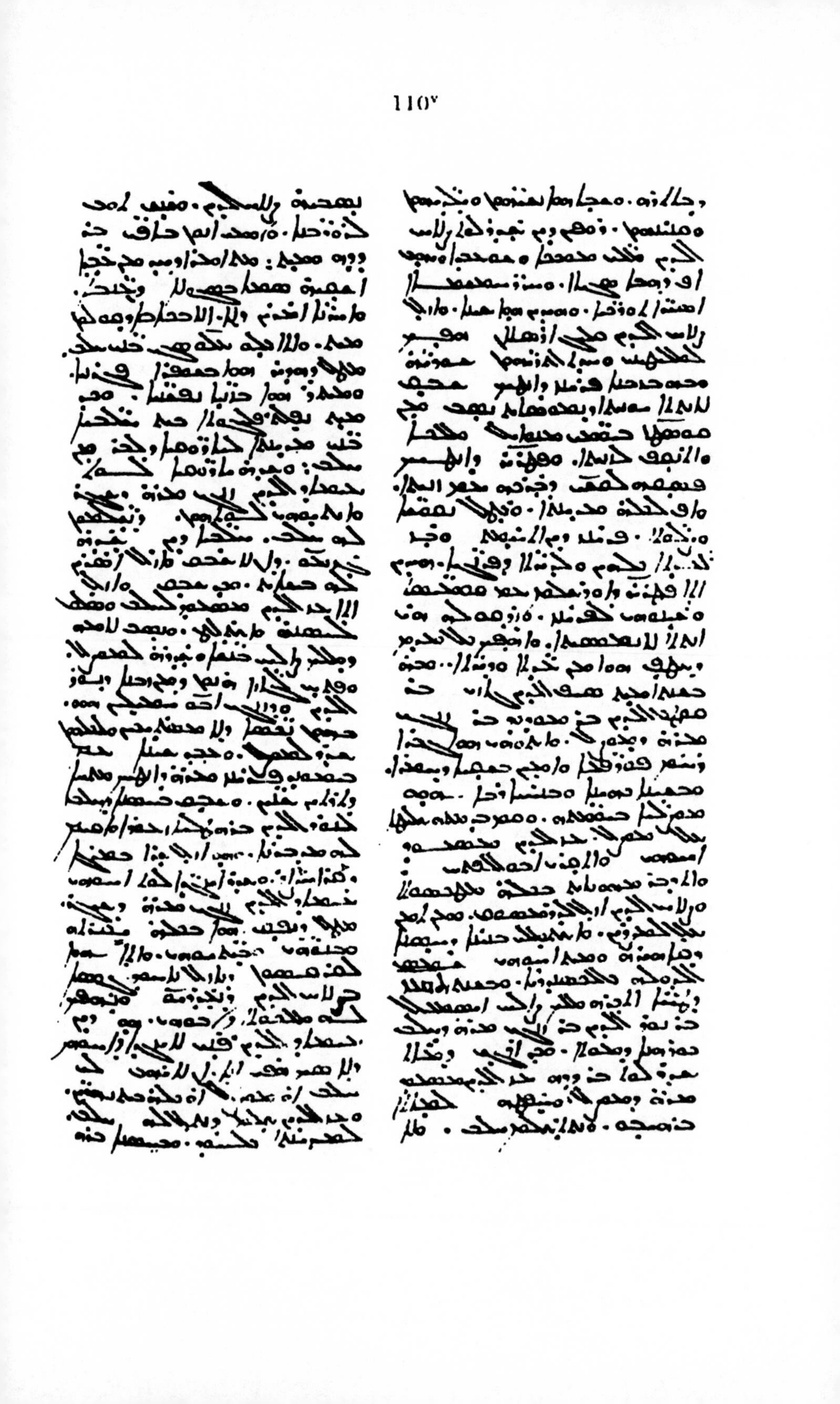

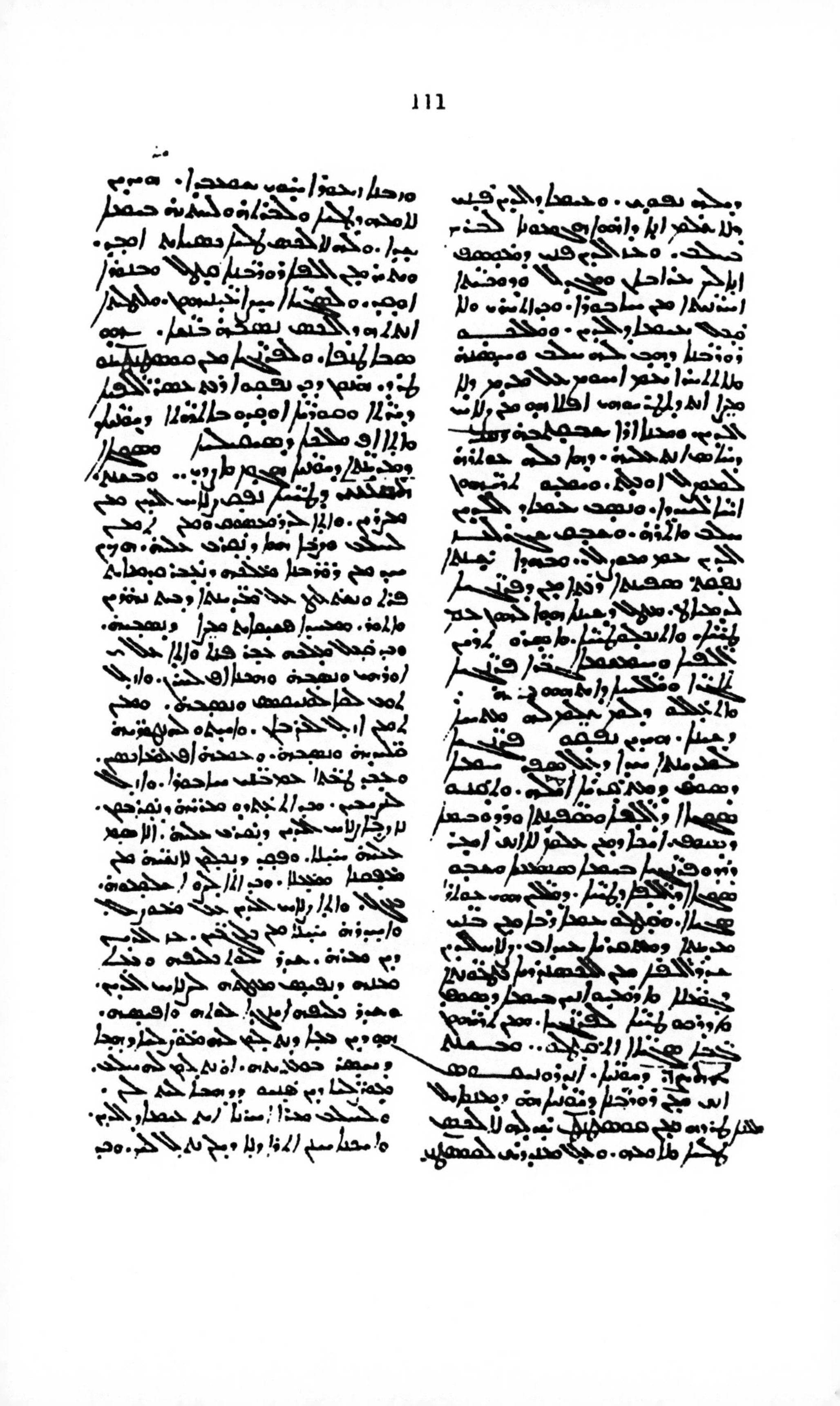

[illegible]

[illegible]

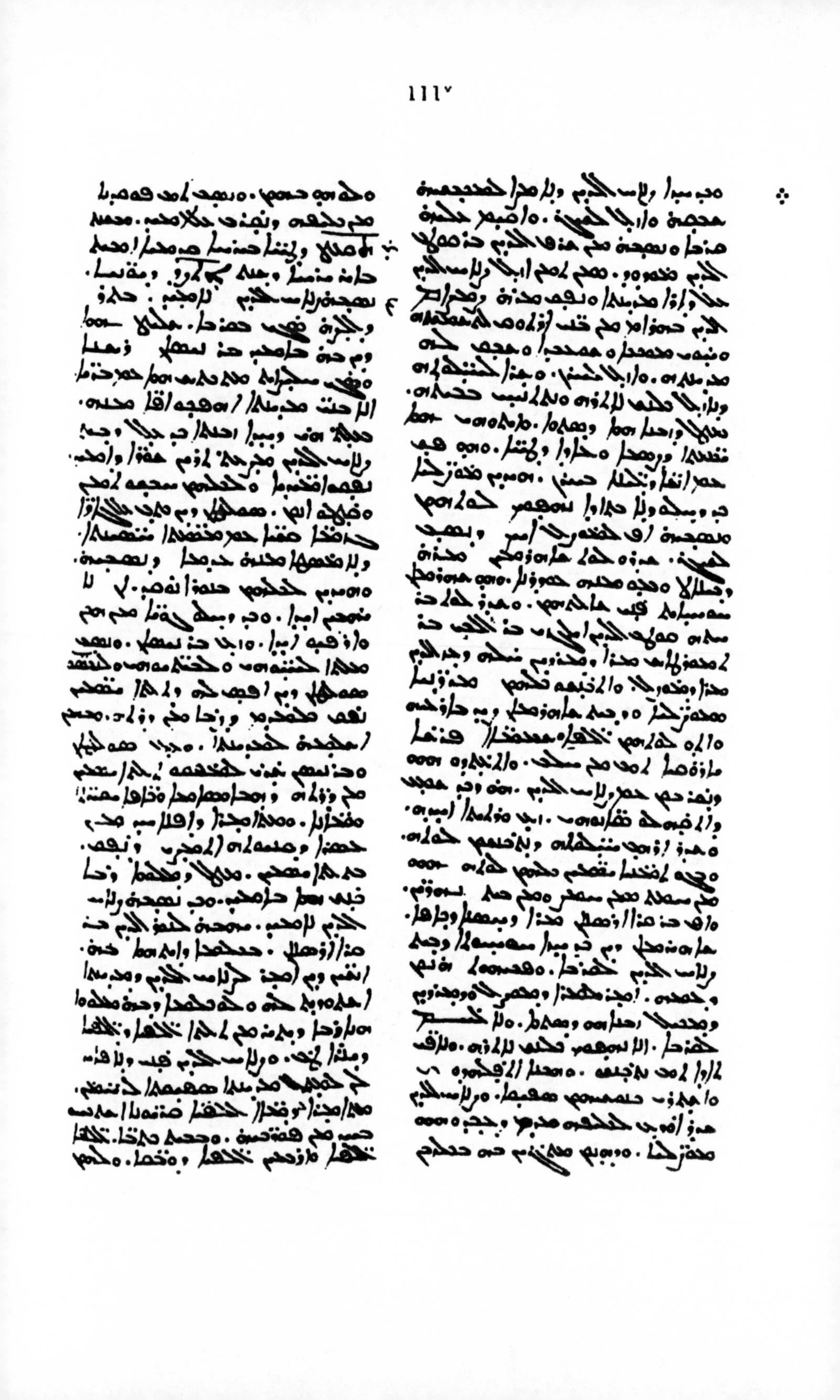

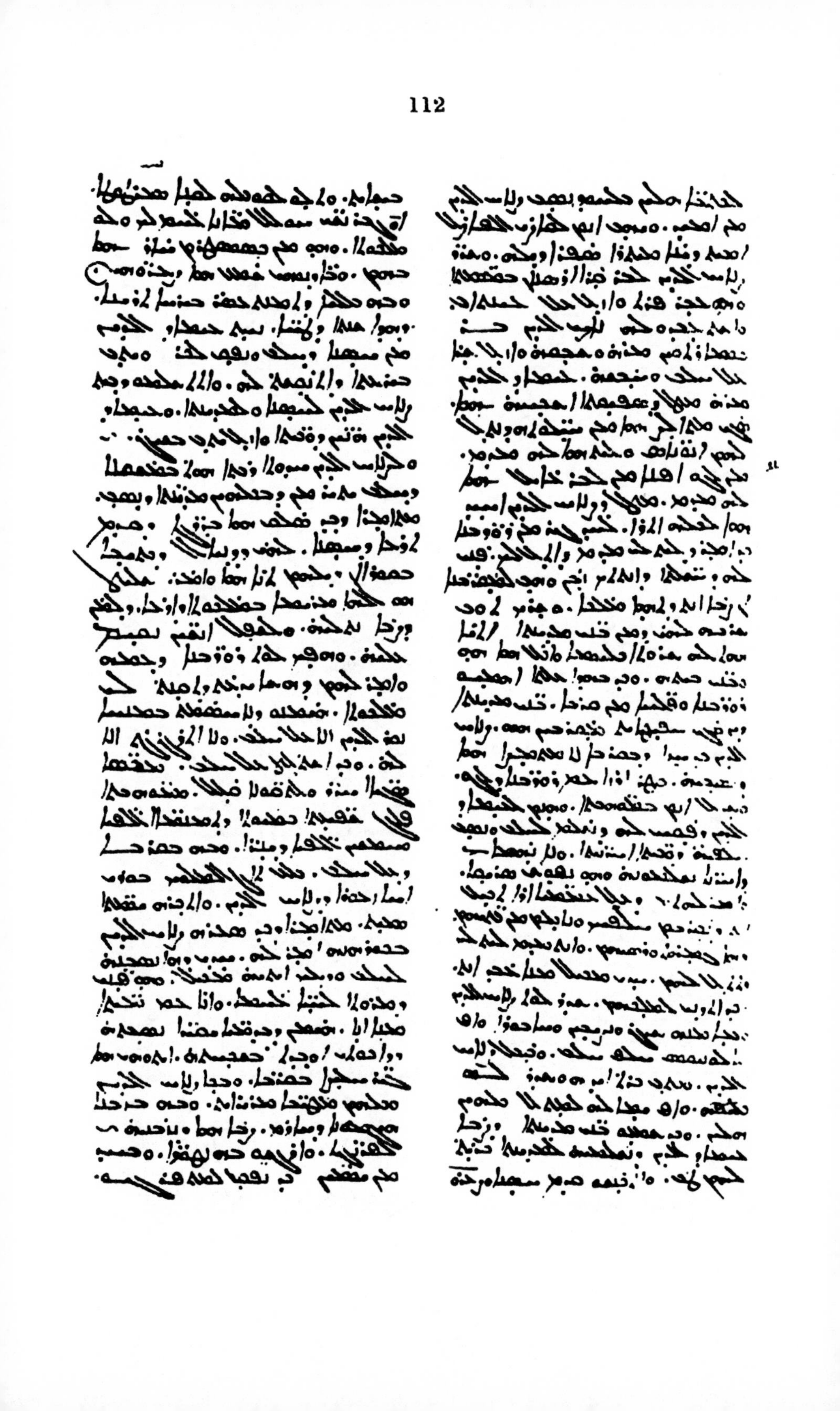

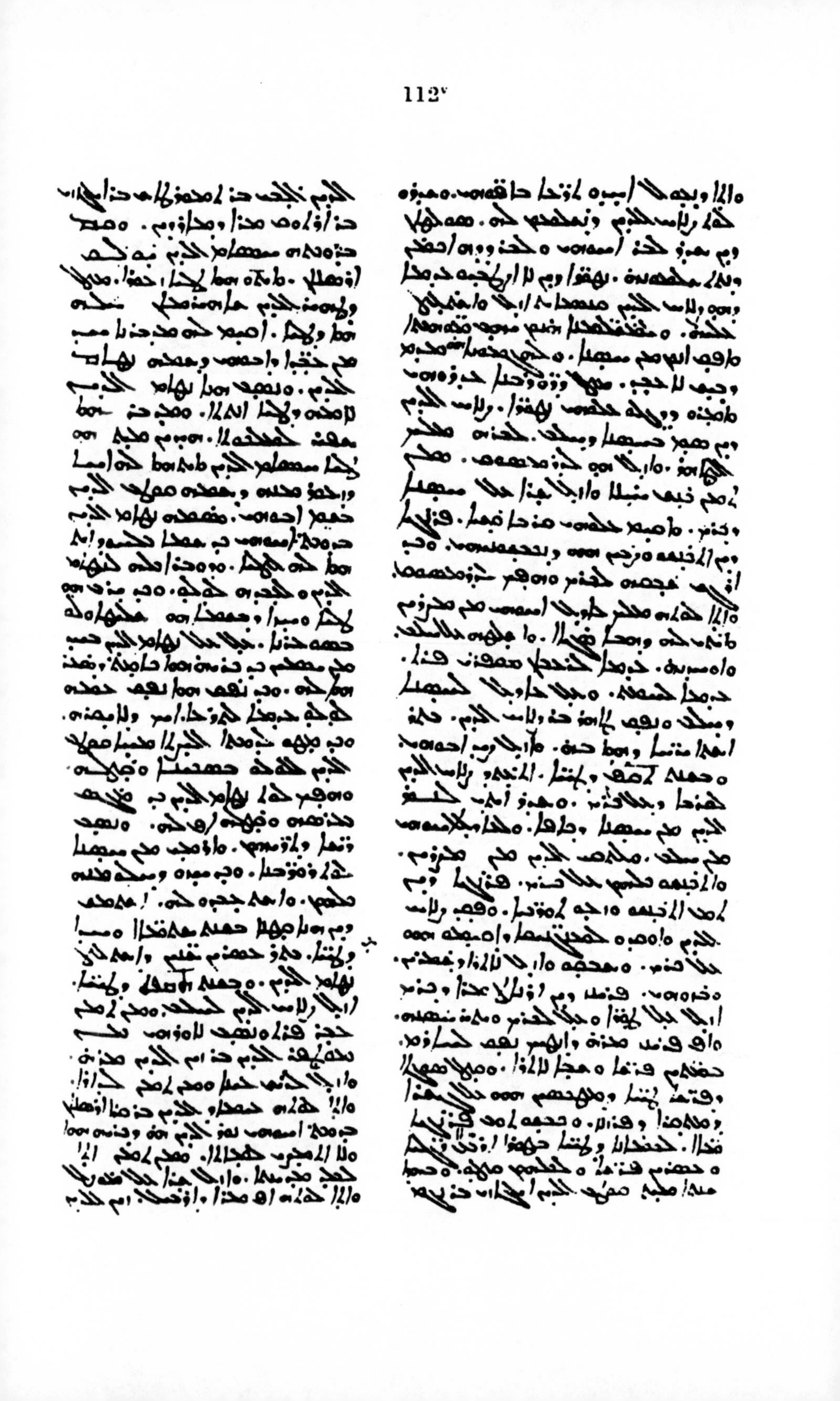

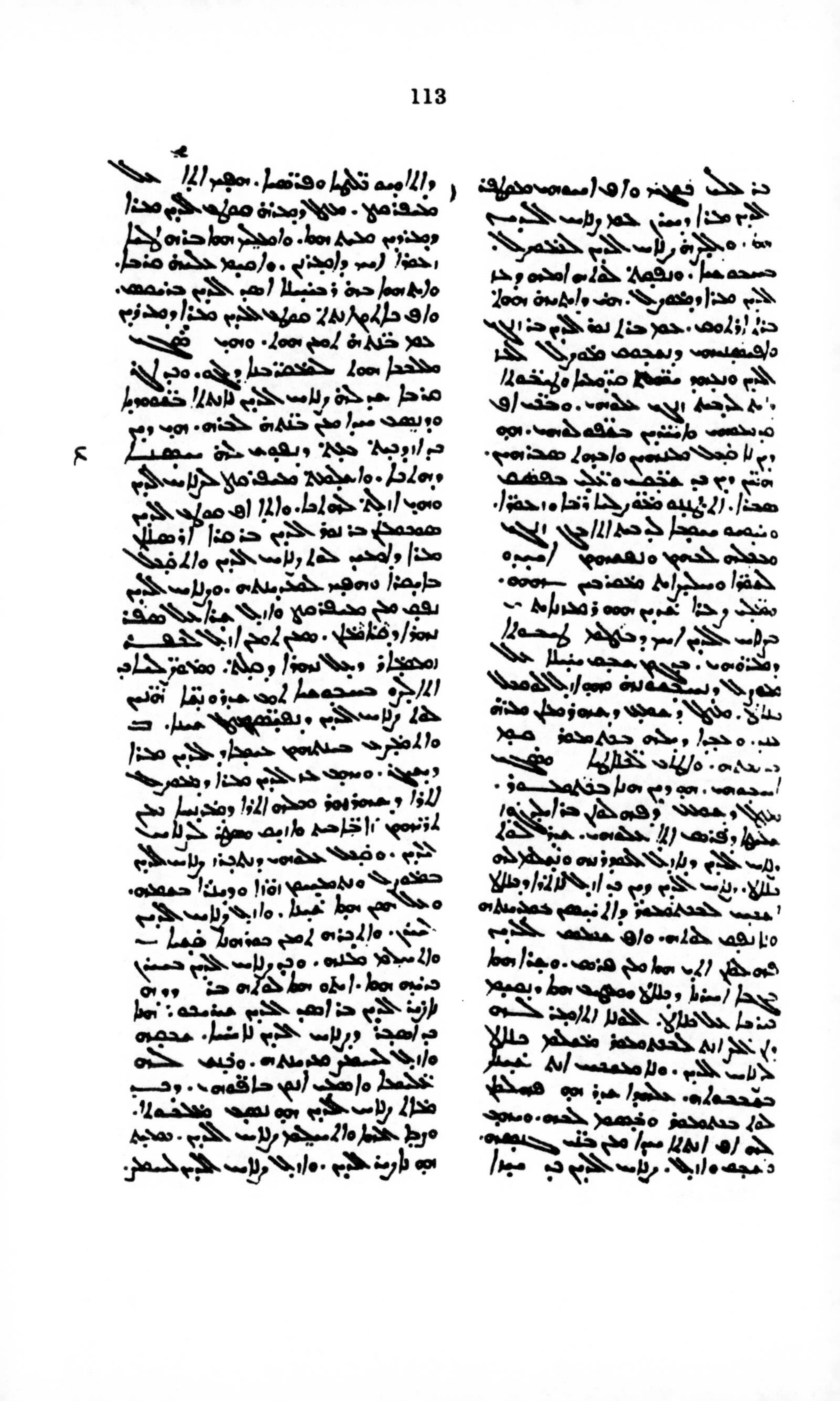

[illegible]

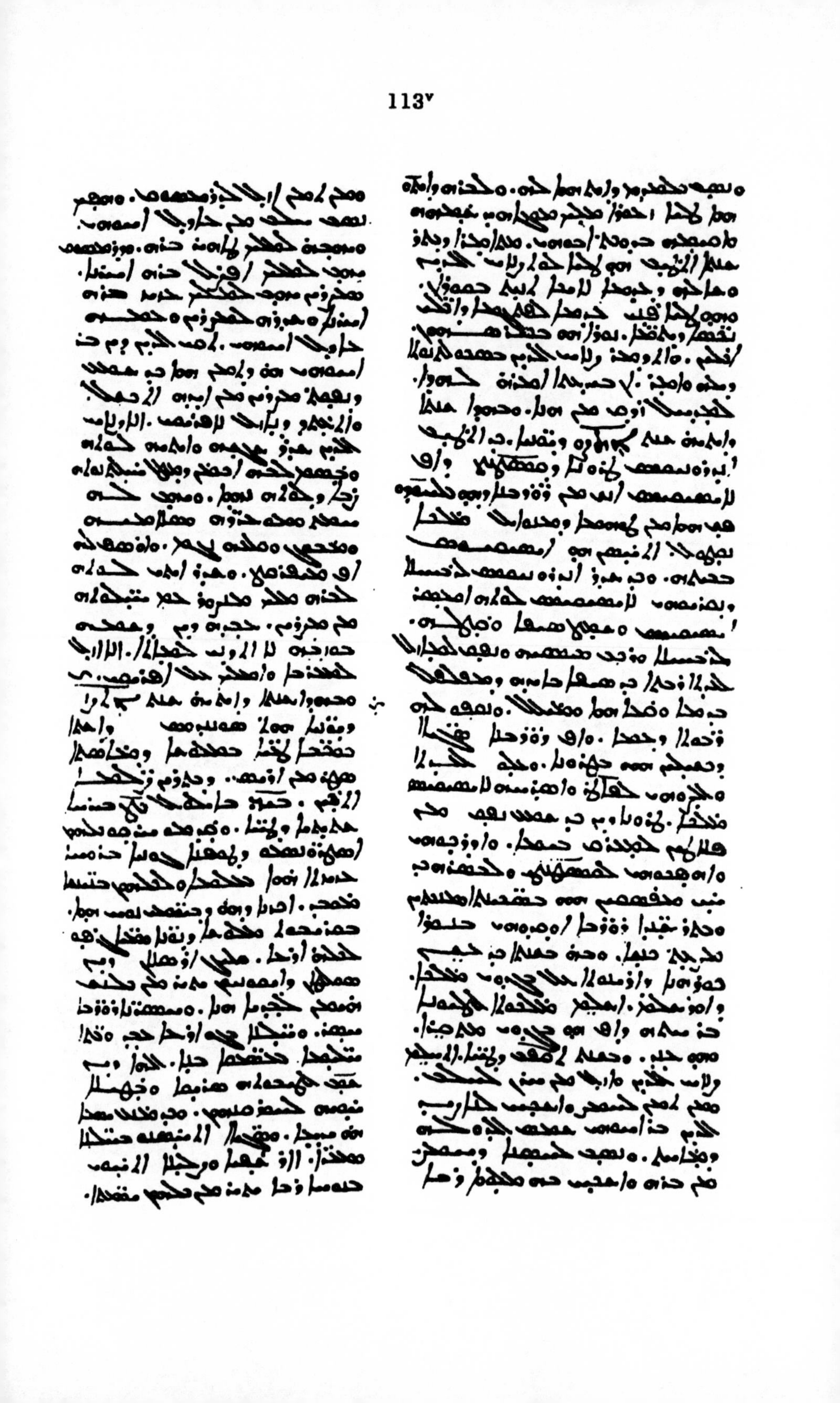

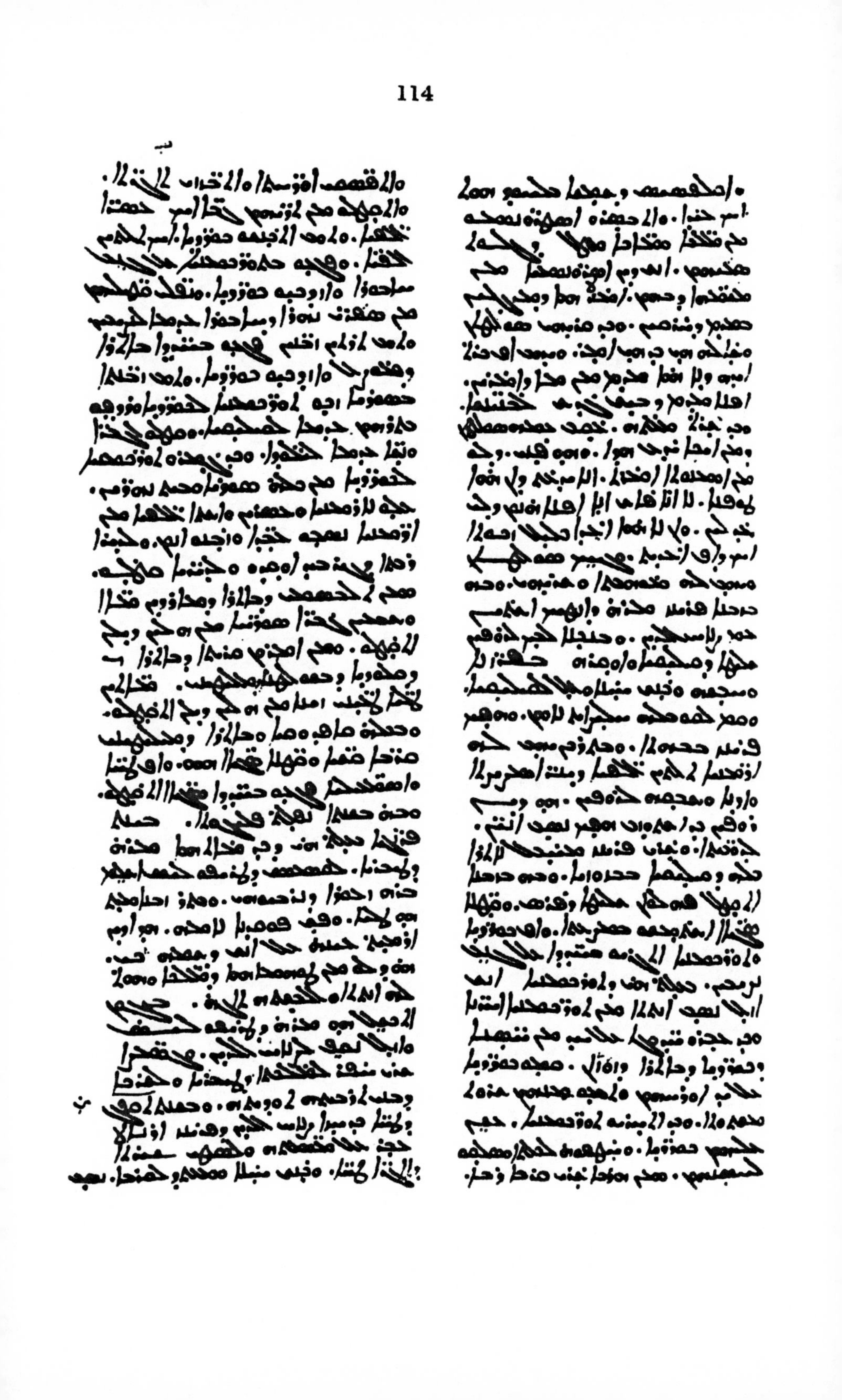

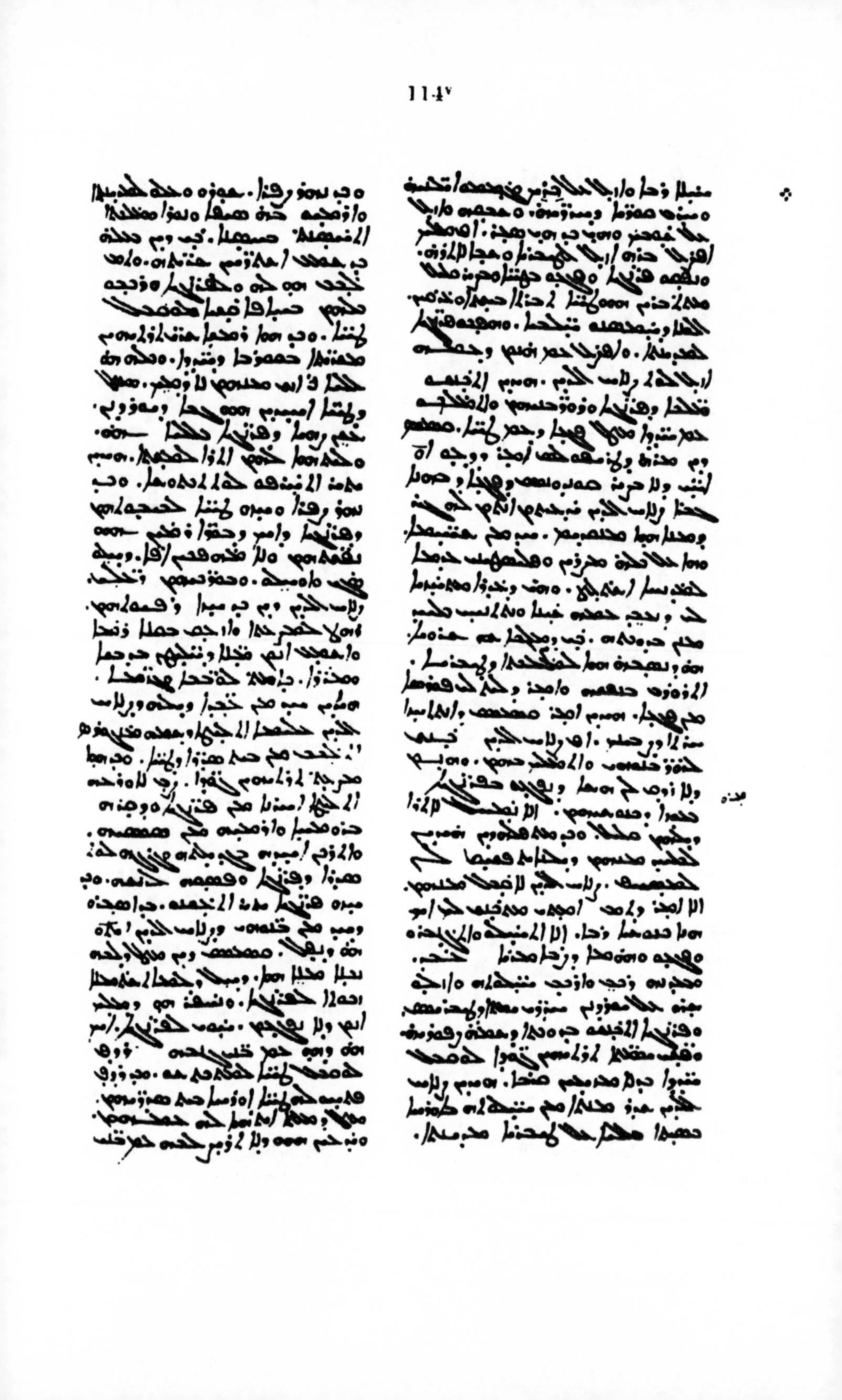

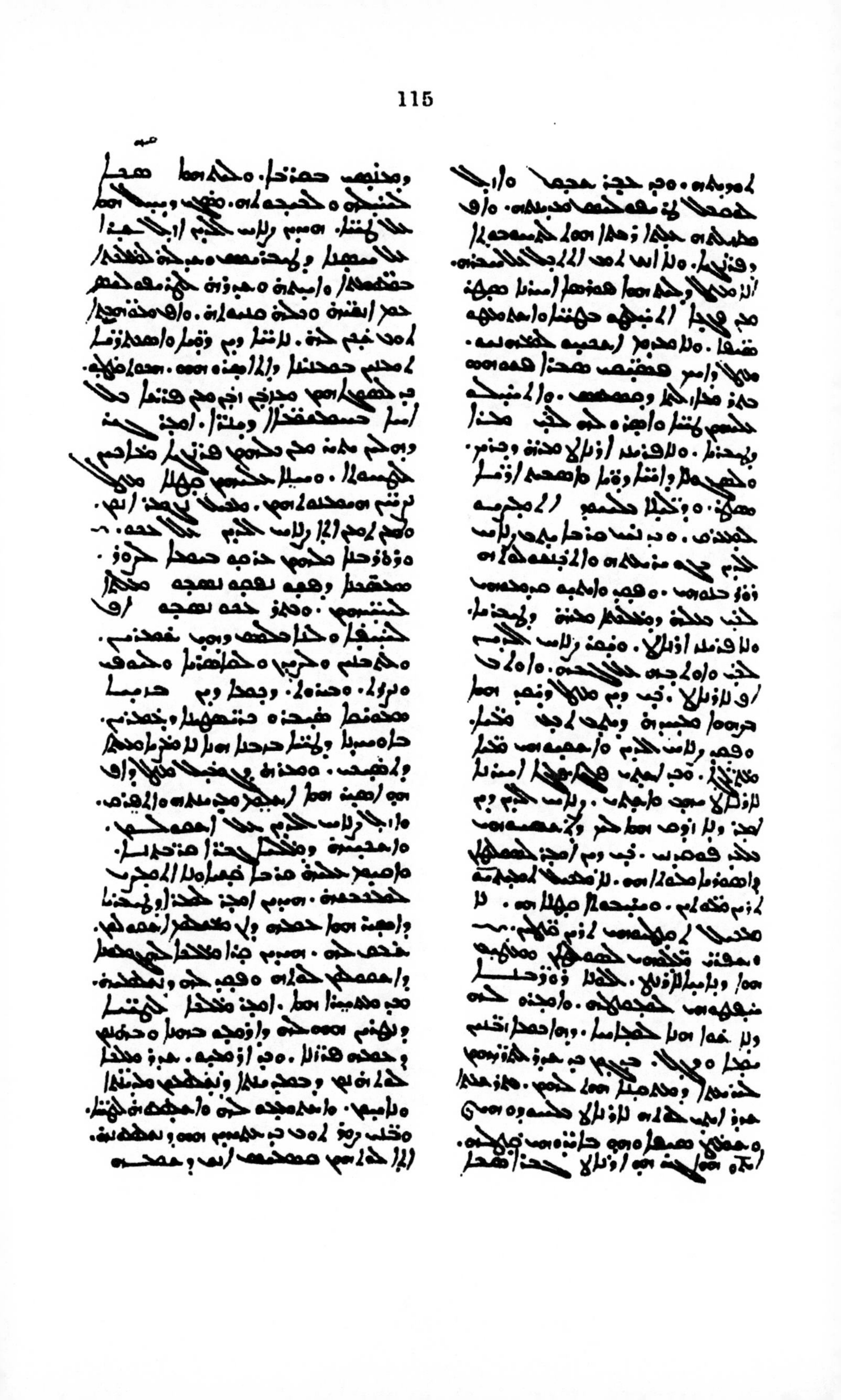

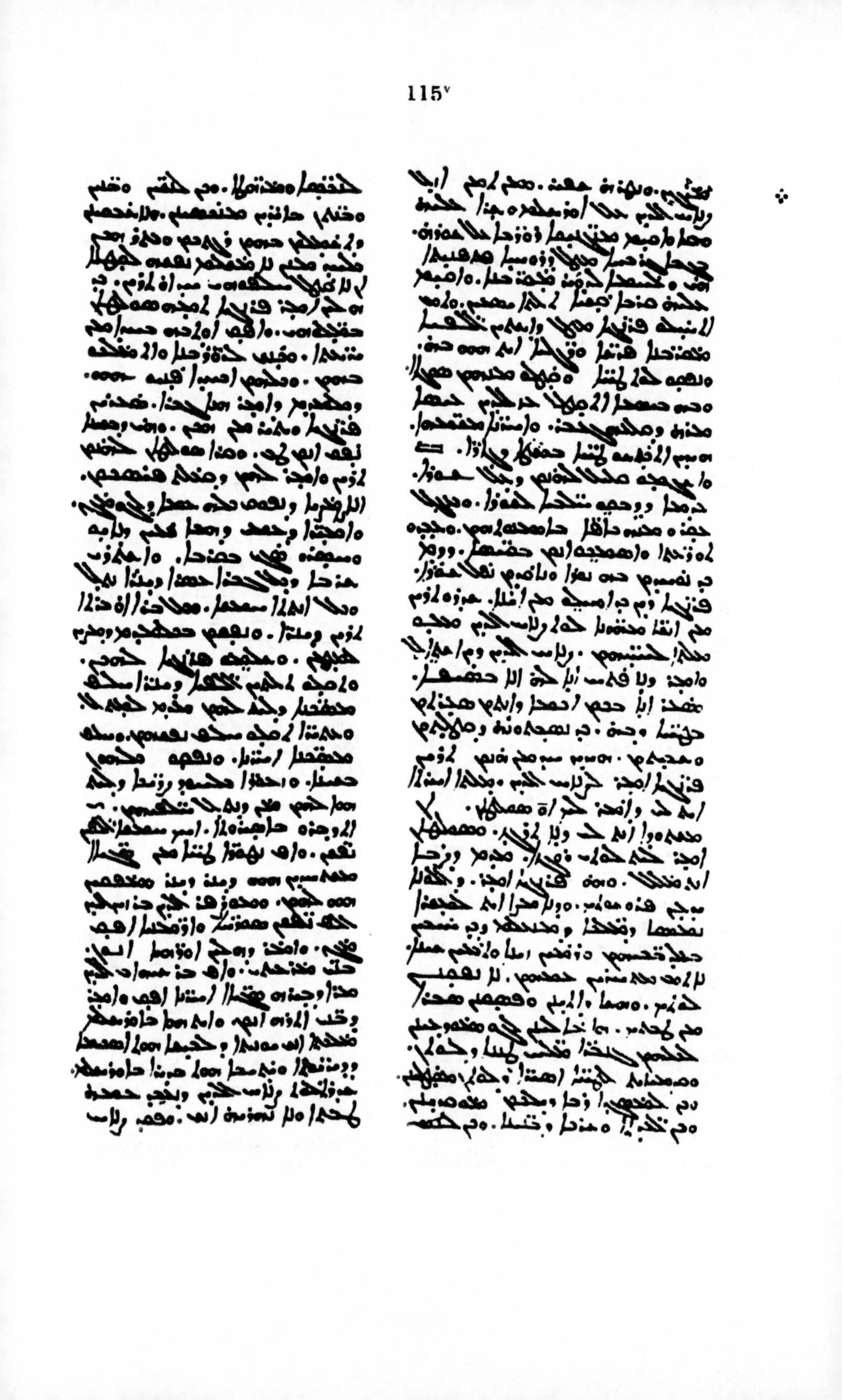

[illegible]

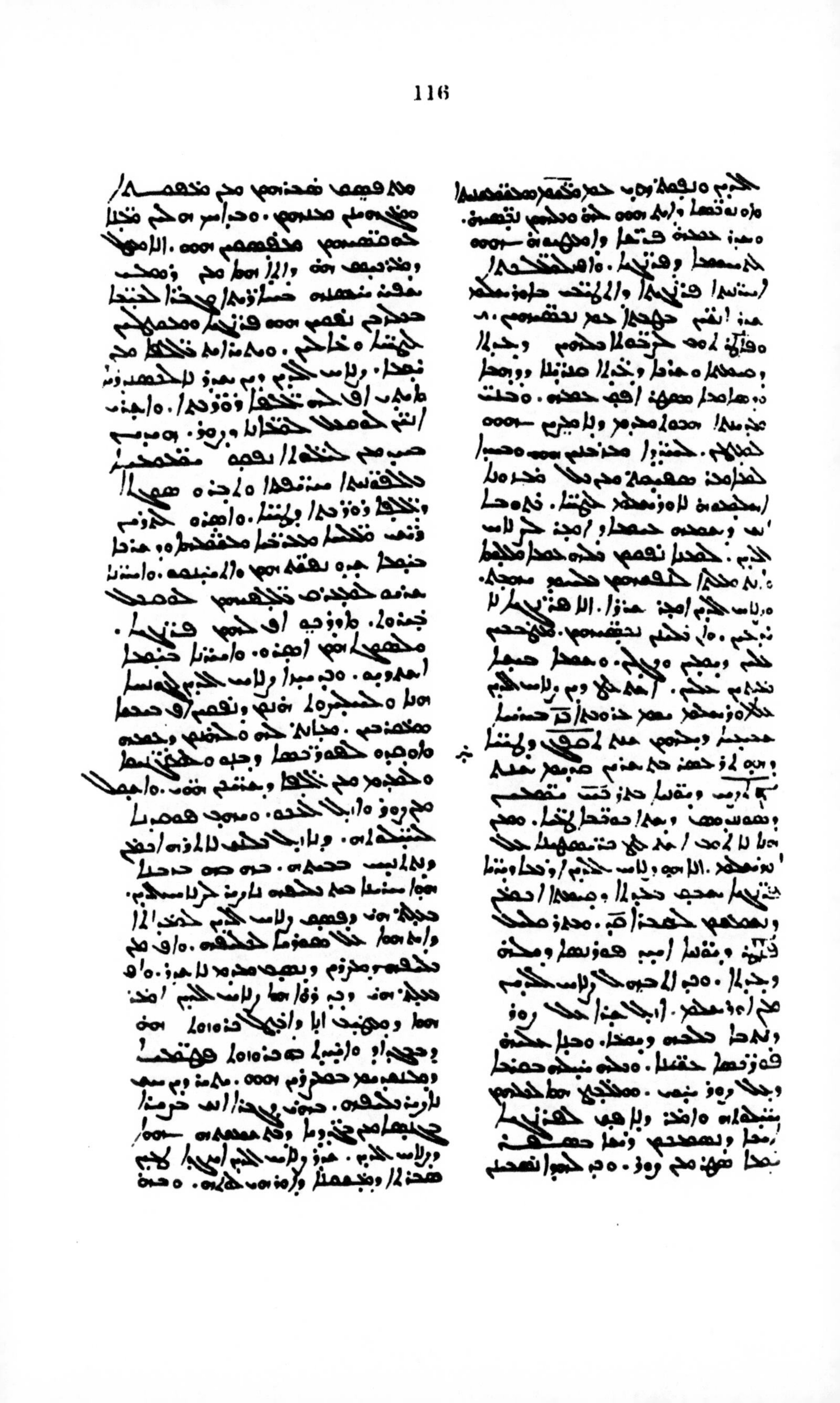

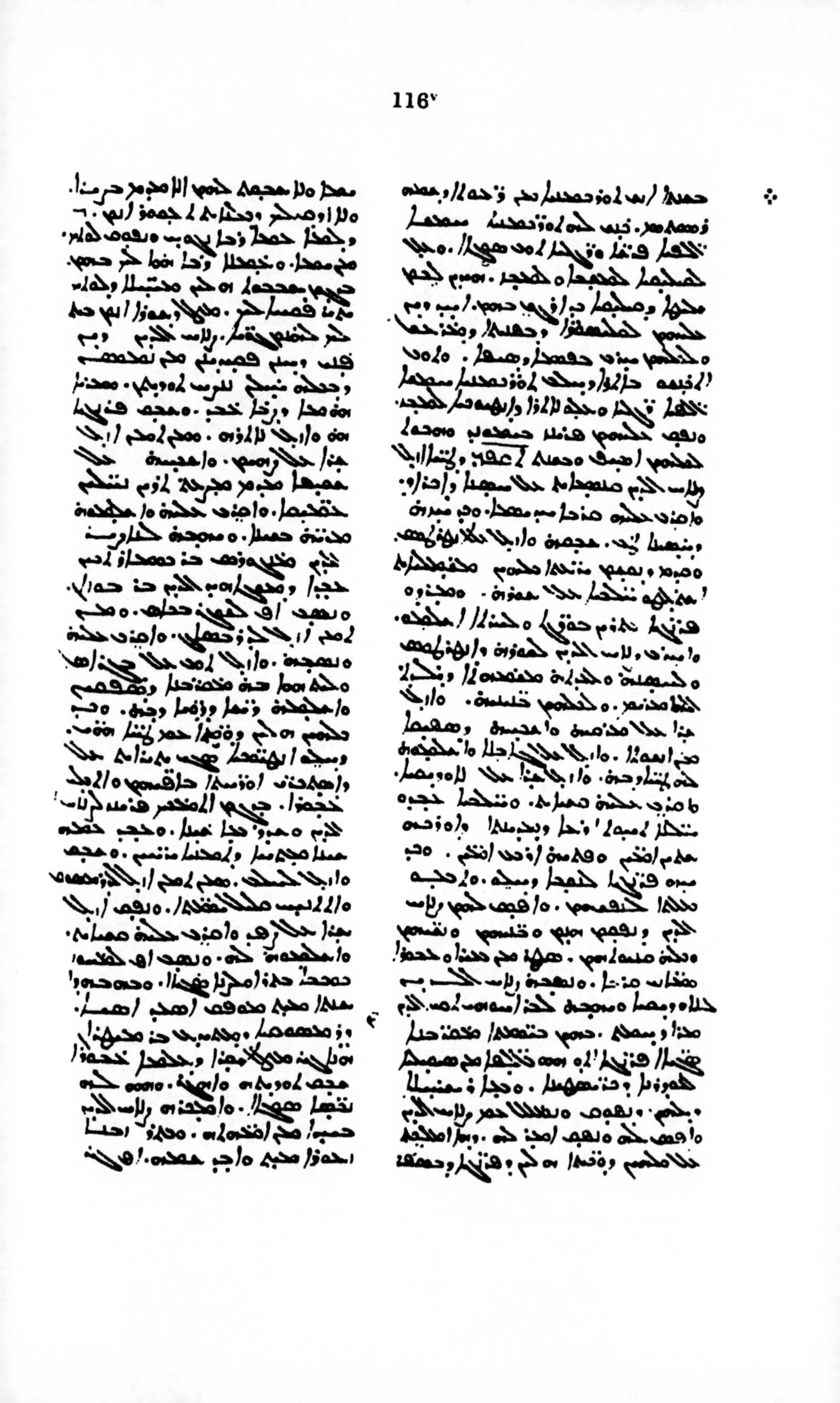

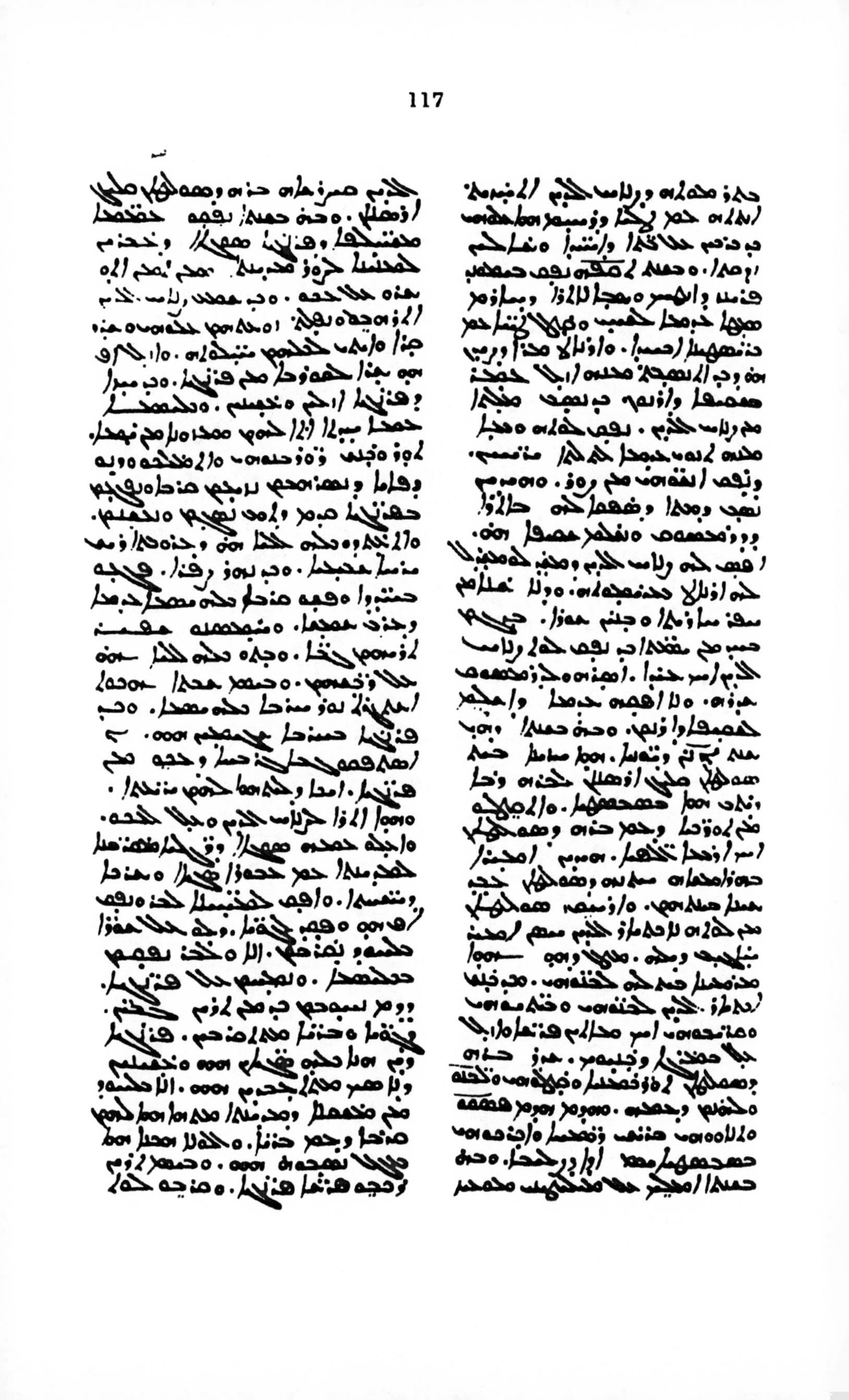

[illegible]

[illegible]

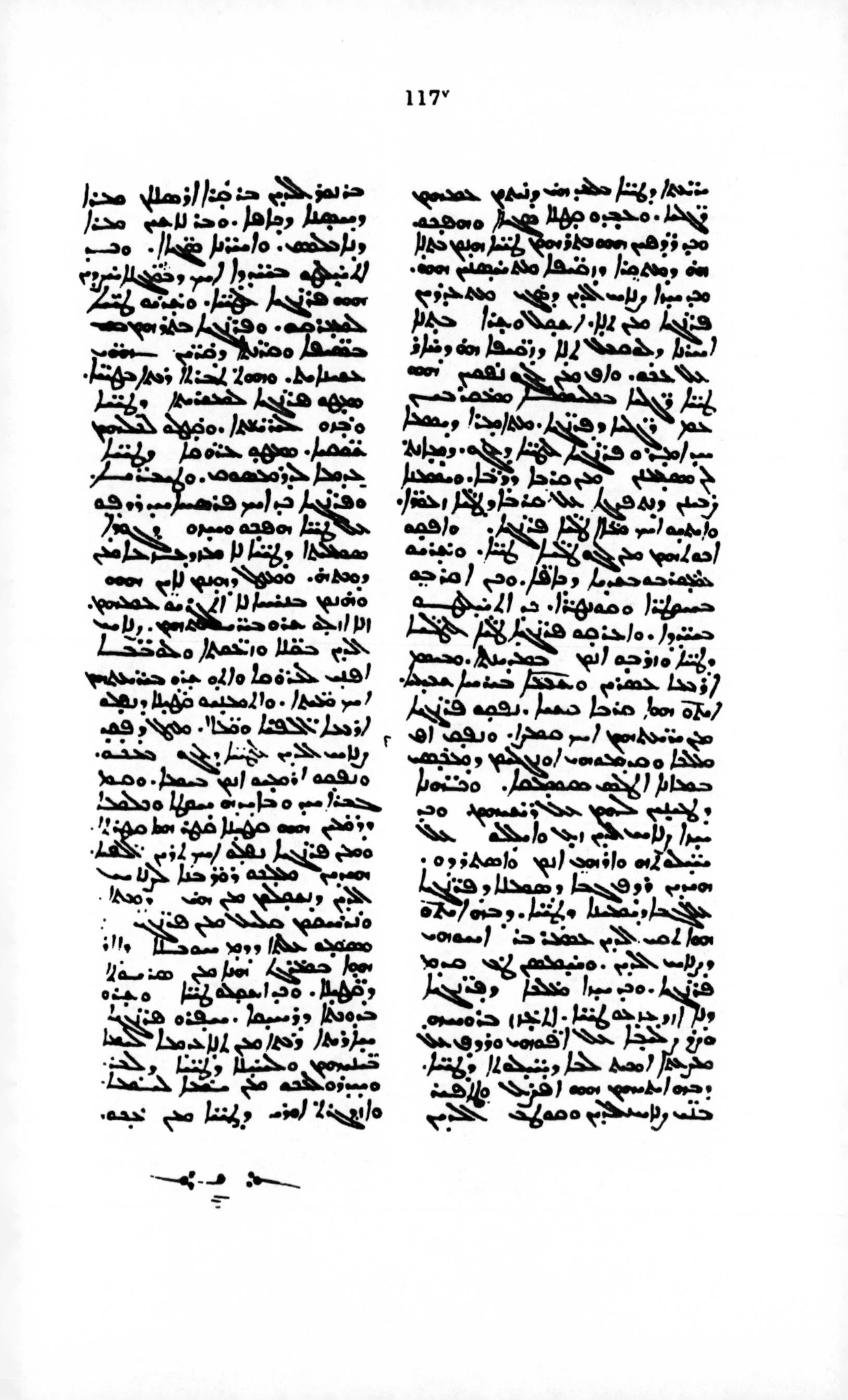

[illegible]

[illegible]

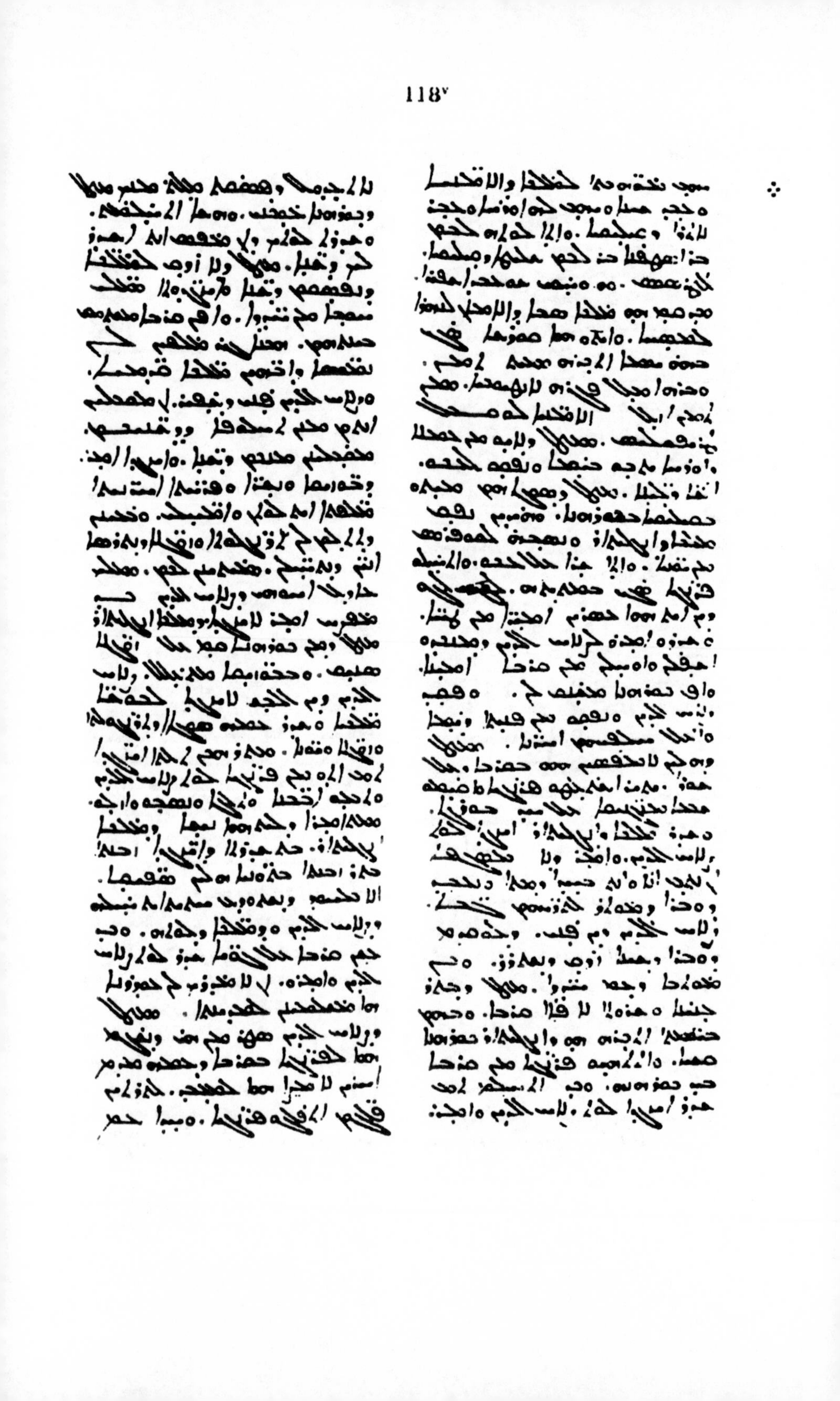

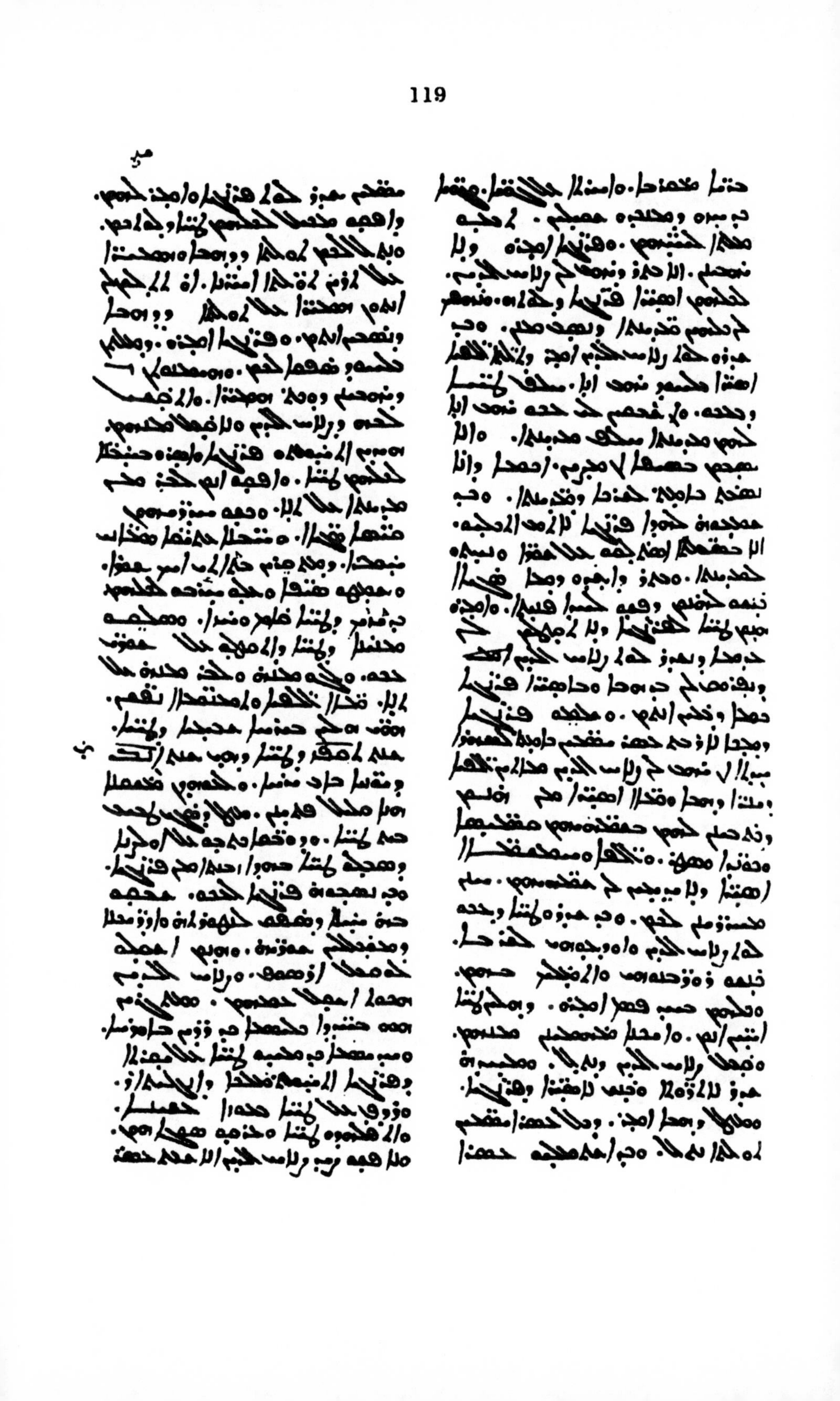

[illegible]

[illegible]

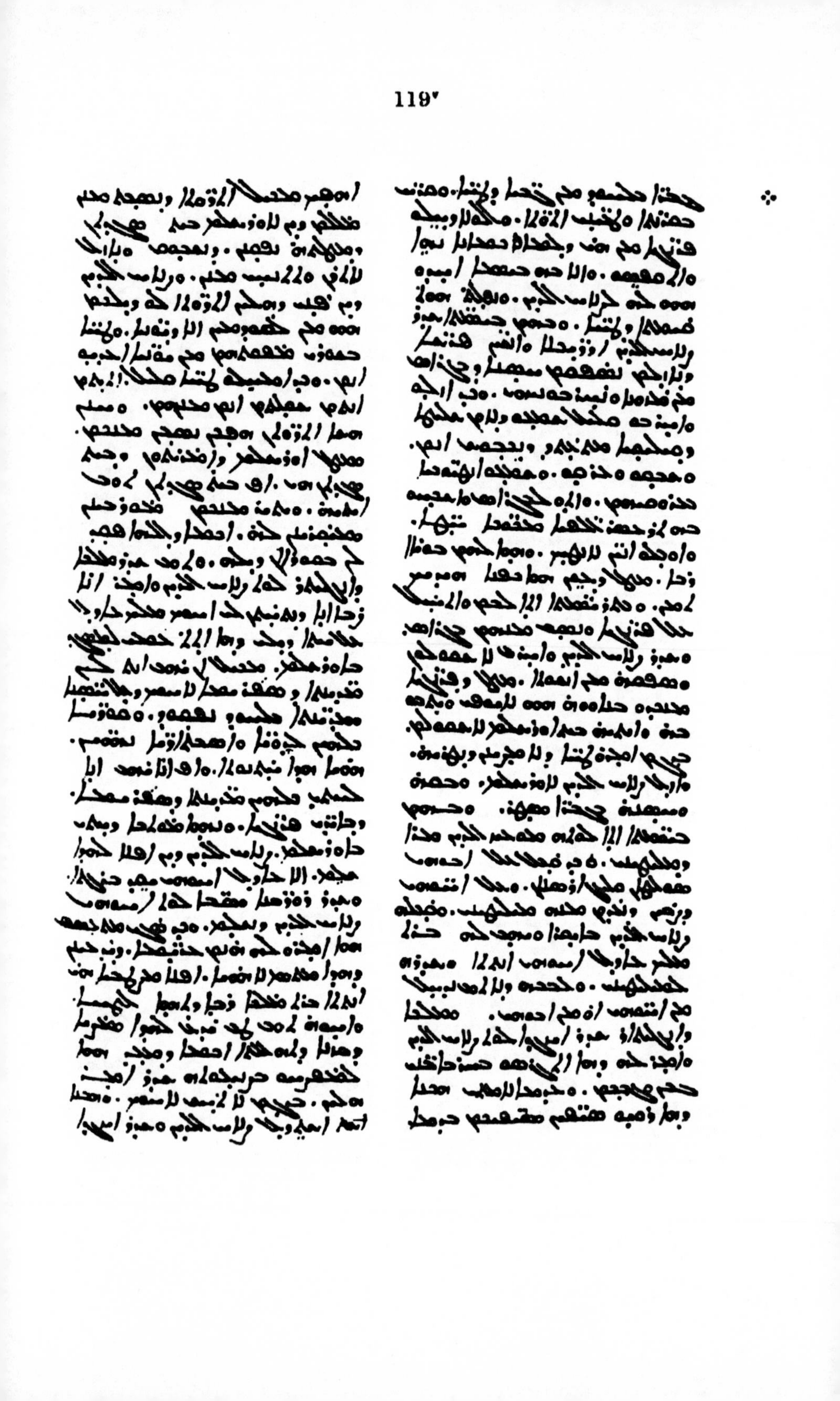

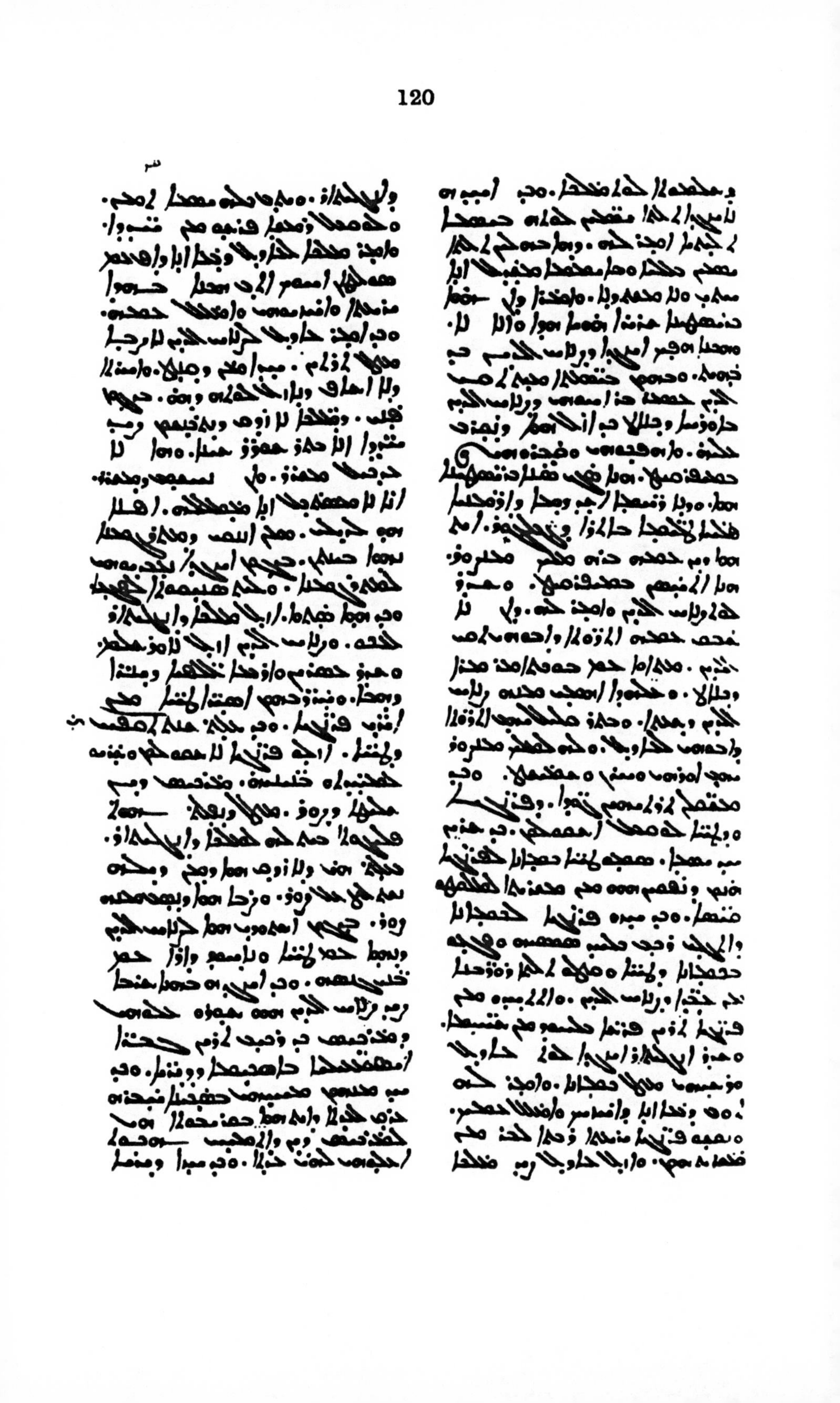

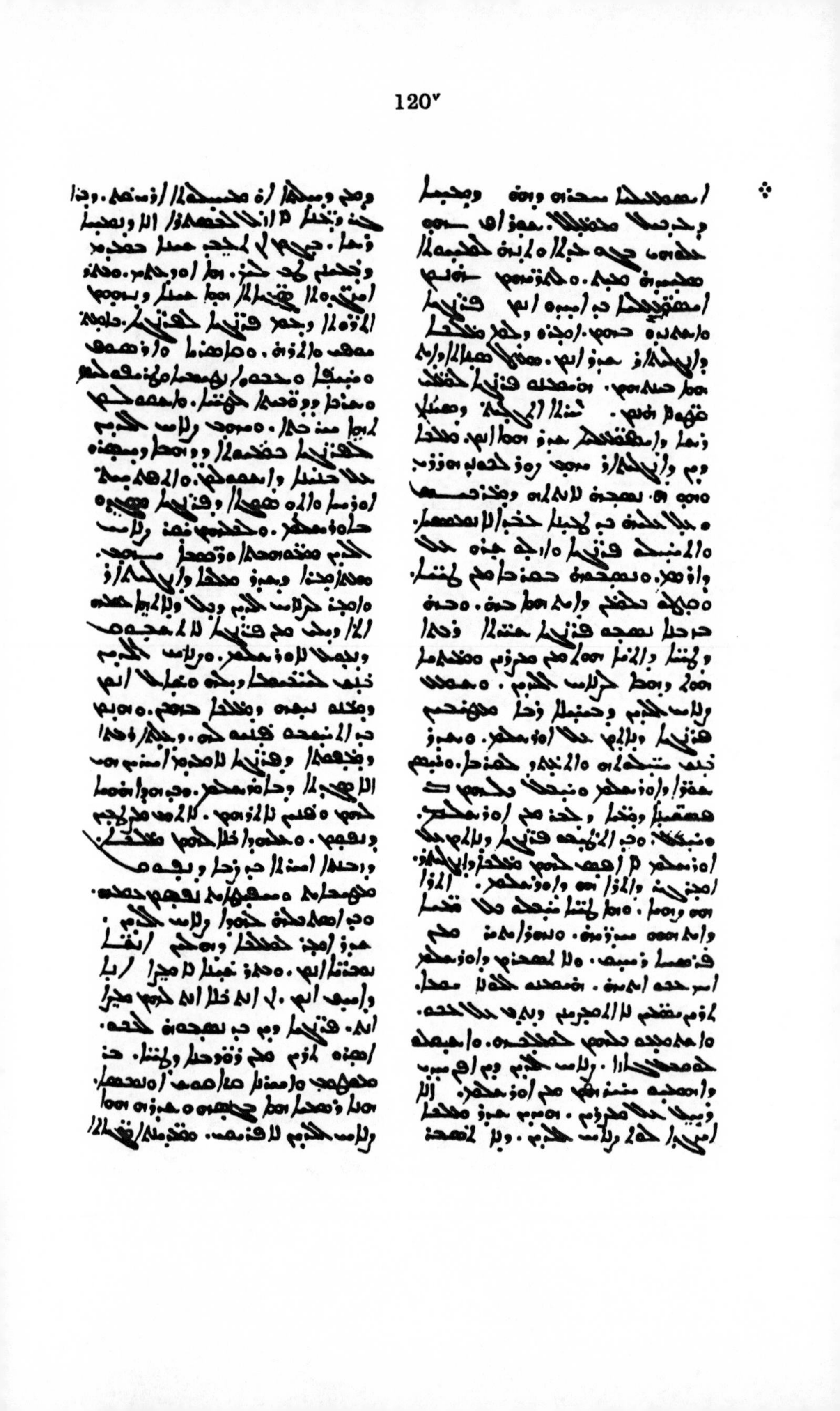

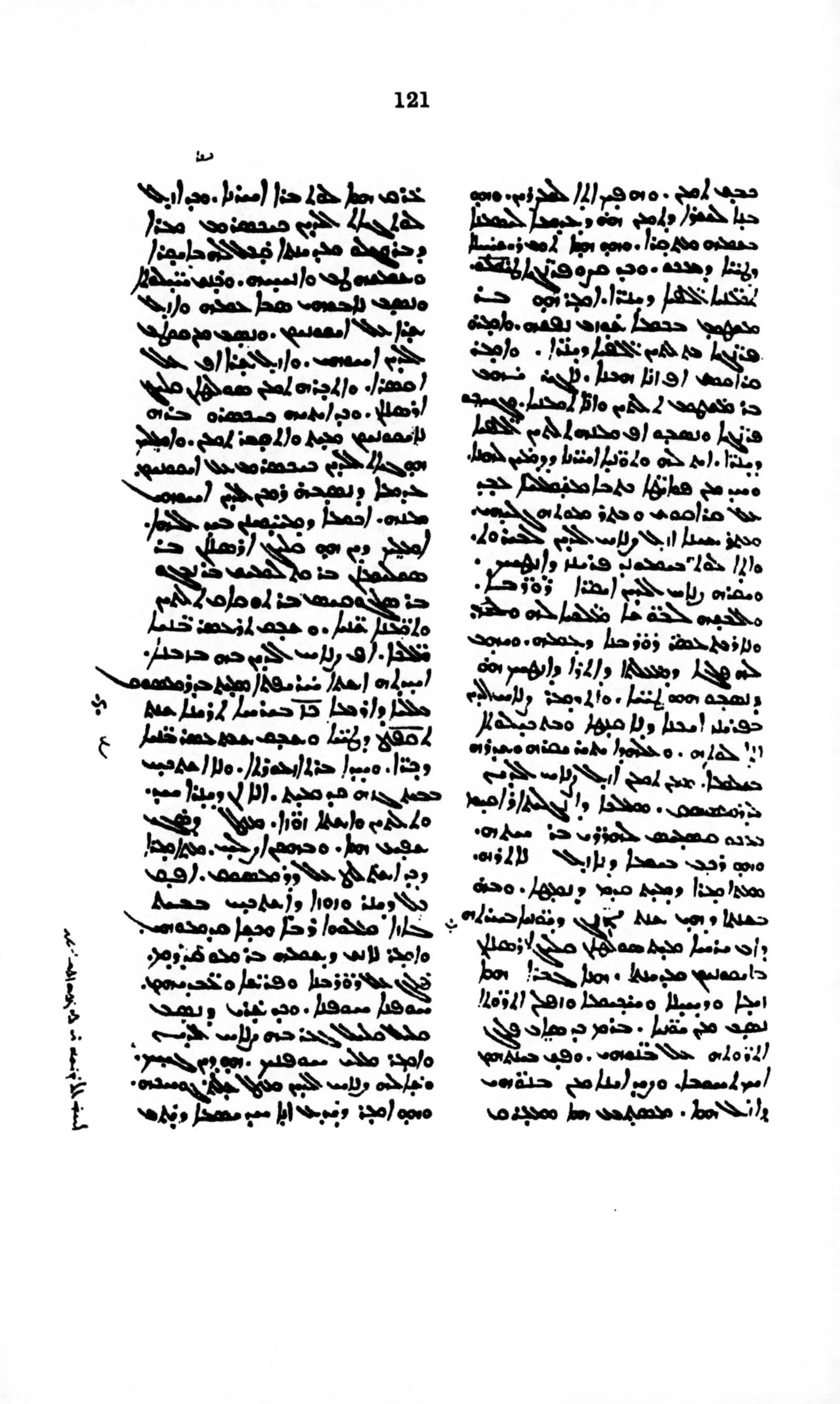

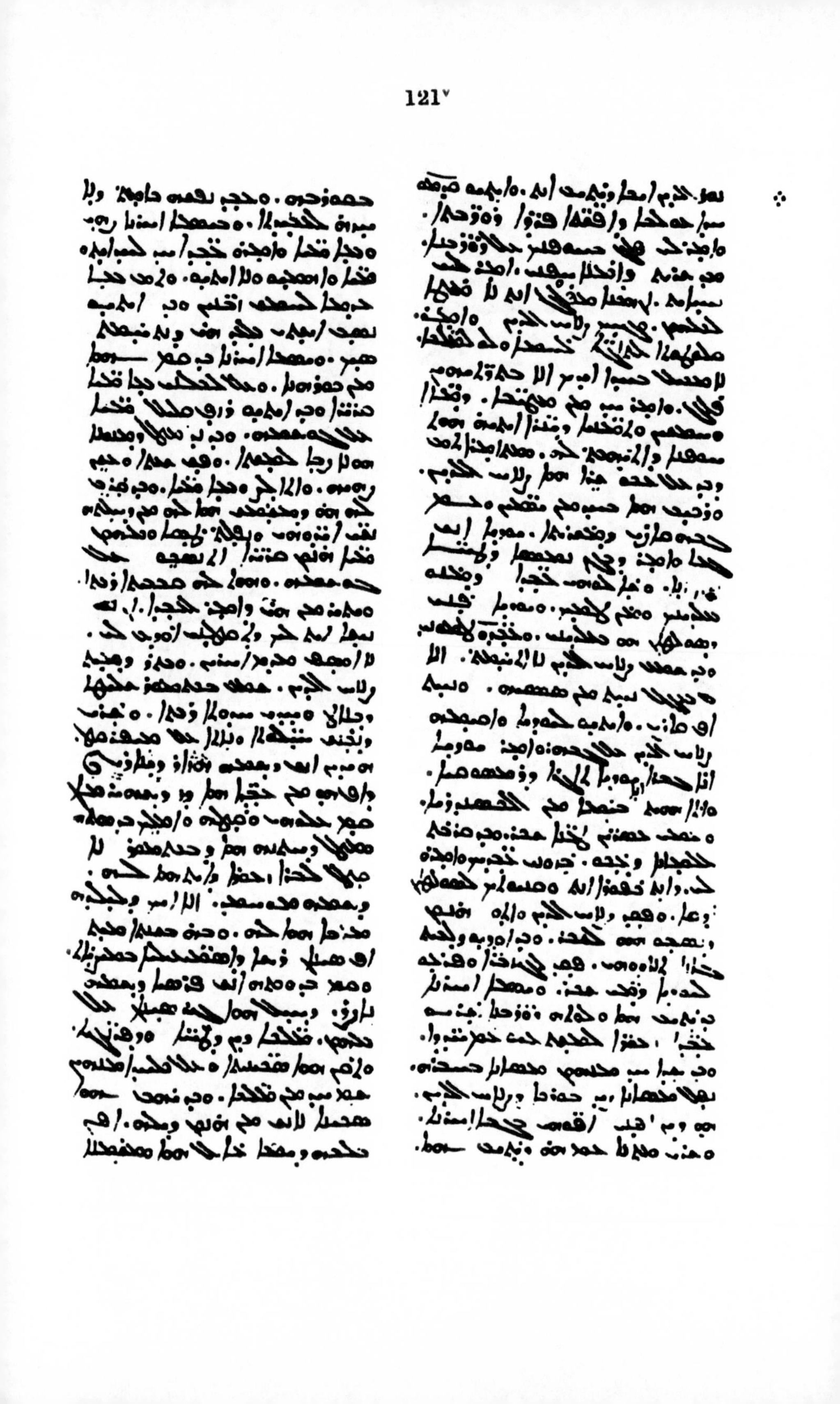

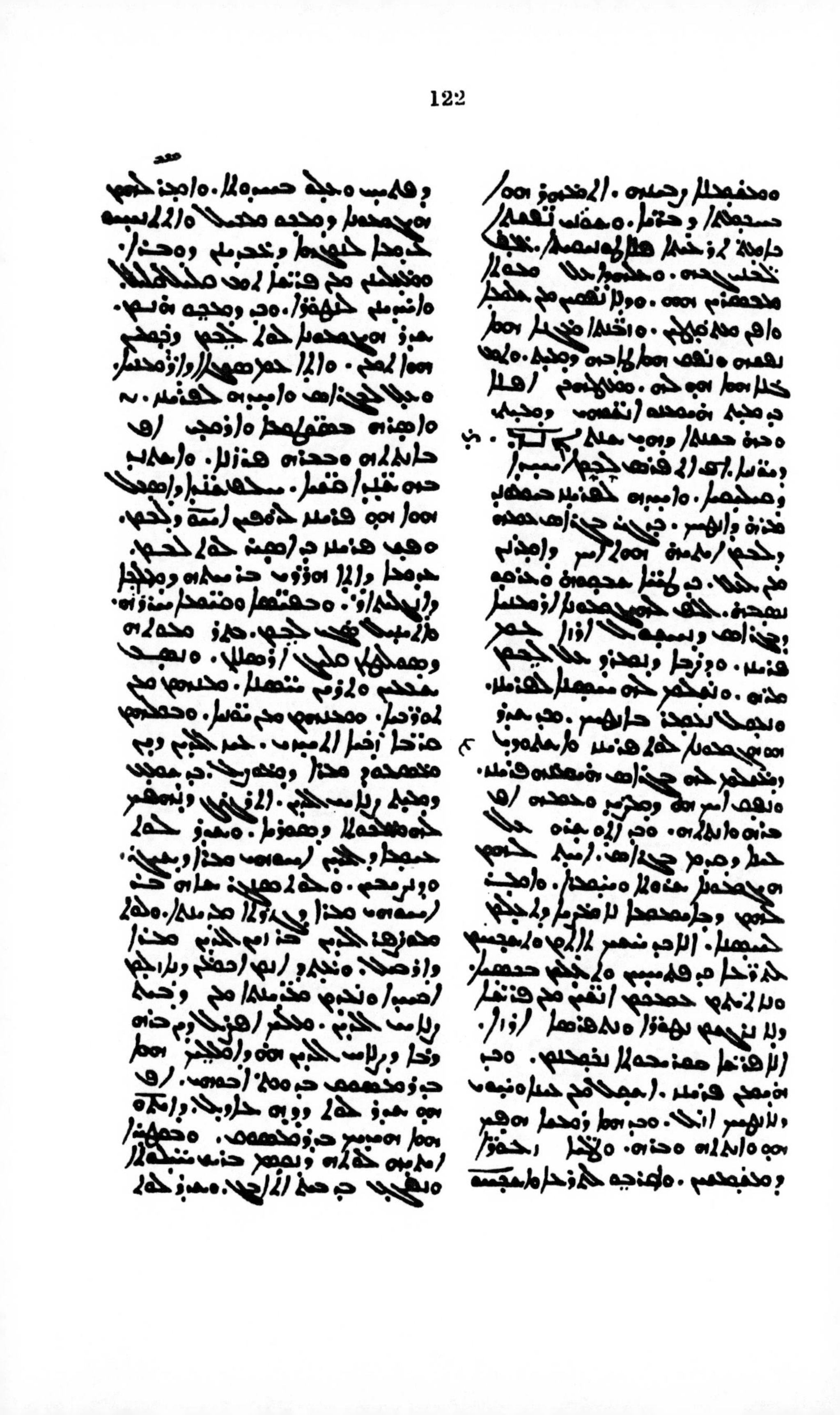

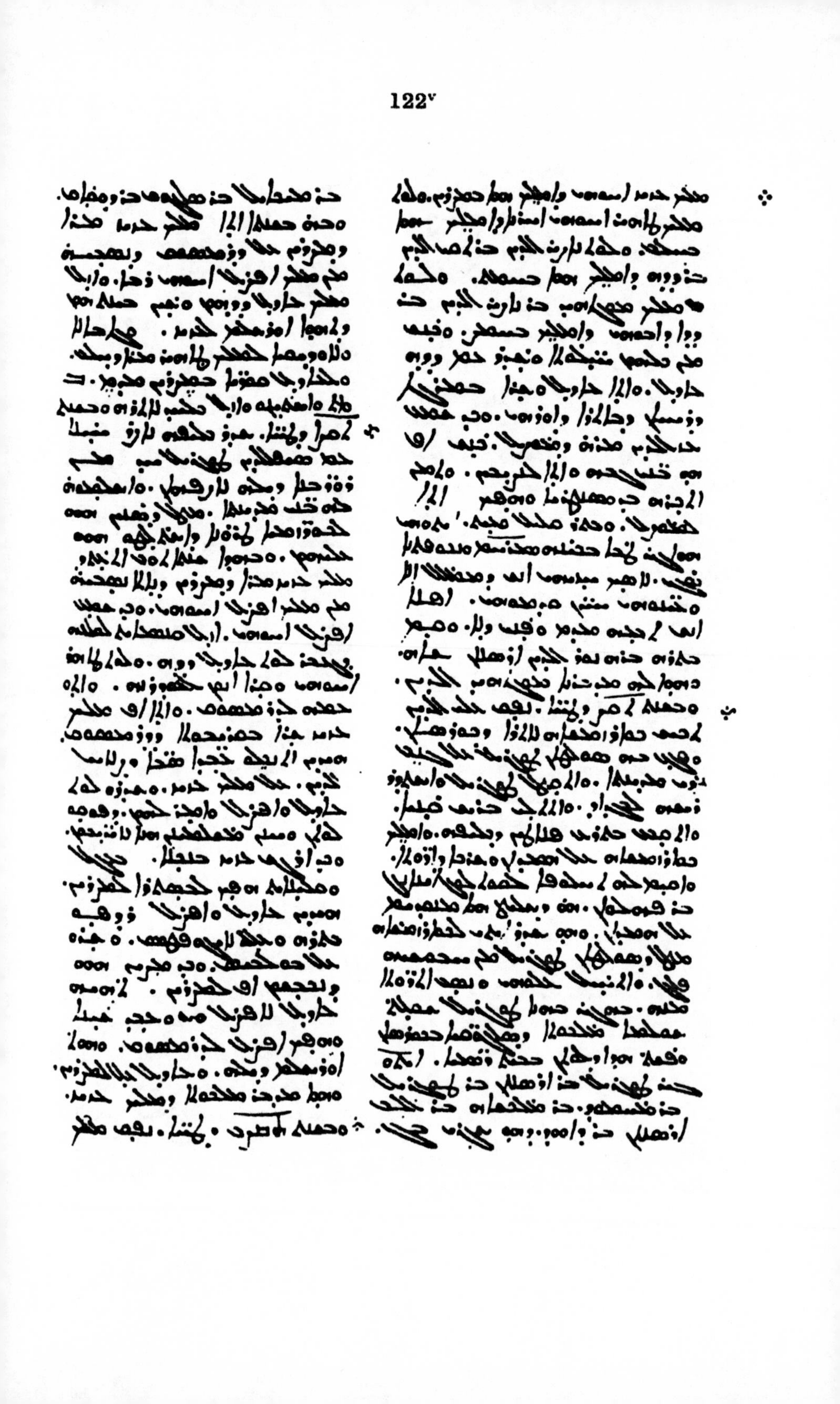

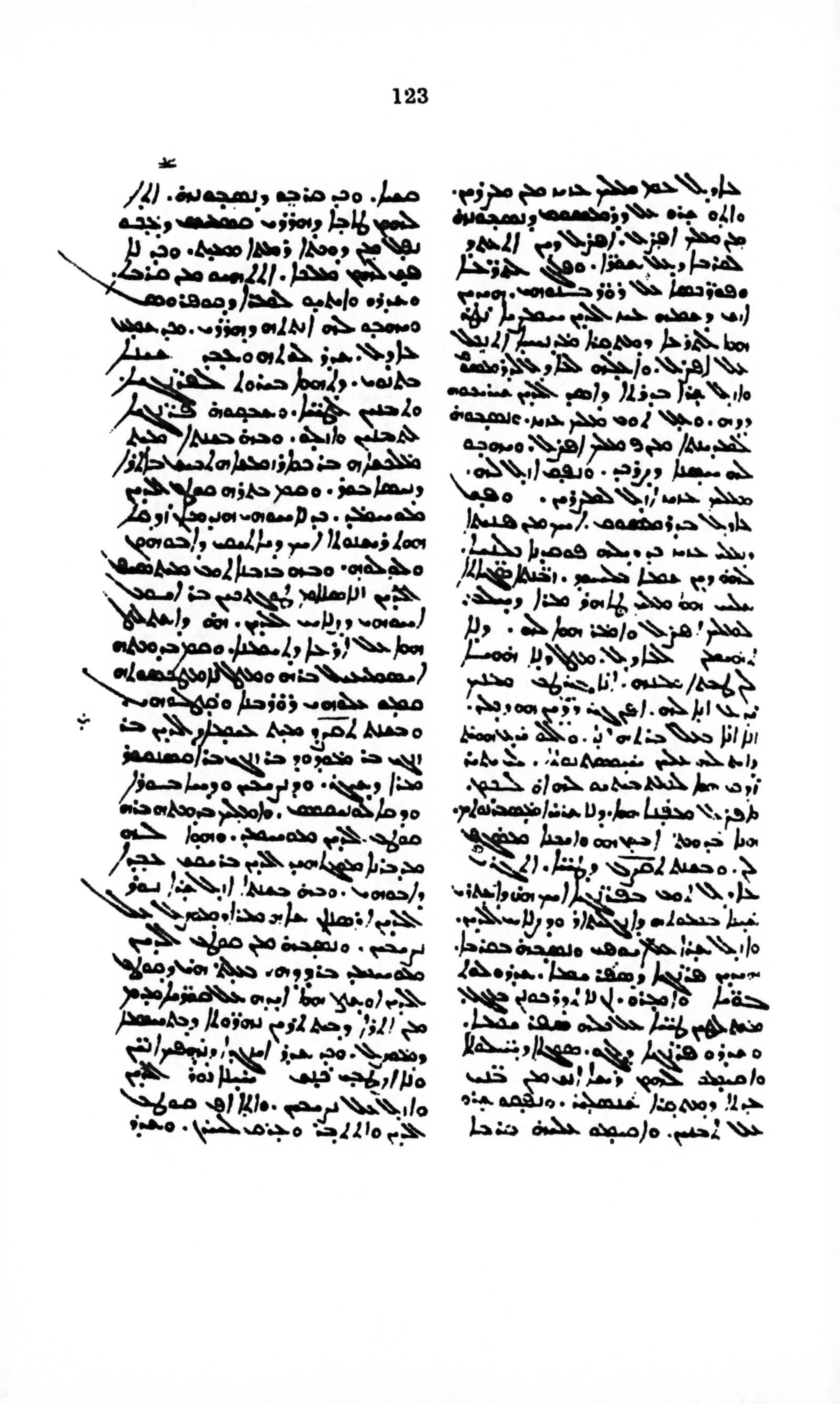

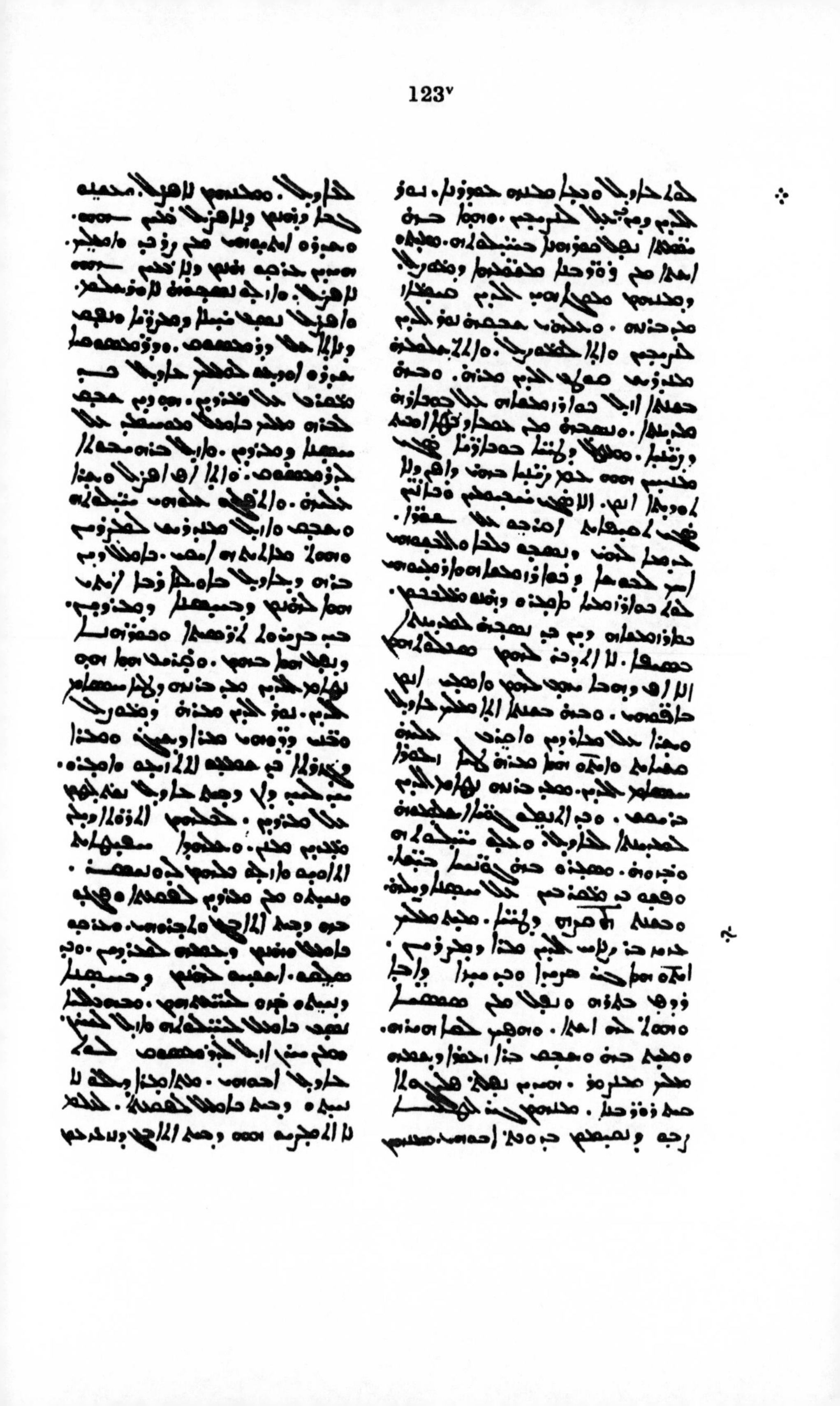

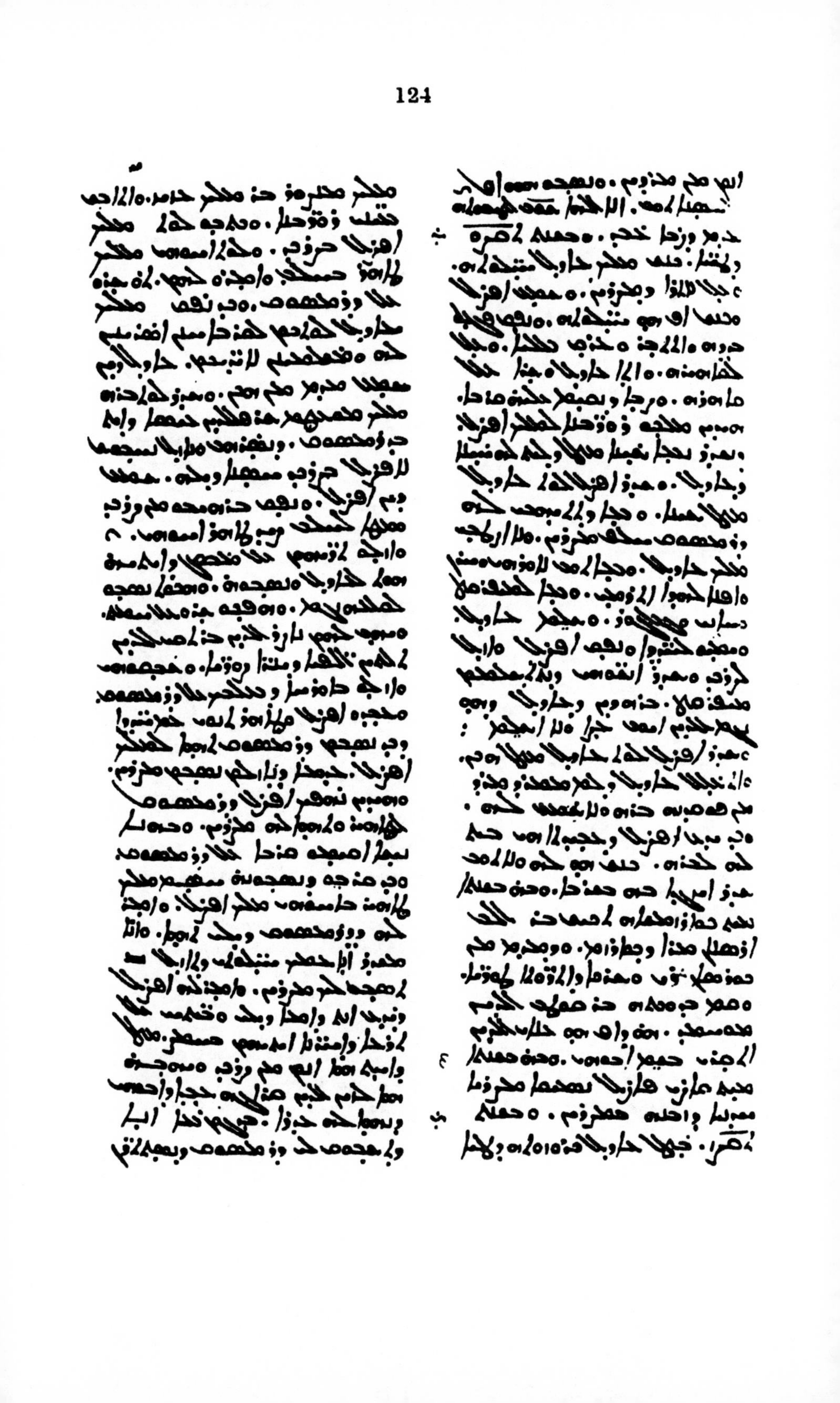

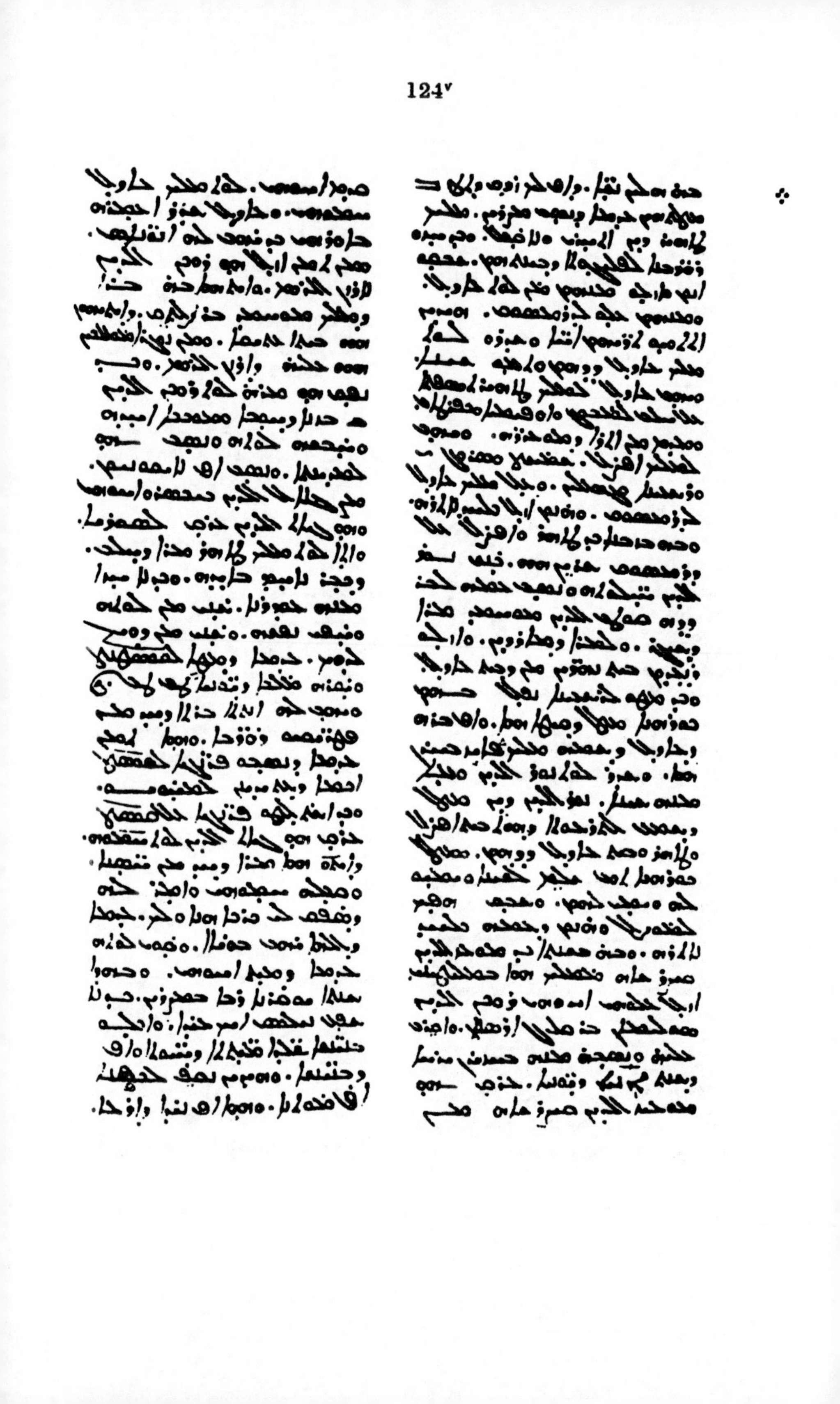

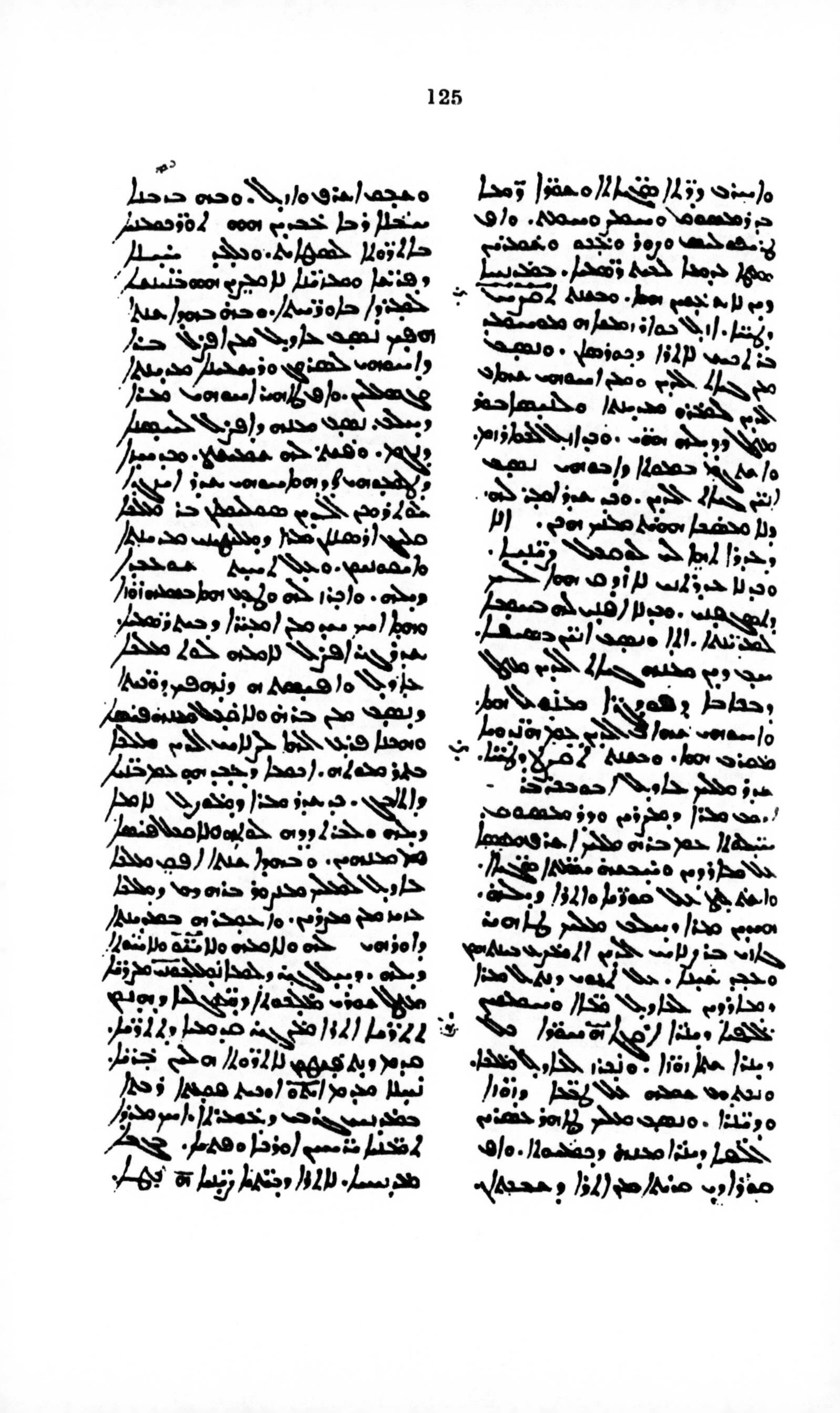

[illegible]

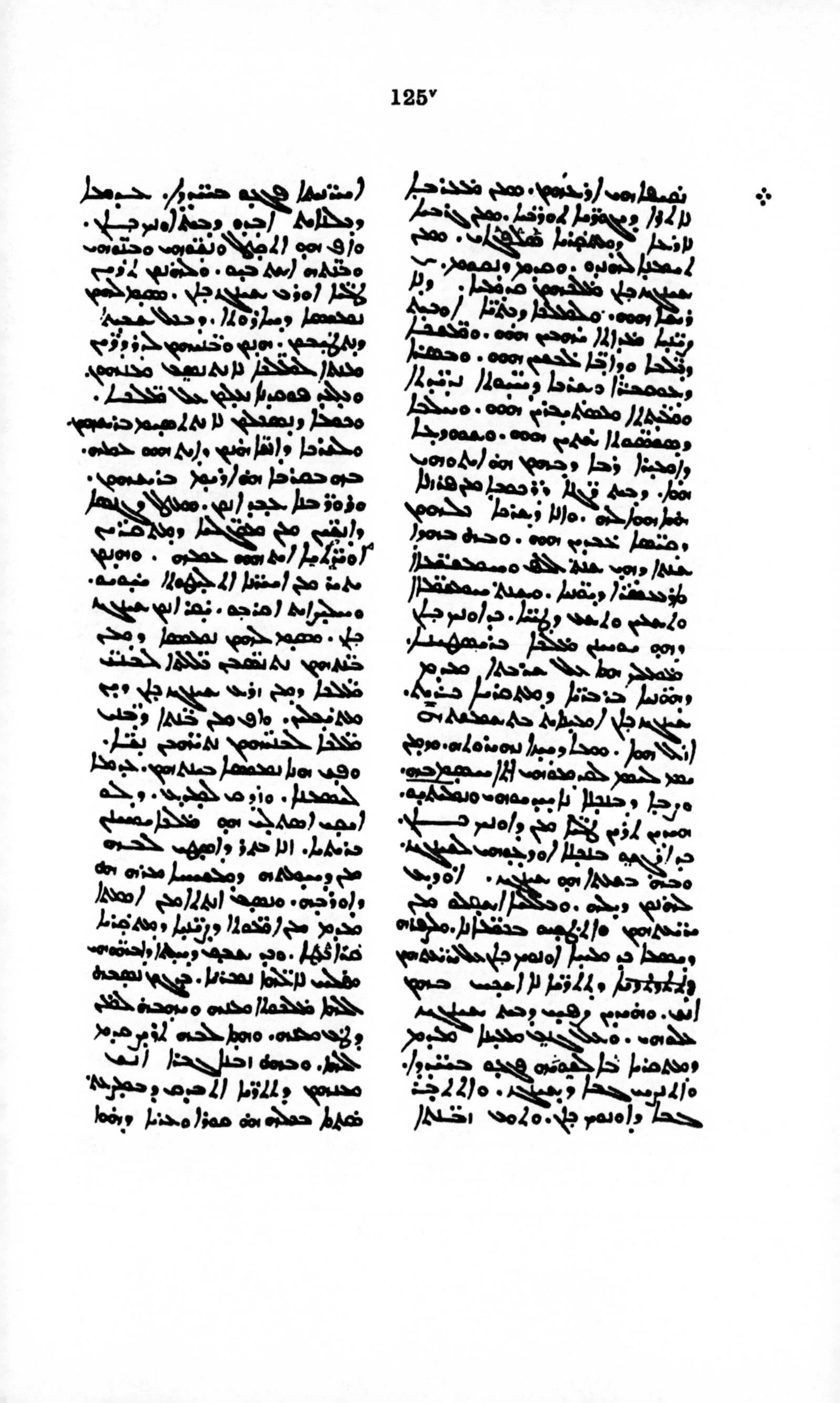

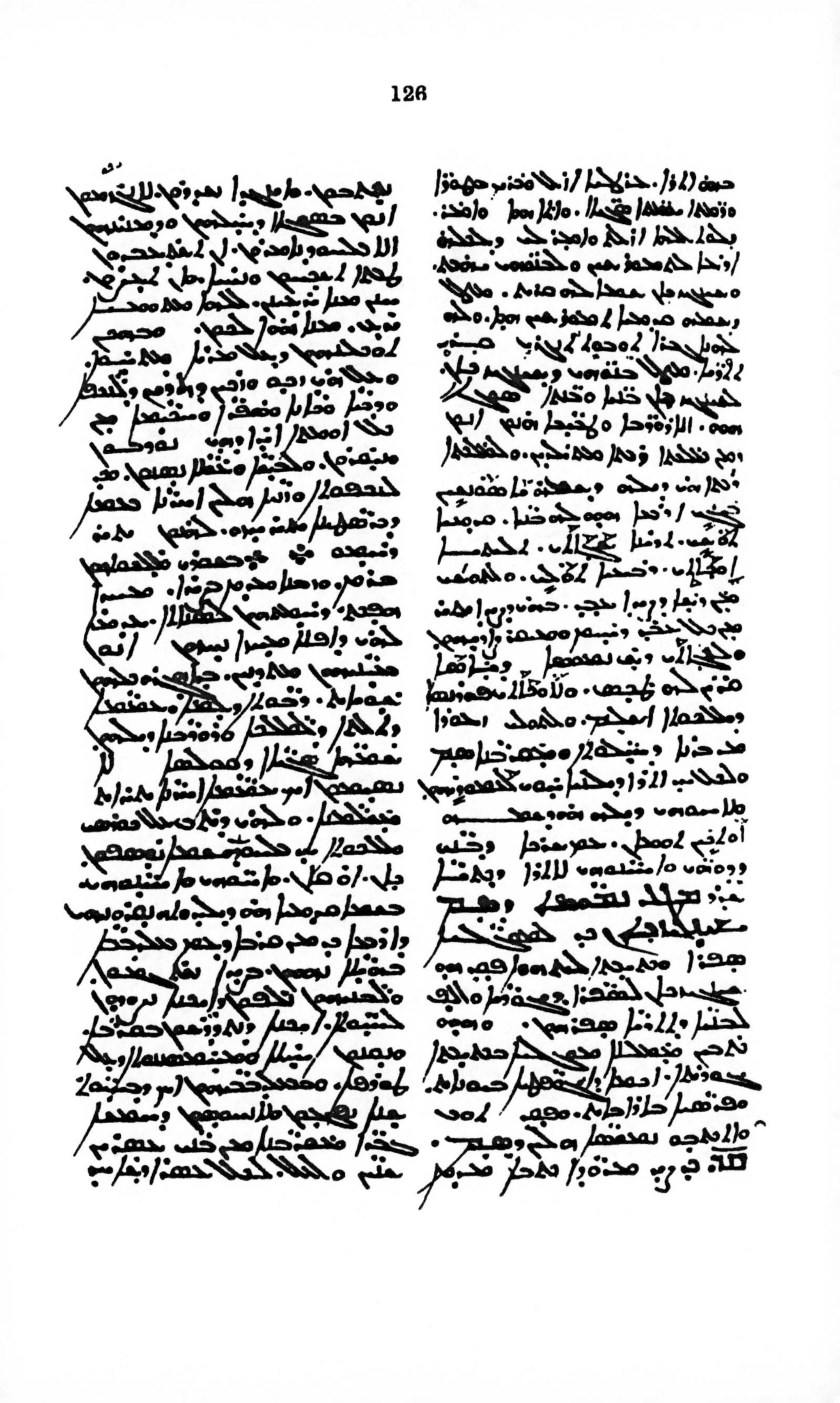

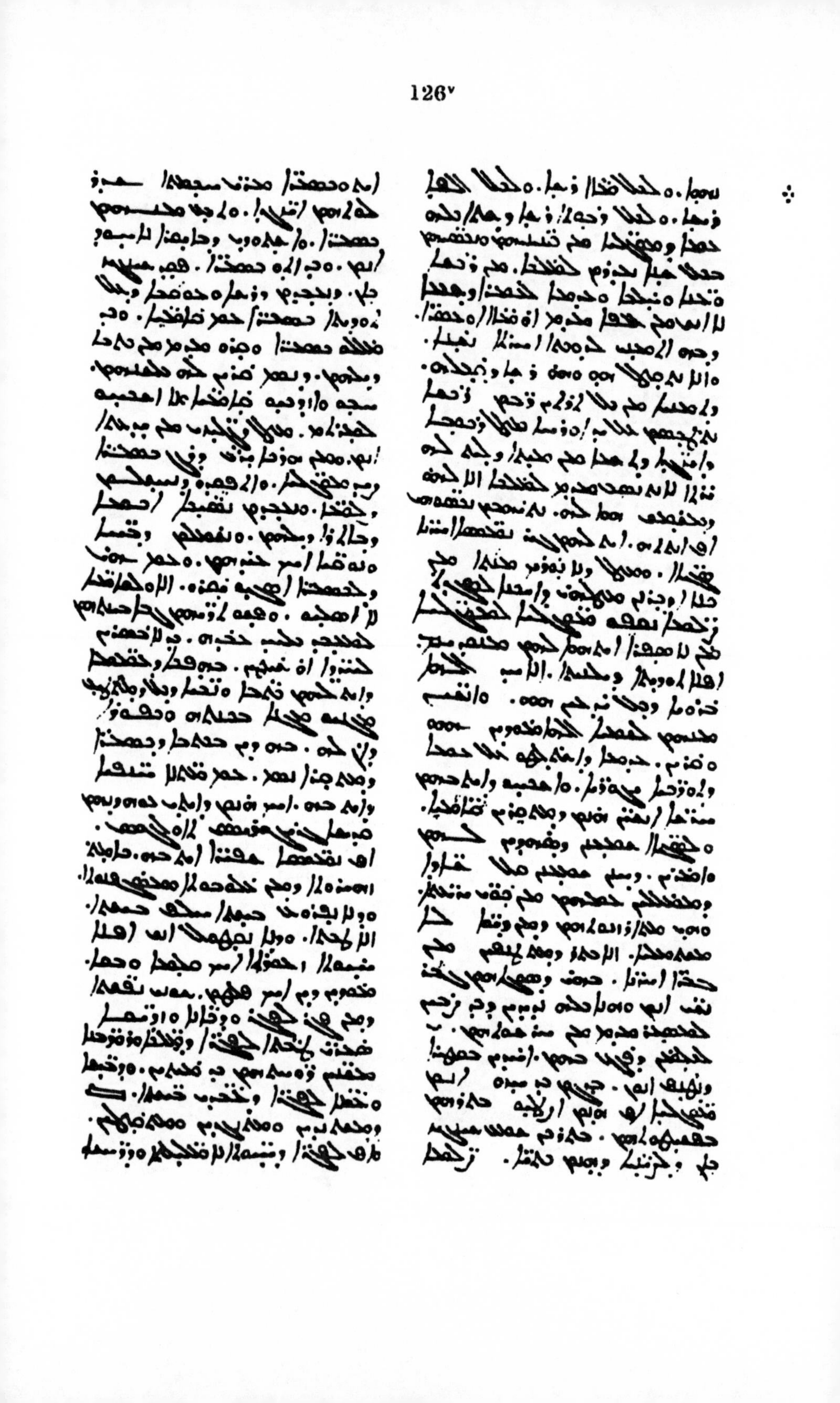

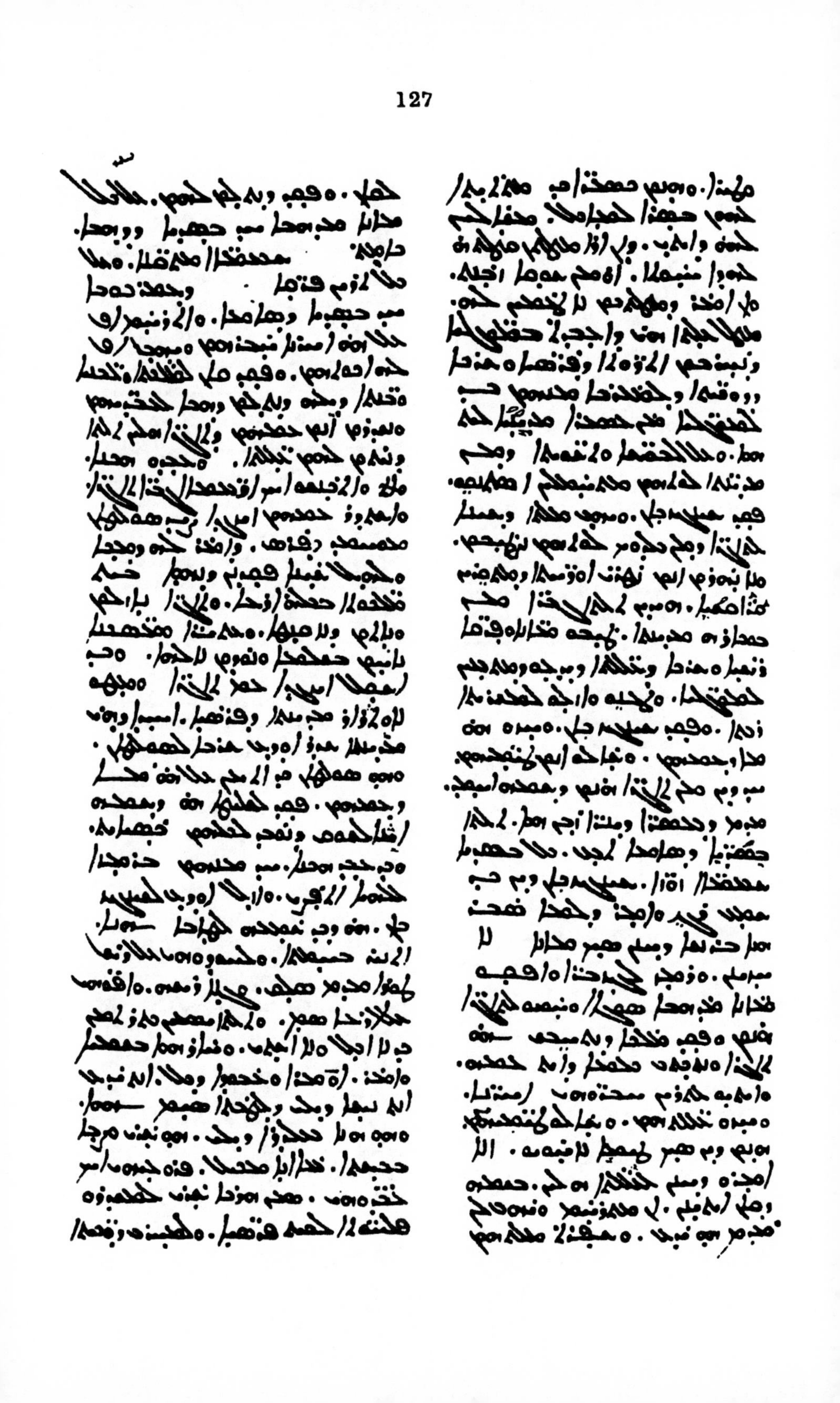

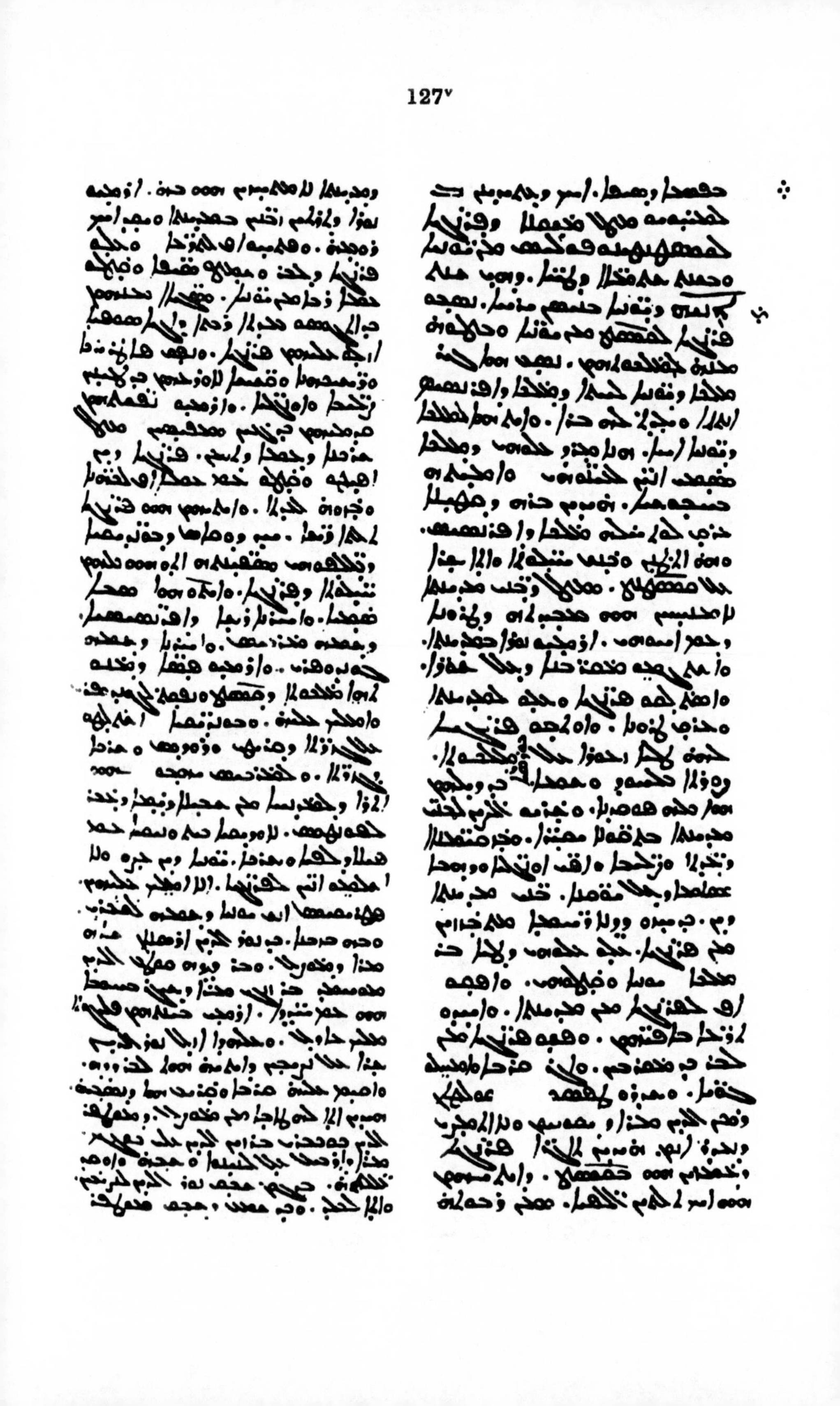

[illegible]

[illegible]

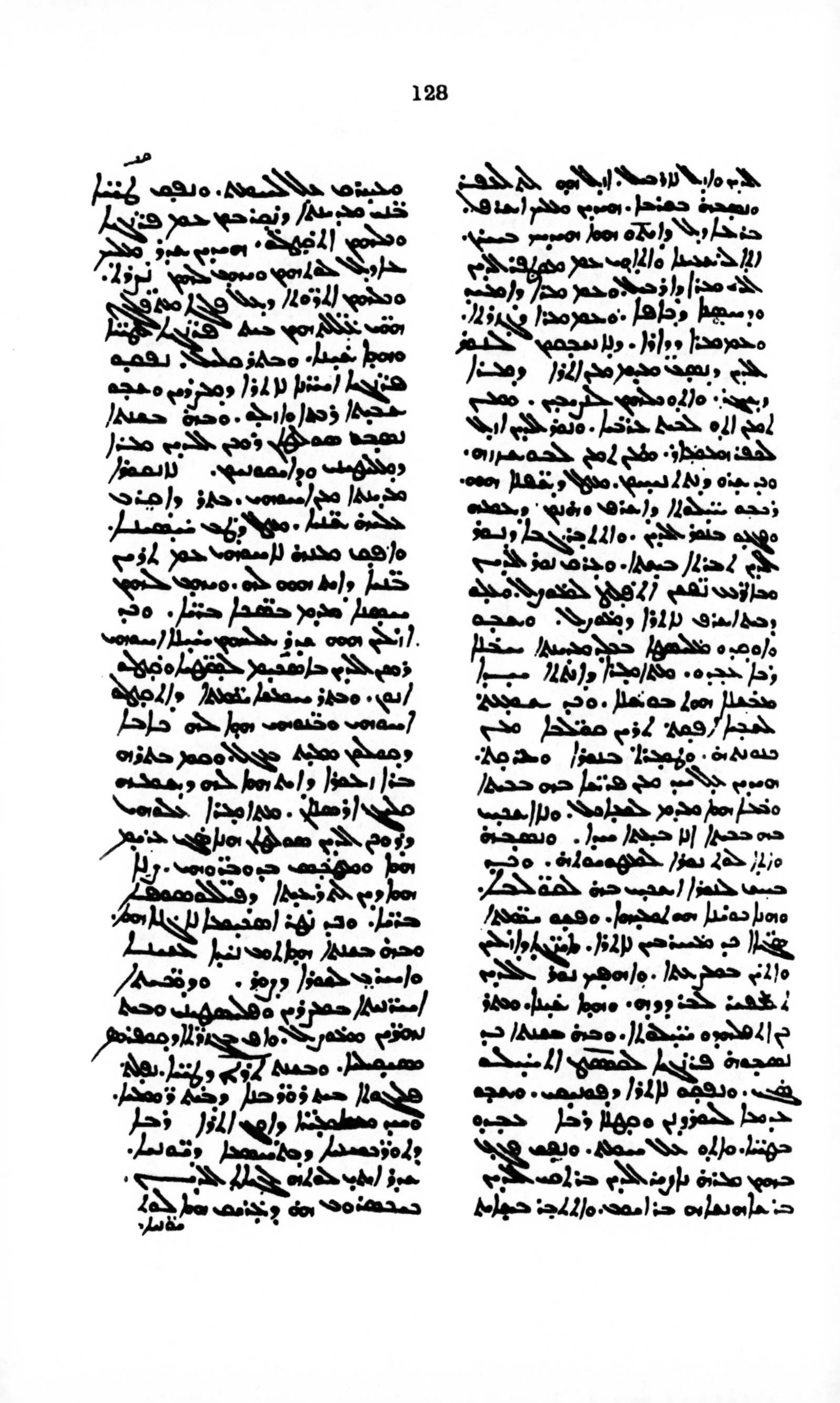

[illegible]

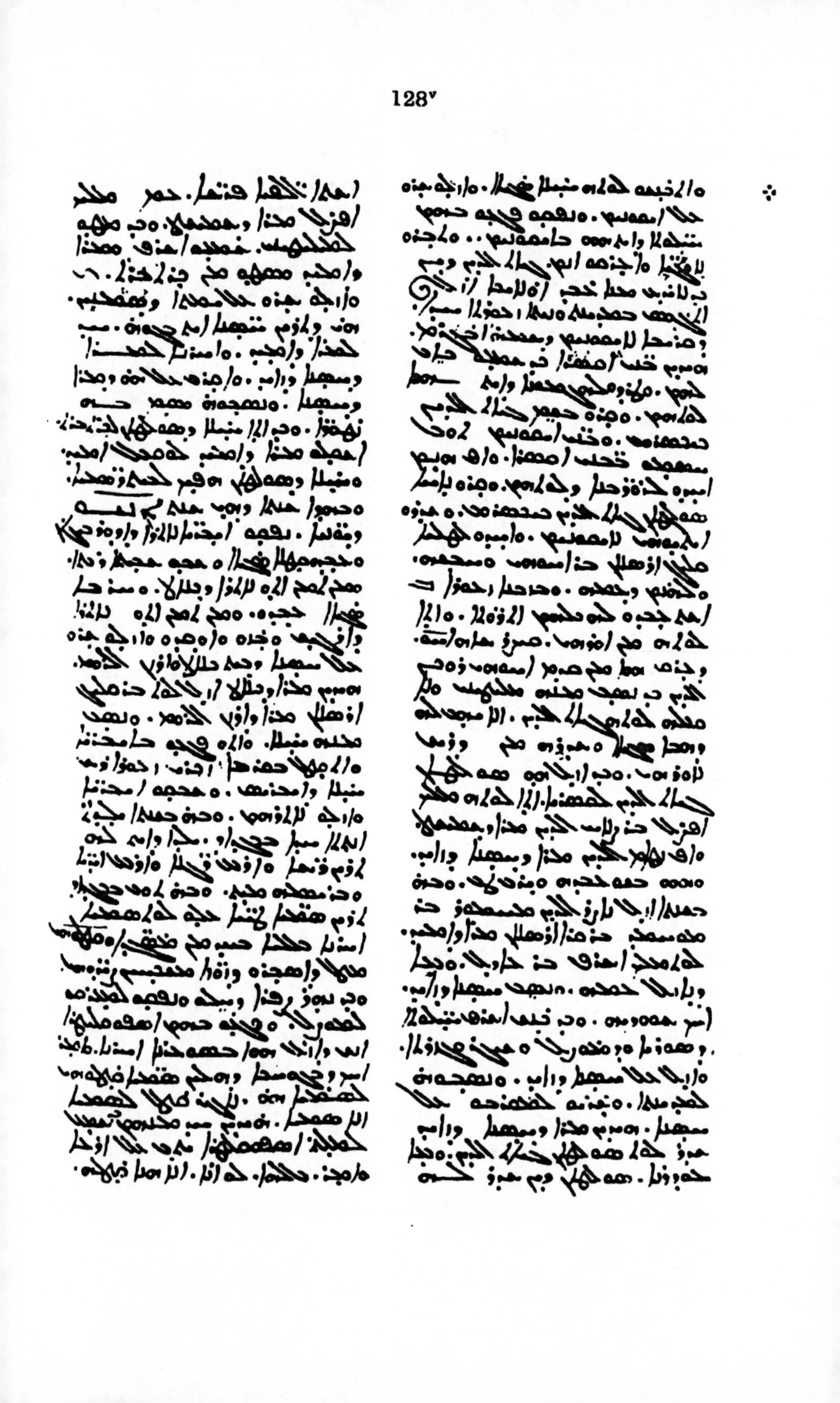

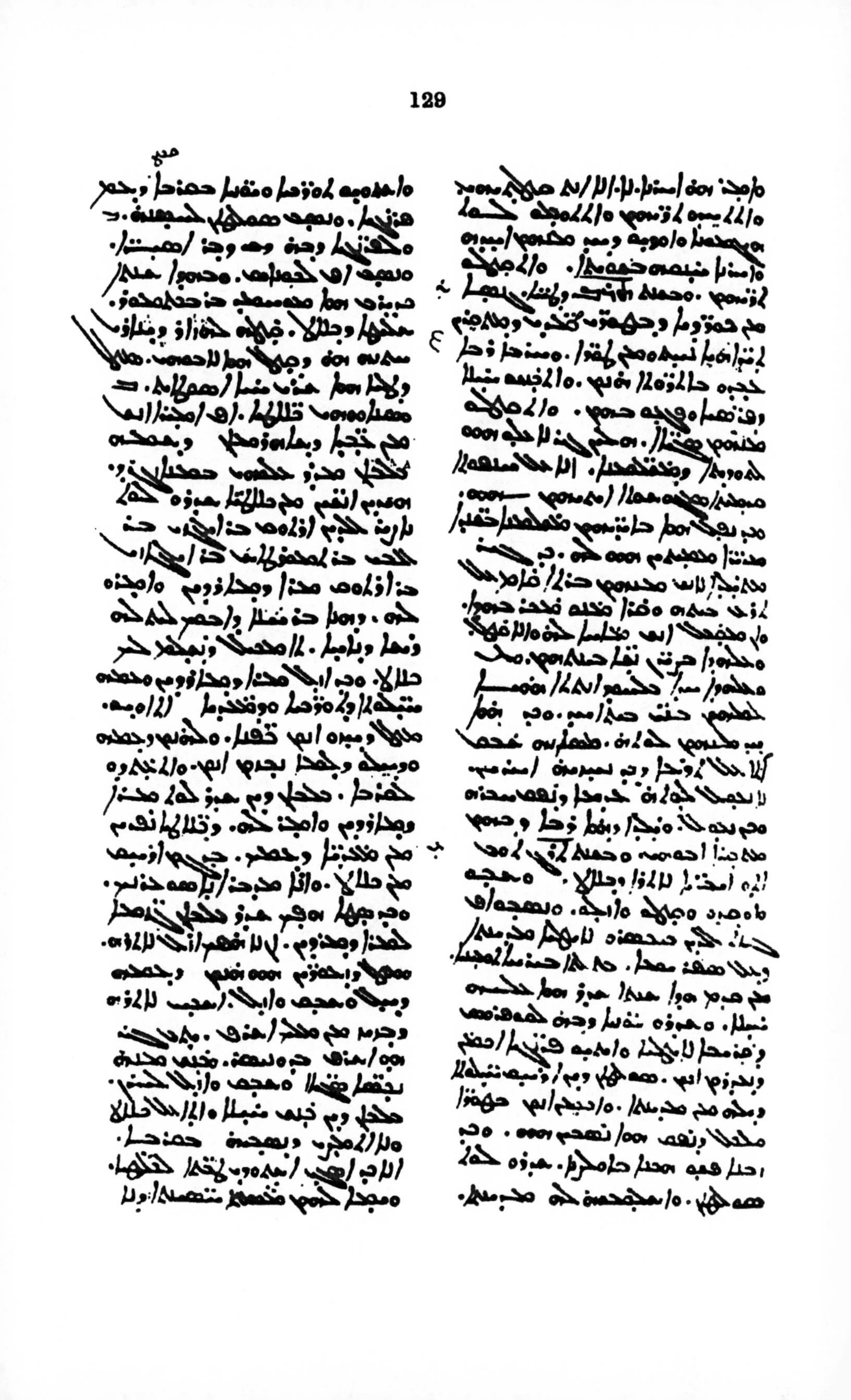

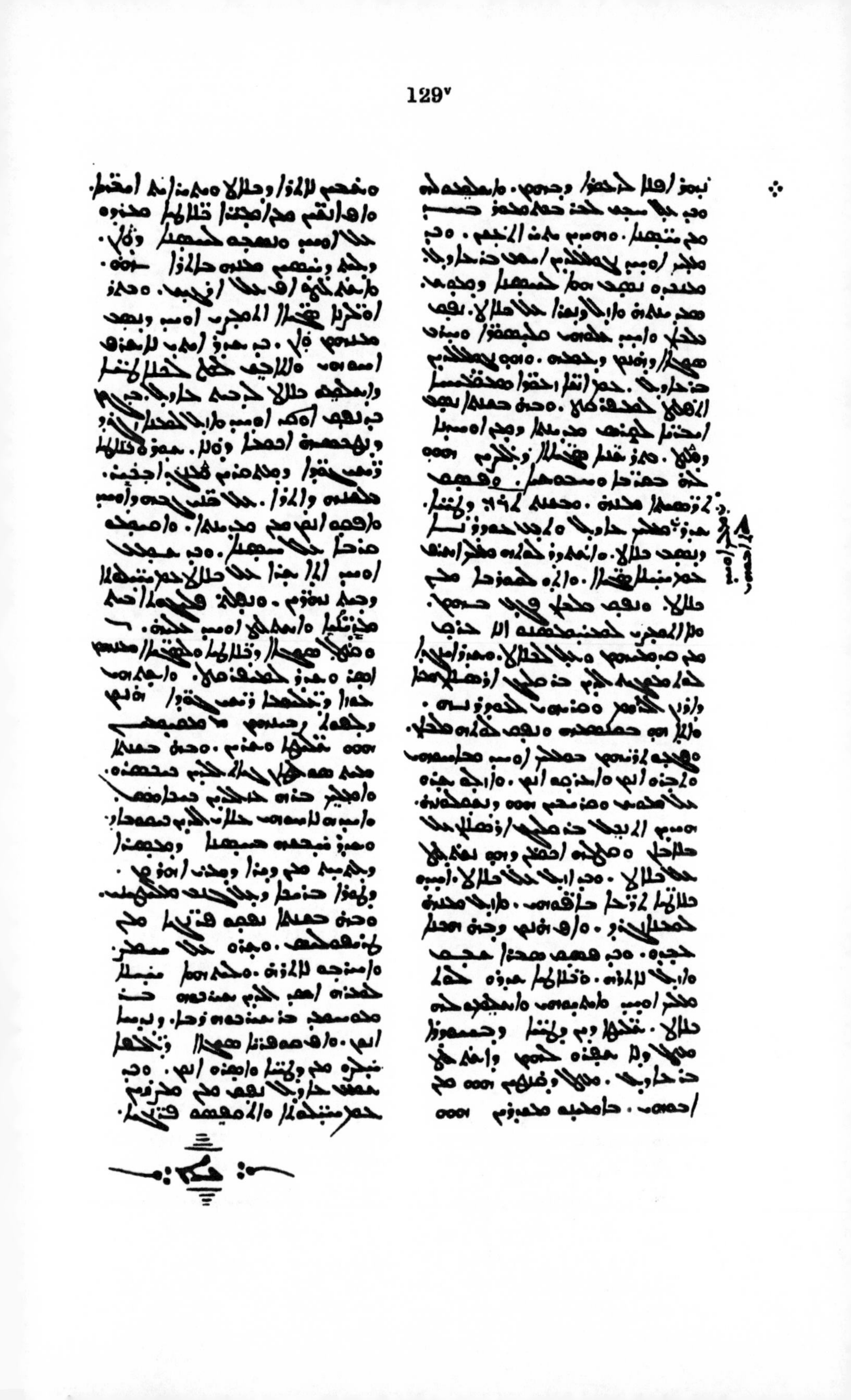

[illegible]

[illegible]

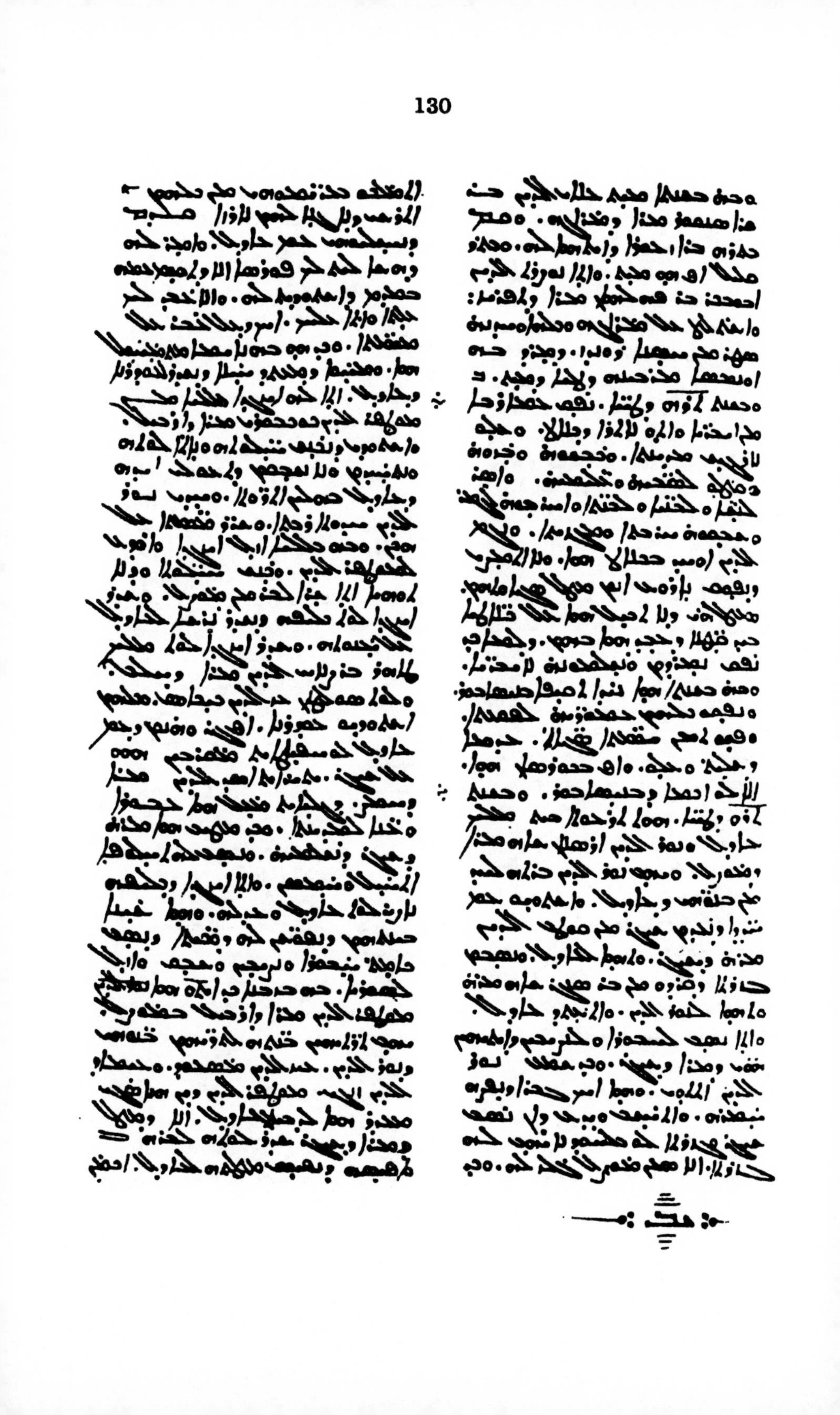

[illegible]

[illegible]

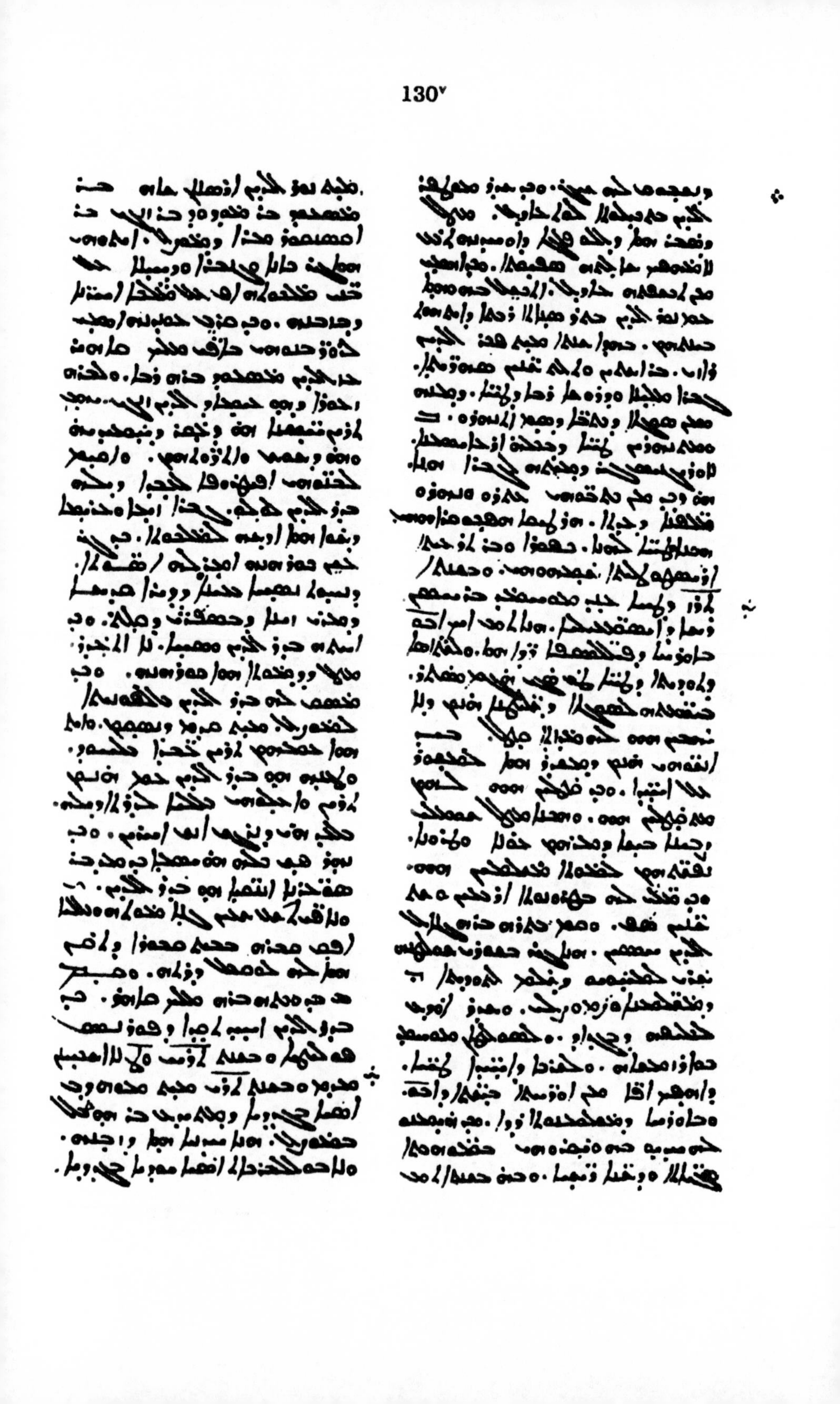

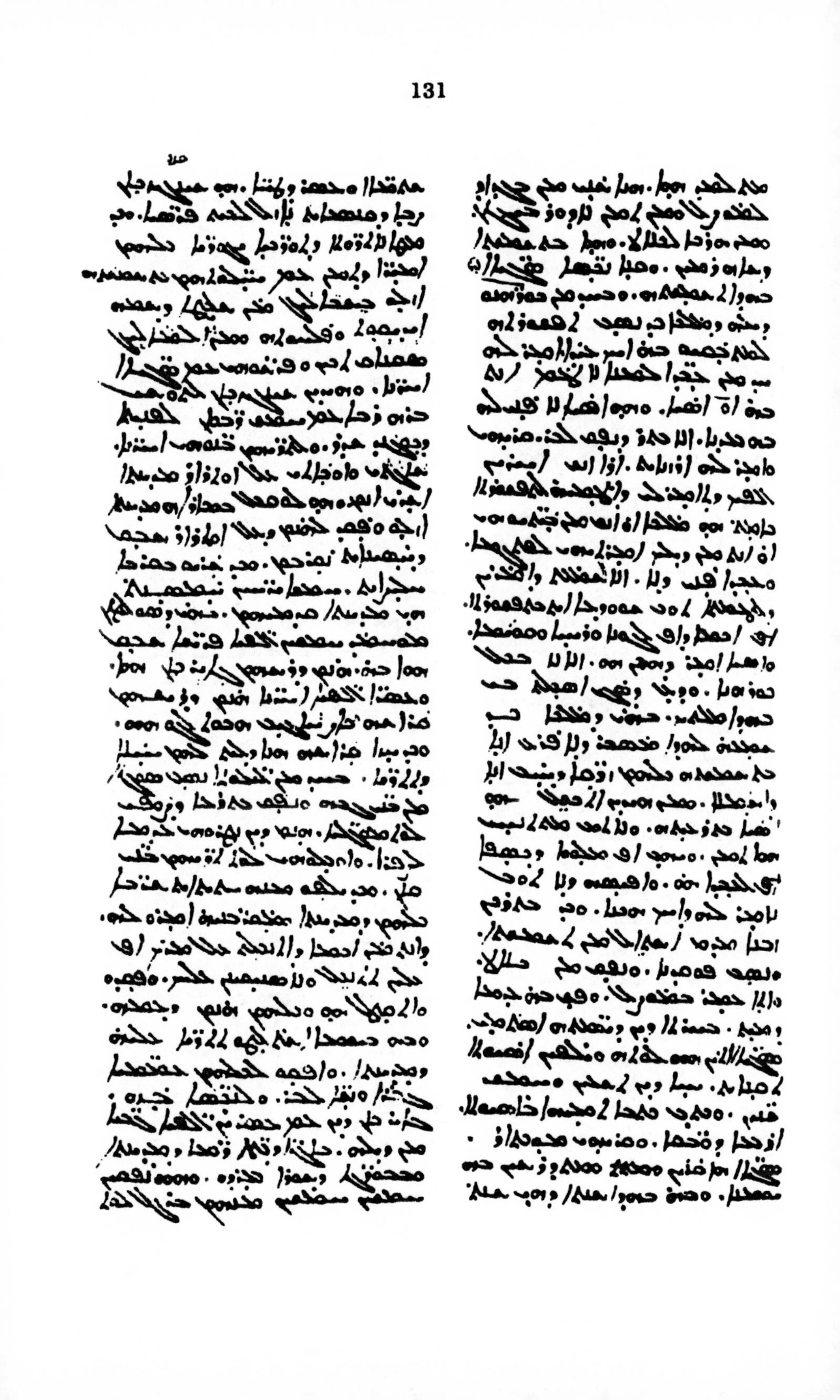

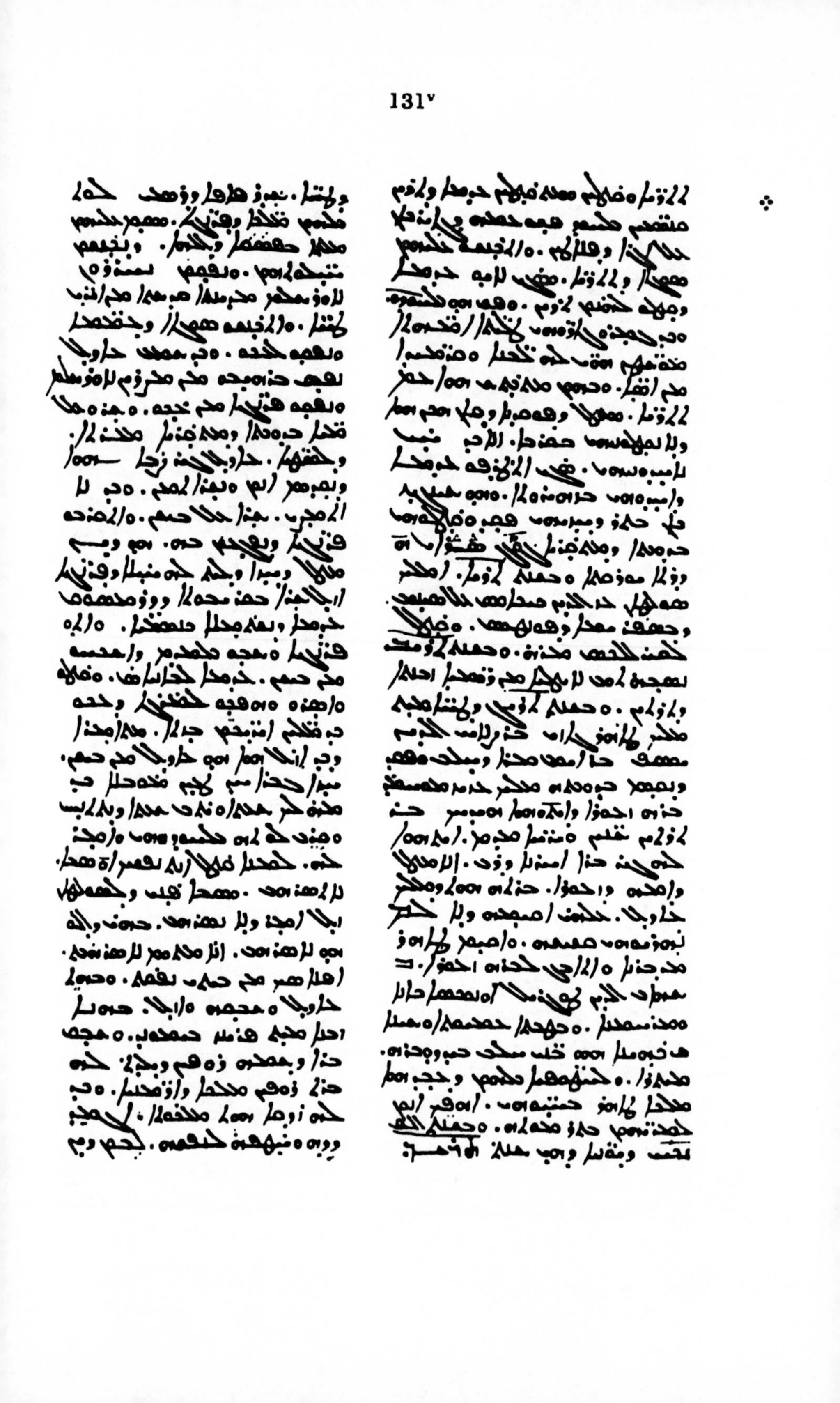

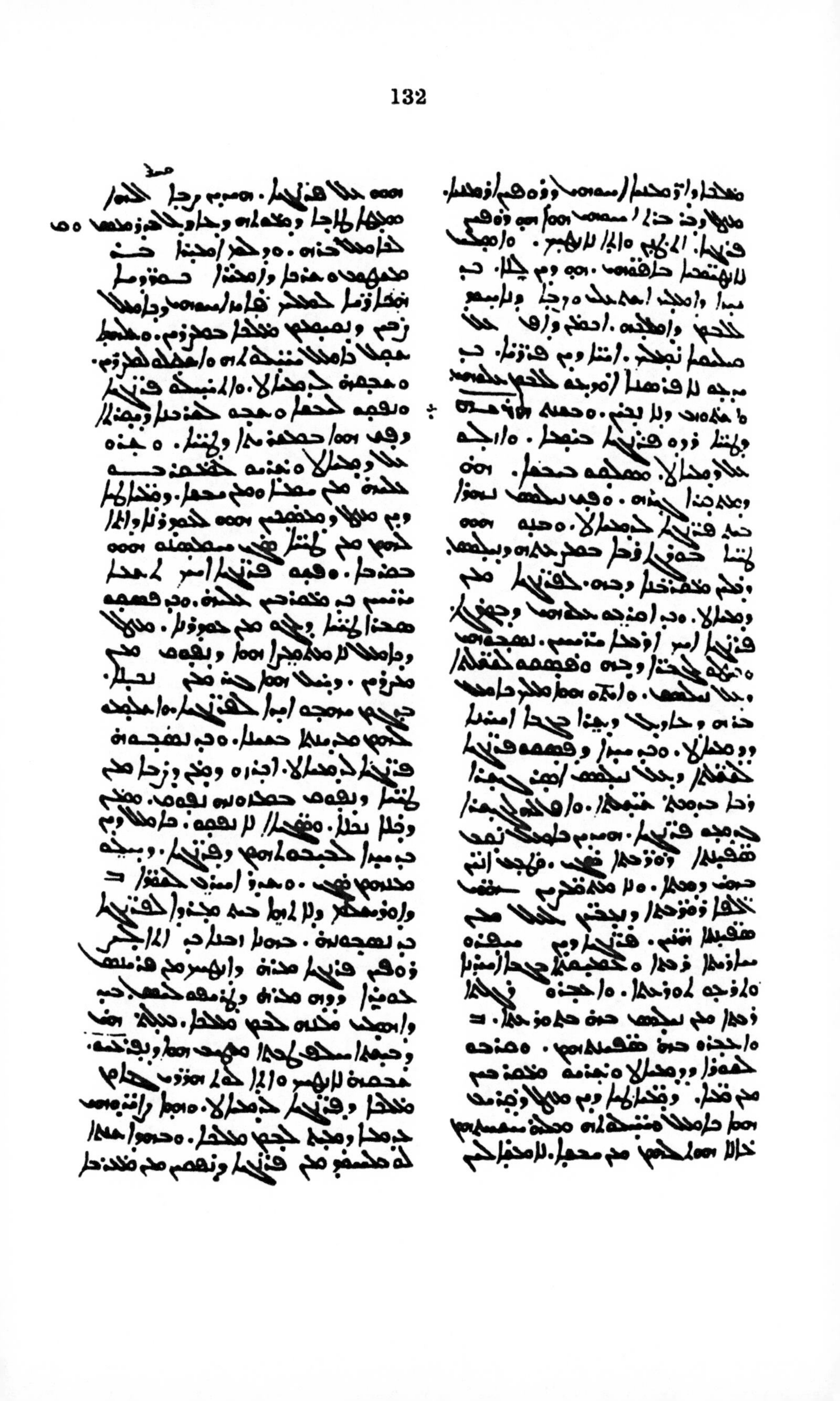

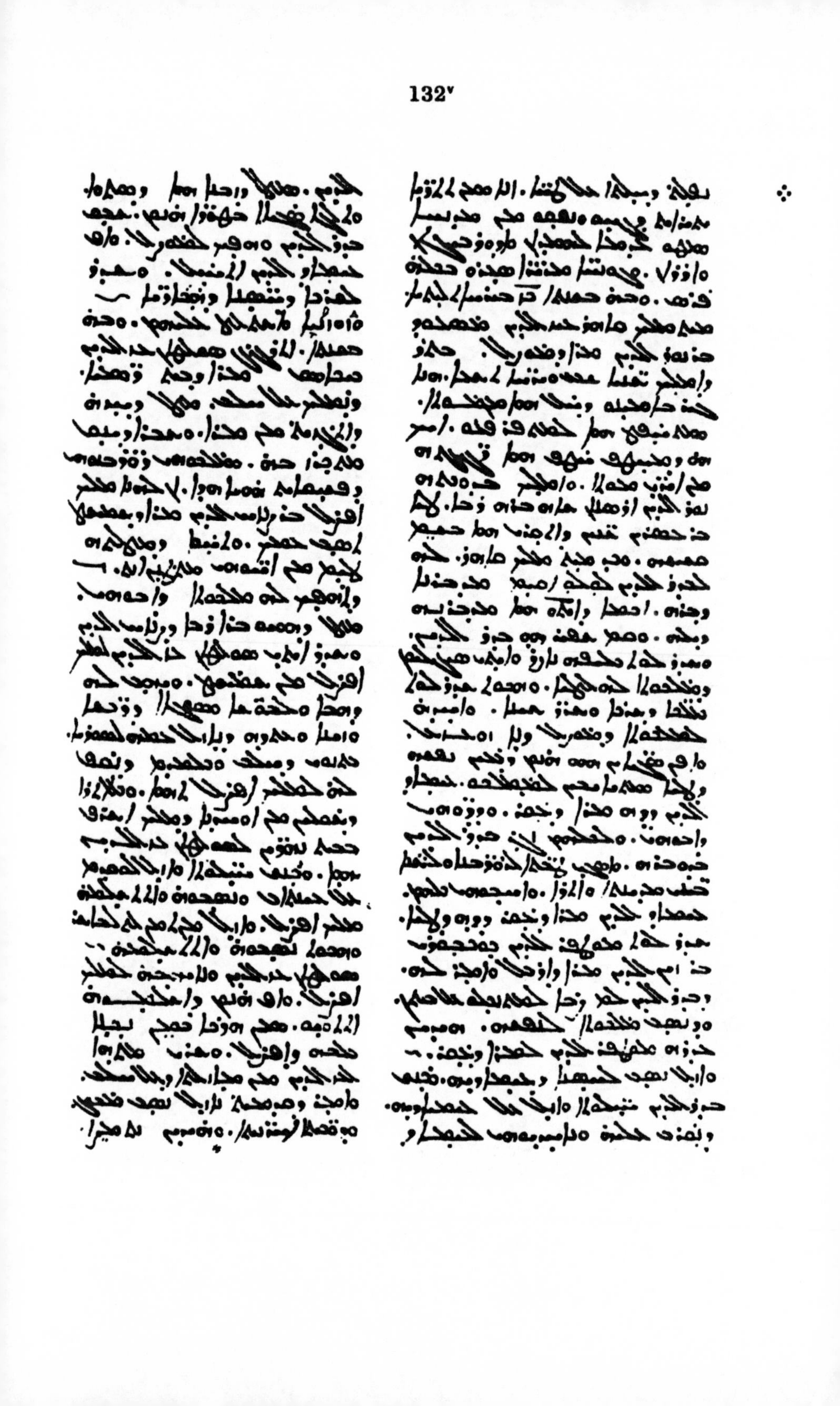

[illegible]

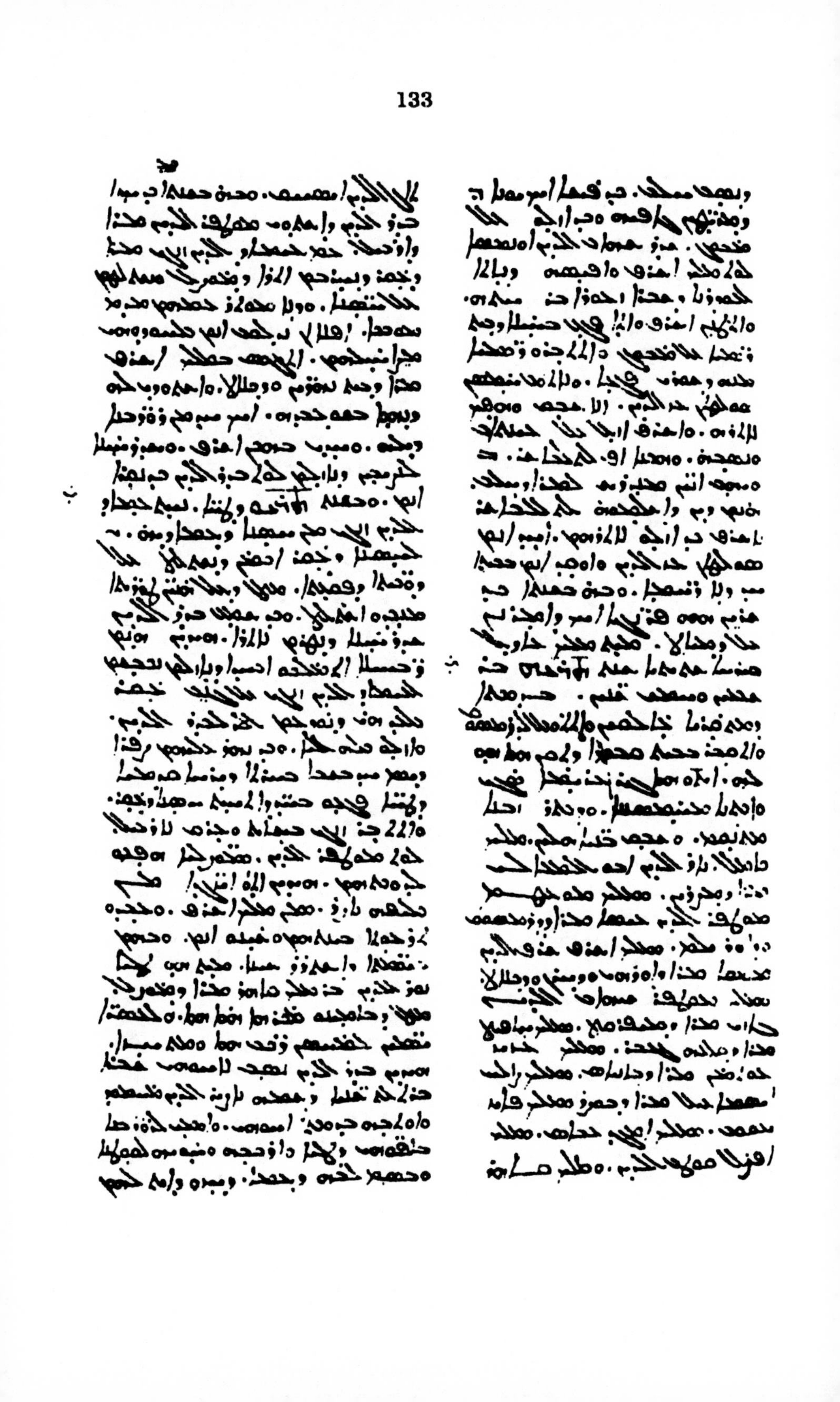

[illegible]

[illegible]

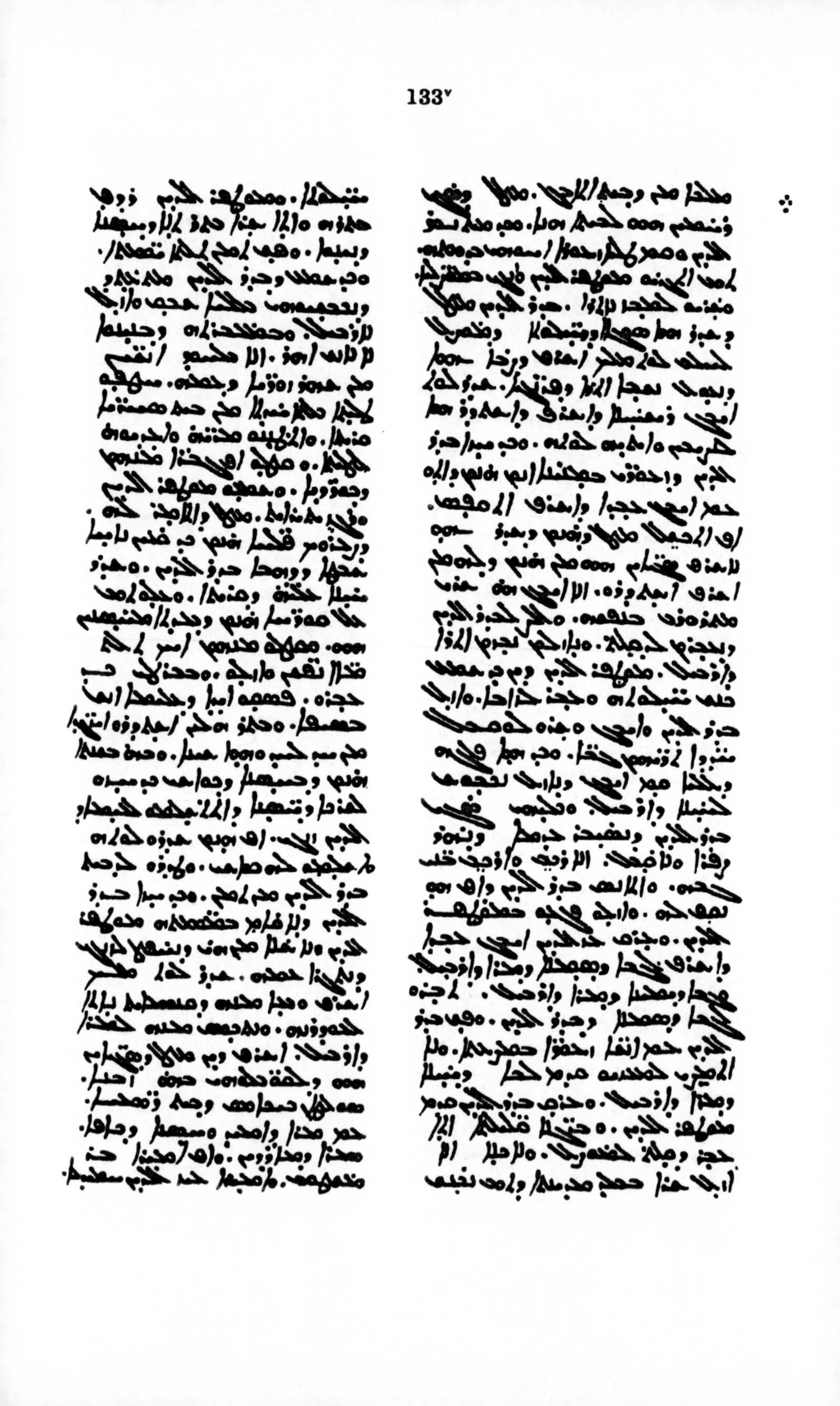

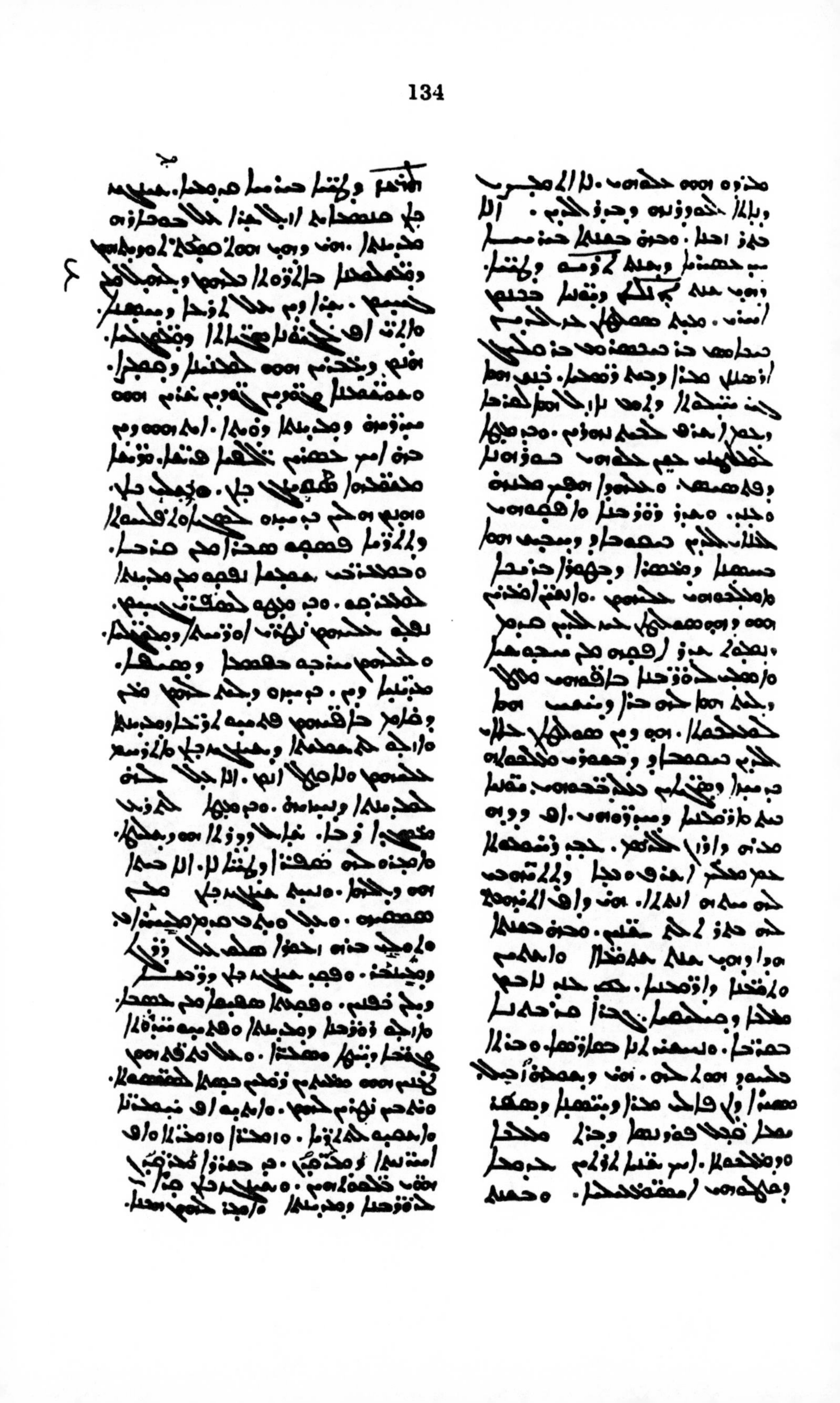

[illegible]

[illegible]

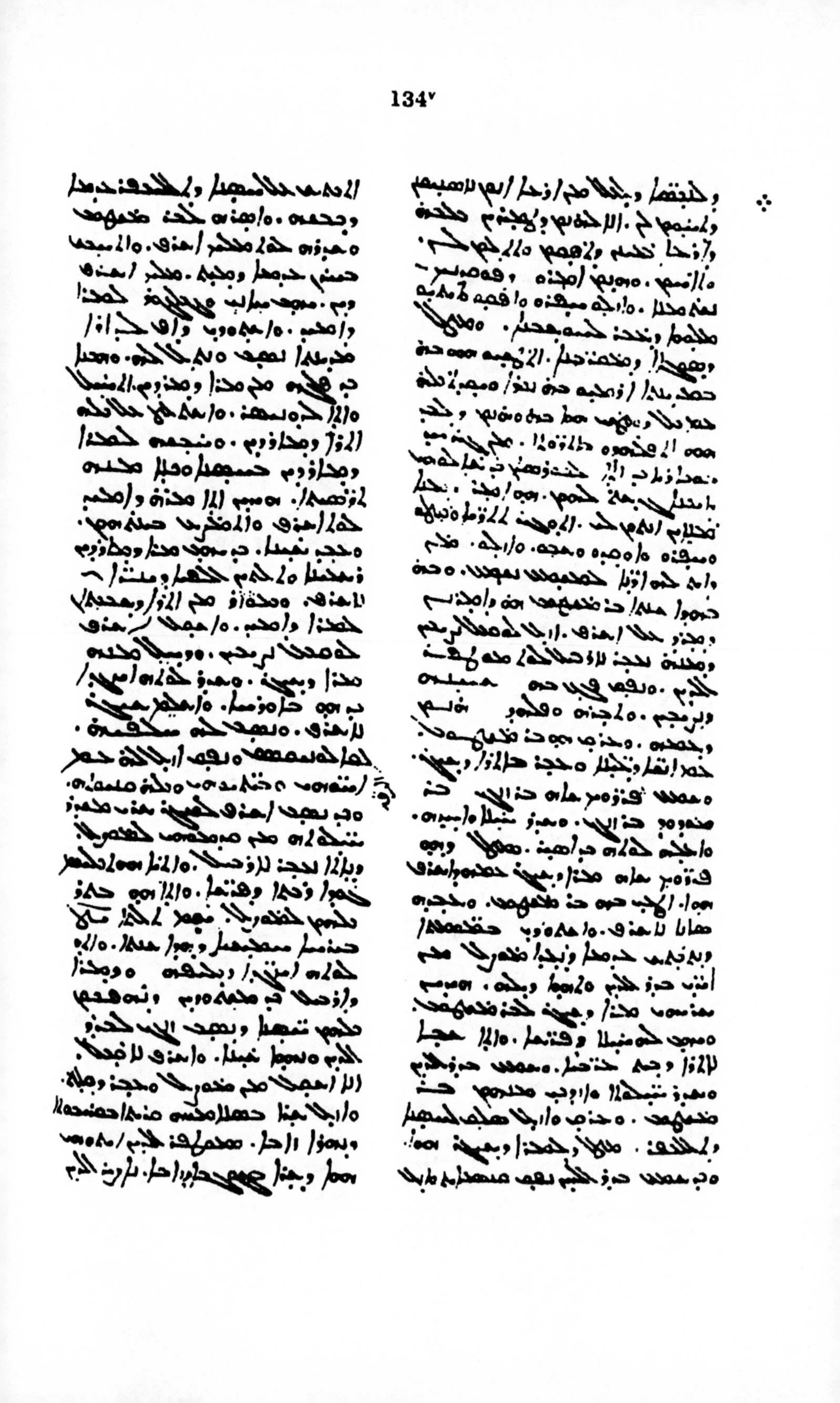

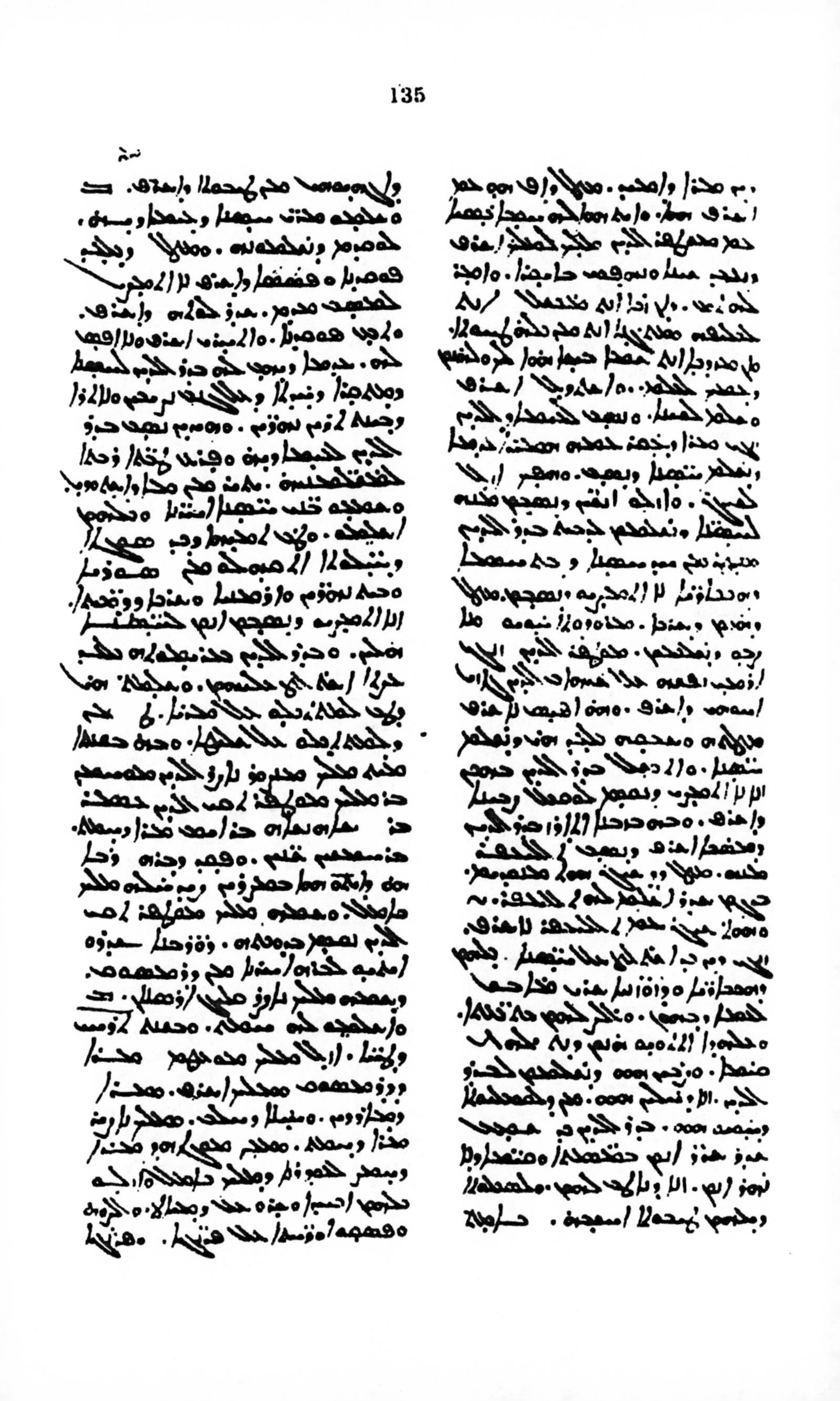

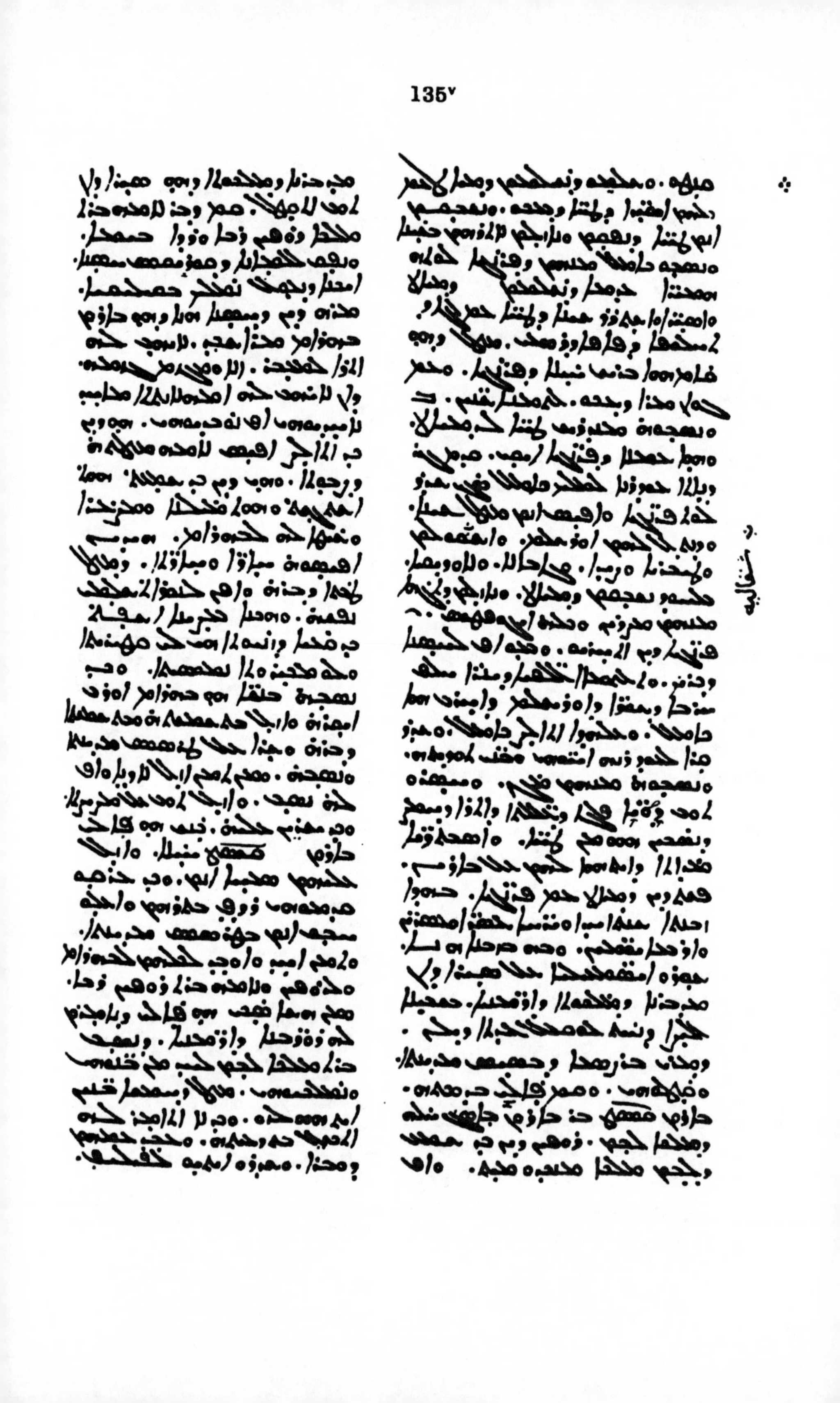

[illegible]

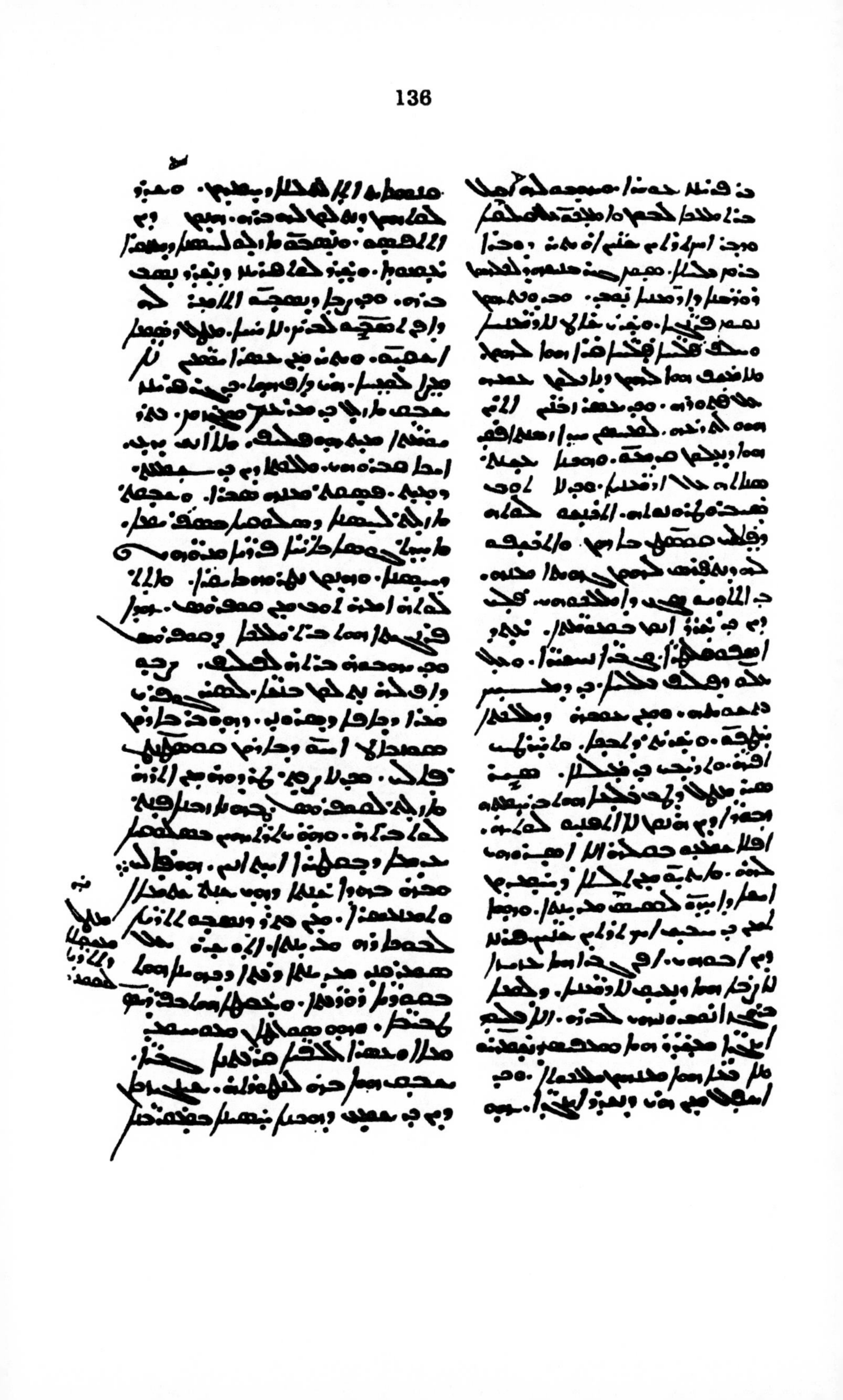

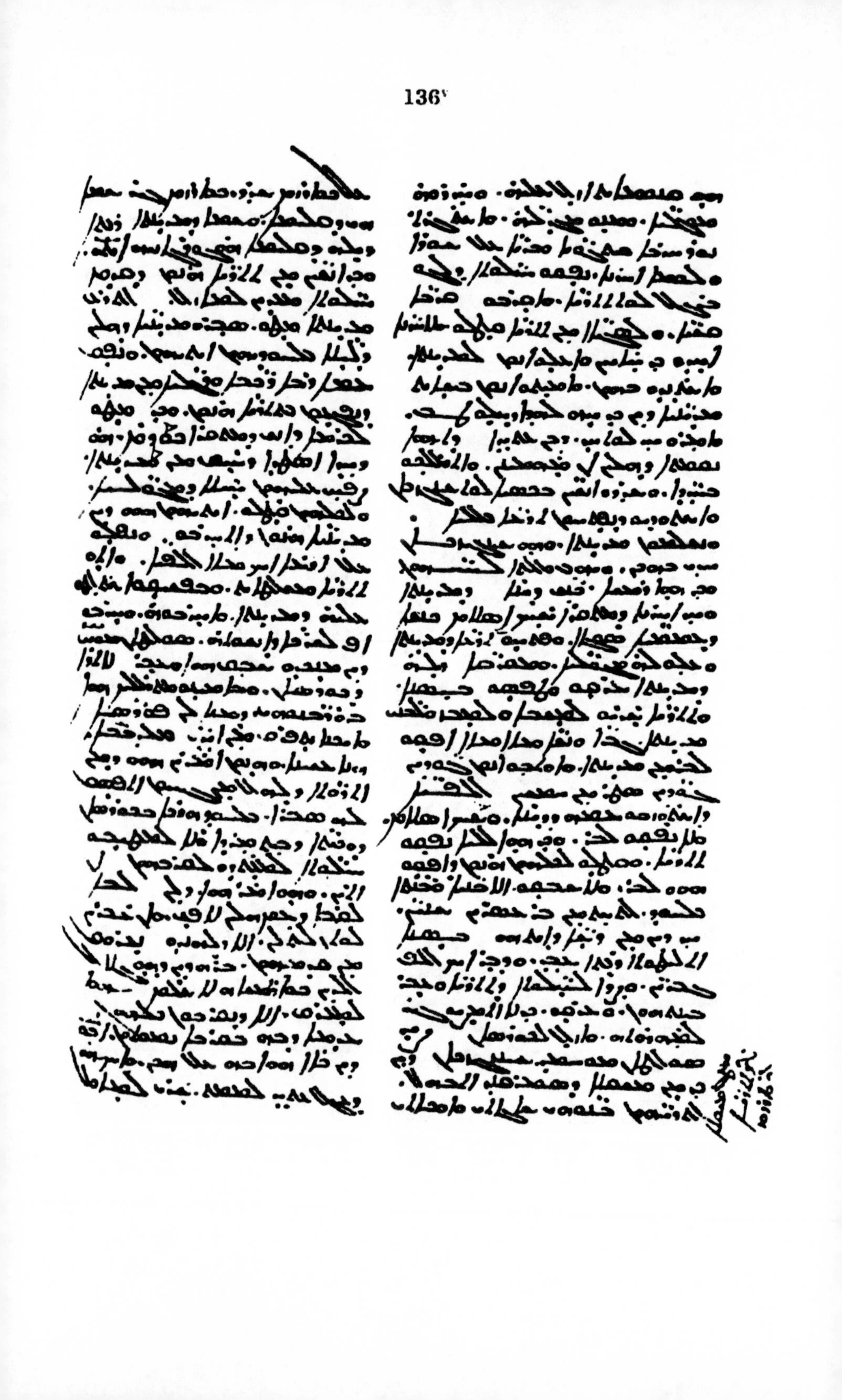

[illegible]

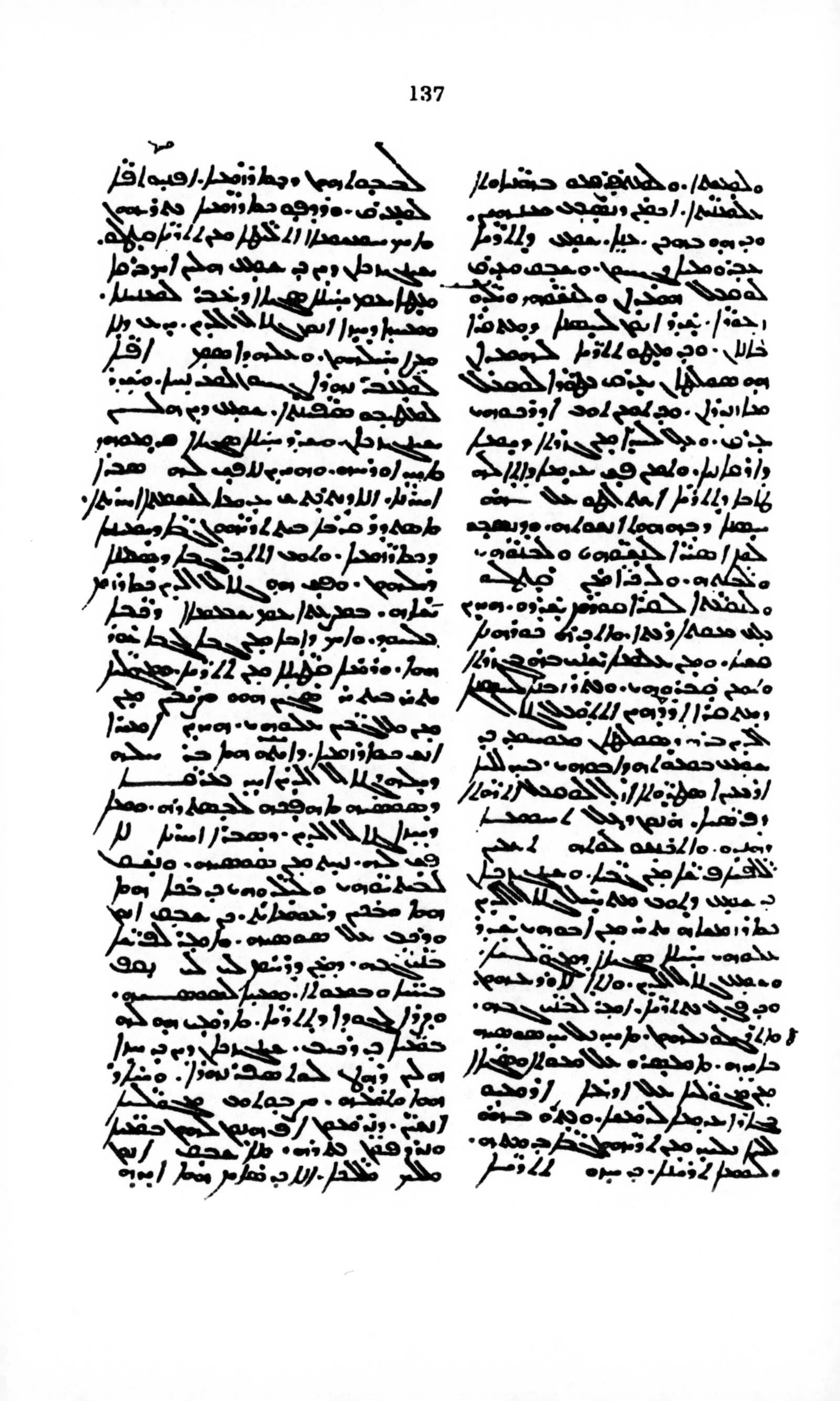

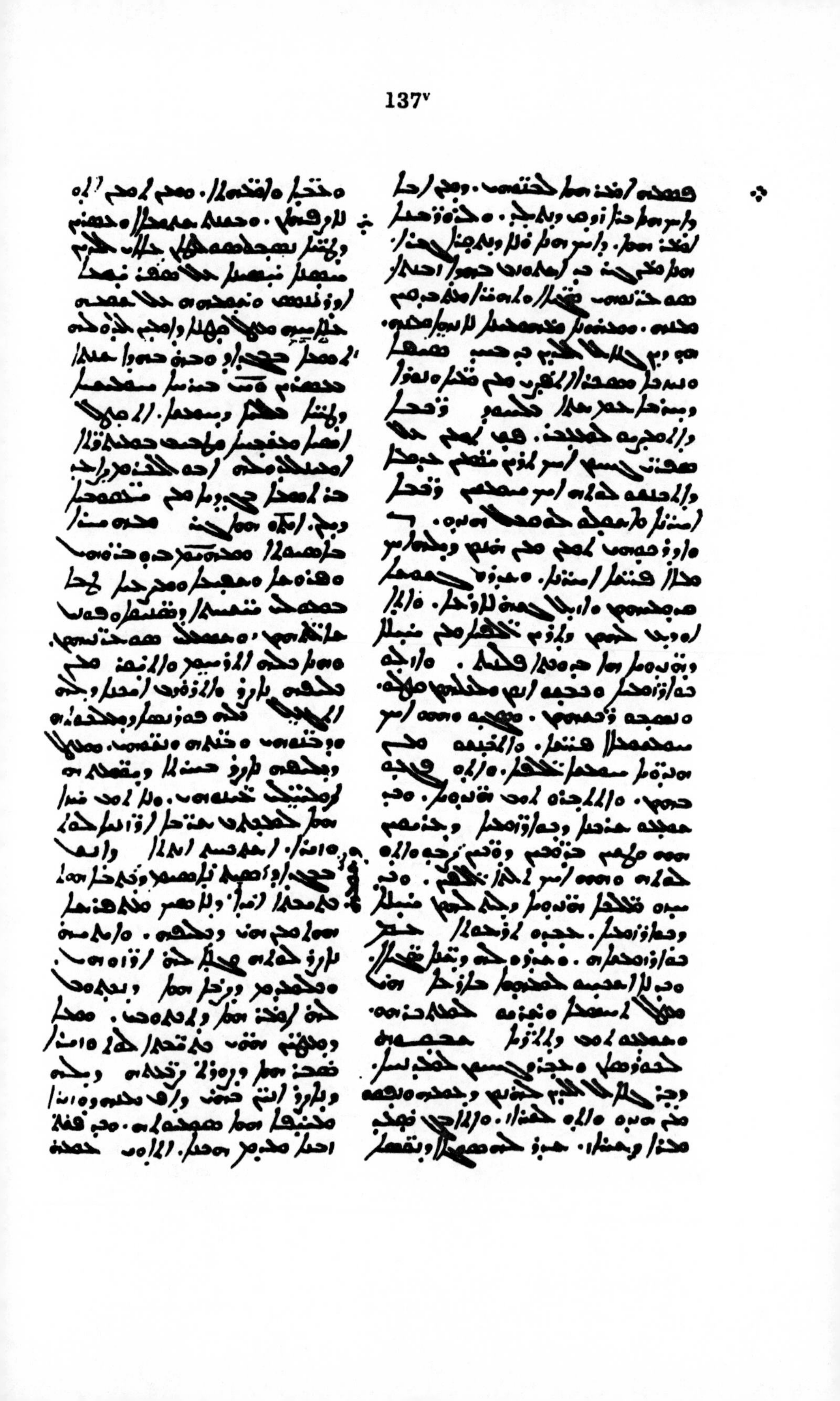

[illegible]

[illegible]

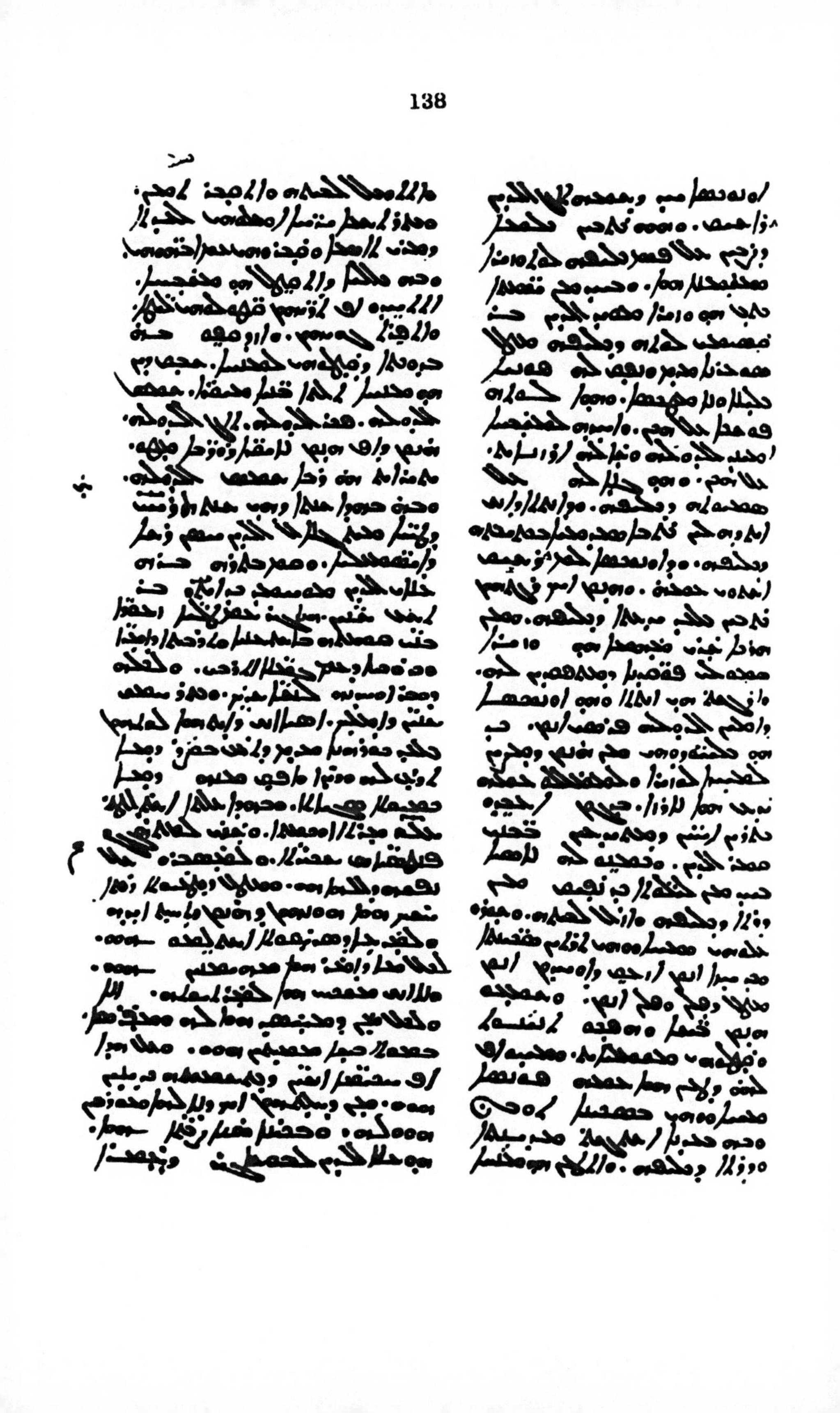

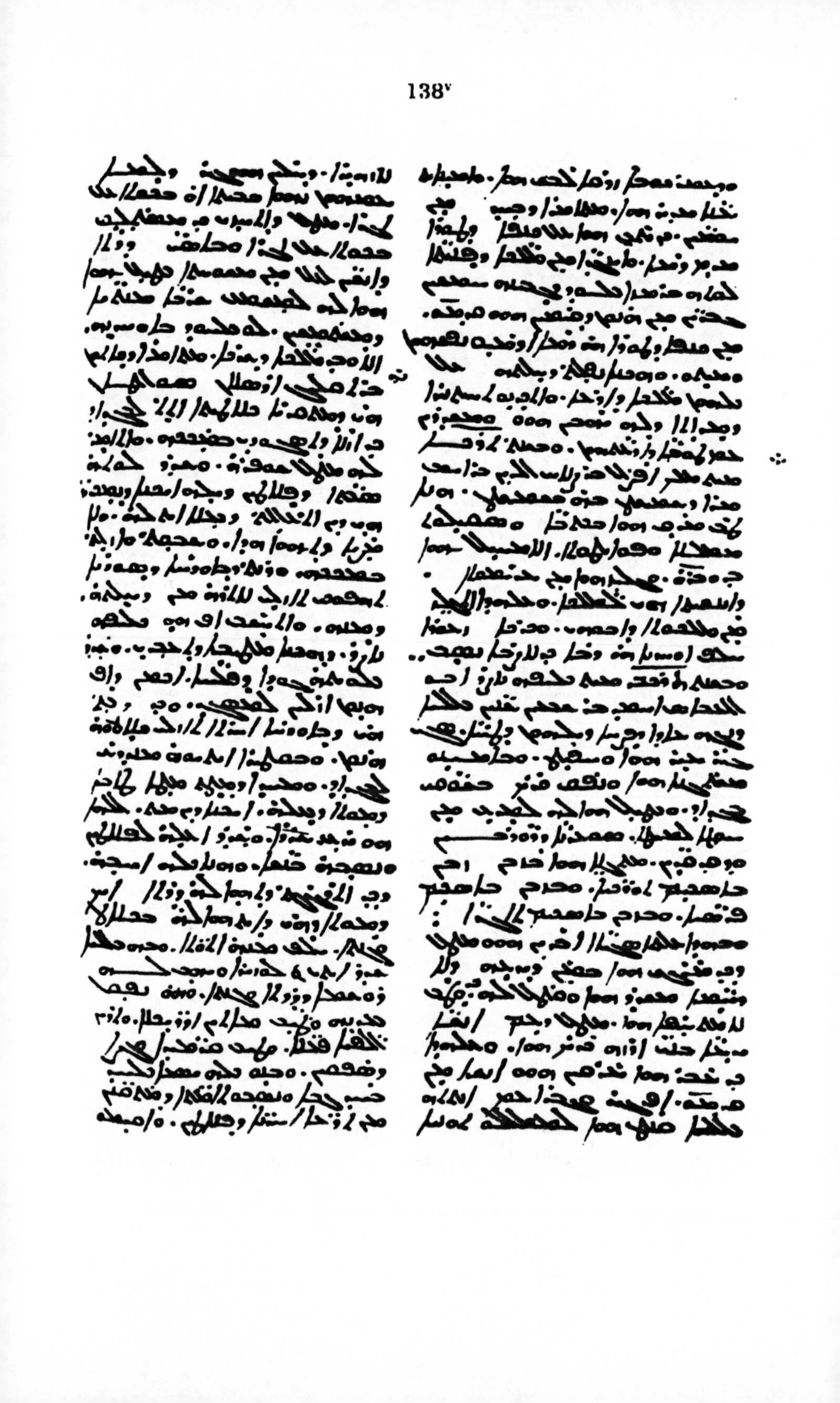

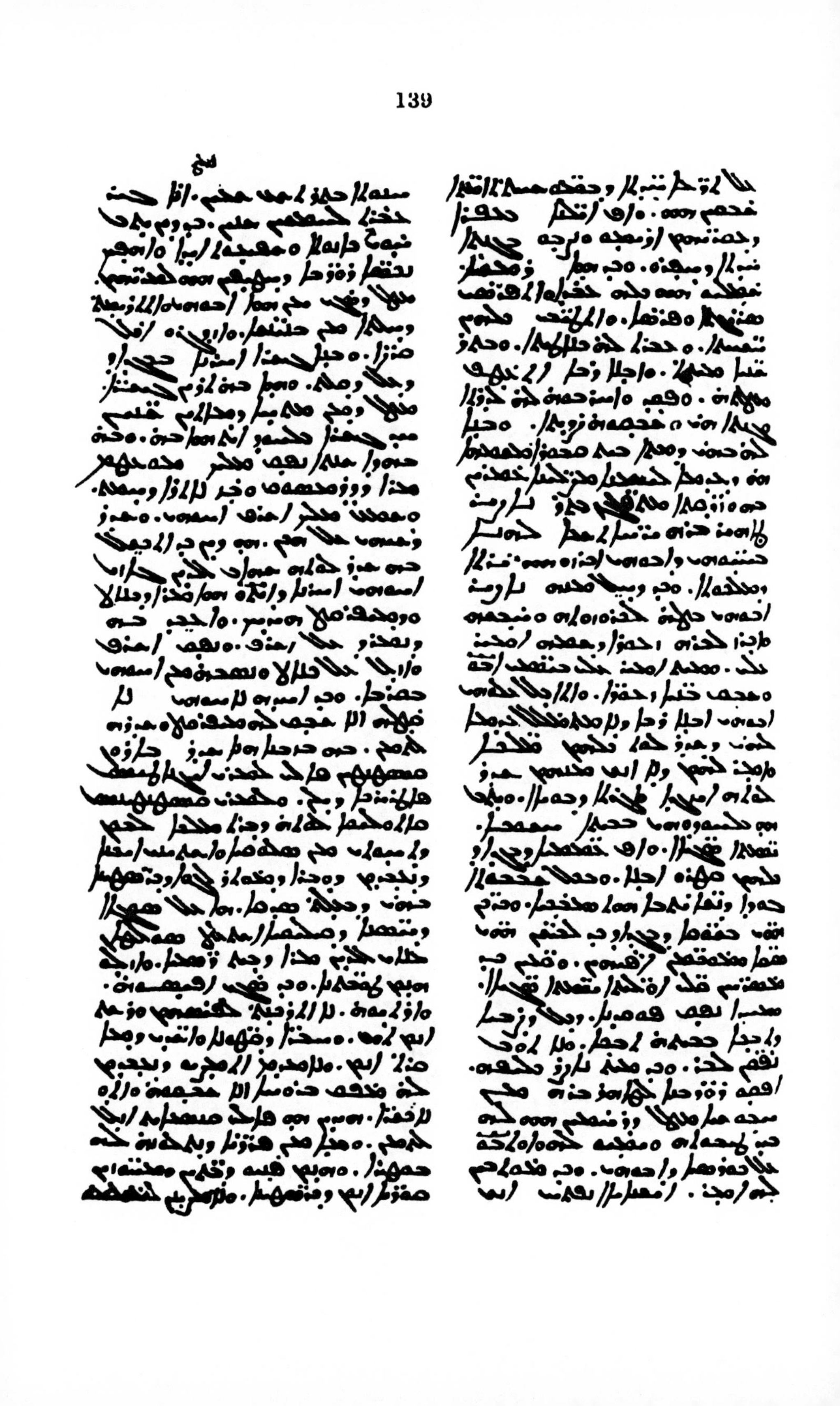

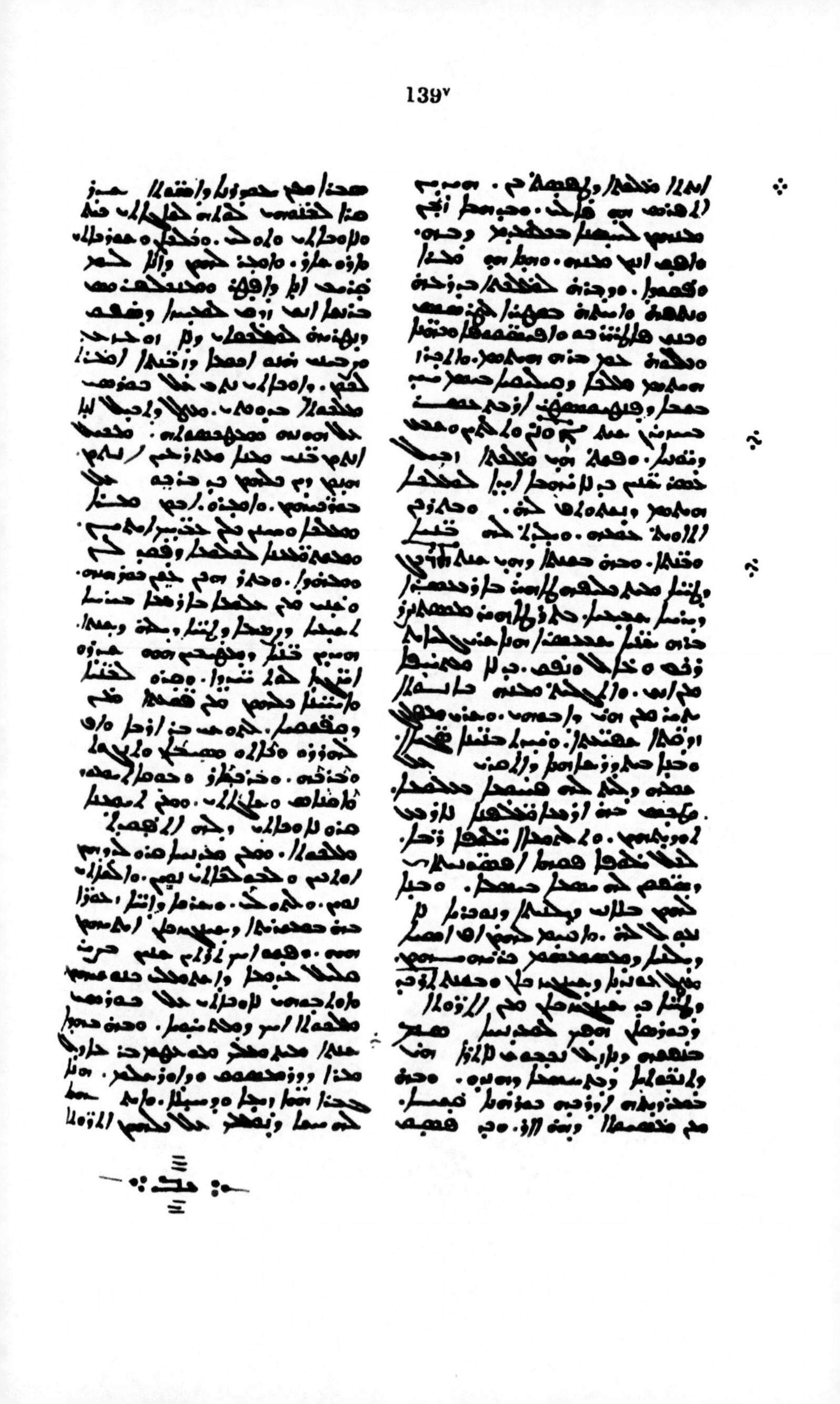

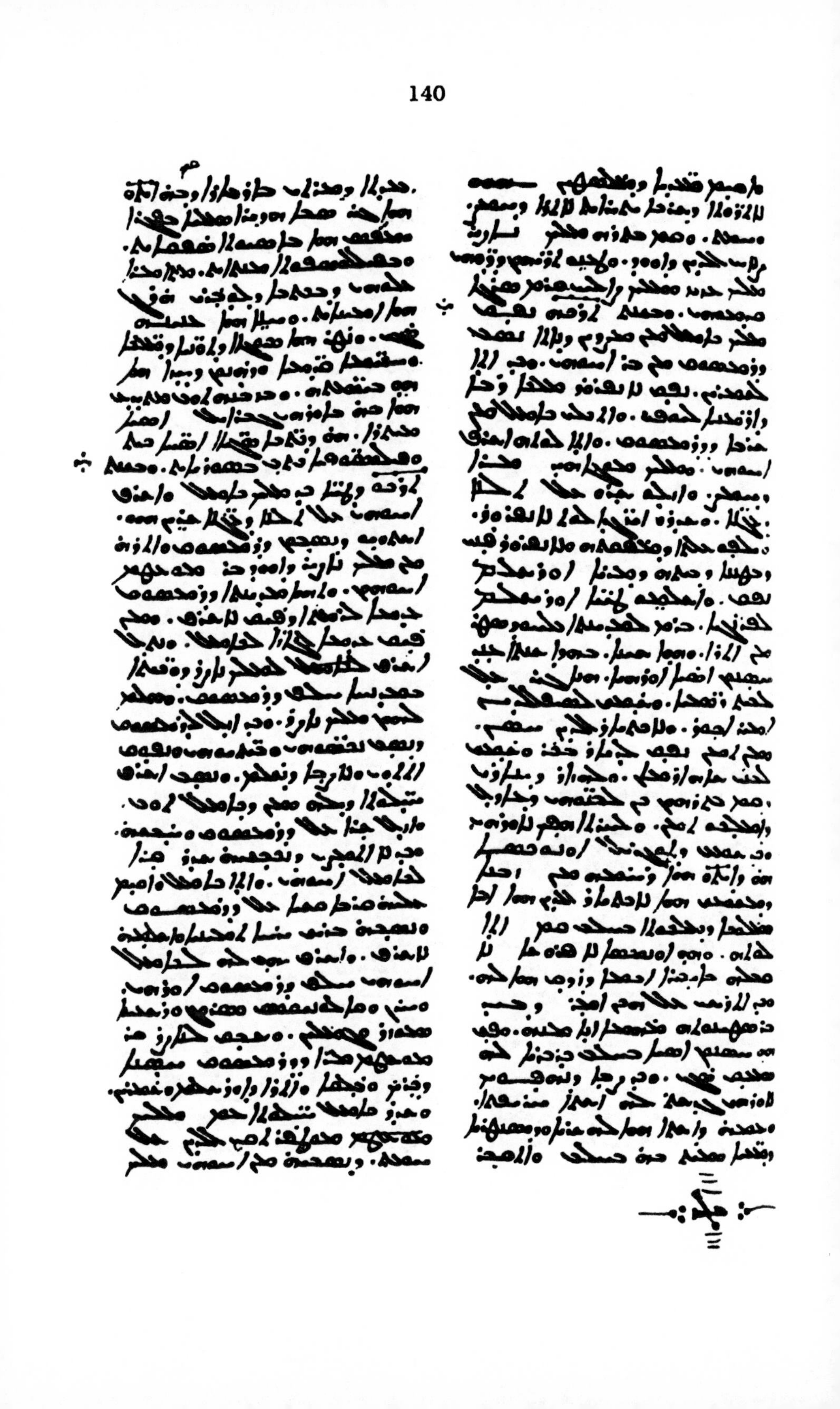

[illegible]

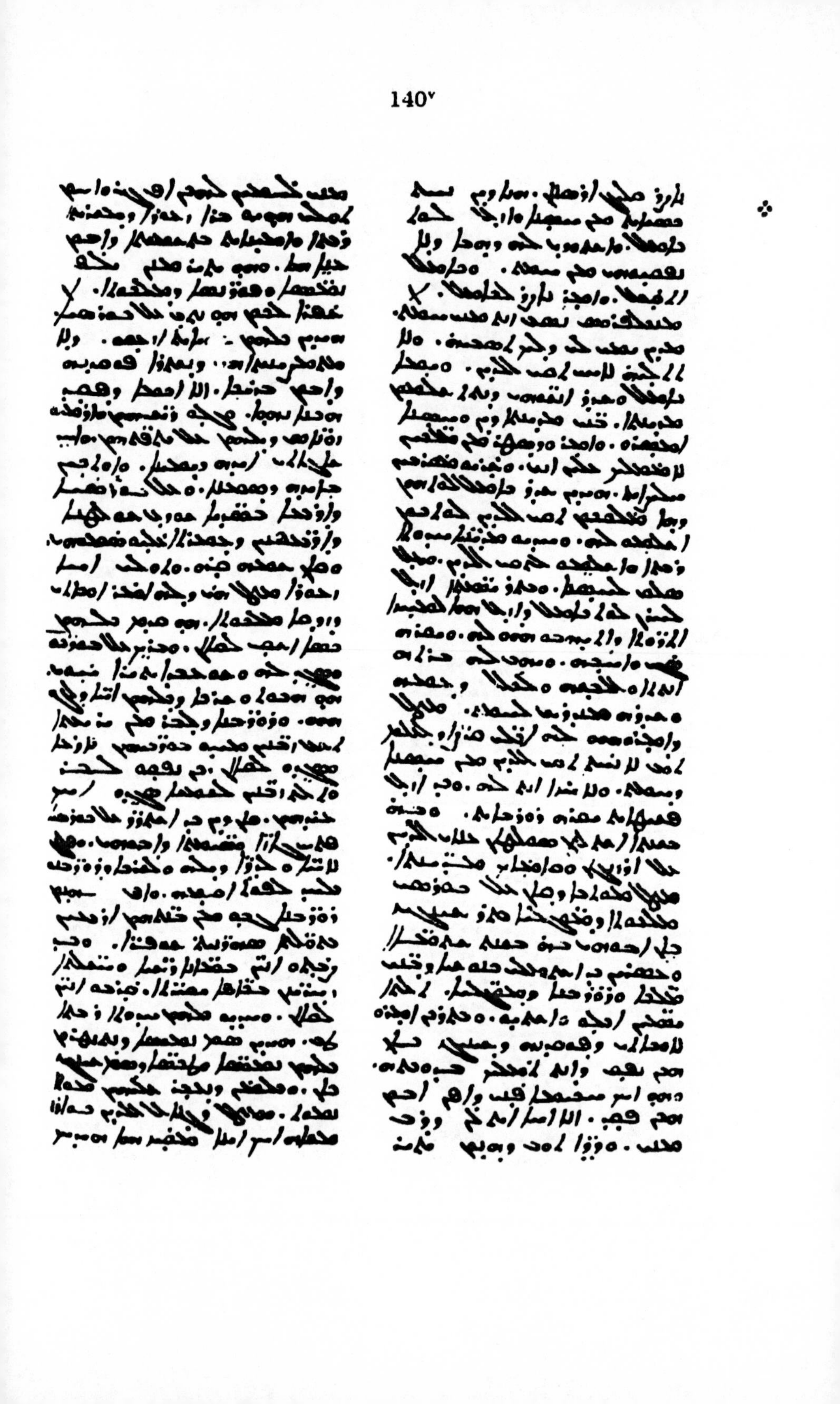

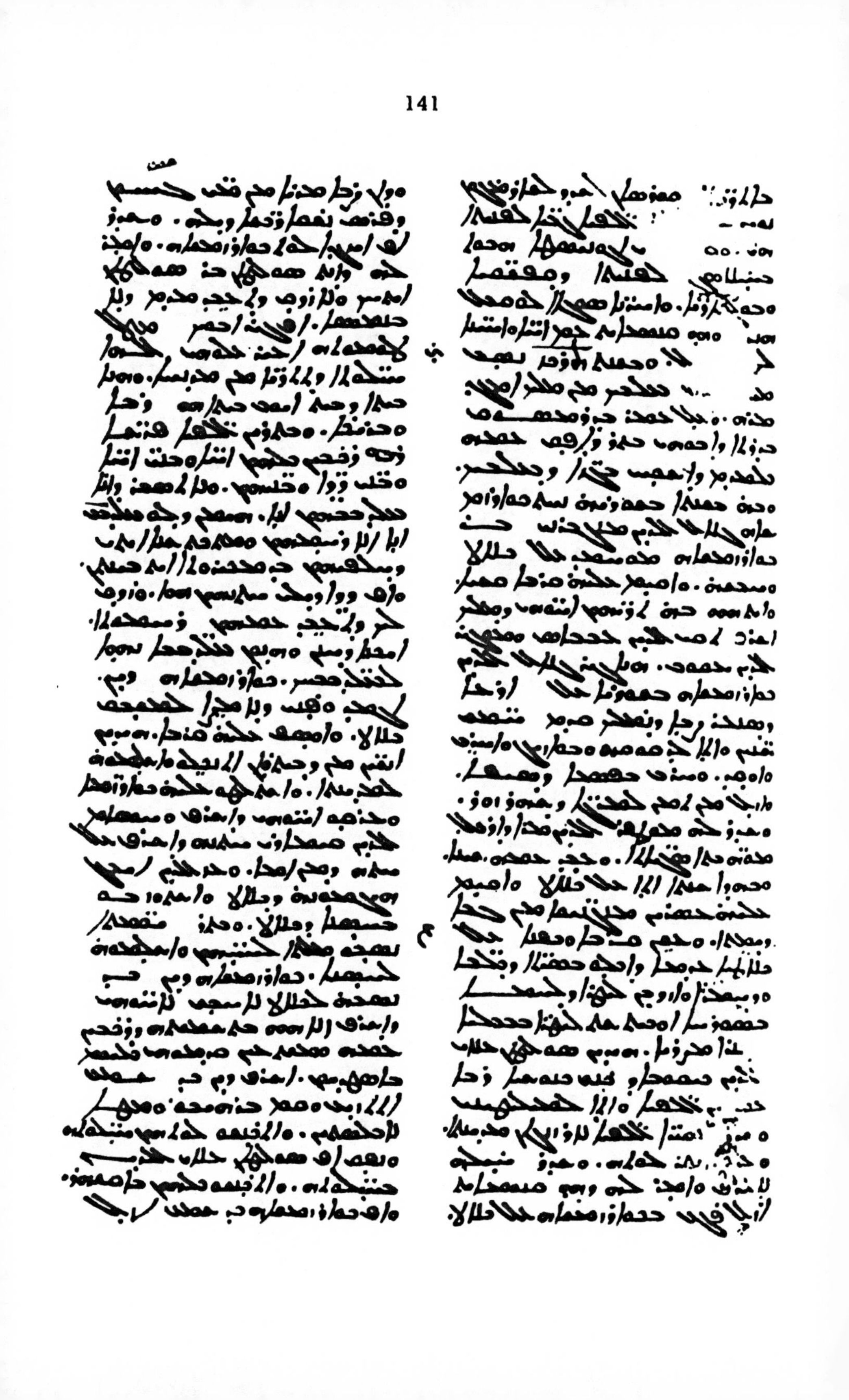

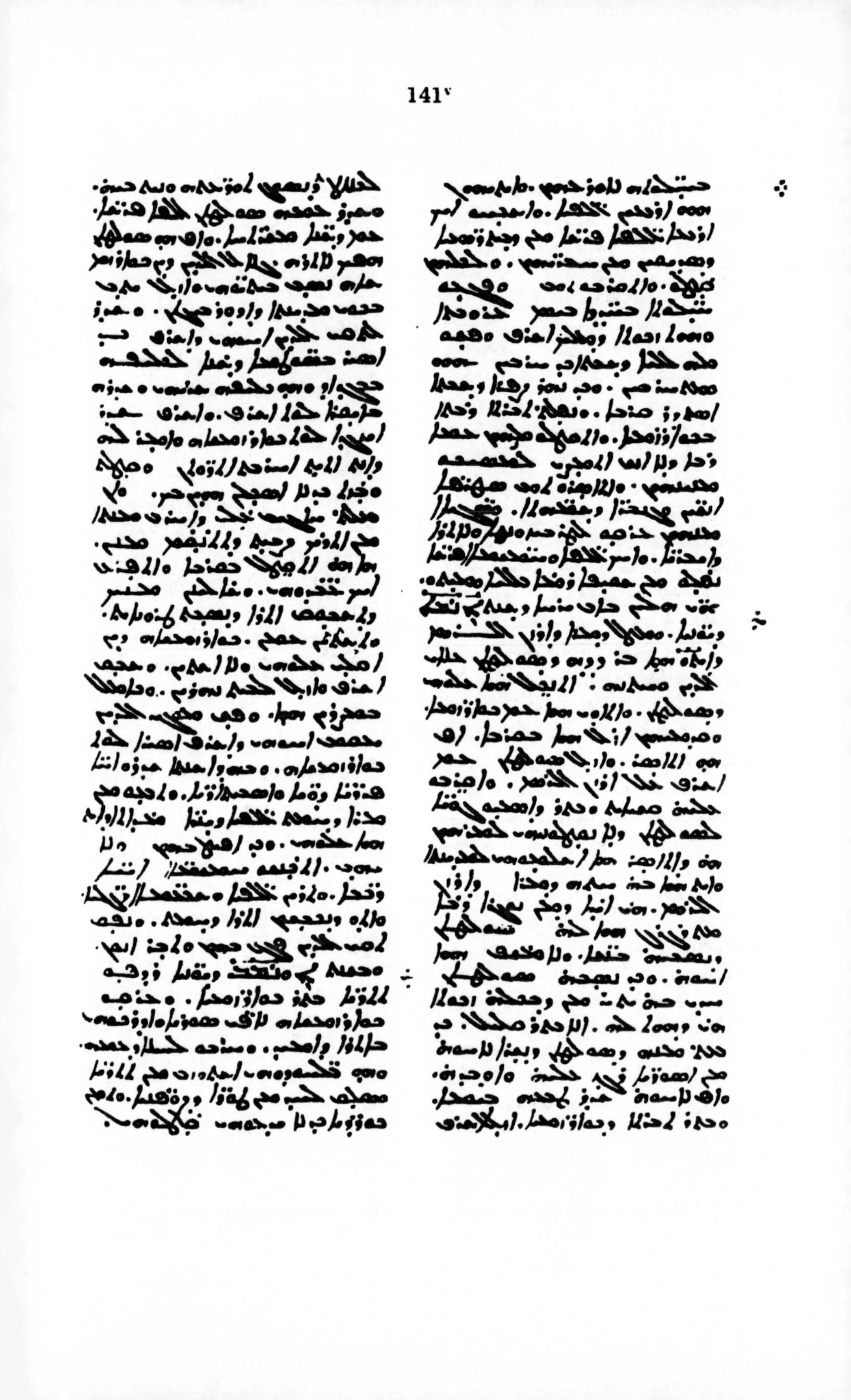

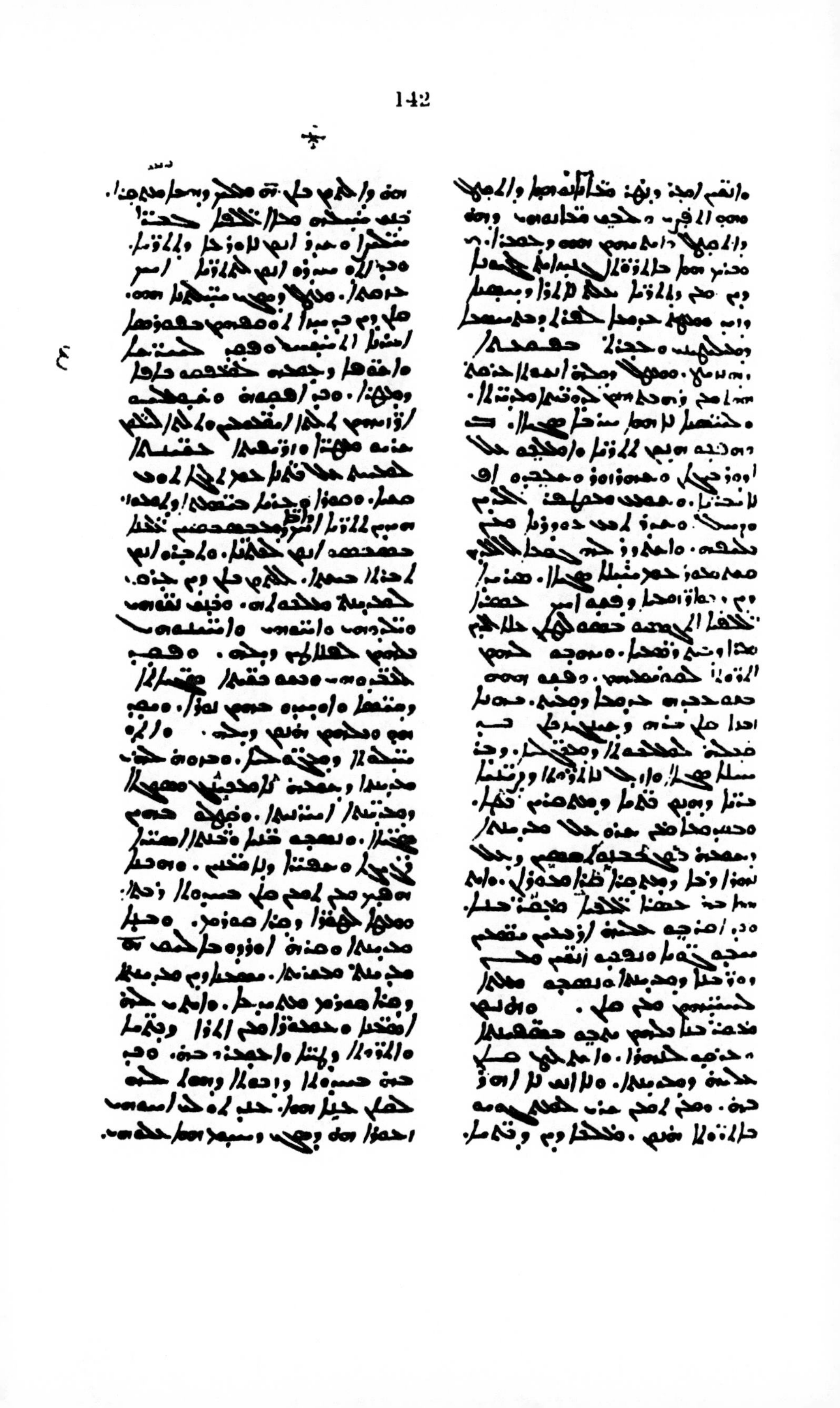

[illegible]

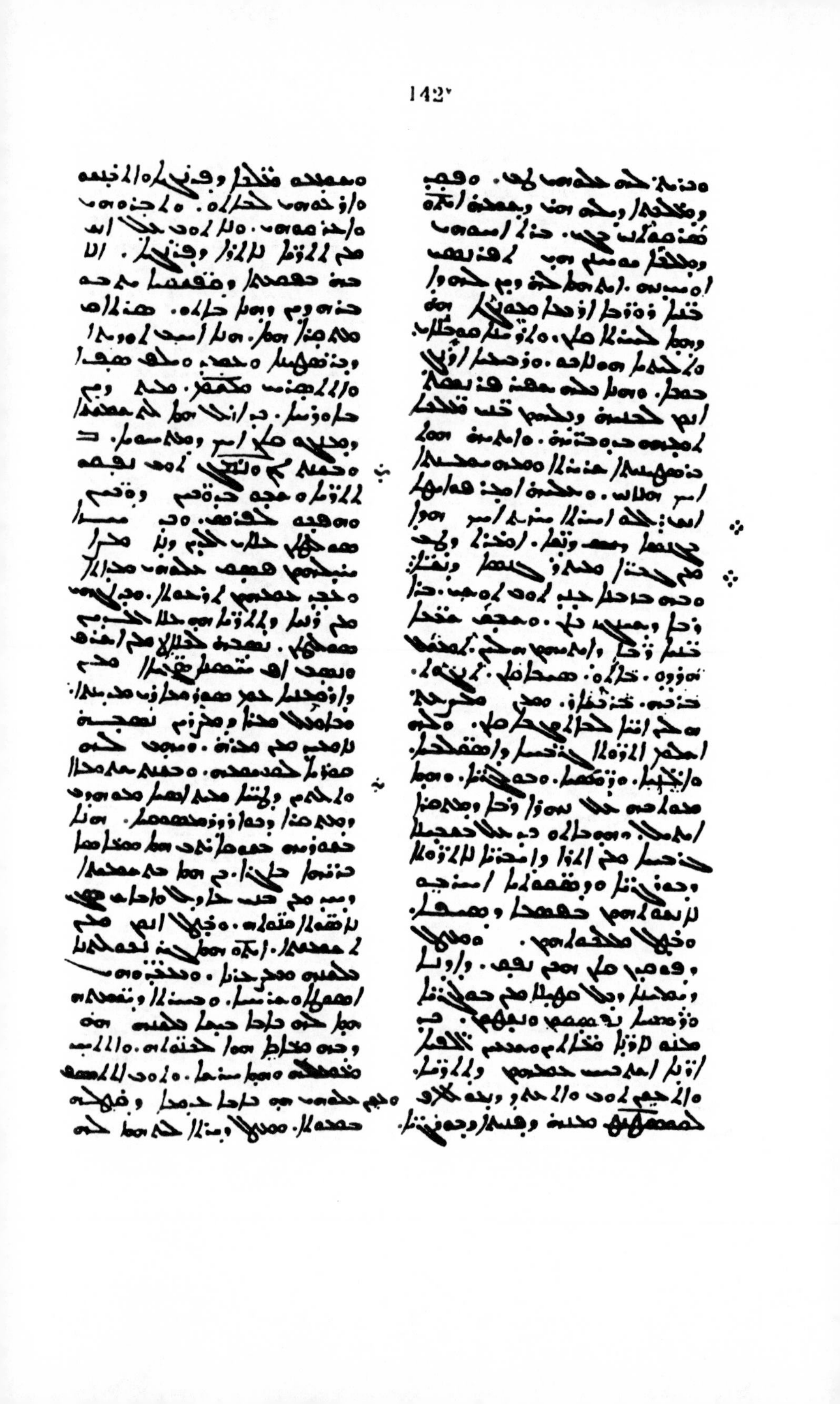

[illegible]

[illegible]

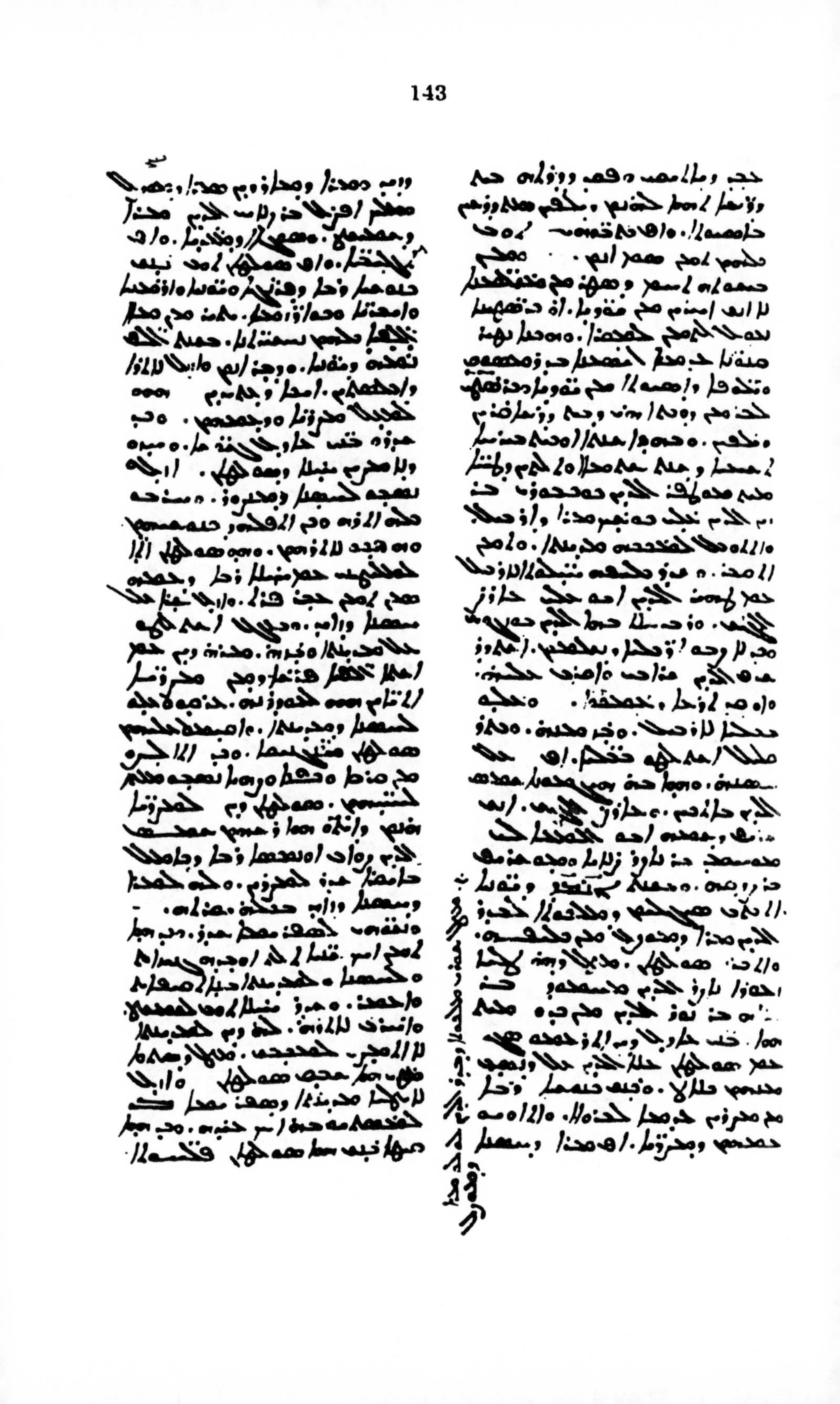

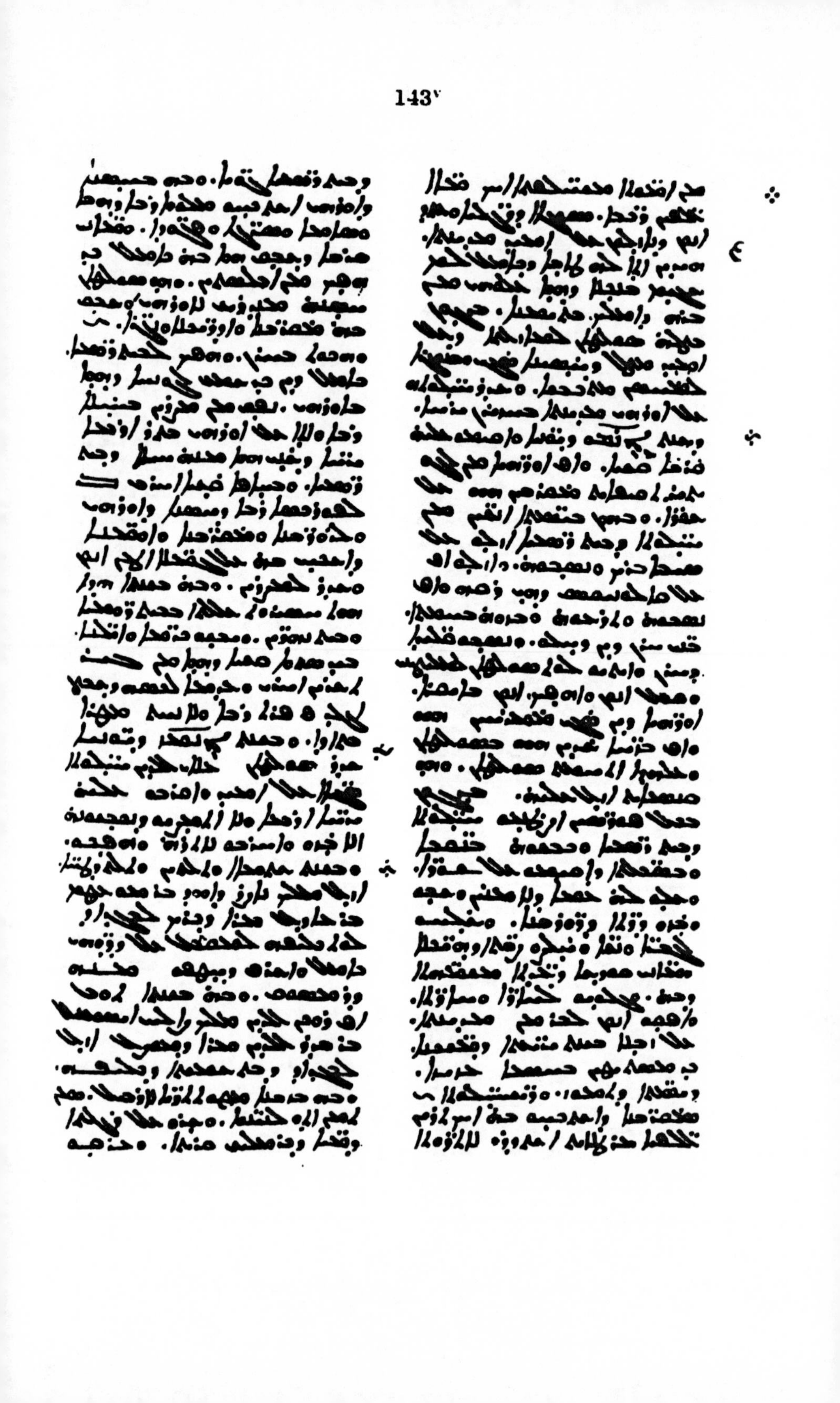

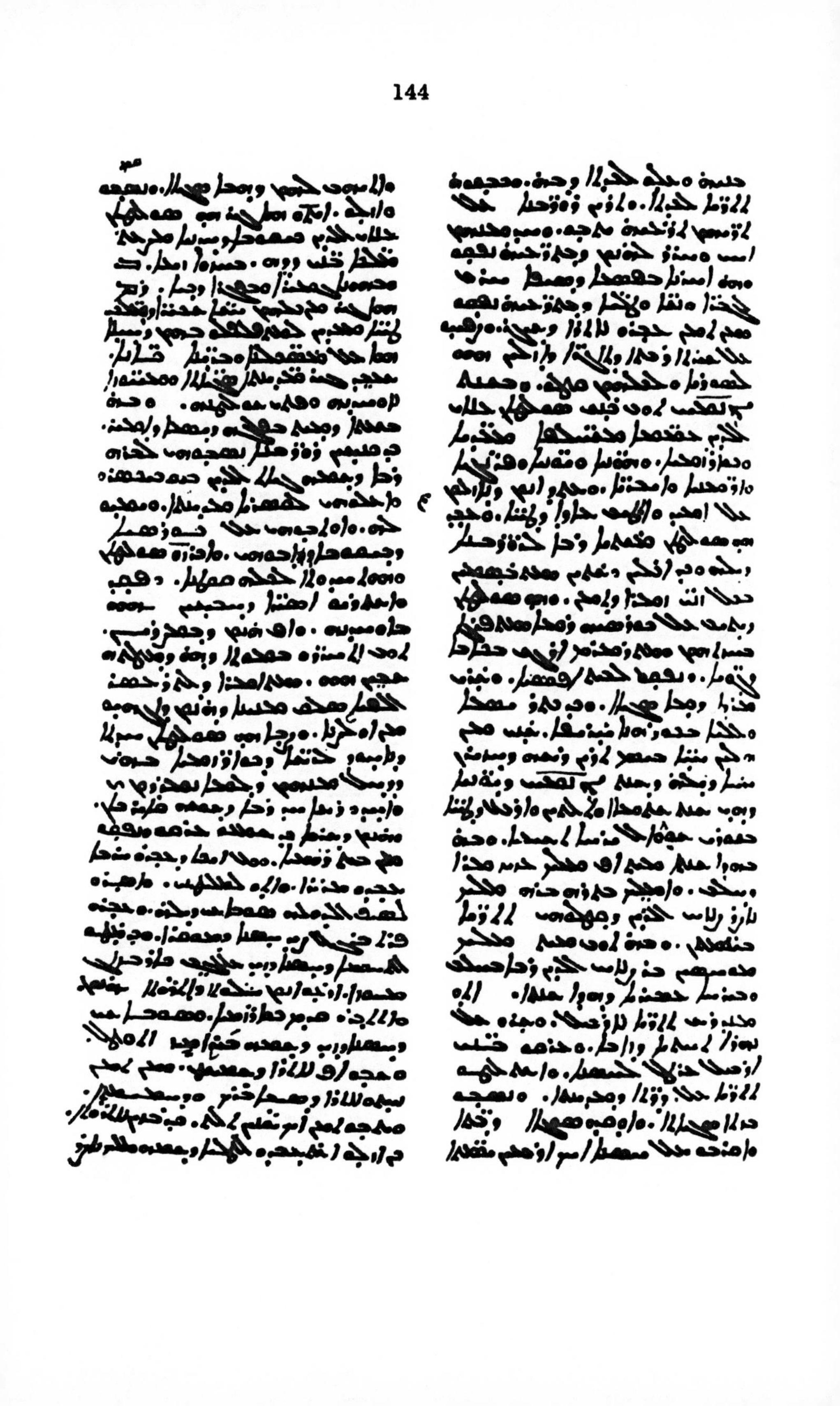

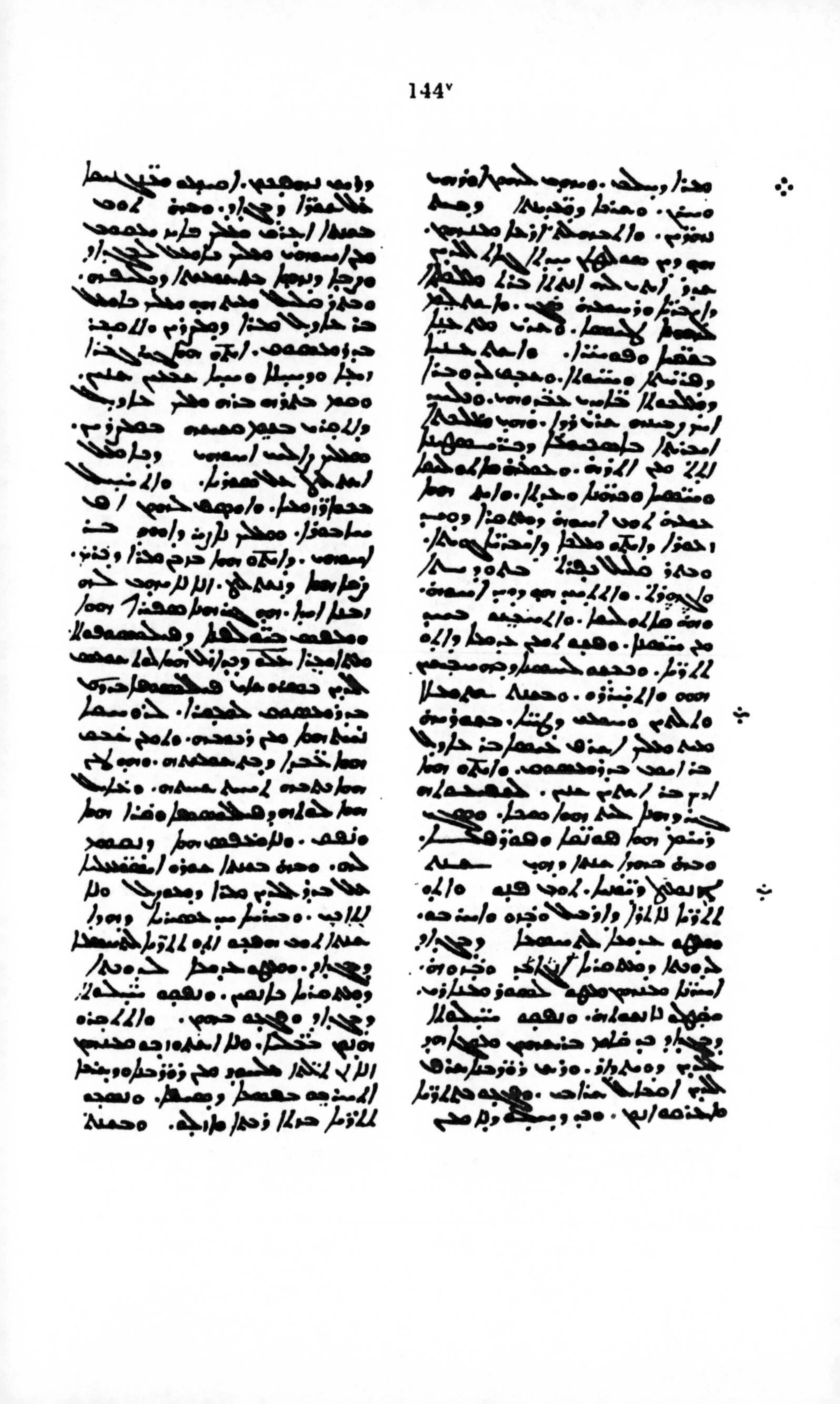

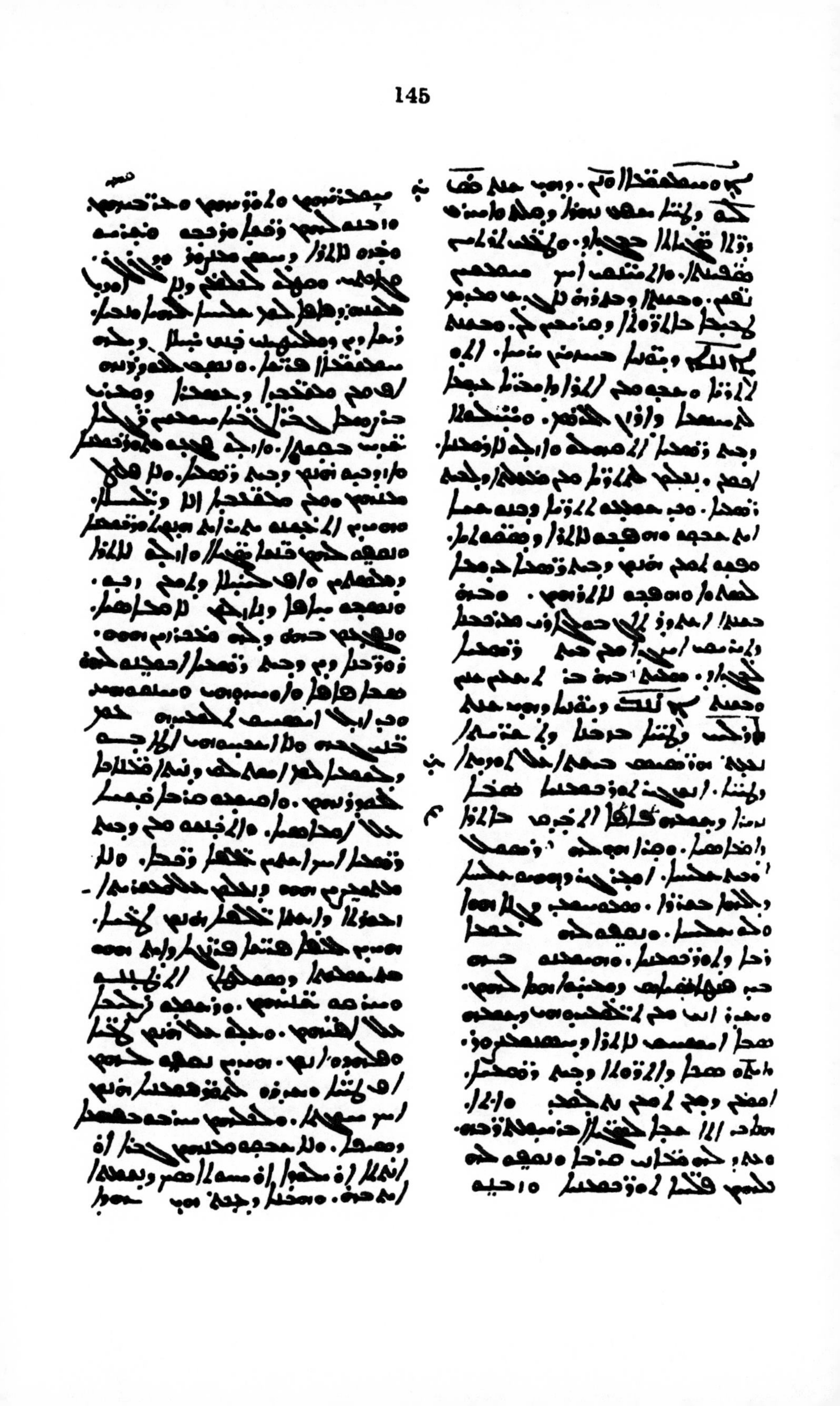

[illegible]

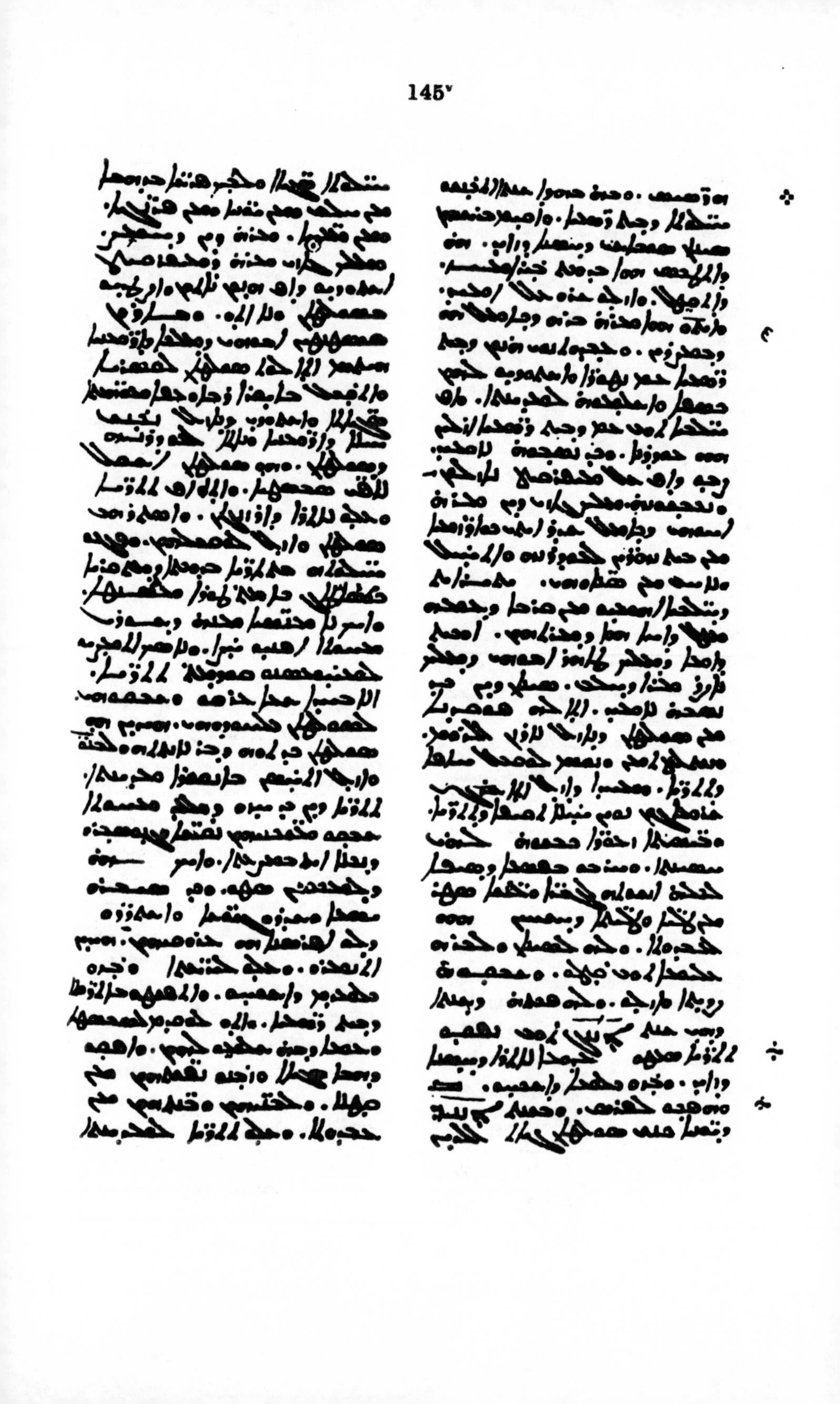

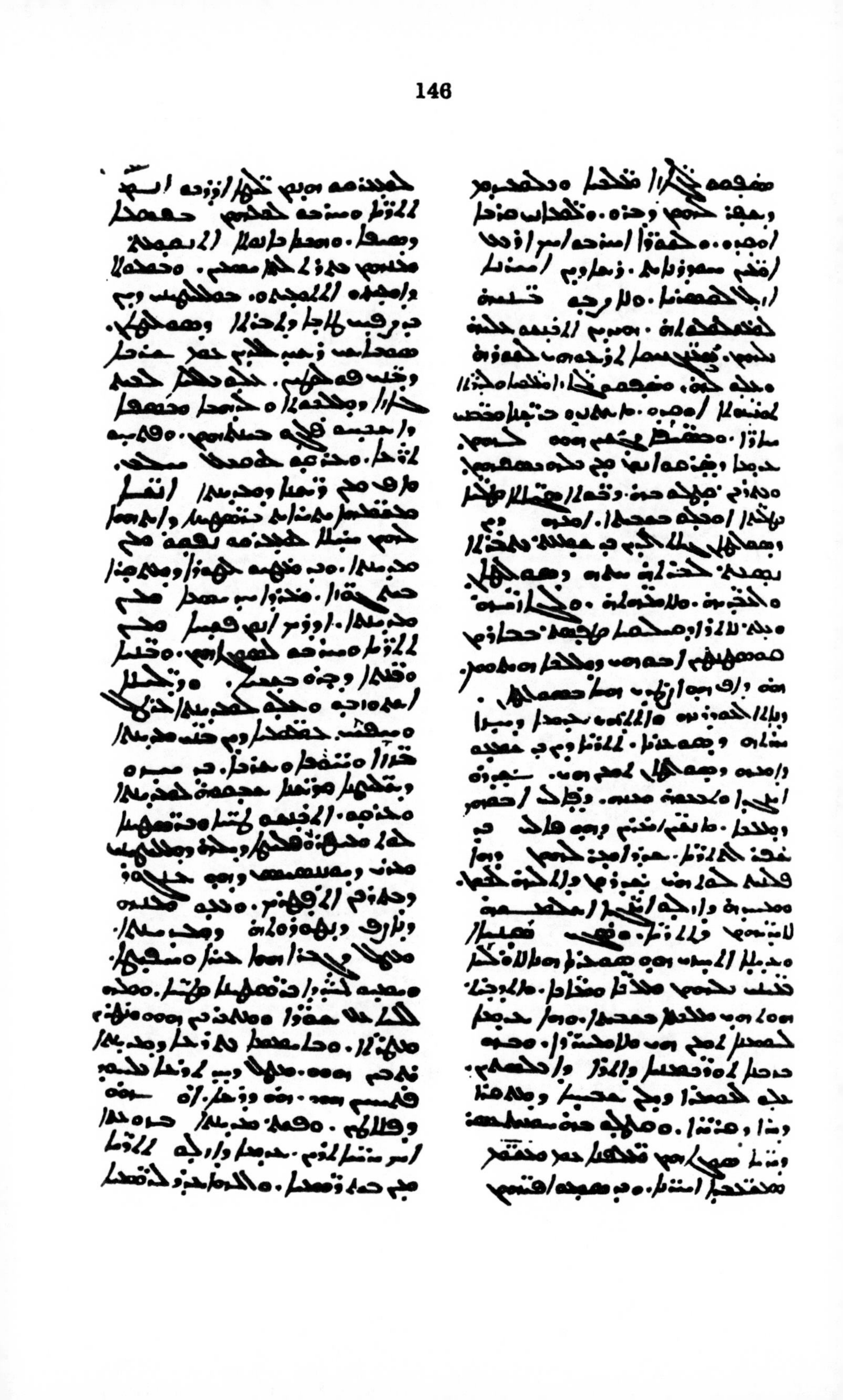

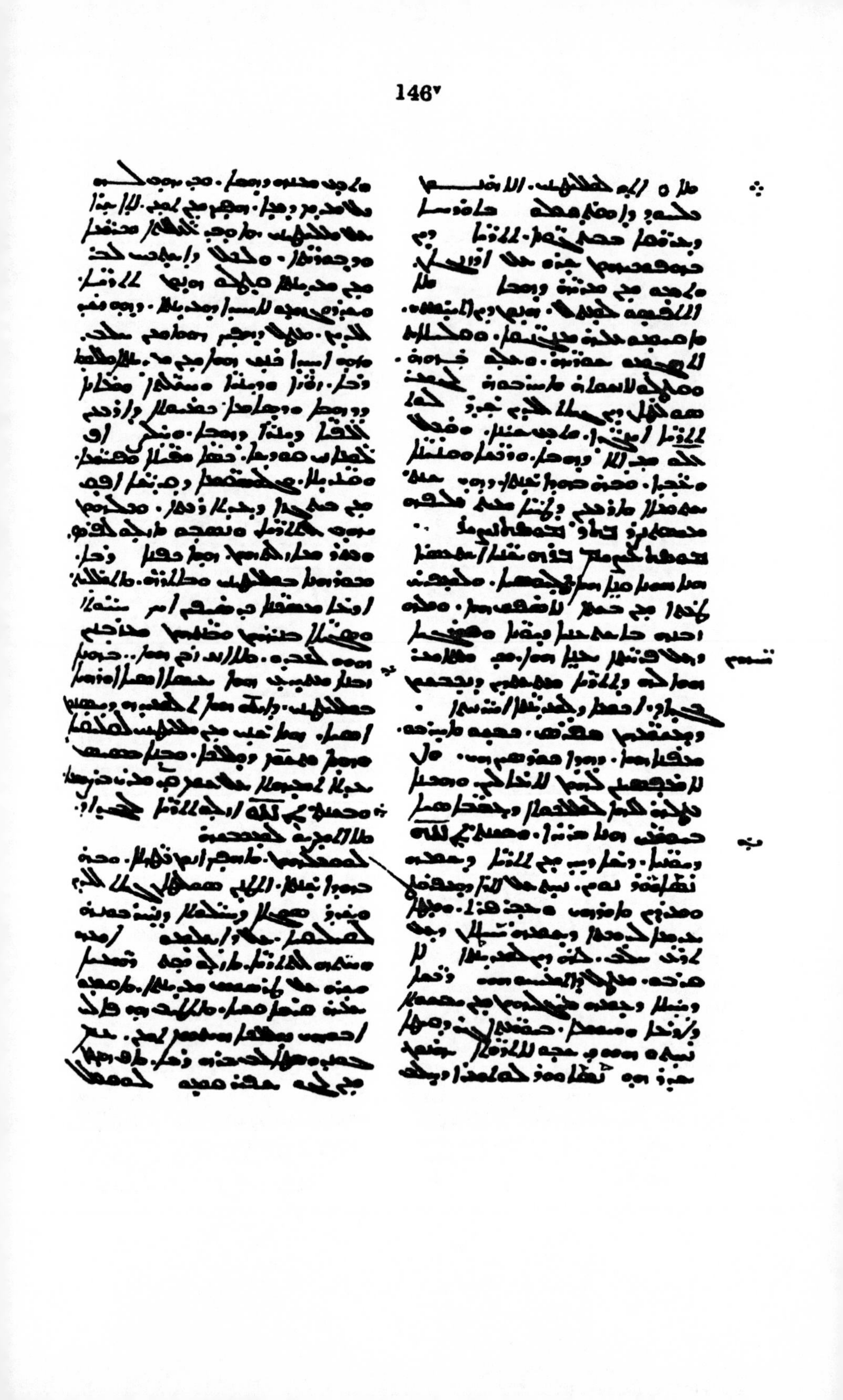

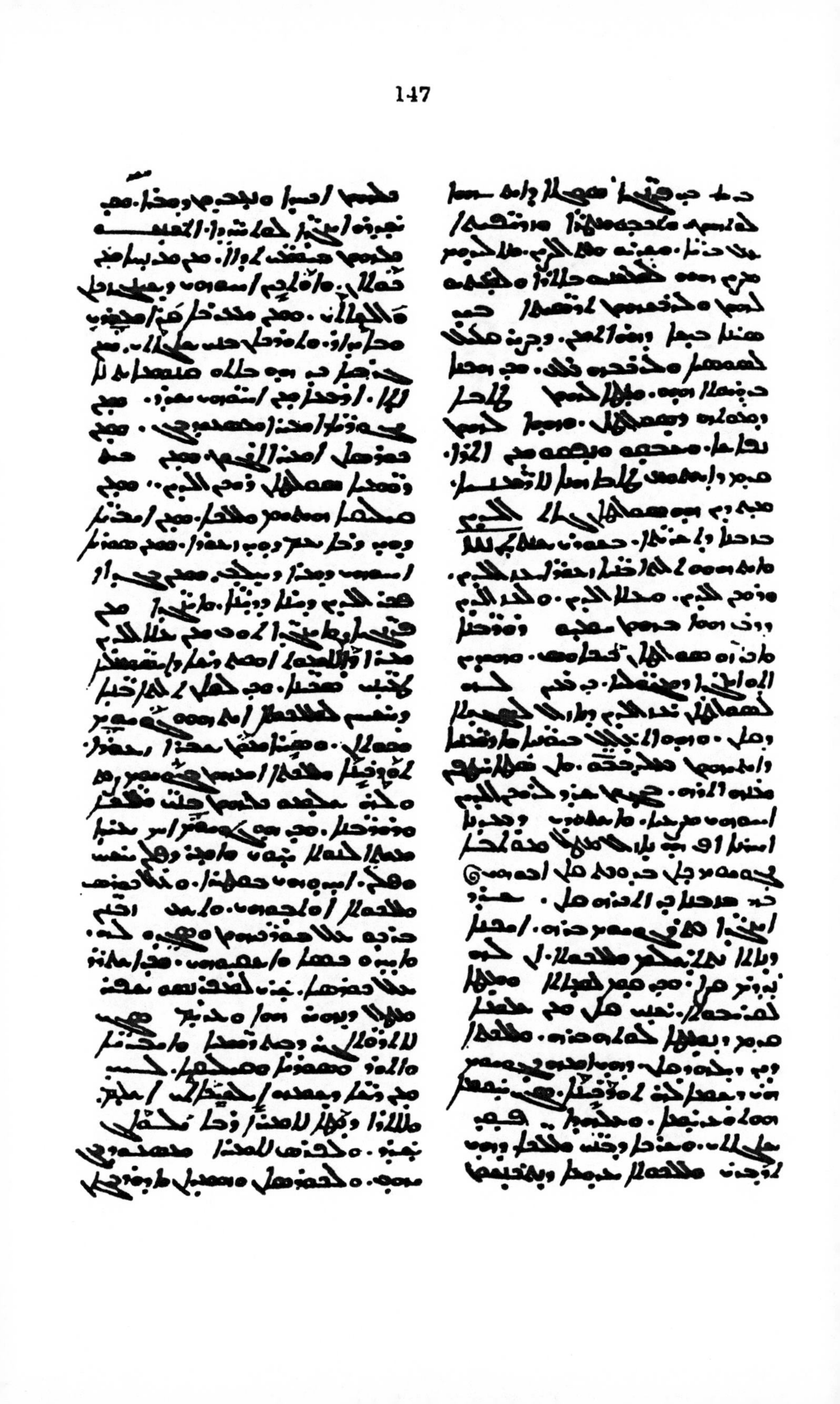

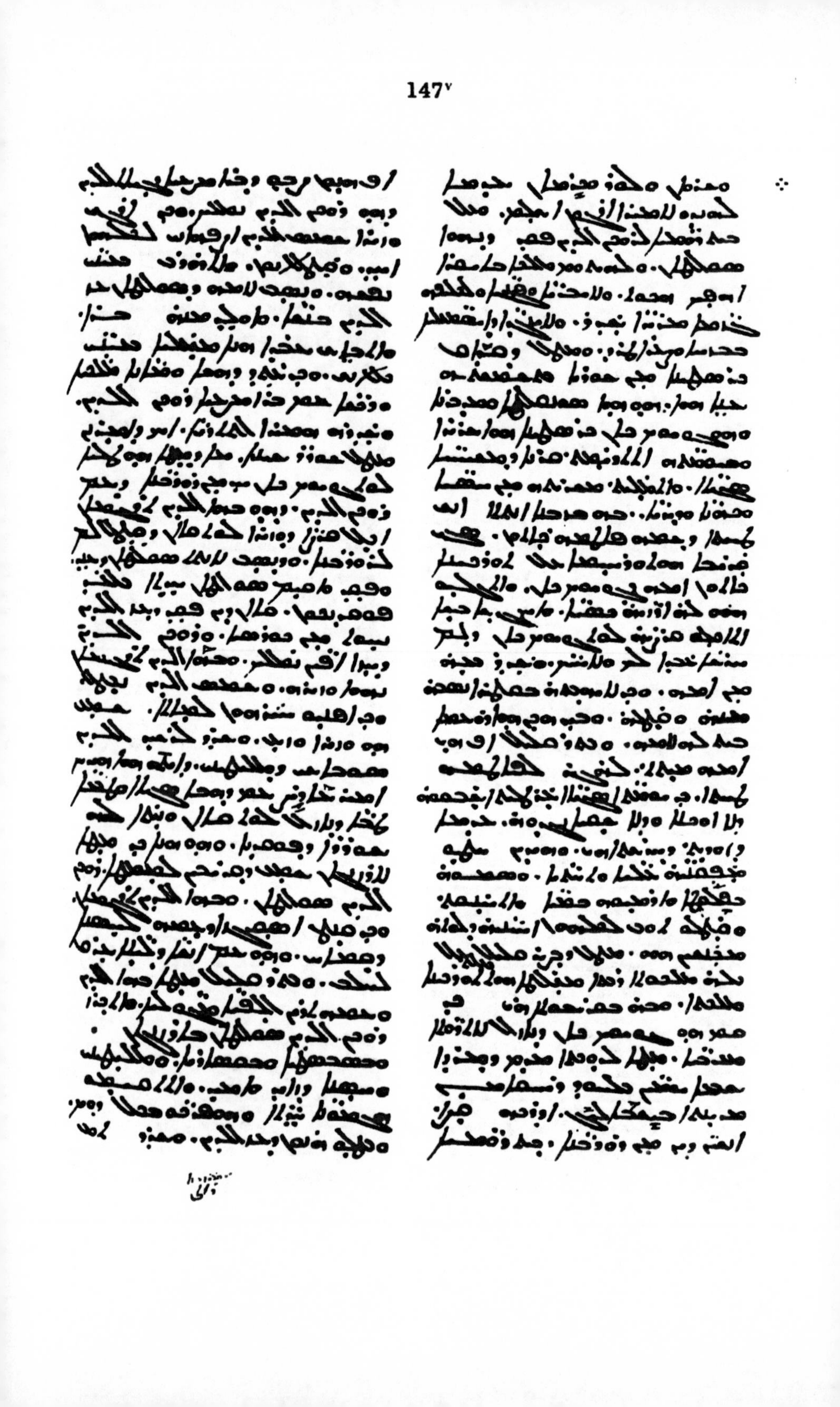

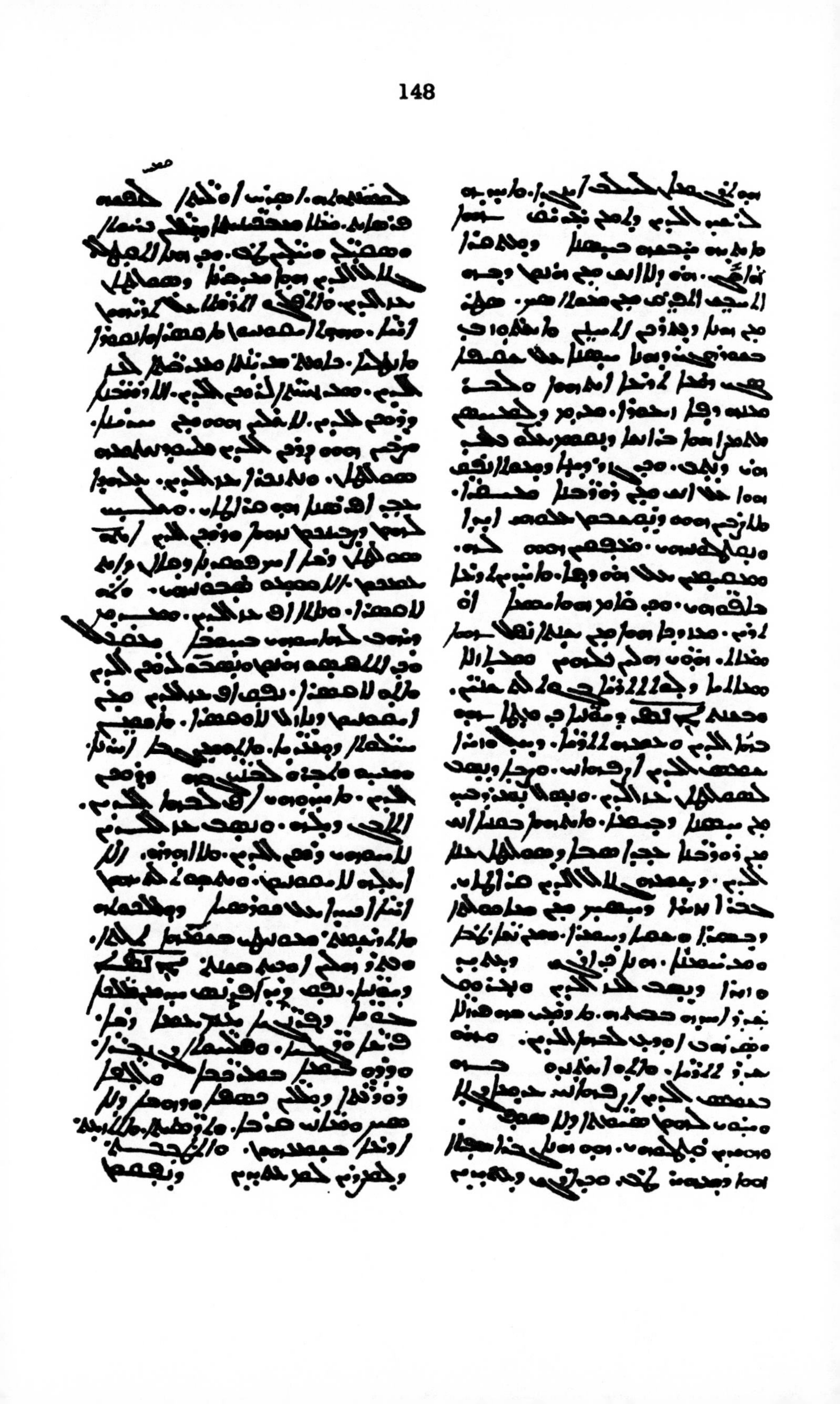

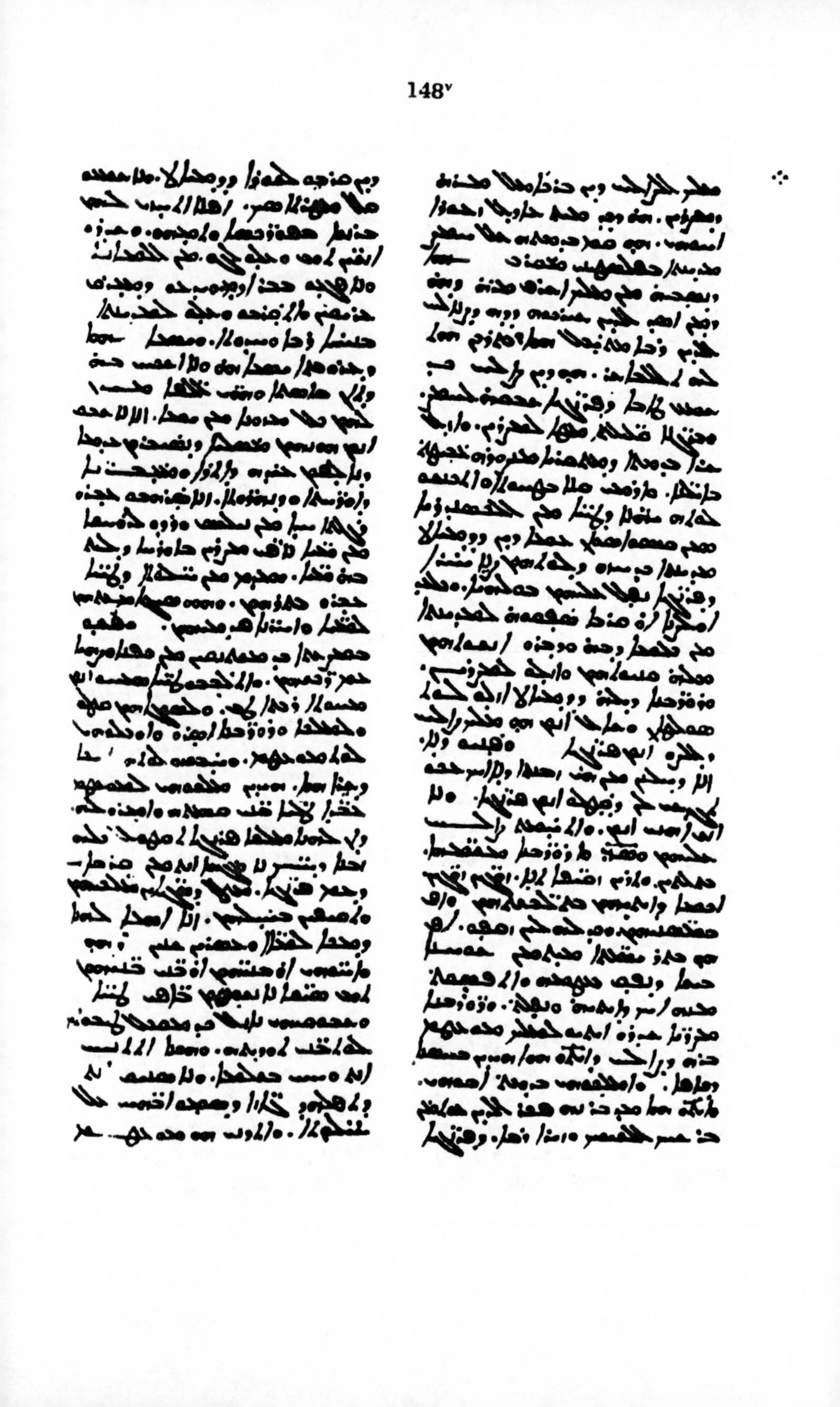

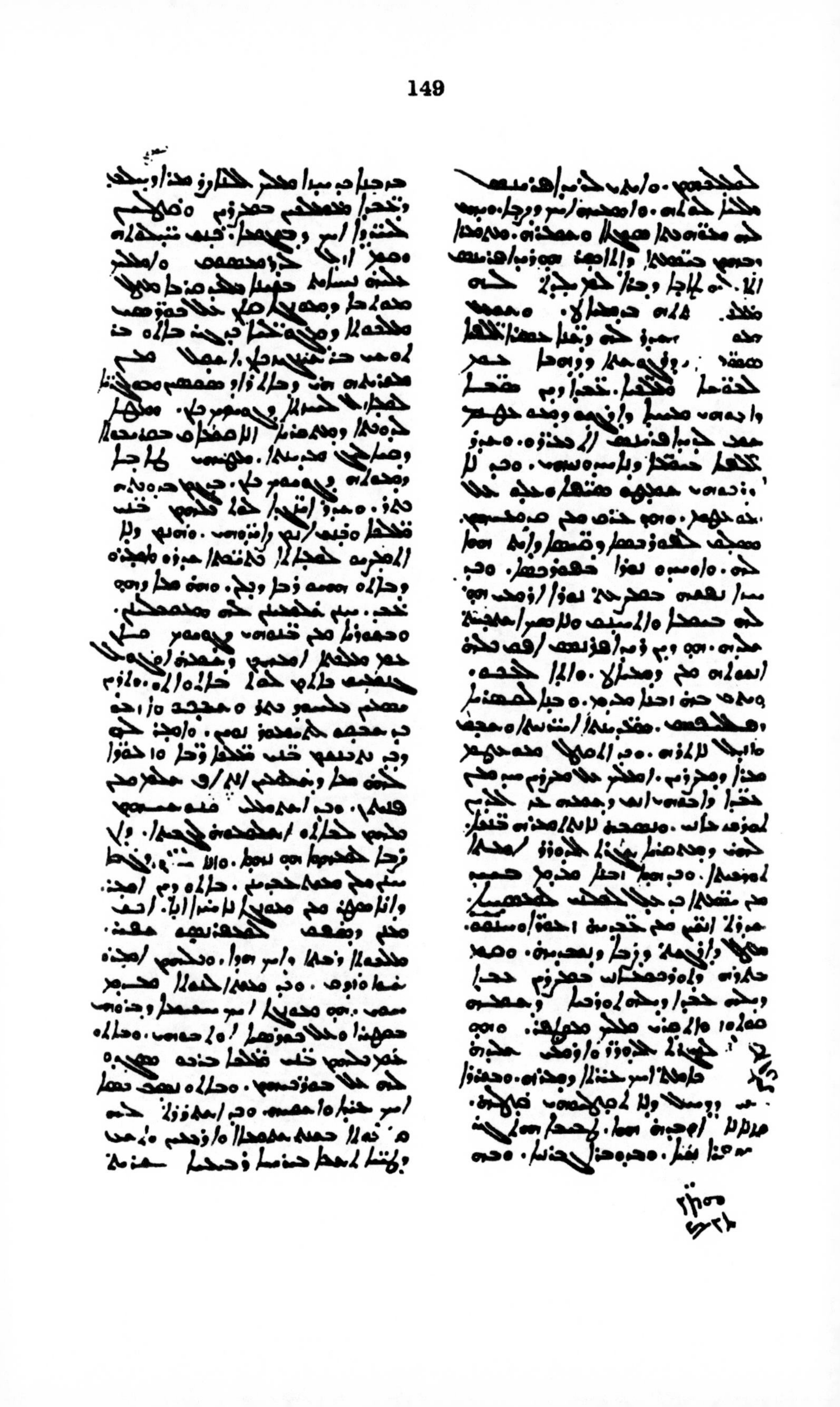

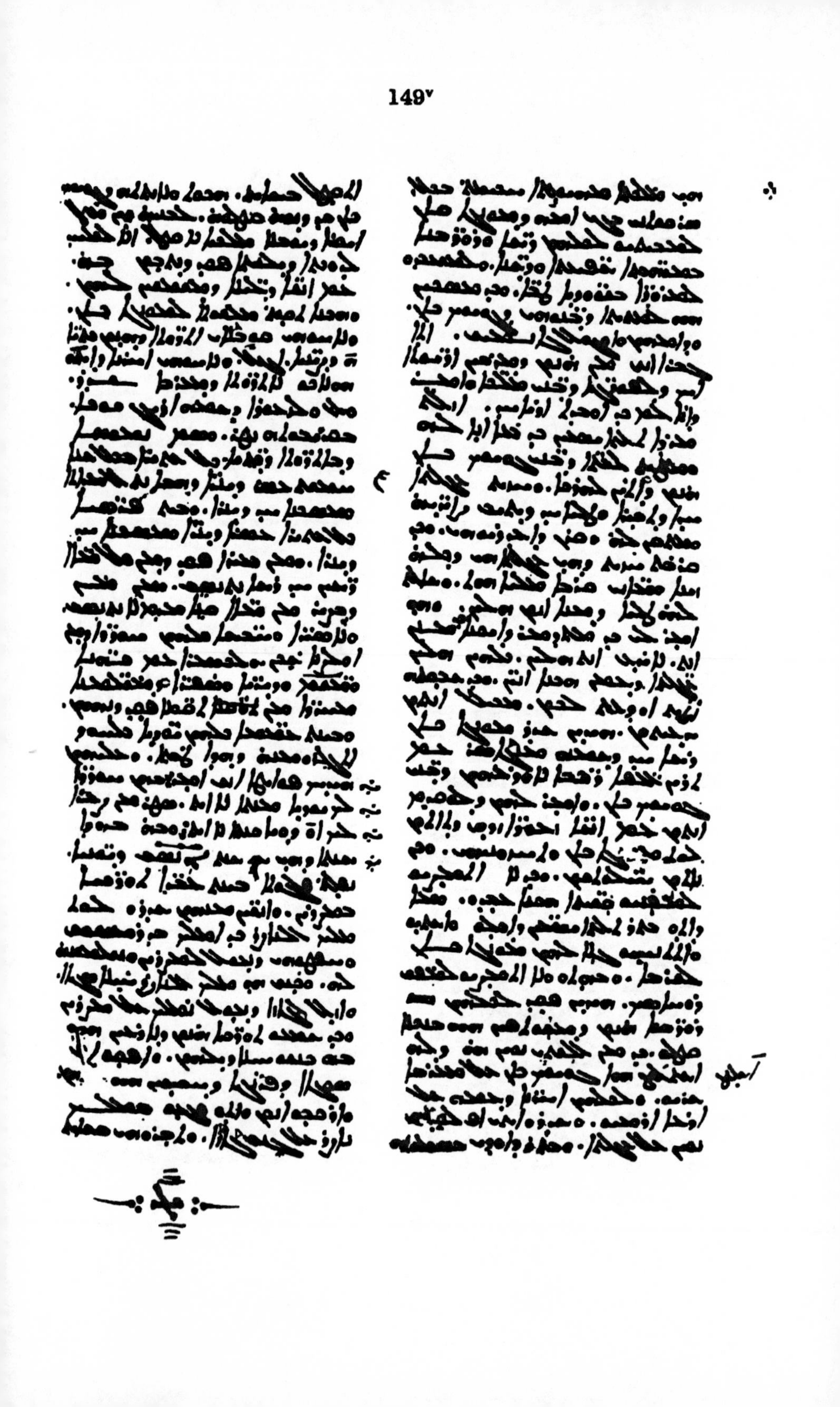

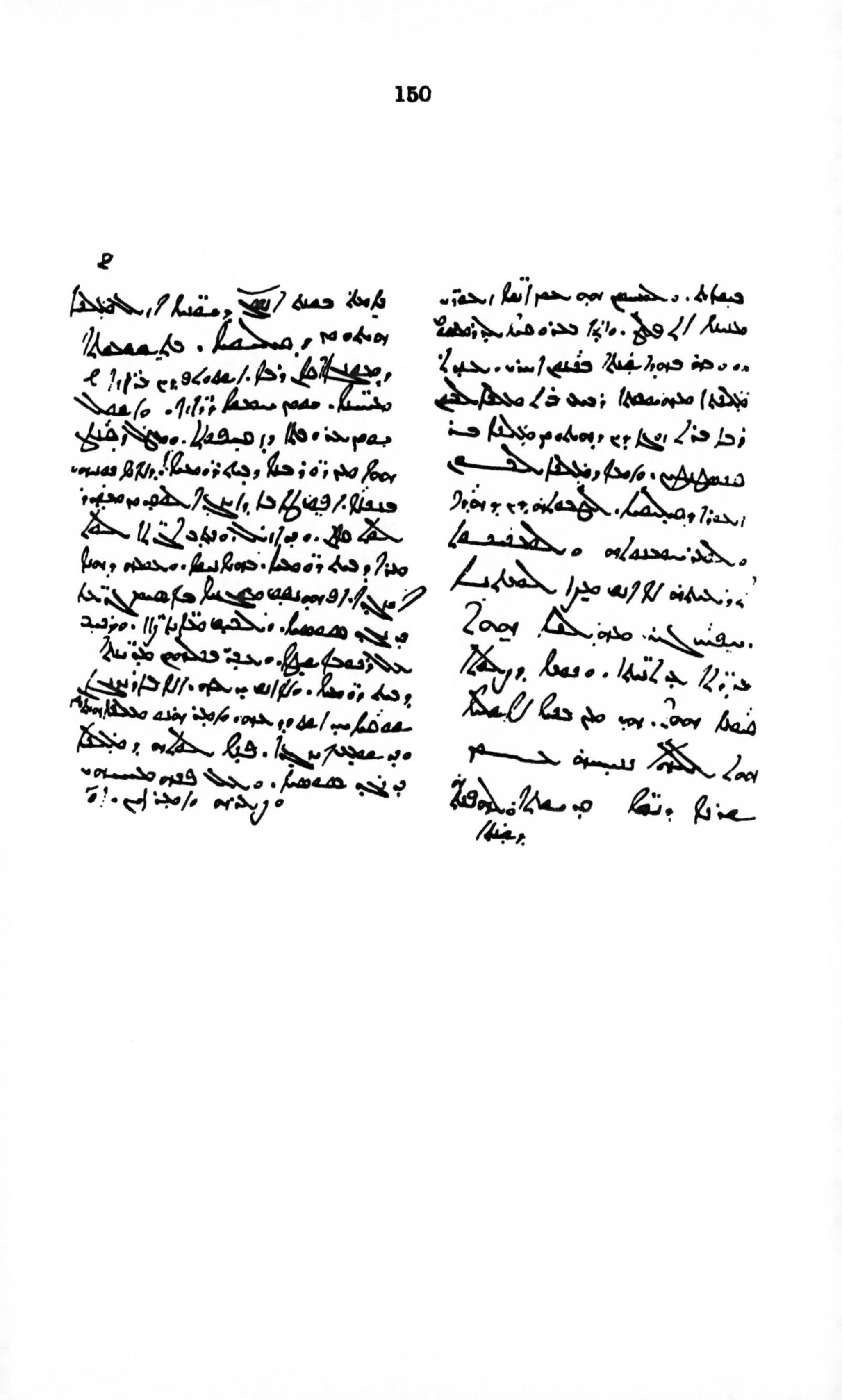

[illegible]

[This page is left blank
in the manuscript]

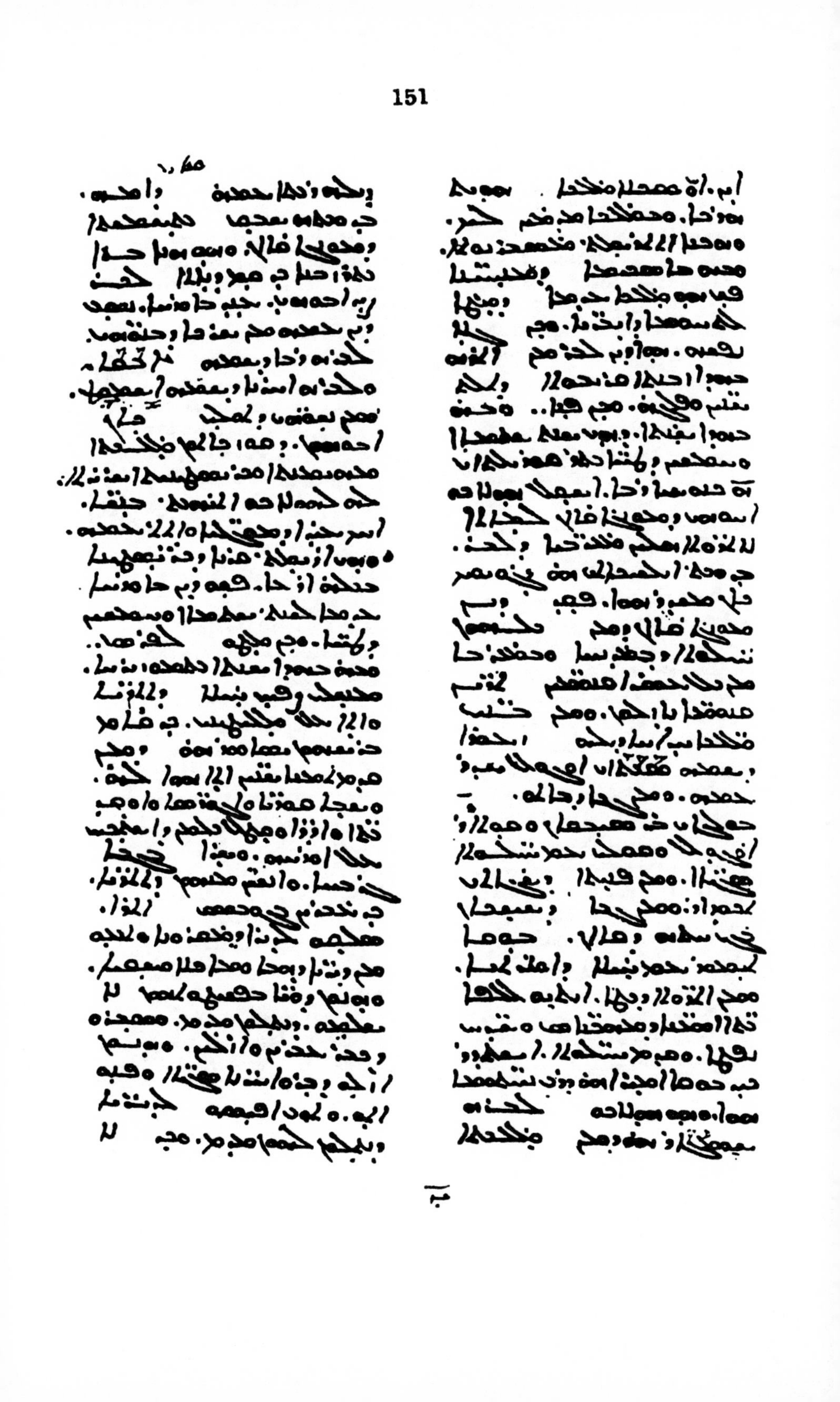

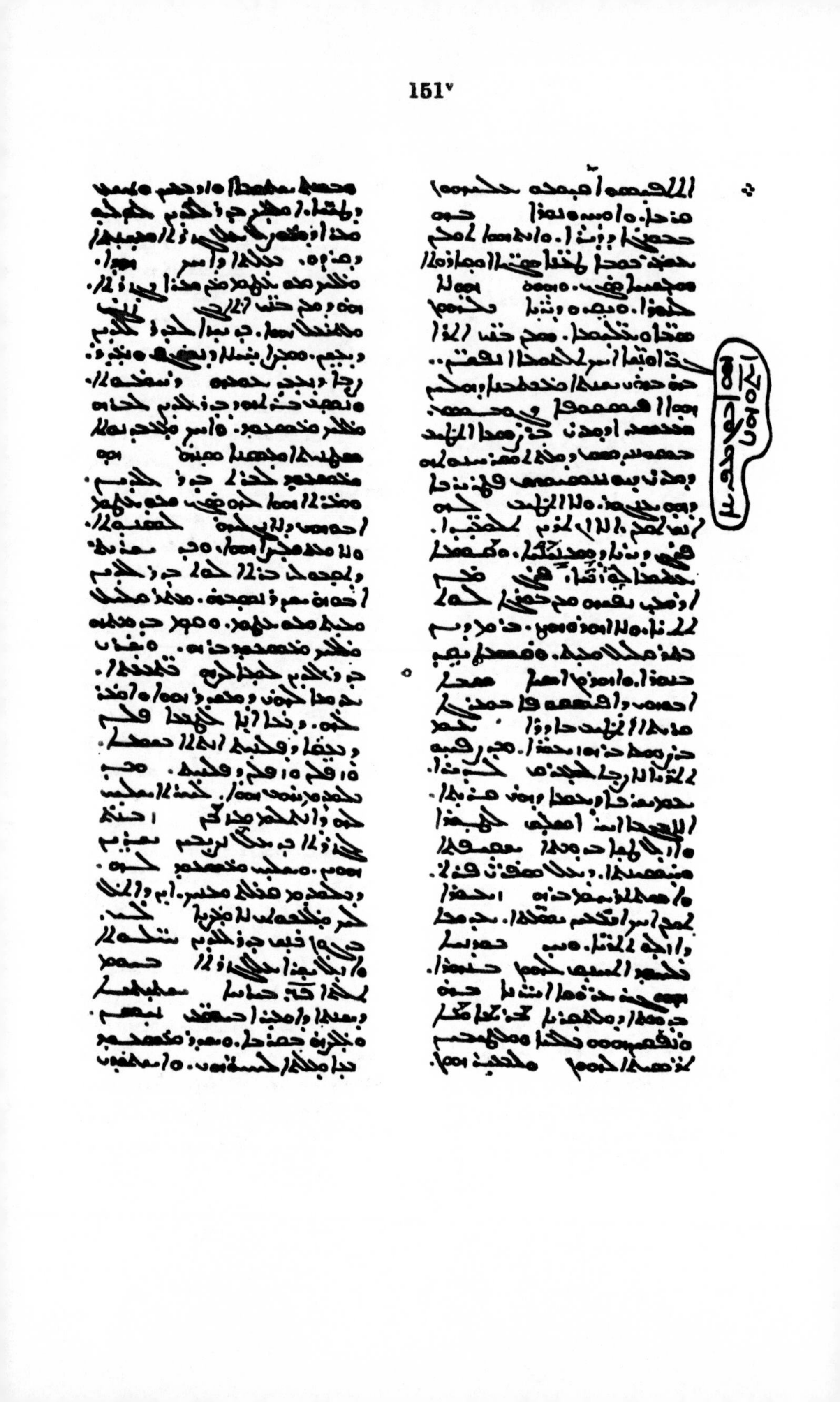

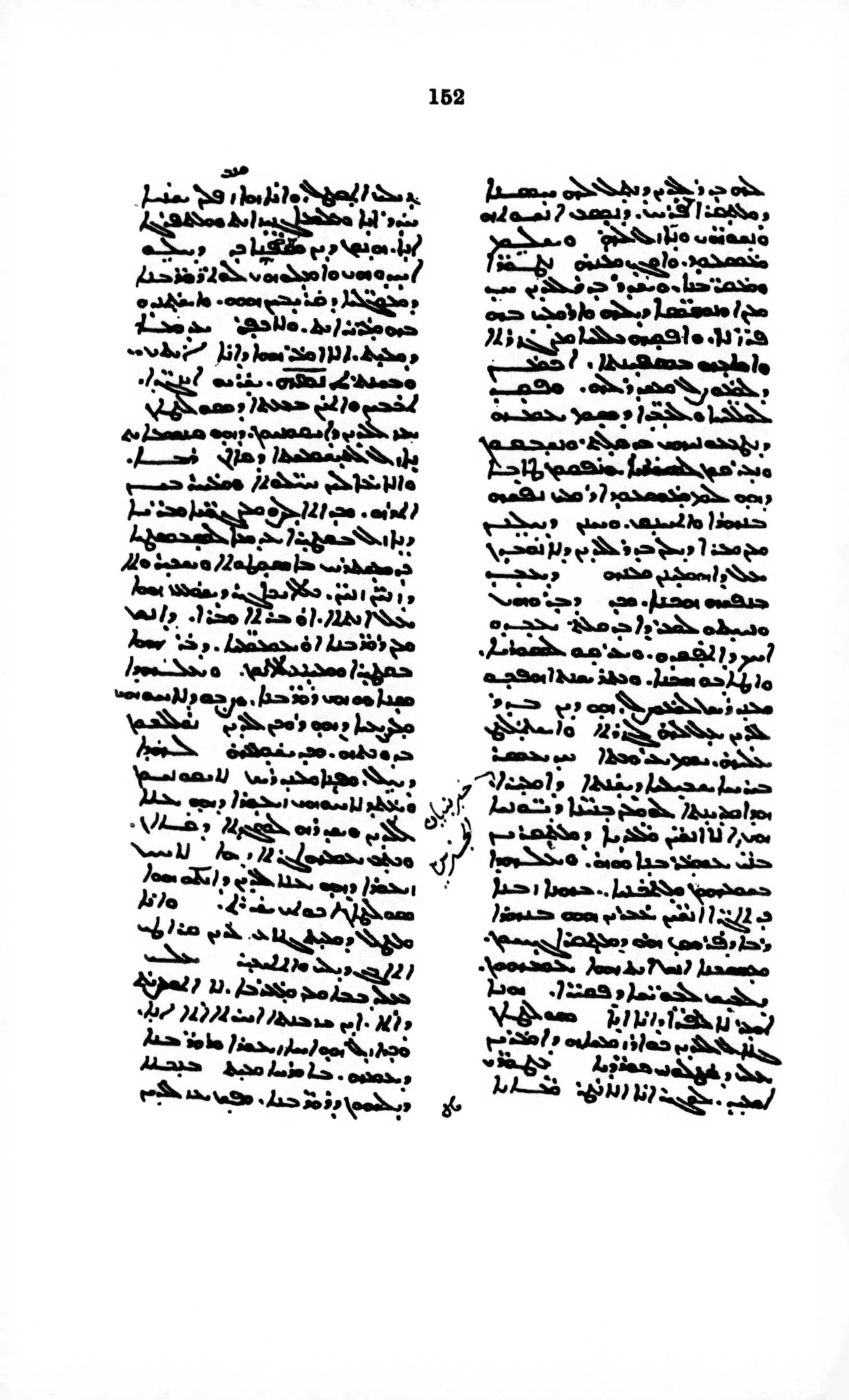

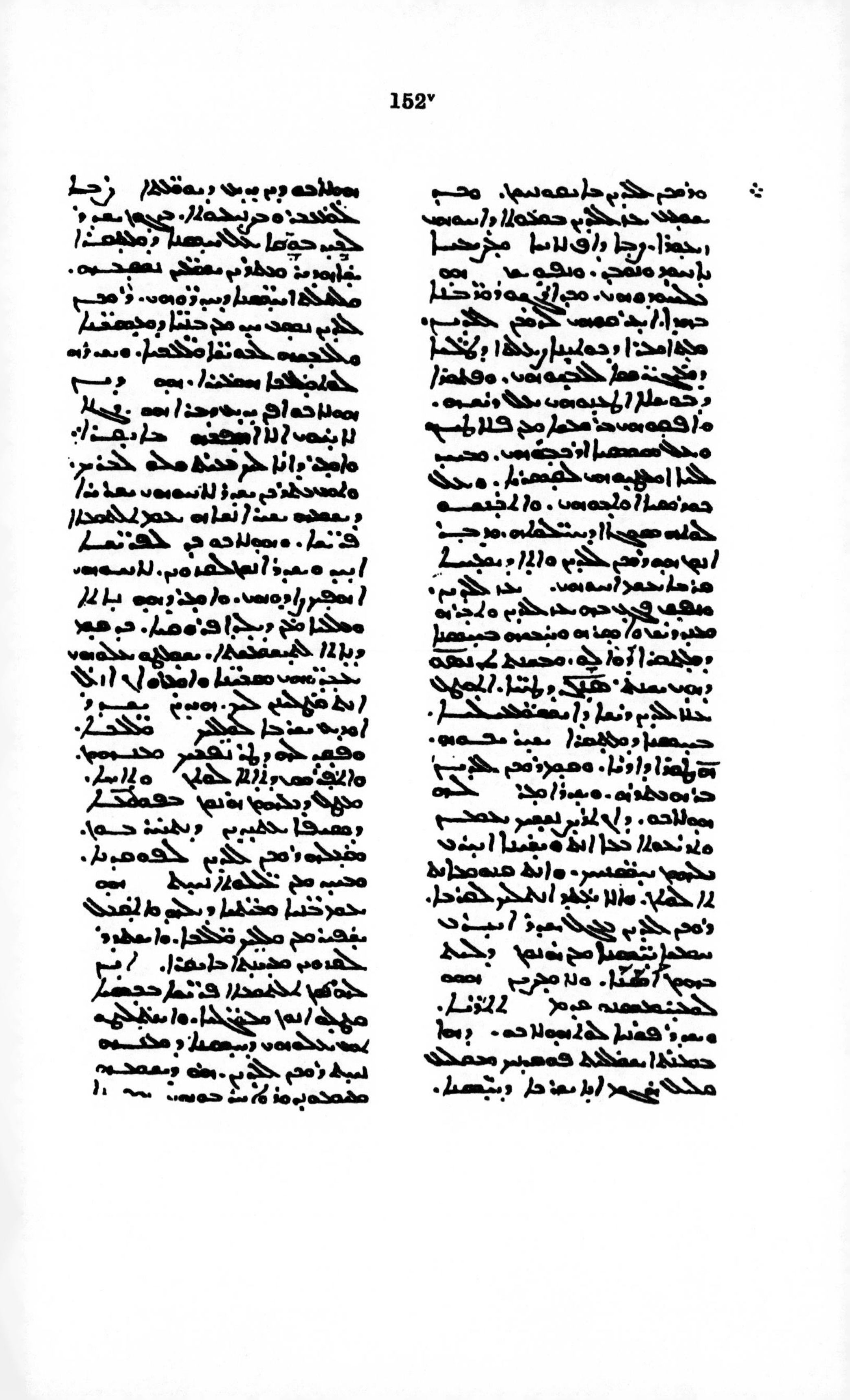

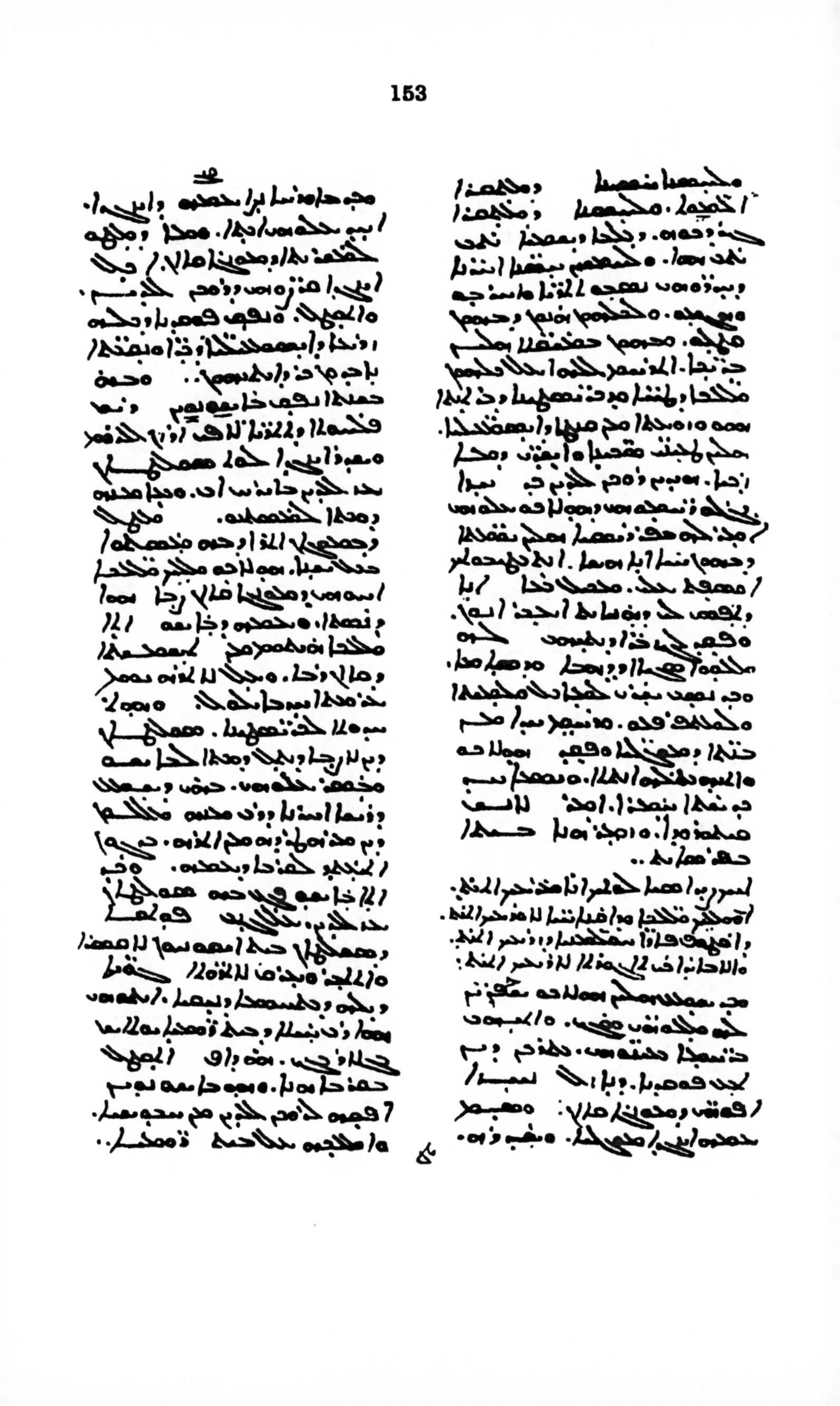

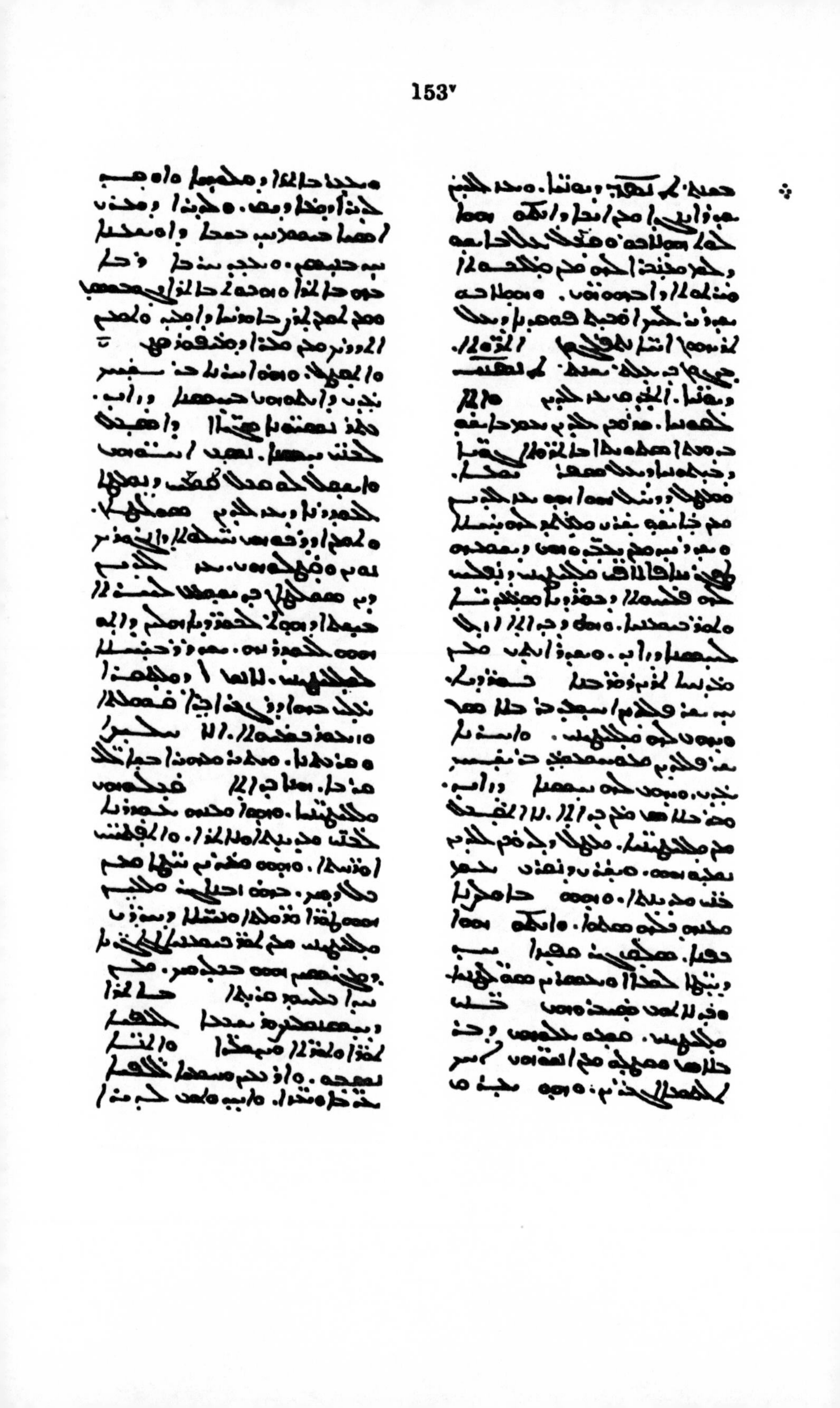

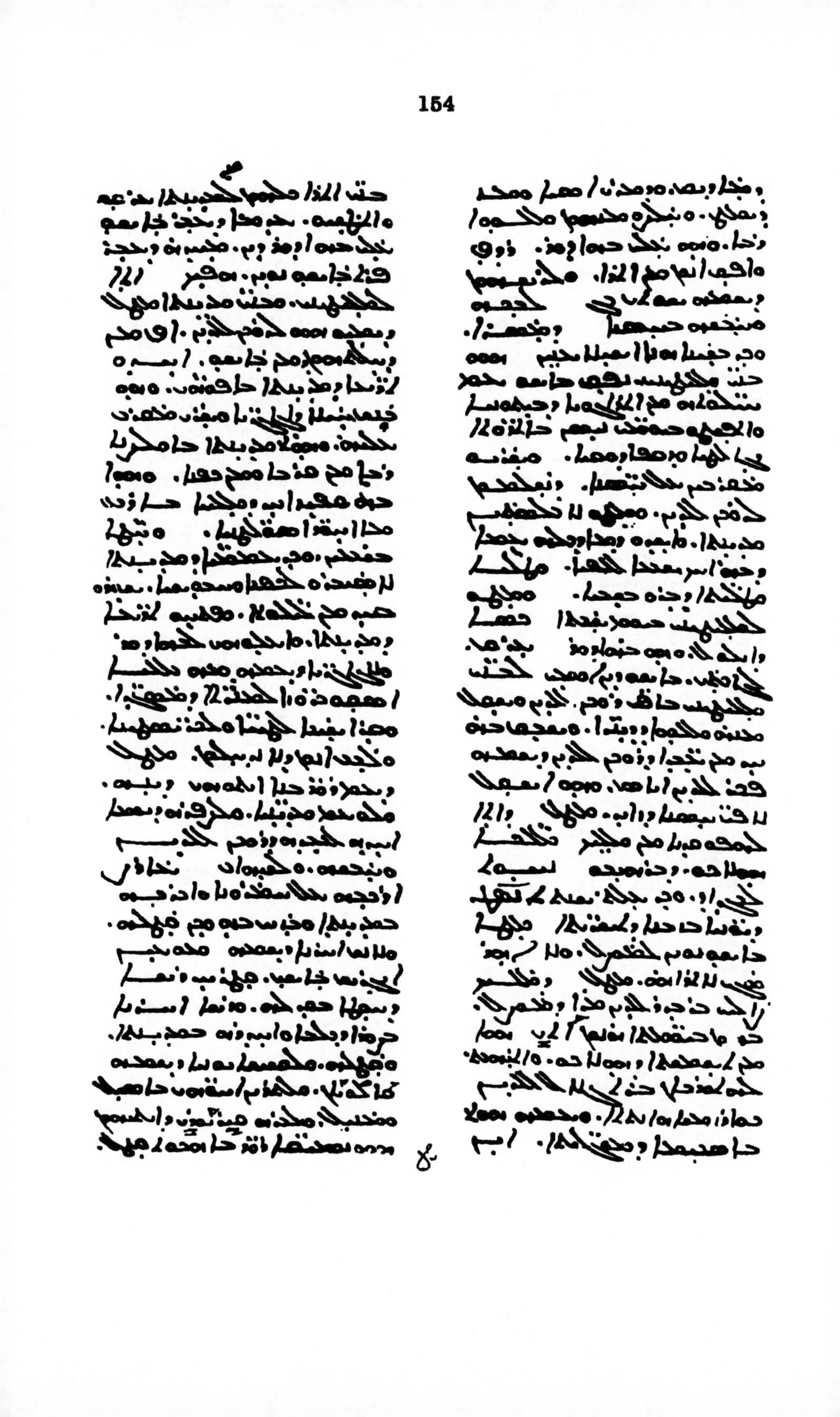

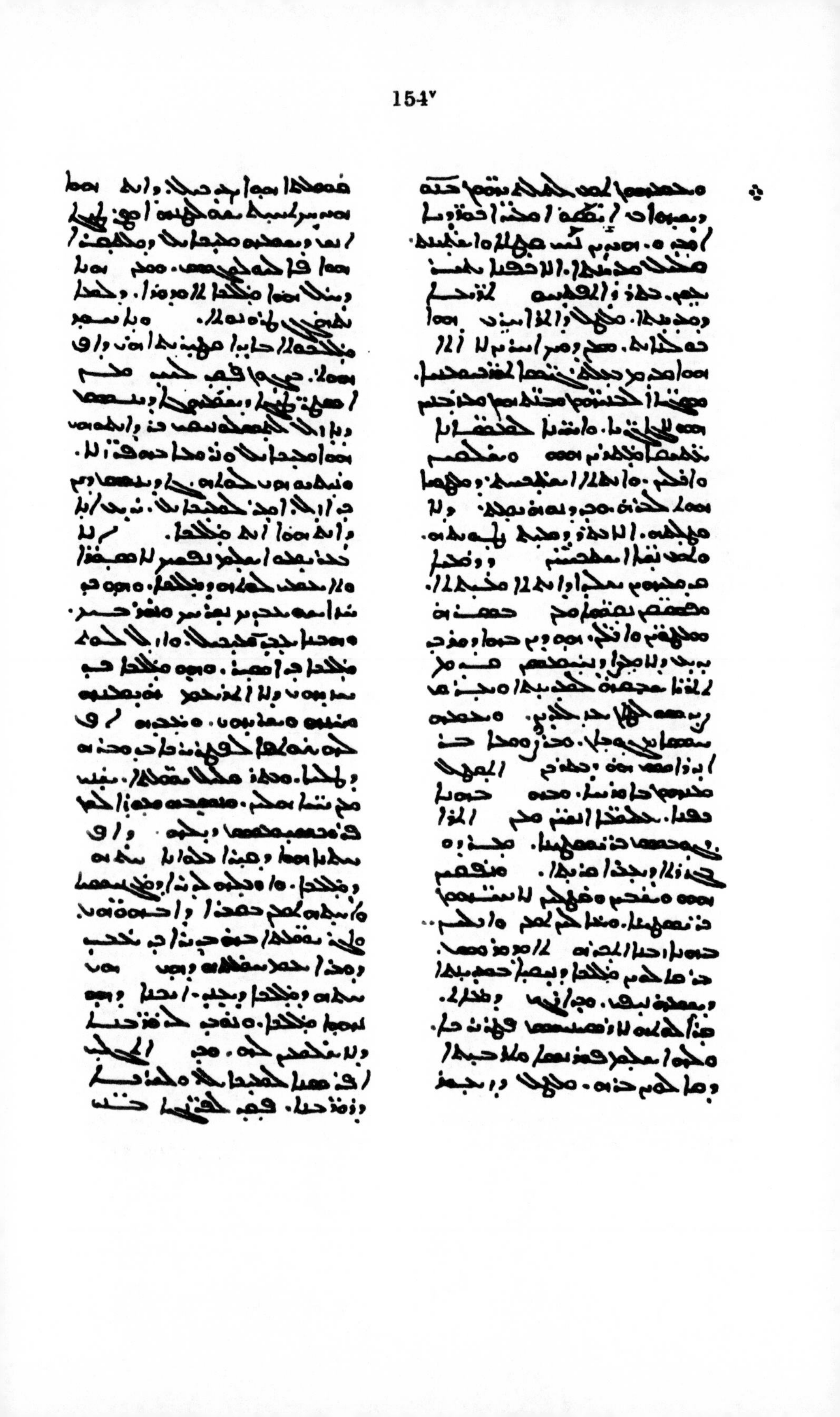

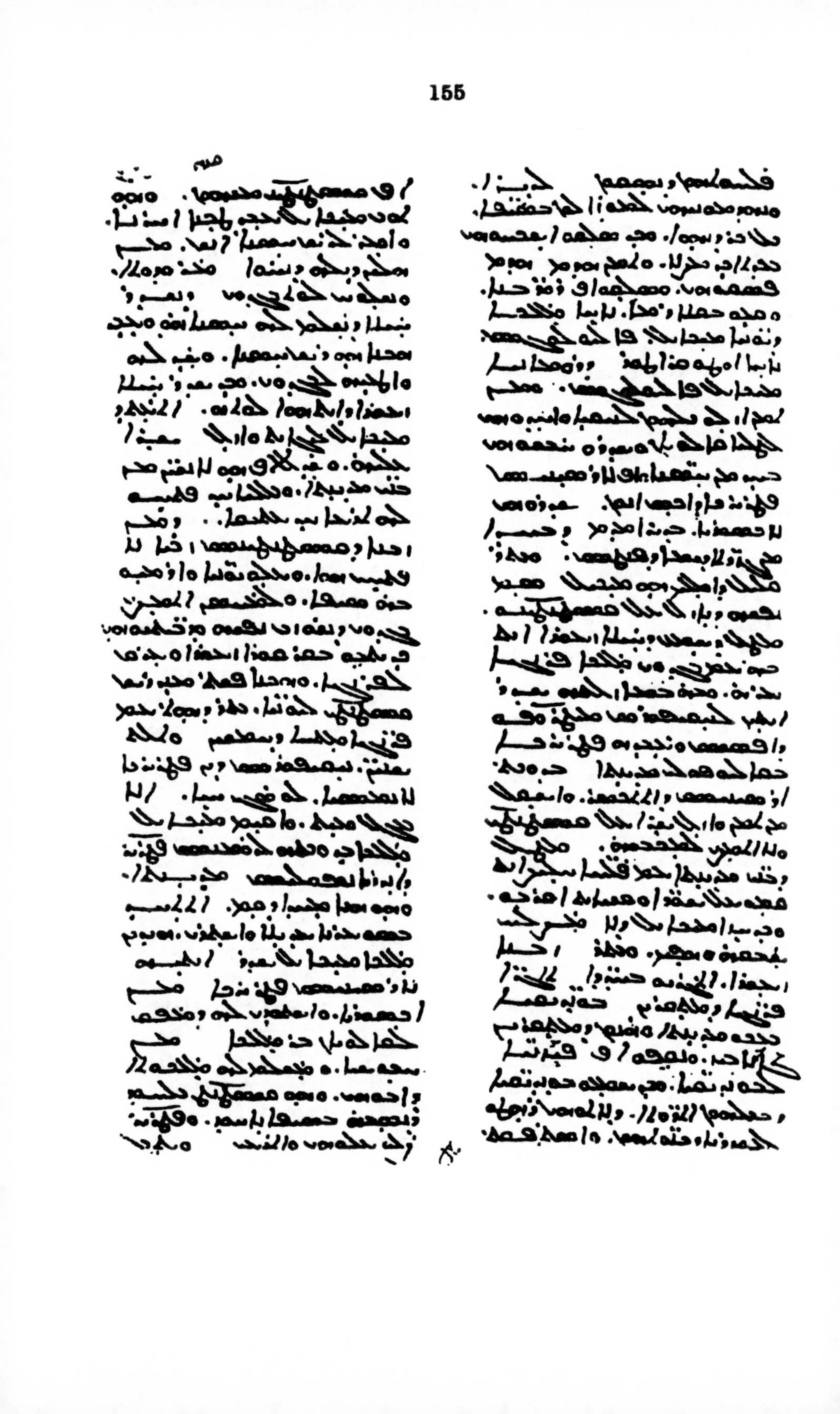

[illegible]

[illegible]

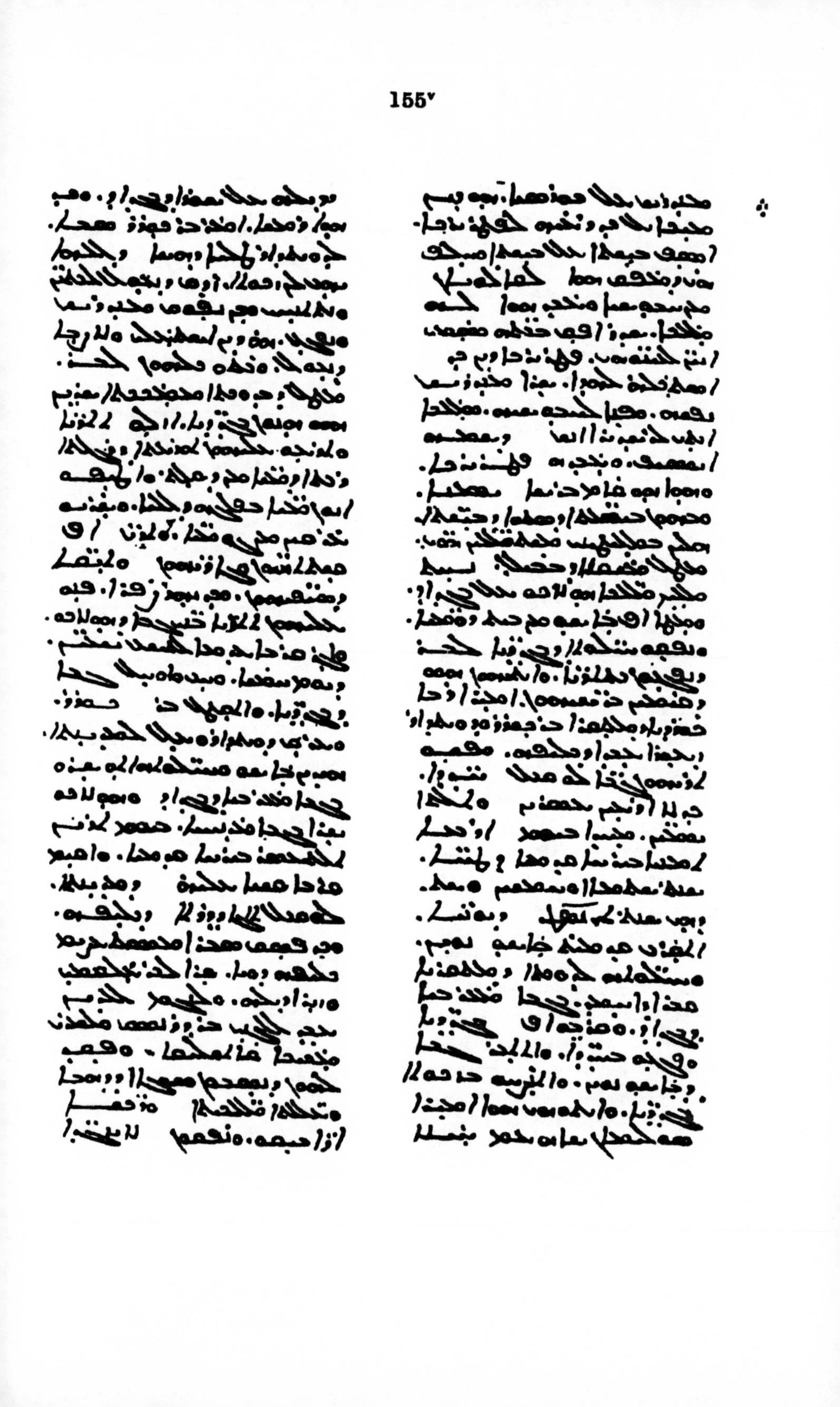

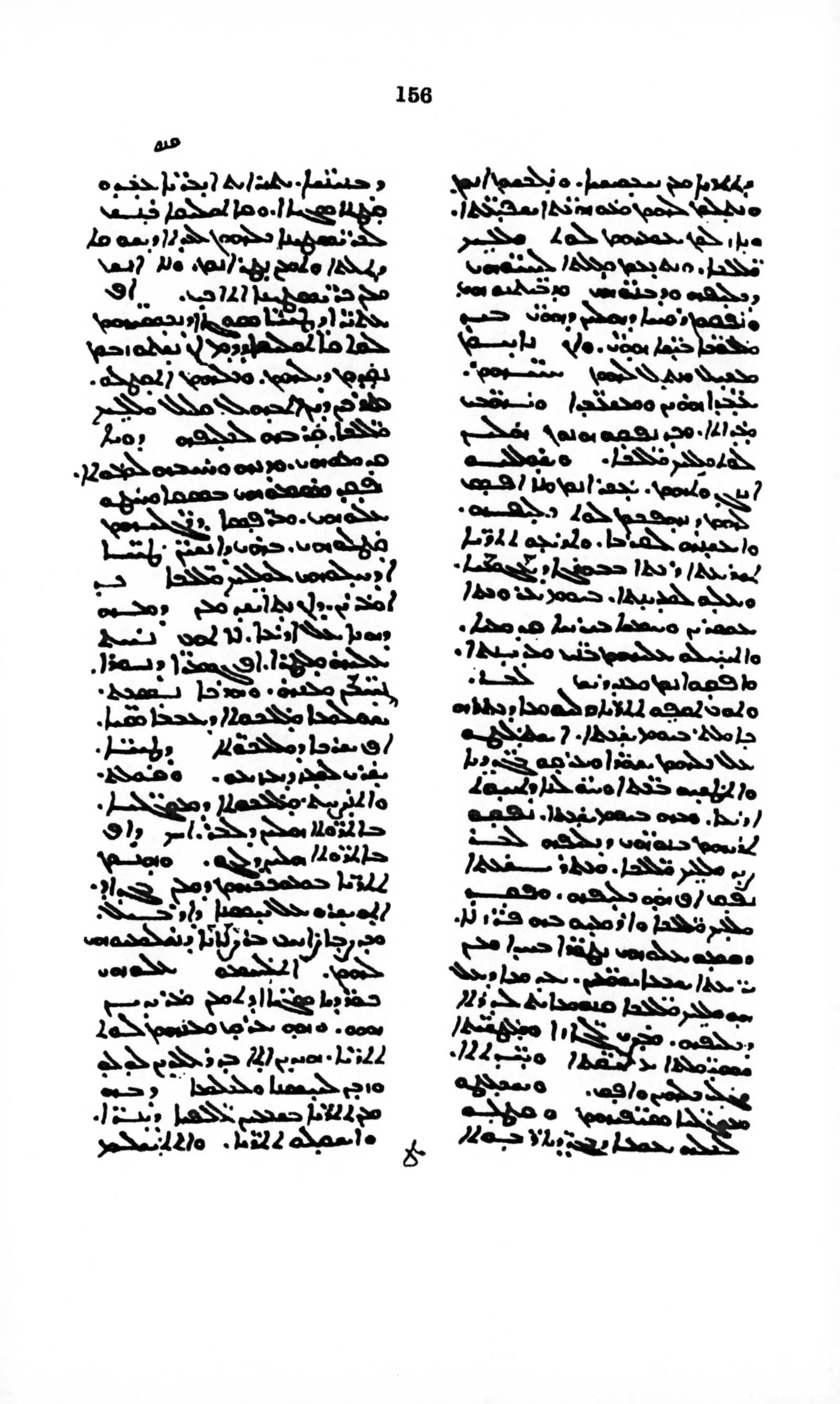

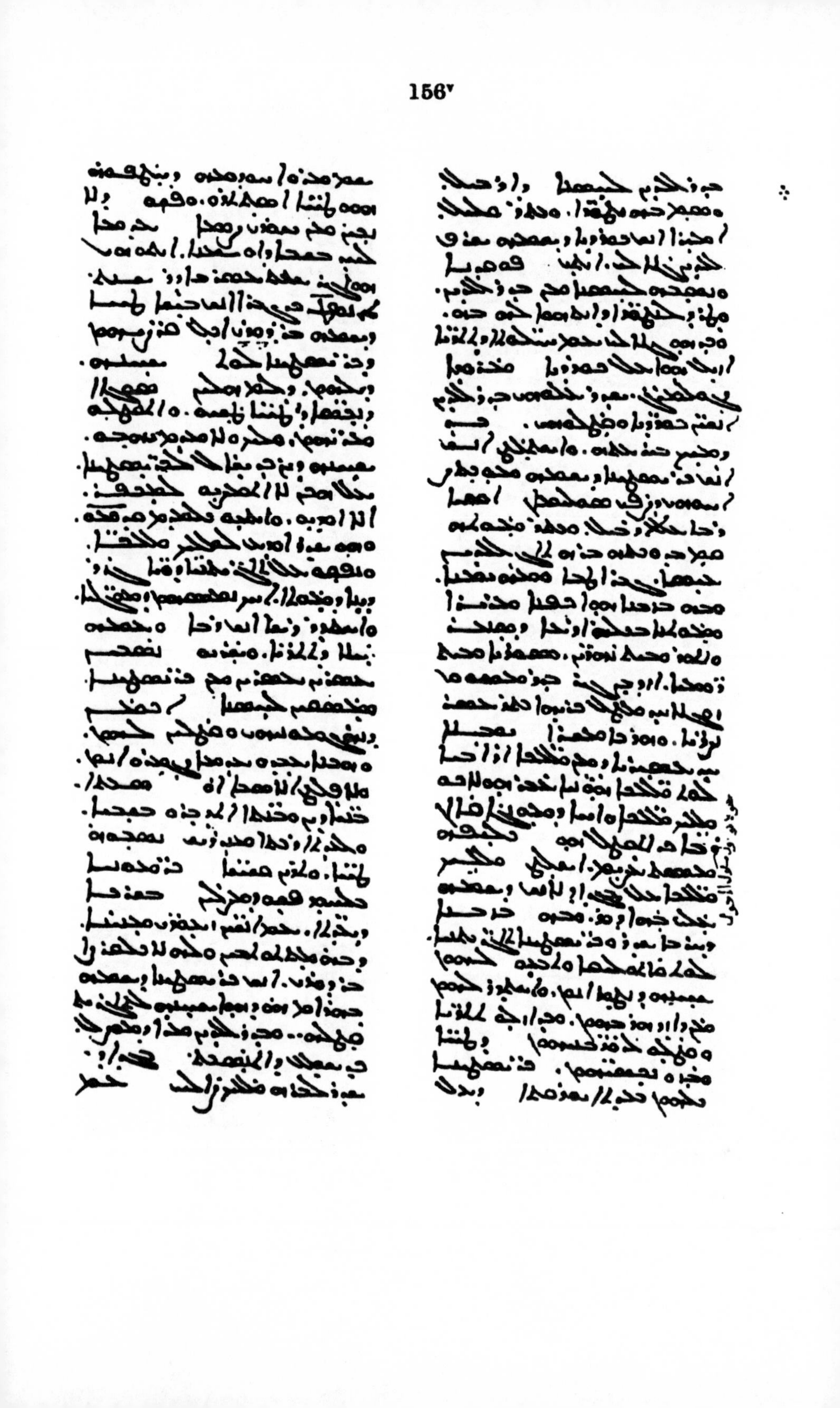

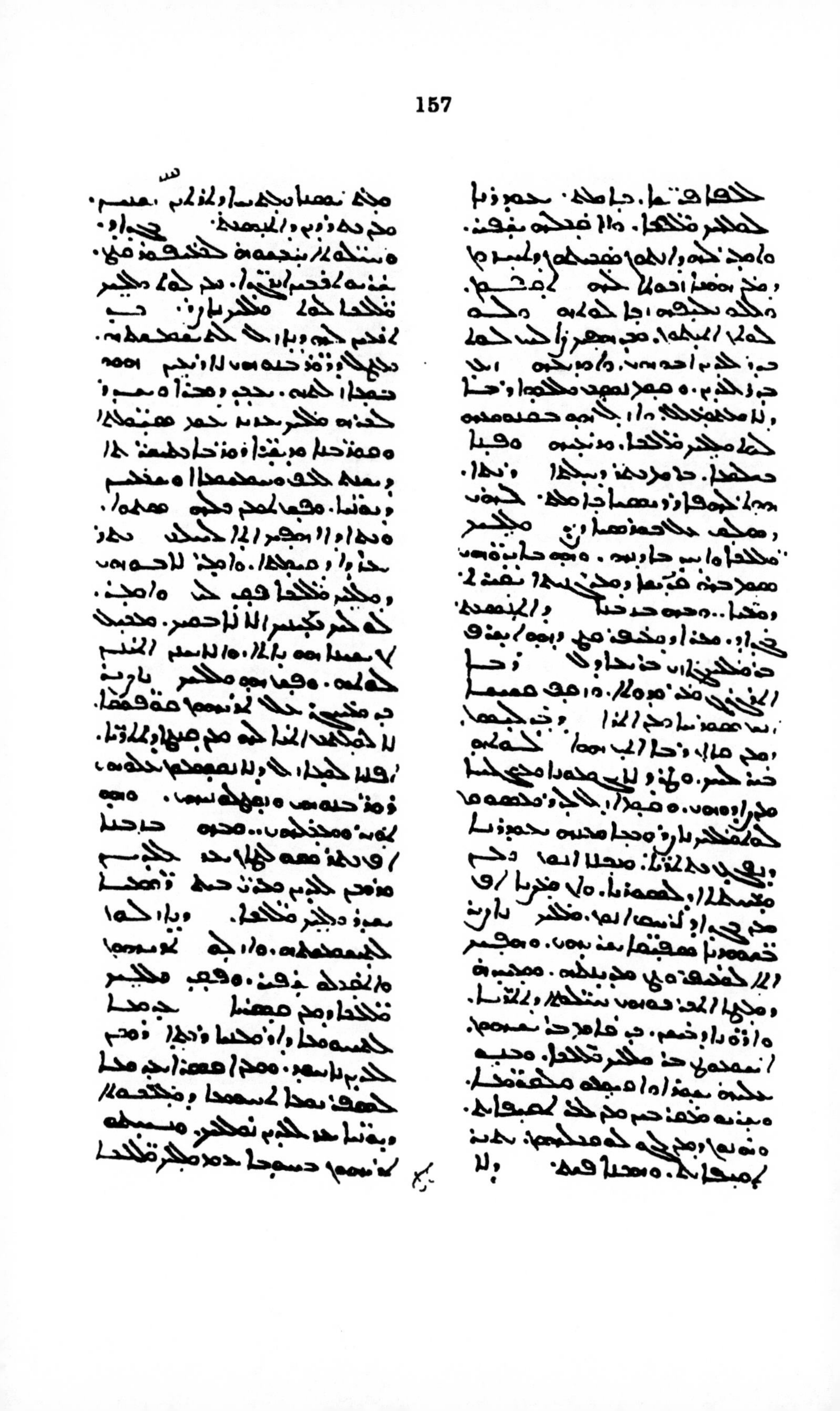

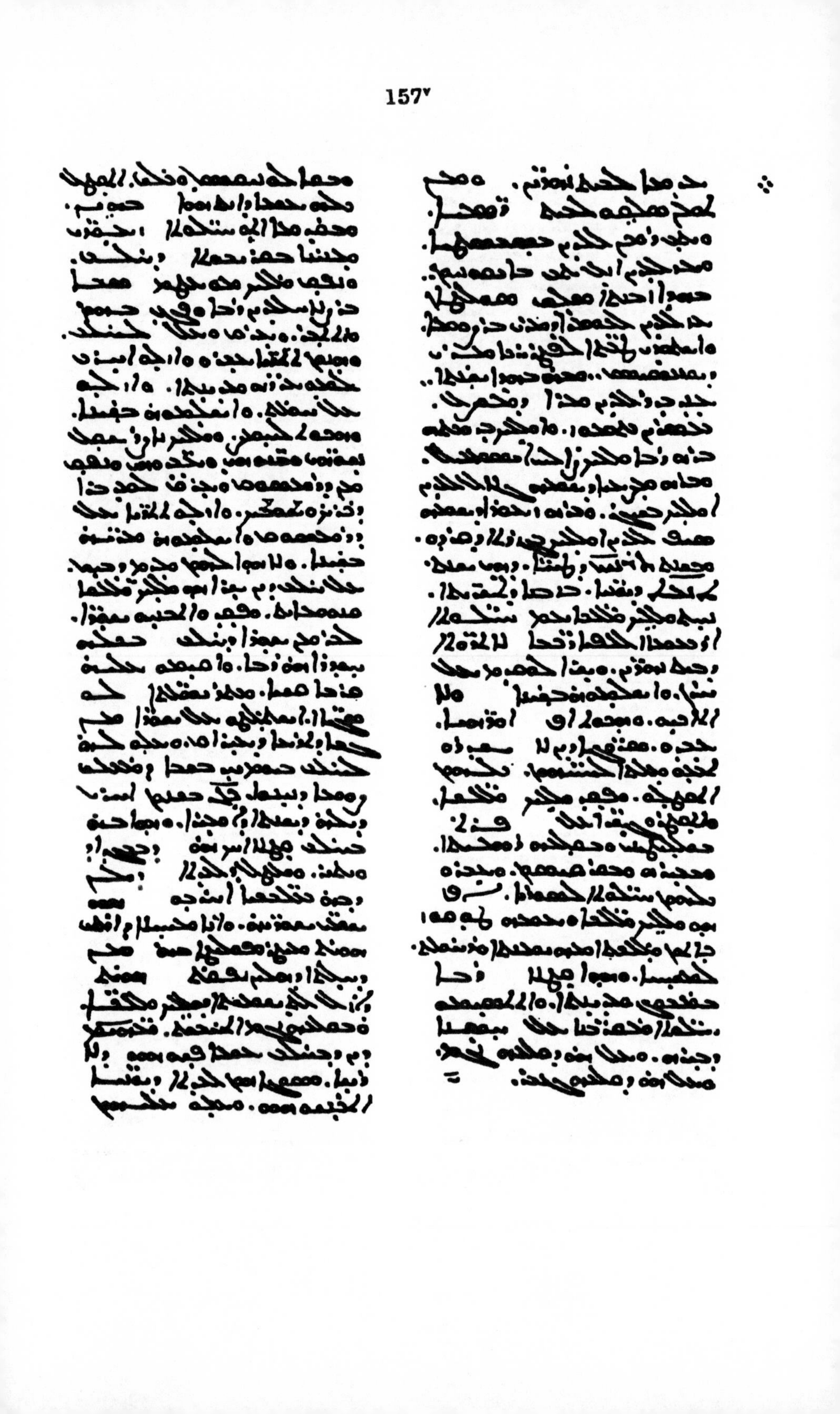

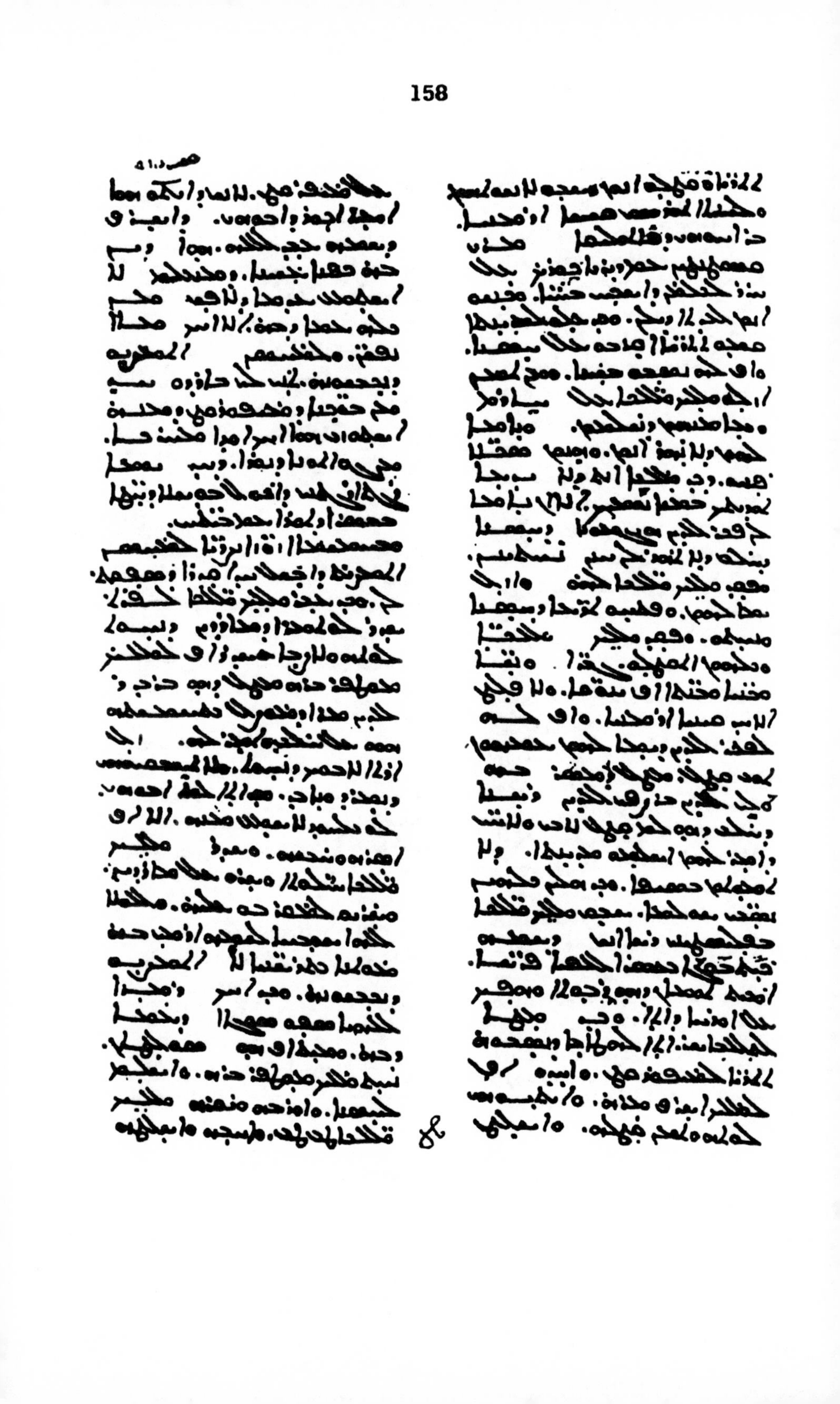

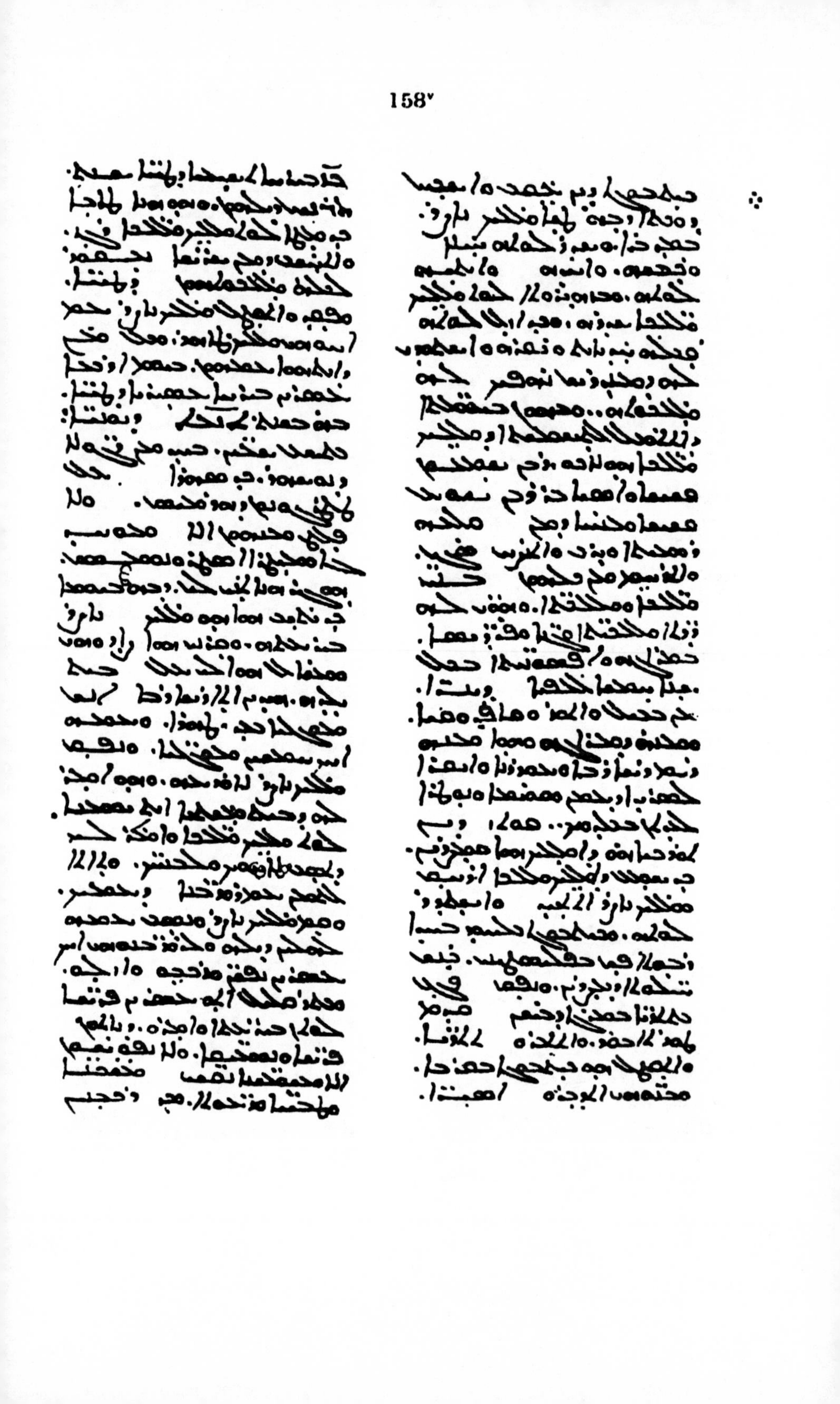

[illegible]

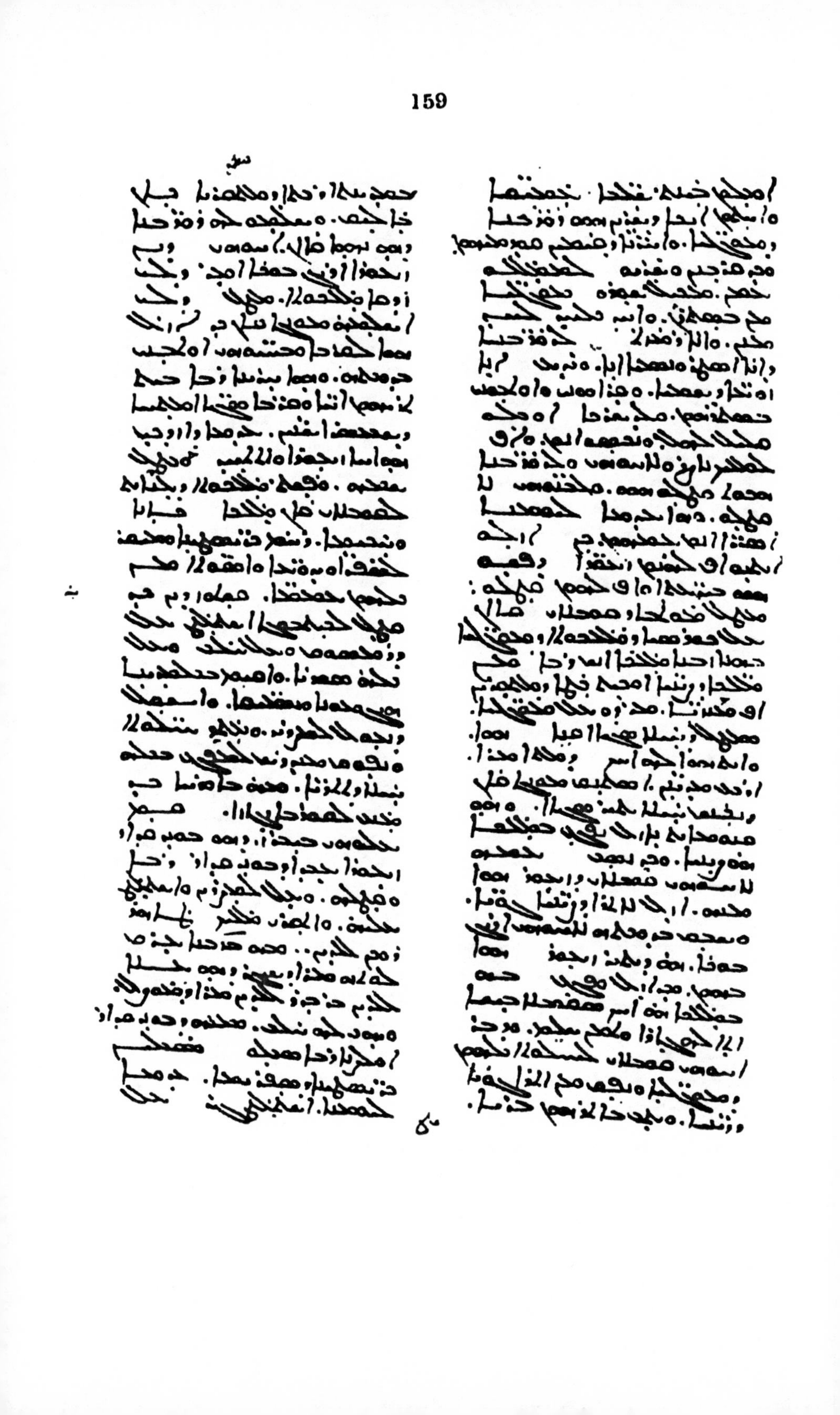

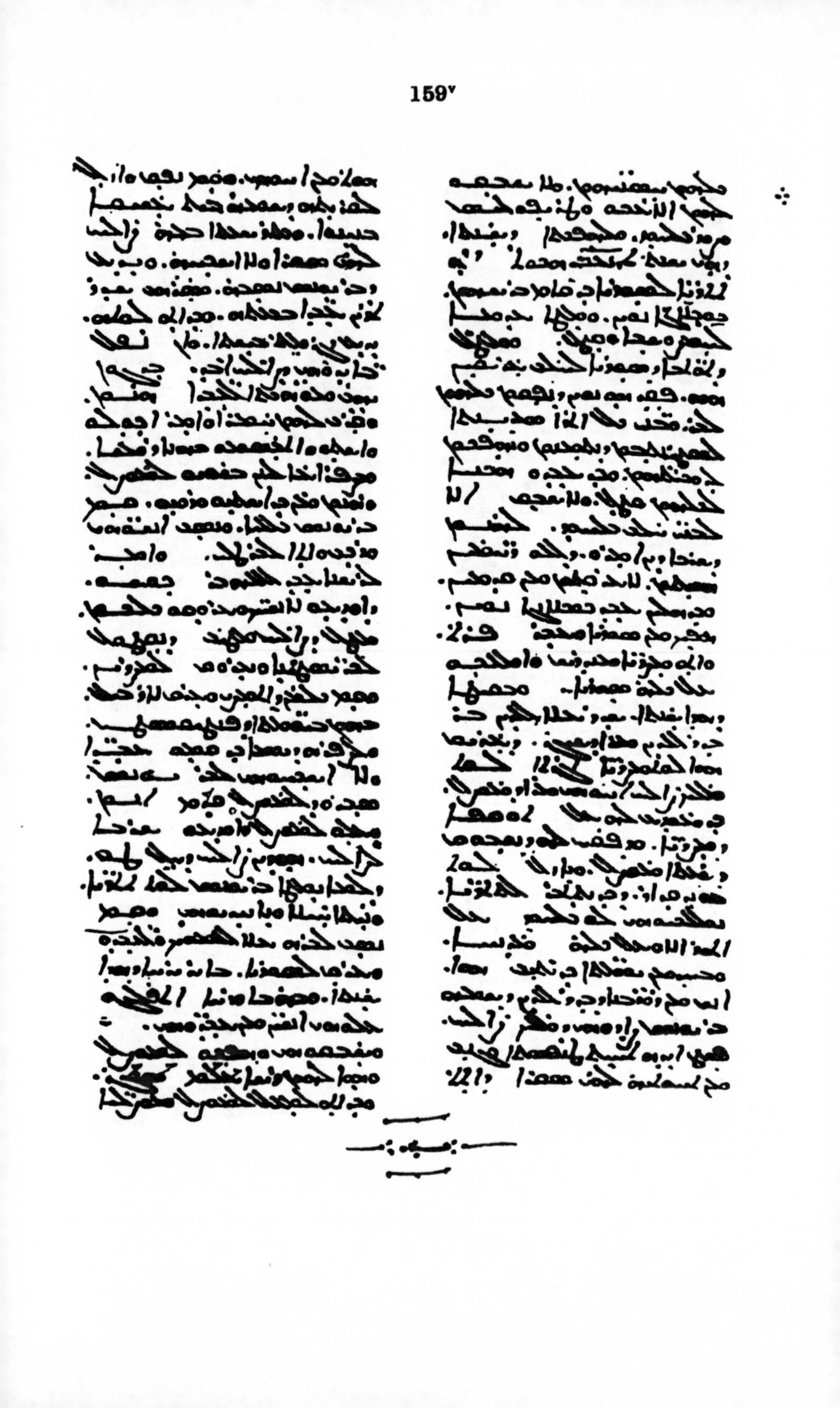

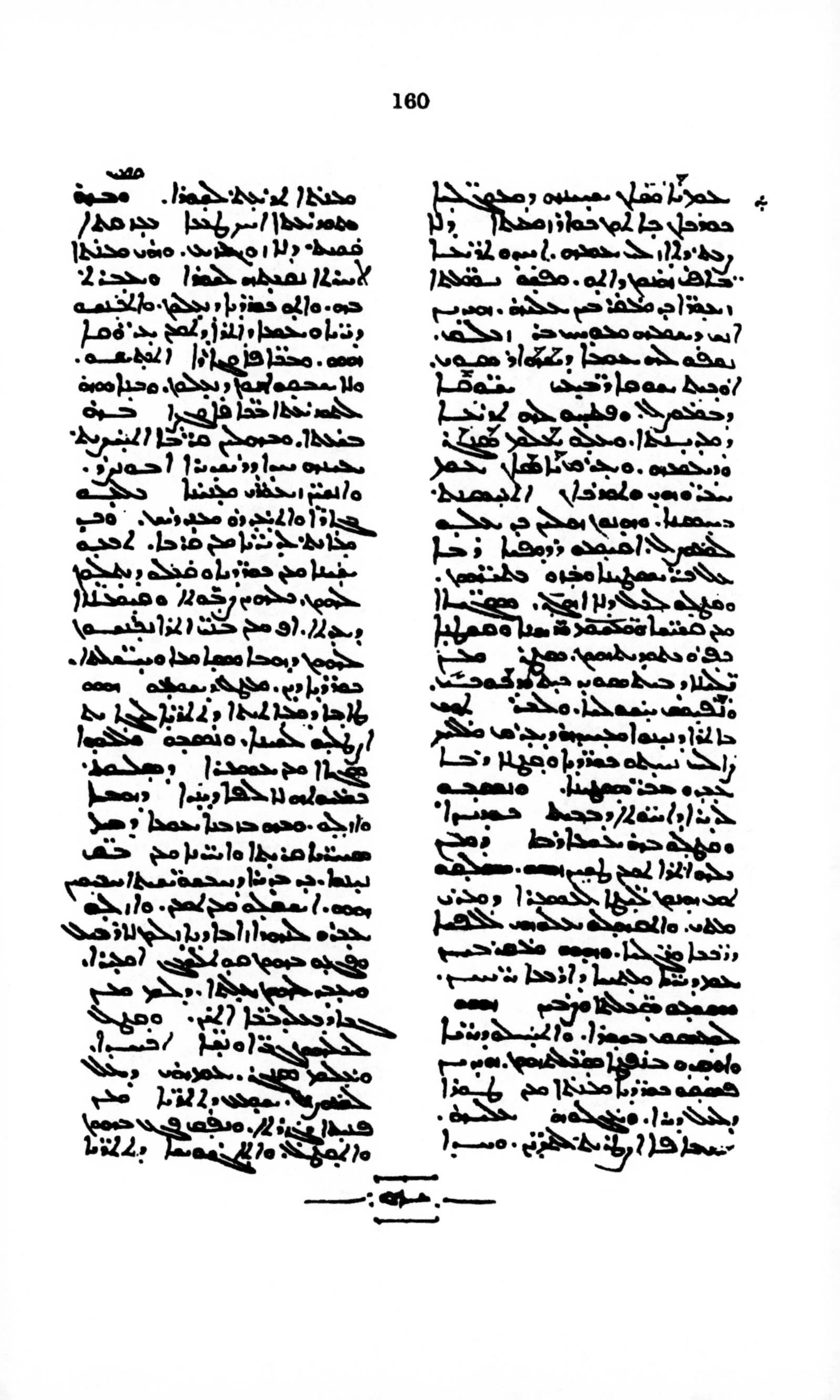

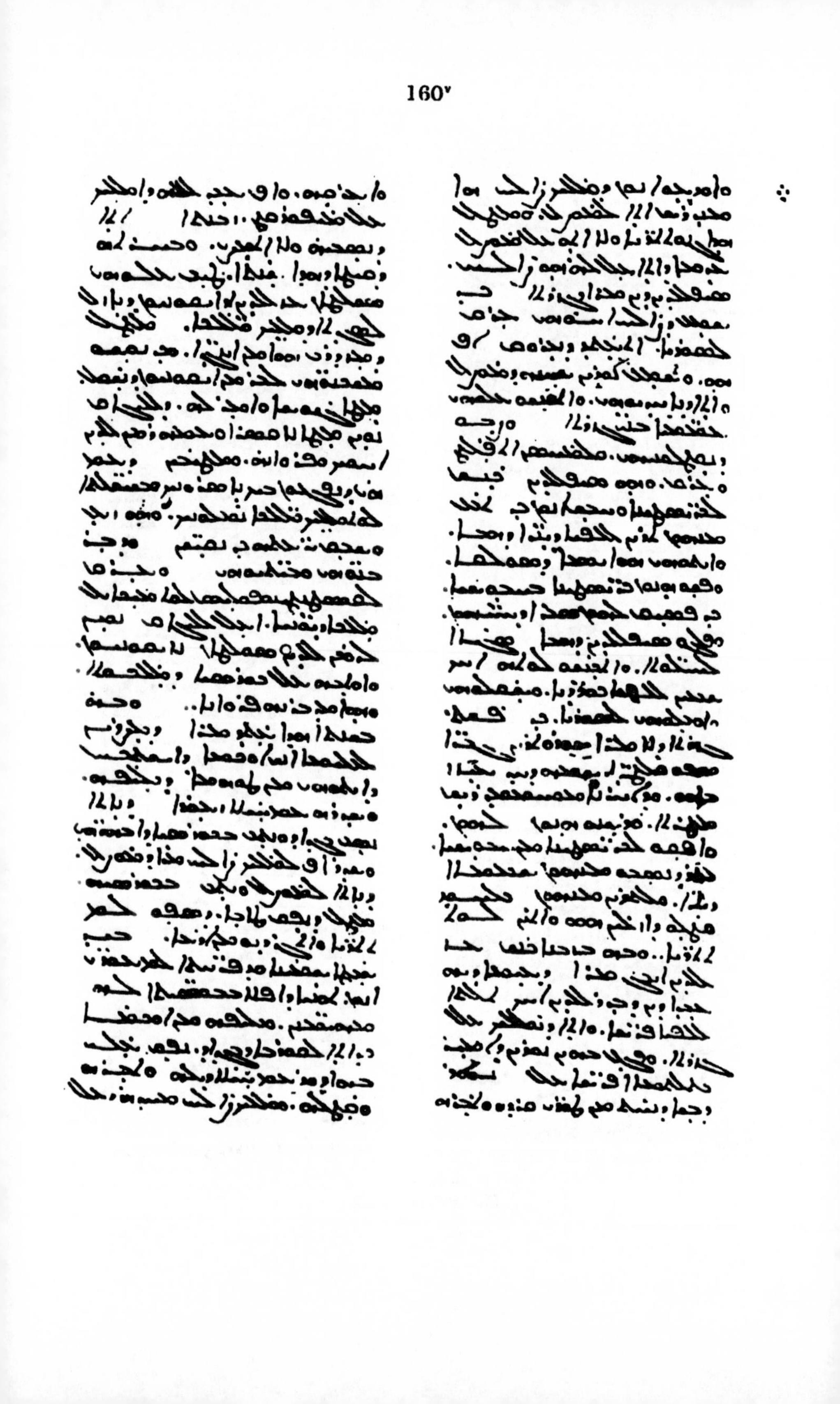

[illegible]

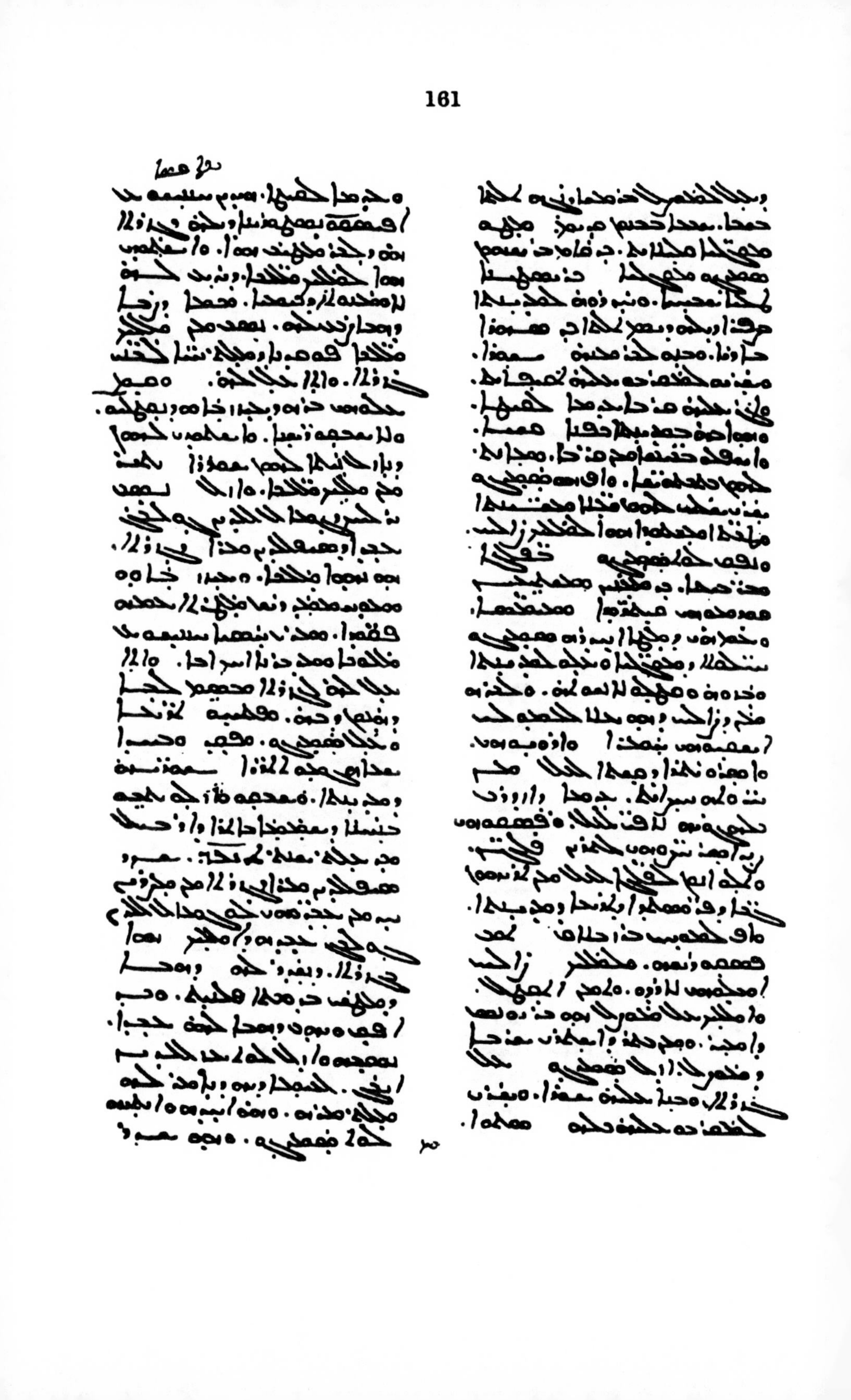

[illegible]

[illegible]

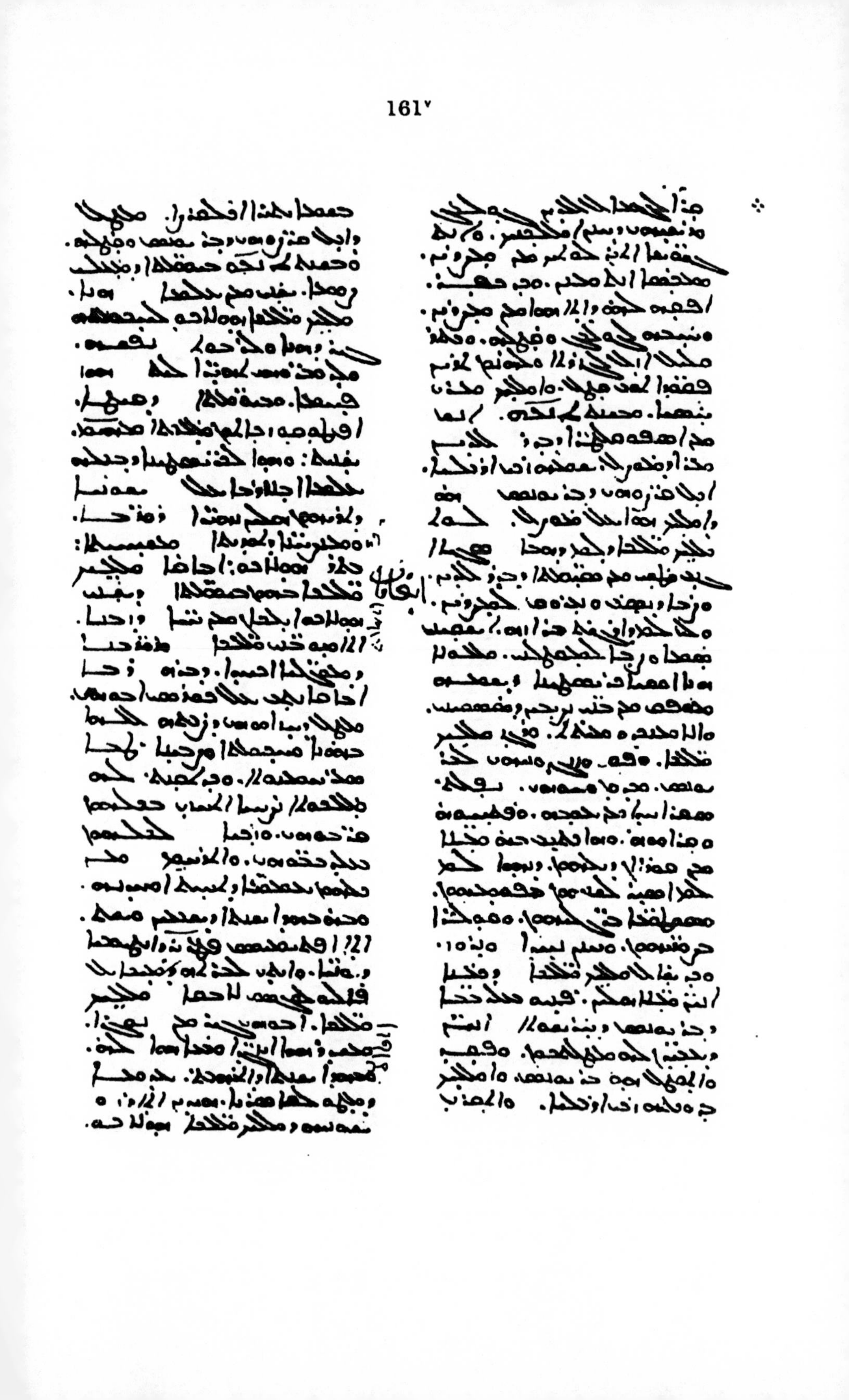

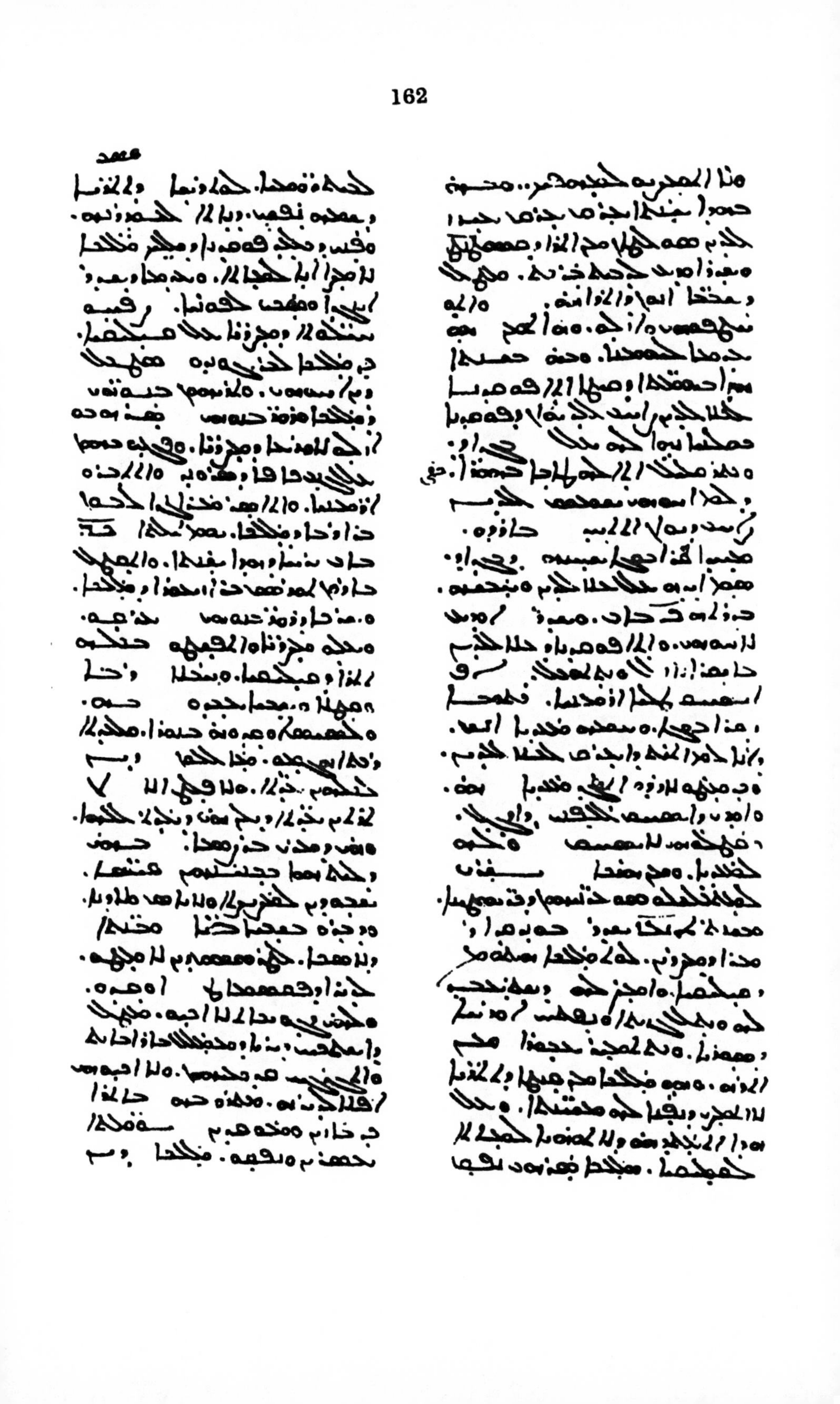

[illegible]

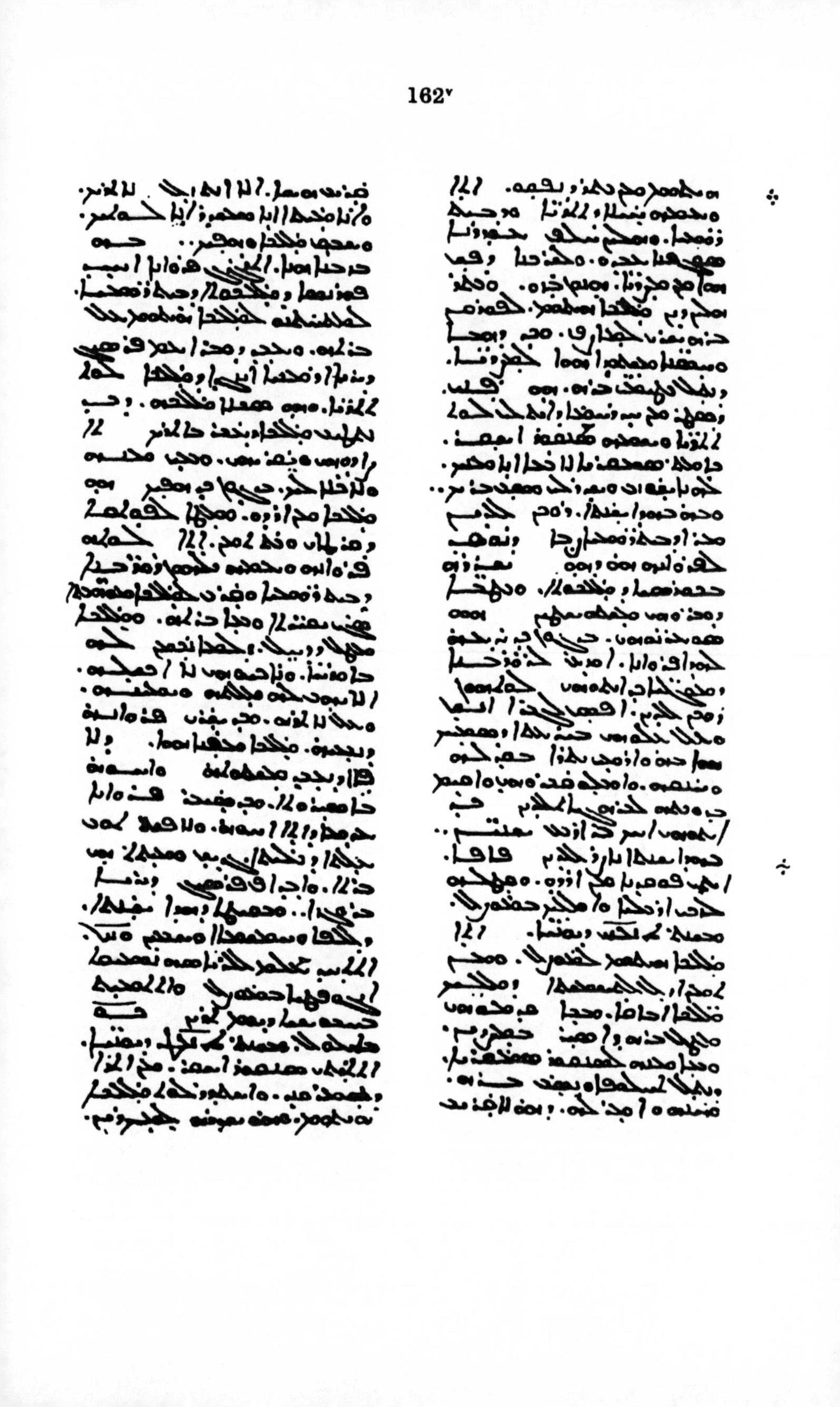

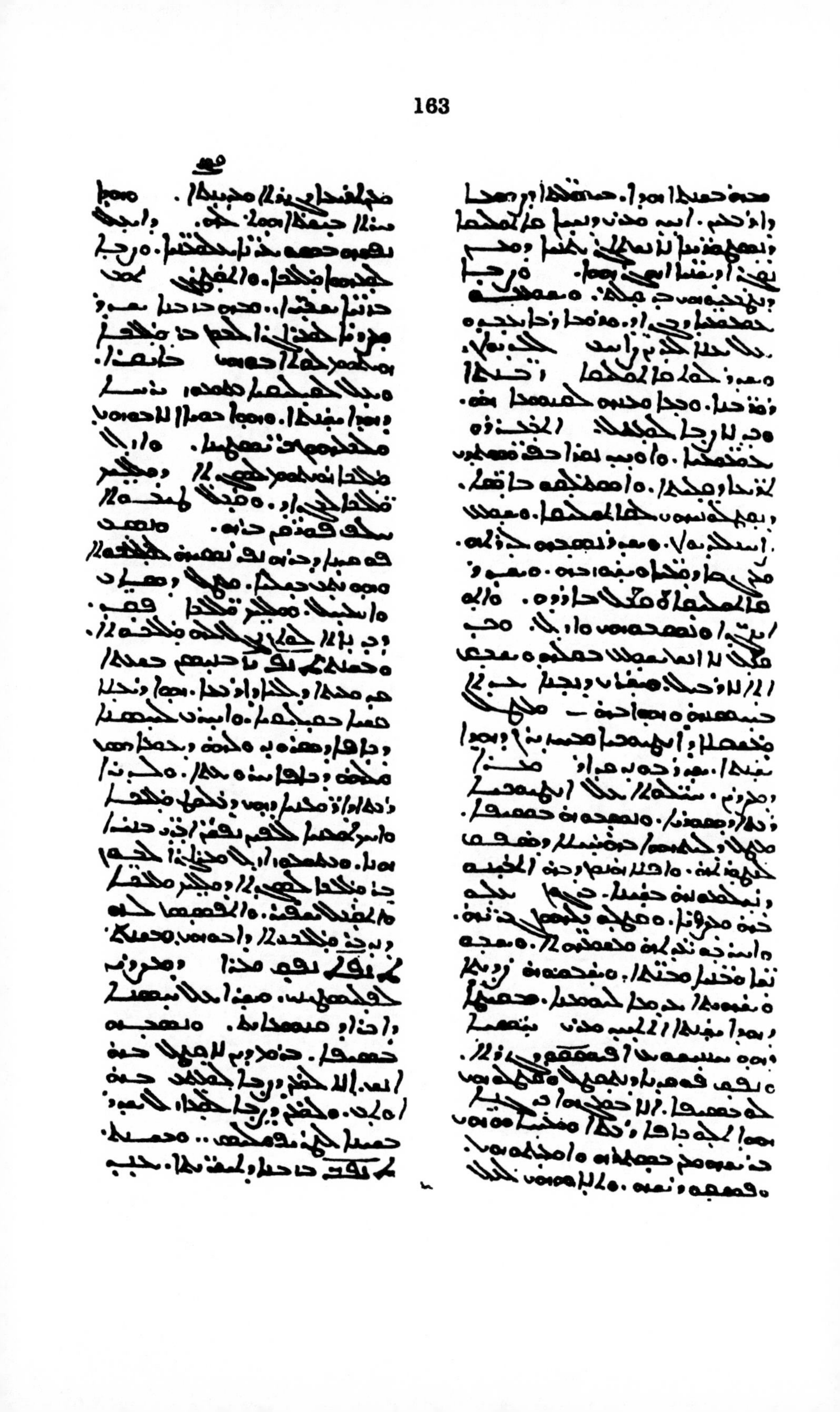

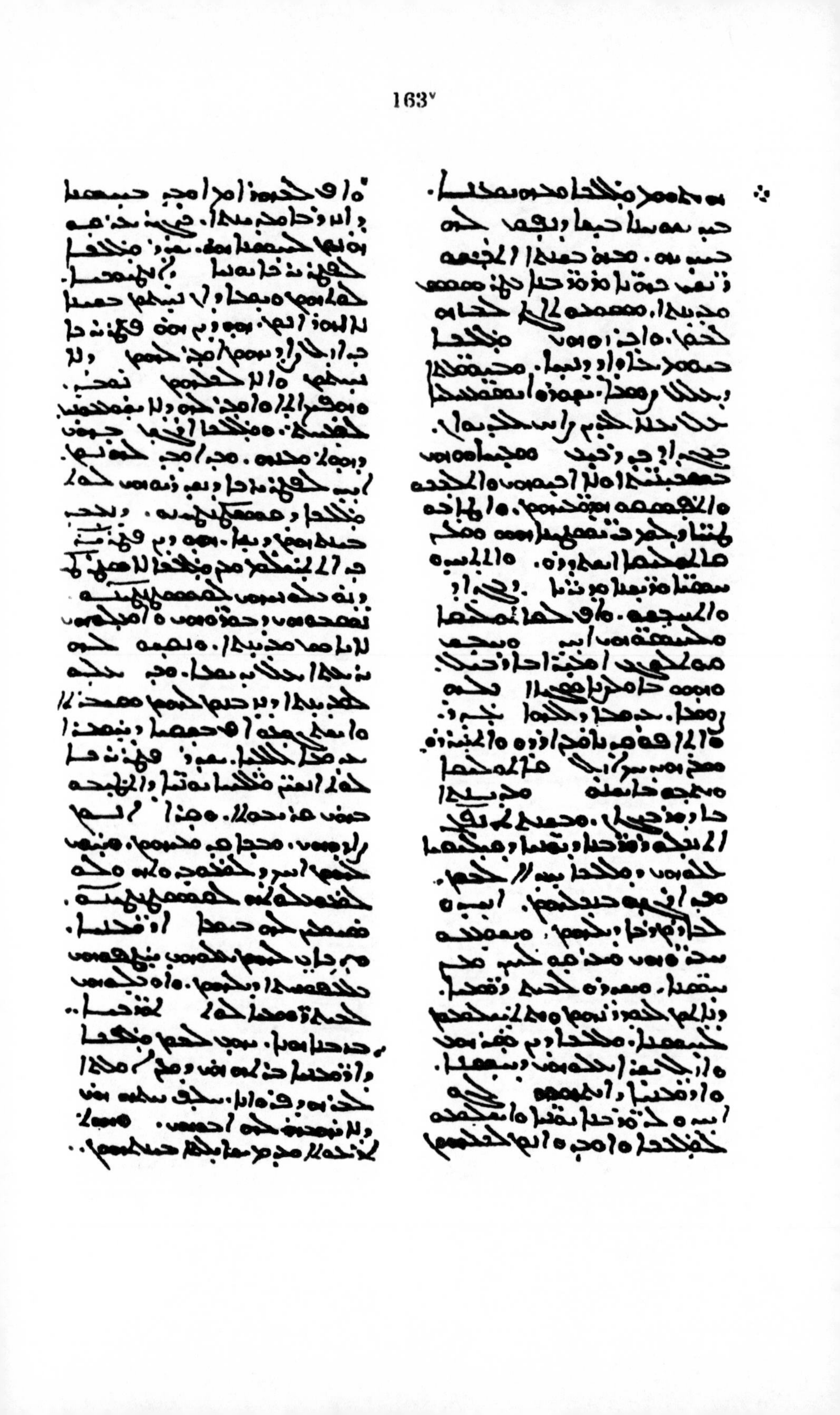

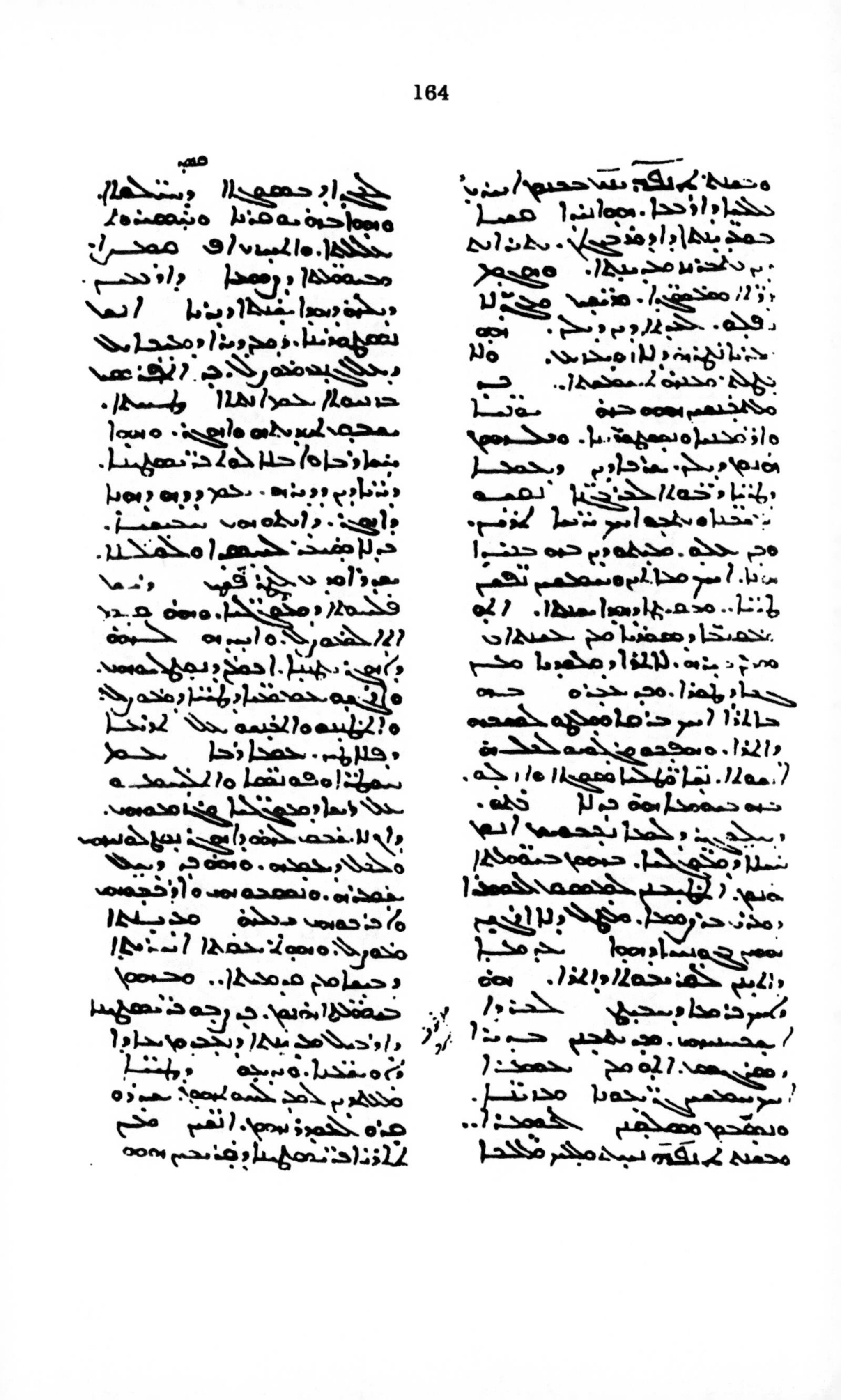

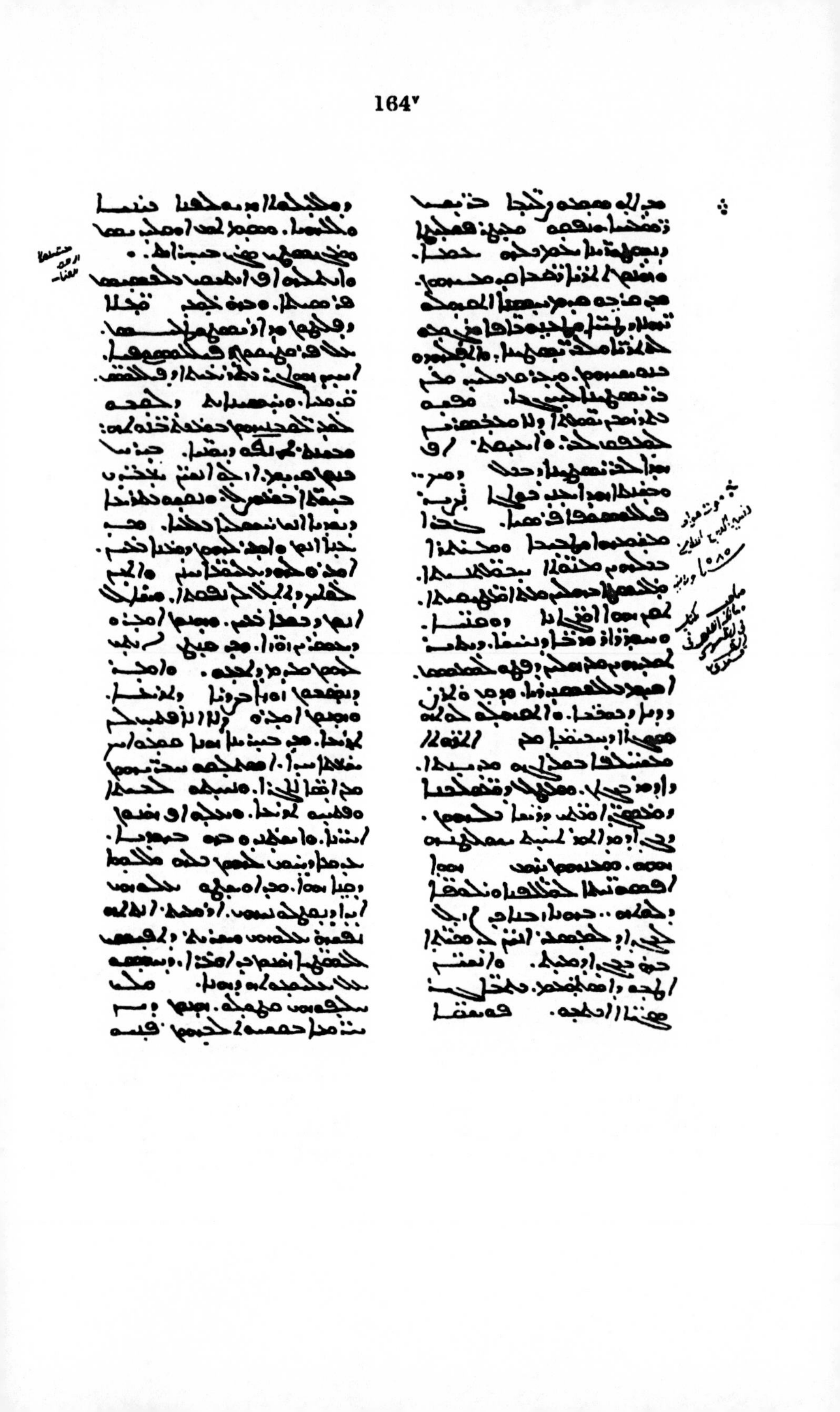

[illegible]

[illegible]

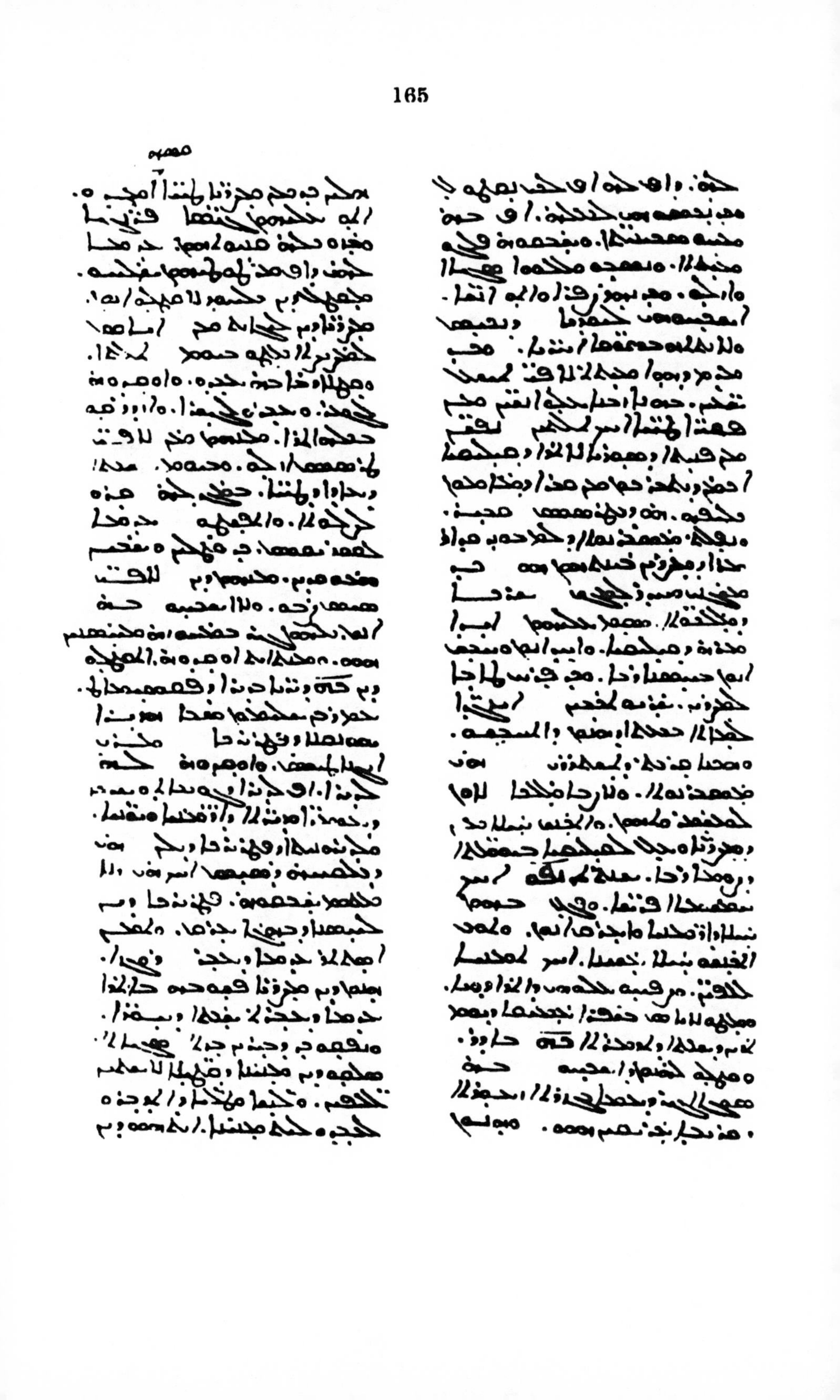

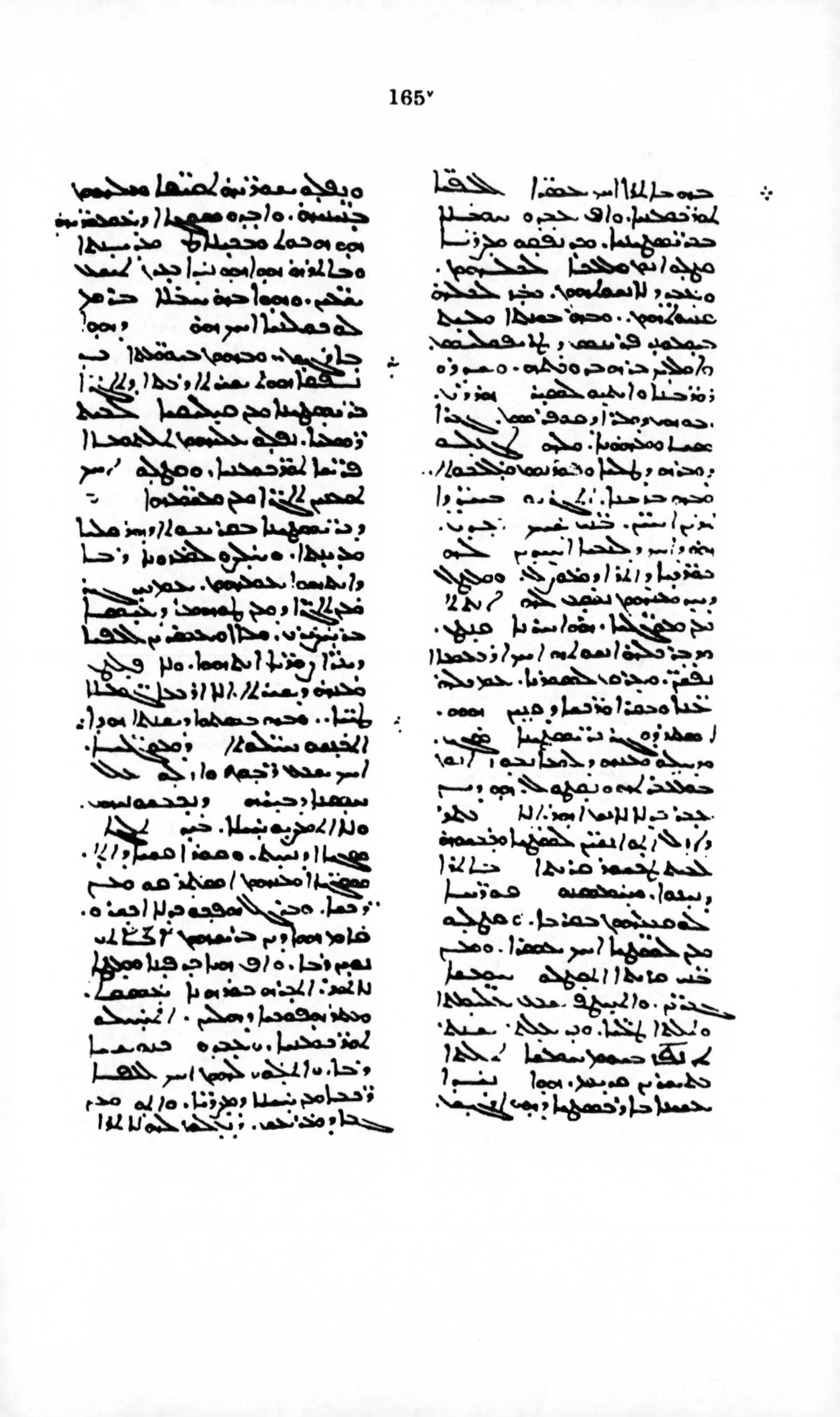

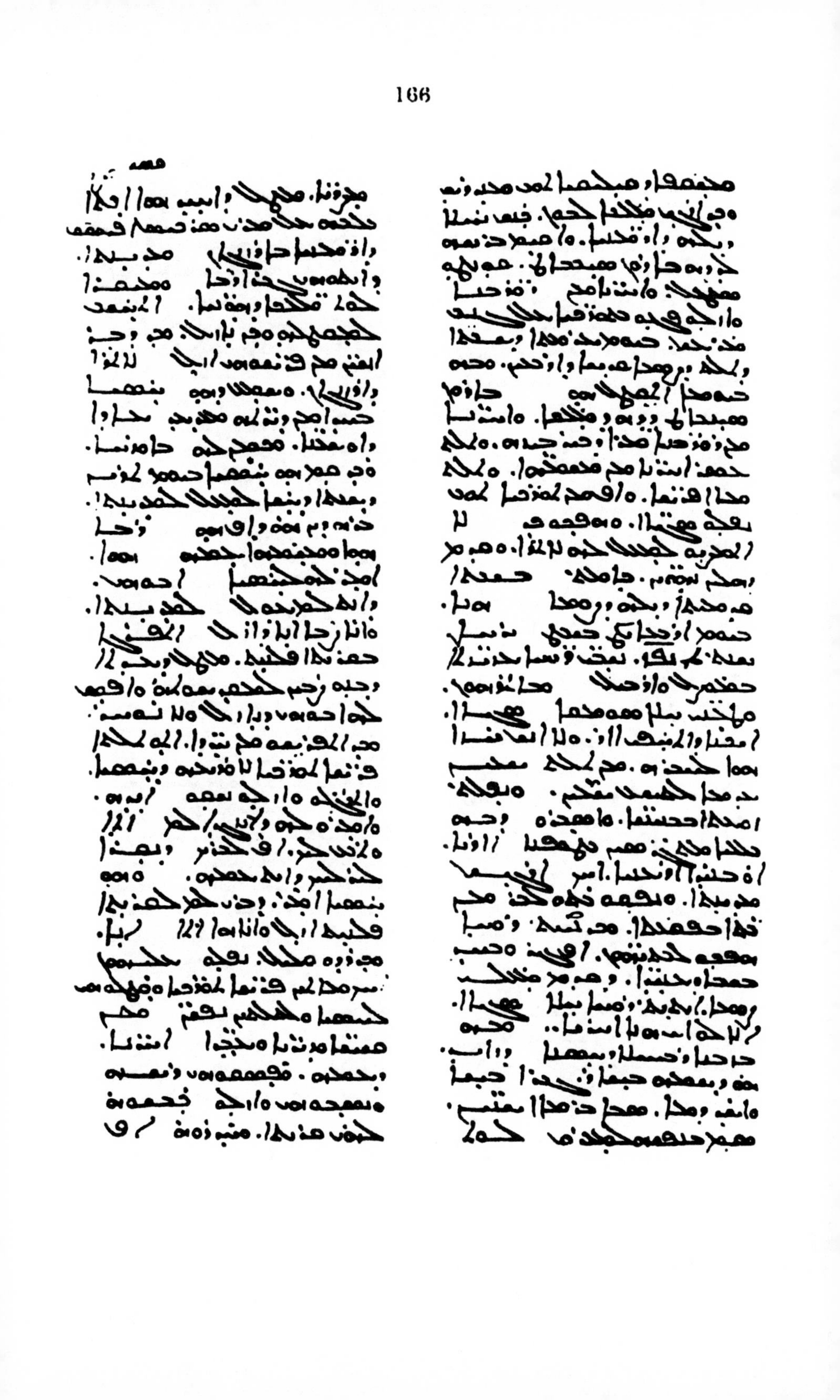

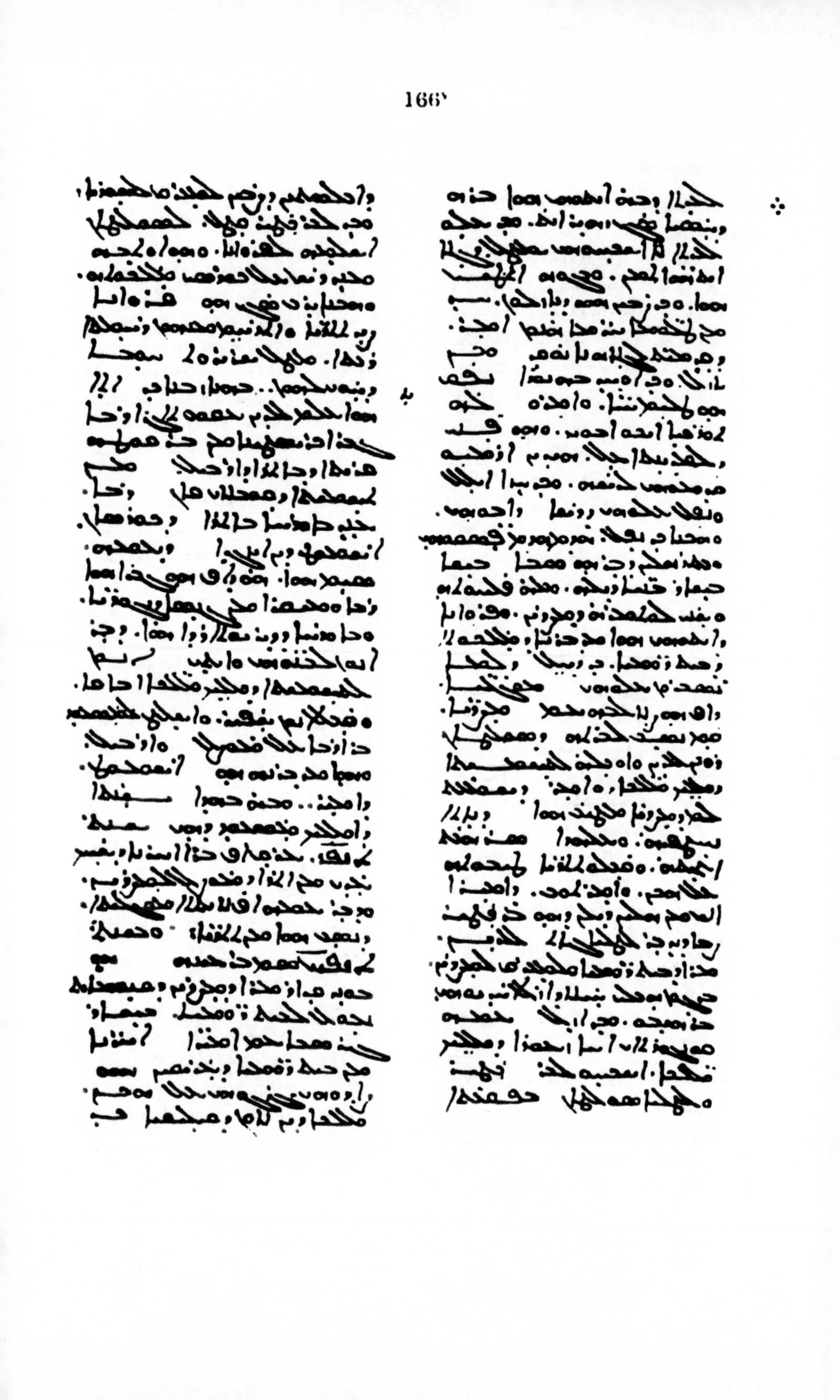

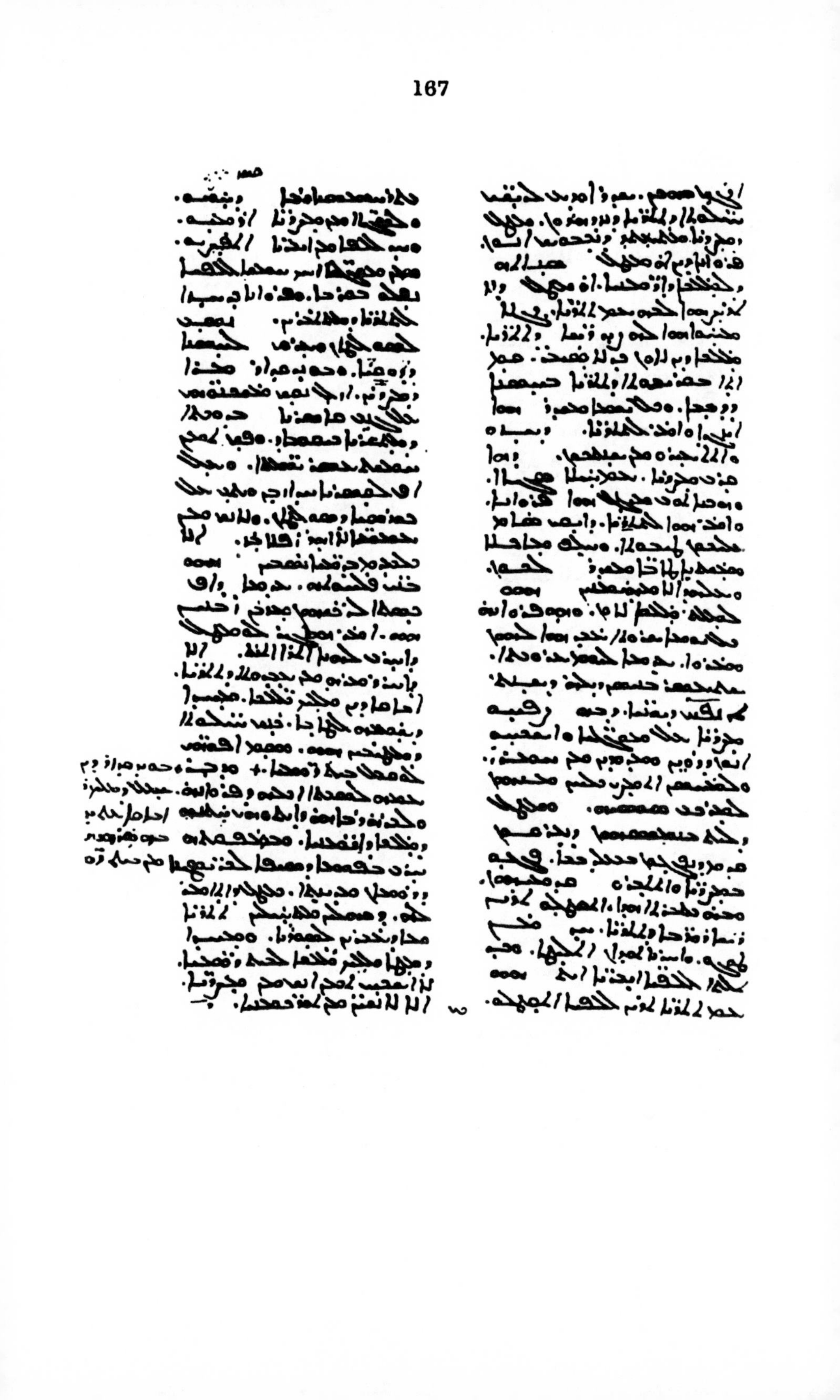

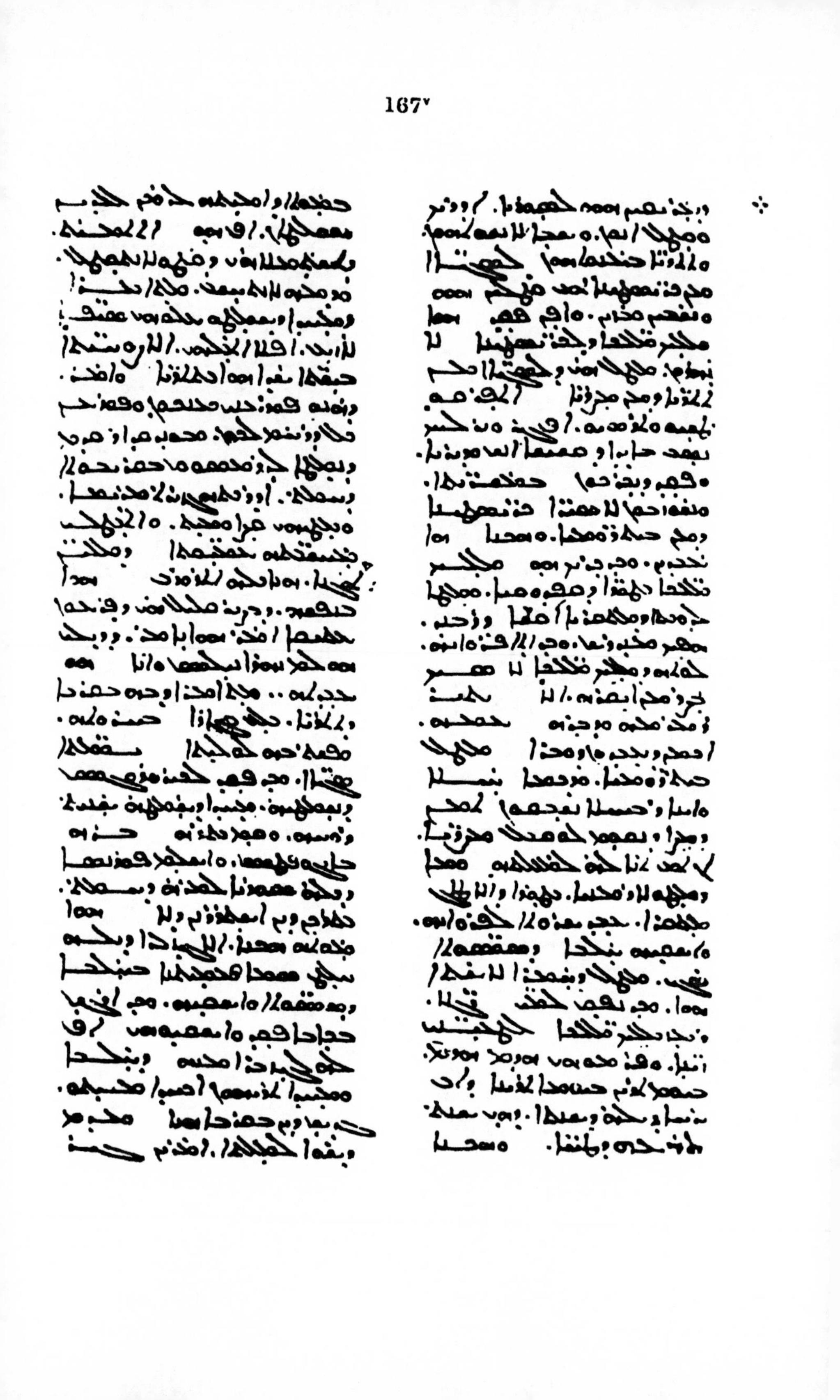

[illegible]

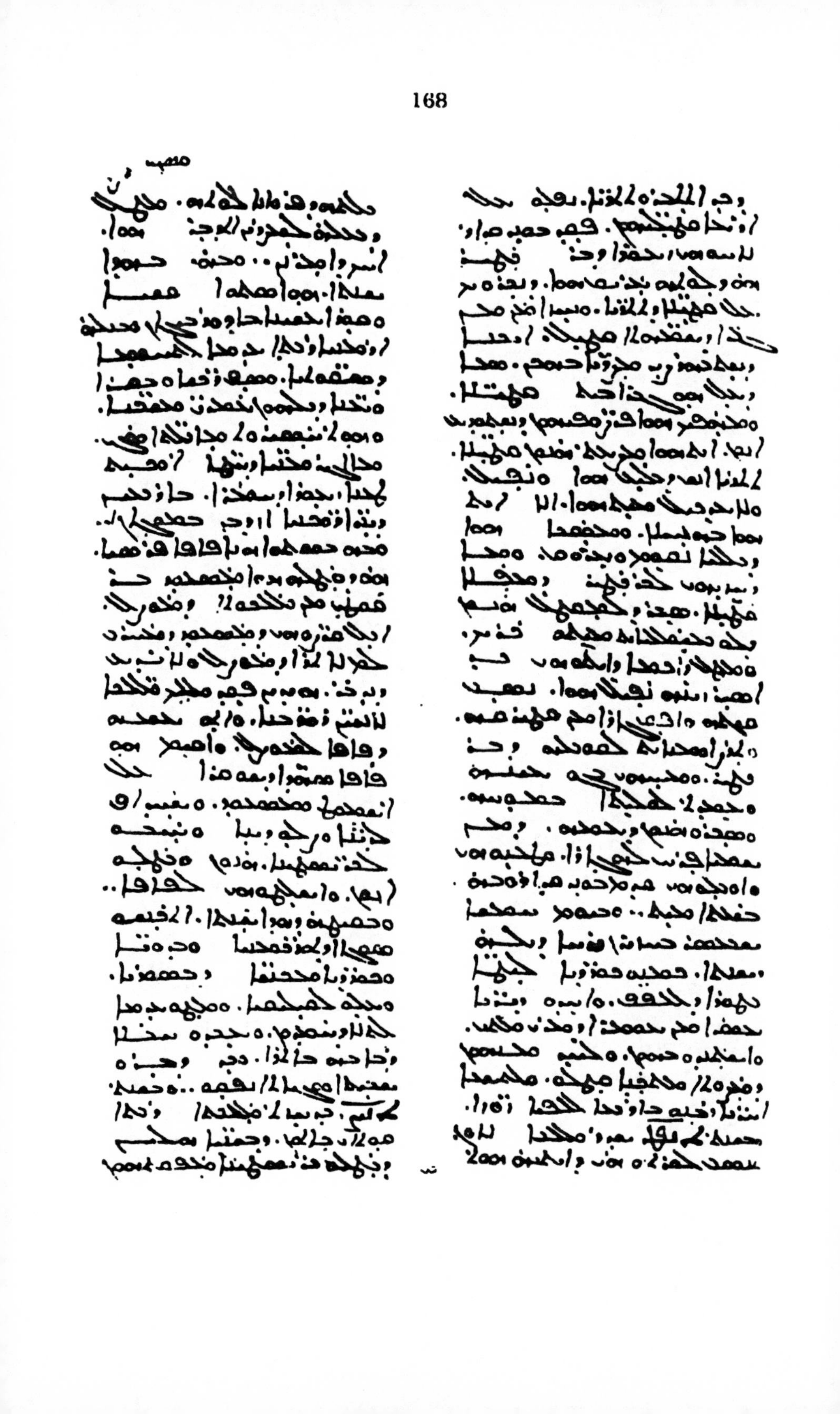

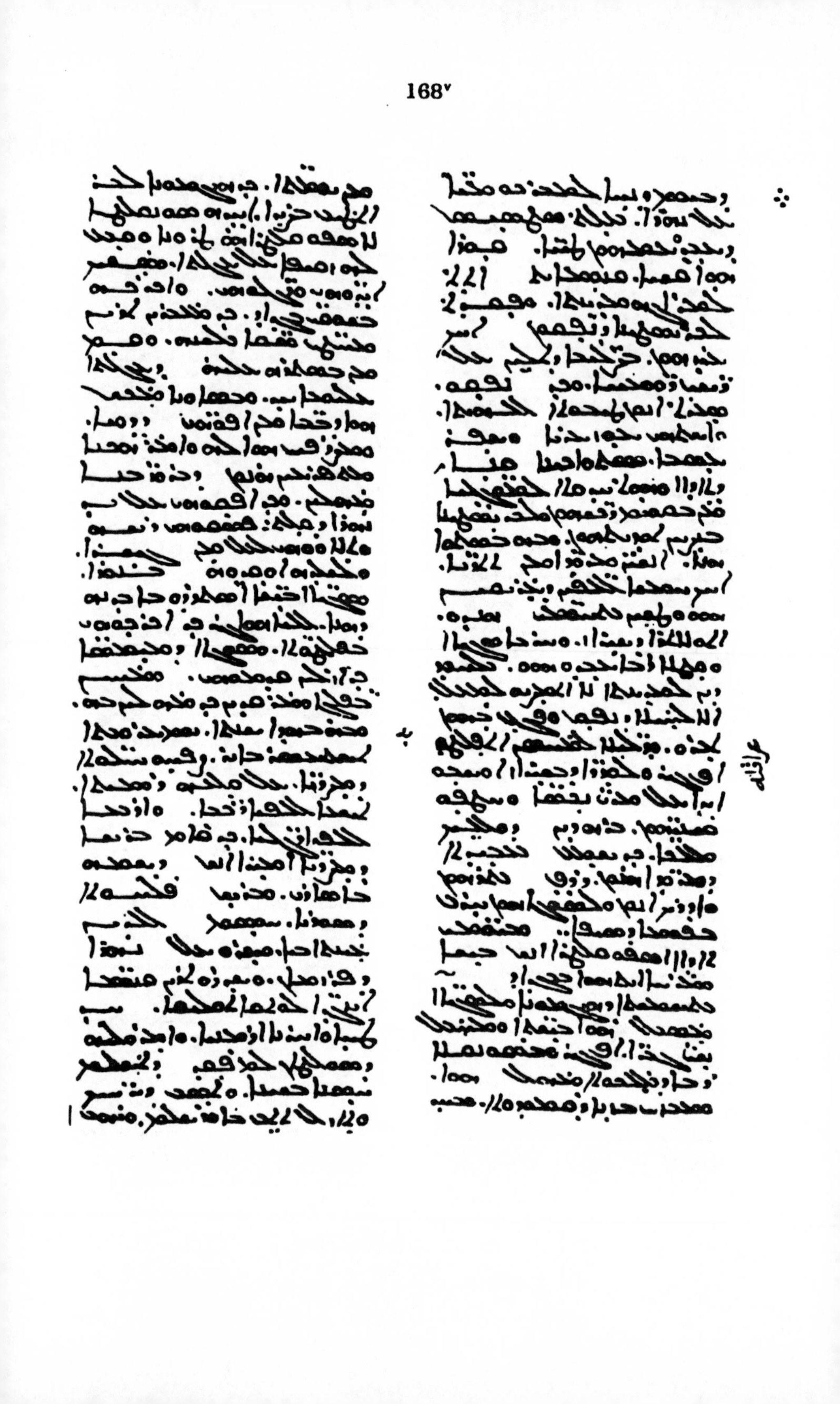

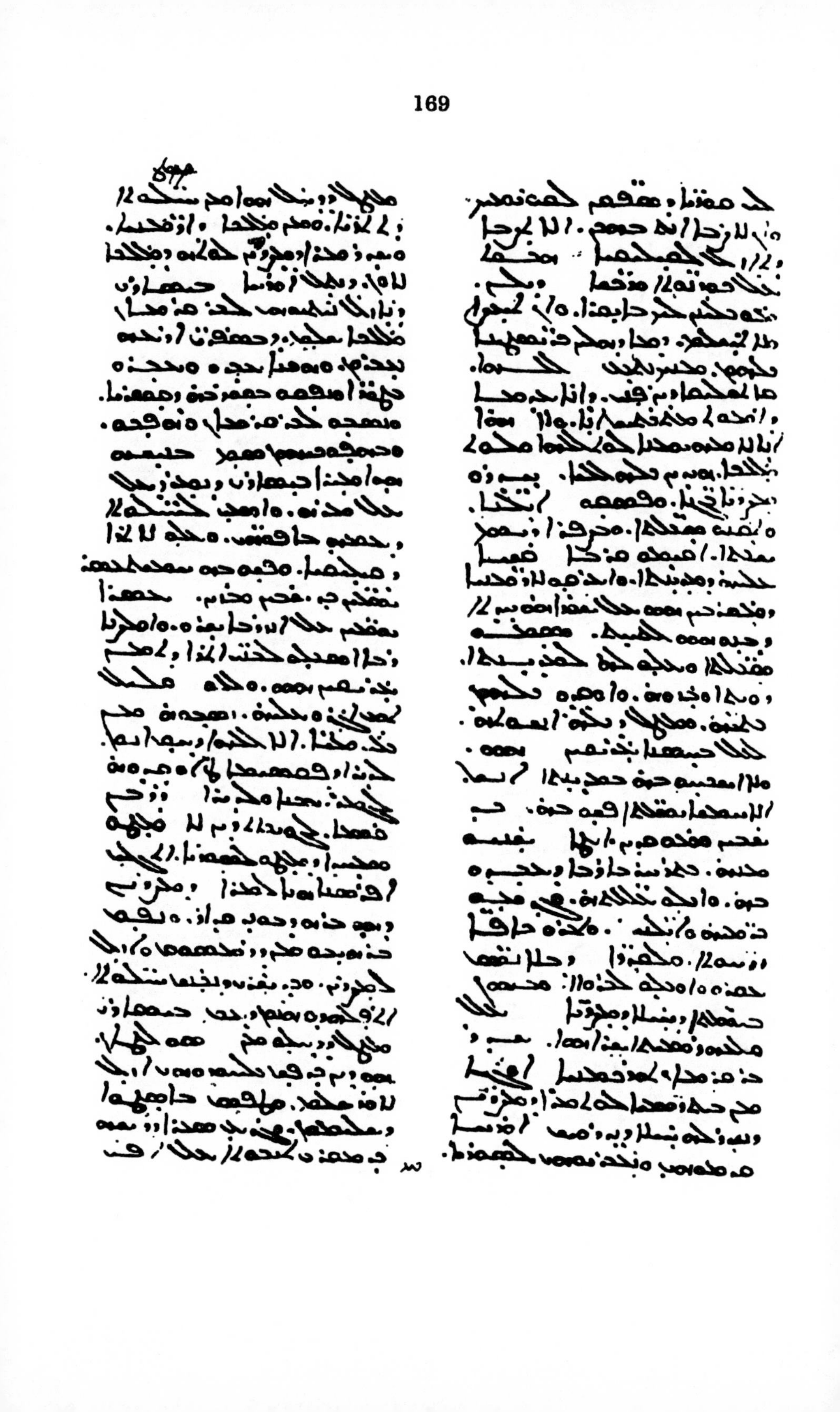

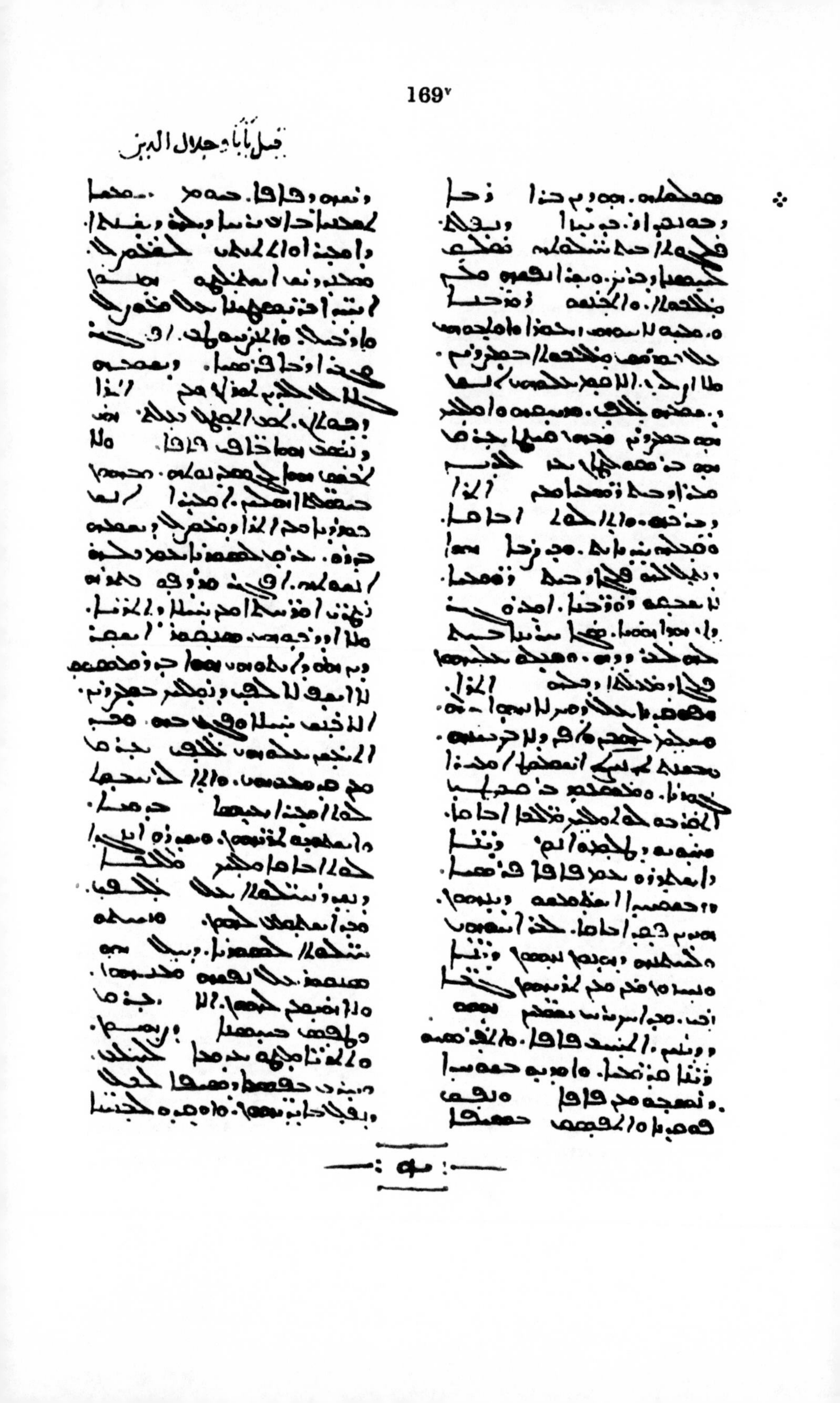

قبل بابا وجلال الدين

[illegible]

[illegible]

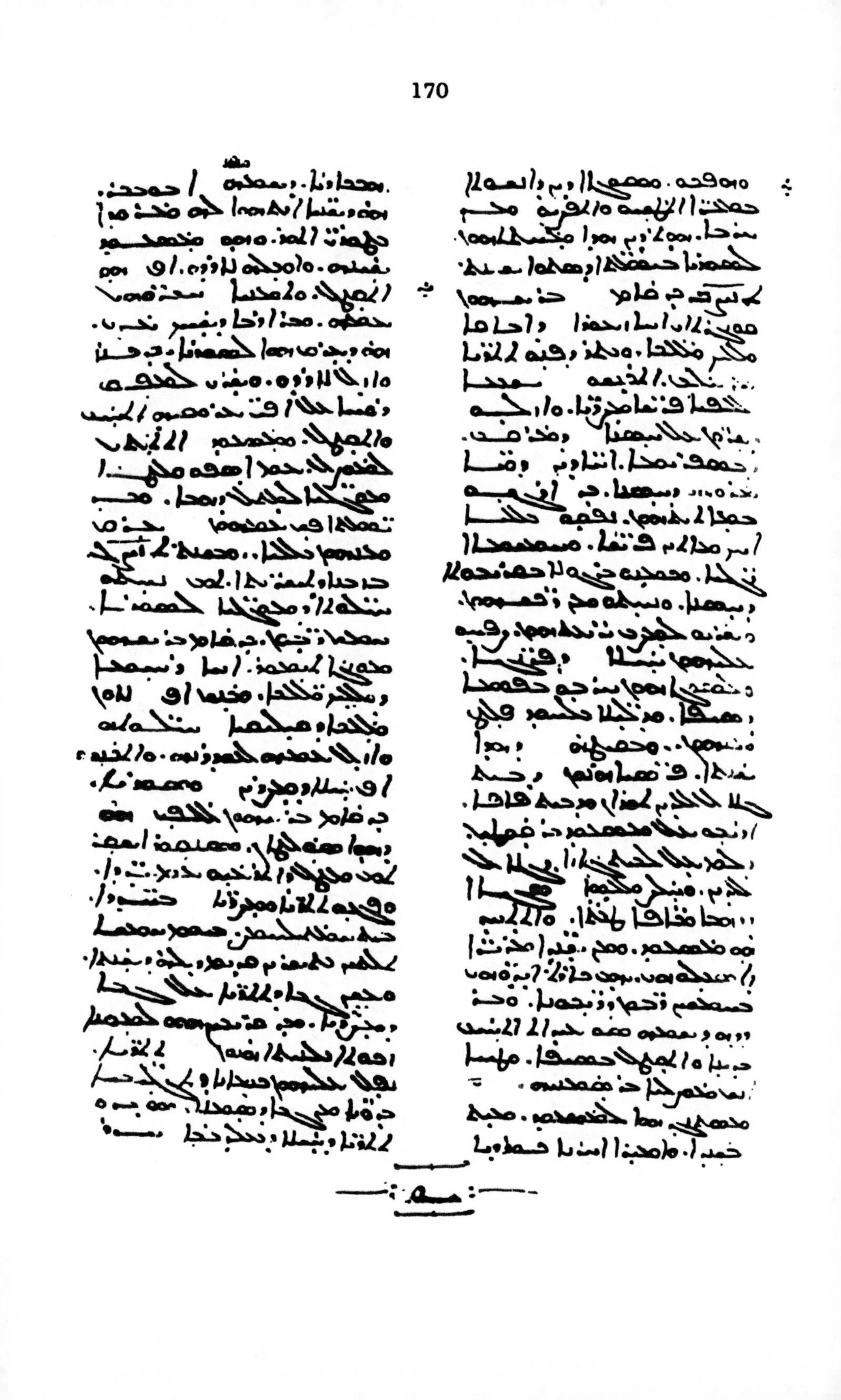

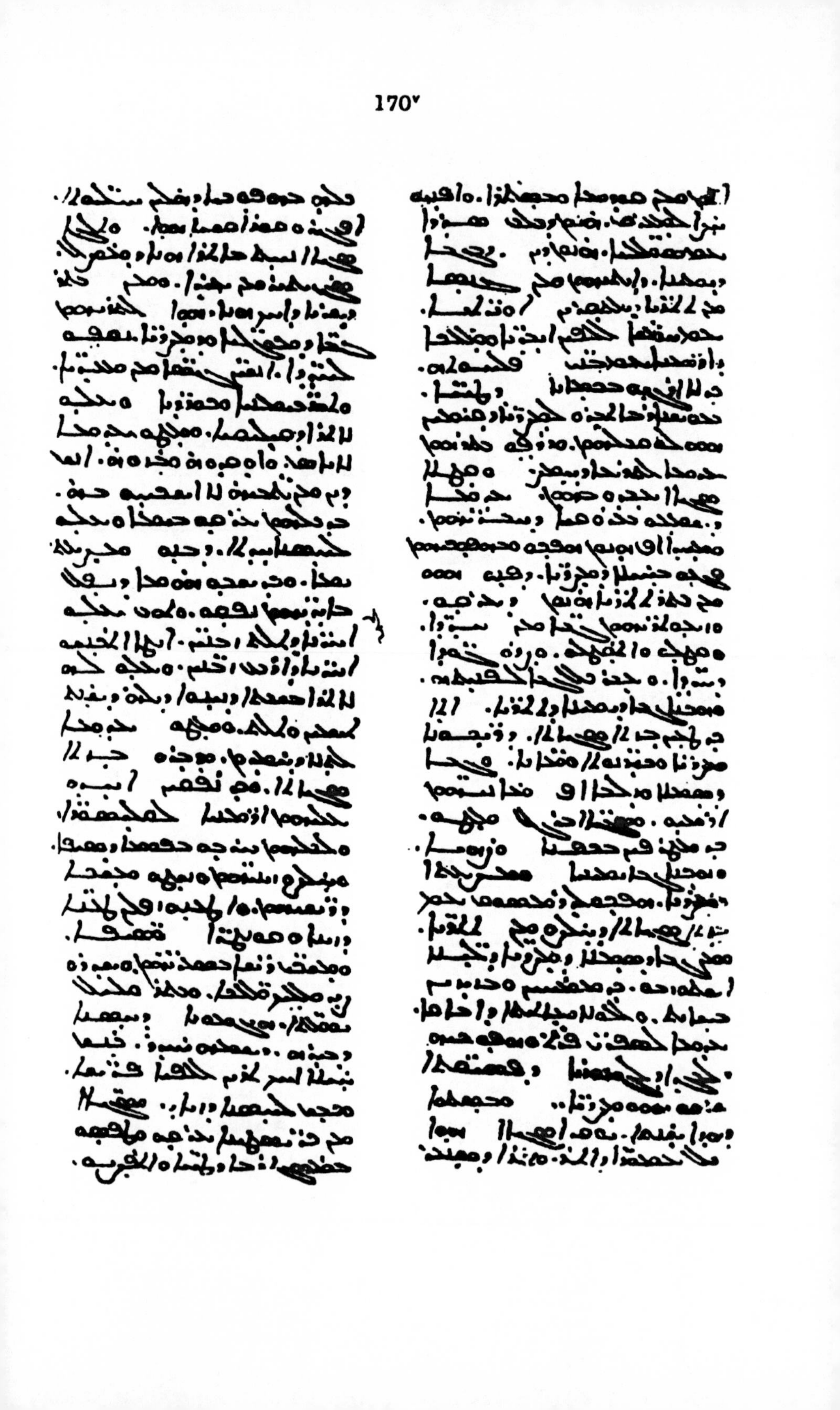

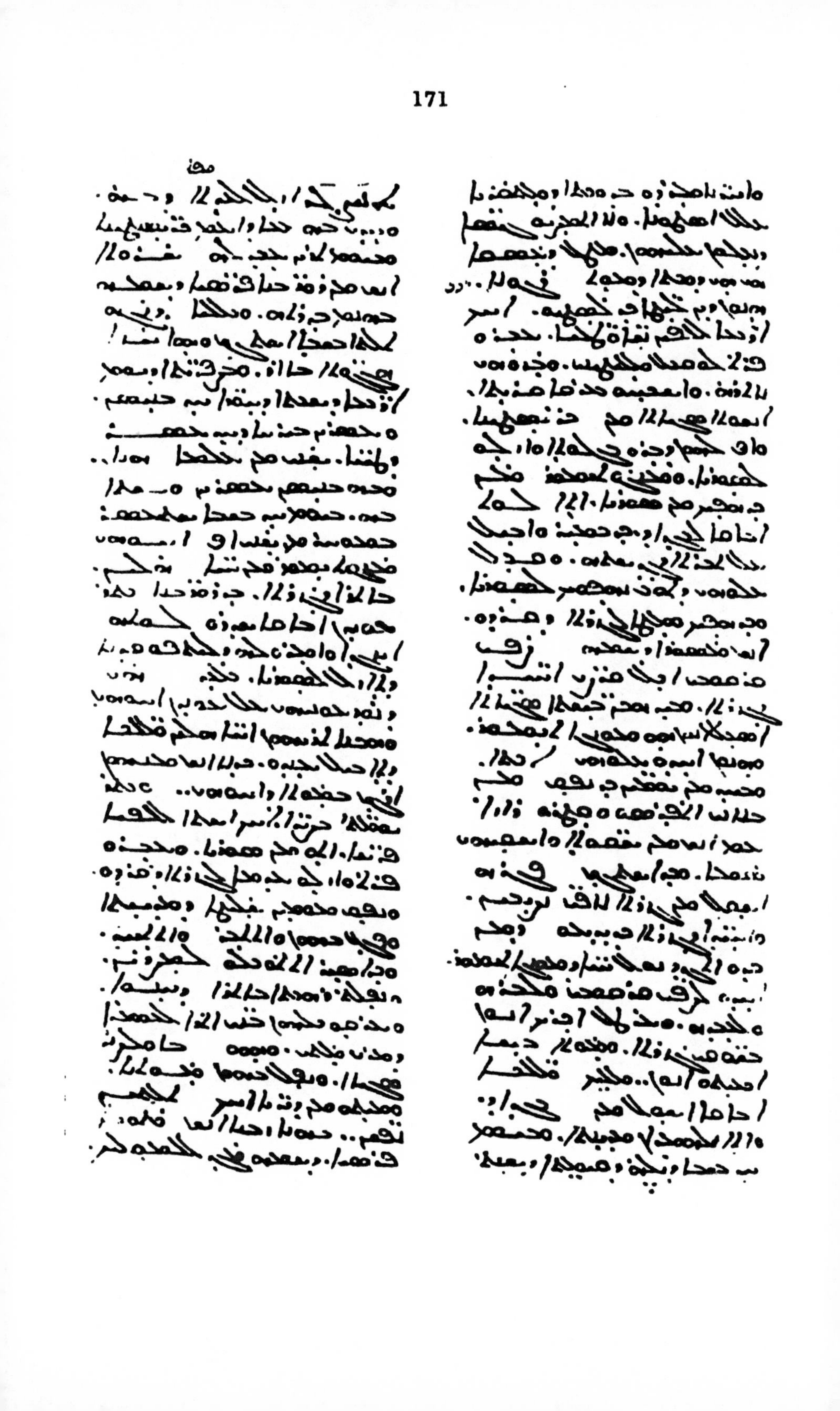

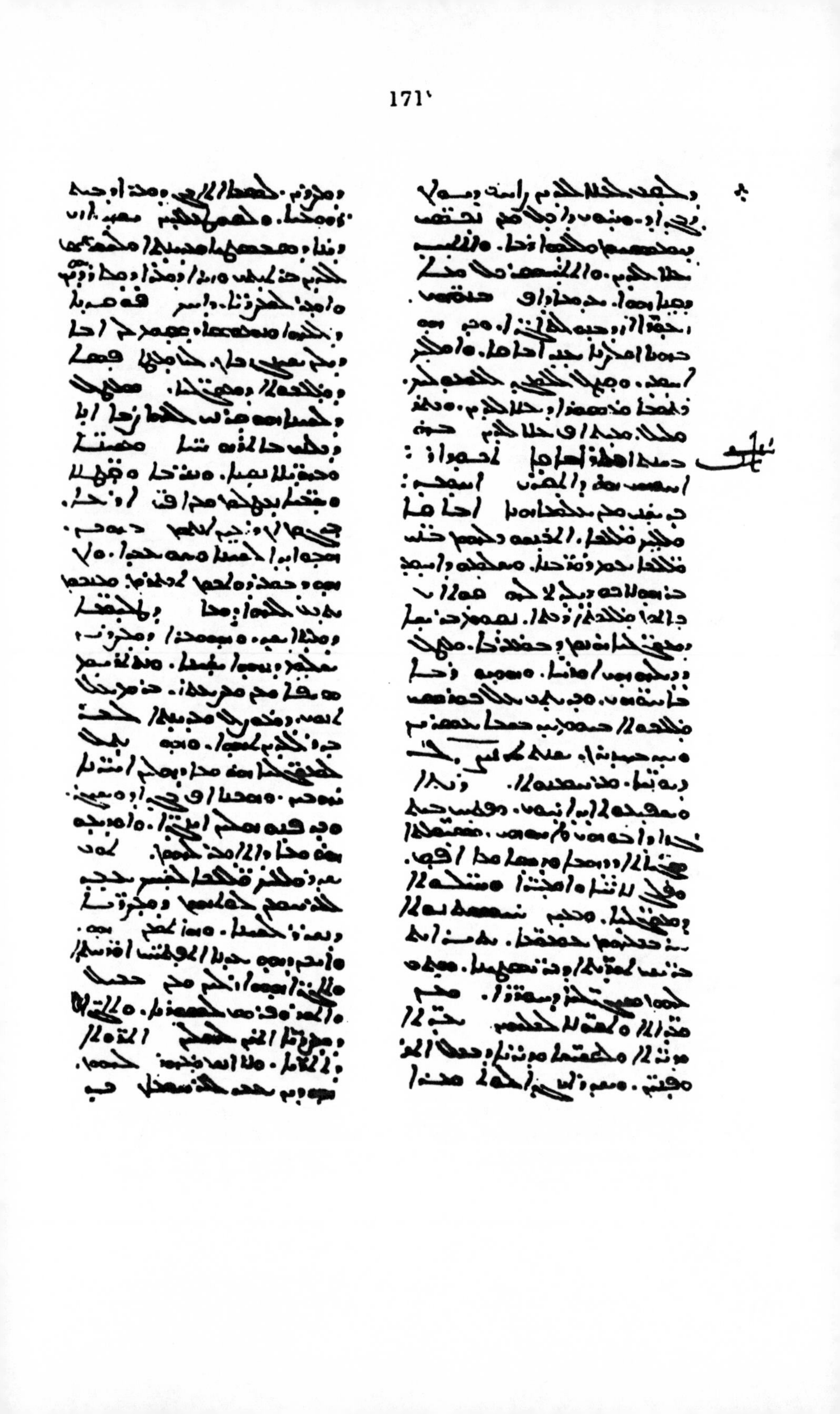

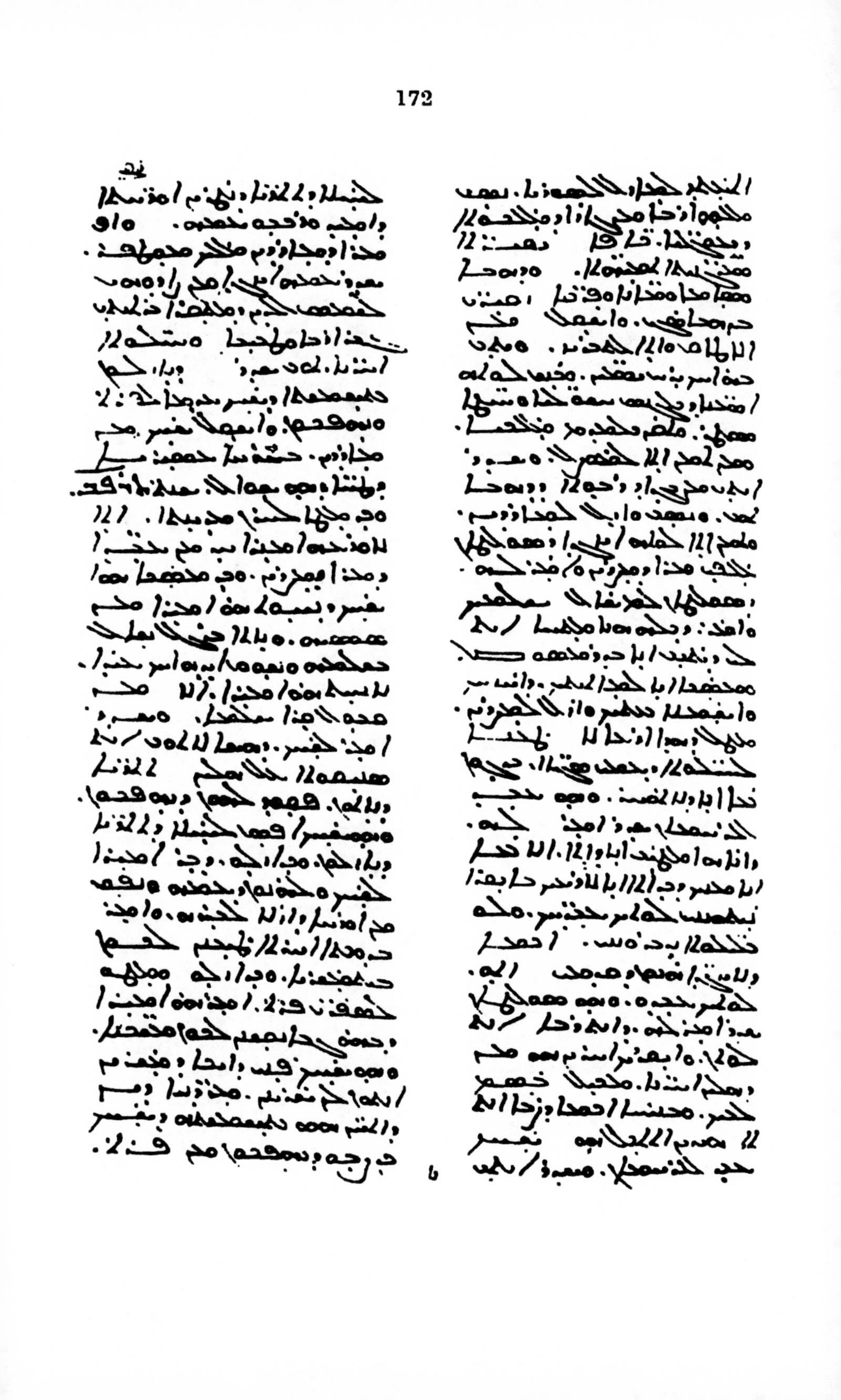

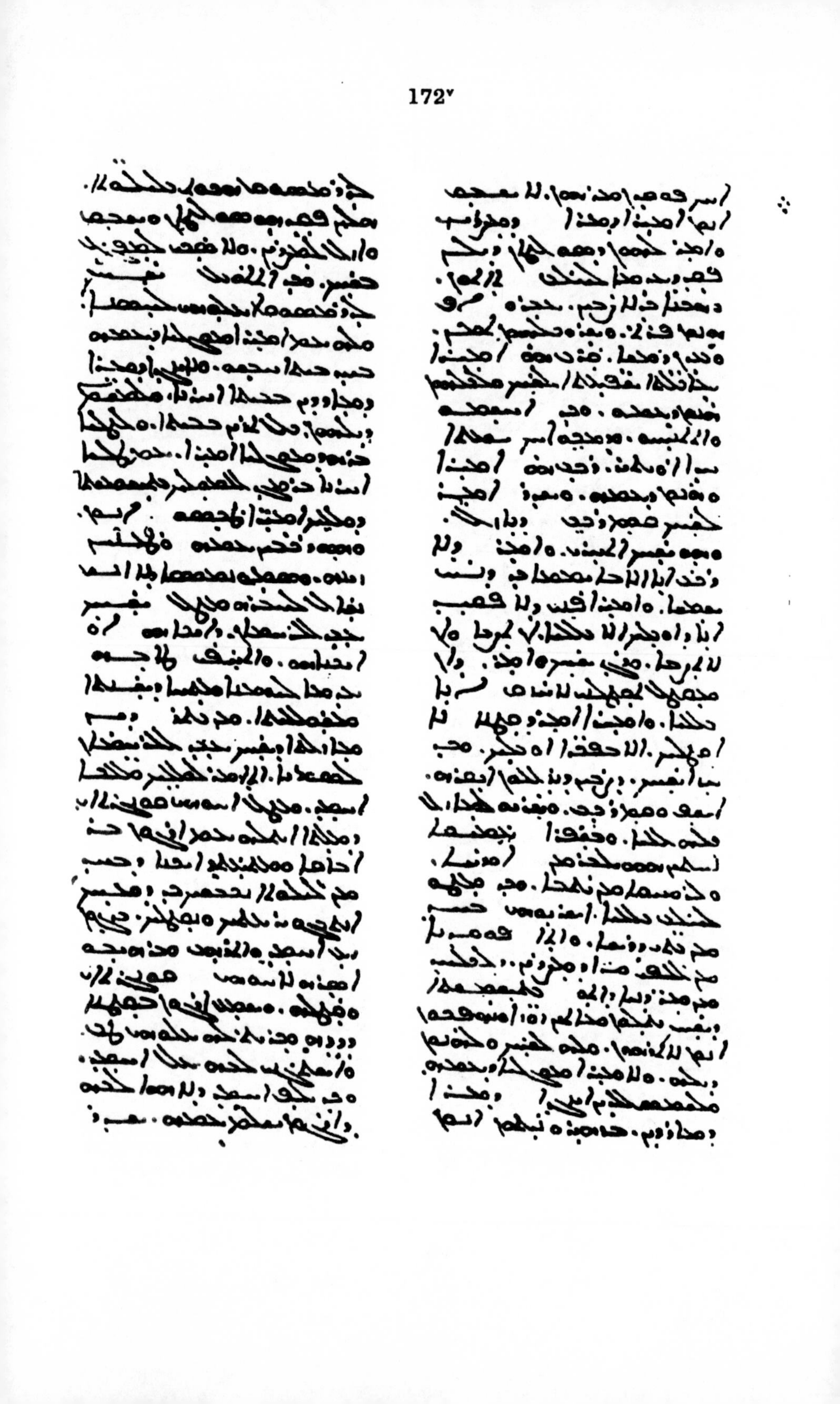

[illegible]

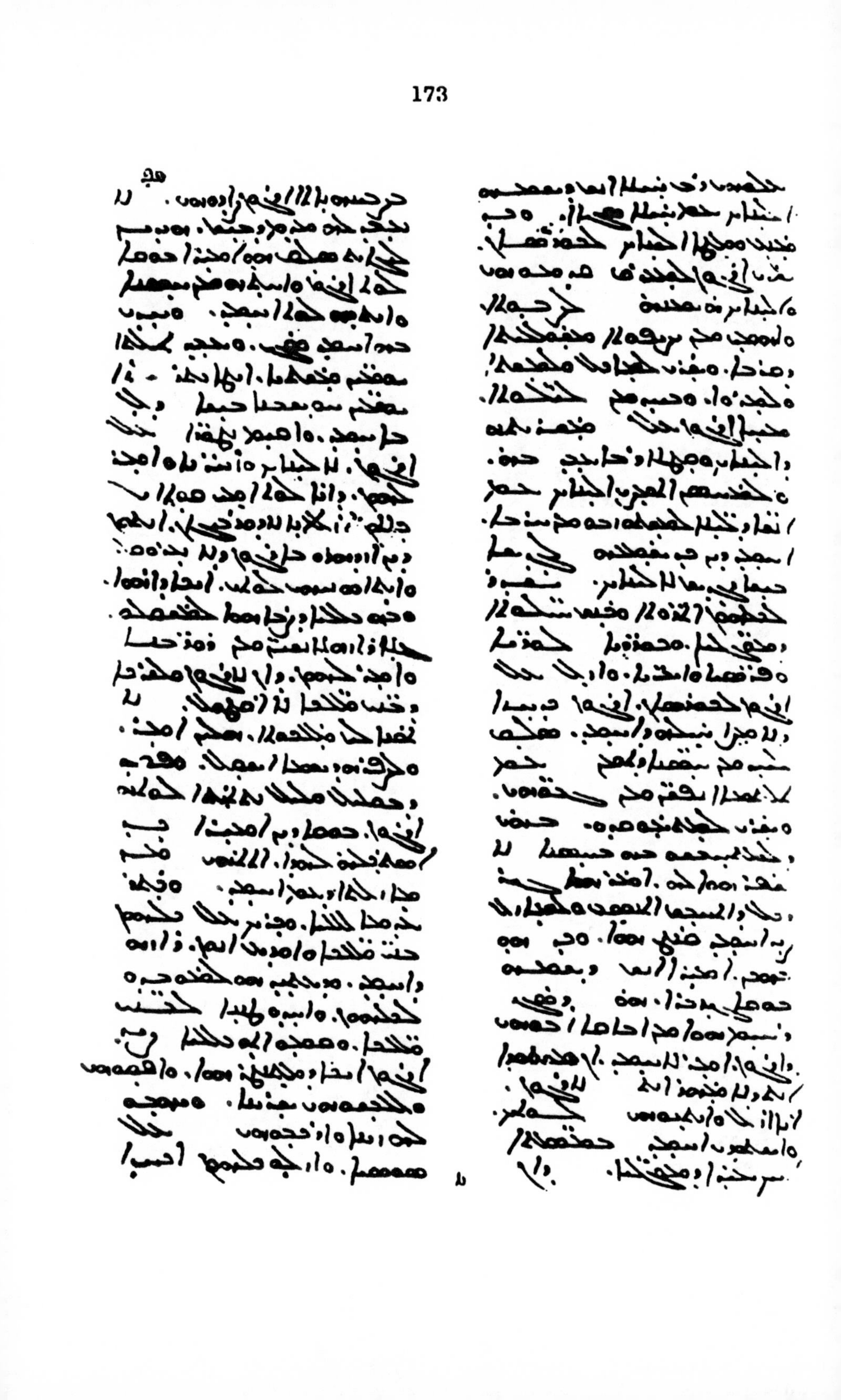

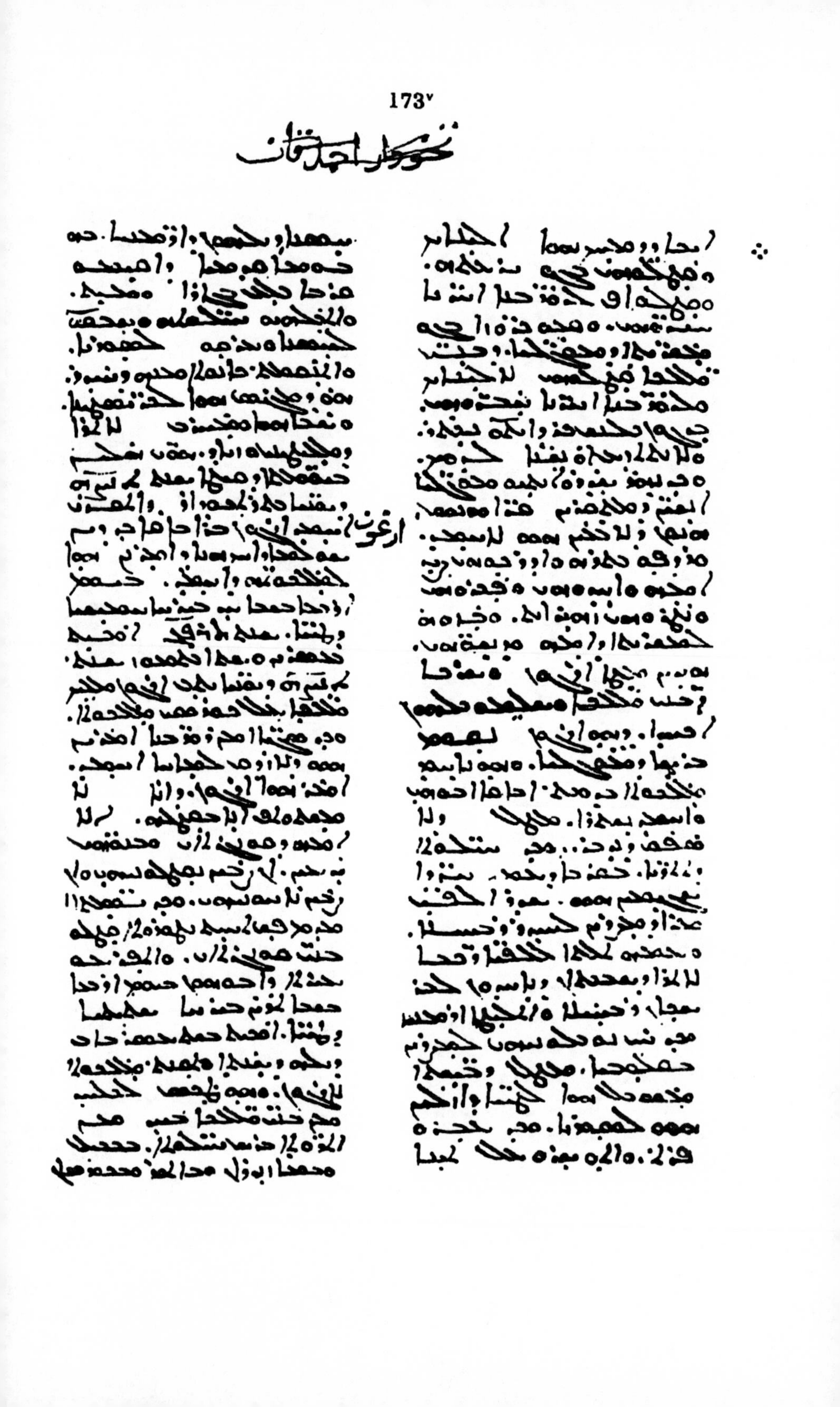

[illegible]

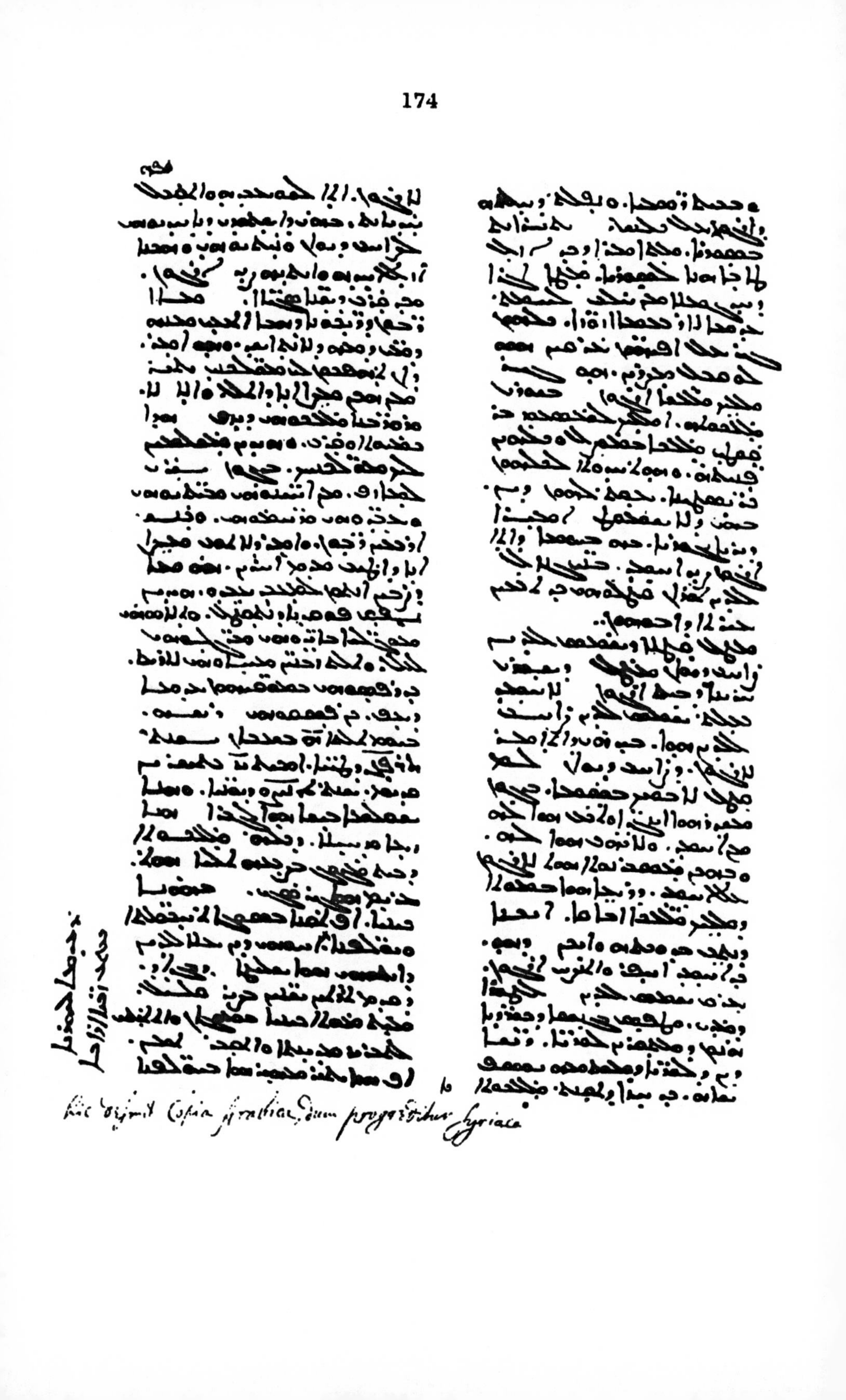

hic desinit Copia Arabica, dum progreditur Syriaca

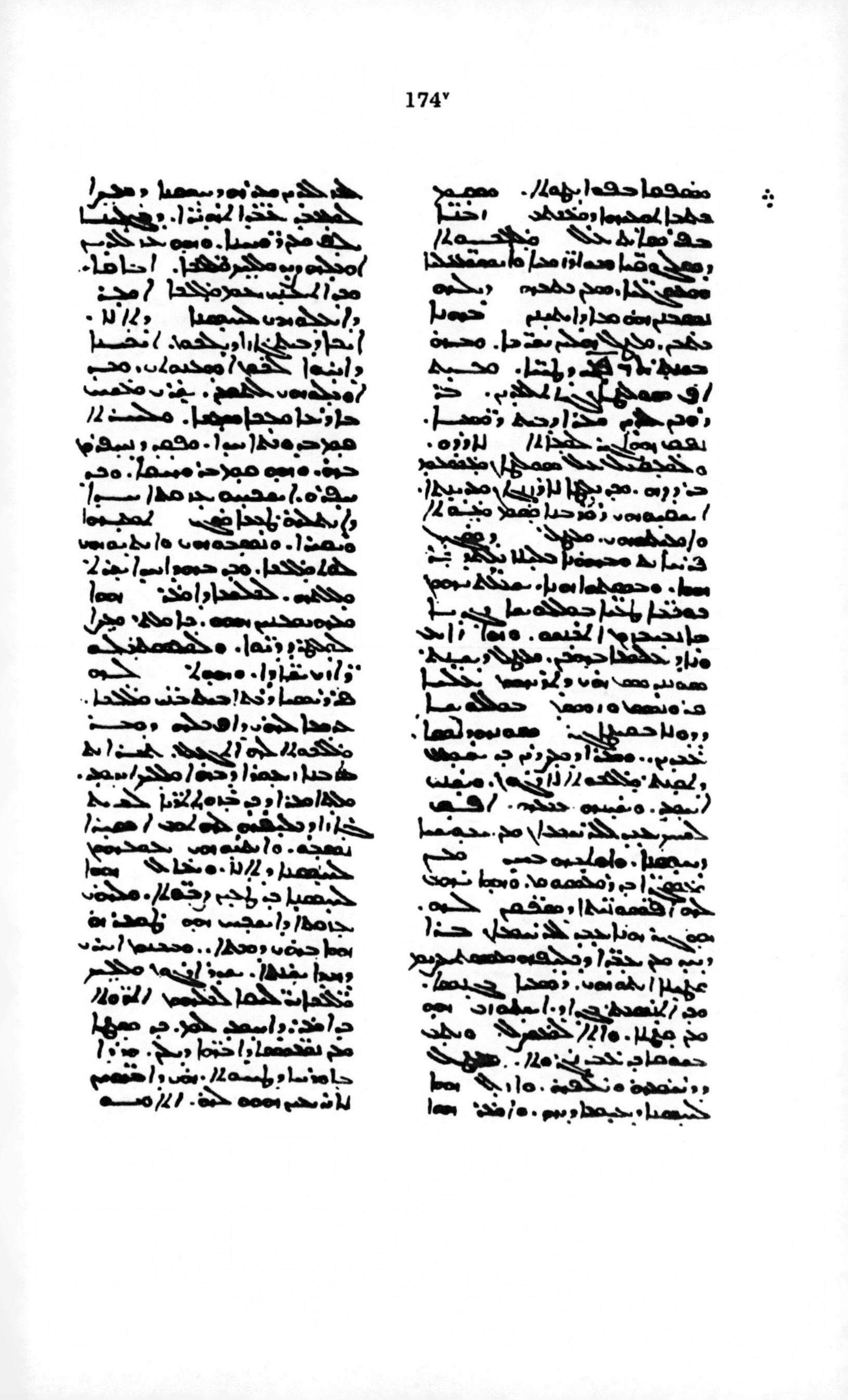

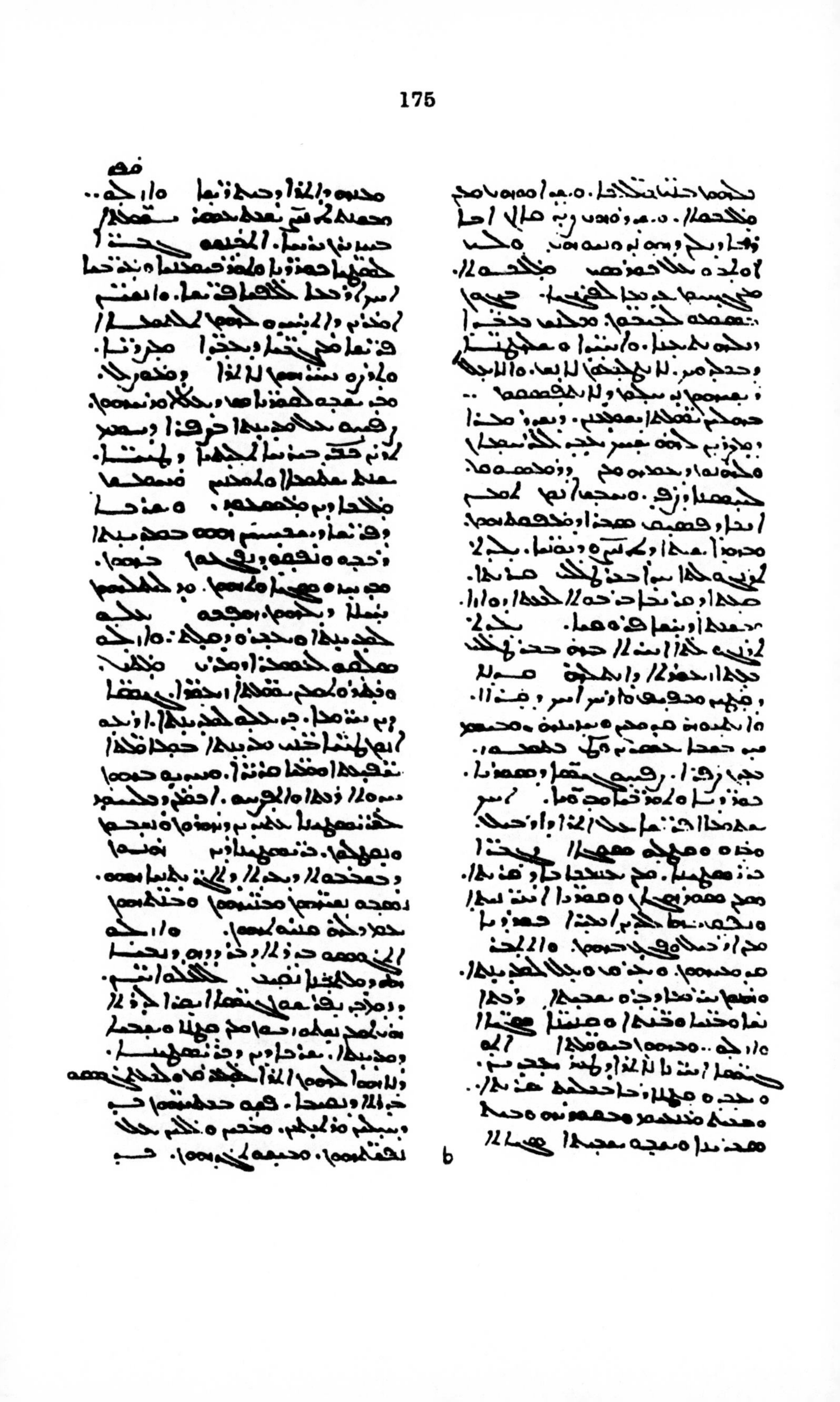

b

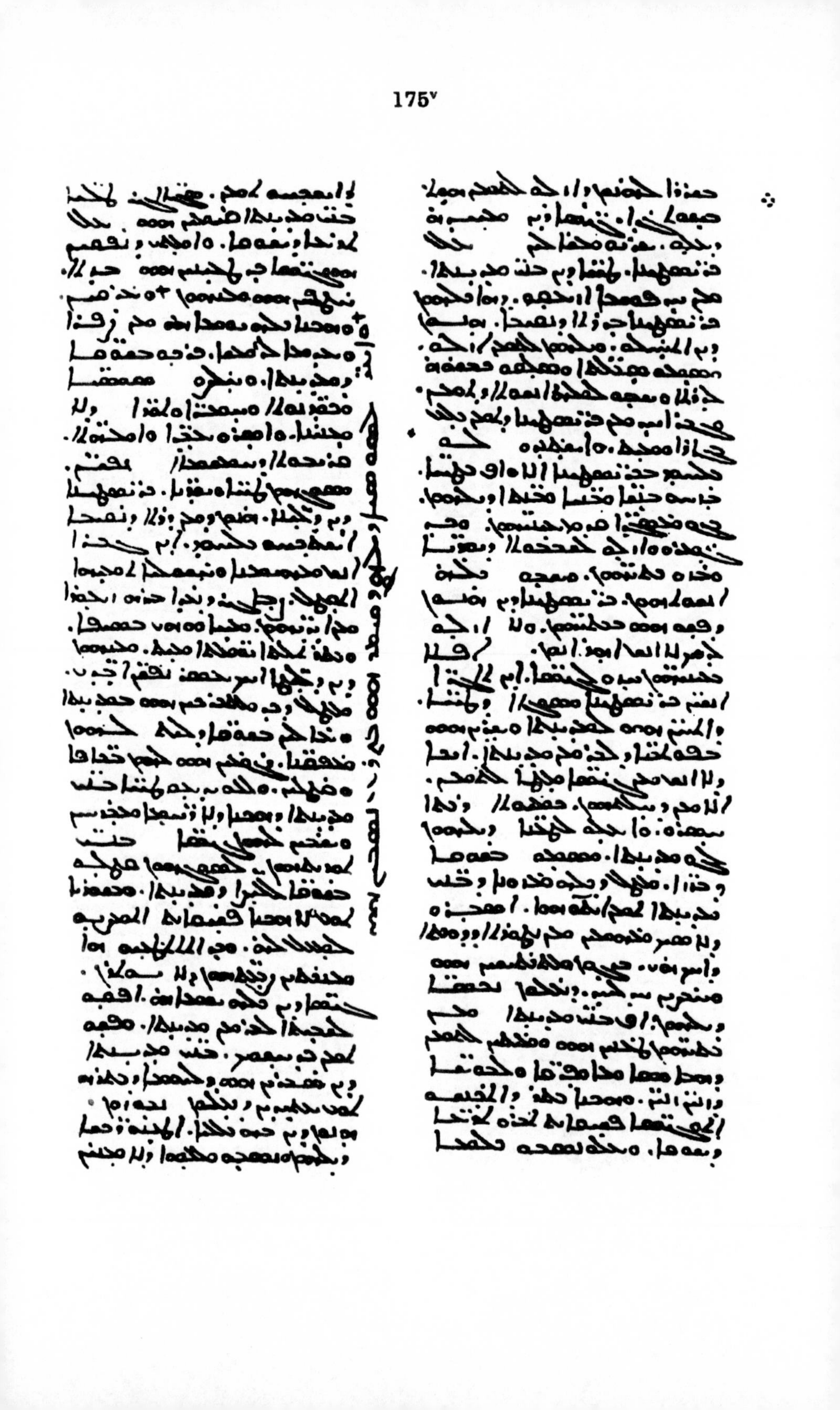

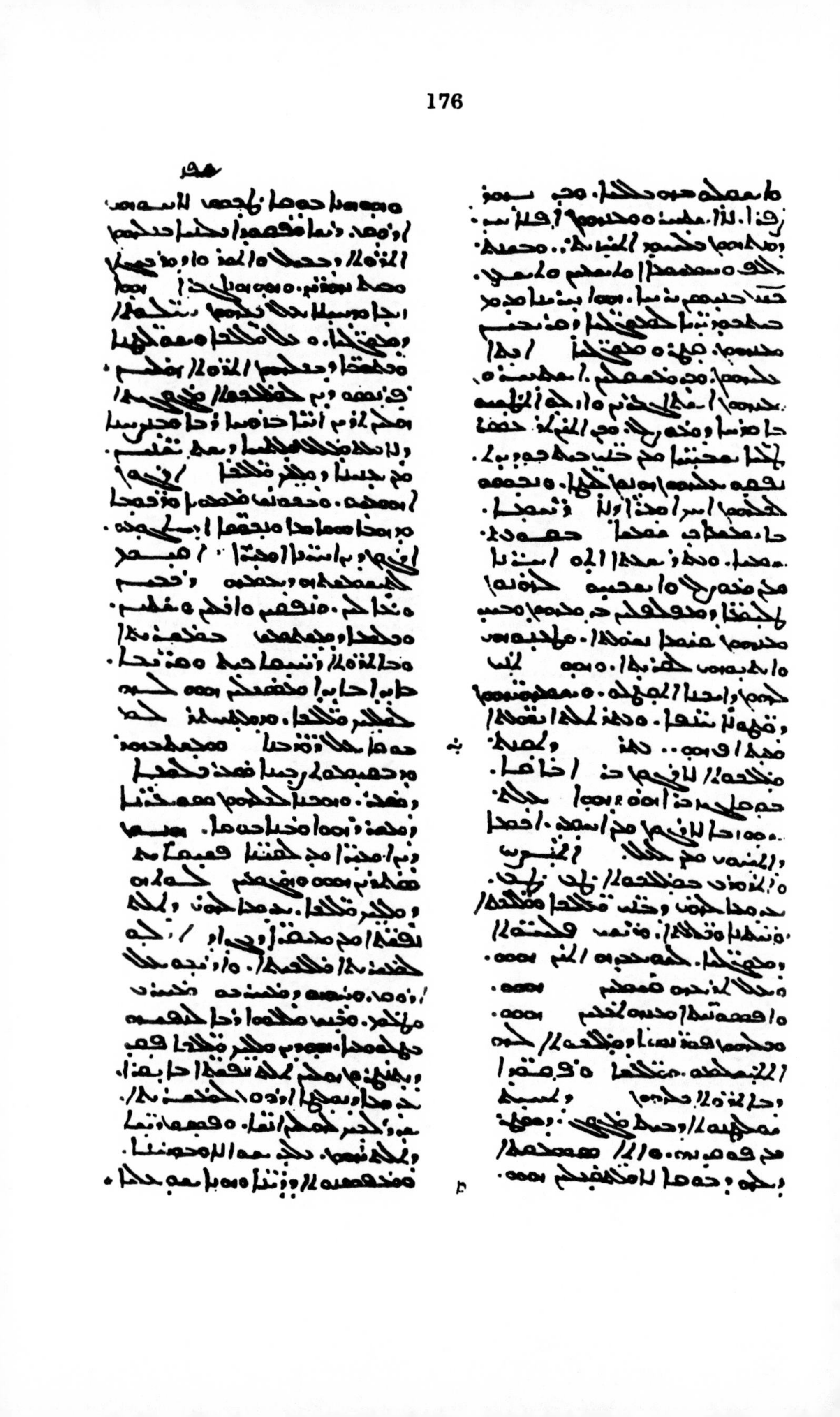

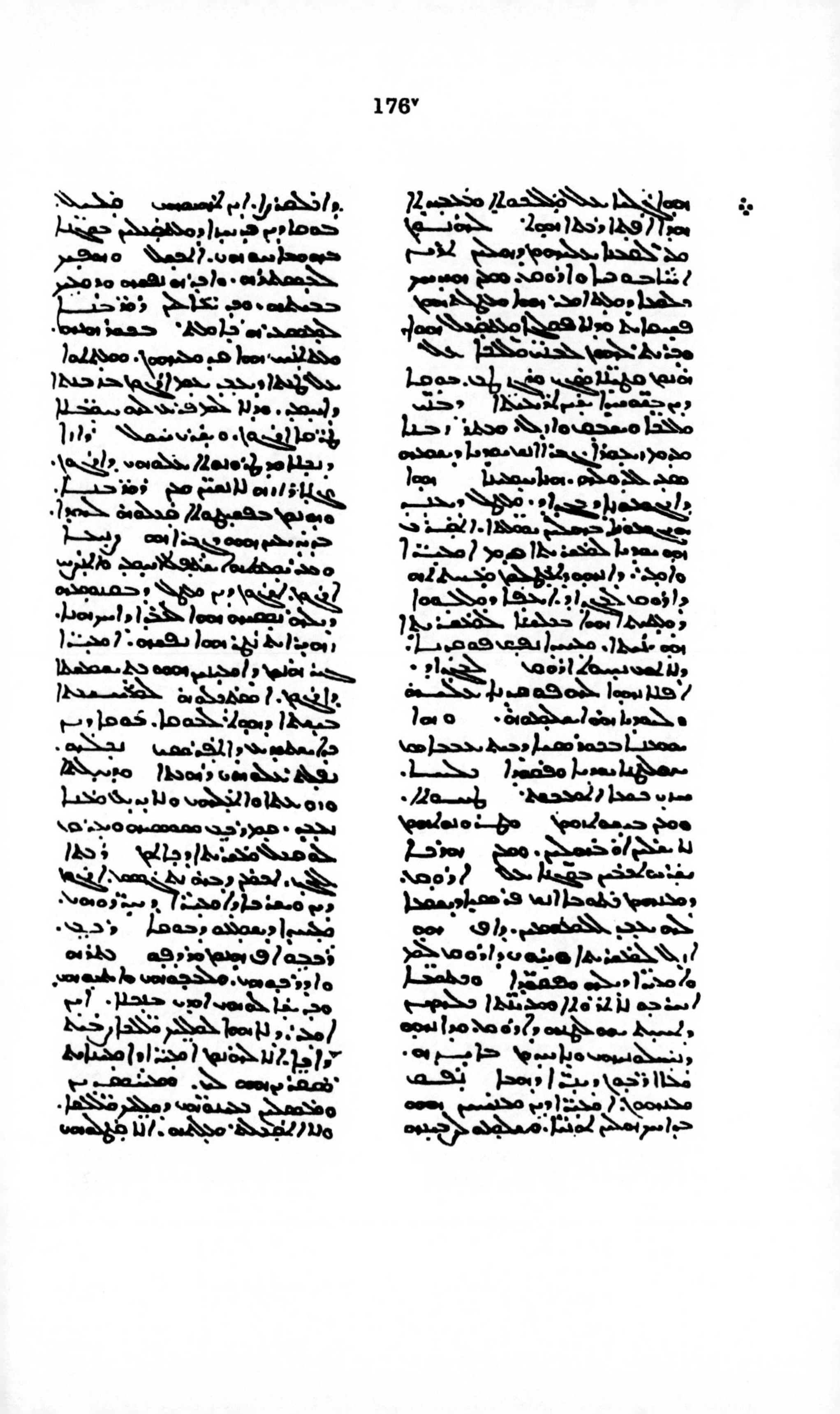

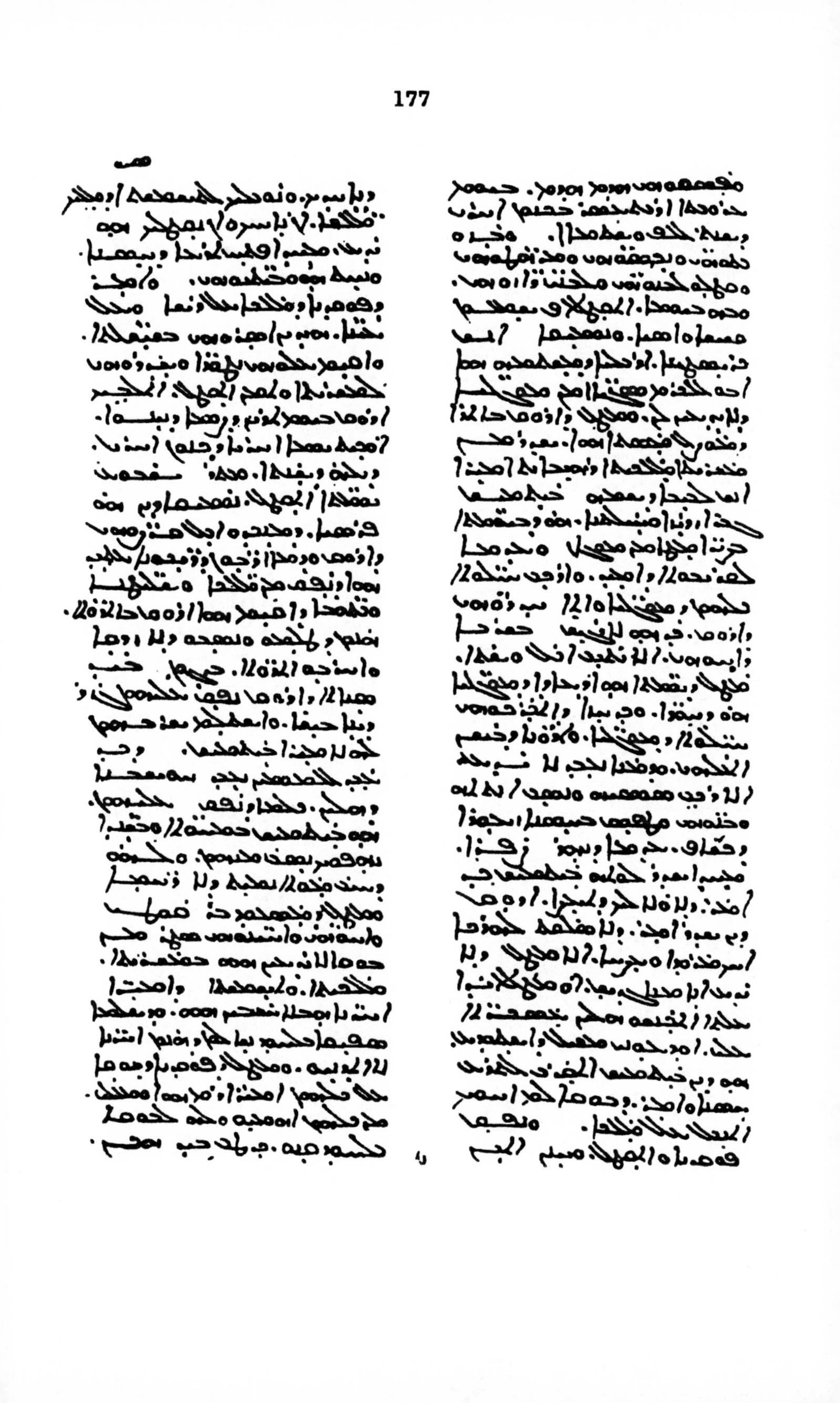

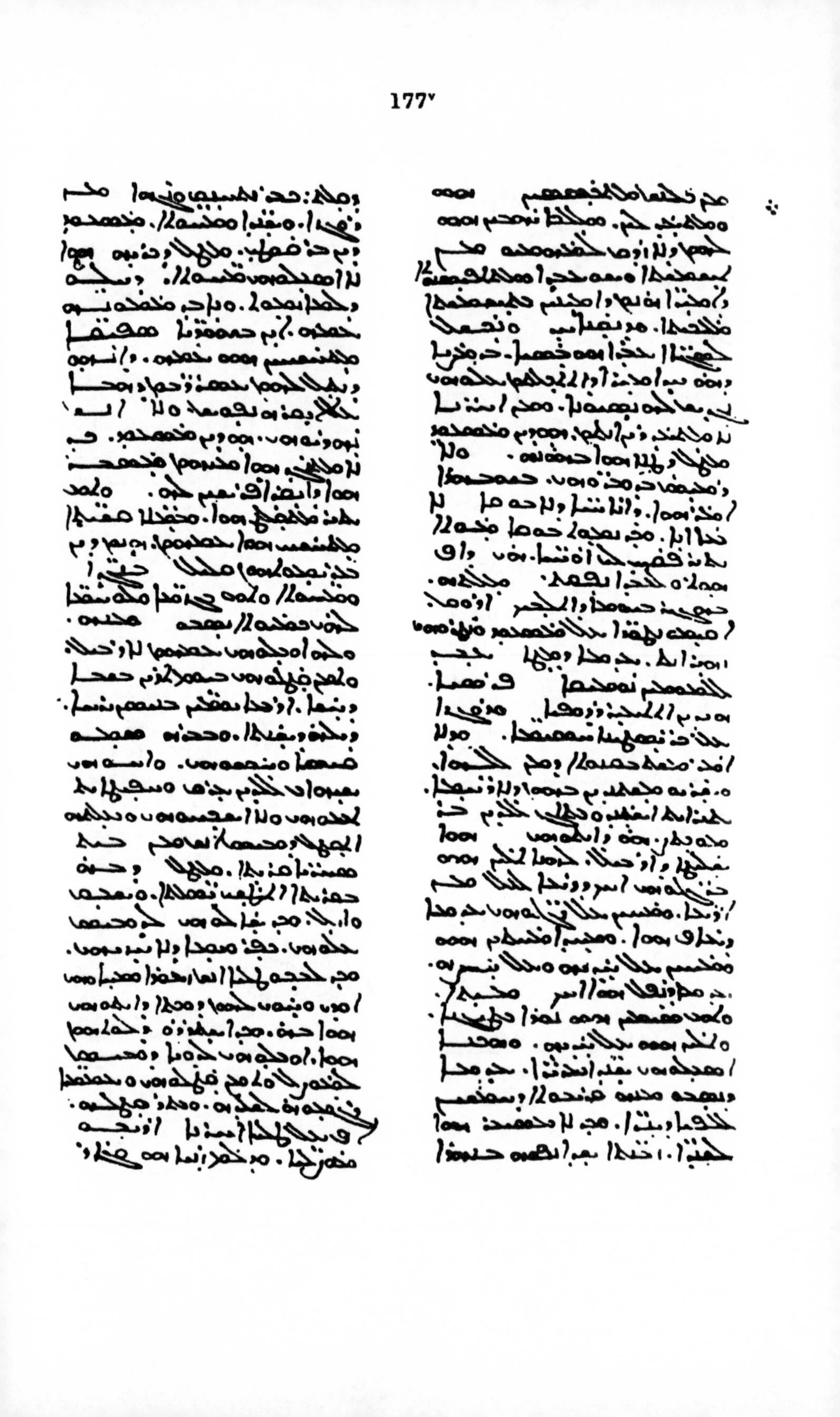

[illegible]

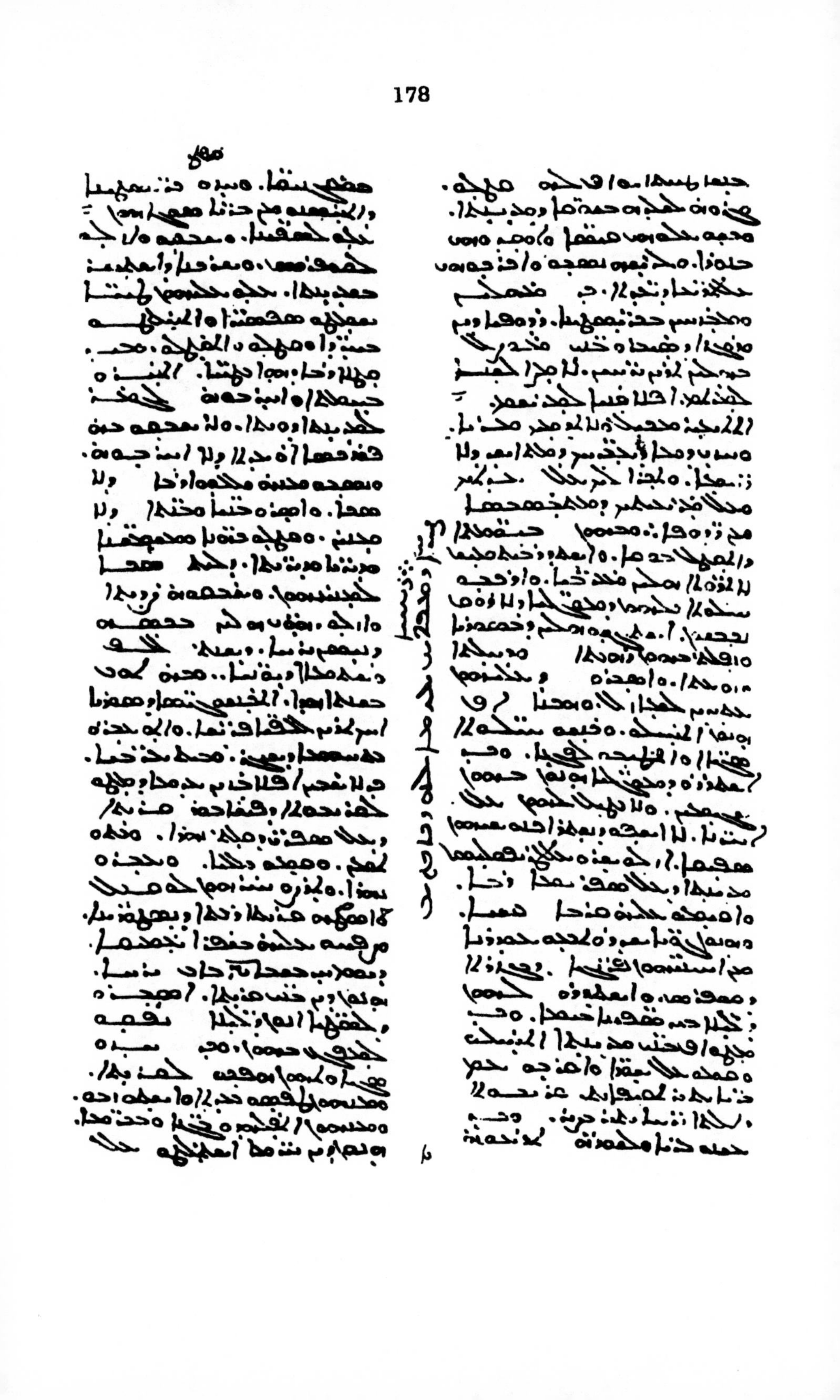

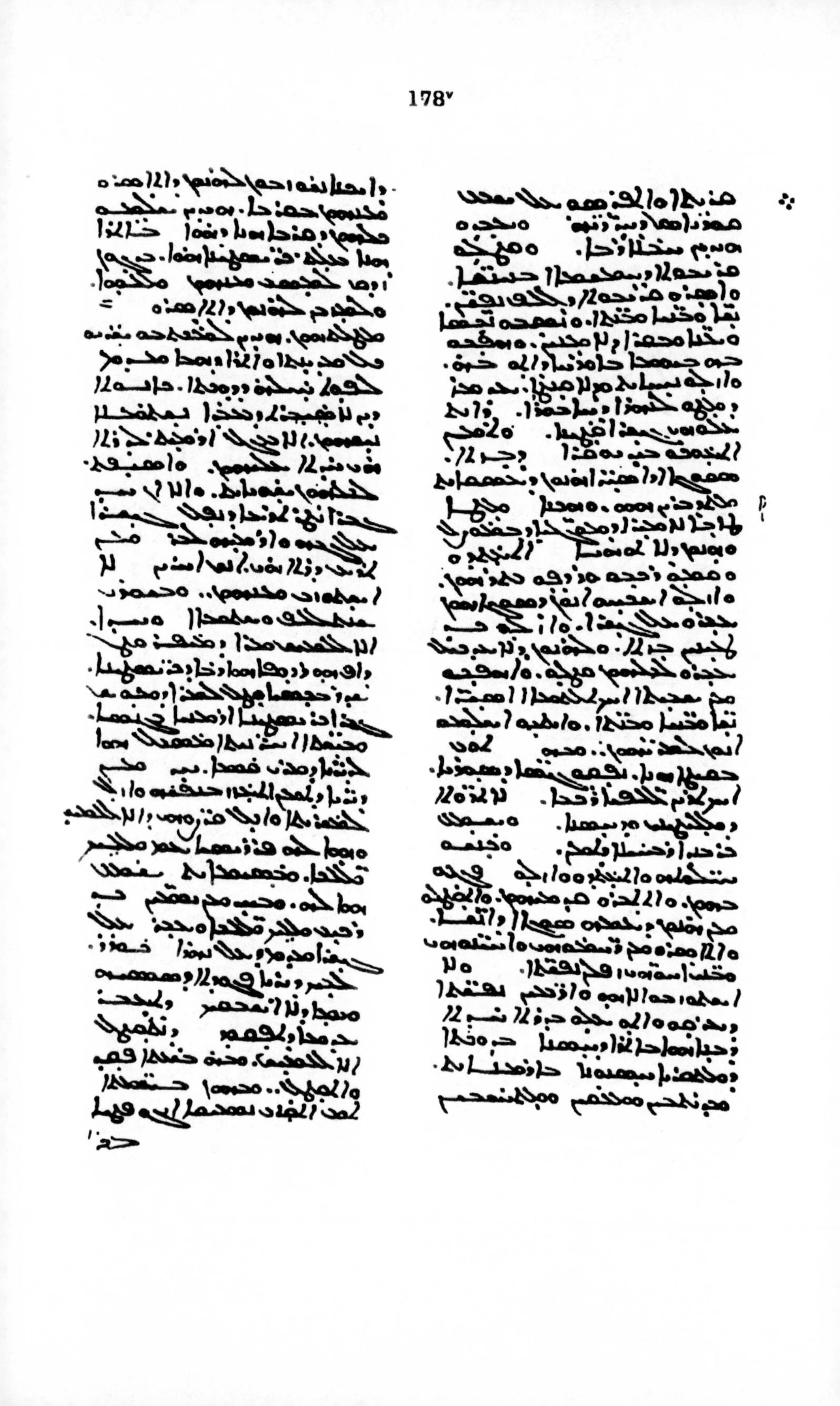

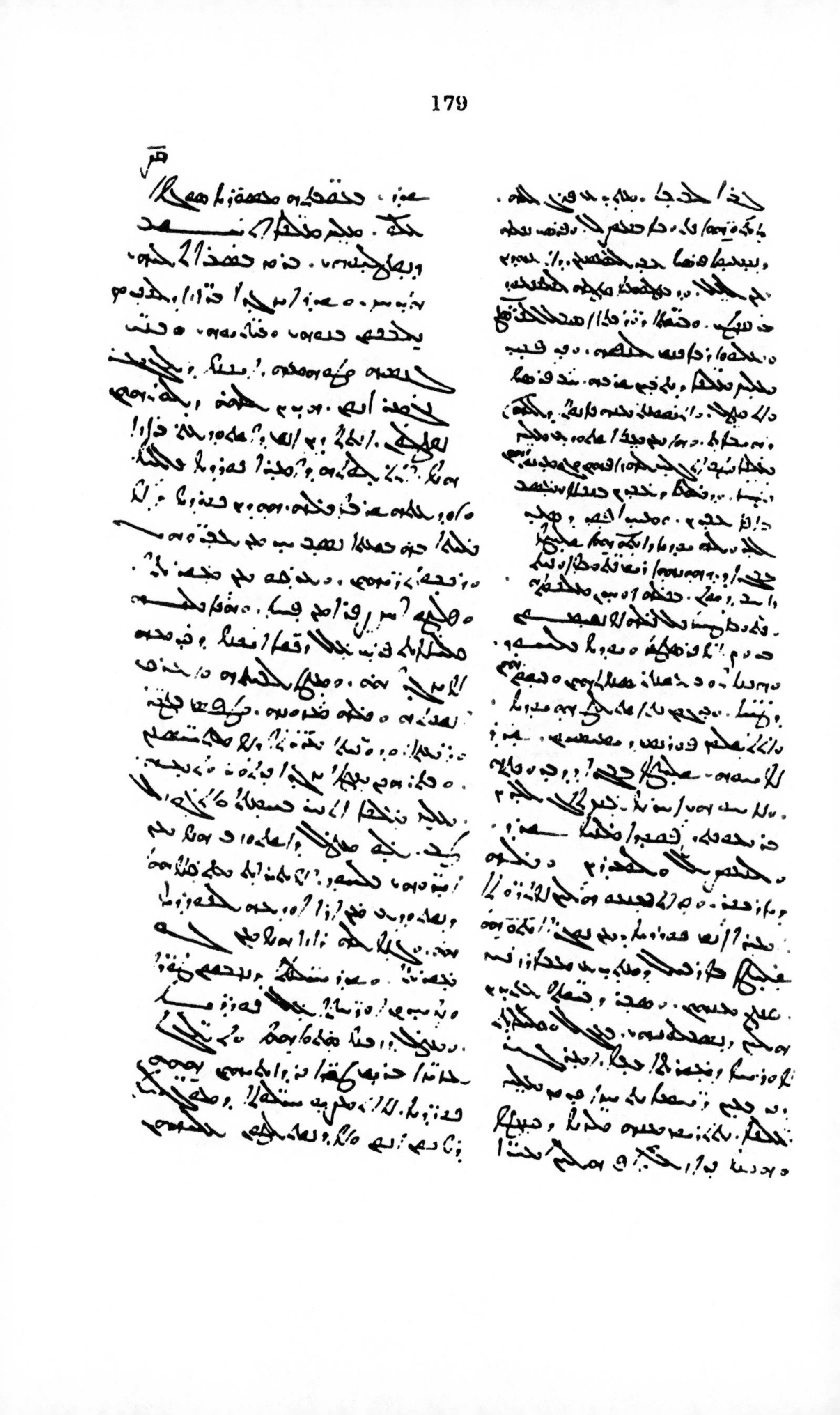

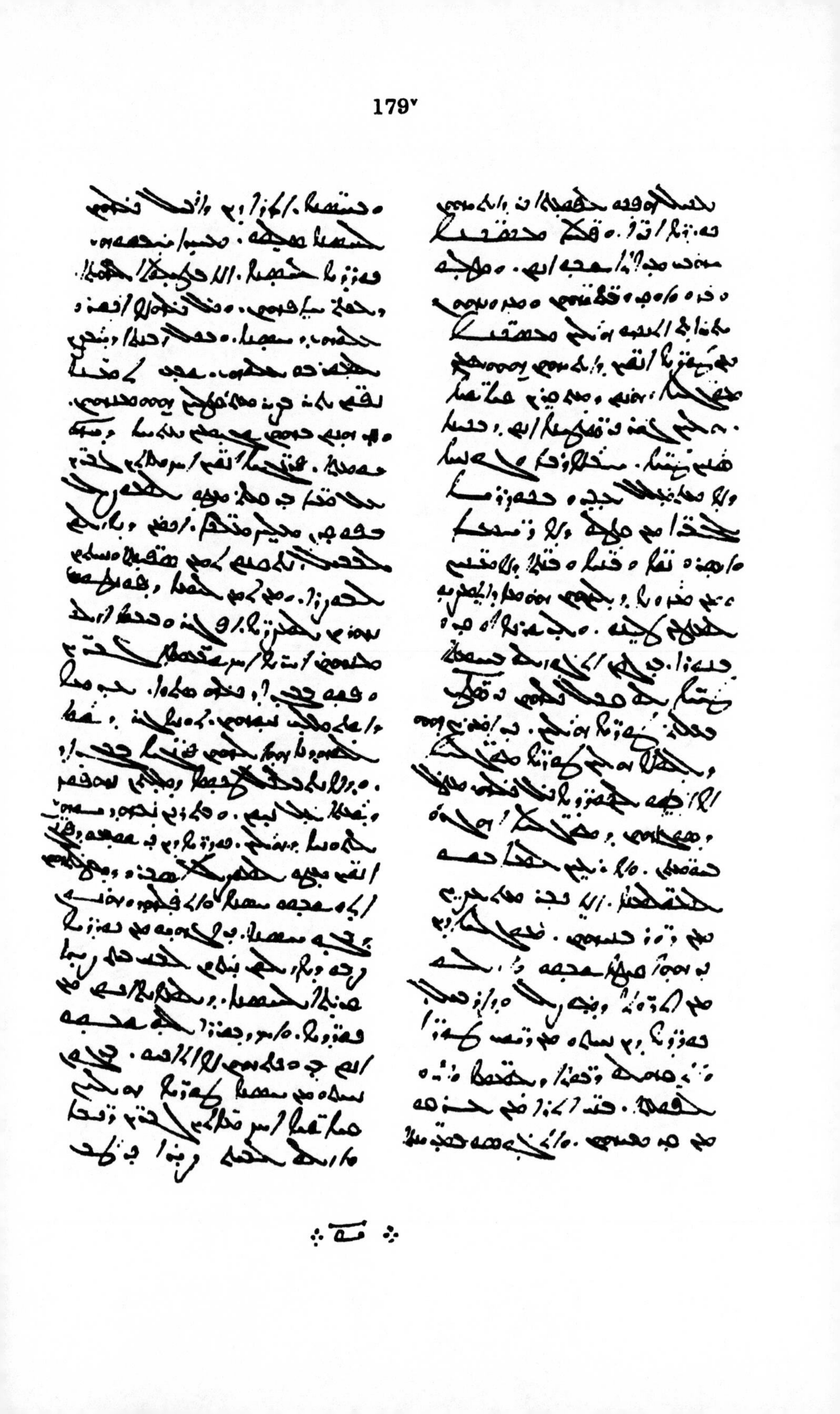

⁘ ܫܠܡ ⁘

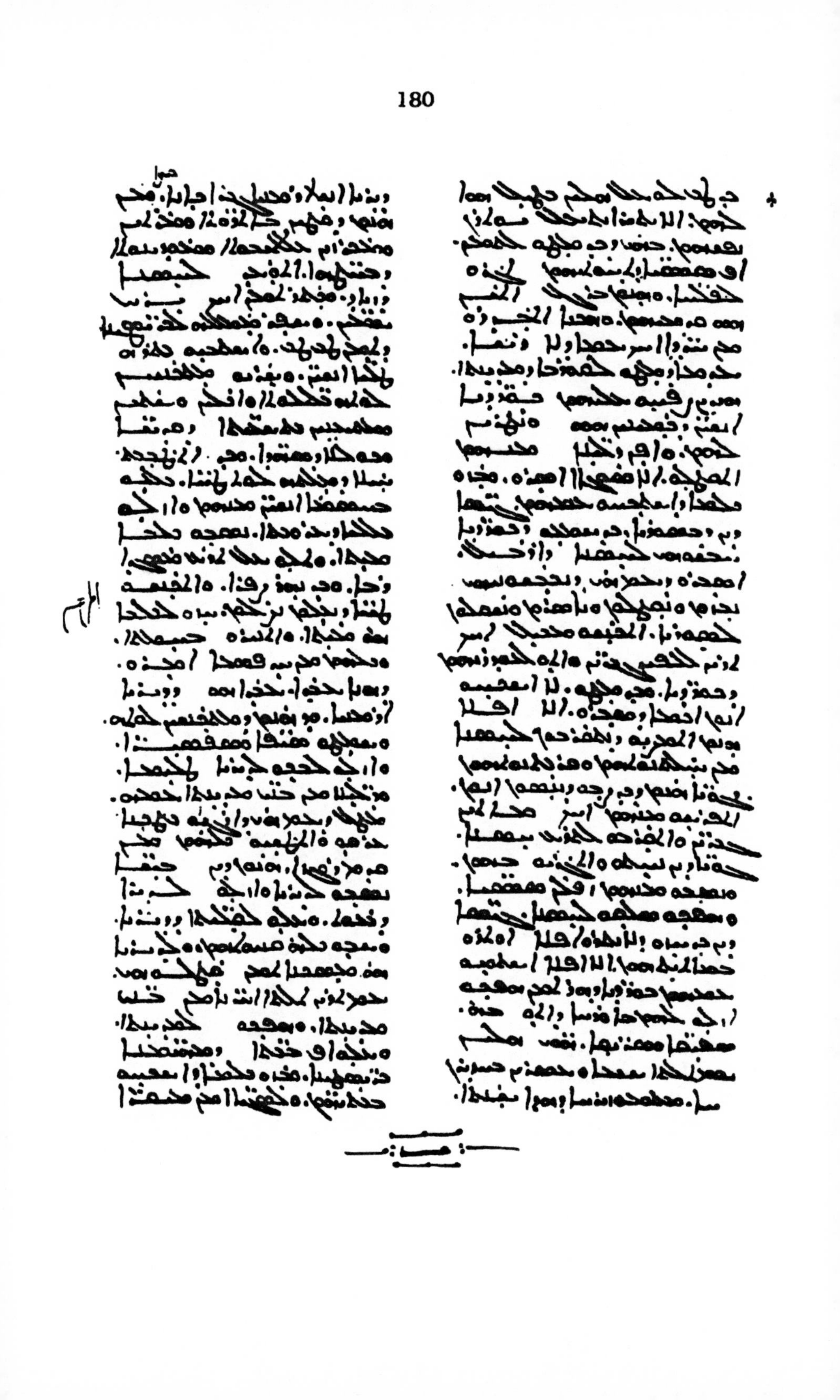

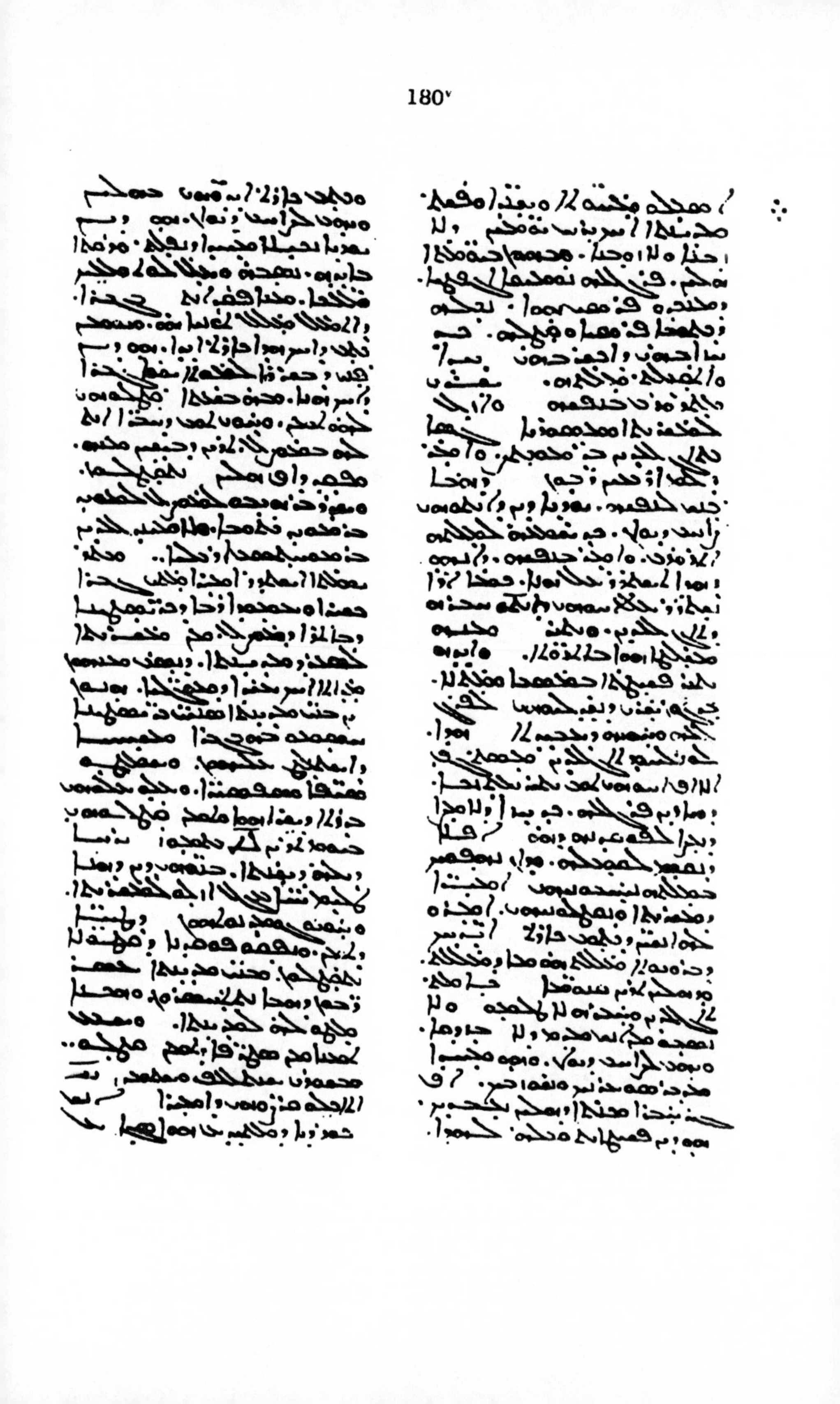

[illegible]

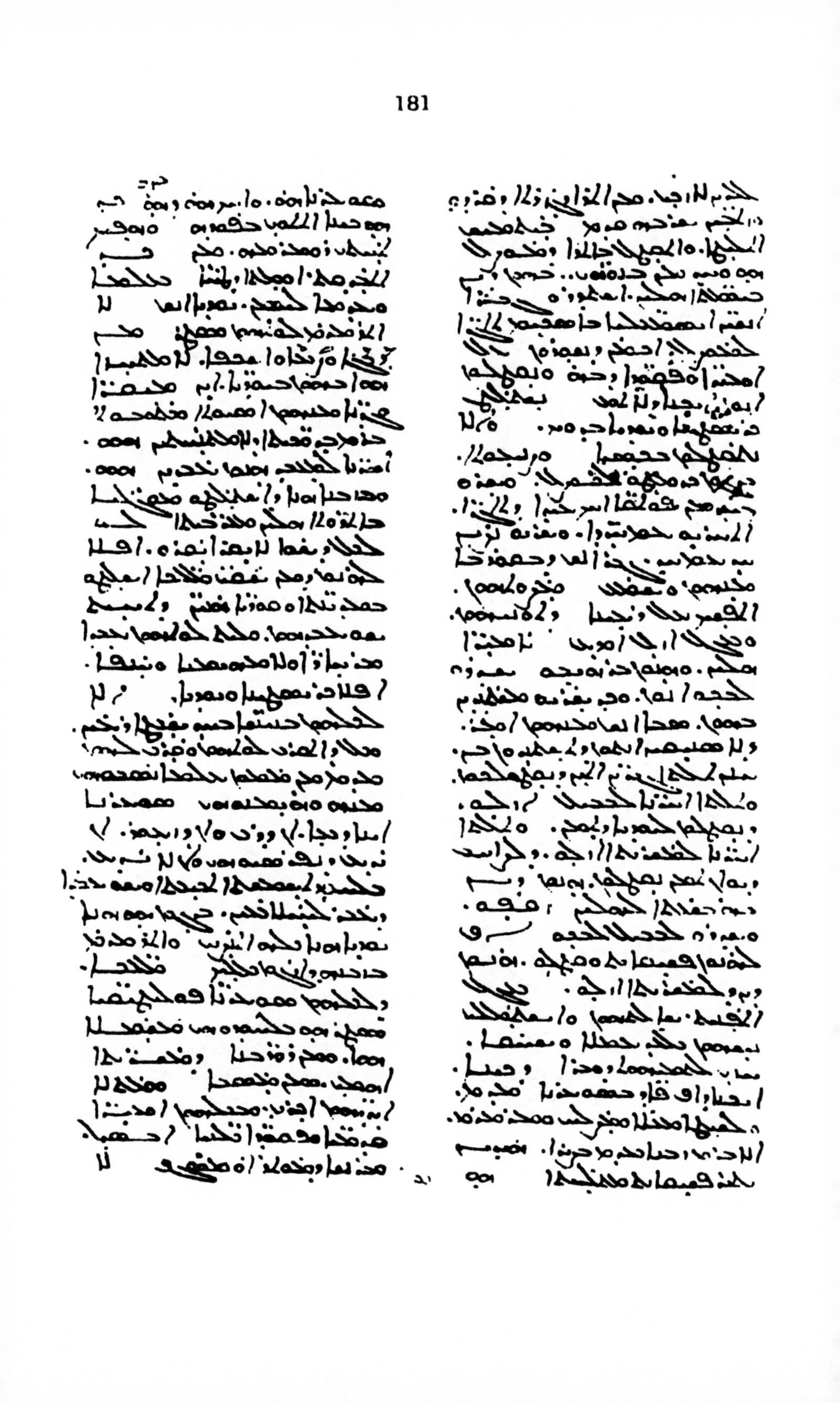

[illegible]

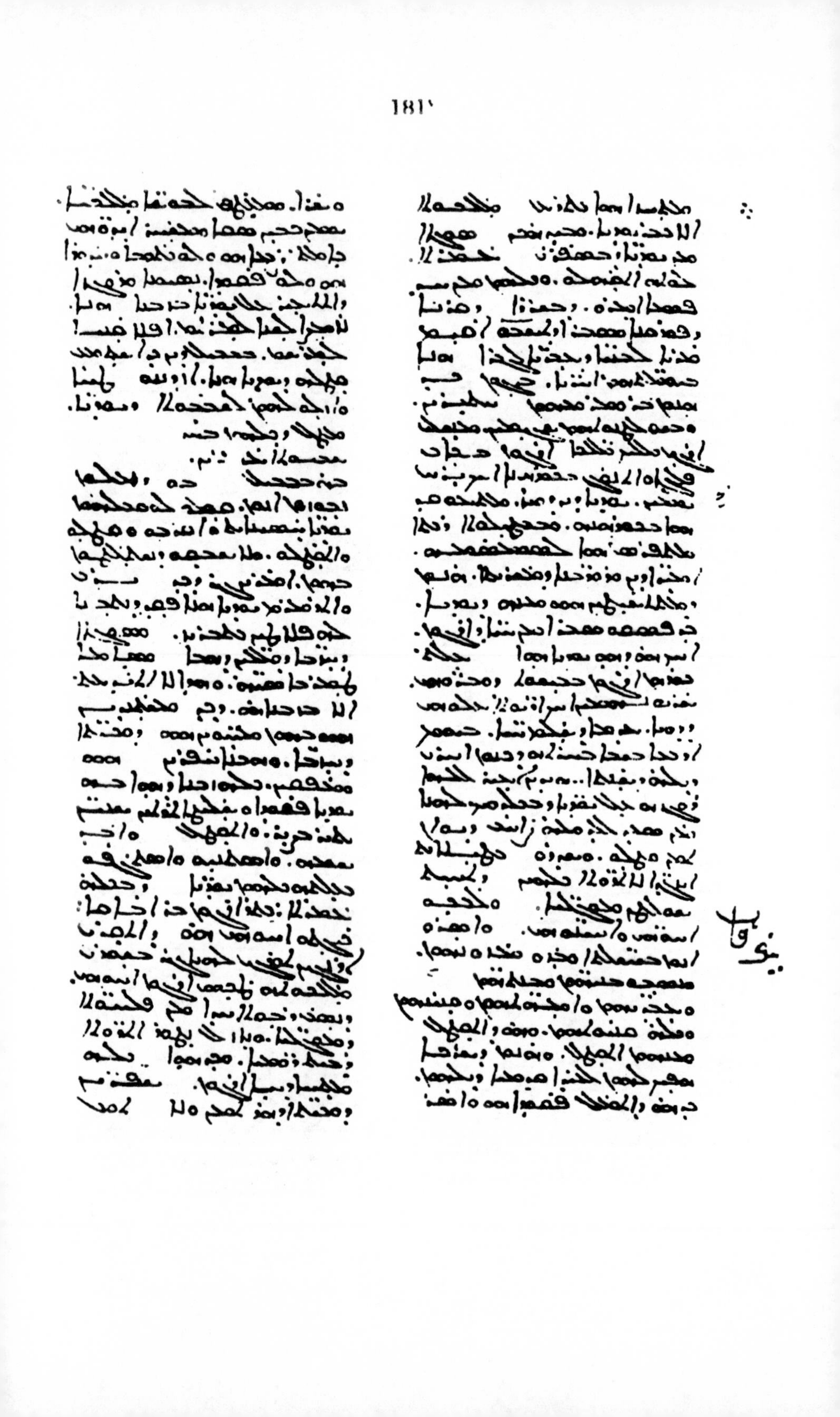

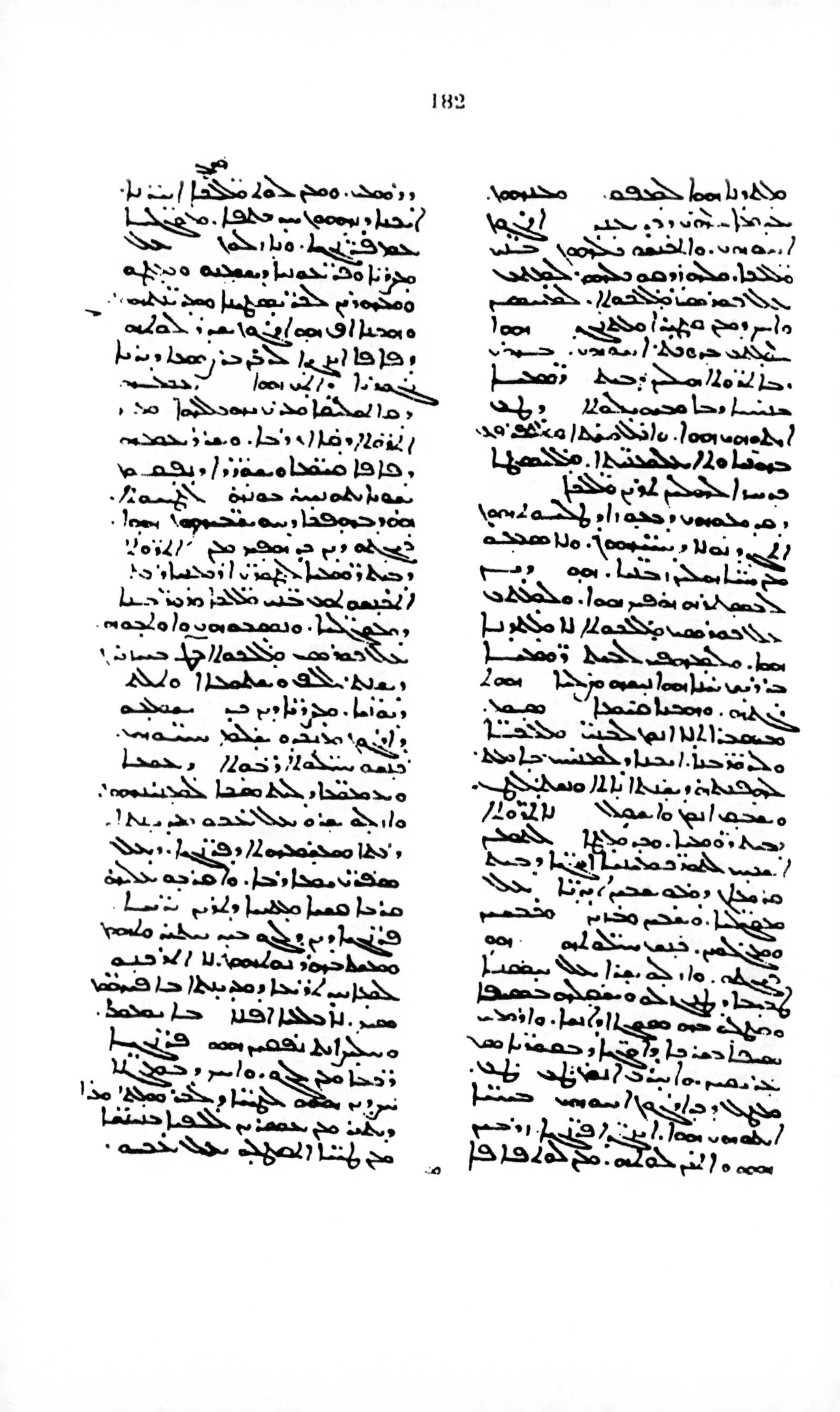

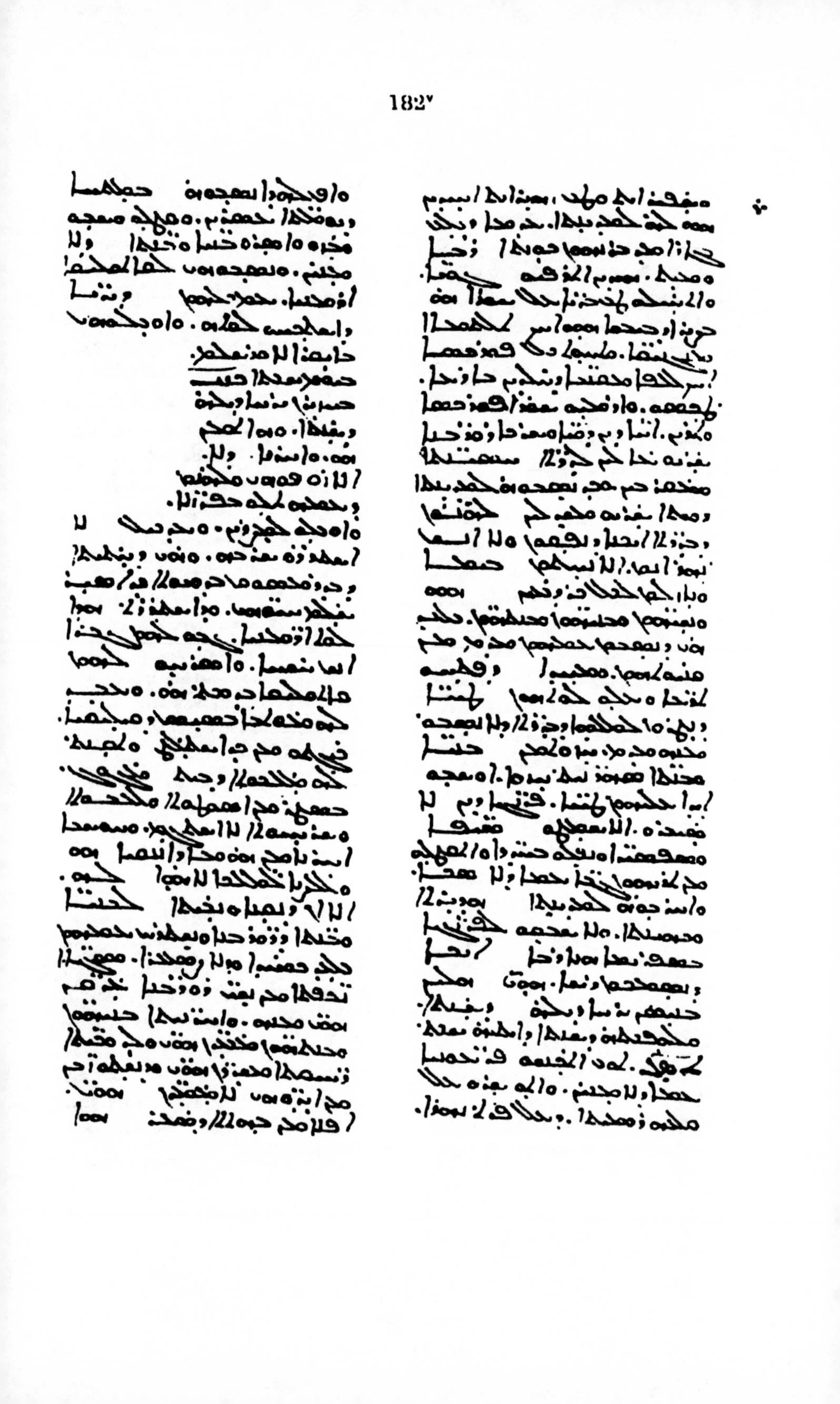

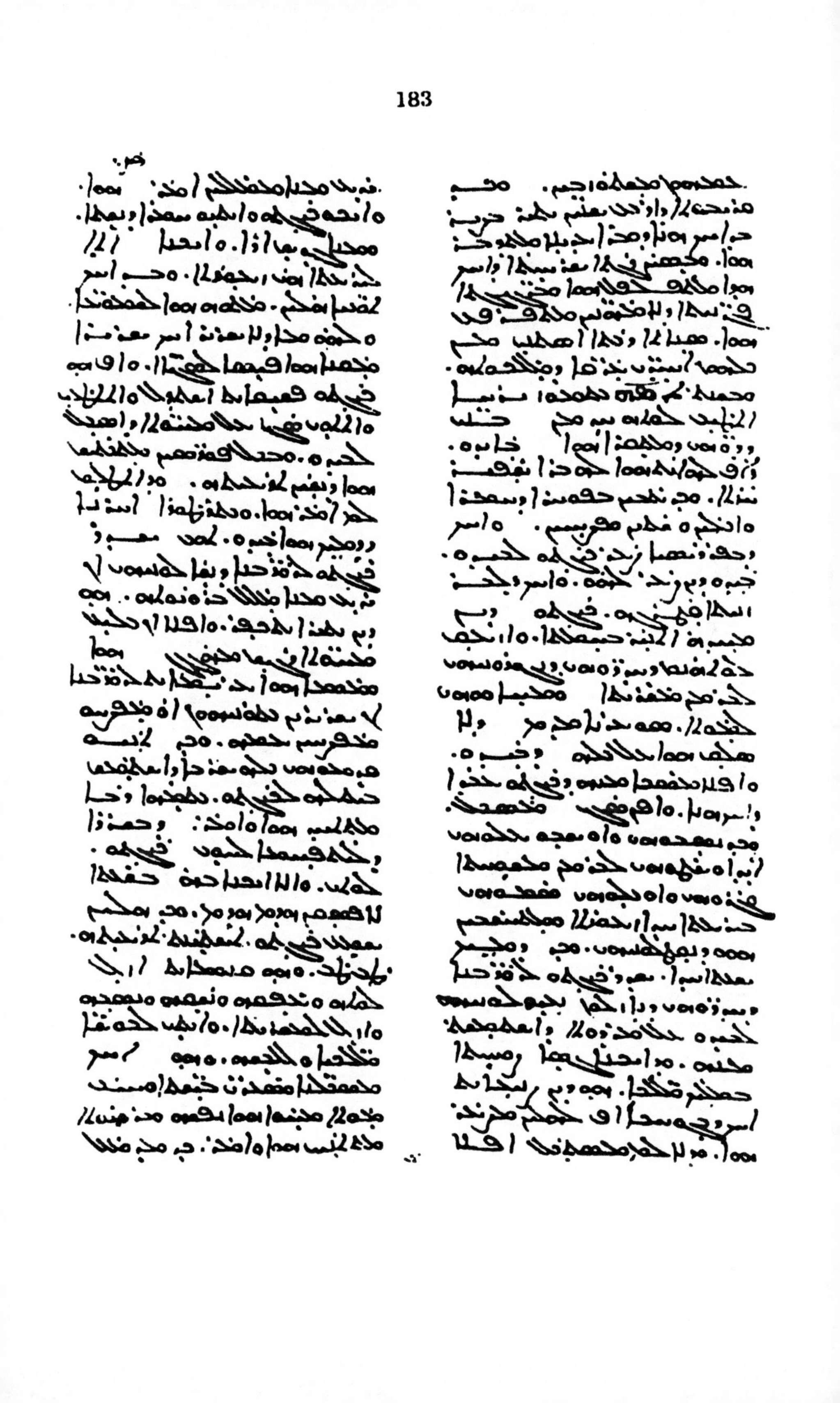

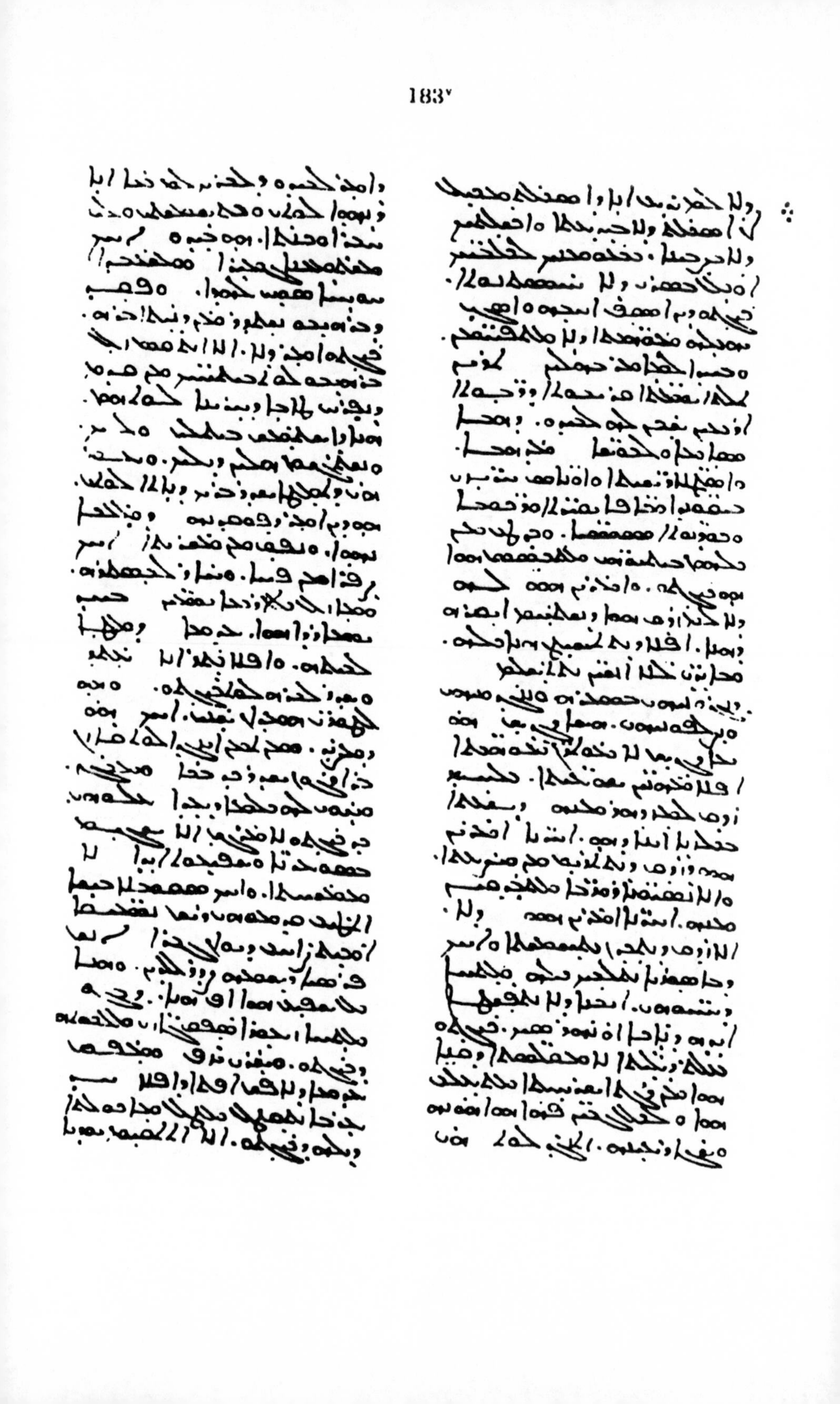

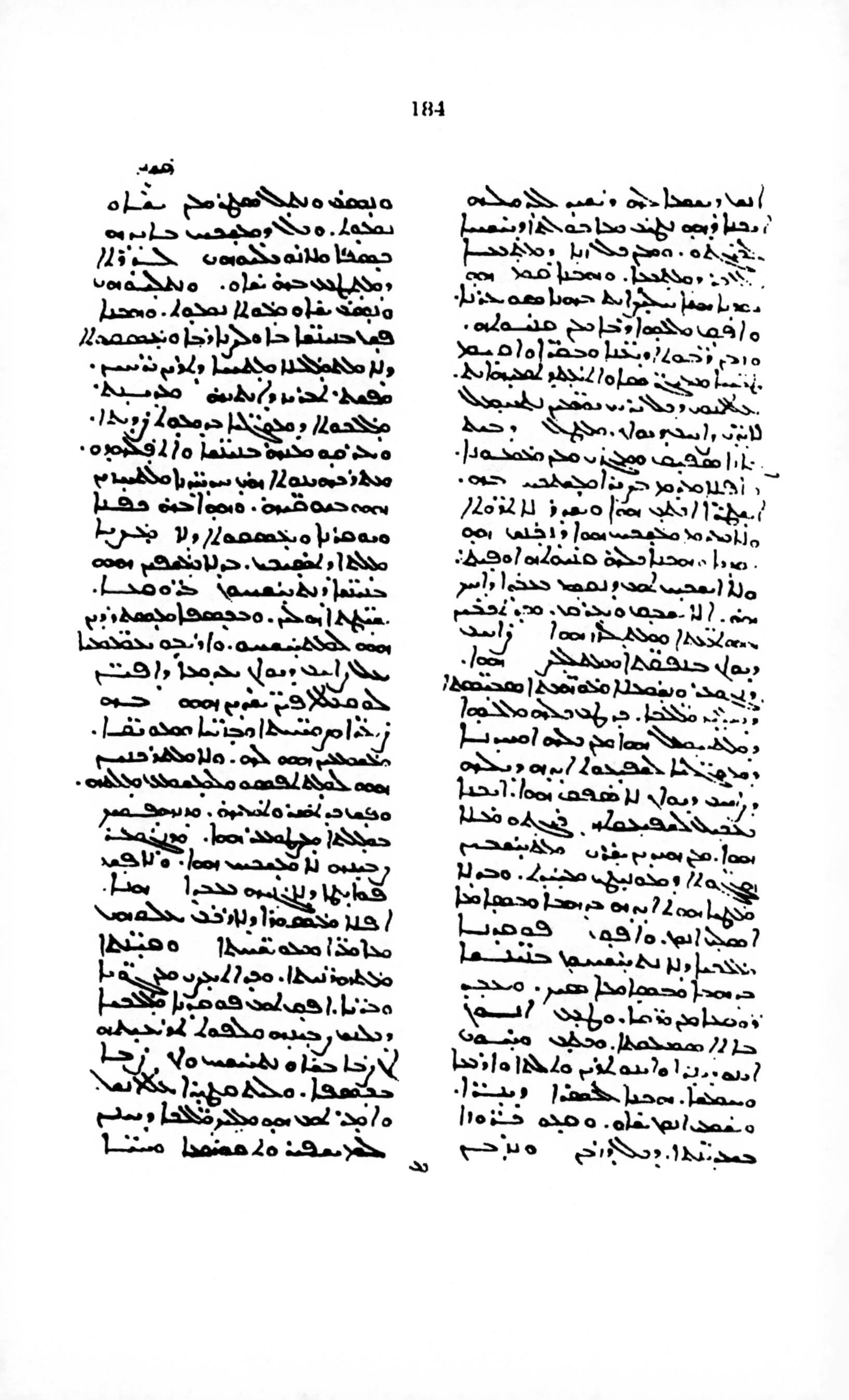

[illegible]

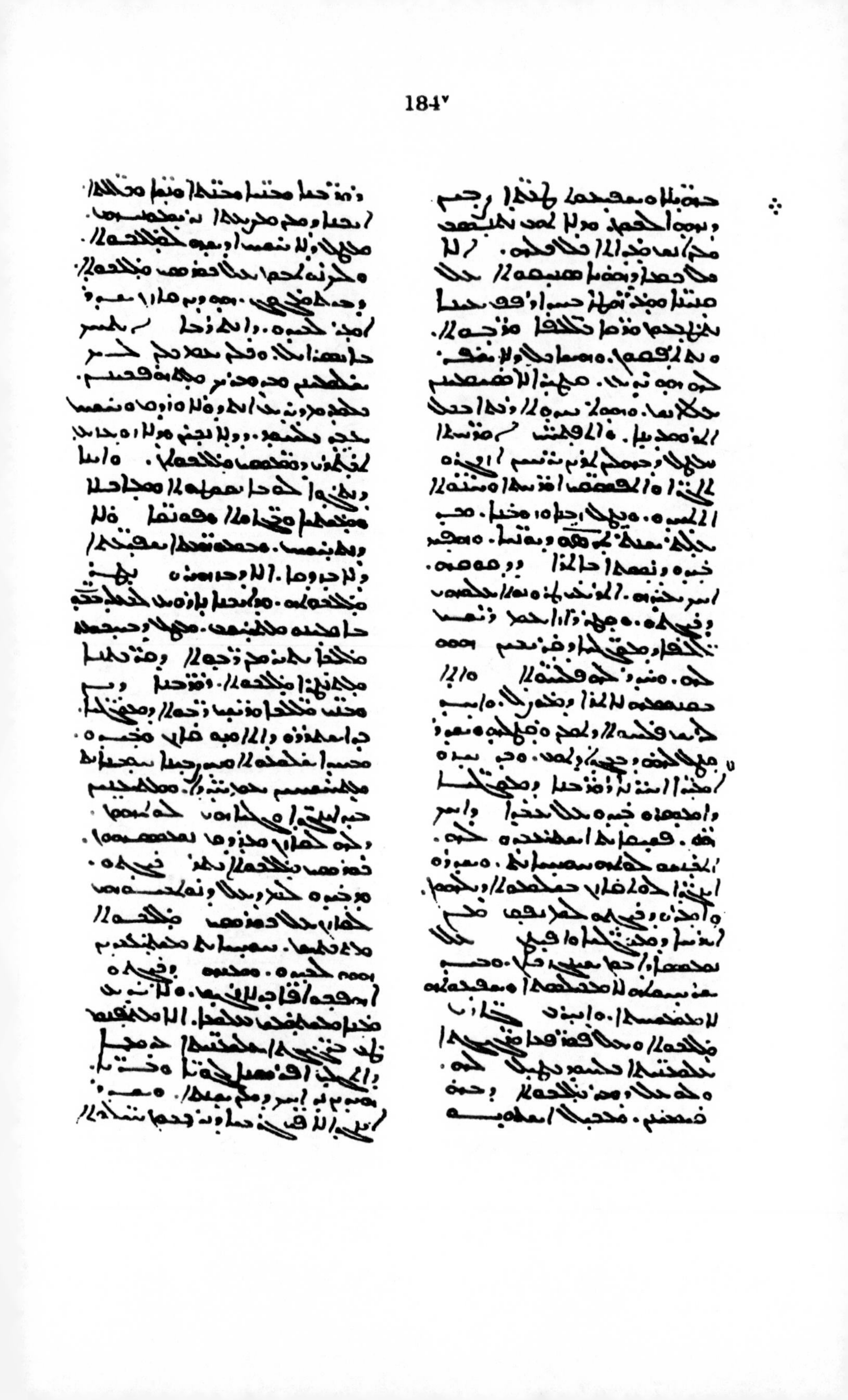

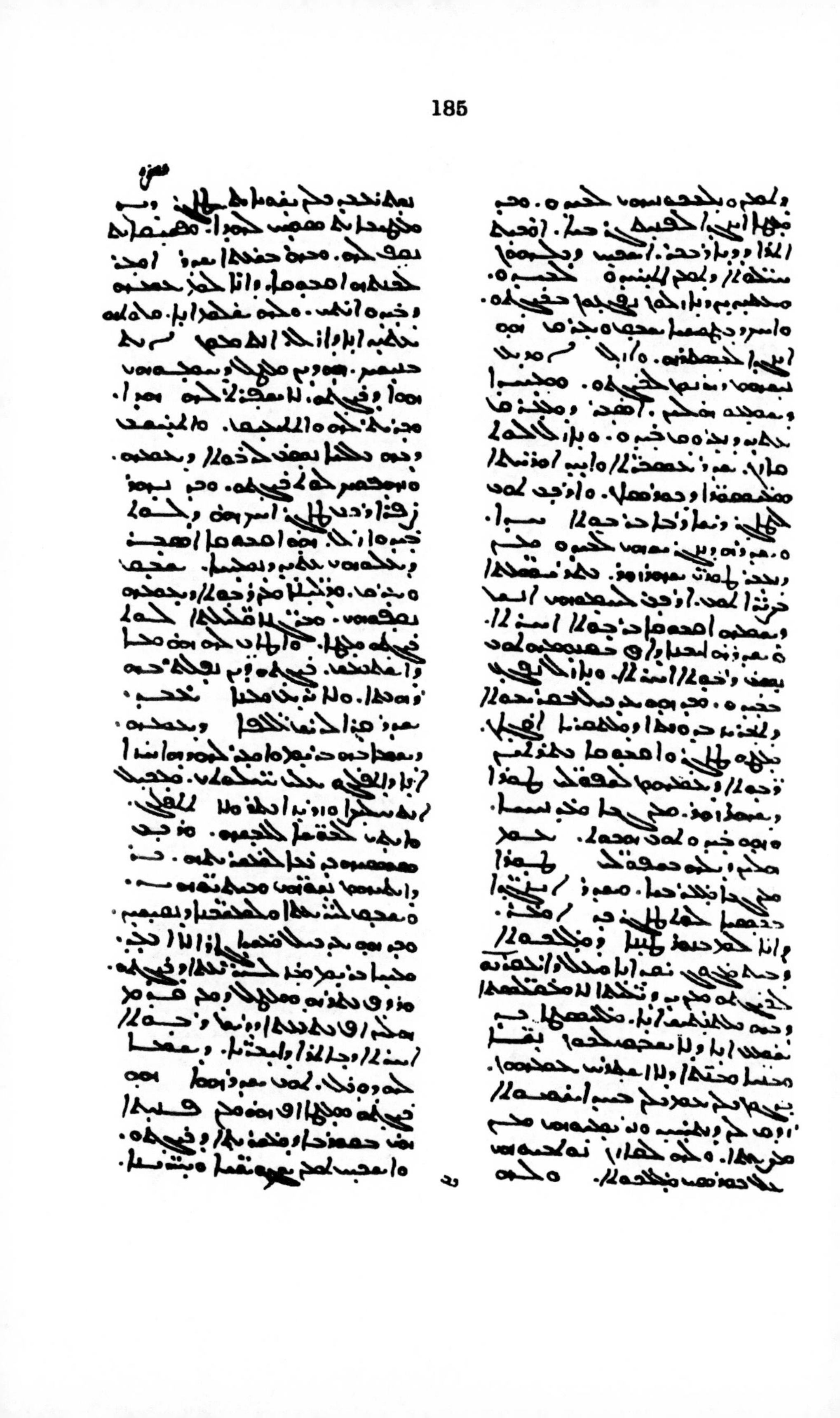

[illegible]

[illegible]

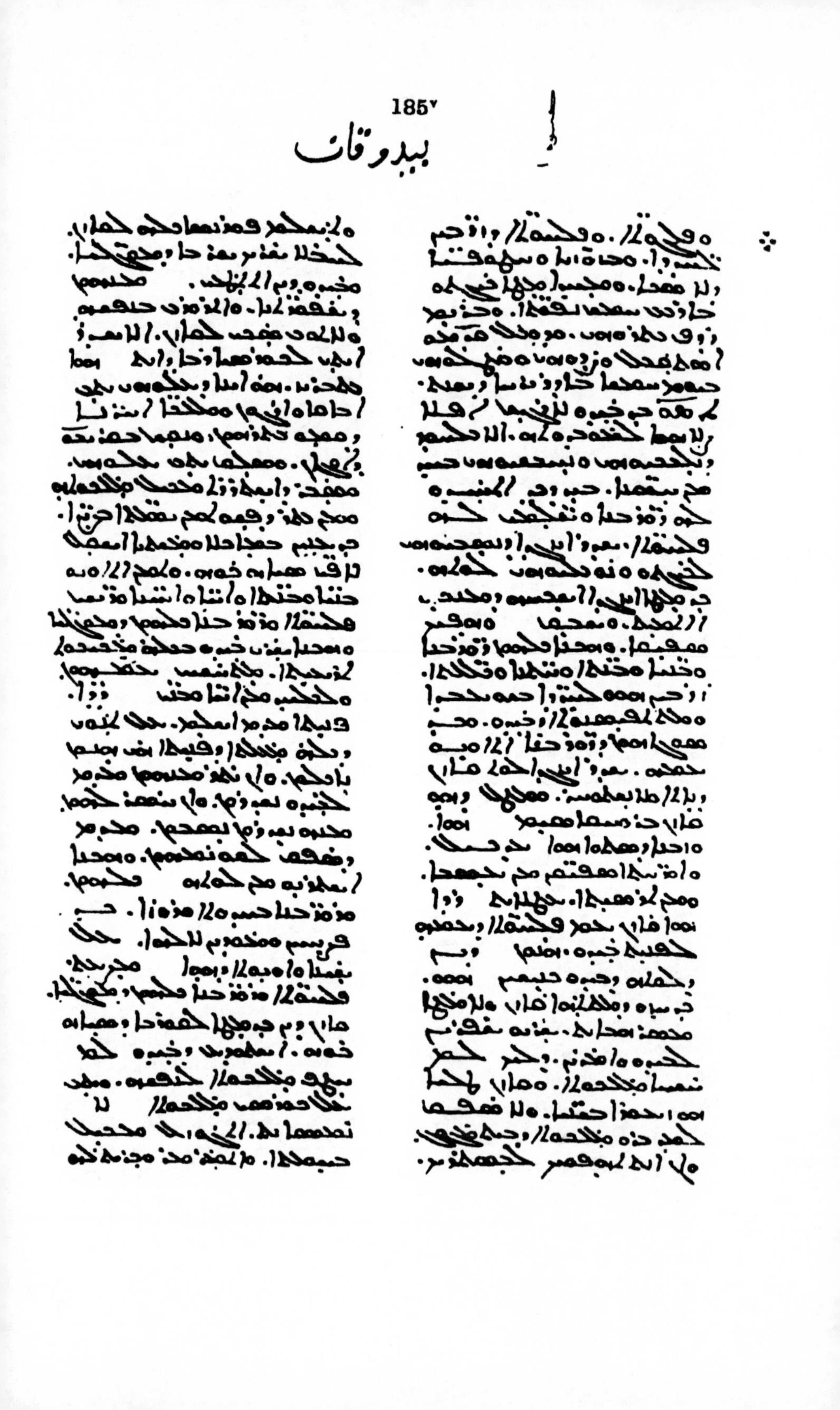

بيدوقات

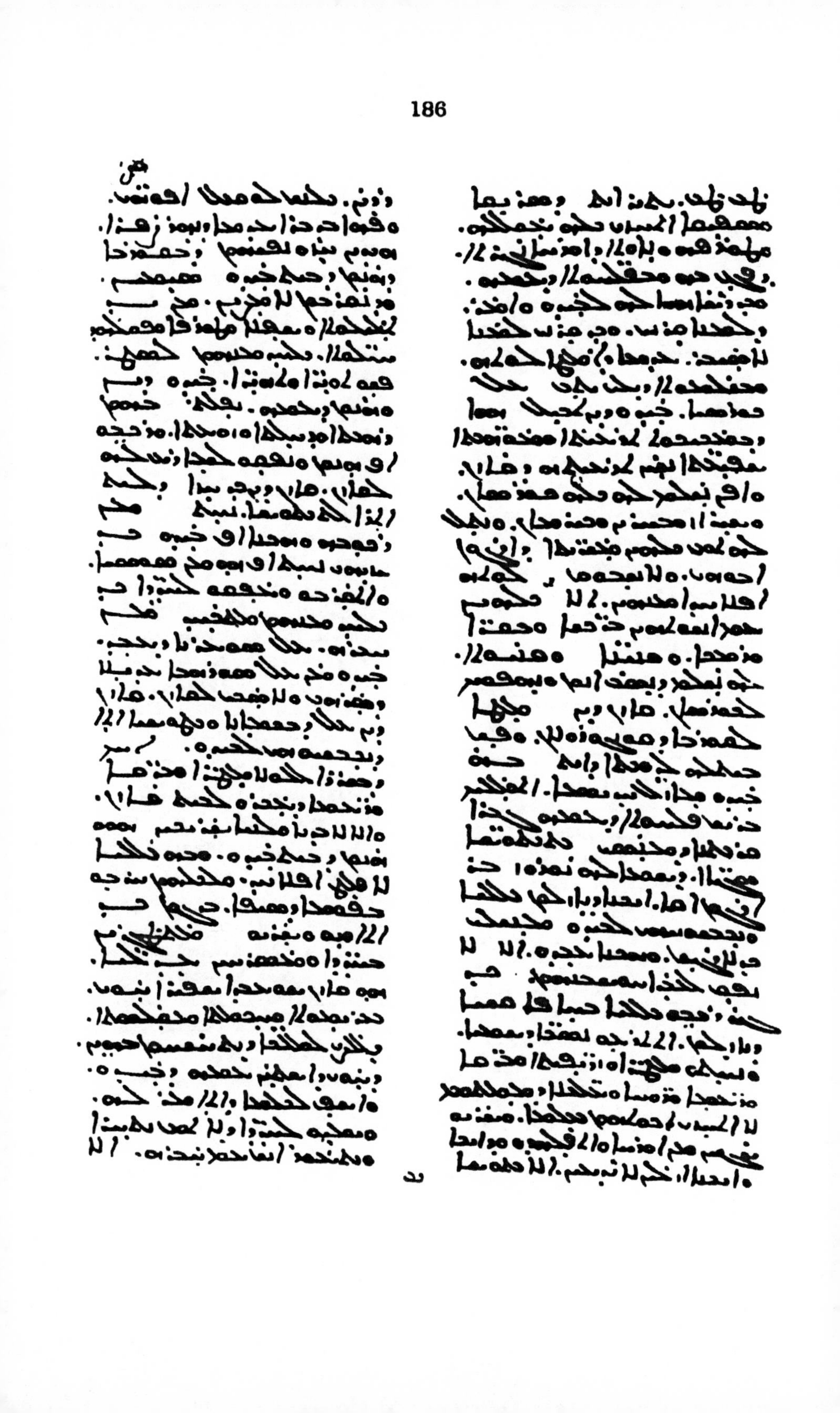

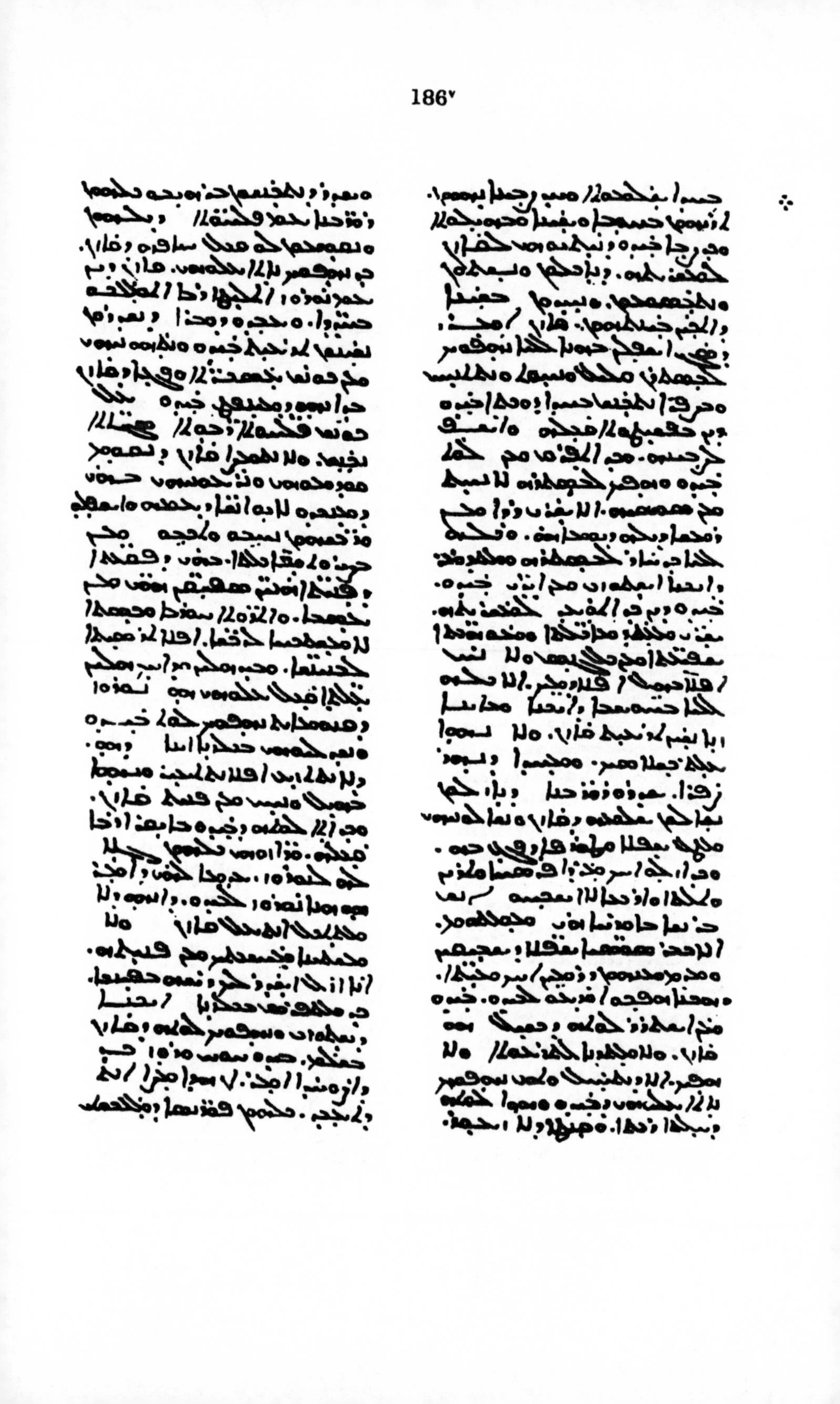

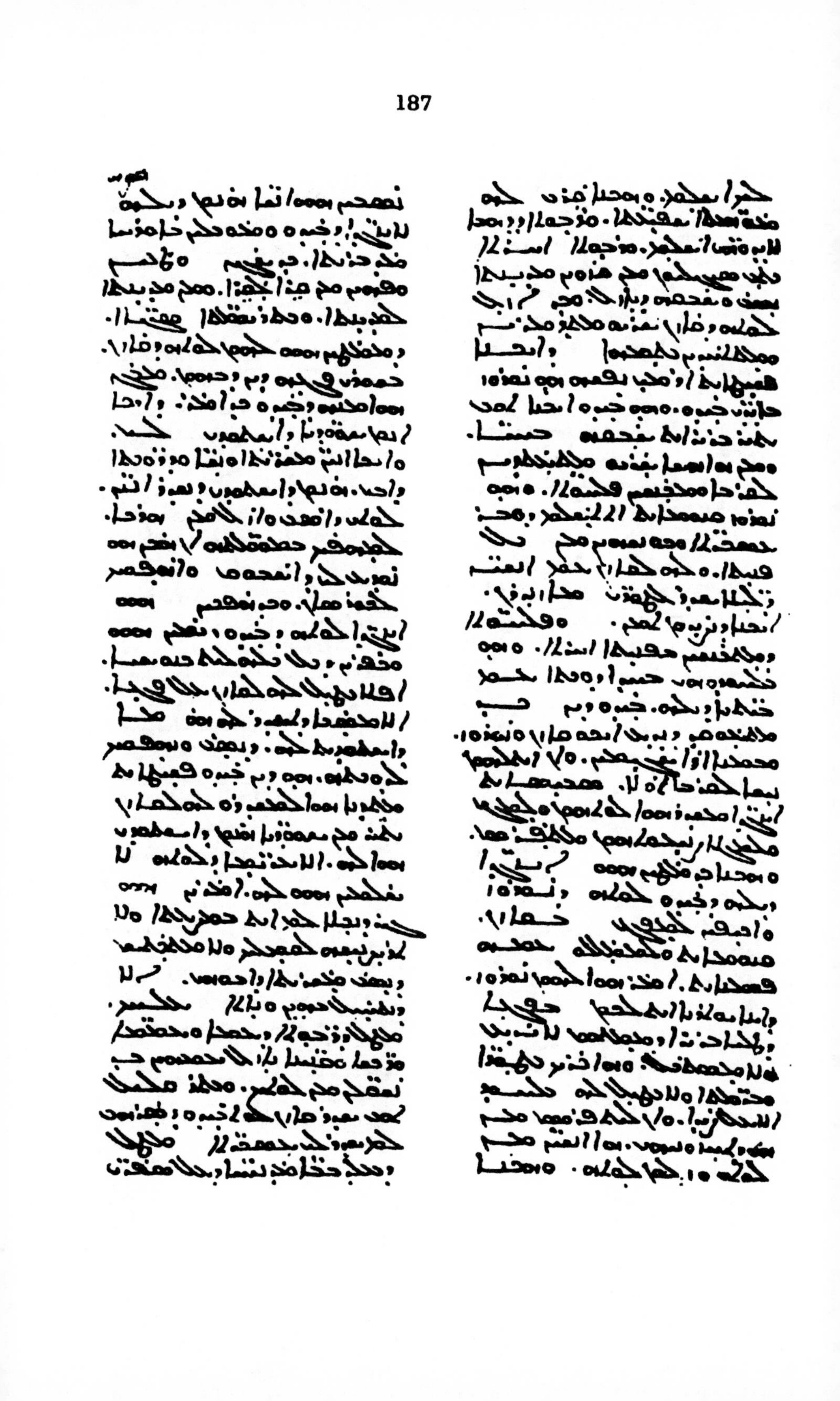

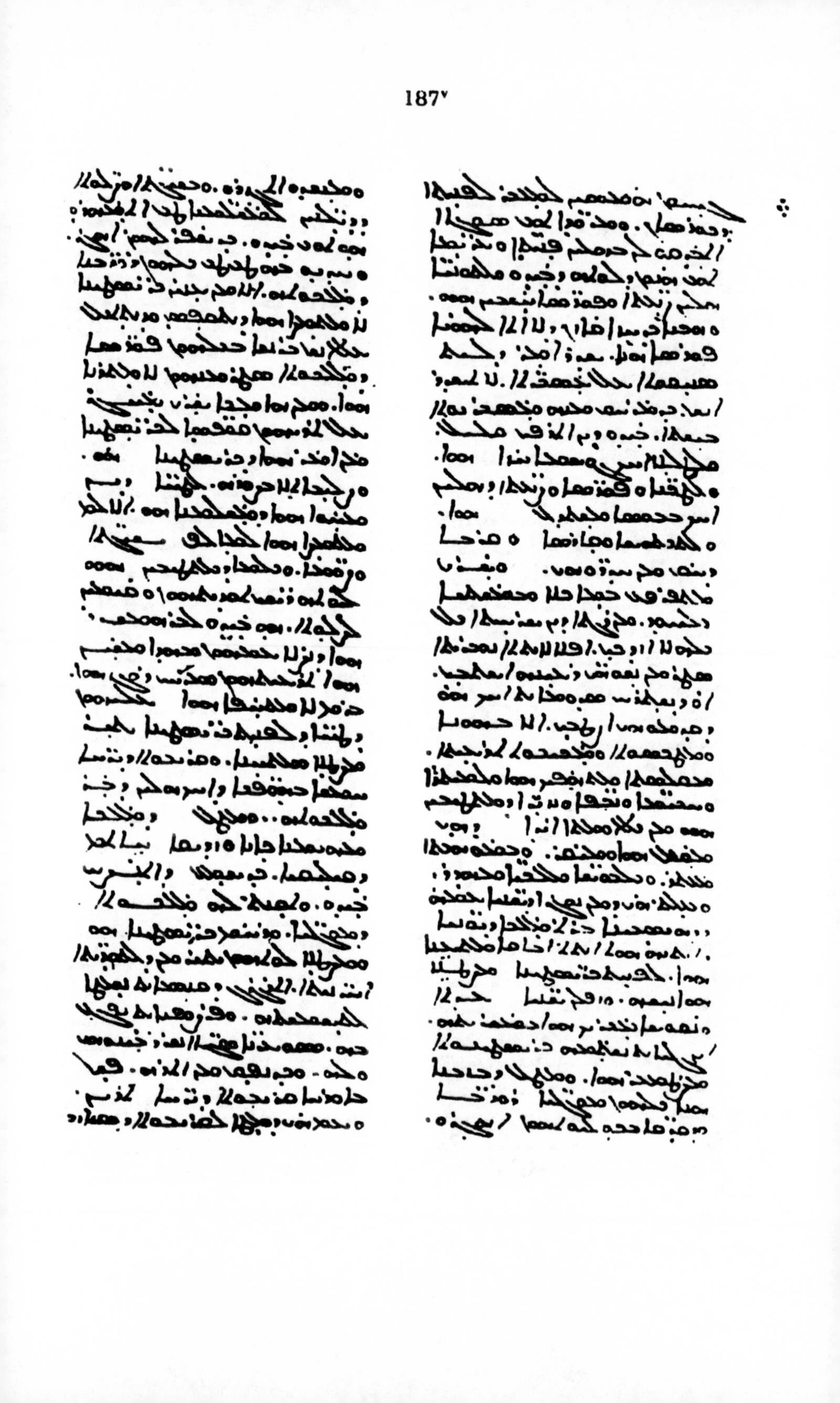

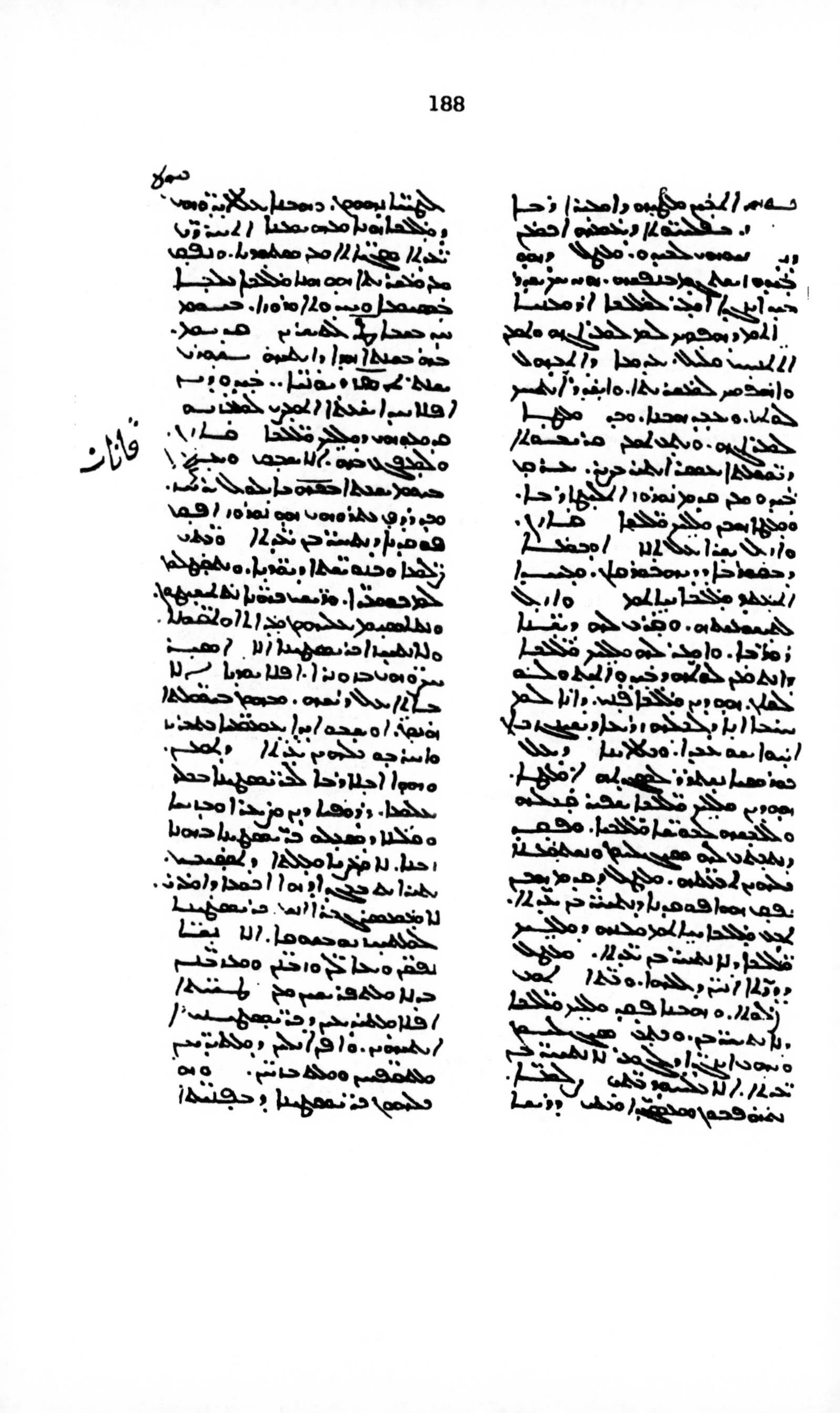

[illegible]

قانات

[illegible]

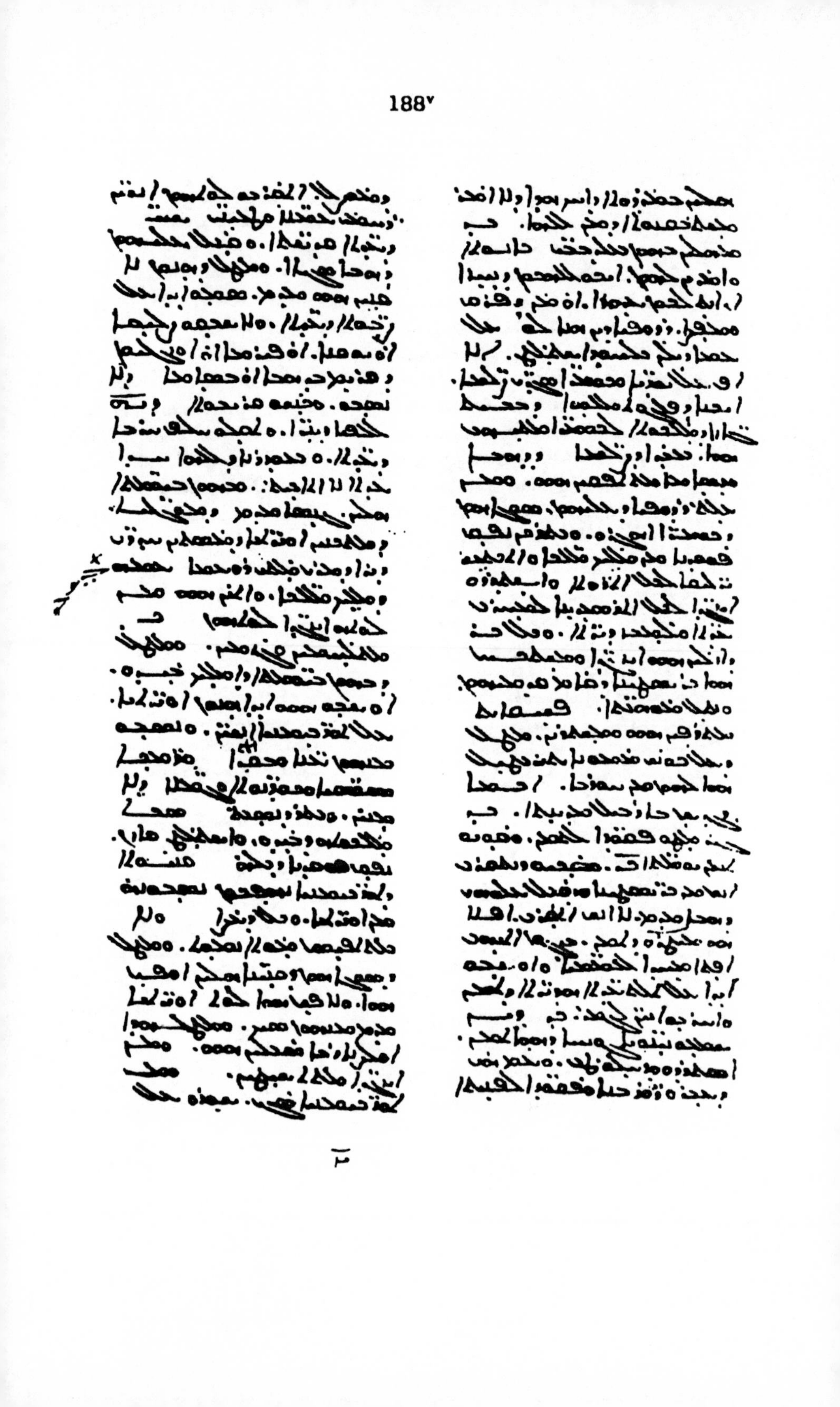

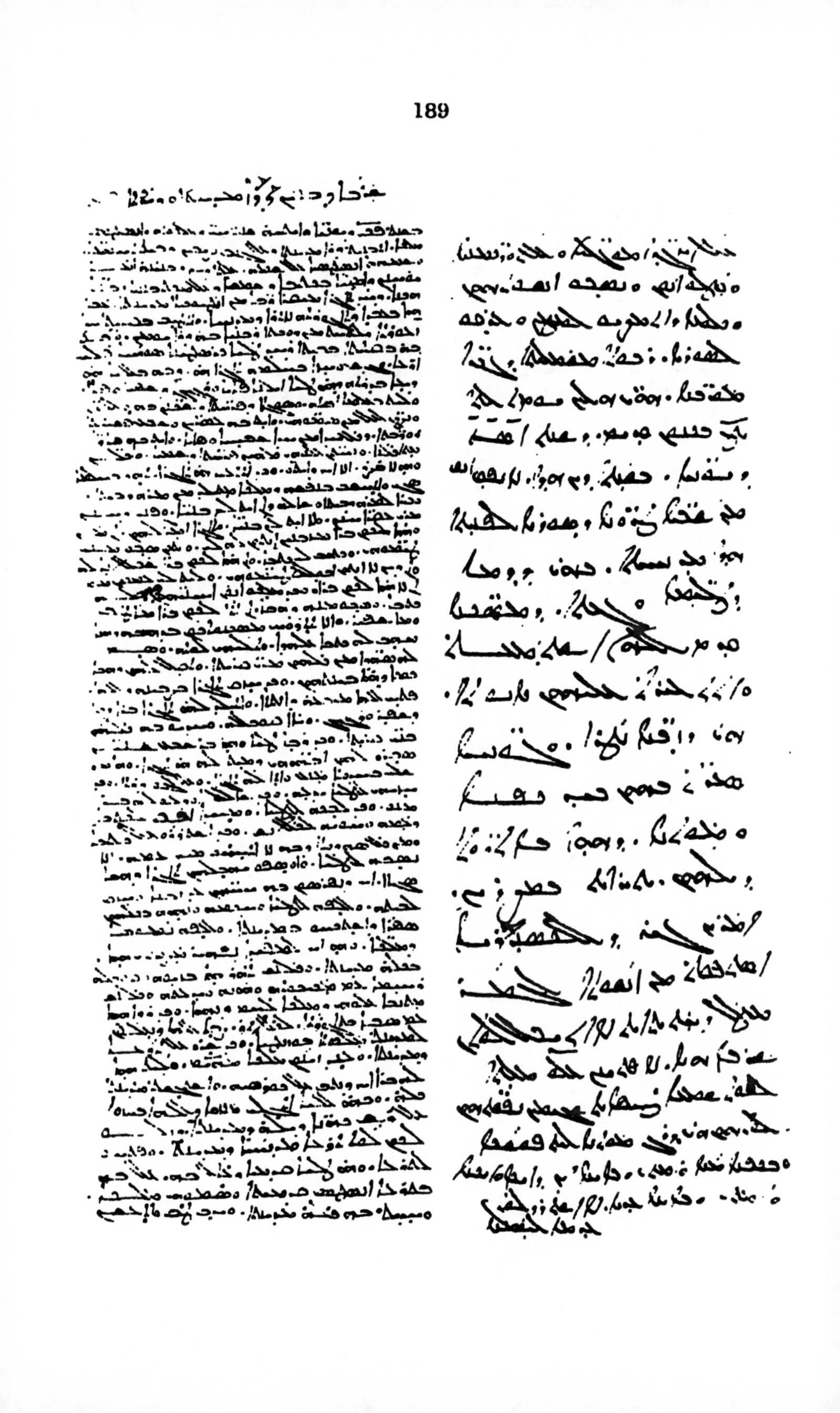

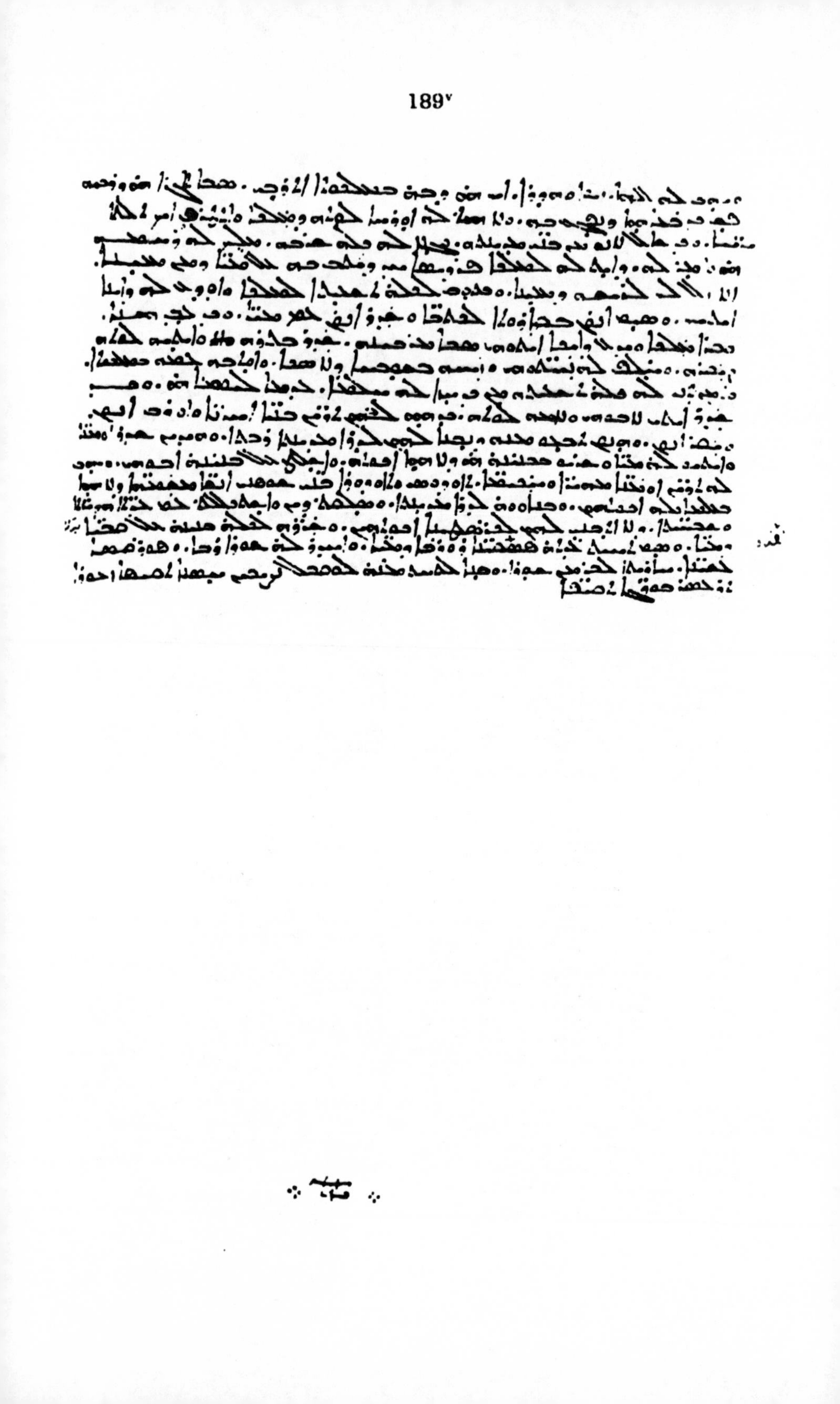

[illegible]

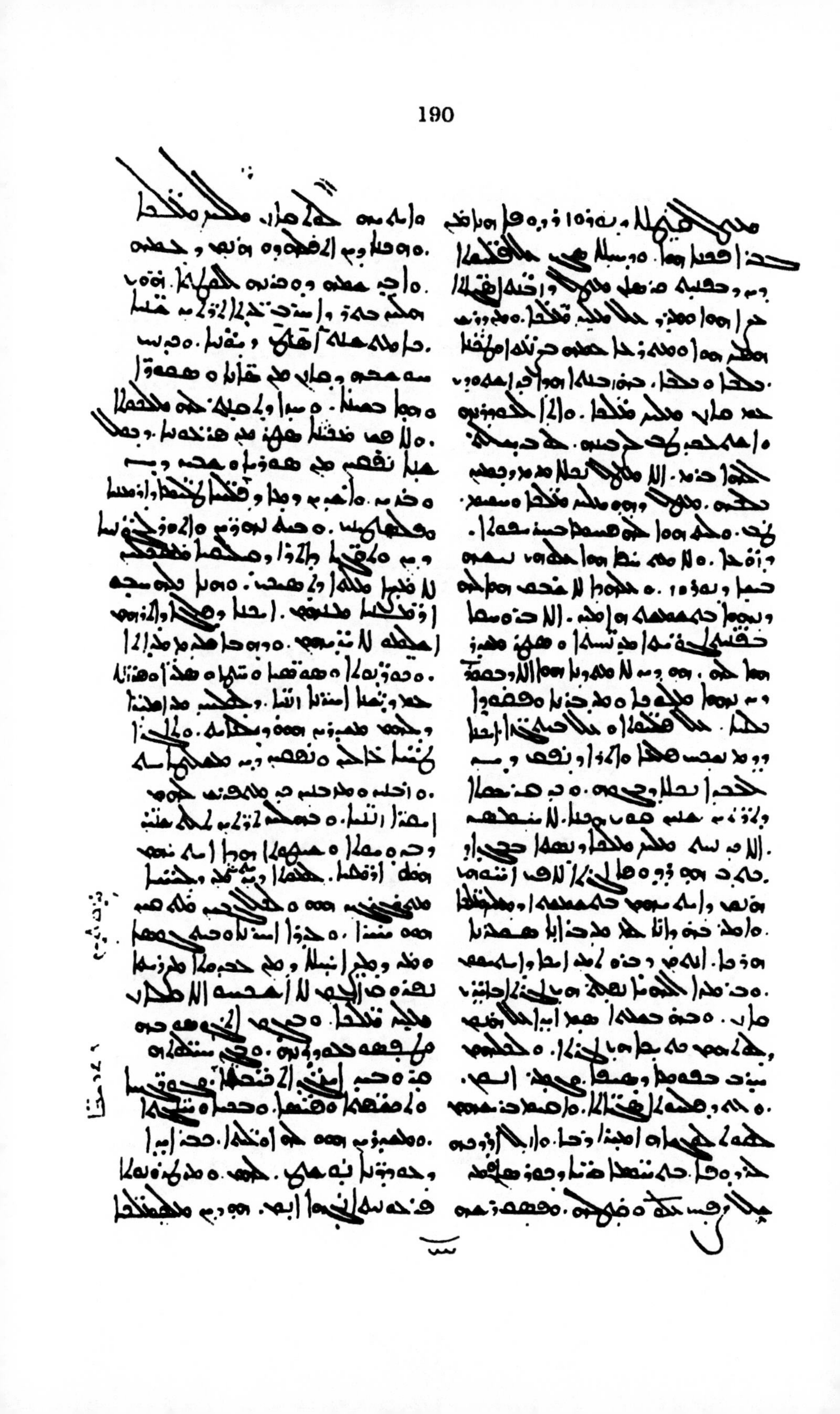

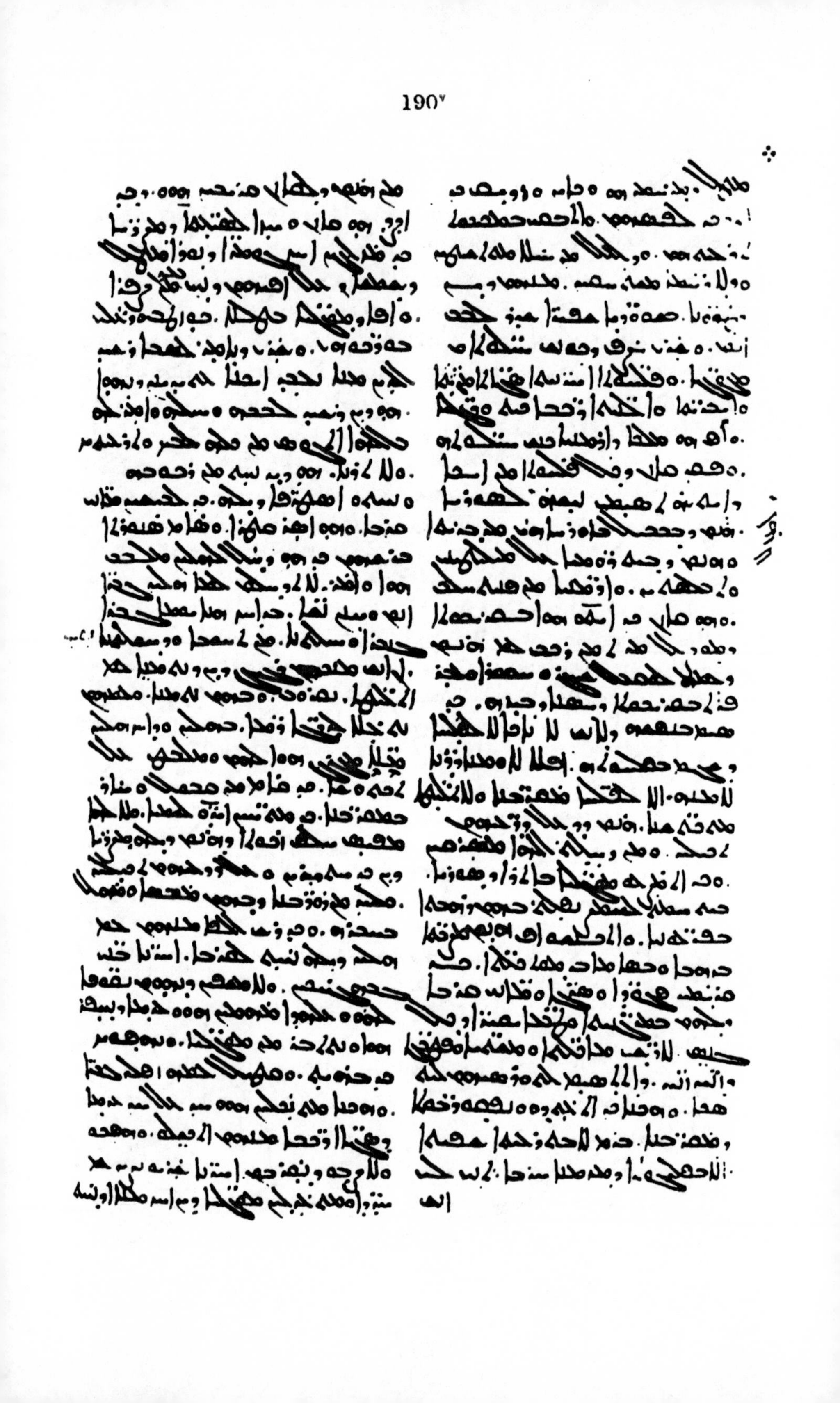

[illegible]

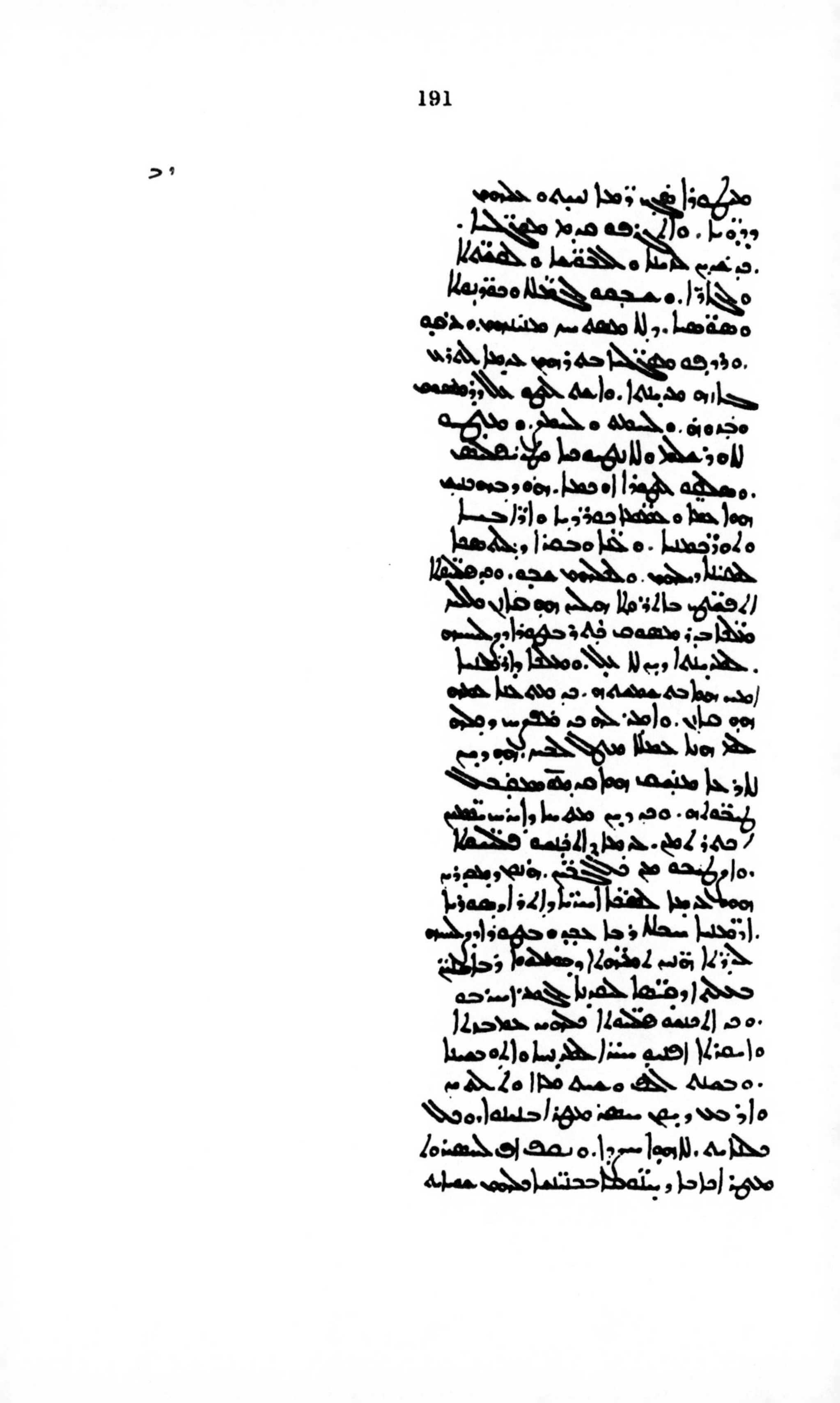

[illegible]

[This page is left blank
in the manuscript]

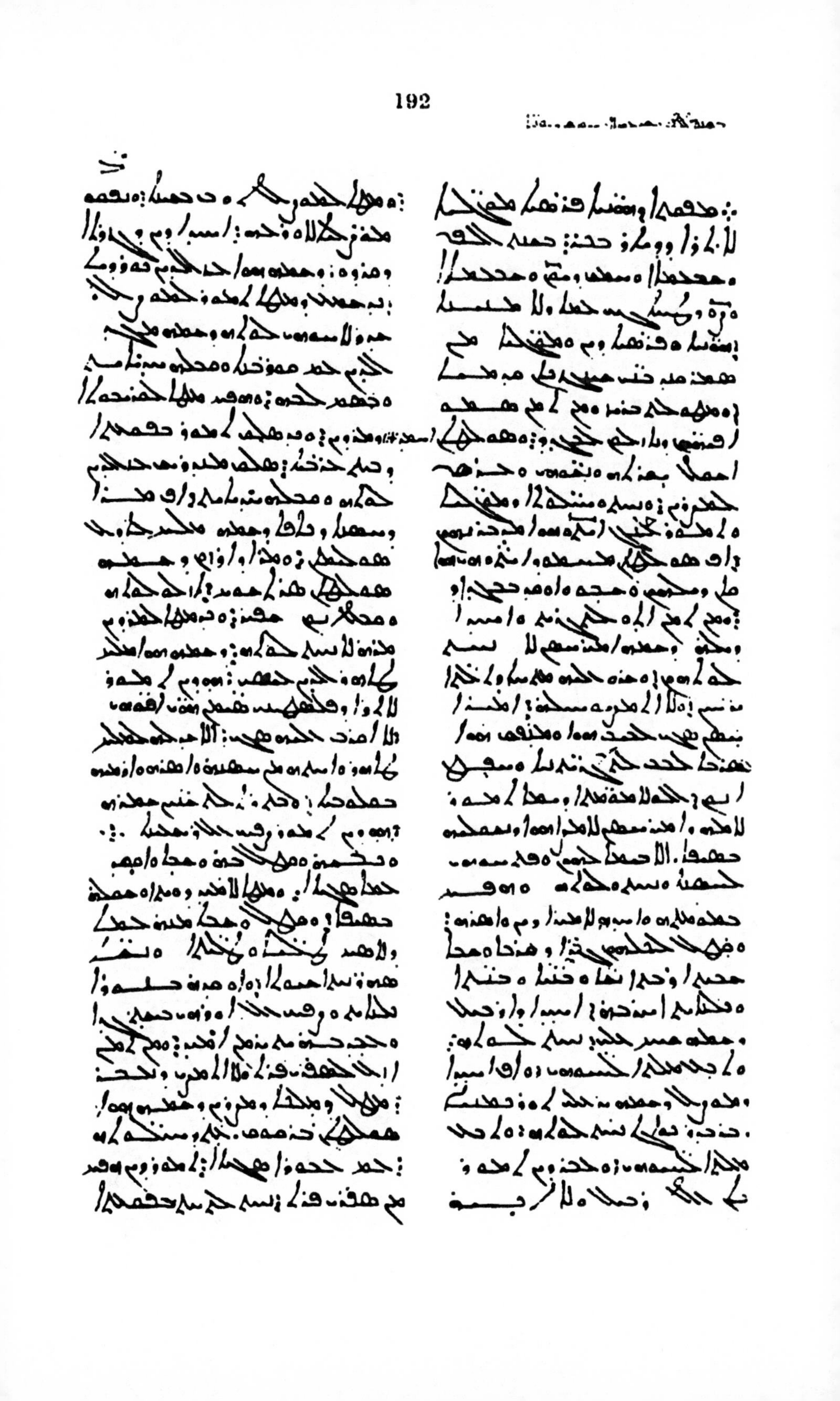

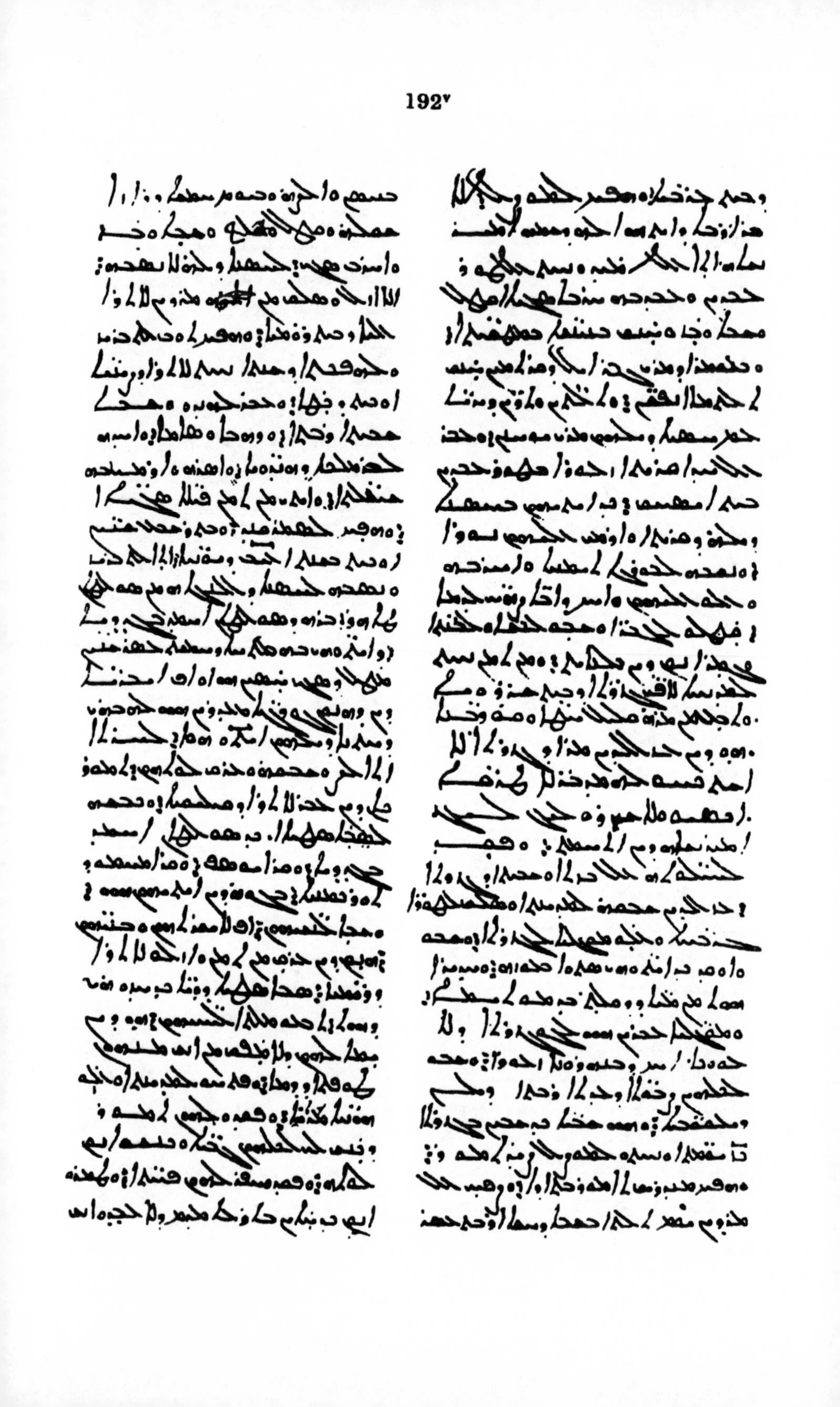

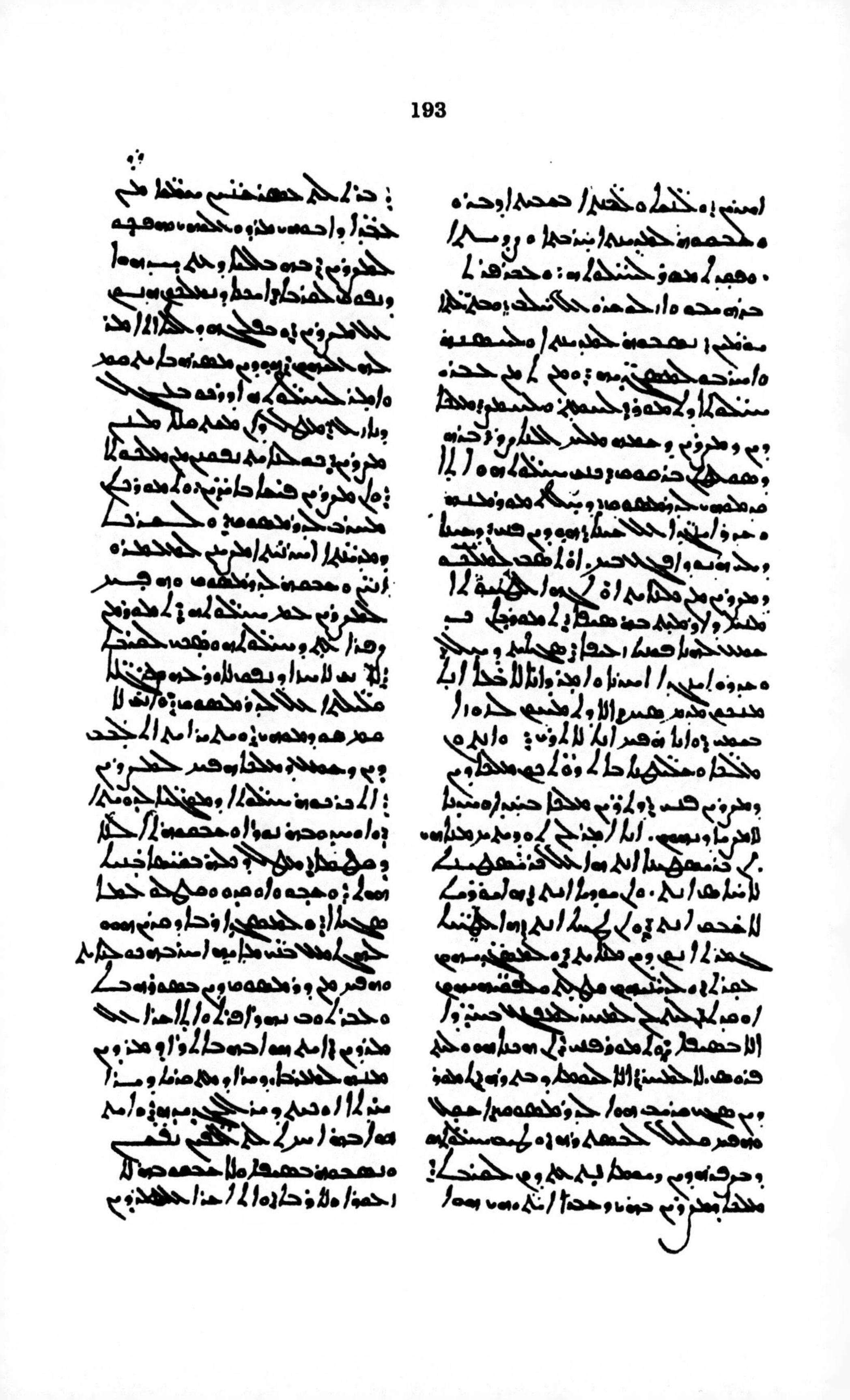

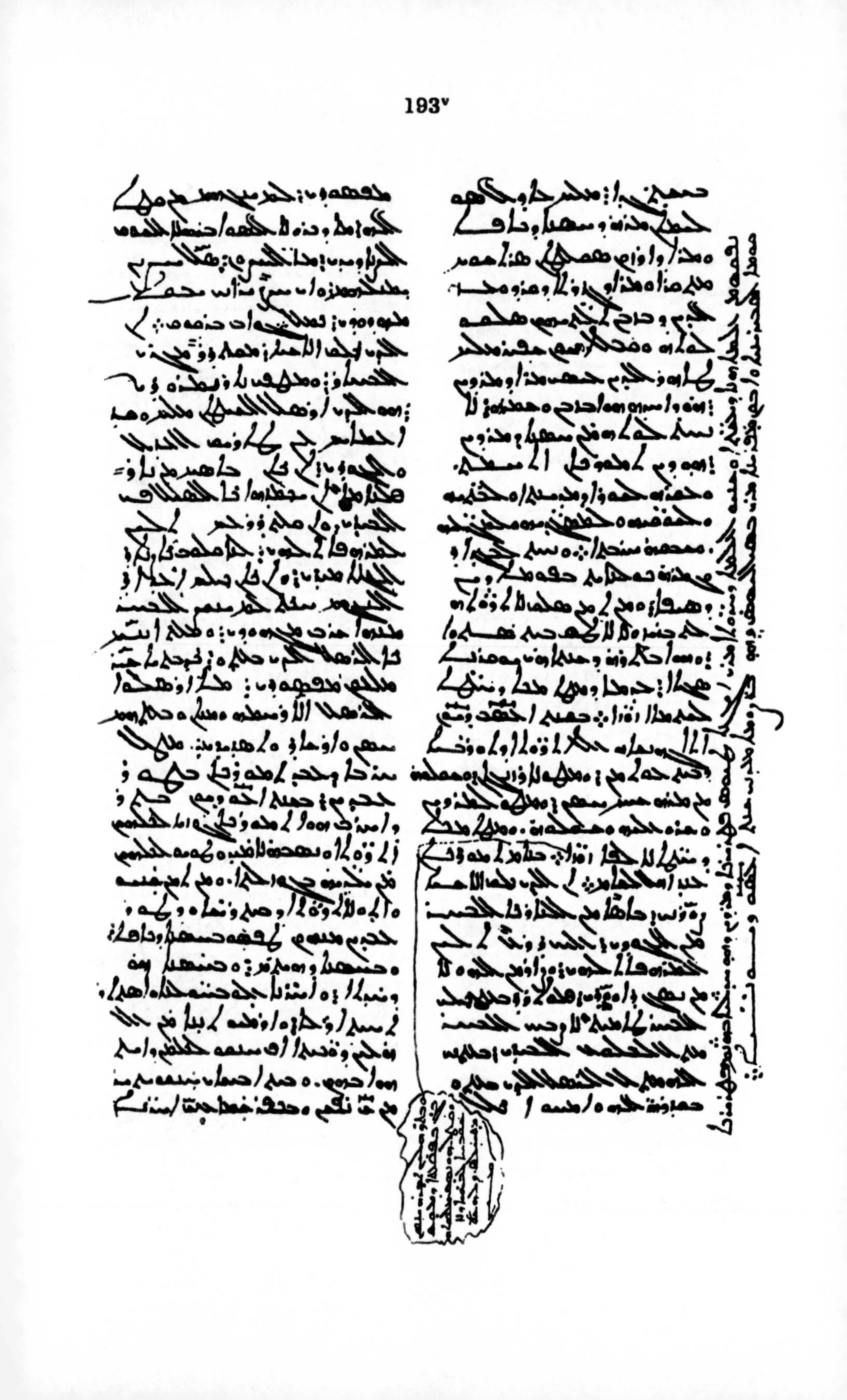

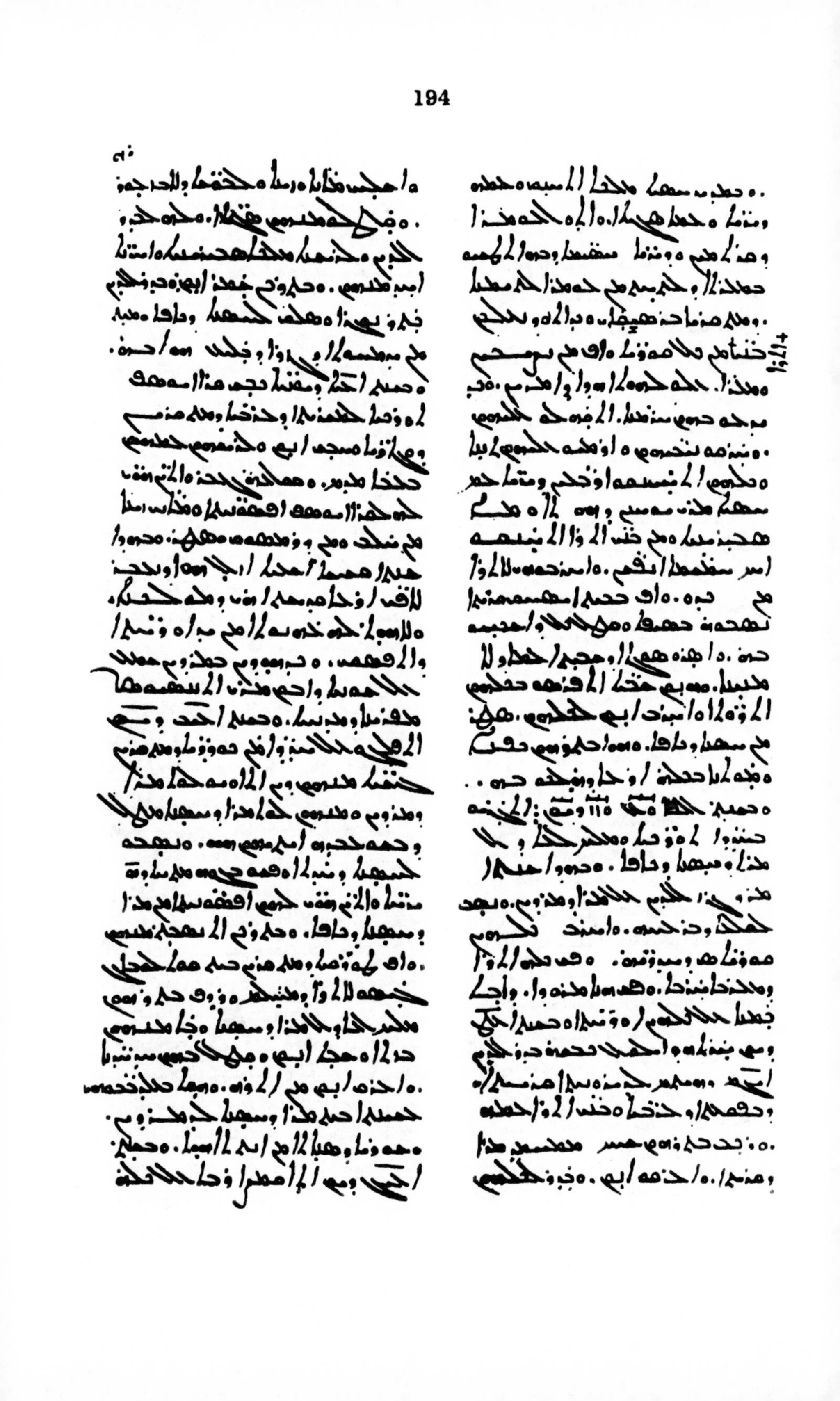

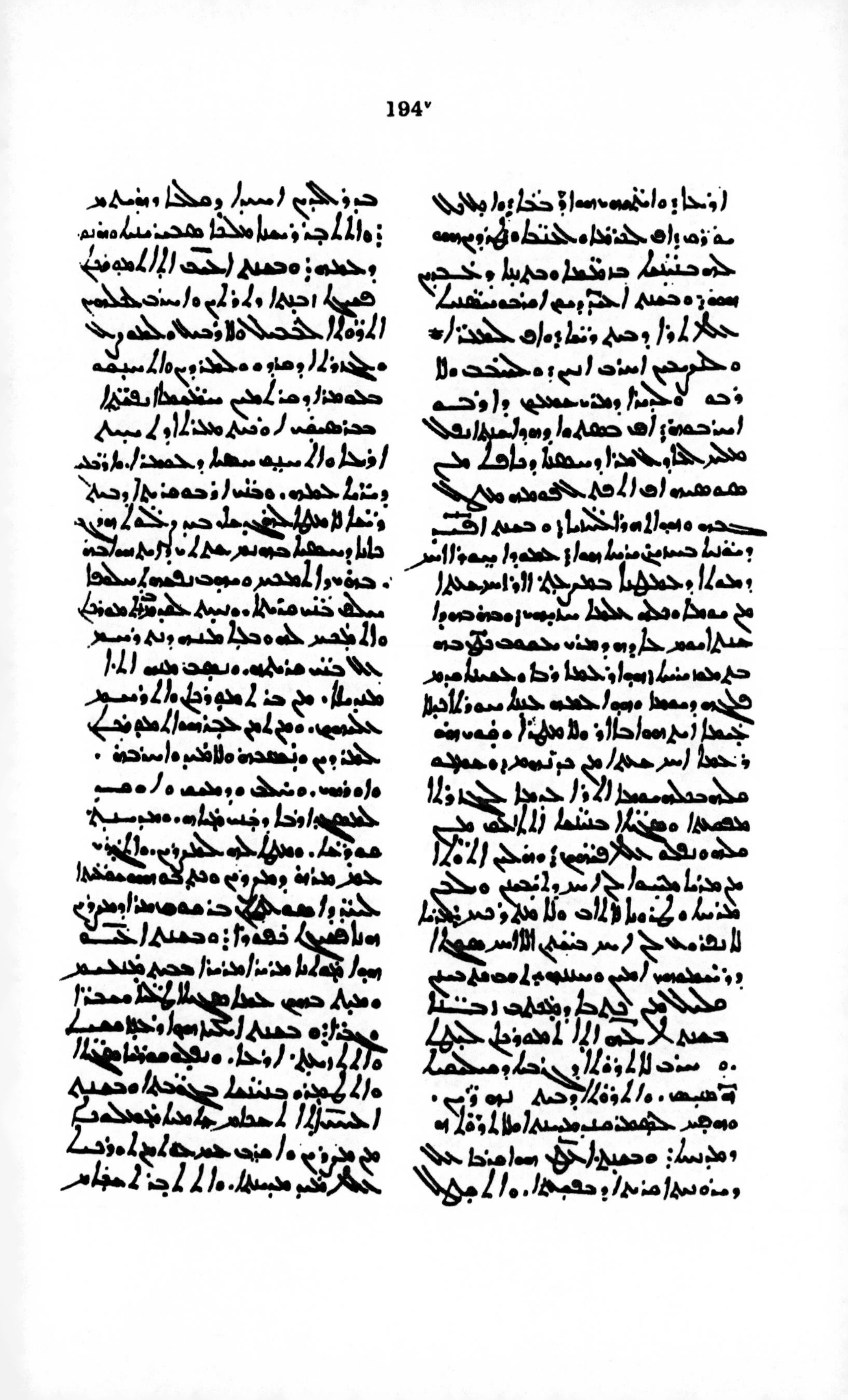

[illegible]

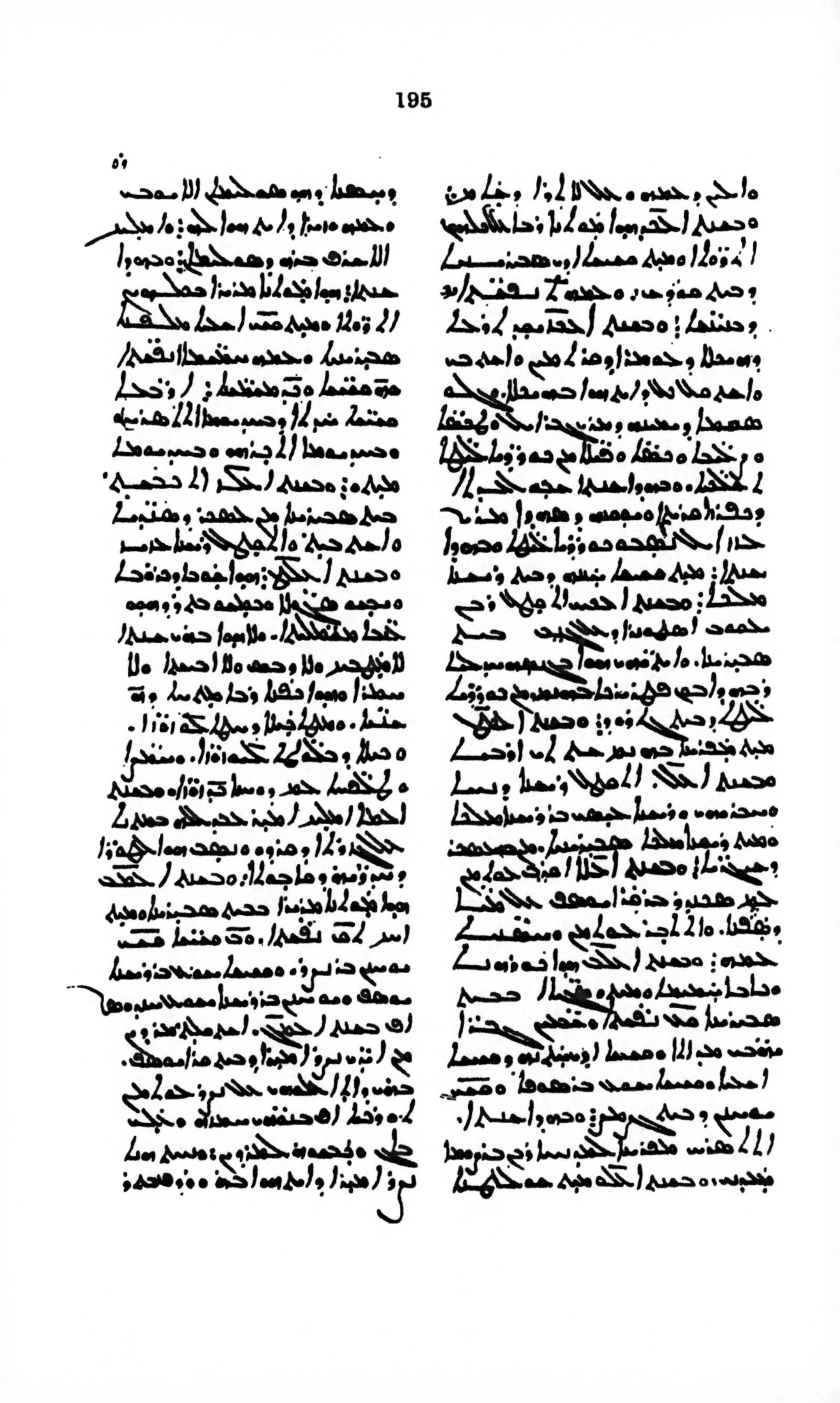

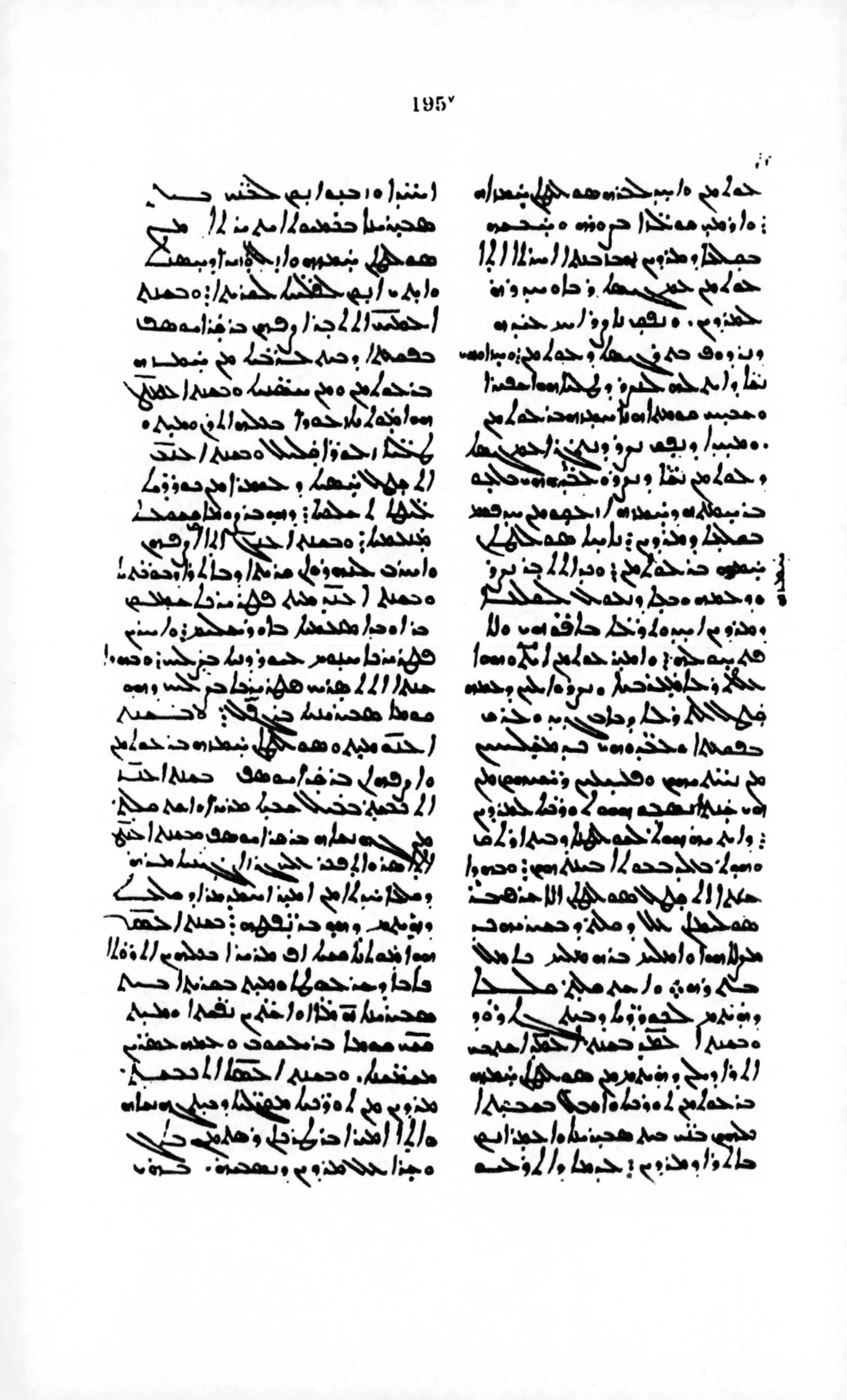

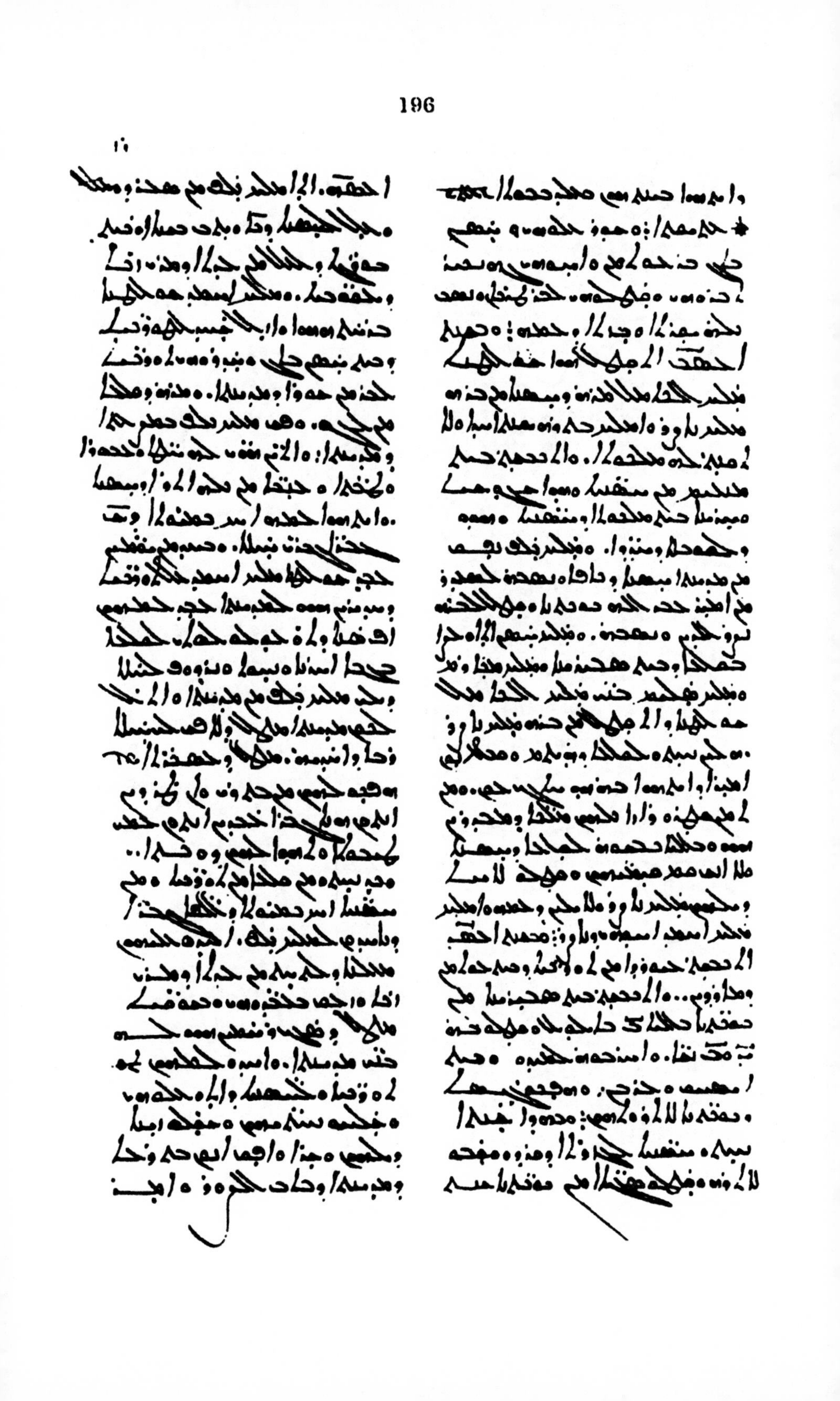

١٠

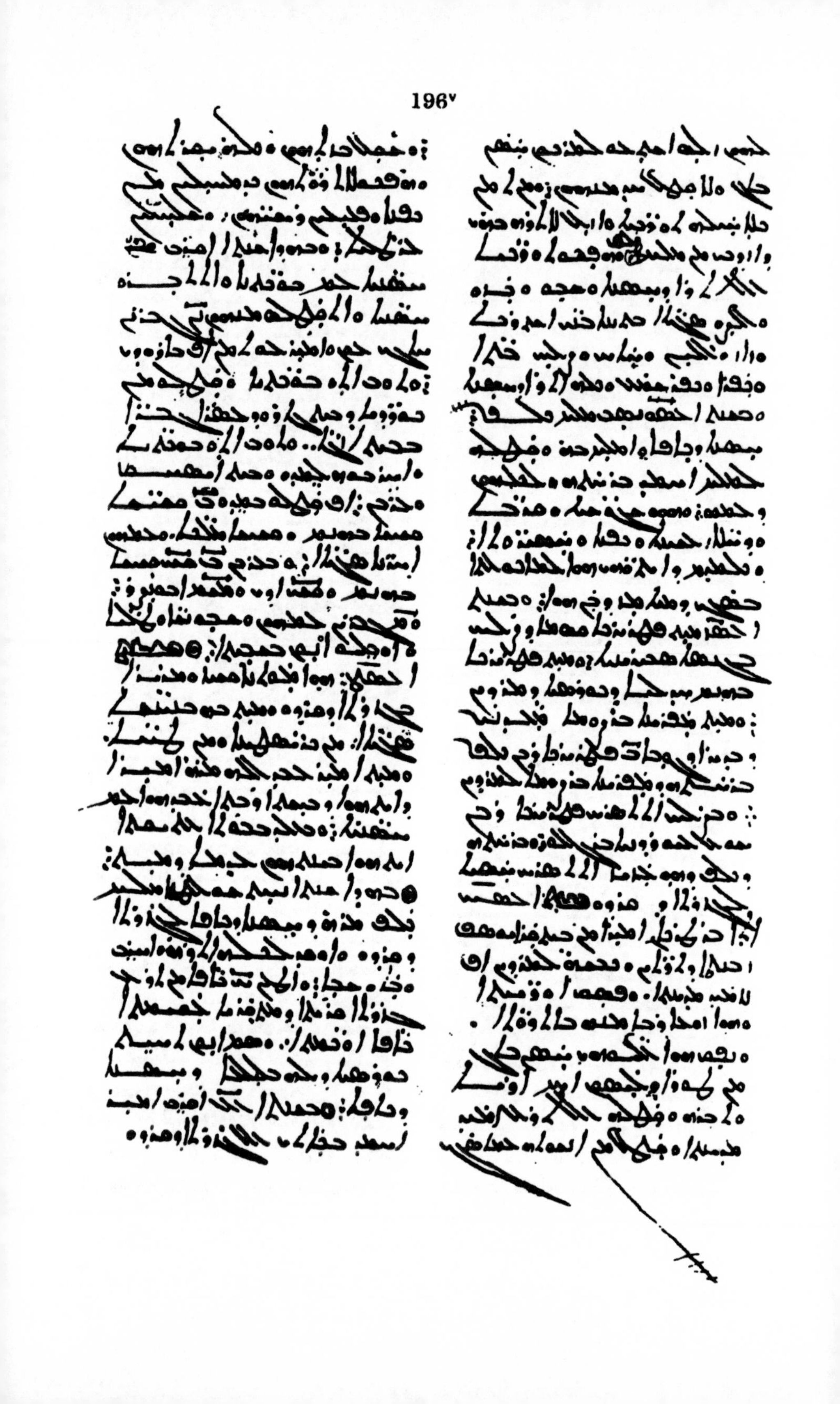

[illegible]

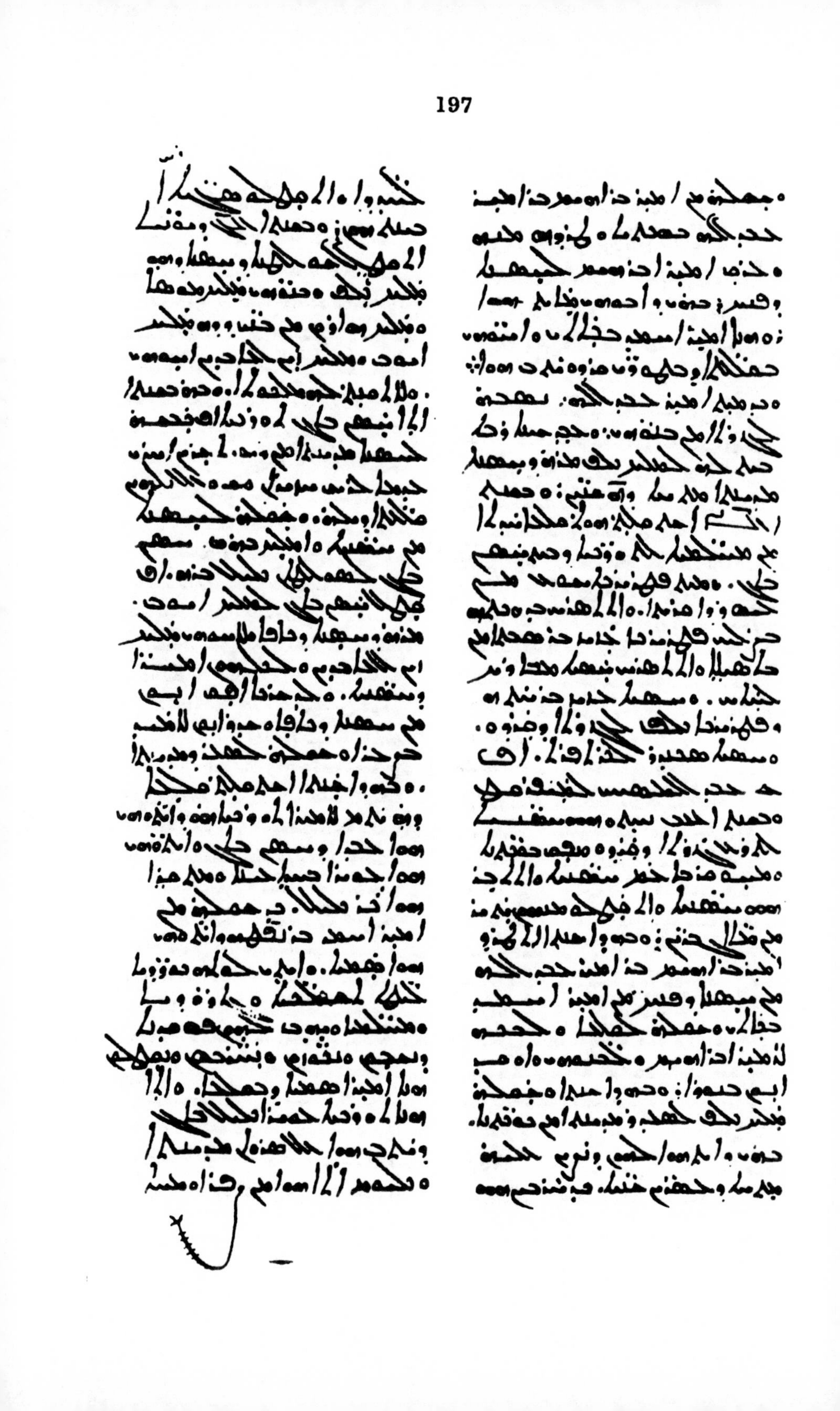

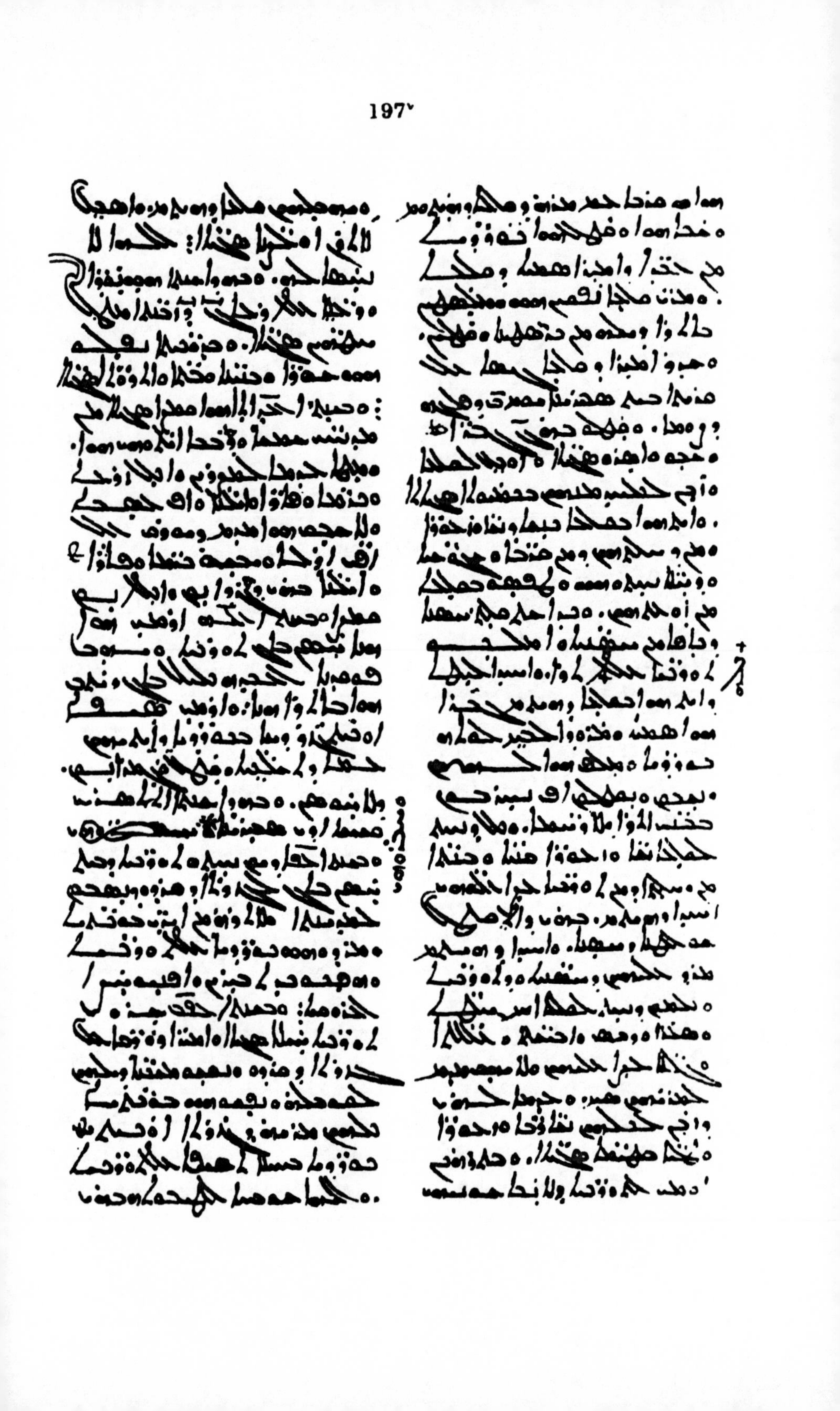

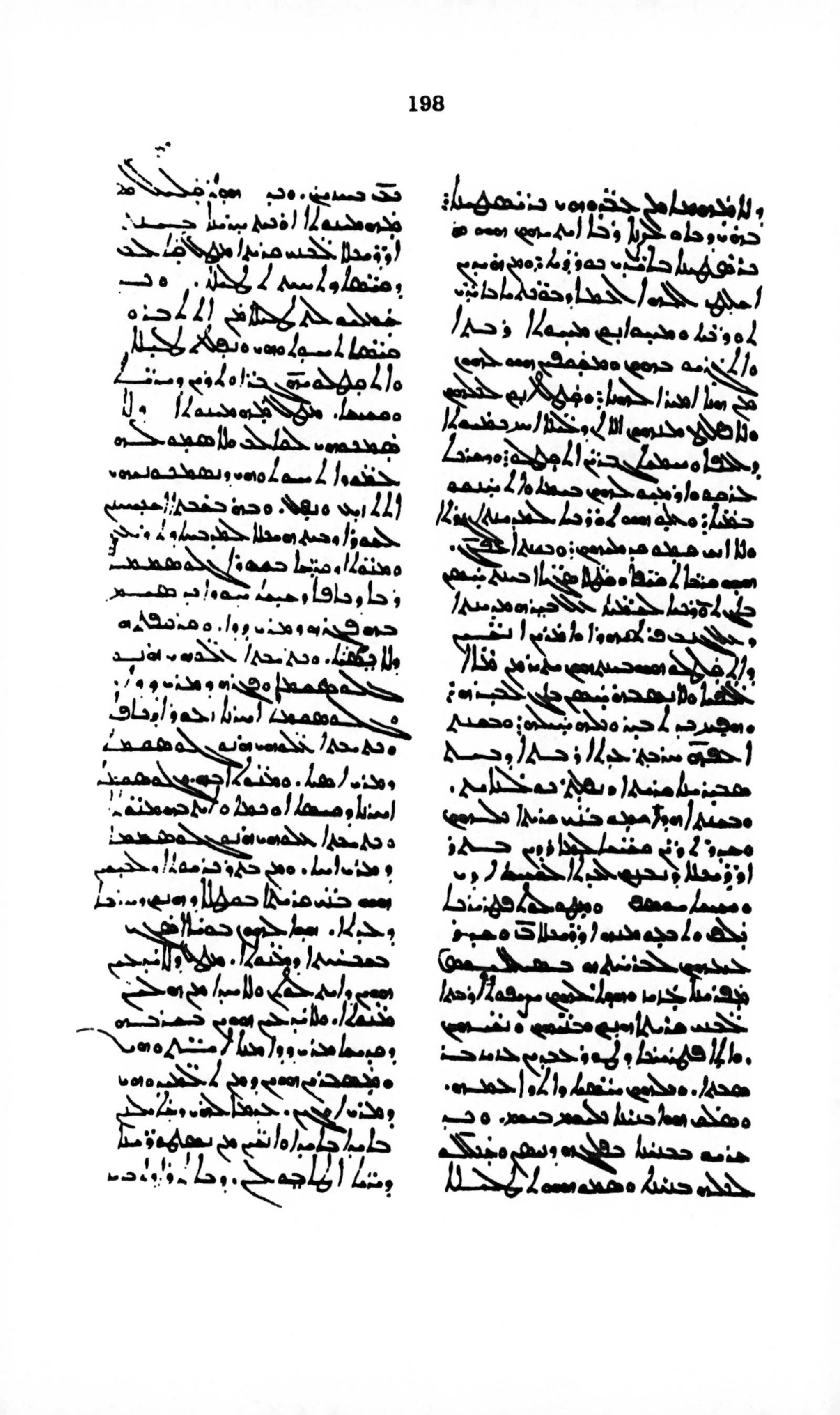

[illegible]

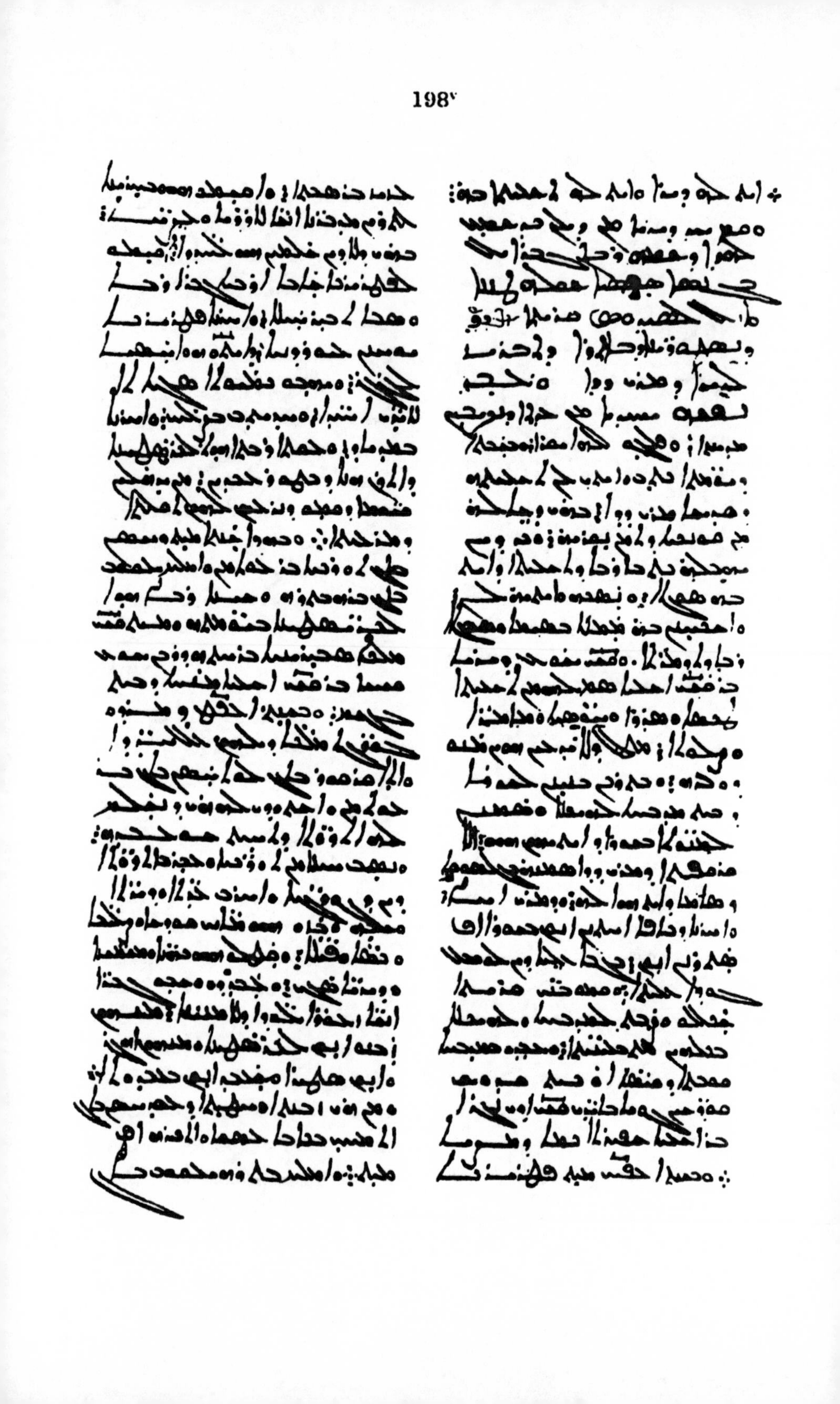

[illegible]

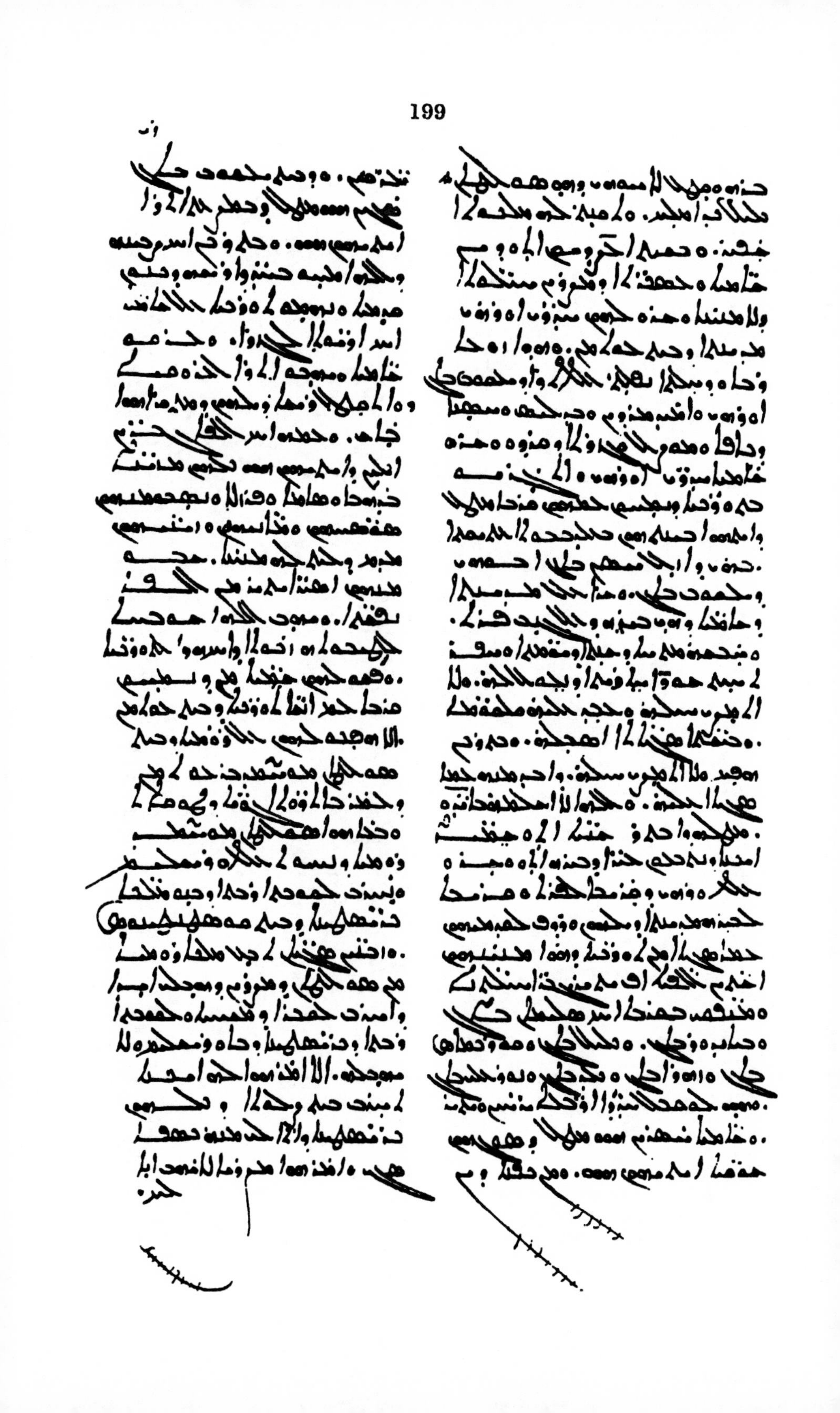

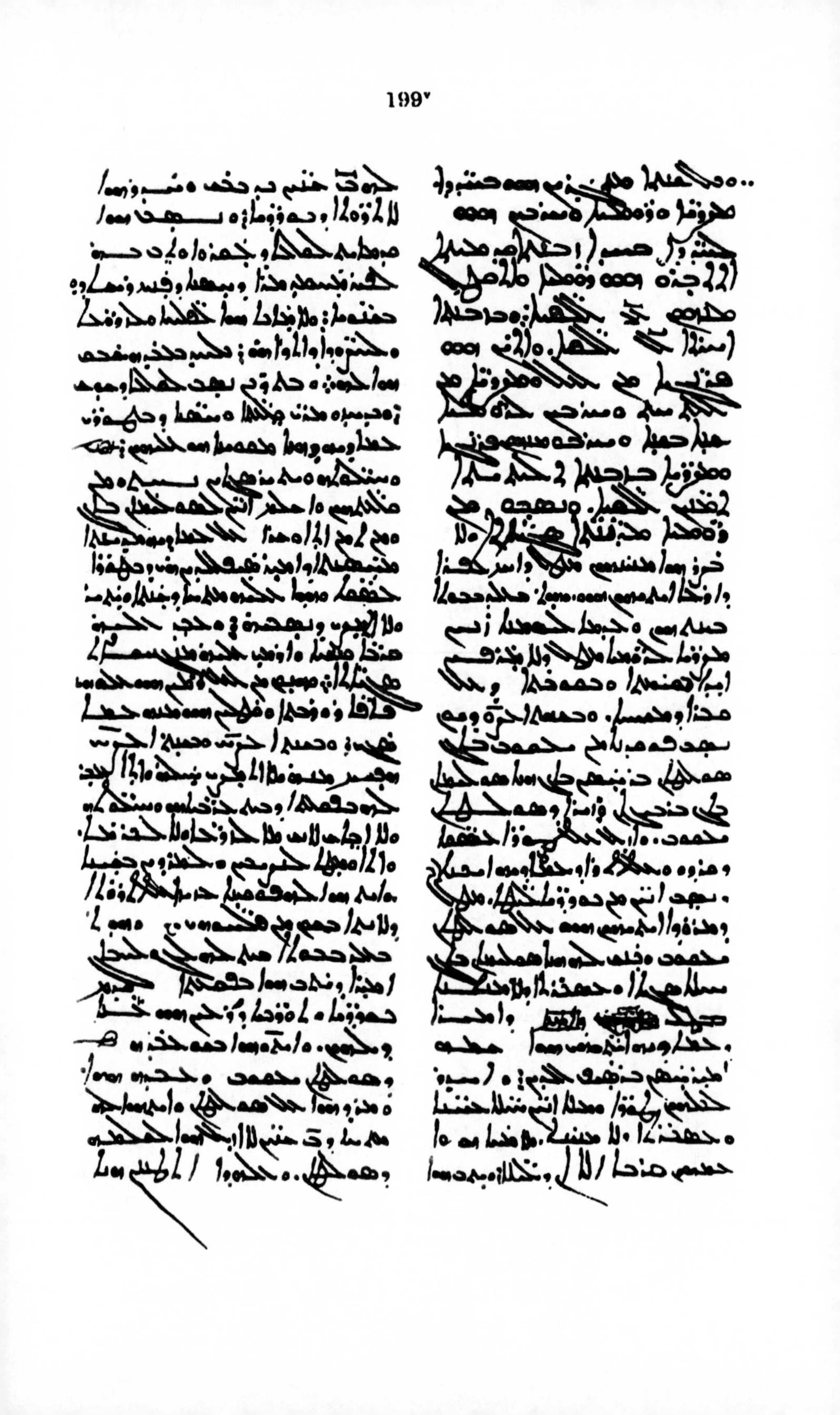

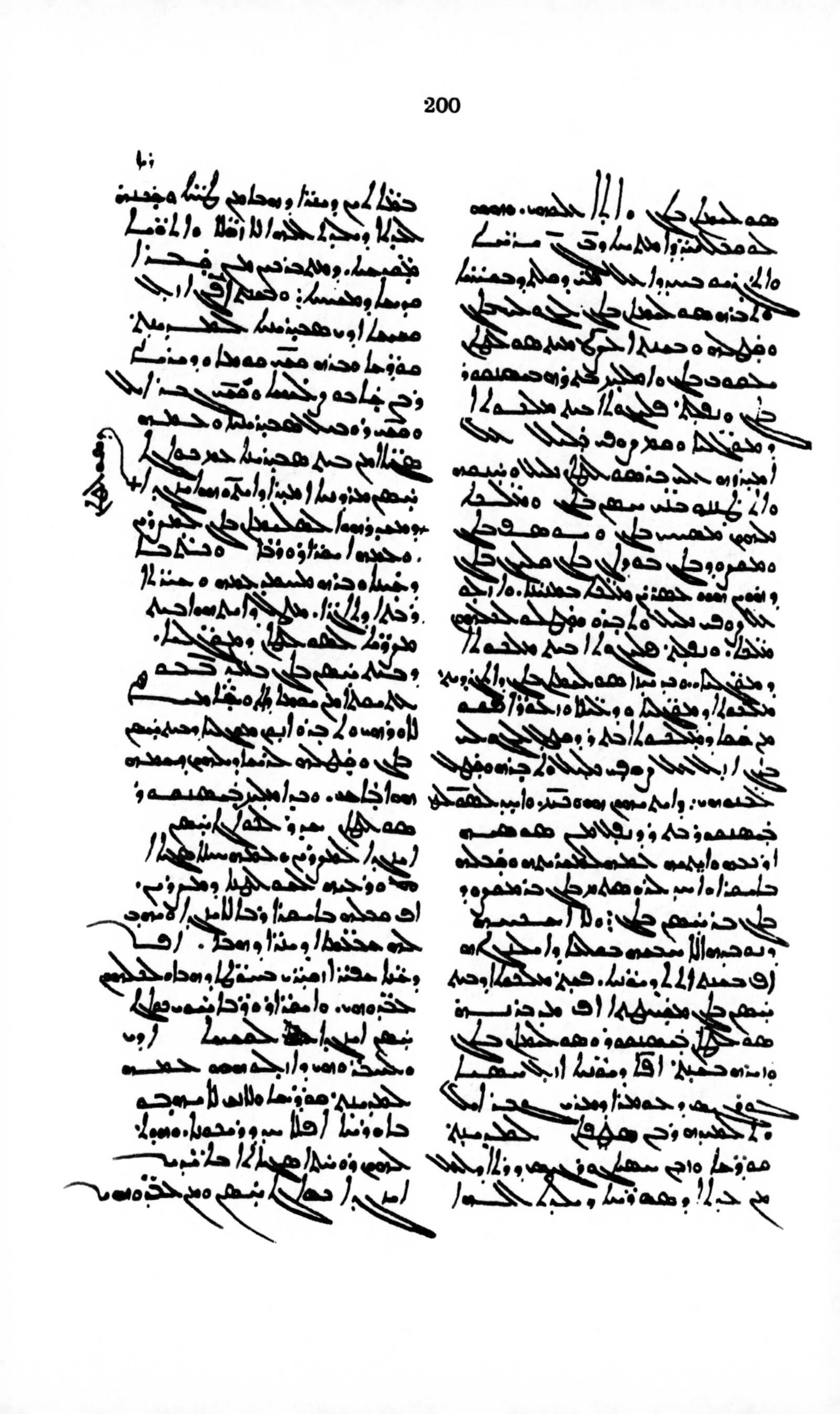

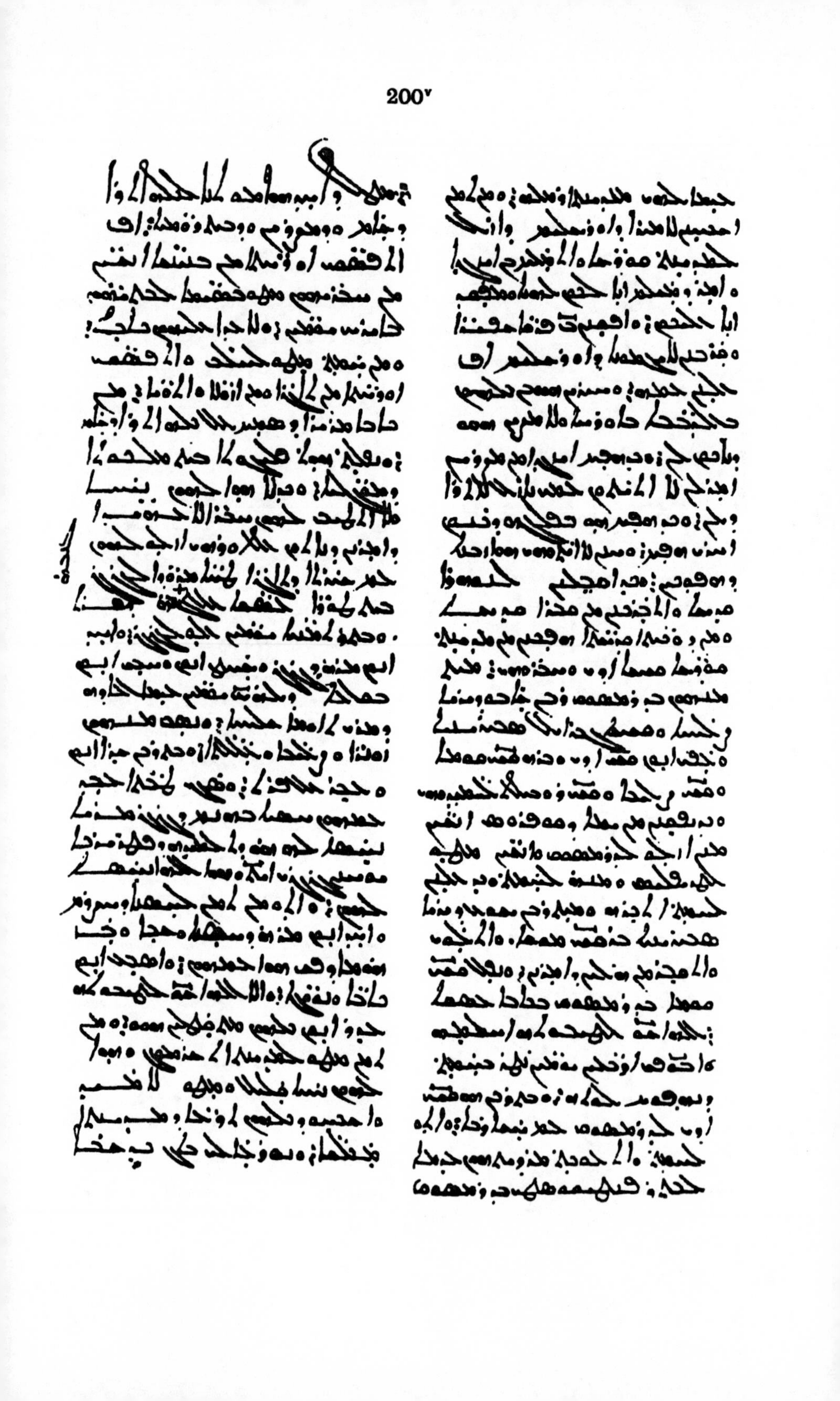

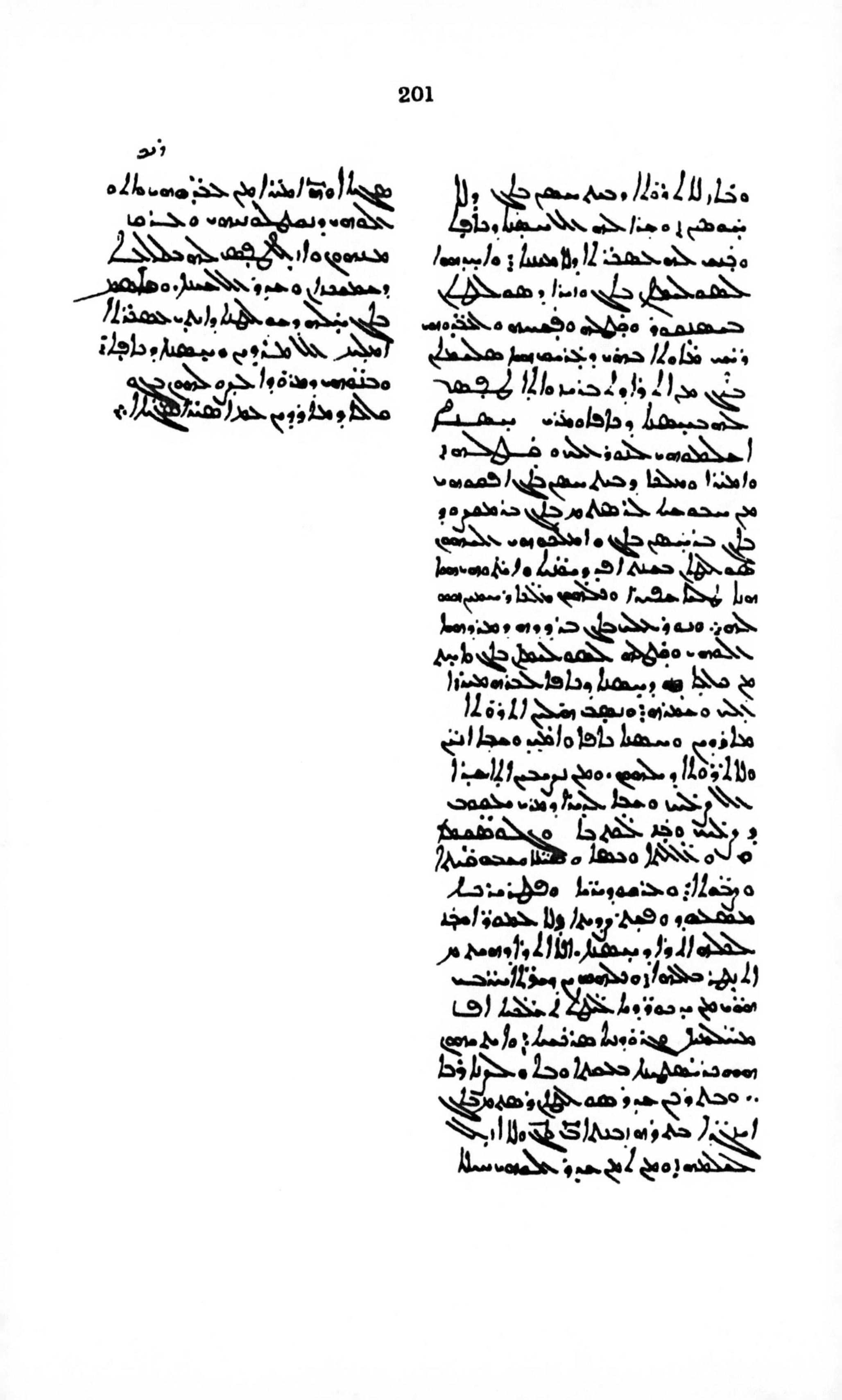

[This page is left blank
in the manuscript]

THE CHRONOGRAPHY OF
GREGORY ABÛ'L FARAJ
THE SON OF AARON, THE HEBREW PHYSICIAN

COMMONLY KNOWN AS

BAR HEBRAEUS

BEING

THE FIRST PART OF HIS

POLITICAL HISTORY OF THE WORLD

Translated from the Syriac

By

ERNEST A. WALLIS BUDGE

M.A., LITT.D., D.LITT., D.LIT., F.S.A., &c.
Sometime Scholar of Christ's College, Cambridge, and Tyrwhitt Hebrew Scholar; Keeper of Egyptian and Assyrian Antiquities in the British Museum from 1894 to 1924

VOLUME II

Facsimiles of the Syriac texts in the Bodleian MS. Hunt No. 52

GORGIAS PRESS
2003

THE CHRONOGRAPHY OF
BAR HEBRAEUS

Gorgias Historical Texts

Volume 7